ACCESO GRATIS ***a la Lectura en la Nube***

Para visualizar el libro electrónico en la nube de lectura envíe junto a su nombre y apellidos una fotografía del código de barras situado en la contraportada del libro y otra del ticket de compra a la dirección:

ebooktirant@tirant.com

En un máximo de 72 horas laborales le enviaremos el código de acceso con sus instrucciones.

La visualización del libro en **NUBE DE LECTURA** excluye los usos bibliotecarios y públicos que puedan poner el archivo electrónico a disposición de una comunidad de lectores. Se permite tan solo un uso individual y privado

SER REINCIDENTE
Efectos jurídico-penales de la recaída en el delito

SER REINCIDENTE
Efectos jurídico-penales de la recaída en el delito

CARMEN ROCÍO FERNÁNDEZ DÍAZ

tirant lo blanch
Valencia, 2025

En caso de erratas y actualizaciones, la Editorial Tirant lo Blanch publicará la pertinente corrección en la página web www.tirant.com.

La presente obra ha sido sometida a la revisión de pares ciegos según el protocolo de publicación de la editorial a efectos de ofrecer el rigor y calidad correspondiente tanto en su contenido como en su forma, aplicándose los criterios específicos aprobados por la Comisión Nacional E 016 (BOE núm. 286, de 26 de noviembre de 2016).

© TIRANT LO BLANCH
EDITA: TIRANT LO BLANCH
C/ Artes Gráficas, 14 - 46010 - Valencia
TELFS.: 96/361 00 48 - 50
FAX: 96/369 41 51
Email: tlb@tirant.com
www.tirant.com
Librería virtual: www.tirant.es
DEPÓSITO LEGAL: V-1106-2025
ISBN: 978-84-1095-464-9

Si tiene alguna queja o sugerencia, envíenos un mail a: *atencioncliente@tirant.com*. En caso de no ser atendida su sugerencia, por favor, lea en *www.tirant.net/index.php/empresa/politicas-de-empresa* nuestro procedimiento de quejas.

Responsabilidad Social Corporativa: http://www.tirant.net/Docs/RSCTirant.pdf

A Pablo, por su amor, y a Mario, por traer aún más amor a nuestras vidas

Índice

INTRODUCCIÓN 13

Capítulo 1
SOBRE EL FUNDAMENTO DE LA AGRAVACIÓN DE LA PENA POR SER REINCIDENTE Y SU CONSTITUCIONALIDAD

1. El fundamento de la agravación de la pena por ser reincidente 23
   1.1. Posturas que fundamentan la agravante en la teoría jurídica del delito 24
   1.2. Posturas que fundamentan la agravante en los fines de la pena. 28
      1.2.1. Prevención especial 28
      1.2.2. Prevención general 31
      1.2.3. Retribución 32
   1.3. Reflexión final 33
2. La constitucionalidad de la agravación de la pena por ser reincidente 42
   2.1. Consideraciones previas 42
   2.2. Posibles principios y derechos afectados por la agravación de pena por ser reincidente 44
      2.2.1. Principio de culpabilidad por el hecho 44
      2.2.2. Fines de la pena y principio de proporcionalidad de las penas 45
      2.2.3. Principio de seguridad jurídica 47
      2.2.4. Derecho a la igualdad ante la ley 48
      2.2.5. Prohibición de penas inhumanas o degradantes 50
      2.2.6. Derecho a la tutela judicial efectiva 51
      2.2.7. Principio de legalidad y prohibición del *bis in idem* 53

Capítulo 2
LA REINCIDENCIA EN LA PARTE GENERAL DEL CÓDIGO PENAL

1. La agravante genérica de reincidencia del artículo 22. 8ª del código penal 55
   1.1. Consideraciones previas 55
   1.2. El carácter obligatorio de la imposición de la agravante de reincidencia 57
   1.3. Requisitos para apreciar la reincidencia como agravante genérica 60
      1.3.1. Elementos materiales de la reincidencia 61

A. Que, al delinquir, el culpable haya sido condenado ejecutoriamente por un delito 61
1) La determinación del momento de comisión del delito: "al delinquir" 61
2) La condena ejecutoria por un delito 63
B. Que el delito esté comprendido en el mismo título de este Código, siempre que sea de la misma naturaleza 69
1) Criterio formal: mismo título 70
2) Criterio material: misma naturaleza 74
(1) El bien jurídico protegido 77
(2) La gravedad de la conducta 79
i. El medio de ataque empleado contra el bien jurídico 79
ii. El título de imputación 89
iii. La forma de participación 92
iv. El grado de ejecución 93
v. La gravedad de la pena 94
1.3.2. Elementos procesales de la reincidencia 99
A. No se computan a los efectos de reincidencia los antecedentes penales cancelados o que debieran serlo, ni los que correspondan a delitos leves 99
1) La cancelación de los antecedentes penales 99
(1) La regulación actual y la ampliación del ámbito de aplicación de la agravante 99
(2) La práctica jurisprudencial en materia de cancelación de antecedentes penales en relación con la aplicación de la agravante 105
2) La exclusión de los delitos leves del ámbito de aplicación de la agravante genérica 114
B. Se computan a efectos de reincidencia las condenas firmes de jueces o tribunales impuestas en otros Estados de la Unión Europea, salvo que el antecedente penal haya sido cancelado o pudiera serlo con arreglo al Derecho español 117
1) Consideraciones previas 117
2) Precedentes normativos y creación del Sistema Europeo de Información de Antecedentes Penales (ECRIS) 119
3) Cuestiones pendientes sobre la reincidencia europea e internacional 125
1.4. Consecuencias penológicas y cuestiones de determinación de la pena 129
2. La agravante cualificada del artículo 66.1.5ª. del código penal: la multirreincidencia 134

2.1. Antecedentes legislativos recientes 134
2.2. Requisitos para que concurra la agravante cualificada.... 140
2.3. Consecuencias penológicas de la multirreincidencia.... 144

Capítulo 3
LAS AGRAVACIONES DE PENA POR REINCIDENCIA EN LA PARTE ESPECIAL DEL CÓDIGO PENAL

1. Delitos contra la libertad e indemnidad sexual: la concurrencia de la agravante de reincidencia como subtipo agravado del delito de pornografía infantil 150
2. Delitos contra el patrimonio: el endurecimiento punitivo de la multirreincidencia.... 156
2.1. Los delitos de hurto y de robo con fuerza en las cosas.... 158
2.1.1. Regulación previa a la reforma del código penal operada por la LO 9/2022, de 28 de julio, y problemas interpretativos.... 158
2.1.2. Regulación tras la reforma del código penal operada por la LO 9/2022, de 28 de julio, y aspectos problemáticos pendientes.... 166
2.1.3. Nueva reforma a la vista de los delitos patrimoniales en el ámbito de la reincidencia y multirreincidencia 180
2.2. Los delitos de estafa, administración desleal y apropiación indebida.... 186
2.3. Reflexión final 193

BIBLIOGRAFÍA 197

ELENCO JURISPRUDENCIAL.... 205

INTRODUCCIÓN[1]

La recaída en el delito ha sido objeto de preocupación desde que existe el derecho penal, y tanto este como la criminología y otras ciencias afines se han ocupado de este tema desde sus respectivos enfoques. Sin embargo, a pesar de la naturaleza clásica de la institución de la reincidencia y de su presencia histórica en nuestra legislación penal, la necesidad de seguir estudiándola, a mi juicio, se justifica en varias razones.

Por un lado, siguen existiendo numerosas dudas sobre aspectos elementales del tratamiento jurídico penal que se da al reincidente, lo que pone de manifiesto su importancia dogmática y político-criminal y la necesidad de un análisis crítico. Así, la doctrina penal que se ha centrado en el estudio de la circunstancia agravante de reincidencia, entre otros aspectos, ha debatido ampliamente sobre su fundamento, sin que exista acuerdo al respecto. De este modo, la búsqueda de uno legítimo ha suscitado el cuestionamiento de la propia existencia de la agravante, planteando diferentes posturas que van desde el mantenimiento de esta agravación de pena sustentada en que el comportamiento reincidente constituye una muestra de un mayor injusto, de una mayor culpabilidad del sujeto, de una mayor peligrosidad o en diversos fines de la pena, hasta la de quienes abogan por su modificación o su derogación, cuestionando su constitucionalidad.

Por otro lado, la reincidencia, y la agravación de pena que conlleva su tratamiento punitivo, mantienen un rol protagonista en nuestro sistema penal, tanto en las reformas al código como en su aplicación por nuestros tribunales, lo que revela su carácter actual y su relevancia atemporal. Así, a pesar de que la doctrina anunció con la llegada del Código penal de 1995 que el legislador se inclinaba hacia

---

1 Esta monografía se ha realizado al amparo de dos proyectos de investigación: "Medidas inclusivas para menores en situación de exclusión social" (ProyecExcel_00514), proyecto de excelencia concedido por la Junta de Andalucía, y "Derechos y garantías de las personas vulnerables en el Estado de Bienestar" (UMA18-FEDERJA-175), financiado en el marco del Programa FEDER Andalucía 2014-2020 y siendo investigador principal de ambos Octavio García Pérez.

la progresiva restricción de la agravante de reincidencia[2], parece que la tendencia, con las sucesivas reformas que ha sufrido el Código en los últimos años, ha sido la de ampliar su ámbito de aplicación, no solo como circunstancia incluida en el catálogo de agravantes genéricas del artículo 22.8ª. CP o entre las reglas de determinación de la pena del artículo 66.1.5º CP, sino también en la parte especial del Código, particularmente, en el ámbito de los delitos patrimoniales. Hay que tener en cuenta, además, que a las consecuencias penológicas que trae consigo la recaída en el delito con la imposición de la agravante, se suman otros efectos accesorios que no tienen que ver directamente con la determinación de la pena, en sentido estricto, sino con otros aspectos como la suspensión condicional de la condena[3], la imposibi-

---

2 En este sentido se pronunciaban autores como, PRATS CANUT, J. M.: "CAPÍTULO IV. De las circunstancias que agravan la responsabilidad criminal", en QUINTERO OLIVARES, G. (Dir.) / VALLE MUÑIZ, J. M. (Coord.): *Comentarios al Nuevo Código Penal*, Aranzadi, Pamplona, 1996, p. 256; o ZUGALDÍA ESPINAR, J. M.: "Artículo 22.8", en COBO DEL ROSAL, M. (Dir.): *Comentarios al código penal*. Tomo II. Artículos 19 a 23, Edersa, Madrid, 1999, pp. 1077-1079, entre otros.

3 El artículo 80.2.1ª. CP exige como condición necesaria para la suspensión de la condena "que el condenado haya delinquido por primera vez", aunque es cierto que para ello no tiene en cuenta ni delitos imprudentes, ni leves, ni aquellos cuyos antecedentes penales hayan sido cancelados o debieran serlo, ni los de otros delitos que, por su naturaleza o circunstancias carezcan de relevancia para valorar la probabilidad de comisión de delitos futuros. A pesar de ello, el apartado 3 de dicho precepto, que prevé una excepción para poder acordar la suspensión de las penas de prisión, aunque no concurran las condiciones 1ª y 2ª (que la pena o la suma de las impuestas no sea superior a dos años) del citado precepto, establece que ello será posible "siempre que no se trate de reos habituales" (concepto previsto en el artículo 94 CP, aunque a efectos de una sección distinta a la que recoge el artículo 80 CP). No obstante, se valora positivamente que la reforma operada por la LO 1/2015 haya suprimido la referencia prevista antes de ella en el artículo 87.2 CP, que hacía alusión expresa a la necesidad de resolución motivada para valorar la oportunidad de conceder o no el beneficio de la suspensión de la ejecución de la pena, atendidas las circunstancias del hecho y del autor, en el supuesto de que el condenado fuera reincidente. Esta referencia ya era considerada superflua por parte de la doctrina, dado el carácter facultativo de la concesión del beneficio, basado en la peligrosidad del sujeto. En este sentido, MUÑOZ SÁNCHEZ, J.: "El tratamiento terapéutico como alternativa a la prisión en delincuentes drogodependientes", *Revista de Derecho penal y Criminología, 3ª Época, nº .11 (enero de 2014)*, p. 240.

lidad de obtener indulto[4] o la decisión de imponer prisión provisional[5], entre otros[6].

El efecto agravatorio de la reincidencia y su expansión a otros ámbitos del sistema de justicia se extiende al derecho penal juvenil, donde se plantean otra serie se problemas dada la flexibilidad que caracteriza el régimen general de determinación de la medida juvenil y la atención al interés superior del menor. Así, como ha señalado la doctrina, la mera presencia de esta circunstancia agravante en el derecho penal juvenil ya genera desconfianza, por constituir una amenaza al citado interés, si este se entiende, no tanto como consecución del fin preventivo especial, sino como garantía de su desarrollo autónomo, libre e independiente[7]. El artículo 10.1.b) de la Ley Orgánica 5/2000, de 12 de enero, reguladora de la responsabilidad penal de los menores (en adelante, LORRPM), considera los supuestos en

---

4 La Ley de 18 de junio de 1870, de Reglas para el ejercicio de la Gracia del Indulto, establece en su artículo 2.3º., que se exceptúan como reos de indulto "Los reincidentes en el mismo o en otro cualquier delito, por el cual hubiesen sido condenados por sentencia firme". Seguidamente se realiza una excepción de la excepción "en el caso en que, a juicio del Tribunal sentenciador, hubiese razones suficientes de justicia, equidad o conveniencia pública para otorgarles la gracia".

5 Uno de los requisitos para la imposición de la prisión provisional, como prevé el artículo 503.1.1ª de la Ley de Enjuiciamiento Criminal, establece "Que conste en la causa la existencia de uno o varios hechos que presenten caracteres de delito sancionado con pena cuyo máximo sea igual o superior a dos años de prisión, o bien con pena privativa de libertad de duración inferior si el investigado o encausado tuviere antecedentes penales no cancelados ni susceptibles de cancelación, derivados de condena por delito doloso".

6 Los antecedentes penales, así como las circunstancias del delito cometido también son tenidos en cuenta, por ejemplo, para la concesión de la libertad condicional (artículo 90.1 CP). Hay que tener en cuenta también, que respecto a las formas sustitutivas de la ejecución de las penas y de la libertad condicional, previstas en los artículos 80 y siguientes, la reforma de 2015 introdujo el artículo 94 bis CP, según el cual las condenas impuestas en otros Estados de la Unión Europea tendrán el mismo valor que las impuestas por jueces o tribunales españoles. Además, respecto a los sujetos reincidentes se prevé una separación de los no reincidentes en el tratamiento de los detenidos o presos, como establecen los artículos 521 LECrim o el 16 de la Ley Orgánica General Penitenciaria.

7 CRUZ MÁRQUEZ, B., "La circunstancia agravante de reincidencia en el derecho penal juvenil", *Revista de Estudios Jurídicos*, n. 11 (Segunda Época), 2011, p. 3.

que se aprecie reincidencia como de extrema gravedad y, para estos, prevé la imposición imperativa de una medida de internamiento en régimen cerrado de uno a seis años, complementada sucesivamente con otra medida de libertad vigilada con asistencia educativa hasta un máximo de cinco años, para el menor de edad, mayor de dieciséis años que, como establece el artículo 9.2 de dicha ley, cometa un delito grave o menos grave con violencia o intimidación o bien cuando lo cometa en grupo o pertenezca a una banda, organización o asociación criminal. Resulta criticable, como ha señalado Feijóo Sánchez, la aplicación automática del artículo 10 que lleva a la imposición de la pena prevista en él, incluso aunque ello sea contraproducente o perjudicial para la futura evolución del menor. Ello ha llevado a que algunas sentencias hayan introducido un mecanismo corrector de dicho automatismo, así como a buscar vías alternativas para el juez, como puede ser, entre otras, la suspensión de la ejecución del artículo 40 LORRPM, que el autor considera la más adecuada[8]. No obstante, a pesar de la búsqueda de soluciones en la jurisprudencia para mitigar los efectos de la dureza de la legislación, la doctrina pone de manifiesto que esta ha contribuido más bien al endurecimiento de la respuesta penal a los menores infractores[9].

Excedería las pretensiones del presente trabajo centrarnos en la reincidencia de los menores de edad, que tiene la autonomía suficiente para constituir el objeto de otra investigación[10]. Por ello, y a pesar de los múltiples ámbitos a los que se extienden los efectos de ser reincidente, el objetivo principal de esta investigación radica en estudiar, desde un punto de vista crítico, las agravaciones de la responsabilidad criminal que el código penal prevé para el sujeto adulto

---

8 FEIJÓO SÁNCHEZ, B.: "Artículo 10. Reglas especiales de aplicación y duración de las medidas", en DÍAZ-MAROTO Y VILLAREJO, J.; FEIJÓO SÁNCHEZ, B.; POZUELO PÉREZ, L. (Dir.): *Comentarios a la Ley Reguladora de la Responsabilidad Penal de los menores* (2ª Edición), Civitas - Thomson Reuters, Pamplona, 2019, pp. 280-283.

9 Sobre esta cuestión, véase GARCÍA PÉREZ, O.: "La contribución de la jurisprudencia al endurecimiento de la respuesta a los menores infractores", *RECPC* 21-25, 2019.

10 Sobre estos principios y cómo influye la reincidencia en el caso de los menores de edad, véase CRUZ MÁRQUEZ, B.: La circunstancia agravante de reincidencia. *Op. Cit.*

que reincide en la comisión de un delito y su aplicación en nuestros tribunales, con el fin de valorar si dicha solución penológica, tal y como la ha configurado el legislador español, es la más adecuada ante la recaída en el delito.

Por un lado, se parte aquí de la hipótesis de que el tratamiento jurídico-penal de la reincidencia en un país constituye un elemento revelador del carácter excluyente de su sistema penal[11] y, en último término, al menos parcialmente, de su sociedad. Además, el logro de la tan cuestionada reinserción social, prevista en el artículo 25.2 de la Constitución española, y, con ella, de la prevención de la delincuencia, constituyen objetivos difíciles de conseguir si se perpetúa la exclusión social[12] y si el peso de la consecución de dichos objetivos se descarga, casi exclusivamente, en la persona del delincuente[13]. Una de esas cargas viene dada por la "etiqueta" como "desviado" por

---

11 En este sentido, como señalan DÍEZ RIPOLLÉS, J. L.: "La dimensión inclusión/exclusión social como guía de la política criminal comparada", *RECPC* 13-12 (2011), p. 17; y DÍEZ RIPOLLÉS, J. L. / GARCÍA ESPAÑA, E.: "RIMES: Un instrumento de comparación de políticas criminales nacionales desde la exclusión social", *Polít. Crim.* Vol. 15, Nº 30 (diciembre 2020), Art. 6, p. 674 nota a pie 4, las leyes agravadas de reincidencia constituyen una variable explicativa de los efectos socialmente incluyentes o excluyentes sobre sospechosos, delincuentes y exdelincuentes.

12 Así, también, DÍEZ RIPOLLÉS, J. L.: *Ibidem*, p. 9; el mismo: "Sanciones adicionales a delincuentes y exdelincuentes. Contrastes entre Estados Unidos de América y países nórdicos europeos", *InDret* 4/2014, p. 17, quien señala que la producción o acentuación de la exclusión social de condenados y ex condenados, mediante prácticas que constituyen obstáculos para su reinserción social, en último término, fomenta la reincidencia o reiteración delictivas; el mismo: "El abuso del sistema penal", *RECPC* 19-01 (2017), p. 6, donde defiende que "...un cierto nivel de inclusión social de sospechosos, delincuentes y exdelincuentes es una de las más eficaces estrategias para la prevención de la delincuencia", mientras que "...la producción o profundización de la exclusión social de sospechosos, delincuentes y exdelincuentes por las instituciones de control penal genera mayor delincuencia a medio y largo plazo".

13 En este sentido, GARCÍA MAGNA, D.: *La lógica de la seguridad en la gestión de la delincuencia,* Marcial Pons, Madrid, 2018, pp. 63-64, señala que el Estado, en lugar de centrar sus esfuerzos en políticas inclusivas y asistenciales que promuevan la inclusión social y económica, y que son especialmente necesarias en el caso de delincuentes reincidentes, desplaza dicha responsabilidad al propio penado, que no solo debe asumir el castigo que merece por lo que ha hecho, sino también la responsabilidad sobre su propia rehabilitación.

haber infringido una norma acordada[14], creando así una realidad "nosotros y ellos"[15]. Esa "etiqueta" es la de "ser reincidente", como la agravante genérica del artículo 22.8ª. CP inicia su definición legal de reincidencia, que, aunque descanse en la existencia de condenas anteriores, como veremos, esta forma de aludir a ella sin duda evoca un "modo de ser" o una cualificación que afecta a la persona del autor[16]. Precisamente, es la teoría del etiquetamiento la que, desde un punto de vista teórico, defiende que las penas alternativas obtendrán mejores resultados en el objetivo de evitar la reincidencia[17], por el mayor efecto estigmatizador de la prisión, como así se ha demostrado en la investigación empírica[18].

Por otro lado, como señalaba Mir Puig, la reincidencia constituye "...un *índice* —aunque no el único— de la eficacia de un sistema

---

14 BECKER, H., *Outsiders,* hacia una sociología de la desviación, Siglo veintiuno editores, 1ª ed., 4ª reimpresión, Buenos Aires, 2018, p. 28.

15 JACOBS, J. B., *The Eternal Criminal Record,* Harvard University Press, 2015, p. 302.

16 RODRÍGUEZ MOURULLO, G.: "Aspectos críticos de la elevación de pena en casos de multirreincidencia", *Anuario de Derecho Penal y Ciencias Penales,* 1972, pp. 293-294, reconoce que dicha referencia podría conducir a conclusiones engañosas, pudiendo hacer pensar que la ley considera como agravante un particular "modo de ser" del sujeto, aunque más adelante la lectura de dicha definición muestra que la agravación depende del dato formal de la existencia de condenas anteriores y no revela, necesariamente, un tipo de personalidad criminal.

17 Así, CID MOLINÉ, J.: "¿Es la prisión criminógena? (un análisis comparativo de reincidencia entre la pena de prisión y la suspensión de la pena)", *Revista de Derecho Penal y Criminología, 2.ª Época,* n.º 19 (2007), pp. 427-428 y 450, quien señala que, en el extremo contrario, se encuentra la teoría de la prevención especial negativa (o intimidatoria). Este autor pone de manifiesto que "es plausible que la tasa mayor de reincidencia de las personas condenadas a prisión se deba a la incidencia de los factores asociados por la teoría del etiquetamiento al encarcelamiento: la influencia de las subculturas delictivas dentro de la prisión y la mayor dificultad (comparativamente con las personas condenadas a penas alternativas) de establecer tras la condena vínculos sociales, en los ámbitos familiar, laboral y social, que operen como revulsivo para dejar la delincuencia" (p. 448).

18 Como se verá al tratar el elemento de la reincidencia relativo a la existencia de una condena ejecutoria previa, diversas investigaciones han puesto de manifiesto que la tasa de reincidencia es más elevada para las personas condenadas a prisión que para las condenadas a suspensión de la pena, medidas penales alternativas o, incluso, en la ejecución de la pena, quienes progresan en grado hasta obtener la libertad condicional, en lugar de cumplir íntegramente la pena.

penal"[19]. Por ello, hay que lamentar la ausencia de datos oficiales sobre reincidencia, siendo los últimos publicados por el Instituto Nacional de Estadística de hace más de dos décadas[20]. El ministro del Interior anunciaba en abril de 2022 que la tasa de reincidencia tras el cumplimiento de la pena de prisión se sitúa en el 20%[21]. Más allá de esto, y de investigaciones concretas realizadas desde la Academia[22] o de informes elaborados tanto desde la Secretaría General de Instituciones penitenciarias[23], como desde la Generalitat de Cataluña,

---

19 MIR PUIG, S.: *La reincidencia en el Código Penal: análisis de los Arts. 10, 14.º, 10, 15º, 61, 6º y 516, 3º*, Bosch, Barcelona, 1974, p. 9. La cursiva es del autor. En el mismo sentido, ANDRÉS PUEYO, A.: "¿Cuántos presos retornan a prisión? Análisis y utilidad de los estudios de la reincidencia delictiva, *Boletín de la Asociación de Técnicos de Instituciones Penitenciarias*, Nº 31, 2015, p. 19, quien apunta que "La reincidencia delictiva es el indicador más frecuente para evaluar el éxito de los sistemas penales y especialmente los penitenciarios".

20 Las últimas estadísticas sobre condenados que permitían discriminar la búsqueda de resultados según si el sujeto era o no reincidente datan del año 2002, como puede comprobarse en el siguiente enlace: https://www.ine.es/jaxi/Tabla.htm?path=/t18/p466/a2002/l0/&file=02f009.px&L=0 (consultado por última vez el 20 de enero de 2025).

21 Según declaraciones del ministro del Interior del Gobierno de España, Fernando Grande-Marlaska, para Europa Press, el 25 de abril de 2022. Puede a accederse a dichas declaraciones a través del siguiente enlace: https://www.europapress.es/videos/video-marlaska-dice-tasa-reincidencia-espana-20-20220425095830.html (consultado por última vez el 20 de enero de 2025).

22 Ejemplos de estas, entre otras, son ANDRÉS PUEYO, A.: ¿Cuántos presos retornan a prisión? *Op. Cit.*; AÑAÑOS, F. T. / NISTAL, J. / MOLES, E.: "La reincidencia penitenciaria en España: género, factores asociados y prevención", *Psychology, Society & Education*, 2020; CID MOLINÉ, J.: "La suspensión de la pena en España: descarcelación y reincidencia", *Revista de Derecho Penal y Criminología*, nº 15 (2005), págs. 223-239; CID MOLINÉ, J.: ¿Es la prisión criminógena? *Op. Cit.*, pp. 427-456; VALDIVIA-DEVIA, M. / OYANEDEL SEPÚLVEDA, J. C. / ANDRÉS-PUEYO, A.: "Trayectoria y reincidencia criminal", *Revista Criminalidad*, Volumen 60 —Número 3— septiembre-diciembre 2018, pp. 251-267.

23 Desde la Secretaría General de Instituciones Penitenciarias se ha abordado el estudio de la estancia en prisión y la reincidencia penitenciaria, esto es, la que se da en el caso de que un sujeto, que ya ha cumplido una pena privativa de libertad, reingrese en prisión por la comisión de un nuevo delito. Estos estudios han arrojado, sin embargo, una tasa de reincidencia mucho más elevada que la mencionada por el ministro, en función de si se trata de internos de larga estancia en prisión (de 15 a 25 años), de los que el 67% era reincidente, o bien de estancia media (de 3 a 5 años), siendo en este caso reincidente el 52%. Así, SECRETARÍA GENERAL DE INSTITUCIONES PENITENCIARIAS: "La estan-

pero referidos exclusivamente a sus prisiones[24], carecemos de datos a nivel nacional que permitan conocer fácilmente el porcentaje de sujetos reincidentes, en su significado jurídico-penal, y los delitos a los que afecta. Además, un problema añadido es la imprecisión terminológica de lo que se entiende por reincidencia, pues esta parece concebirse con un sentido, no solo más amplio, sino también diferente, desde la criminología respecto al concepto de reincidente que nuestro código penal prevé. Como se verá, este último se reduce al sujeto que, al delinquir (de nuevo), había sido ya condenado ejecutoriamente por un delito recogido en el mismo Título del código y de la misma naturaleza. Por su parte, el concepto de reincidente que se maneja en las investigaciones empíricas parece aludir a la recaída en el delito con carácter general, o al reingreso en prisión por la comisión de un nuevo delito, esto es, la llamada reincidencia penitenciaria, independientemente de si es similar o no al anterior[25]. Todo

---

cia en prisión: consecuencias y reincidencia", *Documentos Penitenciarios 16*, Ministerio del Interior, 2017, pp. 525 y 529.

24 Como es sabido, Cataluña tiene transferidas las competencias en materia penitenciaria y el Centre d'Estudis Jurídics i Formació Especialitzada, organismo autónomo administrativo adscrito al Departamento de Justicia de la Generalitat, publica periódicamente informes sobre reincidencia. Así, véanse, CAPDEVILA CAPDEVILA, M. / BLANCH SERENTILL, M. / FERRER PUIG, M. / ANDRÉS PUEYO, A. / FRAMIS FERRER, B. / COMAS LÓPEZ, N. / GARRIGÓS BOU, A. / BOLDÚ PEDRO, A.: Tasa de reincidencia penitenciaria 2014 (Informe Ejecutivo), Centre D'estudis Jurídics I Formació Especilitzada (Generalitat de Catalunya), 2015; CAPDEVILA CAPDEVILA, M. / FERRER PUIG, M. / FRAMIS FERRER, B. / GARRIGÓS BOU, A. / MORA ENCINAS, J. / BATLLE MANONELLES, A. / LÓPEZ IZQUIERDO, B. / BLANCH SERENTIL, M.: La reincidencia en medidas penales alternativas 2015, Centre D'estudis Jurídics I Formació Especilitzada (Generalitat de Catalunya), 2016; CAPDEVILA CAPDEVILA, M. (Coord.): Tasa de reincidencia en la libertad condicional y de inactividad delictiva en 3er grado en Catalunya, Centre D'estudis Jurídics I Formació Especilitzada (Generalitat de Catalunya), 2019; CAPDEVILA CAPDEVILA, M. (Coord.): La reincidencia en las excarcelaciones de alto riesgo (2014-2016), Centre D'estudis Jurídics I Formació Especilitzada (Generalitat de Catalunya), 2022; VILLACAMPA ESTIARTE, C. / TORRES ROSELL, N. / LUQUE REINA, E.: "La reincidencia en les penes alternatives a la presó a Catalunya", Centre D'estudis Jurídics I Formació Especilitzada (Catalunya), 2005.

25 ANDRÉS PUEYO, A.: ¿Cuántos presos retornan a prisión? *Op. Cit.*, p. 4, ha señalado que el conocimiento preciso de la reincidencia real, "estricto sensu", es un proyecto imposible por su complejidad, magnitud y dinamismo y que el concepto que se ha consolidado en la investigación criminológica actual es el de

ello no solo dificulta la posibilidad de estudiar el fenómeno con el rigor deseado, sino que impide comprobar con exactitud hasta qué punto las previsiones legales vigentes que agravan la pena del sujeto reincidente están siendo aplicadas y qué efecto están teniendo en el desistimiento delictivo. Lo anterior, además, hace imposible conocer debidamente el estado de la cuestión, por un lado, para evaluar la eficacia del sistema penal para reinsertar a los sujetos que entran en contacto con él; y, por otro lado, responder, o siquiera intentar hacerlo, a las preguntas de hasta dónde llega la responsabilidad del Estado por no haber conseguido reinsertar al delincuente con la primera condena o si puede la recaída en el delito atribuirse exclusivamente al delincuente y en ninguna medida al sistema penal. Ante esta realidad, no es de extrañar la nula autocrítica que hacen el legislador y la jurisprudencia al realizar determinadas afirmaciones con relación a la interiorización de un supuesto "efecto advertencia" que debería conllevar la imposición de la pena anterior para el sujeto ya condenado.

Pues bien, el estudio del tema a abordar se lleva a cabo mediante las pautas metodológicas que siguen las investigaciones en derecho penal, por un lado, realizando una revisión bibliográfica de la literatura sobre la materia, no solo desde el plano teórico, de la parte general, sino también de la parte especial, pues la aplicación de la reincidencia no se entiende sin vincularla a tipos penales concretos, donde realmente se ahonda en el análisis de sus requisitos; y, por otro lado, mediante un exhaustivo análisis de la jurisprudencia del Tribunal Supremo español sobre la aplicación de agravaciones de pena en casos de reincidencia. Todo ello con el fin de llevar a cabo la tarea hermenéutica de las previsiones del código penal español, sin perder de vista el derecho comparado y realizando un análisis dogmático y político-criminal.

La presente investigación y el logro del citado objetivo se llevarán a cabo partiendo de la siguiente estructura. En primer lugar, se aborda el fundamento de la agravante, cuestión nuclear para determinar

---

los delincuentes que, una vez "condenados y habiendo cumplido las penas correspondientes, vuelven a reiterar sus conductas delictivas anteriores o realizan nuevos y diferentes delitos".

su legitimidad, así como su ajuste a nuestra Carta Magna, sobre la que el Tribunal Constitucional español ya se pronunció hace más de tres décadas. En segundo lugar, de modo particularmente profundo, se acomete el estudio de las agravaciones de pena por reincidencia previstas en la parte general del código penal. En ella, por un lado, se trata especialmente la circunstancia genérica del artículo 22. 8ª. CP, cuyo mantenimiento en nuestro ordenamiento y otros sistemas penales de nuestro entorno jurídico es el que más tradición tiene; y, por otro lado, se ahonda también en el estudio de la llamada multirreincidencia, prevista entre las reglas de determinación de la pena como agravante cualificada en el artículo 66.1.5ª. CP. En tercer lugar, también son objeto de análisis los subtipos agravados e hiperagravados que el legislador ha previsto en determinados delitos de la parte especial. La necesidad de abordar estas últimas modalidades separadamente no solo deriva de las diferentes consecuencias penológicas a que dan lugar, sino también de la exigencia de presupuestos distintos, aunque sea ligeramente, para su imposición. Así, además de la previsión recogida como subtipo agravado en el delito de pornografía infantil, singular atención se pone en los delitos contra el patrimonio, objeto de recientes reformas en el ámbito de la multirreincidencia.

Capítulo 1

SOBRE EL FUNDAMENTO DE LA AGRAVACIÓN DE LA PENA POR SER REINCIDENTE Y SU CONSTITUCIONALIDAD

1. EL FUNDAMENTO DE LA AGRAVACIÓN DE LA PENA POR SER REINCIDENTE

El fundamento de la agravante de reincidencia, es decir, las razones que justifican o legitiman una mayor sanción penal para el sujeto reincidente, ha sido sumamente discutido a lo largo de la historia de la ciencia penal, siendo numerosos los argumentos esgrimidos tanto por la doctrina como por la jurisprudencia sin que se llegue a una postura unánime.

Así, el Tribunal Constitucional, en sentencia del Pleno, núm. 150/1991, de 4 de julio, que veremos más adelante, y que resolvió las cuestiones de constitucionalidad planteadas en relación con el ya derogado artículo 10.15 del Código penal de 1973, declarando su constitucionalidad, reseñó a modo de ejemplo, entre los muchos criterios expuestos, "los que entienden que el fundamento de la agravante radica en la mayor peligrosidad del autor; en su mayor culpabilidad, bien por la conducta de vida o por el acto aislado; en la insuficiencia de las penas impuestas por el anterior o anteriores delitos a efecto de la prevención sobre el delincuente; en la perversidad del reo; en la habitualidad del delincuente; en el desprecio y rebeldía del reincidente frente al Ordenamiento jurídico, etc.".

Habiendo sido este un aspecto de la circunstancia agravante ampliamente debatido y tratado por la doctrina más autorizada, en el que, por lo demás, no se ha alcanzado hasta la fecha unanimidad al respecto, no se reproducirán aquí todos los argumentos esgrimidos en dicho debate, remitiéndome para ello a los trabajos que especialmente ya han profundizado en ello amplia y magistralmente[26].

De este modo, a continuación, se expondrán las posturas que han tenido una mayor repercusión en la ciencia del derecho penal española más reciente, pues, además, como acertadamente apunta Monge Fernández, "en cada momento histórico, el fundamento de la reincidencia dependerá de las coordenadas político-criminales en que cada Código penal se inserte"[27]. Por ello, nuestro estudio aludirá a los principales fundamentos encontrados a la agravante y las críticas que han recibido, para valorar su procedencia, dividiéndolos, por un lado, en aquellos fundamentos que se ubican en la teoría jurídica del delito, frente a los que, por otro lado, lo hallan en los fines de la pena.

1.1. Posturas que fundamentan la agravante en la teoría jurídica del delito

Por un lado, hay autores que consideran que la reincidencia en el delito da lugar a un mayor injusto. En este sentido se pronunciaba Mir Puig, quien consideraba que el sujeto presenta una "*actitud de mayor desprecio y rebeldía* frente a los valores jurídicos que aquél tuvo ocasión de apreciar no sólo en su formulación abstracta e impersonal por parte de la ley, sino sobre sí mismo, «en carne propia», y en la medida en que ni siquiera ello ha servido para motivar al autor de

---

26 Véase así, entre otros muchos, por citar algunos de estos trabajos, ASÚA BATARRITA, A.: *La reincidencia. Su evolución legal, doctrinal y jurisprudencial en los códigos penales españoles del siglo XIX*, Universidad de Deusto, Bilbao, 1982; MARÍN DE ESPINOSA CEBALLOS, E. B.: *La reincidencia. Tratamiento dogmático y alternativas político-criminales*, editorial Comares, 1999; MIR PUIG, S.: La reincidencia. *Op. Cit.*; SANZ-DÍEZ DE ULZURRUN LLUCH, M.: "Reincidencia, habitualidad y profesionalidad en las últimas reformas penales. Especial referencia a la delincuencia patrimonial", *Estudios Penales y Criminológicos*, Vol. XXXIII (2013), pp. 104 y ss.

27 MONGE FERNÁNDEZ, A.: "Aproximaciones dogmáticas a la circunstancia agravante de reincidencia desde los fundamentos y fines de la pena", *Cuadernos de Política Criminal*, nº 95, 2008, p. 115; la misma: *La circunstancia agravante de reincidencia desde los fundamentos y fines de la pena*, JMB Bosch editor, Barcelona, 2009, p. 101.

forma suficiente para que no cometiera la nueva infracción"[28]. Por su parte, Muñoz Conde y García Arán consideran que resulta difícil encontrar razones que fundamenten una mayor culpabilidad por el hecho en la reincidencia y que aquellas se encuentran "en lo recalcitrante de la actitud del sujeto que insiste en la desobediencia a las normas penales"[29].

Algunas críticas a la concepción del fundamento de la agravante en esa mayor lesividad vienen dadas por la idea de que la responsabilidad debe ceñirse al hecho concreto, ya que supondría la vulneración de los principios de culpabilidad o de *non bis in idem* sancionar delitos anteriores ya castigados o características del autor[30], y que el desvalor de acción o el desvalor de resultado del nuevo delito no se

---

28 MIR PUIG, S.: *Derecho penal. Parte general*, 10ª edición, Editorial Reppertor, Barcelona, 2015, p. 658 (la cursiva es del autor); el mismo: La reincidencia. *Op. Cit.*, pp. 532 y ss., exponiendo y analizando minuciosamente las posturas sobre el fundamento de la reincidencia tradicionalmente mantenidas por la doctrina española, alemana e italiana (pp. 432-523). El autor aclara que considera la actitud de desprecio y rebeldía como causa de elevación de lo injusto del hecho porque concibe la imputación personal "como mera condición de atribuibilidad del injusto penal, que puede impedir la atribución total o parcialmente, pero no puede aumentar la gravedad atribuible al hecho". Sin embargo, señala que "si se concibe la culpabilidad como valoración de la actitud interna, cabe pensar en la atribución de la reincidencia al ámbito de la culpabilidad" (2015, p. 658). CUERDA ARNAU, M. L.: "Artículo 22.8ª.", en VIVES ANTÓN, T. S.: *Comentarios al Código Penal de 1995*, Volumen I (Arts. 1 a 233), Tirant lo Blanch, Valencia, 1996, p. 261, siguiendo las palabras de Mir Puig, aunque no se posiciona a favor de ninguno de los fundamentos de la agravante, afirma que "lo que resulta innegable es que la reincidencia evidencia en el sujeto una actitud de rebeldía y desprecio hacia el ordenamiento, que, sin embargo, se entiende insuficiente para justificar la agravación". MARÍN DE ESPINOSA CEBALLOS, E. B.: La reincidencia. *Op. Cit.*, pp. 197-198, también defiende que la agravación de la pena sólo se puede fundamentar en un mayor contenido de injusto, lo que estima que no se da en el caso de la reincidencia.

29 MUÑOZ CONDE, F. / GARCÍA ARÁN, M.: *Derecho penal. Parte general*, 11ª edición, revisada y puesta al día con la colaboración de Pastora García Álvarez, Tirant lo Blanch, Valencia, 2022, p. 459. Estos autores consideran que, el hecho de no poder encontrar un fundamento a una agravante en el injusto o en la culpabilidad, esto es, en la Teoría del Delito, hace que no se justifique la aplicación de una pena más grave (pp. 443-447).

30 ROIG TORRES, M.: "La reiteración delictiva: algunas reflexiones sobre el nuevo tratamiento en el anteproyecto de reforma del código penal", *Revista General de Derecho Penal 19* (2013), p. 20.

ven incrementados por la condena anterior[31]. Así mismo, se ha alegado que el desprecio y rebeldía al ordenamiento jurídico no pueden constituir fundamento de la agravante, pues el derecho penal "no debe ser moralizador ni utilizado para imponer una determinada ideología y que, por consiguiente, no puede perseguir la fidelidad ni la sumisión interna de los destinatarios de sus normas"[32].

Por otro lado, otro importante sector doctrinal halla el fundamento de la reincidencia en una mayor culpabilidad, que lleva a afirmar en estos supuestos una mayor exigibilidad de obediencia al Derecho[33]. Así se pronuncia Cerezo Mir, quien considera que el sujeto no sólo actúa con conocimiento seguro de la antijuricidad, sino incluso de la punibilidad, y que, además, la advertencia implícita en la sentencia condenatoria y el haber recibido de hecho, aunque la reincidencia sea impropia[34], un tratamiento tendente a conseguir la reinserción social, determinan un aumento de la capacidad de autodeterminación conforme a la norma[35]. Díez Ripollés, por su parte, defiende que el reincidente ha vuelto a preferir los motivos favorables a la lesión del bien jurídico, pese a las advertencias recibidas directamente por los órganos de control social, siendo, por tanto, el

---

31 CEREZO MIR, J.: *Derecho penal. Parte general*, B de F, Montevideo - Buenos Aires, 2008, p. 890.

32 ZUGALDÍA ESPINAR, J. M.: "Sobre la inconstitucionalidad de la agravante de reincidencia", *Poder Judicial*, N° 13, 1989, p. 87.

33 CEREZO MIR, J.: Derecho penal. *Op. Cit.*, p. 890; DÍEZ RIPOLLÉS, J. L.: *Derecho penal español. Parte general*, 5ª edición revisada, Tirant lo Blanch, Valencia, 2020, p. 538, quien considera, además, que desempeñan un papel significativo en el mantenimiento de la agravante componentes intimidatorios de prevención general y especial.

34 Este tipo de reincidencia, como se verá, es la actualmente vigente y solo exige que el sujeto haya sido previamente condenado por sentencia firme, pero no así que haya cumplido la pena impuesta antes de la comisión del nuevo delito, lo que constituye la llamada reincidencia propia (así, entre otros, DÍEZ RIPOLLÉS, J. L.: *Derecho penal español. Parte general*, 4ª edición revisada y adaptada a las reformas de 2015, Tirant lo Blanch, Valencia, 2016, p. 506; SOTO RODRÍGUEZ, M. L.: "El efecto agravante de la reincidencia", *Diario La Ley*, N° 9228, Sección Doctrina, 28 de junio de 2018, p. 3).

35 CEREZO MIR, J.: Derecho penal. *Op. Cit.*, p. 890. Este último elemento, como se verá, puede ser cuestionable, pues no habrá recibido el mismo "tratamiento tendente a conseguir la reinserción social" el sujeto al que se le suspende la pena, que al que cumple una pena alternativa u otra de prisión.

proceso de motivación que le ha llevado a tomar la resolución antijurídica especialmente reprochable[36]. Ambos autores convienen en la idea de que el juicio de reproche debe realizarse teniendo en cuenta el conjunto de circunstancias personales inmanentes al comportamiento, entre las que se encuentra la experiencia vital creada por el delito precedente[37].

No obstante, este mismo sector reconoce que la experiencia delictiva previa no siempre implica una mayor capacidad de autodeterminación del sujeto —en palabras de Cerezo— o, en ocasiones, puede tener más fuerza motivadora que el efecto advertencia de la condena anterior —según Díez Ripollés—. Por ello, estos autores estiman que la circunstancia debería tener carácter facultativo, debiendo verificarse en el caso concreto la concurrencia de una mayor culpabilidad[38], y que *de lege lata* procede realizar una interpretación teleológica restrictiva[39]. De hecho, se ha reconocido que la reincidencia puede dar lugar a una menor culpabilidad[40]. Este fundamento también ha sido criticado por un sector doctrinal, por suponer la

36 DÍEZ RIPOLLÉS, J. L.: Derecho penal español (2020). *Op. Cit.*, p. 538.

37 CEREZO MIR, J.: Derecho penal. *Op. Cit.*, p. 391; DÍEZ RIPOLLÉS, J. L.: *Idem.*

38 En este sentido, CEREZO MIR, J.: *Ibidem*, p. 890; DÍEZ RIPOLLÉS, J. L.: *Idem.*

39 CEREZO MIR, J.: *Ibidem*, p. 381.

40 En este sentido se ha pronunciado, terminando por afirmar que la respuesta penal debe realizarse no mediante penas, sino mediante medidas, MIR PUIG, S.: Derecho penal. *Op. Cir.*, p. 658, quien defiende como fundamento de la agravante el mayor contenido de lo injusto derivado de la actitud del sujeto, dada la posición que aclara el autor que mantiene respecto a la imputabilidad personal, ya mencionada. Así, el autor afirma que un Derecho penal respetuoso del fuero interno y que se limite a proteger bienes jurídicos hacen rechazable la agravación de pena por una mera actitud interna del sujeto, que suele ir acompañada por una menor capacidad de resistencia frente al delito en quien ha pasado, especialmente, por prisión. También en sentido similar se pronuncian, entre otros, MONGE FERNÁNDEZ, A.: Aproximaciones dogmáticas a la circunstancia. *Op. Cit.*, p. 126; la misma: La circunstancia agravante de reincidencia. *Op. Cit.*, p. 134; ROXIN, C.: "¿Qué queda de la culpabilidad en derecho penal?", *Cuadernos de Política Criminal*, nº 30, 1986, p. 676, quien aludiendo a la, hoy derogada del código penal alemán, circunstancia agravante de reincidencia, cuestionaba su compatibilidad con el principio de culpabilidad, pues —como defendía— "la capacidad de resistir a la tentación de cometer nuevos hechos punibles no crece con el número de condenas anteriores, sino que disminuye".

vulneración del principio de responsabilidad por el hecho, al medirse el reproche atendiendo a condenas anteriores[41].

1.2. Posturas que fundamentan la agravante en los fines de la pena

1.2.1. Prevención especial

La mayoría de la doctrina vincula el fundamento de la agravante de reincidencia con consideraciones de prevención especial, bien por la mayor peligrosidad del sujeto reincidente, por la mayor probabilidad de comisión de delitos futuros, es decir, de repetición delictiva o bien por la inclinación a una tendencia criminal o el inicio de esta. Aquí también pueden encontrarse razones que estiman que la pena impuesta ha sido insuficiente[42].

Así, pueden citarse algunos ejemplos de posiciones doctrinales que tienen en común la prevención especial como fundamento de la agravante. Uno de ellos es la postura mantenida por Goyena Huerta, quien afirma que "la reincidencia se justifica por la mayor peligrosidad que se acredita en el sujeto por su inclinación a cometer la misma clase de delito, por lo que el *plus* de punición obedece a una razón de prevención especial orientada a la reforma de aquella inclinación"[43]. En sentido similar, también se pronuncia Roig Torres, quien defiende que el fundamento radica en "la mayor probabilidad de comisión futura de acciones delictivas que se atribuye a quien ya ha realizado hechos semejantes, junto con objetivos de prevención especial, procurando a través de una mayor penalidad evitar la repe-

---

41 ROIG TORRES, M.: La reiteración delictiva. *Op. Cit.*, p. 21.

42 Entre otros, defiende esta idea PRATS CANUT, J. M.: CAPÍTULO IV. De las circunstancias. *Op. Cit.*, p. 256, quien señala que "Lo único que expresa con certeza la recaída en el delito es el fracaso del Derecho Penal, o al menos el fracaso de la consecuencia jurídica aplicada al sujeto, de tal suerte que no parece razonable «aumentar la dosis» de aquello que ya ha fracasado, el problema no es cuantitativo, sino cualitativo, es decir, la reincidencia es probablemente la expresión más evidente de necesidad de la diversificación de la pena que permita una adecuada individualización de la reacción punitiva".

43 GOYENA HUERTA, J.: "Artículo 22", en GÓMEZ TOMILLO, M.: *Comentarios al Código penal* (2ª edición), Lex Nova, 2011, p. 219, citando aquí la STS de 30 de septiembre de 2003.

tición del delito"[44]. En este sentido, considera la autora que la reincidencia revela un determinado carácter en el sujeto, "que permite pronosticar su conducta futura y en la medida en que muestra una especial inclinación al delito", se considera necesario imponer una pena más dura, lo que estima rebasa el límite de la culpabilidad por no responder a una mayor gravedad del hecho. Por su parte, Gómez Rivero considera que el fundamento de la agravante "se encuentra en razones de prevención especial, en cuanto que el delincuente muestra una actitud de rebeldía en el acatamiento de las normas penales"[45]. Orts Berenguer y González Cussac también consideran que el fundamento "responde a la necesidad de una mayor represión penal por razones de prevención especial", sancionando más gravemente a quien "por la repetición de hechos delictivos de la misma clase, revela una inclinación a cometerlos"[46]. Finalmente, en sentido similar, Marín de Espinosa Ceballos, quien ha tratado en profundidad el fundamento de la agravante, lo ubica en "la iniciación al hábito de cometer delitos semejantes, es decir, la posible especialización del delincuente a la comisión de delitos de la misma naturaleza", como advertencia o llamada de atención ante la posible habitualidad[47]. Según la autora, este fundamento se muestra insuficiente para legitimar la agravación de la pena del autor reincidente[48].

Sin embargo, las diversas críticas que ha recibido este fundamento de la pena se centran esencialmente en reprobar la asunción de una presunción de peligrosidad *iuris et de iure* y en que sobre ella se fundamente la mayor gravedad de la pena, que debe centrarse en el principio de culpabilidad[49]. Así, como señalara Asúa Batarrita, si bien

---

44 ROIG TORRES, M.: La reiteración delictiva. *Op. Cit.*, p. 22, señalando, además, que estas ideas fueron las que movieron a la Comisión que redactó el Código penal de 1822 a incorporar al texto la agravante de reincidencia.

45 GÓMEZ RIVERO, M. C. (Dir.): *Nociones fundamentales de derecho penal. Parte general*, 4ª edición, Tecnos, Madrid, 2019, p. 451.

46 ORTS BERENGUER, E. / GONZÁLEZ CUSSAC, J. L.: *Compendio de Derecho Penal. Parte General*, 7ª edición, Tirant lo Blanch, Valencia, 2017, p. 533.

47 MARÍN DE ESPINOSA CEBALLOS, E. B.: La reincidencia. *Op. Cit.*, pp. 194-195.

48 *Ibidem*, p. 196.

49 Algunas de estas opiniones críticas se exponen seguidamente. CÓRDOBA RODA, J. / RODRÍGUEZ MOURULLO, G.: *Comentarios al Código Penal. Tomo I (Artículos 1-22)*, Ediciones Ariel, Barcelona, 1972, p. 743, quienes defienden que "la teoría que explica la agravación en aras de una mayor peligrosidad se vería

históricamente la normativa de la reincidencia se ha inspirado en objetivos de prevención especial, fundada en una presunción de tendencia criminal, basada a su vez en la similitud de infracciones[50], no puede admitirse la utilización de incrementos de pena para atender a finalidades preventivas, ni especiales ni generales, pues estos objetivos solo pueden desplegar su juego dentro de los límites marcados por la gravedad de la culpabilidad o responsabilidad penal del sujeto en función del hecho cometido[51]. De hecho, las críticas vertidas sobre este fundamento han llevado a un importante sector doctrinal a proponer la aplicación de medidas de seguridad al sujeto reinciden-

---

obligada a reconocer que el Código presume *iuris et de* iure que la reincidencia o la reiteración implican una mayor peligrosidad"; MUÑOZ CONDE, F. / GARCÍA ARÁN, M.: Derecho penal, *Op. Cit.*, p. 459, consideran que "ni la peligrosidad puede presumirse *iuris et de iure* como hace el Código en esta materia, ni es un concepto en el que pueda asentarse una mayor gravedad de la pena, que debe ir referida a la culpabilidad"; PRATS CANUT, J. M.: CAPÍTULO IV. De las circunstancias. *Op. Cit.*, p. 255, se muestra crítico con el fundamento de la agravante que se basa en la mayor peligrosidad del sujeto por contradecir los postulados de un derecho penal garantista, en general, y con el principio de culpabilidad, en particular. Además, este autor señala que "se trata de una agravante predeterminada y objetiva que surge desde fuera de la propia acción delictiva, y no achacable, por tanto, dentro de esa área delictual, a la actuación del agente" (p. 256); RODRÍGUEZ MOURULLO, G.: Aspectos críticos. *Op. Cit.*, pp. 302-303, quien defiende que la invocación de la mayor peligrosidad del autor como fundamento de la agravante equivale a reconocer la quiebra de los principios propios de un derecho penal de culpabilidad, pues, por un lado, la reincidencia no siempre es signo de una mayor peligrosidad, y, por otro, —sostiene—, se da con ello la consecuencia inadmisible de que, de un idéntico y único presupuesto —la peligrosidad del autor—, se deriva la aplicación de dos sanciones: la elevación de la pena y la imposición de una medida de seguridad; ROIG TORRES, M.: La reiteración delictiva. *Op. Cit.*, p. 21, estima que los fines de prevención especial y/o general "no pueden llevar nunca a superar el límite de la culpabilidad, amén de lo incoherente que supone insistir en una solución que se ha revelado estéril".

50 ASÚA BATARRITA, A.: La reincidencia. *Op. Cit.*, p. 457.

51 *Ibidem*, p. 460. En el mismo sentido, CEREZO MIR, J.: *Curso de derecho penal español. Parte general*, Vol. III. Teoría jurídica del delito/2, Tecnos, Madrid, 2005, p. 167; MONGE FERNÁNDEZ, A.: La circunstancia agravante de reincidencia. *Op. Cit.*, p. 103.

te, basándose en su peligrosidad[52], como se comentará al final de este epígrafe.

1.2.2. Prevención general

Hay quien considera que el fundamento se encuentra en razones de prevención general positiva[53]. Uno de los autores que defiende esta posición es Feijóo Sánchez, quien señala que la existencia de una reincidencia específica en el derecho penal español aboga por una fundamentación basada en la prevención general positiva o estabilizadora, según la cual el reincidente pone más en entredicho la norma y con ello la validez del ordenamiento jurídico[54].

Otro sector doctrinal encuentra el único fundamento de la reincidencia en la prevención general no solo positiva directa, sino también negativa, aunque criticándola y reconociendo que su rechazo

---

52 RODRÍGUEZ MOURULLO, G.: Aspectos críticos. *Op. Cit.*, p. 303, considera que, aunque la doctrina que defiende la mayor peligrosidad no puede fundamentar satisfactoriamente la elevación de pena en casos de multirreincidencia, sí les atribuye el mérito de haber destacado el verdadero significado que puede revestir, como es, —defiende—, el de ser un síntoma de un estado peligroso, lo que le permite concluir que, si estamos ante una pena por la peligrosidad, estamos ante una pena injustificada.

53 Defienden esta posición, entre otros, autores como CUELLO CONTRERAS, J. / MAPELLI CAFFARENA, B.: *Curso de Derecho Penal. Parte general*, 3ª edición, Tecnos, Madrid, 2015, p. 225; FEIJÓO SÁNCHEZ, B.: *Retribución y prevención general: un estudio sobre la teoría de la pena y las funciones del derecho penal*, B. de F., 2007, pp. 684 y ss., quien aduce que "la existencia de una reincidencia específica en el Derecho Penal español aboga más por una fundamentación basada en consideraciones preventivo-generales relacionadas con el mayor quebrantamiento o puesta en entredicho de la norma por parte del reincidente" (p. 684), y —añade—, "que la prevención general positiva puede aportar una nueva perspectiva frente a esta agravación e, incluso, ayudar a reducir teleológicamente su ámbito de aplicación a una extensión razonable evitando el automatismo de su aplicación" (pp. 684-685).

54 FEIJÓO SÁNCHEZ, B.: *Ibidem*, p. 684, apuntando que, por ejemplo, se pueden castigar de forma más grave los casos de dolo directo que los de dolo eventual en la medida en que el primero indica una mayor falta de reconocimiento de la norma.

generalizado responde a un rechazo a la concepción deshumanizada de la pena por resultar contraindicada para la resocialización[55].

Por lo demás, hay autores que defienden que criterios preventivo-generales, relacionados con la necesidad de disuadir en mayor medida de la comisión de ciertas conductas particularmente recurrentes, son los que fundamentan el mayor castigo de la habitualidad o de la multirreincidencia, no con carácter general, sino en determinados delitos concretos, como es el caso de los delitos leves de hurto. Según esta posición, la menor pena que lleva aparejada la comisión de estos delitos y la reiteración de hechos aislados, cuya conducta se caracteriza por un nulo o escaso desvalor penal, justificarían la mayor pena ante un particular riesgo de reiteración delictiva[56].

1.2.3. Retribución

La extensión de los efectos de la agravante de reincidencia más allá del sistema de determinación de la pena, como las limitaciones al acceso a la suspensión de la pena o a otro tipo de beneficios penales y penitenciarios, ha llevado a un sector doctrinal a considerar que la agravante se basa, además de en criterios preventivos, en "criterios securitarios y retributivos, destinada a cercar y aislar a los delincuentes más rebeldes con el fin de transmitir a la sociedad la idea de control público de la 'criminalidad profesionalizada'"[57]. Por lo demás, hay quien también considera que la imposición de una pena privativa de libertad en el caso de la reincidencia está desprovista de finalidades preventivas, y más bien está imbuida de tintes exclusivamente retributivos[58].

---

55 CUELLO CONTRERAS, J. / MAPELLI CAFFARENA, B.: Curso de Derecho Penal. *Op. Cit.*, p. 225.

56 MARAVER GÓMEZ, M.: "La regulación de la multirreincidencia en los delitos de hurto tras la reforma producida por la Ley Orgánica 9/2022, de 28 de julio", *Revista Electrónica de Ciencia Penal y Criminología, RECPC* 25-13 (2023), pp. 20-21.

57 MAQUEDA ABREU, M. L. / LAURENZO COPELLO, P.: *El Derecho penal en casos. Parte general. Teoría y práctica*, 6ª edición, Tirant lo Blanch, Valencia, 2022, p. 338.

58 MONGE FERNÁNDEZ, A.: Aproximaciones dogmáticas a la circunstancia. *Op. Cit.*, p. 137; la misma: La circunstancia agravante de reincidencia. *Op. Cit.*, p. 137.

Otros fundamentos poco legítimos se ubican en el ámbito del derecho penal simbólico, que, como apunta críticamente Quintero Olivares, no constituyen una explicación político-criminal pero sí sociopolítica y se basan en la idea de que "ningún país está en condiciones sociales de aceptar la irrelevancia de la reincidencia". Así, —continúa diciendo este autor— que "cuestión del todo diferente es que la respuesta haya de ser el recurso a la cárcel y con pena agravada, que ya ha demostrado que no es de especial utilidad para reducir la criminalidad". Finaliza esta reflexión, apuntando a que podrían establecerse otros sistemas de respuesta al problema, "pero los legisladores, aferrados al valor simbólico-social de la agravación de la pena por reincidencia, desprecian cualquier otra consideración proveniente del campo doctrinal"[59].

1.3. Reflexión final

Hallar un fundamento legítimo para las agravaciones de pena por reincidencia, como se ha puesto de manifiesto, ha constituido una tarea de la tradicional y reciente doctrina penal española, sin que se haya llegado a un acuerdo al respecto. Por ello, dado que ninguna de las razones vistas parece resultar convincente o tener una aceptación generalizada, hay un importante sector doctrinal que solicita *de lege ferenda* su supresión[60].

---

59 QUINTERO OLIVARES, G.: "Artículo 22", en QUINTERO OLIVARES, G. (Dir.) / MORALES PRATS, F. (Coord.): *Comentarios al Código Penal Español*, Tomo I (Artículos 1 a 233), 7ª edición, Thomson Reuters-Aranzadi, Pamplona, 2016, p. 318. El autor continúa críticamente afirmando que, a pesar de las críticas vertidas desde hace años por la doctrina española, no se ha afrontado aún el necesario tratamiento normativo adecuado para la profesionalidad o regreso constante al delito, con fórmulas que vayan más allá del incremento de pena por reincidencia, sistema que ha sido abandonado en casi todos los Códigos penales de Europa occidental.

60 CÓRDOBA RODA, J. / RODRÍGUEZ MOURULLO, G.: Comentarios al Código Penal. *Op. Cit.*, p. 744; DE VICENTE MARTÍNEZ, R.: "La reincidencia en el Código Penal de 1995", *ADPCP*, Vol. L, 1997, pp. 175 y 178, quien afirma que lo más conveniente hubiera sido suprimirla en el Código penal de 1995, dada la disparidad de criterios que muestran la imposibilidad de "...justificar racionalmente la reincidencia, por suponer una ruptura del principio de culpabilidad, y al no creer que su mantenimiento tenga una utilidad práctica"; GUISASOLA LERMA, C.: *Reincidencia y delincuencia habitual*, Tirant lo Blanch, Valencia, 2008,

No habiéndose conseguido la empresa de llegar a encontrar un fundamento válido, resultaría presuntuoso querer alcanzar en la presente investigación dicho objetivo. A mi juicio, la razón en la que el legislador ha pretendido fundar una agravación de pena por reincidencia radica en efectos preventivo-especiales, de carácter negativo, que se pretenden conseguir con dicho aumento de pena y que están ligados, por tanto, a la intimidación y la inocuización del sujeto que ya ha delinquido y recae en el delito. De ahí que, como se comentará al tratar el elemento material de la circunstancia agravante genérica, la semejanza de naturalezas que exige el código entre el nuevo delito y aquellos por los que el sujeto reincidente fue condenado previamente, se halle fundamentalmente en un mismo modo de ataque a un mismo bien jurídico (Disposición transitoria séptima de la Ley Orgánica 10/1995, de 23 de noviembre). Así también lo ha interpretado la jurisprudencia del Tribunal Supremo que, reiteradamente, ha tenido en cuenta dicho medio de ataque para entender que concurre la agravante y que considera que se da una inclinación delictiva o tendencia criminológica determinada[61]. En mi opinión,

---

pp. 134-135; MARÍN DE ESPINOSA CEBALLOS, E. B.: La reincidencia. *Op. Cit.*, p. 380; MIR PUIG, S.: La reincidencia. *Op. Cit.*, p. 546; MONGE FERNÁNDEZ, A.: Aproximaciones dogmáticas a la circunstancia. *Op. Cit.*, p. 128; la misma: La circunstancia agravante de reincidencia. *Op. Cit.*, p. 138-139; QUINTERO OLIVARES, G.: Artículo 22. *Op. Cit.*, pp. 317-318, quien señala que "el problema profundo que se esconde en el régimen legal de la reincidencia no reside en la interpretación de la circunstancia agravante, sino en que ésta es la estrecha respuesta del sistema español a un problema de enorme gravedad que permanece diluido en el marco de las circunstancias agravantes, despreciando la significación que tiene la frecuente constatación de la habitualidad o profesionalidad criminal del sujeto reincidente, realidad que demanda una política criminal propia y un tratamiento penal que vaya más allá de un impacto en la medición de la pena imponible por el último delito cometido, pues la materia a tratar, como hacen la mayor parte de los Códigos penales europeos, no se zanja con la mera agravación, cuya inutilidad ha sido abrumadoramente demostrada". Por ello, —concluye el autor—, "es de esperar que nuestro sistema opte por otra clase de respuesta". ZUGALDÍA ESPINAR, J. M.: Sobre la inconstitucionalidad. *Op. Cit.*, p. 89.

61 Como mero ejemplo, aunque más adelante se comentarán muchos otros, puede citarse aquí la STS (Sala de lo Penal, Sección 1ª) 155/2019, de 26 de marzo (*Tol 7153434*), que respecto a si existía identidad de naturalezas entre robo y hurto, manifestó que "...el fundamento de la reincidencia es la mayor peligrosidad que se acredita en el sujeto por su inclinación a cometer la misma clase de

este es el fundamento al que responde dicha agravación, tanto en la parte general, como en la especial, sin que haya que distinguir una justificación distinta en función del delito en cuestión[62].

Ello, no obstante, como se ha visto, choca con el principio de culpabilidad por el hecho, en el que se basa nuestro código penal, y según el cual, como apunta Cerezo Mir, "El objeto del reproche de la culpabilidad es la realización de una acción u omisión típica y antijurídica"[63].

Es por dicha razón, que buena parte del sector doctrinal que aboga por la supresión de la circunstancia agravante, defiende la conversión de los efectos penológicos de la reincidencia en la imposición de medidas de seguridad a quien recae en el delito, fundándose en la peligrosidad criminal de estos sujetos[64], bien de forma exclusiva, bien tras el cumplimiento de una pena, creando así un sistema dualista.

---

delito, por lo que el plus de punición se justifica por una razón de prevención especial orientada a la reforma de aquella inclinación, por más que, desde otra perspectiva más criminológica, la reincidencia acredite el fracaso de la respuesta penitenciaria".

62 En sentido contrario, sin embargo, respecto al castigo de la habitualidad o de la multirreincidencia en los delitos leves de hurto, donde, lejos de los argumentos preventivo-especiales, basados en la peligrosidad individual del autor, encuentra el fundamento de la agravación en criterios preventivo-generales, MARAVER GÓMEZ, M.: La regulación de la multirreincidencia. *Op. Cit.*, pp. 20-21.

63 CEREZO MIR, J.: Curso de derecho penal español. *Op. Cit.*, pp. 45-46. En el mismo sentido, RODRÍGUEZ MOURULLO, G.: Aspectos críticos. *Op. Cit.*, p. 300, quien señala que, en nuestro Derecho, al autor del delito se le pena no por lo que es, sino únicamente por sus acciones y omisiones, aun cuando hecho y autor se implican mutuamente en una insuprimible relación dialéctica, siendo inimaginable tanto un hecho penal sin autor como un autor sin un hecho.

64 En este sentido se han pronunciado, entre otros, CÓRDOBA RODA, J. / RODRÍGUEZ MOURULLO, G.: Comentarios al Código Penal. *Op. Cit.*, p. 744; MARÍN DE ESPINOSA CEBALLOS, E. B.: La reincidencia. *Op. Cit.*, p. 372, que alude a reincidentes peligrosos; MIR PUIG, S.: La reincidencia. *Op. Cit.*, p. 12, quien aludiendo a la postura del derecho comparado, que comparte en esencia, se trataría de "…sustraer a la reincidencia de la agravación de *pena*, para trasladarla, modificado su concepto con la adición en su centro mismo de la nota de habitualidad, al Derecho penal preventivo de las *medidas de seguridad*", es decir, para "los casos de *habitualidad* demostrativa de *peligrosidad*" (p. 547). La cursiva es del autor. Señala este autor, para concluir su obra, que "el origen de la introducción de esta clase de tratamiento —las medidas de seguridad— junto a la pena, se encuentra en el objetivo de liberar a ésta de contenidos preventivos

Ello, a mi juicio, no parece deseable dada la rebaja de garantías penales y procesales respecto a las penas a que podría dar lugar[65]. El código penal español, desde el año 2010, impone para ciertos delitos, en el caso de sujetos imputables, la medida de seguridad de libertad vigilada, habiéndose ampliado los supuestos de aplicación con la reforma operada por la Ley Orgánica 1/2015, de 30 de marzo[66], teniendo como base la peligrosidad criminal. Uno de esos su-

---

incompatibles con los límites políticos de su cometido" (pp. 547-548); MONGE FERNÁNDEZ, A.: Aproximaciones dogmáticas a la circunstancia. *Op. Cit.*, p. 126; la misma: La circunstancia agravante de reincidencia. *Op. Cit.*, pp. 134-140, quien señala que "...la única solución viable para fundamentar el castigo de la *reincidencia* se basa en razones de *prevención especial*, dado que el sujeto ha demostrado una peligrosa predisposición para el delito" (p. 130, la cursiva es de la autora), pero que, atendiendo a razones preventivas, es necesario intervenir sobre los sujetos reincidentes de forma más intensa pero no a través de la ejecución de una pena, sino mediante la aplicación de medidas de seguridad (pp. 134-135); ROXIN, C.: ¿Qué queda de la culpabilidad en el derecho penal? *Op. Cit.*, p. 676; ZUGALDÍA ESPINAR, J. M.: Sobre la inconstitucionalidad. *Op. Cit.*, p. 88, quien señalaba que esta posibilidad teórica, con la vigencia del código penal precedente, se encontraba vetada porque no constituía derecho vigente. GUISASOLA LERMA, C.: Reincidencia. *Op. Cit.*, pp. 149 y ss., por su parte, defiende un sistema dualista, en el que se impongan medidas de seguridad antes o después de la pena impuesta, pero acercando las garantías de esta a aquellas, "respetando en todo momento la dignidad del sujeto sometido a éstas, así como las exigencias derivadas del *principio de proporcionalidad*". La cursiva es de la autora (pp. 154-155).

65 Como defiende SÁNCHEZ BENÍTEZ, C.: "La respuesta punitiva frente al enemigo tras las Leyes Orgánicas 1 y 2/2015", *La Ley Penal*, Nº 132, Sección Estudios, mayo-junio 2018, p. 12, "Quizá, la utilización para estos perfiles de delincuentes de medidas de seguridad que se fundamentan en la peligrosidad criminal parta de una confusión interesada entre peligrosidad y enemistad...", pues "...la noción de peligrosidad permite sortear los límites garantistas que implica el principio de culpabilidad, por lo que posibilita la prolongación del control penal inocuizador sobre estos delincuentes".

66 Los supuestos de aplicación de la medida de libertad vigilada en la regulación vigente son los siguientes: de imposición facultativa, los delitos de homicidio y asesinato en todo caso (art. 140 bis 1 CP), el delito de lesiones cuando la víctima fuere alguna de las personas del art. 173.2 CP (art. 156 quater CP) y el delito de maltrato habitual en el ámbito doméstico (art. 173.2 CP); de imposición obligatoria, los delitos contra la libertad e indemnidad sexual (art. 192.1 CP), y ciertos supuestos en los delitos de terrorismo (art. 579 bis 2 CP). En estos dos últimos grupos de delitos se prevé la imposición obligatoria de la medida, salvo que solo se haya cometido un delito (que no sea grave en el caso de los delitos de

puestos, en los que la imposición de la medida tras el cumplimiento de la pena resulta facultativa, viene dado por el delito de maltrato habitual del artículo 173.2 CP. Sin embargo, esta respuesta punitiva no ha estado exenta de críticas. Así, por un lado, como ya defendiera Cerezo Mir, este tipo de figuras inspiran un derecho penal de autor, contrario al principio de culpabilidad por el hecho[67]; y, por otro lado, como señala Marco Francia, la aplicación de la medida de seguridad postpenitenciaria, de manera apriorística, supone asumir "que la reinserción social de los condenados no ha podido ser lograda con la aplicación de la pena privativa de libertad, ya en el momento del juicio, sin saber si esta pena y el tratamiento penitenciario van a surtir su efecto"[68]. Así, y aunque se asumiera que la habitualidad permite una presunción de peligrosidad que supera las críticas vertidas hacia ella y que admite que el derecho penal responda con medidas de seguridad postpenitenciarias, ni reincidencia ni multirreincidencia constituyen sinónimo de habitualidad[69].

Por otra parte, este endurecimiento del control social se hubiera visto agravado con la introducción de la custodia de seguridad que preveía en 2013 el Anteproyecto de Ley Orgánica por la que se modifica la Ley Orgánica 10/1995, de 23 de noviembre, del Código Penal, como medida privativa de libertad, ante la incompatibilidad

---

terrorismo) y que se trate de un delincuente primario, en cuyo caso el tribunal podrá atender a su menor peligrosidad.

67 CEREZO MIR, J.: Curso de derecho penal español. *Op. Cit.*, p. 46, quien señala que, a pesar de que nuestro código penal se basa en el principio de culpabilidad por el hecho, excepcionalmente algunos de sus preceptos se inspiran en la concepción de la culpabilidad por conducta de vida, como es el caso del delito de ejercicio habitual de la violencia familiar (anterior artículo 153 CP, actual artículo 173 CP). Concluye afirmando que estas figuras delictivas se inspiran en un derecho penal de autor, en lugar de en un derecho penal de hecho. Sobre la idea de culpabilidad por la conducta de vida, véase también RODRÍGUEZ MOURULLO, G.: Aspectos críticos. *Op. Cit.*, pp. 299 y ss.

68 MARCO FRANCIA, M. P.: "Pasado, presente y futuro de la medida de seguridad de libertad vigilada para sujetos imputables", *ADPCP*, Vol. LXXIII, 2020, p. 569.

69 En este sentido, es de destacar la opinión de RODRÍGUEZ MOURULLO, G.: Aspectos críticos. *Op. Cit.*, p. 293, quien, distinguiendo entre el concepto jurídico de reincidencia y el concepto criminológico de habitualidad, defiende que "La plural recaída en el delito puede ser fruto de una particular inclinación al crimen o de hábito criminal. Pero puede ser también un fenómeno ocasional que no revele un particular tipo de personalidad criminal".

de la agravación de pena en casos de peligrosidad extraordinaria y de riesgo elevado de comisión futura de delitos con el principio de culpabilidad[70], que recibió duras críticas doctrinales[71]. Una de ellas es la que se contenía en el Informe del Consejo General del Poder Judicial al Anteproyecto de Ley Orgánica por la que se modifica la Ley Orgánica 10/1995, de 23 de noviembre, del Código Penal, que cues-

---

70 Así, el citado texto legal recogía, en su apartado VI, que "En las ocasiones en que se cometen delitos por sujetos que revelan una peligrosidad extraordinaria y un riesgo elevado de comisión futura de delitos de mayor gravedad, la agravación de la pena por la peligrosidad de futuro del autor resulta difícilmente compatible con el principio de culpabilidad, que exige una vinculación directa de la gravedad de la pena al hecho concreto por el que se impone. Pero la constatación de la peligrosidad del autor sí que autoriza la imposición de una medida de seguridad. Con la reforma, el autor de un hecho criminal será condenado con la pena establecida por la Ley en función de la gravedad del hecho y de las circunstancias del autor. En los casos de peligrosidad y, en particular, de reiteración en la comisión de delitos de gravedad suficiente, cuando además concurran circunstancias que evidencien la tendencia al delito y permitan fundar un pronóstico de peligrosidad, podrá imponerse una medida junto a la pena consistente en libertad vigilada o custodia de seguridad. Estas medidas de seguridad se fijarán en proporción a la peligrosidad del autor, de modo que no estará limitada en su extensión por la duración de la pena prevista para el delito cometido. En estos supuestos, el penado deberá cumplir en primer lugar la pena impuesta y, una vez cumplida, cuando se mantenga la peligrosidad del penado, se ejecutará la medida de seguridad".

71 En relación con estas, DÍEZ RIPOLLÉS, J. L.: El abuso. *Op. Cit.*, pp. 15-16, afirma que "Los internamientos penales tras haber cumplido la condena debidos a la pretendida peligrosidad criminal del sujeto carecen de justificación, y más cuando potencialmente pueden ser indefinidos: Supone cargar sobre las espaldas del ciudadano exdelincuente un pronóstico inseguro, además de asumirse el fracaso del sistema penitenciario para ofrecer vías efectivas de reinserción social al condenado". Un importante sector doctrinal defendió la supresión de la enmienda por tener un carácter materialmente punitivo, ir en contra del Convenio Europeo de Derechos Humanos o por considerarla inconstitucional por infracción de los artículos 17 y 25 CE, entre otros motivos (así, ACALE SÁNCHEZ, M. / ÁLVAREZ GARCÍA, F. J. / BORJA JIMÉNEZ, E. / DEMETRIO CRESPO, E. / DOPICO GÓMEZ-ALLER, J. / ETXEBARRIA ZARRABEITIA, X. / GARCÍA RIVAS, N. / MANSO PORTO, T. / MARAMBIO AVARIA, A. / MUÑOZ CONDE, F. / ORTÍZ DE URBINA GIMENO, I. / POZUELO PÉREZ, L. / REBOLLO VARGAS, R. / RODRÍGUEZ HORCAJO, D.: "Custodia de seguridad: Arts. 96.2, 101, 102.3 y 103.2 CP", en ÁLVAREZ GARCÍA, F. J. (Dir.) / DOPICO GÓMEZ-ALLER, J. (Coord.): *Estudio crítico sobre el Anteproyecto de reforma penal de 2012*, Tirant lo Blanch, Valencia, 2013, pp. 398 y ss.).

tionaba su constitucionalidad, donde se señalaba que la reforma se alineaba con las legislaciones de otros países europeos. Así, algunos han dado entrada a institutos como la libertad vigilada y la custodia de seguridad, en la consideración de que las medidas de seguridad, fundamentadas en la peligrosidad del autor, también resultan eficaces para combatir a los delincuentes peligrosos y reincidentes imputables, ante la insuficiencia de la respuesta dada por la pena, que se funda en el concepto de culpabilidad, optando así por un sistema dualista en el que la pena se complementa por la medida de seguridad, "como consecuencia de una política criminal que pretende, a la vez, castigar el hecho punible cometido y evitar, en lo posible, su repetición"[72]. Ejemplo de ello es Alemania, donde, a pesar de estar vigente desde 1939, se cuestionó su naturaleza de pena por parte del Tribunal Europeo de Derechos Humanos y reconocido incluso por el Tribunal Constitucional alemán[73].

En cualquier caso, la custodia de seguridad finalmente no entró en vigor en nuestro ordenamiento jurídico, pero la libertad vigilada, como medida de seguridad de imposición a sujetos imputables considerados peligrosos tras el cumplimiento de la pena, sí constituye actualmente una realidad vigente en nuestro Derecho. La imposición de medidas de seguridad a sujetos imputables, añadidas a la pena, plantea no pocos interrogantes, siendo uno de ellos el que radica en las dificultades de las que adolecen los métodos de predicción de la peligrosidad para evitar la comisión de delitos futuros, como presupuesto de la imposición de aquellas, lo que las convierte en ilegítimas cuando no se consigue alcanzar un grado de certeza sufi-

---

72 CONSEJO GENERAL DEL PODER JUDICIAL: *Informe al Anteproyecto de Ley Orgánica por la que se modifica la Ley Orgánica 10/1995, de 23 de noviembre, del Código Penal*, 16 de enero de 2013, pp. 109-110. Este informe es crítico con la introducción de la custodia de seguridad.

73 Sobre este particular, véase el análisis realizado por GARCÍA PÉREZ, O.: "Los conceptos autónomos del Tribunal Europeo de Derechos Humanos y las cuestiones procesales: un tema pendiente", en SÁNCHEZ HERNÁNDEZ, C. / PALMA, M. F. / GARCÍA PÉREZ, O. / PRATA ROQUE, M.: *La influencia de la jurisprudencia del Tribunal Europeo de Derechos Humanos en el Derecho interno*, Tirant lo Blanch, Valencia, 2019, pp. 303-305.

ciente[74]. Si bien el empleo de estos métodos o herramientas de valoración y predicción del riesgo supone adoptar una política criminal, como señalaba Asúa Batarrita, inspirada en los conocimientos criminológicos actuales y en las exigencias de racionalización dogmática, que excluye prescripciones legales agravatorias basadas en presunciones, estas no siempre son fácilmente verificables[75]. Esta cuestión, sin embargo, como señala la doctrina, no ha preocupado hasta ahora demasiado a los tribunales, que vienen imponiendo medidas de seguridad a sujetos inimputables o semiimputables "siempre que el perito haya considerado el sometimiento del acusado a un tratamiento para su enfermedad", pero no como consecuencia de la opinión de aquel sobre la peligrosidad del acusado[76].

Por todo ello, y a pesar de que estas propuestas doctrinales cuentan ya con varias décadas, el legislador español se resiste a adoptar la consecuencia jurídico-penal de las medidas de seguridad para el ámbito de la reincidencia y, en mi opinión, la solución tampoco radica en ellas.

A mi juicio, y adelantando lo que se tratará a lo largo del trabajo, parece deseable, por un lado, *de lege lata*, atender a los diferentes elementos que permiten adoptar una interpretación restrictiva de la aplicación de la agravante, en todas sus formas de la parte general y especial, y que serán abordados a lo largo de la investigación. Así,

---

74 Un interesante análisis sobre esta cuestión lo plantea MARTÍNEZ GARAY, L.: "La incertidumbre de los pronósticos de peligrosidad: consecuencias para la dogmática de las medidas de seguridad", *InDret* 2/2014. Esta autora, además, en otros trabajos, críticamente estima que tomar en consideración las valoraciones estructuradas del riesgo de reincidencia para determinar la clase y cuantía de la pena a imponer, como práctica "basada en la evidencia" (*evidence-based sentencing*), constituye una praxis incompatible con las garantías penales y procesales básicas en un Estado de Derecho (MARTÍNEZ GARAY, L.: "Peligrosidad, algoritmos y *due process*: el caso *State v. Loomis*", *Revista de Derecho Penal y Criminología*, 3.ª Época, n.º 20 (julio de 2018), pp. 485-502).

75 ASÚA BATARRITA, A.: La reincidencia. *Op. Cit.*, p. 461.

76 MARTÍNEZ GARAY, L.: "La incertidumbre de los pronósticos de peligrosidad: consecuencias para la dogmática de las medidas de seguridad", *InDret* 2/2014, p. 43. No es este el lugar para ahondar en la cuestión de la fiabilidad de los métodos de predicción de la peligrosidad empleados en las últimas décadas en la imposición de medidas de seguridad a inimputables y semiimputables, pero, desde luego, estas reflexiones dejan abierta la duda sobre su legitimidad.

no encontrándose un fundamento válido para las agravaciones de pena por reincidencia, su imposición obligatoria resulta el aspecto más cuestionable de estas, sobre todo teniendo en cuenta, como ha puesto de manifiesto la doctrina, que la recaída en el delito supone el fracaso de la respuesta penal previa por la que optara el derecho en las condenas anteriores, lo que no explica, por tanto, que la solución a adoptar sea la misma que en aquellas, pero agravada[77].

Por otro lado, *de lege ferenda*, como se comentará más adelante al tratar las consecuencias penológicas de la circunstancia genérica de reincidencia y multirreincidencia, la solución adoptada por el derecho penal alemán, en que dichos antecedentes son tenidos en cuenta en la determinación o individualización de la pena, pero sin que constituyan una circunstancia agravante de imposición obligatoria, parece ser satisfactoria. Como señalara Cerezo Mir, el que el objeto del reproche de la culpabilidad sea la realización de una acción u omisión típica y antijurídica no obsta a que en dicho juicio de reproche se tengan en cuenta, además de los elementos objetivos y subjetivos de la acción u omisión típica y antijurídica realizada, todas las circunstancias que rodearon la conducta delictiva y que concurrían en el delincuente, entre las que se encuentran sus antecedentes

---

77 De esta opinión, RODRÍGUEZ MOURULLO, G.: Aspectos críticos. *Op. Cit.*, pp. 303-304, quien señala respecto a la multirreincidencia, que esta muestra de forma inequívoca el fracaso de los efectos de prevención especial de las penas anteriormente impuestas y cómo la exasperación aflictiva de la pena supone una reacción "reincidente" del ordenamiento jurídico en la pretensión de lograr finalidades de aseguramiento y prevención con medios que ya han fracasado; PRATS CANUT, J. M.: CAPÍTULO IV. De las circunstancias. *Op. Cit.*, p. 256, quien afirma que "Lo único que expresa con certeza la recaída en el delito es el fracaso del Derecho Penal, o al menos el fracaso de la consecuencia jurídica aplicada al sujeto, de tal suerte que no parece razonable «aumentar la dosis» de aquello que ya ha fracasado, el problema no es cuantitativo, sino cualitativo, es decir, la reincidencia es probablemente la expresión más evidente de necesidad de la diversificación de la pena que permita una adecuada individualización de la reacción punitiva"; ROIG TORRES, M.: La reiteración delictiva. *Op. Cit.*, p. 21, quien estima que los fines de prevención especial y/o general "no pueden llevar nunca a superar el límite de la culpabilidad, amén de lo incoherente que supone insistir en una solución que se ha revelado estéril"; MONGE FERNÁNDEZ, A.: La circunstancia agravante de reincidencia. *Op. Cit.*, p. 138.

penales[78]. Eso sí, en mi opinión, tener en cuenta el pasado delictivo del sujeto para la determinación de la pena no bastaría para satisfacer la necesidad de abordar el fenómeno de la reincidencia, siendo necesario que su tratamiento tenga un papel importante en la ejecución de la pena, con el respeto de todas las garantías, con fines resocializadores[79]. Lo anterior no solo tiene por qué producirse en el ámbito penitenciario, sino también en otro tipo de medidas penales alternativas[80].

2. LA CONSTITUCIONALIDAD DE LA AGRAVACIÓN DE LA PENA POR SER REINCIDENTE

2.1. Consideraciones previas

El Juzgado de Instrucción de Daroca (Zaragoza) planteó al Tribunal Constitucional español cuatro cuestiones de inconstitucionalidad

---

78 Así, CEREZO MIR, J.: Curso de derecho penal español. *Op. Cit.*, p. 45, quien añade que ello no implica que el juicio de reproche sea la vida del delincuente (culpabilidad por la conducta de vida), aun cuando el autor defiende que la agravante de reincidencia se basa en la mayor gravedad de la culpabilidad por el hecho (pp. 46 y 168 y ss.), a pesar de que, como se ha visto, reconoce que la experiencia delictiva previa no siempre implica una mayor capacidad de autodeterminación del sujeto y que, por ello, debe verificarse en el caso concreto la concurrencia de una mayor culpabilidad (CEREZO MIR, J.: Derecho penal. *Op. Cit.*, p. 890). Así mismo, afirmando que el mantenimiento de la agravación por reincidencia solo sería aceptable en el supuesto de que se concediese al juzgador la posibilidad de apreciarla o no considerando las circunstancias que concurran en el delito y en el sujeto, ASÚA BATARRITA, A.: La reincidencia. *Op. Cit.*, p. 461. En sentido similar, MONGE FERNÁNDEZ, A.: La circunstancia agravante de reincidencia. *Op. Cit.*, p. 120, justificando que en el juicio de reproche puede atenderse a las circunstancias concomitantes propias del delincuente como su vida anterior.

79 En sentido similar, SÁNCHEZ BENÍTEZ, C.: "Aporofobia y Derecho penal: el delito de hurto y la circunstancia agravante de multirreincidencia", *Sistema Penal Crítico*, nº 1, 2020, p. 238, quien defiende que se refuerce el tratamiento de la peligrosidad criminal durante la ejecución de la pena y no con medidas de seguridad de ejecución postpenitenciaria.

80 Un ejemplo de ello serían las prohibiciones y deberes que puede imponer el juez para condicionar la suspensión del cumplimiento de la pena, previstos en el artículo 83 CP.

entre julio de 1989 y enero de 1990[81] en relación con la agravante núm. 15 del artículo 10 del Código penal de 1973, hoy derogado, que recogía la circunstancia de reincidencia, por considerar que dicha norma era contraria a lo dispuesto en los artículos 1.1, 9.3, 10.1, 15, 24.1 y 2 y 25.1 de la Constitución.

El Tribunal Constitucional, en sentencia del Pleno, núm. 150/1991, de 4 de julio, resolvió las cuestiones de inconstitucionalidad planteadas, declarando la constitucionalidad de la circunstancia agravante de reincidencia.

No se trata aquí simplemente de reproducir el contenido de dicha sentencia, que secuencialmente recoge los argumentos del Juez promovente, a favor de la inconstitucionalidad, y los razonamientos del Abogado del Estado, el Fiscal General del Estado y el Tribunal[82], todos ellos a favor de su constitucionalidad. Más bien se pretende sistematizarlos, exponiendo brevemente cuáles fueron los principios cuestionados y por qué motivos se refutó su conculcación, con el fin de realizar a lo largo de la investigación una valoración personal, considerando también posturas mantenidas por doctrina y jurisprudencia posterior, de la solución adoptada en la resolución. Así, es necesario tener presente que, por un lado, si bien nuestra Constitución permanece inmutable desde este pronunciamiento, la regulación de la agravante cuya constitucionalidad se cuestiona sí ha cambiado, y con ella, sus presupuestos básicos, que fueron objeto de análisis en la sentencia, así como las consecuencias penológicas que trae consigo, que también lo fueron; y, por otro lado, han pasado más de tres décadas desde su declaración de constitucionalidad, por lo que una valoración conforme a parámetros actuales sobre cómo se conciben los posibles derechos fundamentales vulnerados no parece baladí.

---

81 Los Autos en los que se plantearon las cuestiones de inconstitucionalidad son los siguientes: 1) Auto de 11 de julio de 1989, por presunto delito de resistencia a funcionarios públicos del art. 237 del Código penal (número de la cuestión 1.407/1989); 2) Auto de 16 de octubre de 1989, por posible delito de quebrantamiento de condena (número de la cuestión 2.187/1989); 3) Auto de 8 de enero de 1990, por delito de lesiones (número de la cuestión 187/1990); y 4) Auto de 8 de enero de 1990, por posible delito de robo (número de la cuestión 188/1990).

82 El ponente fue el Magistrado Luis López Guerra.

A continuación, se exponen los principios y derechos constitucionales cuya vulneración se plantea en la citada resolución, y a los que iré aludiendo a lo largo de la investigación, en aquellos ámbitos donde se pongan en entredicho.

2.2. Posibles principios y derechos afectados por la agravación de pena por ser reincidente

2.2.1. Principio de culpabilidad por el hecho

Respecto al principio de culpabilidad por el hecho, cuyo reconocimiento constitucional, según el Juez promovente (letra a), se recoge en los artículos 1.1, 9.3, 25.1 y 10.1 de la Carta Magna, siguiendo la doctrina de la culpabilidad como normalidad de la motivación, defiende aquel que el citado principio se ve conculcado porque el artículo 10.15 CP'73 prescindía, dada la complejidad de sus presupuestos fácticos, de la exigencia elemental del conocimiento del injusto por el sujeto. Además, señala que una agravación de pena por "ser reincidente", adjetivo que no se dirige al hecho sino al sujeto, es reflejo de un Derecho penal de autor (letra b).

Ante este argumento, tanto el Fiscal General del Estado (letra f) como el Abogado del Estado (letra a) y el Magistrado Ponente (Fundamento Jurídico 4°) arguyen que el Tribunal Constitucional no ha optado por una doctrina de la culpabilidad y, los dos últimos, citando jurisprudencia constitucional precedente, resaltan la idea de que la incompatibilidad con las doctrinas o construcciones consagradas sobre las categorías dogmáticas no pueden fundar la inconstitucionalidad de un precepto. Así, por un lado, el Ponente (Fundamento Jurídico 4°) obvia la mayor parte de los argumentos esgrimidos por el Juez, confirmando que el principio de culpabilidad es un principio estructural básico del Derecho penal que impide considerar constitucionalmente legítimo un Derecho penal "de autor", pero sin entrar en más valoraciones. Por otro lado, el Abogado del Estado profundiza algo más en la fundamentación de la agravante, señalando que, aun siguiendo la citada doctrina de la culpabilidad, la agravante de reincidencia no es arbitraria porque un nuevo rechazo al deber normativo impuesto por el legislador, subsiguiente a un precedente reproche plasmado en una Sentencia condenatoria convierte en más culpable al reincidente, por disponer de una "mejor previsibilidad de las consecuencias desfavorables de la conducta" que "facilita la motivación en un sentido conforme a la norma" (letra a, segundo párrafo).

Partiendo de que el Ponente no profundiza en justificar por qué no estamos ante un caso de Derecho penal de autor, solo puede atenderse a la última apreciación realizada por el Abogado del Estado. En mi opinión, y de acuerdo con un importante sector doctrinal, como se ha puesto de manifiesto al tratar el fundamento de la reincidencia, no necesariamente el sujeto que previamente delinque dispone de una mejor previsibilidad de las consecuencias desfavorables de la conducta. Ello dependerá de numerosos factores, entre los que se encuentra la naturaleza de la condena previamente cumplida, y otros personales y sociales que puedan influir en el comportamiento delictivo.

2.2.2. Fines de la pena y principio de proporcionalidad de las penas

El Juez promovente defiende que la agravante de reincidencia carece de un fundamento constitucional por no producir una eficacia de prevención general sobre reincidentes potenciales ni tampoco buscar la resocialización del delincuente. Así mismo, reclama que el principio de proporcionalidad entre la pena y la culpabilidad se vulnera, precisamente por no suponer una mayor culpabilidad del sujeto reincidente pues, como ha defendido previamente, "ser reincidente" constituye Derecho penal de autor (letra b).

En relación con este punto el Fiscal General del Estado no se pronuncia. Sin embargo, tanto el Abogado del Estado (letra b) como el Magistrado Ponente (Fundamento Jurídico 4°, letra b), citando jurisprudencia constitucional, y en lo que respecta a los fines de la pena, señalan que el artículo 25.2 CE contiene un mandato dirigido a la Administración y al legislador penitenciarios para orientar la ejecución de las penas privativas de libertad. A esto, el Ponente añade que la Constitución, y en concreto el artículo 25.2, no se opone a otros fines legítimos de la pena, y el Abogado del Estado pone el acento en un argumento al que acude de forma recurrente: la repetición de la conducta como soporte de una mayor antijuricidad, que hace, en su opinión, que la agravación no se considere arbitraria. A esto agrega que, tanto la postura del Juez promovente como la que él plantea, son juicios de valor válidos, sin que exista evidencia empírica de ninguna de ellas. Esto le lleva a afirmar —también como juicio de valor, en mi opinión— que castigar más la repetición de la conducta delictiva por quien ya ha sido condenado para disuadir, con carácter general o especial, de la comisión de nuevos delitos, supone un estímulo a respetar la norma y que, por tanto, no puede decirse que sea irracional.

Respecto al principio de proporcionalidad entre las penas y la culpabilidad, tanto el Abogado del Estado (letra b) como el Magistrado Ponente (Fundamento Jurídico 4°), remitiéndose a la STC (Sala Segunda) 65/1986, de 22 de mayo (*Tol 79611*), argumentan que este juicio corresponde al legislador y que los Tribunales solo se pronunciarán si existe una desproporción de entidad que vulnere valores constitucionales, lo que no se predica, apunta el Ponente, de la reincidencia, dada la consecuencia penológica que traía consigo el artículo 10.15 CP'73, que suponía mantenerse dentro del marco penal fijado para cada tipo penal concreto.

Los fines de la pena perseguidos con la agravación que prevé la reincidencia, como se señaló al tratar su fundamento, han sido objeto de atención por parte de la doctrina. Especialmente destacables, por estar ausentes, son los efectos resocializadores que la imposición de esta pena trae consigo, por más que el Tribunal Constitucional, en el ATC 15/1984, de 11 de enero, Fundamento Jurídico único, estableciera que la orientación reeducativa de la pena no es un derecho fundamental de la persona "sino un mandato del constituyente al legislador para orientar la política penal y penitenciaria, mandato del que no se derivan derechos subjetivos".

Respecto al principio de proporcionalidad, Zugaldía Espinar defendía que este se ve vulnerado tanto en el hecho de que no es más grave la lesión del bien jurídico (no hay un mayor injusto) como en el de que se da una menor capacidad de resistencia frente al delito que dificulta al sujeto la posibilidad de atender a la llamada de las normas (menor culpabilidad)[83]. En la regulación actual, si bien pue-

---

83 ZUGALDÍA ESPINAR, J. M.: Sobre la inconstitucionalidad. *Op. Cit.*, p. 86.

den mantenerse los argumentos relativos a la proporcionalidad de las penas con respecto a la circunstancia genérica del artículo 22.8ª. CP, no puede decirse lo mismo de la cualificada, prevista en el artículo 66.1.5ª. CP. Esta última, como ha señalado la doctrina y como se verá al tratarla más adelante, puede ser considerada inconstitucional por rebasar el citado marco penal al prever la imposición de una pena superior en grado. Una valoración en el mismo sentido parece deducirse de la exasperación punitiva que el legislador español ha previsto para los subtipos agravados recogidos en la parte especial del código penal desde el año 2015 hasta la actualidad, sobre todo en el ámbito de los delitos patrimoniales, como se pondrá de manifiesto en el epígrafe correspondiente.

2.2.3. Principio de seguridad jurídica

El Juez promovente lamenta, por un lado, que el legislador se aparte del respeto a este principio por no permitir la regulación que el delincuente conozca las consecuencias de sus actos y, por otro lado, señala que el artículo 9.3 en relación con el artículo 25.2 CP, se ven vulnerados al imponerse la agravante de reincidencia sobre la base de una mayor peligrosidad del delincuente y no de su mayor culpabilidad, pues se asienta sobre la base de la ineficacia de la pena anteriormente impuesta (letra c).

Respecto a la primera cuestión, el Fiscal General del Estado rechaza el argumento del Juez aclarando que la seguridad jurídica viene garantizada por la plasmación de la norma en un momento previo al delito, con lo que bastaría un conocimiento genérico, y no específico, de la antijuricidad (letra b). Por su parte, el Abogado del Estado (letra c) y el Magistrado Ponente (Fundamento Jurídico 5º) responden al Juez promovente señalando que la circunstancia de reincidencia respeta la exigencia de *lex certa* (artículo 25.1 CE), que constituye una garantía de certidumbre o seguridad jurídica, pues es de las agravantes descritas con mayor precisión y claridad[84].

---

[84] Así, ambos arguyen, citando jurisprudencia constitucional previa (SSTC 122/1987, 133/1987, 69/1989 y 219/1989), que la citada exigencia no se vulnera simplemente por el uso de conceptos jurídicos indeterminados, siempre y cuando su concreción sea factible de modo razonable siguiendo criterios lógi-

Respecto a estas cualidades de la redacción de la circunstancia agravante cabe decir que esta valoración habría que volver a realizarla, pues si bien la circunstancia prevista actualmente en el artículo 22.8ª. CP es muy similar a la que recogía el artículo 10.15 CP'73, su literalidad ha variado en algunos extremos relevantes. Lo cierto es que la regulación de entonces solo recogía el requisito formal, según el cual, los delitos debían estar comprendidos, entonces, en el mismo capítulo del Código (actualmente en el mismo Título). Sin embargo, el requisito material se basaba entonces en que el delito previo tuviera en la Ley igual o mayor pena o que fueran dos o más que tuvieran señalada pena menor. Esta previsión desapareció con el Código penal de 1995, sustituyéndose por la que establece que los delitos sean de la misma naturaleza. Pues bien, la regulación anterior tenía una referencia comparativa clara, esto es, la pena. Sin embargo, la actual exigencia de identidad de naturaleza resulta más ambigua, pudiendo plantear cierta inseguridad jurídica. Qué se entiende por tal es una cuestión controvertida en la que no hay acuerdo doctrinal ni jurisprudencial, por lo que, de su interpretación, restrictiva o extensiva, dependerá la apreciación o no de la circunstancia agravante. Siendo este el elemento que mayor margen de discrecionalidad deja al juez, quizás sería deseable definirlo con una mayor precisión, en aras de respetar el principio de seguridad jurídica.

Con relación a la segunda cuestión, el Ponente considera retórico el razonamiento del Juez y vuelve a criticarle el uso de una postura doctrinal (la que basa el fundamento de la agravante en la peligrosidad del reincidente) como parámetro de constitucionalidad, por lo que no entra en realidad en el fondo de la cuestión.

2.2.4. Derecho a la igualdad ante la ley

La conculcación del artículo 14 CE se plantea por el Juez promovente desde un doble prisma: por un lado, tratando desigualmente al reincidente, con una mayor pena, sin que esta tenga una justificación razonable, sino solo por la perversión manifestada por el sujeto que —añade—, no permite admitir ni presumir, una mayor culpabilidad;

---

cos, técnicos o de experiencia, que permitan prever, con suficiente seguridad, la conducta tipificada.

por otro lado, tratando desigualmente al reincidente que ya ha cumplido su pena y extinguido su responsabilidad criminal, frente al que fue ejecutoriamente condenado pero, por algún motivo, se sustrajo al cumplimiento de aquella (letra d).

Por un lado, respecto al primer punto, el Magistrado Ponente (Fundamento Jurídico 6º) y el Abogado del Estado (letra d), remitiéndose a jurisprudencia constitucional, señalan que dicho Tribunal no admite las discriminaciones planteadas[85] y basándose en la postura del segundo respecto al fundamento de la agravante, el Ponente señala que sostener que la lesión de un bien jurídico es más grave cuando es repetida, así como lo contrario, son juicios de valor compatibles ambos con la Constitución. De este modo, y sin entrar personalmente en la cuestión del fundamento en ningún momento, el Ponente se adhiere implícitamente a este posicionamiento. El Fiscal General del Estado, por su parte, tampoco entra en profundidad en la cuestión, señalando simplemente que no se conculca este principio por la existencia de un fundamento razonable y que, partiendo del argumento del Juez promovente, podría darse un agravio comparativo respecto al no reincidente, si no se impusiera una mayor pena al reincidente (letra c).

Por otro lado, con relación a la segunda cuestión, tanto el Abogado del Estado como el Magistrado Ponente restan importancia al cumplimiento efectivo de la pena, según el primero porque lo esencial, a su juicio, es comprobar la repetición de conductas delictivas. Por su parte, el segundo, con un razonamiento carente de desarrollo, simplemente apunta que para la mayor o menor reprochabilidad penal de la conducta sancionada resulta irrelevante el efectivo cumplimiento, pues lo que está en la base de la agravante es una condena ejecutoria. De este modo, el Ponente se adhiere a la letra del precepto sin cuestionarla mínimamente.

Aquí, el problema entre ambas posturas, la del Juez *a quo* y las de aquellos que defienden la constitucionalidad de la agravante, radica en la falta de acuerdo sobre la existencia de un fundamento legítimo,

---

85 Ambos afirman que es doctrina constitucional asentada que el principio de igualdad ante la ley no puede fundamentar reproche de "discriminación por indiferenciación" (SSTC 86/1985 y 19/1988).

carente según el primero y existente, según el resto, pero sin que ninguno de los tres profundice en él, salvo el Abogado del Estado de forma cuestionable por no ir más allá de la idea de que repetir la conducta delictiva es más grave, sin atender siquiera al cumplimiento efectivo de la pena.

Según Muñoz Conde, se infringe este principio "...al aplicarse penas diferentes a hechos iguales en función de condenas anteriores que en nada afectan a la gravedad del hecho enjuiciado"[86].

2.2.5. Prohibición de penas inhumanas o degradantes

El Juez promotor de la cuestión de inconstitucionalidad considera así mismo que la agravante de reincidencia merece la calificación de trato degradante, prohibido por el artículo 15 CE, por impedir al juzgador la posibilidad de imponer al reincidente la pena prevista para una figura delictiva en su grado mínimo y por situar en el mismo nivel a los reincidentes, independientemente de si unos han cumplido la pena impuesta y otros no (letra e).

Ante este argumento, es unánime la opinión del Abogado del Estado (letra e), del Fiscal General del Estado (letra d) y del Magistrado Ponente (Fundamento Jurídico 7°), que consideran que, atendiendo a la jurisprudencia constitucional, citada por el propio Juez *a quo*, por pena degradante puede entenderse la que provoca "una humillación o sensación de envilecimiento que alcance un nivel determinado, distinto y superior al que suele llevar aparejada la simple imposición de la condena"[87]. Además, el Tribunal Constitucional aclara que dicha calificación dependerá de "la ejecución de la pena y de las modalidades que ésta revista", no de la pena en sí ni de su imposición. Así, los tres concluyen, en el mismo sentido, que la circunstancia agravante de reincidencia prevista en el artículo 10.15 CP'73, como es el caso del resto de las agravantes, no puede considerarse que imponga consecuencias degradantes.

Zugaldía Espinar señaló, con carácter previo al pronunciamiento del Tribunal Constitucional, que "inhumana y degradante es toda

---

86 MUÑOZ CONDE, F. / GARCÍA ARÁN, M.: Derecho penal. *Op. Cit.*, p. 459.

87 SSTC 65/1985, Fundamento Jurídico 4°, y 89/1987, Fundamento Jurídico 2°.

pena absolutamente reñida con la idea de justicia y de la que se sabe con total certeza su absoluta inutilidad desde el punto de vista preventivo tanto general como especial"[88]. Cabe repensar esta afirmación, si tenemos en cuenta la función de la agravación de la pena o sus posibles efectos.

2.2.6. Derecho a la tutela judicial efectiva

El Juez promovente considera vulnerado el derecho a la tutela judicial efectiva, constitucionalmente consagrado en el artículo 24.1, en dos sentidos. Por un lado, porque entiende que dicho derecho impide que cualquier pronunciamiento judicial tome como base un hecho ya castigado en un proceso con sentencia firme con fuerza de cosa juzgada (letra f). Por otro lado, el Juez estima que, independientemente del fundamento de la agravante, la aplicación de esta de forma objetiva y automática constituye una *presunción iuris et de iure* contraria al derecho a la presunción de inocencia. De este modo, partiendo del posible indicio de peligrosidad criminal, perversidad o mayor antijuricidad que se presumiría de la simple existencia de la condena ejecutoria anterior, considera que el reo debería disponer de los medios probatorios que le permitieran justificar que su segundo delito fue ocasional y que carece de conexión con sus sentimientos hacia el orden jurídico (letra g).

Respecto a la primera vulneración del derecho, según el Juez *a quo*, tanto el Abogado del Estado (letra f), como el Magistrado Ponente (Fundamento Jurídico 8°) convienen en que la fuerza de cosa juzgada de la primera sentencia en nada se ve afectada por tener en cuenta la condena precedente para agravar la pena de hechos posteriores, y el último señala que más bien aquí existe una confusión

---

88 ZUGALDÍA ESPINAR, J. M.: Sobre la inconstitucionalidad. *Op. Cit.*, p. 87, añadiendo este autor que "ante el fracaso de los efectos preventivos de la pena en su día impuesta, parece poco oportuno que el Ordenamiento Jurídico reaccione a su vez, a través de lo que se ha dado en llamar «rabieta legislativa», «reincidiendo» en su pretensión de lograr finalidades de prevención a través de la misma sanción, ahora exasperada, que fracasó ya con anterioridad". En el mismo sentido se pronunciaban CÓRDOBA RODA, J. / RODRÍGUEZ MOURULLO, G.: Comentarios al Código Penal. *Op. Cit.*, p. 744. De la misma opinión, SOTO RODRÍGUEZ, M. L.: El efecto agravante. *Op. Cit.*, p. 12.

con la infracción del principio *non bis in idem*, que se valora a continuación.

Con relación a la segunda vulneración del derecho, por un lado, el Abogado del Estado estima que no existe tal presunción legal, en la medida en que continúa fundamentando el merecimiento de la agravación de pena en la "repetición de una conducta delictiva en ciertos supuestos"[89] (letra f). Por otro lado, el Fiscal General del Estado (letra e) y, remitiéndose a este, el Magistrado Ponente (Fundamento Jurídico 8º), señalan que la presunción de inocencia radica sobre el juicio de participación en el hecho delictivo, pero no así sobre las agravantes. En cualquier caso, ambos defienden que lo que se propugna por parte del Juez promotor no es que el reo disponga de medios de prueba para demostrar que no concurren los presupuestos exigidos por la agravante en el Código penal, sino más bien —señala el Ponente—, "...la acreditación, en cada caso concreto, de los supuestos fundamentos o razones tenidas en cuenta por el legislador al establecer la reincidencia como circunstancia agravante". Ello supondría, —continúa el Ponente— convertir la fundamentación "... en un presupuesto o requisito no recogido en el artículo 10.15 CP". Pero, además, como señala el Fiscal General del Estado, al que el Ponente vuelve a remitirse, "...todo este planteamiento nos llevaría a la consideración de cuestionar la constitucionalidad de gran parte del ordenamiento penal, a la eliminación del Código de todos los delitos de peligro abstracto, a la práctica de una prueba diabólica ante los Tribunales sobre la continuación o no de la tendencia criminal y a la revisión del sistema de la rehabilitación que se produce por el mero transcurso del tiempo".

La presunción *iuris et de iure* de la mayor peligrosidad que establece el Código penal con la regulación de la reincidencia ha sido también puesta en entredicho por un sector doctrinal, que critica el hecho de que la recaída en el delito puede ser un acontecimiento puramente ocasional, que no revele una particular inclinación al delito y que contraviene la presunción de inocencia del artículo 24.2 CE[90].

---

89 Los que establece el artículo 10.15 CP'73.

90 En este sentido, ZUGALDÍA ESPINAR, J. M.: Sobre la inconstitucionalidad. *Op. Cit.*, p. 89.

2.2.7. Principio de legalidad y prohibición del *bis in idem*

Finalmente, el Juez promovente considera vulnerado el artículo 25.1 CE, al estimar que la agravante de reincidencia constituye una segunda sanción para el hecho ya castigado, infringiendo así el principio que prohíbe el *bis in idem*. Así mismo, considera que, en aras de respetar el principio de tipicidad y legalidad penal, la determinación de la pena debe tener en cuenta solamente el momento de la comisión y no hechos previos (letra h).

A este último argumento, el Abogado del Estado (letra g) responde afirmando que el hecho anterior no vuelve a castigase, pues el vocablo *idem* "...requiere identidad completa y estricta del hecho pluralmente sancionado", por lo que entiende que lo que se castiga, más gravemente, es solo el hecho posterior por ser repetido. Lo mismo considera el Fiscal General del Estado (letra g), quien estima que este principio no se conculca porque se valora un nuevo delito sobre el que se hace un nuevo juicio de culpabilidad que hace que quiebre la identidad objetiva. Este último llega a pronunciarse sobre el fundamento de la agravante en este punto, afirmando que "el legislador, por la misma razón que considera unos delitos más graves que otros, ha estimado, en opción constitucionalmente válida, que la persistencia en el delito y la rebeldía ante la norma debe tener como correlato una superior pena, atendiendo los fines de prevención general y especial que persigue el Código Penal". Por su parte, y para concluir, el Magistrado Ponente (Fundamento Jurídico 9º) afirma que la apreciación de la agravante de reincidencia supone "...determinar el grado de aplicación de la pena prevista para el delito y, dentro de los límites de cada grado, fijar —discrecionalmente— la extensión de la pena" del hecho posterior. Además, señala que establecer una extensión diferente para los supuestos de repetición de delitos propia de la reincidencia, frente a los supuestos de no reincidencia, "es una opción legítima y no arbitraria del legislador" que tiene en cuenta los hechos anteriores "bien (según la perspectiva que se adopte) para valorar el contenido de injusto y su consiguiente castigo, bien para fijar y determinar la extensión de la pena a imponer".

A mi juicio, era en relación con este último principio donde habría sido deseable un pronunciamiento sobre el fundamento de la agravante que legitimara su existencia por parte del Magistrado

Ponente. El Abogado del Estado solo menciona la repetición de la conducta. El Fiscal General del Estado parece que se acoge a la idea de rebeldía ante la norma. Sin embargo, el Tribunal Constitucional no se posicionó al respecto, lo cual también ha sido criticado por la doctrina[91].

91 Así, LIÑÁN LAFUENTE, A.: "La agravante de multirreincidencia en los delitos leves contra el patrimonio", *Revista Sistema Penal Crítico*, Nº .1, 2020, p. 258, quien considera que el Tribunal no consigue construir una argumentación convincente en este punto.

Capítulo 2

LA REINCIDENCIA EN LA PARTE GENERAL DEL CÓDIGO PENAL

1. LA AGRAVANTE GENÉRICA DE REINCIDENCIA DEL ARTÍCULO 22. 8ª DEL CÓDIGO PENAL

1.1. Consideraciones previas

Como se ha señalado previamente, el estudio de la circunstancia genérica que prevé la agravante de reincidencia del artículo 22.8ª. CP será objeto de especial atención en el presente trabajo de investigación, pues constituye una institución cuya propia existencia sigue siendo objeto de debate. Así, como señala Cerezo Mir, "La reincidencia es una circunstancia agravante cuya legitimidad y oportunidad ha sido ampliamente cuestionada en la moderna Ciencia del Derecho penal española", a pesar de lo cual se ha optado por su mantenimiento[92].

Y, como apuntaba Prats Canut en 1996, "la historia de la reincidencia es la historia de su limitación, parece como si hubiese una mala conciencia en relación a la misma, que, por criterios difíciles de sostener desde la óptica preventiva del Derecho Penal, pero que encuentran su ubicación en el terreno de los sentimientos de inseguridad u otros más o menos atávicos, hace que no se dé el paso de renunciar a dicha institución, pero sí que al menos se intente su limitación a un círculo reducido de supuestos"[93]. Esta afirmación se contextualiza tras la aprobación del código penal de 1995, que trajo consigo varios cambios relevantes en la circunstancia agravante de reincidencia que se dirigían hacia su progresiva restricción, tanto en el ámbito legislativo como en el jurisprudencial[94]. Incluso en algunos

92 CEREZO MIR, J.: Derecho penal. *Op. Cit.*, p. 886.

93 PRATS CANUT, J. M.: CAPÍTULO IV. De las circunstancias. *Op. Cit.*, p. 256.

94 ZUGALDÍA ESPINAR, J. M.: Artículo 22.8. *Op. Cit.*, pp. 1077-1079.

momentos de la historia de nuestra legislación penal, la agravante desapareció del código, como ocurrió en 1983[95].

Sin embargo, parece que dicha progresiva restricción o limitación que pretendía el legislador de 1995 ha ido remitiendo con las sucesivas reformas posteriores al código, sobre todo la operada por la LO 1/2015, de 30 de marzo. Así, se han adoptado algunas modificaciones que restringen su ámbito de aplicación, al menos aparentemente. Una de ellas fue la exclusión de los delitos leves, aunque en realidad muchos de ellos constituían faltas antes de 2015 y estas ya estaban excluidas de la imposición de la agravante. Otro ejemplo de dichas modificaciones es el requisito de que los delitos sean de la misma naturaleza, restricción derivada en realidad de la necesidad de acotar el ámbito de aplicación de la agravante dada la exigencia de que los delitos se encuentren en el mismo Título y no en el mismo Capítulo, como se propuso en la Ley Orgánica 8/1983, de 25 de junio, de Reforma Urgente y Parcial del Código penal. Junto con estas aparentes limitaciones del ámbito de aplicación de la agravante, como se ha mencionado previamente, este se ha ampliado al permitir que las condenas de tribunales europeos sean tenidas en cuenta a efectos de reincidencia y al extender los plazos de cancelación de los antecedentes penales.

A pesar de que la agravante de reincidencia, con los elementos que la caracterizan, es una institución asentada en nuestro ordena-

---

95 Como señala DE VICENTE MARTÍNEZ, R.: La reincidencia. *Op. Cit.*, p. 172, el legislador "...se atrevió a suprimir la reincidencia del catálogo de las circunstancias que agravan la responsabilidad criminal. Es la primera y única vez que el legislador español se ha atrevido a dar tan importante paso". Así, continúa diciendo esta autora que "La Propuesta de 1983 sustituye la reincidencia, como circunstancia que agrava la pena automáticamente, por la habitualidad, como estado peligroso, que deja de tener influencia sobre la pena, siendo el presupuesto de una medida de seguridad, que, sin embargo, sólo se aplica tras hacerse un juicio de pronóstico sobre la futura peligrosidad criminal del sujeto (artículo 87), de manera que la medida no procede en todos los casos en los que se dan los requisitos objetivos de la habitualidad. Por tanto, en la Propuesta de 1983 a la vez que desaparece como tal la circunstancia agravante de reincidencia, se articulan una serie de mecanismos (internamiento en un centro de terapia social, pedagógico especial, reeducador, etc.) para prevenir los supuestos más graves de peligrosidad criminal (delincuentes habituales, toxicómanos, etc.)" (p. 173).

miento jurídico-penal, esta no ha dejado de ser objeto de debate hasta nuestros días. Así, como se comentará al abordar el tratamiento de los delitos leves y el ámbito de la multirreincidencia en los delitos patrimoniales, actualmente están planteándose proposiciones de ley, que siguen cuestionando pilares básicos de la institución de la reincidencia como circunstancia agravante.

1.2. El carácter obligatorio de la imposición de la agravante de reincidencia

La naturaleza imperativa de la imposición de la agravante de reincidencia, sin condicionarla a nada más que a la concurrencia de los requisitos, en su mayoría rígidos, previstos en el artículo 22.8ª. CP, constituye una de las cuestiones en las que un importante sector doctrinal se ha mostrado más crítico[96].

En relación con este tema, el Tribunal Supremo se pronunció en STS (Sala de lo Penal) de 6 de abril de 1990 (*Tol 2379924*)[97], acerca

96 DÍEZ RIPOLLÉS, J. L.: "Las circunstancias genéricas modificativas de la responsabilidad criminal en el proyecto de código penal de 1992", *Diario La Ley*, 1993, tomo 2, Editorial LA LEY, pp. 6-7, quien defiende que la agravante presenta dos deficiencias. Por un lado, que "no resulta convincente sostener que la mera repetición del delito expresa en todo caso una mayor culpabilidad del sujeto" y que "resulta difícil eliminar la impresión de que componentes intimidatorios propios de la prevención general y especial desempeñan un papel excesivo en la fundamentación de la circunstancia". Pues bien, en opinión de este autor, dichas deficiencias, "recíprocamente condicionadas, aparecen estrechamente vinculadas a la naturaleza obligatoria de la circunstancia y podrían neutralizarse satisfactoriamente con su conversión en todo caso en una agravante facultativa que condicionara su aplicación y vigencia a un análisis en el caso concreto de la efectiva mayor culpabilidad del sujeto. Con ello se conseguirían al menos dos cosas: no aplicarla cuando hubiera dudas sobre la existencia de una mayor reprochabilidad, e impedir que los razonamientos preventivos adquieran autonomía más allá del marco establecido por la culpabilidad. De ahí que proceda una propuesta de mejora que, superando la situación diferenciada contenida en el proyecto, considere agravante facultativa tanto a la reincidencia genérica como específica". También crítico con el carácter obligatorio de las circunstancias agravantes en nuestra tradición jurídica, PRATS CANUT, J. M.: CAPÍTULO IV. De las circunstancias. *Op. Cit.*, p. 217, afirmando que convertirlas en indicaciones o recomendaciones al juez supondría asentar un principio de confianza en el poder judicial.

97 Ponente: Enrique Bacigalupo Zapater.

de las razones por las que estimaba que no era necesario plantear una cuestión de constitucionalidad, que posteriormente resolvió favorablemente a la constitucionalidad la STC (Pleno) 150/1991, de 4 de julio (*Tol 80562*). La citada resolución de 1990 alegaba que "La inconstitucionalidad de un precepto del Código Penal sólo se debe decretar si la norma cuestionada no admite una interpretación conforme a la Constitución". En este sentido, la Sala afirmó que los Tribunales podían contemplar la agravación que disponían los artículos 10.15°. y 61.2°. del Código penal vigente en el momento[98], siempre que no se superara la gravedad de la culpabilidad por el hecho, y que la consecuencia práctica de esa redefinición del régimen de la reincidencia afectaba directamente al automatismo de su aplicación. Esto implicaba que la pena no podía superar el límite máximo previsto en el marco penal abstracto del delito ulterior, —decía la sentencia— "sin tener en cuenta la conducta anterior del autor ni pronósticos de conducta desfavorables para el futuro", no pudiendo el Tribunal en dichos supuestos agravar la pena por reincidencia, siempre que superara la que resulta de la gravedad de la reprochabilidad por el hecho.

La interpretación *de lege lata* realizada en esta resolución fue criticada, entre otras razones, por constituir una violación del principio material de legalidad al ir frontalmente en contra del carácter obligatorio que prevé la circunstancia y que supondría atribuir funciones legislativas al Tribunal Supremo[99]. Sin embargo, en mi opinión, y de acuerdo con la posición que mantiene en este punto Zugaldía Espinar[100], si dicha interpretación constituye un trato más favorable al reo en todo caso, pues supone permitir la inaplicación de una agra-

---

98 Que establecían, respectivamente, la circunstancia genérica agravante de reincidencia y la regla de determinación de la pena cuando concurre una sola circunstancia agravante.

99 DÍEZ RIPOLLÉS, J. L.: Las circunstancias genéricas modificativas. *Op. Cit.*, pp. 6-7.

100 ZUGALDÍA ESPINAR, J. M.: Artículo 22.8. *Op. Cit.*, p. 1088, quien defiende que "la «incertidumbre jurídica *hacia abajo*» (es decir, aquella que sólo permite limitar, atenuar o excluir la pena —nunca fundamentarla ni agravarla—), no puede lesionar ni poner en peligro ningún derecho fundamental de la persona por la simple razón de que los derechos fundamentales de la persona no pueden operar nunca *contra* la persona" (la cursiva es del autor).

vación penológica, la posible vulneración de la seguridad jurídica que debe garantizar el principio de legalidad material no se produce.

Antes de concluir este punto, mirando al derecho comparado, hay que destacar que aunque Italia no parece ser un espejo en el que mirarse a efectos de su tratamiento de la reincidencia, resulta plausible la decisión de la Corte Constitucional italiana que, en sentencia 8-23 de julio de 2015, n. 185[101], declaró la inconstitucionalidad de la exigencia de obligatoriedad de imposición de la agravante de reincidencia que la reforma del código penal operada por la Ley de 5 de diciembre de 2005, n.251, introdujo en el artículo 99, apartado 5[102], cuando concurriera alguno de los delitos previstos en el artículo 407, apartado 2, letra a) del Código procesal penal[103]. Dicha previsión fue considerada inconstitucional por adolecer de irracionalidad respecto a los artículos 3 y 27.3 de la Constitución italiana, que prevén la igualdad de todos los ciudadanos y la reeducación del condenado como fin de la pena, respectivamente. Por ello, establece esta resolución que se considera inadmisible la previsión contenida en el artículo 99, apartado quinto, del código penal italiano, por suponer un rígido automatismo sancionatorio que da lugar a una presunción absoluta de mayor culpabilidad o de mayor peligrosidad del reo basada solo sobre el dato formal del título del nuevo delito cometido.

El automatismo que supone la imposición de la agravante en nuestro código penal choca frontalmente, en mi opinión, con la falta de claridad que todavía pende sobre su fundamento. Actualmente, la decisión de imponer o no la agravante se modula con base en

---

101 Gazzeta Ufficiale 29.7.2015, n.30 - Prima serie speciale.

102 El artículo 99 del código penal italiano, en su apartado primero, establece que: "*Chi, dopo essere stato condannato per un delitto non colposo, ne commette un altro, può essere sottoposto ad un aumento di un terzo della pena da infliggere per il nuovo delitto non colposo*". El apartado quinto de dicho precepto era del siguiente tenor literal: "*Se si tratta di uno dei delitti indicati all'articolo 407, comma 2, lettera a), del codice di procedura penale, l'aumento della pena per la recidiva è obbligatorio e, nei casi indicati al secondo comma, non può essere inferiore ad un terzo della pena da infliggere per il nuovo delitto*". Fue declarada inconstitucional la referencia a "*è obbligatorio e*".

103 Estos son delitos de especial gravedad, contra el orden público, la personalidad del Estado, la seguridad del Estado, homicidio, robo con violencia o intimidación cometido en el marco de una asociación para delinquir, secuestro de una persona con fines de robo o extorsión, etc.

los requisitos que prevé la circunstancia que dejan cierto margen de discrecionalidad judicial, que serán objeto de estudio en el siguiente punto. No obstante, la conversión *de lege ferenda* de la circunstancia agravante en facultativa, solicitada por un importante sector doctrinal[104], constituye una vía intermedia entre la supresión de la reincidencia como agravante y su mantenimiento sin modificaciones, que parece presentarse como la solución más plausible.

1.3. Requisitos para apreciar la reincidencia como agravante genérica

La especial relevancia del estudio de los requisitos contenidos en el artículo 22.8ª. CP para entender que concurre la circunstancia agravante de reincidencia, y de su interpretación por nuestros tribunales, radica fundamentalmente en lo siguiente: el carácter obligatorio de la imposición *de lege lata* de la agravante, como acabamos de ver, hace que solo a partir de los elementos que conforman en nuestra regulación la circunstancia de reincidencia sea posible excluir su aplicación.

Por ello, seguidamente se expone el contenido de cada uno de ellos, que se dividen en dos grupos. Por un lado, los elementos materiales de la reincidencia o presupuestos sustanciales que exige la circunstancia agravante genérica para su concurrencia, como son que el sujeto haya sido condenado ejecutoriamente por un delito y que el delito esté comprendido en el mismo título de este Código, siempre que sea de la misma naturaleza. Por otro lado, los elementos procesales, que constituyen supuestos que, adicionalmente, quedan excluidos de su aplicación o bien incluidos, como son el que no se computen los antecedentes penales cancelados o que debieran serlo, ni los que correspondan a delitos leves, en el primer caso, o que se computen las condenas firmes de jueces o tribunales impuestas en otros Estados de la Unión Europea, salvo que el antecedente penal haya sido cancelado o pudiera serlo con arreglo al Derecho español, en el segundo.

---

104 En este sentido, CEREZO MIR, J.: Derecho penal. *Op. Cit.*, p. 890; DÍEZ RIPOLLÉS, J. L.: Derecho penal español (2020). *Op. Cit.*, p. 538; ROIG TORRES, M.: La reiteración delictiva. *Op. Cit.*, p. 33.

1.3.1. Elementos materiales de la reincidencia

A. *Que, al delinquir, el culpable haya sido condenado ejecutoriamente por un delito*

1) La determinación del momento de comisión del delito: "al delinquir"

La referencia a la expresión "al delinquir" va a determinar el momento antes del cual debe haber sido el sujeto ejecutoriamente condenado, es decir, el momento de comisión del delito, para lo cual habrá que atenerse a las teorías dominantes para resolver esta cuestión.

A efectos de fijar ese momento en el que el sujeto delinque, parece acertado seguir aquí la teoría de la actividad, como establece el artículo 7 CP para la aplicación de la ley penal en el tiempo, y según la cual "los delitos se consideran cometidos en el momento en que el sujeto ejecuta la acción u omite el acto que estaba obligado a realizar". En este sentido también se pronunció Mir Puig respecto a la ya derogada reiteración, apuntando que "Cualquiera que sea la opinión que se mantenga en torno a la cuestión del fundamento de aquella circunstancia, resulta seguro que el mismo se halla vinculado a la *actuación* del reo, en la medida en que sólo ésta constituye la expresión de aquello que puede servir de base a la agravación..."[105]. Así, señala también que "...«al delinquir» deberá entenderse referido al momento de realización de la manifestación de voluntad correspondiente a la infracción anterior, no a su eventual resultado"[106].

El artículo 7 CP no realiza más precisiones sobre el momento de realización del delito cuando este presenta una configuración especial, como es el caso de los delitos continuados, permanentes y aquellos que exigen habitualidad. Por ello, ateniéndonos a lo que recoge el artículo 132.1 CP en su apartado primero, que determina el día en que empiezan a contar los plazos de prescripción del artículo 131 CP, y que establece que es el día en que se haya cometido la infracción punible, en el caso de tales delitos, —dice el precepto— "...tales términos se computarán, respectivamente, desde el día en que se

---

105 MIR PUIG, S.: La reincidencia. *Op. Cit.*, p. 173, en relación con la reiteración. La cursiva es del autor.

106 *Ibidem.*, pp. 358-359.

realizó la última infracción, desde que se eliminó la situación ilícita o desde que cesó la conducta"[107].

Esta regulación ha sido interpretada por Díez Ripollés como seguidora de un criterio que atiende a la consumación del delito[108]. Esta solución sería deseable pues, como este mismo autor apunta, resulta difícil mantener un criterio unitario para todos los supuestos, dadas las características diferentes de cada institución jurídica[109].

Sin embargo, a mi juicio, ello no siempre trae consigo soluciones satisfactorias a los efectos que aquí interesan, suponiendo una interpretación desfavorable al reo, pues en ocasiones, la consumación del delito puede tener lugar con un notable distanciamiento temporal del momento en el que el sujeto realizó la acción prohibida o no realizó la acción debida[110]. Ello podría retrasar en ocasiones el momento valorativo que exige la circunstancia agravante, con el consiguiente perjuicio que supondría para el reo su aplicación porque ha concurrido un considerable margen de tiempo para que pueda emitirse una sentencia condenatoria por un delito previo.

Por ello, en mi opinión, y sea cual sea el fundamento de la agravante, puesto que es en el momento de ejecutar la acción cuando el sujeto manifiesta una nueva voluntad de lesionar un bien jurídico, cabe interpretar que el artículo 132 CP sigue igualmente la teoría de la actividad. En este sentido, tratándose de infracciones compuestas de más de una sola acción u omisión y estando la relevancia en estas, se pone la atención en la última llevada a cabo con la que pueda

---

107 Por tratarse la alusión a este precepto de una referencia únicamente instrumental para determinar el elemento "al delinquir" del artículo 22.8ª. CP, no se entra aquí en la valoración detallada del plazo introducido en el apartado tercero del artículo 132.1 CP por la Ley Orgánica 8/2021, de 4 de junio, de protección integral a la infancia y la adolescencia frente a la violencia. Esta extensión del plazo de prescripción en un buen número de delitos cuando la víctima es menor de dieciocho años supone una demora considerable de la prescripción respecto a la regulación de los anteriormente previstos. Sobre esta cuestión, véase GÓMEZ MARTÍN, V.: "La prescripción de los delitos con víctima menor de edad: ¿quién da más", *RECPC* 24-38, 2022.

108 DÍEZ RIPOLLÉS, J. L.: Derecho penal español (2020). *Op. Cit.*, p. 178.

109 *Ibidem*, pp. 177-178.

110 Piénsese en el supuesto en que la muerte de un sujeto al que se ha disparado se produce tras meses en coma, por lo que la consumación del delito no se produciría hasta entonces.

confirmarse que se ha realizado ese delito con una configuración especial. Esta interpretación permitiría restringir la aplicación en la práctica, aunque sean escasos los supuestos imaginables, pues ello abarcaría solo a los delitos de resultado, en los que este, y con él la consumación, tienen lugar en momento espaciotemporal muy distanciado de la acción.

2) La condena ejecutoria por un delito

El requisito de haber sido condenado ejecutoriamente por un delito para la imposición de la agravante de reincidencia exige que, al delinquir, concurra una sentencia firme por el delito cometido.

El artículo 141 de la Ley de Enjuiciamiento Criminal establece que las sentencias serán firmes "cuando no quepa contra ellas recurso alguno ordinario ni extraordinario, salvo los de revisión y rehabilitación", y que la "ejecutoria" es "el documento público y solemne en que se consigna una sentencia firme". Una vez dictada, se inscribe en el Registro Central de Penados, previsto en el Real Decreto 95/2009, de 6 de febrero, por el que se regula el Sistema de registros administrativos de apoyo a la Administración de Justicia.

Esto implica, como ha puesto de manifiesto doctrina y jurisprudencia, que, si se cometieron los hechos que sirven de base a la aplicación de la reincidencia antes de que la condena del delito anterior deviniera firme, no cabrá apreciar la agravante[111].

El presente requisito no exige que el sujeto haya cumplido la condena impuesta. Así, el código penal solo prevé la reincidencia impropia, esto es, la que solo requiere que el sujeto haya sido previamente condenado por sentencia firme, pero no así que haya cumplido la pena impuesta antes de la comisión del nuevo delito, lo que constituye la llamada reincidencia propia[112].

A pesar de que la regulación es clara, y la interpretación que la doctrina hace al respecto no cuestiona la necesidad de que se dé la

---

111 STS (Sala de lo Penal, Sección 1ª) 979/2011, de 29 de septiembre (*Tol 2267553*).

112 Así, entre otros, DÍEZ RIPOLLÉS, J. L.: Derecho penal español (2016). *Op. Cit.*, p. 506, quien señala el caso de reincidencia impropia, por ejemplo, en el que el sujeto cometa el segundo delito durante el periodo de suspensión de la pena por el primero; SOTO RODRÍGUEZ, M. L.: El efecto agravante. *Op. Cit.*, p. 3.

citada reincidencia impropia, el legislador ha optado por tres formas de exigir este elemento en diferentes momentos de la evolución legislativa de la reincidencia.

En primer lugar, se encuentra la opción más amplia y menos garantista de que el sujeto haya cometido actos delictivos con carácter previo, aunque todavía no exista una sentencia condenatoria firme. Esta opción, que claramente vulnera el principio de presunción de inocencia, fue por la que optó nuestro legislador en 2003 y 2010, cuando exigía en el delito de hurto (artículo 234 CP) que, en el plazo de un año, el sujeto hubiera realizado cuatro y tres veces, respectivamente, la falta del artículo 623 CP. De hecho, se planteó una cuestión de inconstitucionalidad contra este precepto, como se comentará más adelante, que se resolvió por STC (Pleno) 185/2014, de 6 de noviembre (*Tol 4561315*), a favor de su carácter constitucional, pero realizando una interpretación conforme a la Constitución. El legislador de 2015, al suprimir las faltas, convirtió esta conducta en delito, excluyendo de la excepción del artículo 234.2 CP, que impone una pena de multa de uno a tres meses cuando la cuantía de lo sustraído no exceda de 400 euros, aquellos supuestos en que concurra alguna circunstancia del artículo 235. Dentro de este último precepto, el apartado 1, en el numeral 7º prevé como circunstancia agravatoria, que puede dar lugar a una pena de prisión de uno a tres años, el que el culpable, al delinquir, hubiera sido condenado ejecutoriamente al menos por tres delitos comprendidos en el Título XIII, siempre que sean de la misma naturaleza, y sin tener en cuenta para ello los antecedentes cancelados o que debieran serlo. De esta forma, el legislador de 2015 convierte en delito menos grave la concurrencia de tres delitos leves, pudiendo castigarse con una pena de prisión de hasta tres años, cuando, antes de la reforma, tenían una pena máxima de dieciocho meses de prisión. El aspecto positivo de esta modificación, a la que se hará referencia más adelante, es que, tras la entrada en vigor de la reforma de 2015, ya no basta con haber realizado simplemente las acciones delictivas para aplicar la agravante, con los problemas interpretativos que la anterior redacción acarreó, sino que el legislador decidió adoptar una vía intermedia, que viene dada por exigir que el culpable hubiera sido condenado ejecutoriamente por tres delitos.

Así, en segundo lugar, existe la vía intermedia, que viene dada por el requisito, actualmente vigente, que exige haber sido condenado ejecutoriamente por un delito (reincidencia impropia). Esta es la opción por la que optó el legislador de 1995 para regular la agravante de reincidencia del artículo 22.8ª. CP, así como el de 2015 en el caso del hurto apenas mencionado. Sin duda, constituye una vía más garantista para la presunción de inocencia que la anterior. Como señalaba Mir Puig, "*ejecutoriedad* de una sentencia es concepto equivalente a *posibilidad* y *necesidad* de ejecución de una condena. Pero si ejecutoriedad es posibilidad y necesidad de ejecución, lógicamente, no puede equipararse a la *ejecución* misma. La ejecutoriedad es sólo la *condición* de la ejecución"[113].

En tercer lugar, se halla la opción más restrictiva, que exige no solo haber sido condenado ejecutoriamente por un delito sino haber cumplido la condena impuesta (reincidencia propia). Esta última vía, más restrictiva, es la que, según Mir Puig, preveía el artículo 10.14º. del CP de 1973 para la llamada "reiteración", que se correspondía con la reincidencia genérica, esto es, la que solo requiere que se haya cometido un delito previo, independientemente de la naturaleza de este. Así, este precepto establecía que "Hay reiteración cuando al delinquir el culpable hubiere sido castigado por delito a que la ley señale igual o mayor pena, o por dos o más delitos a que aquélla señale pena menor". El problema de este precepto venía dado por el término "castigado" por el que optó y que difería del que preveía la reincidencia del artículo 10.15º. CP'73, que era entonces la actualmente vigente y, por tanto, la específica. Así, mientras que la reiteración se refería a "castigado", la reincidencia aludía a "ejecutoriamente condenado". Como señalaba el citado autor, la mayoría de la doctrina y de la jurisprudencia del momento los equiparaba[114]. Sin embargo, el empleo de términos distintos por la ley era vista por aquel, a mi juicio, con razón, como problemático a efectos de equiparación, por lo que abogaba por distinguirlos, entendiendo el primero en el sentido de haber ejecutado la "pena impuesta por un delito

---

113 MIR PUIG, S.: La reincidencia. *Op. Cit.*, p. 47. La cursiva es del autor.

114 Véase *Ibidem*, pp. 29 y ss.

o falta en un culpado"[115], es decir, en el sentido de cumplimiento efectivo del castigo (de la pena impuesta)[116], y el segundo, en el de solo haber sido condenado ejecutoriamente por sentencia firme[117].

Expuestas aquí las formas en las que el legislador ha abordado este requisito, a mi juicio, procede plantearse, al menos, la posibilidad *de lege ferenda* de exigir que el sujeto susceptible de serle impuesta la agravante de reincidencia haya efectivamente cumplido condena, es decir, prever como requisito la reincidencia propia.

En el análisis del fundamento de la agravante, y tras un estudio riguroso de las posturas tradicionalmente mantenidas, Mir Puig ponía de manifiesto que, como nota común a las posiciones examinadas, dicho requisito legal no era considerado relevante "a los efectos de esclarecimiento del sentido de la reincidencia, pasando a ser reputado como mero dato exigido por la necesidad de *certeza* de la pluralidad delictiva o incluso, como elemento *formalista* de dudosa coherencia con el significado esencial de la reincidencia"[118].

Sin embargo, cabe preguntarse si el proceso penal y la imposición de la condena llevan consigo una función pedagógica suficiente a efectos de esperar la resocialización del sujeto. Aunque la reeducación y la reinserción social del sujeto se predican constitucionalmente, como establece el artículo 25.2 CE, de las penas privativas de libertad y las medidas de seguridad, el fin último del Derecho penal, y de toda política criminal, viene dado por la prevención de la delincuencia dentro de parámetros socialmente asumibles[119]. Ello implica la necesidad de que los sujetos que infringen las normas consigan la resocialización, entendiendo esta desde las teorías de la resocialización para la legalidad o programas resocializadores mínimos, según los cuales, como señala Daunis Rodríguez[120], la idea de reinserción social supone el deber de perseguir que el sujeto adecúe su com-

---

115 *Ibidem*, p. 50. La redacción de esta obra data del año 1974, de ahí el uso de términos obsoletos o instituciones ya derogadas, como las faltas.

116 *Ibidem*, pp. 53-54.

117 *Ibidem*, p. 47.

118 *Ibidem*, p. 478.

119 DÍEZ RIPOLLÉS, J. L.: La dimensión inclusión/exclusión. *Op. Cit.*, p. 5.

120 DAUNIS RODRÍGUEZ, A.: *Ejecución de Penas en España.* Editorial Comares, Granada, 2016, p. 18.

portamiento externo a las normas que regulan la convivencia social, cumpliendo la ley penal cuando finalice su condena (en el caso que nos ocupa, tras la sentencia condenatoria impuesta) y, con ello, que no vuelva a delinquir.

En este sentido, en la STS (Sala de lo Penal, Sección 1ª) 536/2021, de 17 de junio (*Tol 8493904*)[121], que trata en concreto un supuesto de multirreincidencia, se ha afirmado que, para poder identificar una notable desatención del "efecto advertencia" derivado de las condenas anteriores, las infracciones previas por las que se ha castigado a la persona responsable deben reunir unas características que le hayan permitido identificar el sentido y la finalidad del castigo[122]. Un ejemplo de lo anterior en el derecho comparado puede encontrarse en el código penal portugués, cuyo artículo 75º exige el efectivo cumplimiento de una pena privativa de libertad de más de seis meses para considerar que concurre reincidencia, hace mención expresa a que la condena o condenas previas no hubieran servido como advertencia suficiente contra el delito.

Plantearnos si, en realidad, la imposición de la condena en sentencia firme, sin que el sujeto la haya cumplido, permite legitimar una agravación de la pena por reincidencia supone cuestionar la responsabilidad del Estado en la recaída en el delito, a pesar de que, como señala García Magna, aquel, lejos de centrar sus esfuerzos en políticas inclusivas y asistenciales que promuevan la inclusión social y económica, más necesaria en el caso de delincuentes reincidentes, desplaza dicha responsabilidad al propio penado, que no solo debe asumir el castigo que merece por lo que ha hecho, sino también la responsabilidad sobre su propia rehabilitación[123].

Es por todo ello que, al margen del "efecto advertencia" que hubiera podido tener la mera imposición de una pena en una sentencia condenatoria previa, a efectos de valorar si resulta de utilidad una agravación de la pena solo por ser reincidente, en futuras reformas legislativas y/o decisiones jurisprudenciales cabría preguntarse si la

---

121 Ponente: Javier Hernández García.

122 Realmente, este punto de vista supone realizar una escasa autocrítica, dando por hecho que la condena impuesta debería haber tenido ese "efecto advertencia" y repercutiendo en el reo toda la responsabilidad de su recaída en el delito.

123 GARCÍA MAGNA, D.: La lógica de la seguridad. *Op. Cit.*, pp. 63-64.

condena previa ha conllevado el cumplimiento de una pena, de qué tipo y qué efectos ha tenido esta en la resocialización del sujeto. En este sentido, sería interesante que el legislador tuviera en cuenta los resultados que arrojan las diferentes investigaciones empíricas en la materia de las últimas décadas. Estas, aunque suelen centrarse en la realidad de las prisiones catalanas, pueden extrapolarse a todo el ámbito nacional y ponen de manifiesto una menor tasa de reincidencia[124], cuando, la condena previa ha sido suspendida[125], ha supuesto el cumplimiento de una medida penal alternativa[126] o incluso cuando se ha producido un progresivo regreso a la vida en libertad, por acudir, en la ejecución de la pena, a la libertad condicional[127]. De to-

---

124 Aun cuando estas investigaciones vayan referidas a un concepto de reincidencia que difiere del que se maneja en el código penal por ser, por un lado, más genérico, al no exigir la misma naturaleza entre delitos; y, por otro lado, por centrarse en la penitenciaria, es decir, la que se da en el caso de que un sujeto, que ya ha cumplido una pena privativa de libertad, reingrese en prisión por la comisión de un nuevo delito.

125 Así, CID MOLINÉ, J.: La suspensión de la pena en España. *Op. Cit.*, p. 234, quien señala que "La tasa de reincidencia penitenciaria de las personas a las que se concede la suspensión de la pena—el 17.6%—resulta ser baja" y que "...estos resultados deben verse como positivos para la suspensión, pues parecen avalar la «teoría del delincuente ocasional», por la cual existe una parte importante de los/las delincuentes que cesan en su carrera delictiva tras una primera condena" (p. 236). También, el mismo: ¿Es la prisión criminógena? *Op. Cit.*, p. 448.

126 En este sentido, CAPDEVILA CAPDEVILA, M. / FERRER PUIG, M. / FRAMIS FERRER, B. / GARRIGÓS BOU, A. / MORA ENCINAS, J. / BATLLE MANONELLES, A. / LÓPEZ IZQUIERDO, B. / BLANCH SERENTIL, M.: La reincidencia en medidas. *Op. Cit.*, p. 3, poniendo de manifiesto que "Una de cada diez personas a las que se ha aplicado una MPA [medida penal alternativa] ha vuelto al sistema de ejecución penal (nueva MPA o ingreso en prisión) por un nuevo delito. El resto, nueve de cada diez personas, no ha vuelto al sistema en los 4,5 años de media de seguimiento". Sin embargo, apuntan estos autores que no son comparables estos datos con otros estudios pues estos, o son muy pocos, o presentan diferencias metodológicas importantes. Los autores aluden a medidas penales alternativas, entre las que incluyen, analizándolas separadamente, los trabajos en beneficio de la comunidad (son la mayoría, el 77,1% de todas las medidas estudiadas y tienen un 9,7% de tasa de reincidencia), programas formativos (9,7% de tasa de reincidencia), tratamiento ambulatorio (11,7% de tasa de reincidencia) e internamiento (21,2% de tasa de reincidencia).

127 Estas conclusiones se alcanzan en CAPDEVILA CAPDEVILA, M. (Coord.): Tasa de reincidencia en la libertad condicional. *Op. Cit.*, pp. 182 y 191, donde se defiende que, más que el cumplimiento íntegro de la pena en régimen ordinario,

do lo anterior se desprende que la solución penológica que se adopte, e incluso su modo de ejecución, entre otras muchas variables, no siempre tienen la misma eficacia para favorecer la reinserción y que un endurecimiento punitivo no necesariamente es la solución para atajar la reincidencia. No obstante, lo deseable sería valorar qué utilidad han tenido las condenas previamente cumplidas[128] para no "reincidir" en una solución punitiva fracasada[129].

B. *Que el delito esté comprendido en el mismo título de este Código, siempre que sea de la misma naturaleza*

La redacción por la que el Código penal de 1995 optó para la reincidencia como circunstancia agravante en el artículo 22. 8ª, con

---

"Progresar o regresar de grado es un indicador muy potente que se correlaciona con la conducta posterior a la salida, en términos de reincidencia" y que la tasa de reincidencia penitenciaria de la libertad condicional es del 9,5%, datos que ponen de manifiesto que esta medida "es la mejor garantía actualmente de acompañamiento al interno penitenciario para el mantenimiento del desistimiento en el delito". Crítico con previsiones penales que prohíban la libertad condicional a sujetos reincidentes, por ser contrarias a principios constitucionales en el derecho penal argentino, a la Convención Americana sobre Derechos Humanos y al Pacto Internacional de Derechos Civiles y Políticos, DE LUCA, J. A.: "Reincidencia, libertad condicional, reiteración delictiva y Constitución", *Revista de Derecho Penal y Criminología*, Año III, Núm. 3, Abril de 2013, Editorial La Ley, pp. 8-11. El autor considera que la concepción que prohíbe la libertad condicional a los reincidentes -por ese solo hecho-, se sustenta tanto en una lógica eliminatoria, que implica sacar a esa persona de la sociedad, como en una punitivista, que solo mira el orden y la disciplina dentro de la cárcel (p. 11).

128 En este sentido, parece realizar este análisis, aun someramente, la STS (Sala de lo Penal, Sección 1ª) 169/2018, de 11 de abril (*Tol 6574168*), en la que, tras haber cometido el acusado tres delitos previos contra la seguridad vial a los que se le impusieron penas de multa, considera inclinarse por la pena privativa de libertad en esta ocasión, pues si bien esta es más aflictiva, estima adecuado imponerla "... ante la reproducción de comportamientos similares por parte del acusado, lo que evidencia que las penas pecuniarias anteriormente impuestas no han producido los efectos rehabilitadores y de prevención especial esperables".

129 Como ya señalara, con razón, RODRÍGUEZ MOURULLO, G.: Aspectos críticos. *Op. Cit.*, pp. 303-304, la multirreincidencia muestra de forma inequívoca el fracaso de los efectos de prevención especial de las penas anteriormente impuestas y cómo la exasperación aflictiva de la pena supone una reacción "reincidente" del ordenamiento jurídico en la pretensión de lograr finalidades de aseguramiento y prevención con medios que ya han fracasado.

la previsión de la exigencia de que el delito estuviera en el mismo título del Código, siempre que fuera de la misma naturaleza, limitó el castigo de la reincidencia a la específica. Esto supuso así el fin de la reincidencia genérica, que era aquella que agravaba la pena cuando el nuevo delito y el anterior eran de distinta naturaleza, llamada "reiteración" y prevista en el artículo 10. 14ª. CP'73.

La definición de reincidencia por la que optó el legislador de 1995, como ha señalado la doctrina, combina un doble criterio. Así, la exigencia de que el delito anterior deba estar comprendido en el *mismo Título* en el que se ubica el nuevo delito cometido constituiría un criterio formal, frente al criterio material que requiere que ambos sean de la *misma naturaleza*[130]. La diferente problemática que suscita cada uno de estos requisitos obliga a su estudio por separado.

1) Criterio formal: mismo título

La referencia a que el delito "esté comprendido en el mismo título *de este código*", ya prevista en el anterior código penal respecto a la reincidencia (artículo 10. 15º CP'73), zanjaba la polémica, que Mir Puig abordó minuciosamente respecto a la regulación de la reiteración (artículo 10.14º.)[131], sobre si, a efectos de reincidencia, pueden considerarse como delitos previos los previstos en el Código penal militar u otras leyes especiales.

Este mismo autor denominó a este requisito como "elemento relacional"[132] y consideró que tiene una significación cualitativa, vinculada a su antecedente del Código de 1848-1850, que exigía que el reo fuese "reincidente de delito *de la misma especie*" (art. 10,18)[133]. Sin embargo, apuntó también que esta previsión era solo un intento de concretar la exigencia de cierta vinculación cualitativa entre los delitos pues, por un lado, puede haber analogía entre tipos delictivos de diferentes títulos y, por otro, la inclusión de tipos en un mismo título no es garantía de similitud o analogía entre los mismos, no cabiendo

---

130 CEREZO MIR, J.: Derecho penal. *Op. Cit.*, p. 887; MAQUEDA ABREU, M. L. / LAURENZO COPELLO, P.: El Derecho penal en casos. *Op. Cit.*, p. 340.

131 MIR PUIG, S.: La reincidencia. *Op. Cit.*, pp. 78 y ss.

132 *Ibidem*, pp. 362 y ss.

133 *Ibidem*, pp. 362-363. La cursiva es del autor.

apreciar la agravante en el primer caso, y sí en el segundo[134], si atendemos solo a este primer requisito.

Así, efectivamente, no cabrá aplicar la circunstancia agravante, aunque exista analogía entre dos delitos de diferentes títulos, pues este primer criterio formal opera como filtro que impide ya dicha relación, partiendo de que el legislador ha seguido cierta lógica para agrupar los tipos delictivos dentro de un mismo Título. Para los supuestos del segundo caso que menciona el autor, entrará en juego el segundo filtro que establece el citado criterio material.

Por ello, centrándonos en el primer supuesto, esto es, en los casos en que haya una vinculación cualitativa entre delitos ubicados sistemáticamente en diferentes títulos, no cabe duda de que, a pesar de esta relación, la aplicación de la agravante de reincidencia queda automáticamente excluida. Así ocurre, por ejemplo, entre el delito de ciberacoso sexual de menores (*online child grooming*), del artículo 183 CP (Capítulo II del Título VIII sobre los Delitos contra la libertad e indemnidad sexuales) y el delito de difusión no consentida de imágenes de contenido sexual obtenidas con la anuencia de la víctima (*sexting*), del artículo 197.7 CP (Capítulo I del Título X, relativo a los Delitos contra la intimidad, el derecho a la propia imagen y la inviolabilidad del domicilio), entre el delito de estafa cometido por autoridad o funcionario público del artículo 438 (Capítulo VIII del Título XIX relativo a los Delitos contra la Administración Pública) y el tipo genérico de estafa previsto en los artículos 248 a 251 bis (Capítulo VI del Título XIII relativo a los Delitos contra el patrimonio y el orden socioeconómico), o entre el delito de trata de seres humanos del artículo 177 bis (recogido en el Título VII BIS) y el de tráfico de personas del artículo 318 bis (regulado en el Título XV BIS)[135].

---

134 *Ibidem*, p. 364. También así, respecto a la posible diversidad de bienes jurídicos protegidos en un mismo Título, PRATS CANUT, J. M.: CAPÍTULO IV. De las circunstancias. *Op. Cit.*, p. 257.

135 MAQUEDA ABREU, M. L. / LAURENZO COPELLO, P.: El Derecho penal en casos. *Op. Cit.*, p. 340, en relación con estos últimos tipos, señalan que, "no corresponderá aplicar la agravante de reincidencia al implicado en una red de trata de mujeres con fines de explotación sexual sobre quien pende una condena previa por una operación de transporte clandestino de mujeres migrantes desde países del este de Europa".

Sin embargo, el legislador cada vez incorpora un mayor número de tipos penales de distinta índole dentro de un mismo Título, existiendo algunos que albergan delitos muy diferentes, como es el caso, por ejemplo, del Título XIX relativo a los Delitos contra la Administración Pública o del Título XIII relativo a los Delitos contra el patrimonio y contra el orden socioeconómico. En estos supuestos, será el segundo requisito el que entre en juego para limitar la aplicación de la agravante. No obstante, hay que recordar aquí, que la Ley Orgánica 8/1983, de 25 de junio, de Reforma Urgente y Parcial del Código penal, con la pretensión de abarcar supuestos más homogéneos, como ha señalado la doctrina[136], sustituyó la referencia a que los delitos por los que el culpable hubiere sido ejecutoriamente condenado estuvieran comprendidos en el mismo capítulo, y no así en el mismo título. Quizás sería deseable introducir tal previsión *de lege ferenda* para acotar a supuestos más similares la aplicación de la agravante.

En relación con este criterio formal, se ha planteado por parte de la doctrina una cuestión clave, que posteriormente se planteará también respecto al criterio material, y es la de si cabe aplicar la agravante de reincidencia entre un delito consumado y otro cometido en una fase previa de ejecución o entre un delito cometido a título de autor y otro a título de partícipe. Aquí existen dos opiniones doctrinales contrapuestas.

Por un lado, se encuentra la postura defendida por Mir Puig, quien considera que la agravante de reincidencia "…no podrá ser estimada *en ningún supuesto* en que la infracción anterior o la actual constituyan una forma de imperfecta ejecución, forma de participación, conspiración o proposición, o proposición, o provocación para delinquir"[137]. Tampoco será apreciable, dice el autor, cuando todas las infracciones en juego sean modalidades accesorias, esto es, conductas en fases de ejecución previas a la consumación o formas de participación diferentes a la autoría. La razón de esta interpretación, que el propio autor estima criticable, por formalista y abstracta *de*

136 DÍEZ RIPOLLÉS, J. L.: Derecho penal español (2020). *Op. Cit.*, p. 534.
137 MIR PUIG, S.: La reincidencia. *Op. Cit.*, p. 370. La cursiva es del autor.

lege ferenda[138], pero obligada *de lege lata* dada la referencia legal prevista en el precepto alusiva al "mismo título"[139], responde a la imposibilidad de que la referencia comparativa vaya más allá de los tipos penales abstractos previstos en el mismo título. En este sentido, la consecuencia de la citada referencia sería que cuando las infracciones cometidas se hallen, por un lado, en diferentes títulos y, en ciertos casos, además, en títulos que no prevean descripciones típicas y necesiten de dos para definir la infracción cometida, la reincidencia no podrá aplicarse.

Estos problemas, como recuerda Cuerda Arnau, desaparecieron parcialmente con el Código penal de 1995, pues tanto los actos preparatorios punibles como el castigo de los delitos imprudentes se prevén expresamente en el Título correspondiente cuando se ha considerado oportuna su sanción[140]. No ocurre lo mismo con las formas de participación, ni tampoco con la tentativa, cuyas definiciones generales, aplicables a todos los tipos penales, se ubican en el Libro I del Código penal.

Por otro lado, se halla la posición de Cerezo Mir, quien estima que cabe una interpretación diferente a la de Mir Puig, "...al aparecer los grados de ejecución del delito y las formas de participación como causas de extensión de la pena de los delitos consumados por los autores", evitando así, —concluye el autor—, "...una exacerbación del formalismo de la regulación legal"[141]. Esto ha llevado a un sector importante de la doctrina a considerar que debería haberse optado

---

138 *Ibidem*, p. 366. Sigue defendiendo esta idea en MIR PUIG, S.: Derecho penal. *Op. Cit.*, 661.

139 MIR PUIG, S.: La reincidencia. *Op. Cit.*, p. 371.

140 Así, CUERDA ARNAU, M. L.: Artículo 22.8ª. *Op. Cit.*, p. 266, quien por ello considera que, en consecuencia, cabe afirmar actualmente la reincidencia entre el homicidio consumado y la conspiración, provocación o proposición para cometerlo, así como entre sus formas dolosa e imprudente; pero no así, entre la comisión imprudente del mismo y, por ejemplo, unas lesiones imprudentes.

141 CEREZO MIR, J.: Derecho penal. *Op. Cit.*, p. 888, nota a pie 35; DÍEZ RIPOLLÉS, J. L.: Derecho penal español (2020). *Op. Cit.*, p. 534; MANZANARES SAMANIEGO, J. L.: "De las circunstancias que agravan la responsabilidad criminal", Esta doctrina forma parte del libro *"Comentarios al Código Penal "*, edición Nº 1, Editorial LA LEY, Madrid. LA LEY 3180/2016, p. 137.

exclusivamente por el criterio material[142], evitando así los problemas que suscita la referencia al mismo título.

Por tanto, la exigencia de este criterio formal, que tiene en cuenta la ubicación sistemática de los tipos penales, supondría, de acuerdo con esta segunda concepción del requisito, considerar susceptibles de aplicación de la circunstancia a los supuestos de fases previas a la consumación o de formas de participación distintas a la autoría. Ahora bien, habrá que analizar previamente si ambos grupos de supuestos cumplen con el criterio material que exige la reincidencia.

A mi juicio, el criterio formal, que acota cuantitativamente el ámbito de aplicación de la agravante, va inexorablemente unido al material, que exige que el delito por el que el sujeto debe haber sido ejecutoriamente condenado sea de la misma naturaleza, y que establece así una restricción cualitativa. Así se deduce no solo de la regulación del artículo 22.8ª. CP, sino también de la Disposición transitoria séptima de la LO 10/1995, que establece que "A efectos de la apreciación de la agravante de reincidencia, se entenderán comprendidos en el mismo Título de este Código, aquellos delitos previstos en el Cuerpo legal que se deroga y que tengan análoga denominación y ataquen del mismo modo a idéntico bien jurídico". Esta disposición de carácter aclaratorio, aludiendo a la análoga denominación y al mismo modo de ataque de idéntico bien jurídico, menciona algunos de los elementos a tener en cuenta en el criterio material que veremos a continuación, y que constituye un segundo filtro de aplicación de la agravante.

2) Criterio material: misma naturaleza

La exigencia de que los delitos sean de la misma naturaleza fue una novedad del Código penal de 1995, desapareciendo así la llamada reincidencia genérica, que suponía la agravación de pena ante la reiteración delictiva, independientemente de su identidad o similitud respecto al delito anterior. De esta forma, y como apuntaba Mir Puig, dado que la inclusión de tipos en un mismo título no es garantía de similitud o analogía entre los mismos[143], la inclusión de

---

142 CEREZO MIR, J.: *Idem.*
143 MIR PUIG, S.: La reincidencia. *Op. Cit.*, p. 364.

este requisito mitiga los inconvenientes que pudiera representar la heterogeneidad de algunos Títulos del Código[144]. Este requisito de carácter material, como acaba de señalarse, daría lugar a una restricción cualitativa de los supuestos a los que es aplicable la agravante de reincidencia y constituye el elemento que mayor discrecionalidad judicial otorga en la práctica para decidir sobre la aplicación o no de la circunstancia. De ahí que se aborde con mayor detenimiento el estudio de su interpretación por nuestros tribunales.

Se observa así, como señala la doctrina, que disminuye el ámbito de la reincidencia, al suprimirse la genérica, pero que, sin embargo, se produce una ampliación de la específica, al exigirse que los delitos estén comprendidos en el mismo Título, y no en el mismo Capítulo, como inicialmente se había previsto[145]. Reducir la reincidencia a la de carácter específico ha sido visto como un hito más de la evolución de esta agravante que demuestra la inseguridad de su razón de ser.

En cualquier caso, la exigencia de que los delitos sean de la misma naturaleza, que obliga al juez a hacer un juicio de equiparación material entre los dos delitos relacionados[146], constituye un elemento de la agravante que no ha dejado indiferente a la opinión experta y sobre él se han vertido juicios ambivalentes.

Así, por un lado, este requisito es valorado positivamente por un sector doctrinal pues, como señala Roig Torres, partiendo de la prohibición constitucional de determinar las penas en atención a la personalidad del sujeto (STC 150/1991), "no pueden tomarse en consideración los delitos de distinta naturaleza al cometido, porque sólo informan acerca de esa personalidad y de la peligrosidad, e, incluso si se concibe la culpabilidad como responsabilidad por el acto individual, al concretar la pena habría que prescindir de toda la actividad criminal anterior del inculpado, incluyendo los delitos análogos

---

144 CUERDA ARNAU, M. L.: Artículo 22.8ª. *Op. Cit.*, p. 264; GUISASOLA LERMA, C.: Reincidencia. *Op. Cit.*, pp. 76-77.

145 BELESTÁ SEGURA, L.: "La reincidencia en la doctrina española actual", *Actualidad Penal*, Sección Doctrina, 2001, tomo 2, Editorial La Ley, p. 3; GUISASOLA LERMA, C.: *Ibidem*, p. 77.

146 En este sentido, PRATS CANUT, J. M.: CAPÍTULO IV. De las circunstancias. *Op. Cit.*, p. 257.

al cometido"[147]. Además, como apunta Marín de Espinosa Ceballos, este requisito repercute en el ámbito de aplicación de la agravante, pues otorga al Juez un mayor margen de libertad para apreciarla, sin que su labor sea puramente mecánica[148].

Por otro lado, este requisito también ha sido interpretado negativamente por la confusión que genera. En este sentido, Díez Ripollés ha señalado que la exigencia de que los delitos sean de la misma naturaleza no implica que sean el mismo delito, pues la igualdad va referida a su naturaleza, no a sus elementos, bastando con que respondan a un injusto específico muy cercano y siendo irrelevantes, en su opinión, las diferencias en injusto genérico, culpabilidad o punibilidad[149]. Así mismo, se le ha criticado a la exigencia de la misma naturaleza entre infracciones su carácter impreciso que puede dar lugar a conflictos interpretativos[150], precisamente por ese amplio margen de discrecionalidad judicial que otorga, y que sitúa el problema en la determinación de los criterios que habrá que tener en cuenta para establecer la identidad de naturalezas[151], por lo que su concreción ha sido objeto de diversidad de opiniones doctrinales y jurisprudenciales. Estas se exponen a continuación de forma sistemática integrando ambos grupos de opiniones e interpretaciones en la práctica, con el objetivo de valorar cada uno de ellos a lo largo de la investigación.

Así, los *criterios orientadores de identidad* que podrán tenerse en cuenta para guiar la labor del juez en la interpretación del requisito de la misma naturaleza entre delitos, para determinar si la circunstancia agravante de reincidencia resulta o no aplicable, son (1) el bien jurídico protegido y (2) la gravedad de la conducta, que vendrá determinada, a su vez, por cinco elementos a considerar: (a) el medio de ataque empleado contra el bien jurídico, (b) el título de imputación (dolo o imprudencia), (c) la forma de participación, (d) el grado de

---

147 ROIG TORRES, M.: La reiteración delictiva. *Op. Cit.*, p. 5.

148 MARÍN DE ESPINOSA CEBALLOS, E. B.: La reincidencia. *Op. Cit.*, p. 237.

149 DÍEZ RIPOLLÉS, J. L.: Derecho penal español (2020). *Op. Cit.*, p. 534.

150 DE VICENTE MARTÍNEZ, R.: La reincidencia. *Op. Cit.*, p. 180; GUISASOLA LERMA, C.: Reincidencia. *Op. Cit.*, p. 78, quien señala, además, que ciertos criterios correctores deberían introducirse en el Código penal para ayudar a solucionar estos problemas interpretativos y de aplicación que suscita la agravante (p. 84).

151 PRATS CANUT, J. M.: CAPÍTULO IV. De las circunstancias. *Op. Cit.*, p. 257.

ejecución y (e) la gravedad de la pena prevista en el tipo. Se trataría de un análisis que debería realizar el juzgador cuando se le presente la posibilidad de aplicar la agravante, y que garantizaría que su imposición se lleva a cabo motivadamente siguiendo criterios objetivos que tienen en cuenta parámetros similares para evitar su imposición de forma automática y arbitraria según el juez en cuestión.

El análisis de estos criterios orientadores en la práctica jurisprudencial española constituye un aspecto clave de la presente investigación con **dos fines**: por un lado, para comprender cómo entienden nuestros tribunales en la actualidad la identidad de naturaleza en la aplicación de la agravante y si se motiva de forma suficiente su aplicación, analizando qué supuestos permite dejar fuera; y, por otro lado, para valorar si se está haciendo una correcta aplicación de la agravante considerando que este es el elemento que otorga un mayor margen de discrecionalidad al juez o si sería deseable su sustitución *de lege ferenda*, en caso de mantenerse la agravante, por otros criterios más concretos. Por ello, y en la necesidad de desarrollar estos elementos que deben caracterizar el vínculo entre las infracciones y su posible aplicación jurisprudencial con el fin de evitar la inseguridad jurídica que generaría la disparidad de criterio[152], se tratan a continuación de forma independiente y detallada.

(1) El bien jurídico protegido

No cabe duda de que el ataque al mismo bien jurídico protegido constituye el primer elemento que determina una identidad en la naturaleza de los delitos. Así ha sido tradicionalmente aceptado por la doctrina y la jurisprudencia, aunque en general considerándolo insuficiente por sí solo para determinar esa común naturaleza entre infracciones[153].

---

152 GUISASOLA LERMA, C.: Reincidencia. *Op. Cit.*, p. 80, señala que la falta de sintonía entre las resoluciones de las Audiencias Provinciales y las del Tribunal Supremo resulta altamente preocupante por la inseguridad jurídica que genera en la aplicación de la agravante.

153 CUERDA ARNAU, M. L.: Artículo 22.8ª. *Op. Cit.*, p. 264, quien estima que "la interpretación debe, más bien, ir orientada a exigir la identidad o similitud de tipo o la identidad de bien jurídico violado; DE VICENTE MARTÍNEZ, R.: La reincidencia. *Op. Cit.*, pp. 181-182, apuntando que ello con el fin de que no que-

En este sentido, se ha puesto de manifiesto la dificultad que supone el hecho de que el único criterio para establecer la semejanza de naturaleza sea el bien jurídico protegido, pues, por un lado, no todos los delitos del mismo Título protegen un mismo bien jurídico[154], y, por otro, no existe unanimidad en la doctrina ni en la jurisprudencia respecto a cuál sea el objeto de tutela en un gran número de delitos, lo que deja la decisión exclusivamente en manos del juez[155]. Por ello, se establecen seguidamente otros criterios tenidos en cuenta tanto por doctrina como por jurisprudencia.

Respecto al bien jurídico podríamos plantearnos qué ocurre en aquellos delitos que atentan contra varios bienes jurídicos, como puede ser, por ejemplo, el robo con violencia o algunos delitos contra la seguridad vial. Respecto a estos, jurisprudencia del Tribunal Supremo de los últimos años, como la STS (Sala de lo Penal, Sección 1ª) 536/2021, de 17 de junio (*Tol 8493904*), ha afirmado que "la correspondencia no queda excluida porque la acción típica de uno de los delitos a tomar en cuenta (…) pueda ser pluriofensiva y que, en consecuencia, el espacio de protección pueda extenderse a más bienes jurídicos".

En este sentido, y en relación con los delitos objeto de análisis, que en la citada sentencia eran los tipos de los artículos 379.2 y 380 CP, en los que el bien jurídico protegido es la seguridad vial, se identifica suficiente correspondencia por naturaleza, a pesar de que el segundo de los tipos incluye una particular exigencia de desvalor de resultado, como es la puesta en peligro concreto de la vida o integri-

---

de al arbitrio del juez esta decisión, y este cuente con estos factores a la hora de determinar la expresión de "la misma naturaleza"; DÍEZ RIPOLLÉS, J. L.: Derecho penal español (2020). *Op. Cit.*, p. 534, quien considera que debe tratarse de injustos específicos muy cercanos, lo que se da, entre otros factores, respecto a aspectos del desvalor de resultado, debiendo tutelar el mismo bien jurídico, pero no necesariamente tener la misma estructura típica; GUISASOLA LERMA, C.: *Ibidem*, p. 81; MANZANARES SAMANIEGO, J. L.: De las circunstancias. *Op. Cit.*, p. 137; MARÍN DE ESPINOSA CEBALLOS, E. B.: La reincidencia. *Op. Cit.*, p. 236, quien estima que de ello se puede deducir una tendencia criminal del autor, que define con base en otros requisitos.

154 Y si así fuera, como señala DE VICENTE MARTÍNEZ, R.: *Ibidem*, p. 181, este criterio material carecería de sentido.

155 *Idem*.

dad física de las personas, pues se considera que esta cualificación por el resultado de peligro no desplaza ni desnaturaliza el fin primario de protección.

Respecto a las diferencias en la estructura típica, Díez Ripollés considera que ello no ha de dar lugar a no apreciar la reincidencia, pues considerar que no tienen la misma naturaleza un delito de resultado de peligro y otro de resultado material respecto a un mismo bien jurídico, supondría no aplicar la agravante entre tentativa y delito consumado, así como tampoco entre un delito de simple actividad y otro de resultado respecto a un mismo bien jurídico[156]. Veremos esta cuestión más adelante.

(2) La gravedad de la conducta

i. El medio de ataque empleado contra el bien jurídico

El modo de ataque al bien jurídico también ha sido un criterio generalmente considerado por la doctrina como relevante en la determinación de la identidad de naturaleza entre las infracciones cometidas para estimar que concurre la agravante de reincidencia[157]. Así, se ha puesto de manifiesto que habrá que valorar si los hechos se llevaron a cabo con violencia, intimidación, fuerza en las cosas, engaño, ánimo de lucro, empleando armas o usando modos o formas peligrosas, imprenta, aumentando deliberadamente el sufrimiento de la víctima[158], entre otros medios comisivos.

---

156 DÍEZ RIPOLLÉS, J. L.: Derecho penal español (2020). *Op. Cit.*, p. 534. Considera también que debe apreciarse reincidencia entre delito consumado y actos preparatorios, CUERDA ARNAU, M. L.: Artículo 22.8ª. *Op. Cit.*, p. 266.

157 DE VICENTE MARTÍNEZ, R.: La reincidencia. *Op. Cit.*, p. 182; DÍEZ RIPOLLÉS, J. L.: *Idem*, quien estima que la identidad de injusto específico que defiende este autor, que debe concurrir para apreciar reincidencia, no solo exige que aquella se dé respecto a aspectos del desvalor de resultado, sino también del desvalor de acción, lo que excluiría la reincidencia en casos de medios comisivos muy diversos, tratándose de una divergencia de tipo objetivo; MARÍN DE ESPINOSA CEBALLOS, E. B.: La reincidencia. *Op. Cit.*, p. 236, defendiendo que los medios empleados para vulnerar el interés social protegido, junto a la gravedad de los delitos, constituyen criterios interpretadores de la tendencia criminal del autor.

158 MAQUEDA ABREU, M. L. / LAURENZO COPELLO, P.: El Derecho penal en casos. *Op. Cit.*, p. 340, quienes señalan como formas comisivas la "violencia, fuer-

Como establece un sector doctrinal, este criterio de la identidad del medio de ataque viene reforzado por la Disposición transitoria séptima de la LO 10/1995[159], según la cual, "A efectos de la apreciación de la agravante de reincidencia, se entenderán comprendidos en el mismo Título de este Código, aquellos delitos previstos en el Cuerpo legal que se deroga y que tengan análoga denominación y ataquen *del mismo modo* a idéntico bien jurídico"[160].

Según Cuerda Arnau, la fórmula empleada en esta disposición transitoria es oscura y gramaticalmente poco afortunada pues, señala la autora, que la "referencia a que las conductas deban atacar «del mismo modo» al bien jurídico puede plantear el que se cuestione la posibilidad de apreciar la agravante en el caso de que el delito anterior fuese un acto preparatorio punible, estuviese en forma imperfecta de ejecución, que fuese distinta la modalidad de participación o, en fin, que la forma de culpabilidad concurrente no fuera en ambos casos la misma"[161].

En mi opinión, y coincidiendo con la autora en la desafortunada redacción dada por el legislador de 1995, lo establecido por la disposición transitoria referido al "mismo modo" de ataque al bien jurídico, si bien claramente va referido a los medios comisivos, trataba de aclarar qué delitos se entienden comprendidos en el mismo Título del Código. Por tanto, aunque esta aclaración entra en el ámbito del criterio material, a mi juicio, la identidad de naturaleza entre delitos constituye un requisito de contenido más amplio. Además, si nos ciñéramos a lo establecido en la citada Disposición, no puede

---

za en las cosas, engaño, si el hecho se realizó con ánimo de lucro, si se utilizaron medios, modos o formas peligrosas…". MARÍN DE ESPINOSA CEBALLOS, E. B.: *Ibidem*, p. 233, quien apunta a "si los hechos se llevaron a cabo con violencia, con intimidación, mediante engaño, por medio de imprenta, aumentando deliberadamente el sufrimiento de la víctima, empleando armas u otros medios especialmente peligrosos, etc.".

159 DE VICENTE MARTÍNEZ, R.: La reincidencia. *Op. Cit.*, p. 182; GUISASOLA LERMA, C.: Reincidencia. *Op. Cit.*, p. 81, quien señala que no debe olvidarse el carácter meramente transitorio de esta Disposición, estando destinado a regular los conflictos de derecho intertemporal.

160 La cursiva es nuestra.

161 CUERDA ARNAU, M. L.: Artículo 22.8ª. *Op. Cit.*, p. 265, quien parece defender con su afirmación que en estos casos debe apreciarse la agravante.

perderse de vista que también alude a que los delitos tengan análoga denominación, lo que supondría apreciar la circunstancia agravante solo cuando se da exactamente el mismo tipo penal.

La semejanza de medios comisivos ha sido considerada por un sector doctrinal[162], que sigue la STS (Sala de lo Penal) 920/1998, de 8 de julio (*Tol 5133858*), como el elemento revelador de la *tendencia criminológica del autor*, esto es, de la tendencia criminal expresada por el autor del delito respecto a determinados bienes jurídicos[163], aspecto a tener en cuenta junto al bien jurídico protegido para determinar la identidad de naturaleza, según este sector. No obstante, esta interpretación jurisprudencial ha sido criticada por este mismo sector doctrinal, por suponer una vuelta a la presunción de tendencia delictiva, a la presunción de inclinación al delito, que justificaba la agravación en el CP de 1822 y que constituía una forma de peligrosidad social tipificada que constituye derecho penal de autor[164].

En la jurisprudencia de los últimos años se ha apuntado respecto a la forma de ataque que "la relación de correspondencia reclama el empleo, en los modos comisivos escogidos, de niveles de energía criminal próximos e idóneos para la lesión o puesta en peligro del bien jurídico. Lo que permitirá, por ejemplo, distinguir a estos efectos entre delitos de comisión y los de pura omisión"[165].

---

162 MAQUEDA ABREU, M. L. / LAURENZO COPELLO, P.: El Derecho penal en casos. *Op. Cit.*, p. 340.

163 GUISASOLA LERMA, C.: Reincidencia. *Op. Cit.*, p. 79, cita también otras sentencias del Tribunal Supremo que siguen esta idea, como las SSTS 23 de julio de 1999 (*Tol 272671*), 14 de enero de 2003 (*Tol 240863*) y 30 de septiembre de 2003 (*Tol 316497*). Así, también, MARÍN DE ESPINOSA CEBALLOS, E. B.: La reincidencia. *Op. Cit.*, pp. 233-238, quien, citando las SSTS 8/7/1998, 17/10/1998 y 2/6/1999, apunta que la punición exclusivamente de la reincidencia específica es muestra de que el legislador ha querido castigar más duramente el supuesto en el que un sujeto revele un inicio a la especialización en delitos concretos. Esta autora, además, ha señalado que estos medios de ataque constituyen criterios interpretadores de la tendencia criminal del autor, pero junto a la gravedad de los delitos, que se determina, según la autora, con la identidad de naturaleza de la conducta, dolosa o culposa, y la identidad de gravedad del hecho o gravedad de la pena, grave o menos grave (p. 236).

164 GUISASOLA LERMA, C.: *Ibidem*, pp. 79-80.

165 En este sentido se pronuncia la STS (Sala de lo Penal, Sección 1ª) 536/2021, de 17 de junio (*Tol 8493904*), que trata un delito contra la seguridad vial.

A mi juicio, esta interpretación es correcta, no pudiendo equipararse delitos de acción a los de omisión pura[166], pero sí a los de comisión por omisión, como señala Díez Ripollés, dado el criterio de equivalencia desde el punto de vista del contenido de lo injusto, que establece el artículo 11 CP[167].

Sin embargo, la inclusión de los medios comisivos como elemento entre los requisitos para confirmar la identidad de naturaleza no es considerada adecuada por un sector doctrinal, que estima que con ello se exigiría que los dos delitos fueran idénticos y que esa no ha sido la voluntad del legislador[168].

Siendo el presente criterio material un concepto indeterminado[169], a título ejemplificativo, la jurisprudencia del Tribunal Supremo ha apreciado que se daba la misma naturaleza, basándose en los medios comisivos, entre delitos de robo con fuerza y robo con violencia o intimidación[170]. Así, a pesar de haber sido aclarada esta cuestión por el Acuerdo del Pleno no jurisdiccional de la Sala Segunda

---

166 Ejemplo de ello sería la omisión de los deberes de impedir delitos o de promover su persecución del artículo 450 CP. En cualquier caso, aunque se excluya la aplicación de la agravante en este caso por no poder equipararse la omisión pura con la acción, el Título XX en el que se ubica, sobre los delitos contra la Administración de Justicia, alberga tipos delictivos de muy distinta naturaleza, por ejemplo, por tratarse en muchos casos de delitos especiales o por los medios comisivos que prevén, por lo que probablemente ello también llevaría a la imposibilidad de aplicar la circunstancia modificativa de la responsabilidad.

167 DÍEZ RIPOLLÉS, J. L.: Derecho penal español (2020). *Op. Cit.*, p. 535.

168 CEREZO MIR, J.: Derecho penal. *Op. Cit.*, p. 887, nota 33, quien defiende, además, que la identidad de naturaleza supone no sólo identidad del bien jurídico lesionado o puesto en peligro, sino que hay que atender también al desvalor de acción, no cabiendo, por tanto, apreciar reincidencia cuando un delito sea doloso y otro imprudente, pero sí entre dos delitos dolosos o imprudentes (p. 887).

169 RODRÍGUEZ ARIAS, A. M.: "Artículo 22", en ROMA VALDÉS, A. (Dir.): *Código penal comentado. Especial consideración a las modificaciones introducidas por las Leyes Orgánicas 1/2015 y 2/2015, de 30 de marzo,* Bosch, Barcelona, 2015, p. 66.

170 Así, entre otras, las SSTS (Sala de lo Penal) 205/2000, de 16 de febrero (*Tol 4922884*); 693/2002, de 21 de mayo (*Tol 4921638*); 709/2002, de 3 de junio (*Tol 4921446*); 716/2002, de 22 de abril (*Tol 4920745*); 1207/2002, de 25 de junio (*Tol 4922258*); y 1558/2002, de 23 de septiembre (*Tol 4923045*).

del Tribunal Supremo, de 6 de octubre de 2000[171], y previamente, en el mismo sentido, se pronunció la Fiscalía General del Estado en Consulta 9/1997, de 29 de junio, hay que destacar aquí las razones que en la jurisprudencia se arguyeron para entender que concurría la misma naturaleza entre ambas infracciones. En primer lugar, se afirmó que ambos delitos tienen en la Ley el mismo "*nomen iuris*", estando legalmente definidos de forma conjunta en un mismo precepto y dedicándose a ellos un mismo capítulo. En segundo lugar, se defendía que ambos delitos lesionan el patrimonio ajeno como bien jurídico protegido. En tercer lugar, se señalaba que su morfología básica no difiere, pues ambos consisten en un desplazamiento de la posesión de una cosa mueble mediante el apoderamiento de ella por el sujeto activo. Por último, y en relación con los medios de ataque, se argumentaba que en ambos delitos el sujeto despliega una mayor energía criminal que la utilizada en el puro y simple despojo, debiendo vencer, bien un dispositivo de defensa establecido por el propietario de la cosa, bien la resistencia personal del mismo, manifestada o presunta. También se ha reconocido identidad de naturaleza entre infracciones entre el tráfico de drogas duras o blandas[172] o entre el delito de conducción bajo los efectos de drogas o bebidas alcohólicas y el de conducción temeraria. Respecto de este último, la jurisprudencia ha señalado en la STS (Sala de lo Penal, Sección 1ª) 536/2021, de 17 de junio (*Tol 8493904*), que, en el supuesto en cuestión, al ser el medio de ataque la utilización de vehículos de motor, con la grave

---

171 Acuerdo del Pleno de la Sala Segunda de fecha 6-10-2000. PRIMERO: REINCIDENCIA: POSIBILIDAD DE APRECIACIÓN EN LOS SUPUESTOS DE ROBO CON FUERZA EN LAS COSAS Y ROBOS CON VIOLENCIA E INTIMIDACIÓN EN LAS PERSONAS. "Se acuerda que podrá apreciarse la circunstancia agravante de reincidencia entre delitos de robo con violencia o intimidación y delitos con robo con fuerza en las cosas, por considerarse ambos de la misma naturaleza delictiva, siempre que concurran los demás elementos necesarios para su apreciación".

172 Así se pronunció la STS (Sala de lo Penal) 1024/2002, de 30 de mayo (*Tol 4976264*), en la que se puso de manifiesto que "...la exigencia relativa al mismo modo de ataque debe analizarse desde el examen de la clase de conducta que es preciso realizar para cubrir los requisitos del tipo, con independencia de los medios o modos utilizados en cada caso, que podrán justificar una agravación de la respuesta si son, en unos casos, más dañosos para el bien jurídico que en otros".

infracción de deberes normativos de prevención y previsión que ello implica, y aunque el tipo del art. 380 CP exija una mayor energía criminal que el 379.2 CP, se identifica también la correspondencia de la forma de ataque en ambas infracciones. Así mismo, otro delito cuestionado en la jurisprudencia, pero sobre el que se ha afirmado la identidad de naturaleza, es el de quebrantamiento de condena, cuando las condenas previas quebrantadas son de diferente naturaleza. En este sentido, la STS (Sala de lo Penal, Sección 1ª) 775/2007, de 28 de septiembre (*Tol 1156729*), que trataba el quebrantamiento de dos condenas, una a privación del permiso de conducir y otra de alejamiento de la víctima, señaló que la misma naturaleza que exige el artículo 22.8ª. CP se predica del incumplimiento de la sanción prevista en el artículo 468 CP, no así de las infracciones que dieron origen a aquella, siendo lo importante el quebrantamiento del cumplimiento de una pena, cualquiera que esta fuere. Ello se justifica en el hecho de que ambos delitos —dice la sentencia—, integrados por el hecho mismo del quebrantamiento, "son idénticos en su tipicidad, mecánica comisiva y bien jurídico conculcado".

Por el contrario, el Tribunal no ha apreciado la concurrencia de la misma naturaleza entre algunos delitos patrimoniales. Así, se ha descartado que dicha identidad exista entre delitos de hurto y robo con violencia o intimidación[173] o entre el hurto y el robo con fuerza en las cosas[174]. Así, la jurisprudencia puso de manifiesto en STS (Sala de lo Penal) 1793/2001, de 9 de octubre (*Tol 4976264*), que, aunque ambos delitos atacan el mismo bien jurídico protegido, "la modalidad comisiva de ambos es muy diversa en cuanto en el robo se precisa una superación de obstáculos puestos por la víctima para impedirlo, que no concurre en el hurto, caracterizado por el simple apoderamiento de lo que se halla al alcance del sujeto". Tampoco se ha admitido que exista la misma naturaleza entre la estafa y otros delitos patrimoniales como el hurto, el robo o la apropiación indebida. Así,

---

173 Por ejemplo, las SSTS (Sala de lo Penal) 1037/1999, de 21 de junio (*Tol 5134348*) y (Sala de lo Penal, Sección 1ª) 155/2019, de 26 de marzo (*Tol 7153434*). Esta última se detiene especialmente en las razones a las que tradicional y recientemente se ha acudido en nuestra jurisprudencia para afirmar o negar la identidad de naturaleza entre el robo y el hurto.

174 Así, la STS (Sala de lo Penal) 1793/2001, de 9 de octubre (*Tol 4976264*).

respecto al hurto, la STS (Sala de lo Penal) 729/2004, de 8 de junio (*Tol 614265*), señaló que la estructura típica de ambos delitos difiere, pues lo característico del delito de estafa "...es la relación entre el sujeto activo y el pasivo mediante la creación de un artificio tendente al desapoderamiento de un bien mueble...", mientras que en el caso del hurto no media dicha relación típica. En relación con el robo, reiterada jurisprudencia ha dejado claro la exclusión de la aplicación de la circunstancia agravante, argumentando que ambos delitos no tienen la misma naturaleza[175] y ello con base en dos motivos, fundamentalmente. Por un lado, se apuntó por la STS (Sala de lo Penal) 892/1999, de 2 de junio (*Tol 5151019*), que "el robo violento es un delito de naturaleza depredatoria, de fuerza, arrebatando con intimidación o con modos y actuaciones violentas el objeto a la víctima, al paso que en la estafa el desplazamiento patrimonial que empobrece a la víctima y enriquece al culpable se determina por el engaño...". Por otro lado, se ha señalado también que, a pesar de atentar contra el mismo bien jurídico y exigir que concurra el elemento subjetivo adicional del ánimo de lucro, el que el legislador haya previsto el requisito de que la identidad de naturalezas se dé entre los delitos cometidos, radica en un fundamento de prevención especial, diverso de las características normativas del hecho punible[176]. Por último, en relación con la identidad de naturalezas entre la estafa y la apropiación indebida[177], esta se rechaza por considerar que este último delito "...no requiere del engaño como elemento relevante e impulsor de la conducta delictiva, como no está presente en la estafa el componente de deslealtad propio de la apropiación indebida...", lo que supone "...una diferencia sustancial entre ambas figuras de-

---

[175] Algunos ejemplos son las SSTS (Sala de lo Penal) 1078/1998, de 17 de octubre (*Tol 5133699*), 892/1999 (*Tol 5151019*), de 2 de junio o la 879/2000, de 22 de mayo (*Tol 4922697*), en la que se afirma que "pese a ser ambos delitos contra el patrimonio, es muy distinta su naturaleza, de apoderamiento el primero y de defraudación el segundo", entre otras.

[176] En este sentido se pronunció la STS (Sala de lo Penal) 1078/1998, de 17 de octubre (*Tol 5133699*), que apunta que las características del ataque al bien jurídico protegido o el medio empleado para vulnerar dicho interés social son reveladores de la tendencia criminológica del autor.

[177] Sobre las que se pronuncian las SSTS (Sala de lo Penal) 5/2003, de 14 de enero (*Tol 4922422*) y (Sala de lo Penal, Sección 1ª) 299/2010, de 31 de marzo (*Tol 1829623*).

lictivas en el modo concreto con que se produce el ataque al bien jurídico protegido…"[178]. Así mismo, la jurisprudencia ha rechazado que exista la misma naturaleza entre el delito de apropiación indebida y el alzamiento de bienes, pues afirma la STS (Sala de lo Penal, Sección 1ª) 1020/2006, de 5 de octubre (*Tol 1006856*), que, si bien ambos atacan el patrimonio del sujeto pasivo, no lo hacen de un modo comisivo exactamente igual, pues mientras en el primero no se entrega algo que se debe al sujeto pasivo y, en el segundo, tampoco se entrega, evitándolo mediante maniobras evasivas, dicha distinción es considerada demasiado amplia para estimar que se da la identidad de naturaleza exigida por el legislador. Fuera del ámbito de los delitos patrimoniales, también se ha rechazado la aplicación de la circunstancia agravante, por entender que carecen de la misma naturaleza los delitos de apología del terrorismo y del genocidio y los de terrorismo y genocidio, por entender que la manifestación pública, en términos de elogio o de exaltación, de un apoyo moral o ideológico con determinadas acciones delictivas, no puede confundirse con dichas acciones en sí[179].

Con carácter general, dada la relevancia de las tecnologías de la información y la comunicación en la actualidad para la comisión de delitos de toda índole, habría que descartar también la aplicación de la agravante cuando concurren delitos llevados a cabo a través de este medio comisivo y otros de forma presencial. Piénsese, por ejemplo, en el supuesto en que se dé un delito de estafa cometido en un negocio (artículo 248 CP) y otro de estafa informática (artículo 249.1 CP) o un delito de ciberacoso sexual de menores (artículo 183 CP), en el que, amenazando al menor, se solicitan imágenes de contenido pornográfico mediante Internet, frente a un delito de abuso sexual (artículo 181 CP), en el que se intimida a aquel a realizar actos sexuales sobre sí mismo. En este segundo supuesto, la intimidación sería aquí un medio comisivo común, que seguramente llevará a la aplicación de la agravante, pero cabe plantearse si podemos afirmar identidad de naturaleza cuando un hecho ha tenido lugar presencialmente y

---

178 Ello se puso de manifiesto en la STS (Sala de lo Penal) 5/2003, de 14 de enero (*Tol 4922422*).

179 En este sentido, citando jurisprudencia precedente, la STS (Sala de lo Penal, Sección 1ª) 282/2013, de 1 de abril (*Tol 3531967*).

otro de forma telemática[180]. Un ejemplo de estos supuestos en el que se rechazó que se diera el requisito de la misma naturaleza, podemos encontrarlo en la STS (Sala de lo Penal, Sección 1ª) 1242/2011, de 22 de noviembre (*Tol 2289862*), que excluye la aplicación de la agravante por dicho motivo entre un delito de tenencia de material pornográfico, apunta la sentencia, estructurado sobre una actividad que no requiere contacto personal entre dos sujetos, y el de abuso sexual, que sí lo requiere.

Se plantean dudas, sin embargo, por apreciar en algunas ocasiones la agravante y negarla en otras, entre el robo o el hurto en relación con el robo o hurto de uso de vehículos de motor[181]. Las razones que se arguyen para aceptar la identidad de naturalezas entre ambos delitos radican en que, si bien ambos atentan contra el mismo bien jurídico, aunque de manera distinta en extensión y duración, pues en los primeros se afecta a todas las facultades dominicales de modo indefinido, mientras que, en los segundos, solo de modo temporal a algunas de ellas, todos ellos se cometen mediante la misma acción típica, esto es, la de sustraer[182]. Sin embargo, se ha negado en ocasiones dicha identidad, fundándose precisamente en el alcance del ánimo del agente, no considerándose de la misma naturaleza una apropiación definitiva que otra de carácter transitorio de la cosa ob-

---

180 Precisamente, respecto al medio comisivo en los delitos sexuales, habrá que ver cómo aplica la jurisprudencia este criterio interpretativo, y si será o no discriminador de los supuestos de distinta naturaleza a los que se aplica reincidencia, pues con la nueva regulación del artículo 178 CP, que trajo consigo la Ley Orgánica 10/2022, de 6 de septiembre, de garantía integral de la libertad sexual, no se distingue ya entre abuso y agresión. Así, dicha ley unificó ambas modalidades delictivas en el apartado 1 de dicho precepto como agresión sexual, constituida por la realización de cualquier acto que atente contra la libertad sexual de otra persona sin su consentimiento; y estableciendo casos que en todo caso lo son en el apartado 2, aludiendo a diferentes modalidades comisivas.

181 Aceptó la agravante en las SSTS (Sala de lo Penal) 142/1999, de 3 de febrero (*Tol 5128137*), 119/1999, de 5 de febrero (*Tol 5134702*) y 1165/1999, de 16 de julio (*Tol 5134232*), mientras que la negó en las SSTS (Sala de lo Penal) 910/2000, de 22 de mayo (*Tol 4922639*), 1568/2001, de 15 de septiembre (*Tol 4925051*) y 513/2003, de 2 de septiembre (*Tol 308166*).

182 En este sentido se pronunció la STS (Sala de lo Penal) 119/1999, de 5 de febrero (*Tol 5134702*).

jeto del delito[183], por considerarse revelador de una tendencia criminológica distinta[184].

En definitiva, puede apreciarse cómo el medio de ataque empleado contra el bien jurídico protegido ha constituido en la jurisprudencia del Tribunal Supremo un criterio de suma relevancia para determinar la existencia de una identidad de naturalezas entre los delitos cometidos. En dicho criterio se tiene en cuenta la acción típica y la energía criminal empleada en el medio comisivo de esta, donde puede incluirse, no solo si hubo un contacto personal o no, sino también los obstáculos que el sujeto tuvo que sortear para lesionar el bien jurídico, así como la infracción de deberes derivada de la conducta típica. Su fundamento radica en razones de prevención especial que, según la jurisprudencia, pondrían de manifiesto una inclinación delictiva o tendencia criminológica determinada, más allá de centrarse en los elementos típicos concurrentes en los diferentes tipos delictivos.

En el derecho comparado, esta parece haber sido también la posición adoptada por el legislador francés. Así, castigándose en Francia tanto la reincidencia específica como la genérica (nuestra antigua reiteración, así llamada también en el país galo), se recogen de forma expresa en los artículos 132-16 a 132-16-4-1 del código penal supuestos concretos respecto a la primera de las modalidades, considerados, a efectos de reincidencia, "como el mismo delito"[185]. En este sentido, resulta destacable que se consideren, a efectos de reincidencia, como un mismo delito, por ejemplo, el homicidio y los atentados contra la integridad de las personas cometidos mediante la conducción de vehículos a motor cuando se cometen involuntariamente (artículo 132-16-2) o cualquier delito de violencia contra las personas, cometido voluntariamente, así como cualquier delito cometido con una agravante de violencia (artículo 132-16-3). Estos ejemplos ponen de manifiesto la voluntad de agrupar supuestos que se ubican sistemáticamente en diferentes capítulos y títulos, pero que pueden tener

183 Así se apuntó en la STS (Sala de lo Penal) 1568/2001, de 15 de septiembre (*Tol 4925051*).

184 Ello se puso de manifiesto en la STS (Sala de lo Penal) 513/2003, de 2 de septiembre (*Tol 308166*).

185 Establece en todos estos casos su consideración "*comme une même infraction*".

elementos comunes que los acercan en cuanto a su naturaleza por el medio de ataque empleado.

ii. El título de imputación

La doctrina más autorizada estima que ambos delitos deberán ser del mismo tipo para que quepa aplicar la agravante de reincidencia, esto es, o dolosos o imprudentes[186]. Así se pronuncia Goyena Huerta, quien considera que "existiendo entre delitos dolosos y culposos una diferencia esencial de imputación, cual es la aceptación o no del resultado delictivo, no cabe hablar de igualdad entre sus naturalezas"[187]. De acuerdo con este sector doctrinal, no cabe admitir la aplicación de la agravante de reincidencia entre un delito doloso y otro imprudente, por tratarse de delitos de distinta naturaleza si atendemos al tipo subjetivo del delito.

Ahora bien, cabe plantearse qué ocurre cuando ambos delitos cometidos lo son a título de imprudencia. La aplicación de la agravante de reincidencia entre delitos imprudentes que afectan a un mismo bien jurídico parece ser aceptada por la doctrina, siempre y cuando no se admita su misma naturaleza respecto a un delito doloso. No obstante, y como recuerda un sector doctrinal, el artículo 66.2 CP establece que, en los delitos imprudentes, como en los leves, "...los jueces o tribunales aplicarán las penas a su prudente arbitrio, sin su-

---

186 CEREZO MIR, J.: Derecho penal. *Op. Cit.*, p. 887; DÍEZ RIPOLLÉS, J. L.: Derecho penal español (2020). *Op. Cit.*, pp. 534-535, quien considera que ello supondría una divergencia en el tipo subjetivo; GUISASOLA LERMA, C.: Reincidencia. *Op. Cit.*, p. 84; MARÍN DE ESPINOSA CEBALLOS, E. B.: La reincidencia. *Op. Cit.*, pp. 231 y 234, quien apunta, además, que la gravedad de los delitos vendrá determinada, además de por la gravedad de la pena, por la naturaleza de la conducta, la cual viene determinada por el artículo 10 CP, donde se contiene la descripción legal de la acción u omisión dolosa o imprudente punible (p. 233); ZUGALDÍA ESPINAR, J. M.: Artículo 22.8. *Op. Cit.*, p. 1079. En sentido contrario, CUERDA ARNAU, M. L.: Artículo 22.8ª. *Op. Cit.*, p. 266.

187 GOYENA HUERTA, J.: Artículo 22. *Op. Cit.*, pp. 220-221, quien señala que la jurisprudencia también rechaza la aplicación de la reincidencia en estos supuestos, citando la STS 3-11-1997. En realidad, dicha sentencia excluye la aplicación de la circunstancia agravante de reincidencia entre delitos imprudentes, fundándose en que estos quedan excluidos para considerar el primer delito en la valoración de la suspensión de la condena.

jetarse a las reglas prescritas en el apartado anterior", lo que, teóricamente, hace ocioso este debate[188].

Esta previsión que recoge el Código penal, y que contempla un menor rigor respecto a la determinación de la pena en los delitos imprudentes, compartida con los delitos leves, se ve reforzada por la regulación de la suspensión de la condena. El artículo 80.2.1ª. CP establece que, a efectos de suspensión de la ejecución de las penas privativas de libertad, en lo que se refiere a la primera condición necesaria para ello, que exige que el condenado haya delinquido por primera vez, "…no se tendrán en cuenta las anteriores condenas por delitos imprudentes o por delitos leves, ni los antecedentes penales que hayan sido cancelados, o debieran serlo con arreglo a lo dispuesto en el artículo 136"[189].

De este modo, puede apreciarse cómo nuestro legislador ha previsto en el régimen de la suspensión uno de carácter especial, más benevolente, para los delitos leves y los casos en que los antecedentes penales estuvieran cancelados o debieran estarlo, como en el caso de la agravante de reincidencia. Sin embargo, en esta última, y a diferencia de la suspensión, no ha dispuesto expresamente dicho régimen más favorable al reo de un delito imprudente.

A pesar de ello, *de lege lata*, y siguiendo la coherencia interna de nuestra regulación penal, que prevé el castigo excepcional de la imprudencia, en virtud del artículo 12 CP, puede defenderse, en mi opinión, una exclusión de la aplicación de la circunstancia agravante en el caso de los delitos imprudentes. Por un lado, apoyándonos en el mencionado artículo 66.2 CP, así como en el 66.1.5ª. CP que, respecto a la agravante cualificada, como se verá, solo prevé su aplicación a delitos dolosos. Por otro lado, e independientemente del fundamento que se defienda, parece poco adecuado apreciar la agravante de reincidencia entre delitos imprudentes, pues el mayor reproche que el legislador ha previsto para el segundo comportamiento delictivo

---

188 DÍEZ RIPOLLÉS, J. L.: Derecho penal español (2020). *Op. Cit.*, p. 535; GUISASOLA LERMA, C.: Reincidencia. *Op. Cit.*, p. 84.

189 Se apoya también en este argumento para excluir los delitos imprudentes de la aplicación de la agravante de reincidencia, PRATS CANUT, J. M.: CAPÍTULO IV. De las circunstancias. *Op. Cit.*, p. 258.

del sujeto reincidente exigiría, al menos, que este lo hubiera llevado a cabo con conciencia y voluntad.

En efecto, así se ha manifestado la jurisprudencia de los últimos años que ha afirmado, en lo relativo a la forma de imputación, que "los injustos de los correspondientes delitos deben fundarse en formas dolosas, pues para fundamentar materialmente el aumento de reproche no puede tomarse en cuenta la comisión de previos delitos de naturaleza imprudente, en la medida en que incorporan una baja tasa de "efecto advertencia"[190].

En relación con lo anterior, procede aquí dirigir la mirada a lo establecido en el ordenamiento jurídico italiano, tras la reforma del código penal operada por la Ley de 5 de diciembre de 2005, n.251, que limitó los presupuestos a los que cabía aplicar la agravante de reincidencia de los artículos 99 y 101 a los delitos dolosos[191]. También es destacable en este punto lo contemplado en el código penal portugués, cuyo artículo 75º también aplica los efectos que el artículo 76º prevé para la reincidencia, solo cuando se comete un nuevo delito doloso, después de haber sido condenado por otro delito doloso. De hecho, este último texto, que exige el efectivo cumplimiento de una pena privativa de libertad de más de seis meses para considerar que concurre reincidencia, hace mención expresa a que la condena

---

190 Así, la STS (Sala de lo Penal, Sección 1ª) 536/2021, de 17 de junio (*Tol 8493904*).

191 Así, el artículo 99 del código penal italiano exige para su aplicación que el sujeto que, tras haber sido previamente condenado por un delito "*non colposo*", cometa otro delito "*non colposo*". A pesar de esta previsión de la reforma de 2005, que parecía indicar que el legislador buscaba un tratamiento más favorable hacia el sujeto reincidente, como señalan FIANDACA, G. / MUSCO, E.: *Diritto penale. Parte generale*, Settima edizione, Zanichelli Editore, Bologna, 2014, pp. 468-469, la intención de aquel en esta reforma fue en realidad reaccionar frente al riesgo de una excesiva desvaloración aplicativa de la reincidencia, con la consecuente atenuación de la respuesta punitiva, como efecto de una excesiva clemencia —a juicio de aquel—, debida a la discrecionalidad judicial en la aplicación del instituto. Por ello, apuntan estos autores que dicha reforma supuso la conversión de la circunstancia de facultativa en obligatoria en determinados delitos (recogidos en el artículo 407, apartado 2, letra a) del Código procesal penal) y la previsión de importantes aumentos de pena y ulteriores efectos jurídicos, por lo que la motivación político-criminal a la que se recurrió para introducir la limitación a los supuestos dolosos, de tipo empírico, se basó en realidad en un alivio al mayor rigor de la nueva disciplina, para lograr un mayor equilibrio.

o condenas previas no hubieran servido como advertencia suficiente contra el delito.

Por último, y en lo que respecta al ámbito subjetivo de los injustos dolosos, ha señalado la STS (Sala de lo Penal, Sección 1ª) 536/2021, de 17 de junio (*Tol 8493904*), que la correspondencia entre ellos no se ve afectada porque alguno de ellos incorpore, además, algún elemento subjetivo añadido que estreche el juicio de imputación. Ello parece coherente con la idea, puesta de manifiesto al aludir al bien jurídico como criterio orientador, de aceptar la identidad de naturalezas en casos de pluriofensividad, pues igualmente constituiría una particular exigencia de desvalor de acción.

iii. La forma de participación

Otro criterio orientador de la identidad de naturaleza a considerar es la forma de participación en el hecho delictivo.

Sobre esta cuestión y la posibilidad de tener en cuenta este criterio como determinante para aplicar la reincidencia, la doctrina se ha pronunciado a favor y en contra. Así, por un lado, Marín de Espinosa Ceballos estima que no podría apreciarse la agravante de reincidencia cuando el anterior delito fue cometido bajo formas de participación en relación con otro delito en concepto de autor o viceversa porque faltaría el requisito que exige que los delitos sean de la misma naturaleza. Esta tesis implica, según la autora, que cuando ambos delitos fueron realizados bajo la misma forma de participación sí se apreciará la agravante de reincidencia porque serán delitos de la misma naturaleza[192]. Por otro lado, Cuerda Arnau parece posicionarse a favor del reconocimiento de idéntica naturaleza en estos supuestos, al criticar, como se ha visto, la fórmula empleada en la disposición transitoria séptima, ya que, señala la autora, que la "referencia a que las conductas deban atacar «del mismo modo» al bien jurídico puede plantear el que se cuestione la posibilidad de apreciar la agravante en el caso de [...] que fuese distinta la modalidad de participación... "[193].

192 MARÍN DE ESPINOSA CEBALLOS, E. B.: La reincidencia. *Op. Cit.*, p. 246.

193 CUERDA ARNAU, M. L.: Artículo 22.8ª. *Op. Cit.*, p. 265, quien parecía defender con su afirmación que en estos casos debe apreciarse la agravante.

A mi juicio, cabe plantearse esta cuestión y si quizás podría darse reincidencia entre las distintas formas de autoría y la cooperación necesaria y la inducción, pero no así entre estas formas de participación y la complicidad. Así, aunque cooperador necesario e inductor también son partícipes del hecho delictivo, el legislador penal ha querido que su punición equivalga a la de los autores, atendiendo al artículo 28 CP, considerándolos también como tales. Por ello, quizás habría que hacer una distinción exclusivamente con la figura del cómplice, merecedor de una menor pena según el artículo 63 CP, por tener su aportación un carácter no esencial, y cuya intervención en el hecho supone afirmar una distinta naturaleza del delito para él.

iv. El grado de ejecución

Respecto a los grados de ejecución del delito, un importante sector doctrinal, tras afirmar que estos supuestos cumplen con el criterio formal de ubicación sistemática en el mismo título, considera que no debiendo extenderse la cercanía que exige la misma naturaleza a la estructura típica, cabe apreciar reincidencia entre tentativa y delito consumado[194]. En este sentido también, aunque considerando que no cumplía dicho criterio formal, Mir Puig, respecto a la regulación anterior, no encontró razones materiales para excluir las formas imperfectas de ejecución, señalando que estas "...pueden tener una gravedad penal mayor que un delito consumado", por lo que, —afirmaba— "no hay razón para dispensar trato más benévolo al autor de tentativa y frustración"[195].

Sin embargo, también hay autores que consideran que no cabe apreciar la circunstancia agravante entre delitos cometidos en grado de tentativa y delitos consumados. Así se pronuncia Marín de Espinosa Ceballos, quien estima que falta también el requisito de que los delitos sean de la misma naturaleza, y —según esta autora—, ello ex-

---

194 DÍEZ RIPOLLÉS, J. L.: Derecho penal español (2020). *Op. Cit.*, p. 534. En el mismo sentido, aceptando la reincidencia entre el homicidio consumado y la conspiración, provocación o proposición para cometerlo, CUERDA ARNAU, M. L.: *Ibidem*, 1996, p. 266.

195 MIR PUIG, S.: La reincidencia. *Op. Cit.*, p. 116, respecto a la reiteración, y, en igual sentido respecto a la reincidencia, p. 329, usando estos términos que correspondían entonces a la actual tentativa inacabada y acabada, respectivamente.

cluye también dicha identidad respecto a los actos preparatorios[196]. Sí cabrá apreciarla —opina la autora—, cuando ambos delitos fueron llevados a cabo bajo la misma forma de ejecución.

En mi opinión, el grado de ejecución sí determina una distinta naturaleza entre infracciones que debe tenerse en cuenta a efectos de aplicar la agravante de reincidencia, por más que el dolo del sujeto hubiera sido el de consumar la lesión del bien jurídico pues, *de facto*, esta última no se ha producido y ello supone en cualquier caso una menor dañosidad generada por el sujeto hacia el objeto de tutela que no puede ser obviada en el análisis de su culpabilidad por el hecho para la imposición de una pena.

No obstante, parece que el Tribunal Supremo está aplicando agravaciones de pena por reincidencia cuando entre los delitos no se da el mismo grado de ejecución. Así ocurrió, por ejemplo, respecto a la hiperagravación por reincidencia que prevé el código penal respecto al delito de hurto en el artículo 235.1.7º. en relación con el 234.2 CP, en la STS (Sala de lo Penal, Sección 1ª) 550/2019, de 12 de noviembre (*Tol 7591762*), que impuso la pena de dicho subtipo a un sujeto que, teniendo tres condenas previas por delitos menos graves de hurto, cometió con posterioridad un delito leve de hurto en grado de tentativa. Esta solución, cuestionable ya, como se verá, por aceptar que un delito leve constituya presupuesto para la aplicación de la agravante, lo es más aún por haber sido este ejecutado en grado de tentativa. En el mismo sentido se pronunció también en las SSTS (Sala de lo Penal, Sección 1ª) 732/2023, de 5 de octubre (*Tol 9738819*), y 116/2024, de 7 de febrero (*Tol 9883709*), donde el Tribunal aplica reincidencia a un caso de tentativa de delito de agresión sexual y robo, respectivamente, habiendo sido condenado el sujeto previamente como autor de otro delito consumado de la misma naturaleza.

v. La gravedad de la pena

Aunque un sector de la doctrina autorizada considera que no hay base legal para que las penas tengan que ser de la misma naturale-

---

196 MARÍN DE ESPINOSA CEBALLOS, E. B.: La reincidencia. *Op. Cit.*, pp. 246-247.

za[197], a mi juicio, y de acuerdo con la opinión de otro importante sector doctrinal[198], la extensión de la pena sí es relevante ya que esta determina la naturaleza del delito y, por ende, la gravedad de la conducta[199], como establecen los artículos 13 y 33 CP[200].

Así, el artículo 13 CP establece que son delitos graves las infracciones que la Ley castiga con pena grave, son delitos menos graves las infracciones que la Ley castiga con pena menos grave y son delitos leves las infracciones que la Ley castiga con pena leve. Los antecedentes penales generados por estos últimos están expresamente excluidos por el legislador del ámbito de aplicación de la reincidencia y serán objeto de atención en el siguiente epígrafe. Por ello, y reparando en el elemento de referencia al que remite este precepto, la pena, una buena unidad de medida de esta gravedad viene dada por la clasificación que recoge el artículo 33 CP entre penas graves y menos graves, siempre y cuando priven del mismo derecho. Así, por ejemplo, aunque sean penas graves tanto la prisión de más de cinco años

---

197 CEREZO MIR, J.: Derecho penal. *Op. Cit.*, p. 887; DÍEZ RIPOLLÉS, J. L.: Derecho penal español (2020). *Op. Cit.*, p. 535, quien estima que la identidad de naturaleza va referida a los delitos, pero no a las penas, por lo que la identidad de estas últimas la considera irrelevante; GUISASOLA LERMA, C.: Reincidencia. *Op. Cit.*, p. 81, quien afirma que la idéntica gravedad de las conductas como criterio corrector no puede resolverse con una mera comparación de penas, sino, siguiendo la opinión de CUERDA ARNAU, M. L.: Artículo 22.8ª. *Op. Cit.*, p. 264, con la identidad o similitud de tipos o con la identidad del bien jurídico violado.

198 DE VICENTE MARTÍNEZ, R.: La reincidencia. *Op. Cit.*, pp. 182-183; MARÍN DE ESPINOSA CEBALLOS, E. B.: La reincidencia. *Op. Cit.*, p. 234; ZUGALDÍA ESPINAR, J. M.: Artículo 22.8. *Op. Cit.*, p. 1079, quien, además de la gravedad de la pena (grave y menos grave) considera necesario que también concurra identidad en la naturaleza de la pena (penas privativas de libertad, penas privativas de derechos y penas de multa).

199 PRATS CANUT, J. M.: CAPÍTULO IV. De las circunstancias. *Op. Cit.*, p. 258; DE VICENTE MARTÍNEZ, R.: *Ibidem*, p. 182; ZUGALDÍA ESPINAR, J. M.: *Idem*. Sobre la interrelación entre delito y teoría de la pena, poniendo de relieve que el Derecho penal se define precisamente a través de sus sanciones, GARCÍA PÉREZ, O.: "Sobre el estado actual del debate en torno a la punibilidad", *Estudios Penales y Criminológicos*, vol. XXXIX (2019), pp. 732 y ss.

200 Parte también de estos preceptos para establecer la gravedad de la pena o la gravedad del hecho y, parcialmente, junto con la naturaleza de la conducta que establece el artículo 10 CP, la gravedad de los delitos, MARÍN DE ESPINOSA CEBALLOS, E. B.: La reincidencia. *Op. Cit.*, pp. 233-234.

como la inhabilitación absoluta, no podrán considerarse de la misma naturaleza en cuanto a la gravedad del reproche punitivo por privar la primera de libertad y la segunda de otros derechos.

En el mismo sentido, las resoluciones de los últimos años del Tribunal Supremo han señalado respecto a la gravedad del reproche punitivo que "Si dentro de la protección que el legislador dispensa a un bien jurídico, desarrolla los tipos delictivos, atendiendo preferentemente, al modo de atacar los mismos y a la intensidad del ataque, estimamos, que no debe ser ajeno, a efectos de agrupar los delitos por razón de la naturaleza, la "gravedad de las conductas" deducida de la pena asignada por el legislador al tipo delictivo de que se trate"[201]. Así mismo, la STS (Sala de lo Penal, Sección 1ª) 536/2021, de 17 de junio (*Tol 8493904*), ha señalado que "la relación de correspondencia reclama que resulte próximo entre las respectivas infracciones. Ya sea por su naturaleza aflictiva —por ejemplo, penas privativas de libertad— o por su concreta extensión que identifica su clase, pues ello es lo que permitirá apreciar con mayor claridad el "efecto advertencia" derivado de las condenas previas". De nuevo, este efecto adquiere un papel relevante en la jurisprudencia, que parece ser algo más consciente en los últimos años de la necesidad de tener en cuenta la eficacia de las condenas anteriores a efectos de conseguir la reinserción social del sujeto o, al menos, de marcar cierta diferencia entre la pena del nuevo delito y de los anteriores, más allá de la mera agravación[202].

No obstante, a pesar de estos pronunciamientos, la gravedad de la pena en realidad no constituye un criterio que, en la práctica jurisprudencial general, determine una distinta naturaleza entre infracciones. Ello parece que tampoco se desprende de la voluntad

---

201 En este sentido se manifiesta la STS (Sala de lo Penal, Sección 1ª) 155/2019, de 26 de marzo (*Tol 7153434*).

202 En este sentido, la STS (Sala de lo Penal, Sección 1ª) 169/2018, de 11 de abril (*Tol 6574168*), en la que, tras haber cometido el acusado tres delitos previos contra la seguridad vial a los que se les impusieron penas de multa, considera inclinarse por la pena privativa de libertad en esta ocasión, pues si bien esta es más aflictiva, estima adecuado imponerla "...ante la reproducción de comportamientos similares por parte del acusado, lo que evidencia que las penas pecuniarias anteriormente impuestas no han producido los efectos rehabilitadores y de prevención especial esperables".

del legislador. Un buen ejemplo de ello lo veremos más adelante, al tratar el delito de hurto, sobre todo tras la reforma operada por la Ley Orgánica 9/2022, de 28 de julio, por la que se establecen normas que faciliten el uso de información financiera y de otro tipo para la prevención, detección, investigación o enjuiciamiento de infracciones penales, de modificación de la Ley Orgánica 8/1980, de 22 de septiembre, de Financiación de las Comunidades Autónomas y otras disposiciones conexas y de modificación de la Ley Orgánica 10/1995, de 23 de noviembre, del Código Penal. Así, en esta reforma, de manera expresa, se prevé en el artículo 234.2 inciso segundo CP, la aplicación de una pena especial a efectos de reincidencia (la del apartado primero de dicho precepto) para los casos en que el culpable de un delito leve de hurto hubiera sido condenado ejecutoriamente al menos por tres delitos del mismo Título, *aunque sean de carácter leve*, siempre que sean de la misma naturaleza y que el montante acumulado de las infracciones sea superior a 400€. La referencia expresa a que los antecedentes penales puedan ser de carácter leve permite observar cómo el legislador considera indiferente la existencia de tres condenas previas por delitos de distinta naturaleza para estimar la concurrencia de esta multirreincidencia.

En definitiva, para concluir, tras la determinación de los criterios orientadores de la identidad de naturaleza, lo deseable habría sido, como ha propuesto un sector doctrinal, que *de lege ferenda* la imposición de la circunstancia agravante de reincidencia hubiera sido, al menos, prevista con carácter facultativo, dado que su fundamento sigue siendo cuestionado. Ello habría dado pie a que el juez, obligado en cualquier caso a realizar este detallado análisis, pudiera optar por su inaplicación.

Sin embargo, a pesar de las críticas que haya podido recibir el elemento relativo a la identidad de naturaleza entre infracciones y la falta de acuerdo sobre los aspectos que lo conforman, lo cierto es que, *de lege lata*, este constituye el único que permite salvar la obligatoriedad de la imposición de la agravante de reincidencia, exigiendo al juez una motivación en la sentencia, dado el margen de discrecionalidad que su interpretación ofrece. Deteniéndose en ello, el juzgador podrá decidir no aplicar la circunstancia, de modo que, aunque la agravación a que da lugar el art. 22.8ª. CP conlleve quedarse dentro del marco penal abstracto del tipo delictivo, por suponer solo la aplicación de la pena en su mitad superior, en cualquier caso, y dado que supone un incremento de pena, la concurrencia de idéntica naturaleza entre las infracciones tendría que justificarse debidamente en la sentencia en todo caso.

No obstante, hay que reconocer que, con carácter general, y salvo excepciones, en la jurisprudencia el tema de la identidad de naturaleza entre delitos, en los términos exhaustivos que acabamos de ver, no es especialmente discutido. Esto es perceptible formalmente solo atendiendo a la información contenida en el relato de hechos probados, que suele recoger la mínima e indispensable para aplicar la agravante, no cuestionándose en gran medida el criterio material. Así, como se verá, los datos que la jurisprudencia exige que consten en el *factum* para poder aplicar la agravante son la fecha de la firmeza de la sentencia condenatoria anterior, el delito por el que se dictó la condena, la pena o penas impuestas y la fecha en la que el penado las dejó efectivamente extinguidas, no siendo necesario este dato cuando el plazo de cancelación no haya podido transcurrir aún entre la fecha de la sentencia condenatoria y la fecha de ejecución del nuevo hecho enjuiciado. Ni siquiera estos datos, que son los mínimos, como veremos más adelante, aparecen siempre y, en un buen número de casos, la referencia al delito por el que se dictó la condena no es más que una alusión genérica a un grupo de delitos relacionados con el mismo bien jurídico[203], pero no referidos a la forma de participación, el grado de ejecución o el título de imputación, entre otros. De hecho, el propio Tribunal Supremo no cuestiona la ausencia de estos datos en supuestos en los que incluso se cuenta con ellos. Así, en la STS (Sala de lo Penal, Sección 1ª) 797/2021, de 20 de octubre (*Tol 8634568*), señala que, pudiendo conocer estos extremos de la condena previa impuesta en Países Bajos de un modo eficiente y

---

203 Así, a título de ejemplo, en el ATS (Sala de lo Penal, Sección 1ª) 225/2023, de 9 de marzo (*Tol 9460929*), donde alude a que había sido condenado por *otro* delito contra la salud pública, sin analizar si se trataba, por ejemplo, de la misma forma de participación; o la STS (Sala de lo Penal, Sección 1ª) 620/2023, de 17 de julio (*Tol 9662459*), en la que se dice que el sujeto había sido previamente condenado por delito de lesiones y de resistencia, dándose en el presente caso un delito de resistencia *grave* a la autoridad, sin pararse a cuestionar, por ejemplo, la misma naturaleza de la conducta previa.

en plazo breve mediante el Sistema Europeo de Información de Antecedentes Penales (ECRIS)[204], del que hablaremos más adelante, no entra a valorar dichas ausencias aun admitiendo que "...los datos que se incorporan al *factum* no son todos los que posibilitaba la hoja de antecedentes penales integrada con la comunicación proveniente de la autoridad central neerlandesa". Esto demuestra que el criterio material que acaba de desarrollarse suele ceñirse, en la práctica jurisprudencial, casi exclusivamente, al bien jurídico protegido y al medio de ataque a este.

1.3.2. Elementos procesales de la reincidencia

A. *No se computan a los efectos de reincidencia los antecedentes penales cancelados o que debieran serlo, ni los que correspondan a delitos leves*

1) La cancelación de los antecedentes penales

(1) La regulación actual y la ampliación del ámbito de aplicación de la agravante

La reforma que trajo consigo la Ley Orgánica 8/1983, de 25 de junio, de Reforma Urgente y Parcial del Código Penal, como señaló el Pleno del Tribunal Constitucional en su sentencia 150/1991, de 4 de julio, en su Fundamento Jurídico 2°, mitigó el rigor y el automatismo de la anterior regulación. Así, una de las medidas que adoptó esta reforma fue en materia de cancelación de antecedentes penales. En la Exposición de Motivos de la ley se establece que "Importantes e inaplazables son los cambios que se introducen en materia de rehabilitación, que se contraen a lo siguiente: la cancelación de antecedentes puede llevarse a cabo de oficio por el Ministerio de Justicia, y no sólo a instancias del interesado, como venía sucediendo. Por otra parte, en la búsqueda de una rehabilitación que no sea simplemente formal obliga a limitar el uso de las inscripciones registrales de antecedentes. Uso solamente posible hasta la cancelación de la

[204] Este sistema, como veremos más adelante, aporta información que incluye parámetros relacionados con el grado de ejecución del delito y el grado de participación y, en su caso, la existencia de exención total o parcial de responsabilidad penal.

inscripción, a los casos expresamente previstos por Ley. En la misma finalidad se inscribe la supresión de la actual vigencia eterna del antecedente en orden a la apreciación de la agravante de reincidencia; con la modificación que se propone la rehabilitación supone la cancelación definitiva del antecedente escrito".

Suprimida, por tanto, la vigencia *sine die* de los antecedentes penales a efectos de reincidencia, resulta necesario en este punto acudir a la regulación actual de la cancelación de antecedentes delictivos, contenida en el artículo 136 CP[205]. Este precepto, que fue objeto de

---

[205] El artículo 136 CP es del siguiente tenor: "1. Los condenados que hayan extinguido su responsabilidad penal tienen derecho a obtener del Ministerio de Justicia, de oficio o a instancia de parte, la cancelación de sus antecedentes penales, cuando hayan transcurrido sin haber vuelto a delinquir los siguientes plazos:

a) Seis meses para las penas leves.

b) Dos años para las penas que no excedan de doce meses y las impuestas por delitos imprudentes.

c) Tres años para las restantes penas menos graves inferiores a tres años.

d) Cinco años para las restantes penas menos graves iguales o superiores a tres años.

e) Diez años para las penas graves.

2. Los plazos a que se refiere el apartado anterior se contarán desde el día siguiente a aquel en que quedara extinguida la pena, pero si ello ocurriese mediante la remisión condicional, el plazo, una vez obtenida la remisión definitiva, se computará retrotrayéndolo al día siguiente a aquel en que hubiere quedado cumplida la pena si no se hubiere disfrutado de este beneficio. En este caso, se tomará como fecha inicial para el cómputo de la duración de la pena el día siguiente al del otorgamiento de la suspensión.

3. Las penas impuestas a las personas jurídicas y las consecuencias accesorias del artículo 129 se cancelarán en el plazo que corresponda, de acuerdo con la regla prevista en el apartado 1 de este artículo, salvo que se hubiese acordado la disolución o la prohibición definitiva de actividades. En estos casos, se cancelarán las anotaciones transcurridos cincuenta años computados desde el día siguiente a la firmeza de la sentencia.

4. Las inscripciones de antecedentes penales en las distintas secciones del Registro Central de Penados y Rebeldes no serán públicas. Durante su vigencia solo se emitirán certificaciones con las limitaciones y garantías previstas en sus normas específicas y en los casos establecidos por la ley. En todo caso, se librarán las que soliciten los jueces o tribunales, se refieran o no a inscripciones canceladas, haciendo constar expresamente esta última circunstancia.

5. En los casos en que, a pesar de cumplirse los requisitos establecidos en este artículo para la cancelación, ésta no se haya producido, el juez o tribunal, acreditadas tales circunstancias, no tendrá en cuenta dichos antecedentes".

modificaciones en las reformas de 2003 y 2015, prevé la llamada rehabilitación del condenado, esto es, la cancelación de sus antecedentes penales, junto con el artículo 137 CP que contempla la cancelación de las medidas de seguridad.

El artículo 136 CP establece en su apartado 4 que "las inscripciones de antecedentes penales en las distintas secciones del Registro Central de Penados y Rebeldes no serán públicas", siendo solo accesibles por las autoridades previstas en los artículos 5 y 6 del Real Decreto 95/2009, de 6 de febrero, por el que se regula el Sistema de registros administrativos de apoyo a la Administración de Justicia. Partiendo, por tanto, de la confidencialidad de los antecedentes penales, hay que tener en cuenta que su cancelación actualmente se rige exclusivamente por un sistema de plazos y que esta constituye un derecho del condenado. Así, el apartado 1 del artículo 136 CP reconoce que tienen derecho a obtener la cancelación de sus antecedentes penales del Ministerio de Justicia, de oficio o a instancia de parte, los condenados que hayan extinguido su responsabilidad penal y que no hayan vuelto a delinquir en los plazos que establece el precepto, que van desde los seis meses para las penas leves hasta los diez años para las graves. Un límite distinto aplica para los casos de delitos sexuales con víctima menor de edad. Así, para estos supuestos, la inscripción en el Registro Central de Delincuentes Sexuales, regulado por Real Decreto 1110/2015, de 11 de diciembre, se amplía hasta 30 años "como una medida para la protección de la infancia y la adolescencia", sin oponerse a los principios de proporcionalidad, necesidad o reinserción[206].

Acudiendo a las modificaciones que trajo consigo la reforma operada por la Ley Orgánica 1/2015, de 30 de marzo, estas merecen una valoración ambivalente. Así, por un lado, como establece el apartado VI de su Exposición de Motivos, se facilita el procedimiento de cancelación de los antecedentes penales suprimiendo algunos de los requisitos necesarios para que ello tuviera lugar, como eran la exigencia del informe previo del Juez o Tribunal sentenciador y la de que dicha

---

206 Así se establece en el apartado II del Preámbulo del Real Decreto 1110/2015, de 11 de diciembre, por el que se regula el Registro Central de Delincuentes Sexuales.

cancelación estuviera supeditada a la satisfacción de las responsabilidades civiles derivadas del delito o a la declaración de insolvencia del penado por el Juez o Tribunal sentenciador.

Sin embargo, por otro lado, a pesar de la voluntad del legislador de 2015 de agilizar el procedimiento de cancelación de antecedentes con la supresión de dichas exigencias, aquel acompañó esta modificación con la ampliación de los plazos que deben transcurrir para ello en el caso de determinados delitos. Así, se alude al criterio de la gravedad de la pena en todos los plazos a excepción del contenido en la letra b), que prevé un periodo de cancelación de dos años para las penas que no excedan de doce meses[207] y las impuestas por delitos imprudentes. Además, los delitos menos graves que se cancelaban en un plazo máximo de tres años con carácter previo a dicha reforma, tras ella solo se ciñen a dicho plazo aquellos delitos cuyas penas sean inferiores a tres años y se establecen dos nuevos plazos de cancelación: uno de cinco años para el resto de los delitos menos graves y otro de diez años para los delitos graves, antes de la reforma cancelables transcurridos cinco años sin delinquir desde el día siguiente a que se extinguiera la pena. Así mismo, se incluye en dicha reforma la regulación de la cancelación de los antecedentes penales de las personas jurídicas que puedan resultar penalmente responsables y de las consecuencias accesorias impuestas.

Pues bien, se estima como aspecto negativo la ampliación de plazos y, por tanto, del ámbito de aplicación de la circunstancia, que la reforma de 2015 trajo consigo, y que extiende a un considerable número de supuestos la posibilidad de imponer la agravante de reincidencia. Esto nos lleva, mirando al derecho comparado de algunos ordenamientos de nuestro entorno, a plantearnos si no sería más adecuado considerar, *de lege ferenda*, el tiempo transcurrido desde el anterior delito para valorar la necesidad de aplicar la circunstancia. Esta medida, que, de alguna manera, favorecería al reo en aquellos casos en que la justicia no interviene prontamente, está prevista en

---

[207] Hay que aclarar aquí que la jurisprudencia ha considerado que doce meses no equivalen a un año (365 días), sino a 360 días. Por ello, ante una pena de un año, el plazo de cancelación no será el de dos años, previsto en la letra b) del artículo 136.1 CP, sino el de tres años, previsto en la letra c). Así lo establece la STS (Sala de lo Penal, Sección 1ª) 141/2018, de 22 de marzo (*Tol 6554743*).

ordenamientos como el italiano, el francés o el portugués, en los que el tiempo transcurrido desde el anterior delito hasta la nueva comisión constituye un elemento a tener en consideración para aplicar las distintas soluciones penológicas que el código penal recoge. En el caso de Portugal, por ejemplo, el artículo 75º del código penal establece que se excluye la aplicación de la reincidencia si han transcurrido más de cinco años entre la comisión del primer y el segundo delito (sin computar para ello el tiempo que el agente haya cumplido una medida procesal o pena o medida de seguridad privativa de libertad).

Recurrir a estas soluciones parece ciertamente optimista e ilusorio si atendemos a las citadas reformas llevadas a cabo en nuestro ordenamiento. Actualmente, el plazo de cancelación de antecedentes penales establecido para los delitos graves permite aplicar la agravante hasta diez años después de haber extinguido la pena o hasta treinta años, como se ha mencionado, respecto a los delitos sexuales cometidos contra menores de edad. Esta posibilidad, considerando especialmente el excesivo lapso temporal que permite actualmente la aplicación de la agravante, nos lleva a pensar en el artículo 73 de la Ley Orgánica General Penitenciaria, al que alude el Juez promovente de la cuestión de inconstitucionalidad resuelta por la STC 150/1991, de 4 de julio (*Tol 80562*), así como, previamente, Zugaldía Espinar[208]. Así, dicho precepto establece, en su apartado primero que "El condenado que haya cumplido su pena y el que de algún otro modo haya extinguido su responsabilidad penal deben ser plenamente reintegrados en el ejercicio de sus derechos como ciudadanos"; y, en su apartado segundo, que "Los antecedentes no podrán ser en ningún caso motivo de discriminación social o jurídica". Además, como ha apuntado la doctrina, la previsión legal de la cancelación de los antecedentes penales es una manifestación del apoyo a la rehabilitación, así como la constatación de que aquellos la dificultan[209]. Lo anterior hace que siga perpetuándose el cuestionamiento del fundamento de la agravante y mantiene vigente la duda de si esta no supone una vul-

---

208 ZUGALDÍA ESPINAR, J. M.: Sobre la inconstitucionalidad. *Op. Cit.*, p. 89.

209 LARRAURI, E. / ROVIRA, M.: "Publicidad, solicitud y cancelación de los antecedentes penales en los tribunales españoles", *Revista Electrónica de Ciencia Penal y Criminología. RECPC 23-01*, 2021, p. 18.

neración flagrante de los fines resocializadores que prevé el artículo 25.2 de la Constitución.

En otro orden de cosas, el apartado 5 del artículo 136 CP establece que “En los casos en que, a pesar de cumplirse los requisitos establecidos en este artículo para la cancelación, ésta no se haya producido, el juez o tribunal, acreditadas tales circunstancias, no tendrá en cuenta dichos antecedentes”[210]. Esta referencia haría, en principio, innecesaria la alusión prevista en el artículo 22.8ª. CP a los antecedentes aún no cancelados pero que debieran serlo.

No obstante, no se estima que esta mención carezca de utilidad, dada la posibilidad de no tener en cuenta la previsión del artículo 136.5 CP si esta no se mencionaba de forma expresa en el ámbito de la reincidencia, no dejándolo así a la interpretación. De hecho, puede reafirmarse la necesidad de mantener lo previsto en este apartado si vislumbramos el futuro que la cancelación de los antecedentes penales presenta en ciertos textos legales, cuya entrada en vigor se espera próximamente. Así, aparece como preocupante la redacción del Proyecto de Ley de medidas de eficiencia digital del servicio público de justicia (LED), de 8 de septiembre de 2022 (121/000116)[211], que

---

210 En la reforma llevada a cabo por la LO 1/2015, de 30 de marzo, también se suprimen de este apartado algunas cuestiones superfluas, como la referencia a que la cancelación se haya solicitado por el interesado o de oficio por el Ministerio de Justicia, o como la exigencia de ordenar la cancelación por parte del Juez o Tribunal, acreditado el cumplimiento de los requisitos previstos en el apartado 2, derogados tras la citada reforma

211 Dicho texto, publicado en el Boletín Oficial de las Cortes Generales de 12 de septiembre de 2022, Núm. 116-1, Serie A: Proyectos de Ley, accesible a través del siguiente enlace: https://www.congreso.es/public_oficiales/L14/CONG/BOCG/A/BOCG-14-A-116-1.PDF (consultado por última vez el 20 de enero de 2025), en la fecha en la que se elabora este trabajo, se encuentra aún pendiente de aprobación y ha pasado a denominarse Proyecto de Ley por la que se aprueban medidas urgentes para la ejecución del Plan de Recuperación, Transformación y Resiliencia en materia de servicio público de justicia, función pública, régimen local y mecenazgo (procedente del Real Decreto-ley 6/2023, de 19 de diciembre). Este Proyecto de Ley fue sometido a debate y votación el día 10 de enero de 2024, publicado en el Boletín Oficial de las Cortes Generales de 19 de enero de 2024, Núm. 2-1, Serie A: Proyectos de Ley, accesible a través del siguiente enlace: https://www.congreso.es/public_oficiales/L15/CONG/BOCG/A/BOCG-15-A-2-1.PDF (consultado por última vez el 20 de enero de 2025). Posteriormente, el 19 de marzo de 2024, fue sometido a enmiendas al

se enmarca en el llamado Plan "Justicia 2030", y cuyo objeto es regular la utilización de las tecnologías de la información en el ámbito de la Administración de Justicia[212]. Así, la Disposición final primera del citado texto, en su apartado Uno, modifica el artículo 252 de la Ley de Enjuiciamiento Criminal, estableciendo, en su párrafo primero, que las notas autorizadas de las sentencias firmes en las que se imponga alguna pena por delito y los autos en que se declare la rebeldía de los procesados se remitirán por los tribunales a los correspondientes registros "a través de procedimientos electrónicos". Sin embargo, el Proyecto de Ley añade un segundo párrafo al citado precepto, que prevé que "En los procedimientos de cancelación de la inscripción de antecedentes penales en el Registro Central de Penados iniciados a instancia del interesado, una vez transcurrido el plazo máximo establecido sin que se haya dictado y notificado resolución expresa, la solicitud se entenderá desestimada". De este modo, parece que se establece una suerte de silencio negativo, que juega en contra del interesado en el procedimiento para hacer efectivo su derecho a la cancelación de sus antecedentes penales, lo cual resulta criticable[213].

(2) La práctica jurisprudencial en materia de cancelación de antecedentes penales en relación con la aplicación de la agravante

Siendo requisito indispensable para que concurra la circunstancia agravante de reincidencia el que los antecedentes penales no hayan sido cancelados o debieran serlo, uno de los motivos más recurrentes en nuestros tribunales para estimar inapreciable la agravante viene dado por un defecto formal: la ausencia de datos en la sentencia que

---

articulado, publicado en el Boletín Oficial de las Cortes Generales de 1 de abril de 2024, Núm. 2-3, Serie A: Proyectos de Ley, accesible a través del siguiente enlace: https://www.congreso.es/public_oficiales/L15/CONG/BOCG/A/BOCG-15-A-2-3.PDF (consultado por última vez el 20 de enero de 2025).

212 Artículo 1.1 de dicho Proyecto de Ley.

213 De hecho, una de las enmiendas que se presenta en marzo de 2024, por parte del Grupo Parlamentario Socialista y por el Grupo Parlamentario Plurinacional SUMAR, propone suprimir la palabra "desestimada" de dicho texto, y sustituirla por el siguiente: "...estimada siempre y cuando se cumplan los requisitos establecidos en el artículo 136 del Código Penal". Esta redacción resulta más correcta y acorde a la voluntad del legislador de no tener en cuenta, a efectos de reincidencia, los antecedentes penales cancelados o que debieran serlo.

demuestren que los antecedentes penales no estaban cancelados, ya que lo contrario se estima que vulnera el derecho a la tutela judicial efectiva. Así se pronunció el Tribunal Constitucional en sentencia 80/1992, de 28 de mayo, donde puso de manifiesto que el artículo 24.1 de nuestra Constitución se vulnera si el órgano judicial no comprueba la vigencia o no de los antecedentes penales del condenado a efectos de apreciar la agravante de reincidencia.

Como consecuencia de esta resolución, el Tribunal Supremo ha emitido jurisprudencia, ya muy consolidada, en la que afirma que el relato de los hechos probados en la sentencia debe contener los datos que constituyen los presupuestos sobre los que se asienta la agravante de reincidencia, como ocurre con los del delito o delitos en cuestión, y que, por tanto, fundamentan su aplicación. De este modo, numerosas resoluciones[214] señalan que dichos datos deben constar en el *factum* y no así en la motivación de la sentencia, ni mucho menos, en la hoja histórico penal, pues ello supondría incorporar en esta última elementos fácticos en perjuicio del reo, debiendo distinguirse perfectamente los planos fáctico y jurídico.

No obstante, también existen decisiones jurisprudenciales que sí han admitido la concurrencia de estos datos ubicados sistemáticamente en la fundamentación jurídica de la sentencia, siempre que complementen el hecho probado, dado el peligro que supone para las garantías del acusado, por lo que constituyen una excepción y en ellas se suele argumentar fundadamente dicha decisión. En este sentido se pronunció, entre otras[215], la STS (Sala de lo Penal, Sección 1ª) 859/2013, de 21 de octubre (*Tol 4031494*), afirmando que hay que partir de la tesis de que dichos datos deben constar en el relato de hechos probados, "aunque sin extremar sus perfiles hasta el punto de

---

214 Entre muchas otras, pueden citarse las SSTS (Sala de lo Penal, Sección 1ª) 217/2016, de 15 de marzo (*Tol 5674693*); 857/2016, de 11 de noviembre (*Tol 5877139*); 865/2021, de 12 de noviembre (*Tol 8661997*); 96/2022, de 9 de febrero (*Tol 8800650*); 416/2022, de 28 de abril (*Tol 8932845*); 898/2022, de 16 de noviembre (*Tol 9296424*); o 620/2023, de 17 de julio (*Tol 9662459*).

215 Algunas de las resoluciones que han mantenido esta postura son las SSTS (Sala de lo Penal, Sección 1ª) 797/2021, de 20 de octubre (*Tol 8634568*), caso en que se admite para conocimiento casacional que la pena apareciera tanto en la hoja histórico penal, como en los fundamentos de la sentencia, no así en el relato de hechos; o la 38/2022, de 20 de enero (*Tol 8764732*).

llegar a conclusiones absurdas que conviertan un error de ubicación sistemática en origen y raíz de consecuencias sustantivas de fuste", sobre todo, cuando dichos datos tienen un "indubitado e inequívoco sabor de elemento fáctico claro". Lo anterior se justifica, —continúa argumentándose en la sentencia—, en que se trata de una afirmación que reafirma y da sentido inequívoco a lo narrado en el relato de hechos, no así de una reinterpretación de los hechos probados a través de una labor creadora en esta parte de la sentencia, que es lo que pretende evitarse con dicha separación drástica de ambas. En definitiva, lo que se defiende es que un defecto formal en la redacción no puede dar lugar a una causa eximente de responsabilidad criminal, provocando una "pirueta incompresible" que hace inaceptable "esa promiscuidad entre lo procesal y lo sustantivo".

En cualquier caso, según reiterada jurisprudencia[216], los datos relativos a la cancelación, que deberían constar en el relato de hechos probados de la sentencia, son:

1. La fecha de la firmeza de la sentencia condenatoria anterior.
2. El delito por el que se dictó la condena.
3. La pena o penas impuestas.
4. La fecha en la que el penado las dejó efectivamente extinguidas, no siendo necesario este dato cuando el plazo de cancelación no haya podido transcurrir aún entre la fecha de la sentencia condenatoria y la fecha de ejecución del nuevo hecho enjuiciado[217].

---

216 STC (Sala Primera) 80/1992, de 28 de mayo (*Tol 80692*), seguida por otras muchas sentencias, como las SSTS (Sala de lo Penal) 1370/2003, de 20 de octubre (*Tol 4977696*); 1543/2003, de 18 de noviembre (*Tol 4973462*); 632/2004, de 13 de mayo (*Tol 449332*); 1090/2005, de 15 de septiembre (*Tol 738543*); y (Sala de lo Penal, Sección 1ª) 36/2011, de 3 de febrero (*Tol 2052155*); 4/2013, de 22 de enero (*Tol 3013524*); 313/2013, de 23 de abril (*Tol 3539946*); 538/2017, de 11 de julio (*Tol 6210475*); 169/2018, de 11 de abril (*Tol 6574168*); 137/2022, de 17 de febrero (*Tol 8820232*); 416/2022, de 28 de abril (*Tol 8932845*); 670/2022, de 30 de junio (*Tol 9123871*); 319/2023, de 8 de mayo (*Tol 9572780*); 361/2023, de 17 de mayo (*Tol 9587140*); 842/2023, de 16 de noviembre (*Tol 9788791*); 912/2023, de 13 de diciembre (*Tol 9813750*), entre muchas otras.

217 Un quinto dato necesario en los casos de delitos de hurto, como veremos más adelante, y como pone de manifiesto la Fiscalía General del Estado, es el del importe sustraído en cada caso, según resulte del relato de hechos probados, salvo

Si no constaran dichos datos, la jurisprudencia estima que, o bien no puede apreciarse la circunstancia agravante, o bien, en aquellos casos en que falta la fecha de extinción, que el plazo de rehabilitación del artículo 136 CP deberá contar desde la firmeza de la sentencia anterior. Esto se entiende de este modo porque, como acaba de apuntarse, la ausencia de esta información no puede ser interpretada en contra del reo y la condena pudo ser extinguida por otras circunstancias (abono de prisión preventiva, redención, indulto o expediente de refundición). Se impone de esta forma practicar un cómputo del plazo de rehabilitación favorable al reo, faltando dicha información[218].

La STS (Sala de lo Penal, Sección 1ª) 4/2013, de 22 de enero (*Tol 3013524*), siguiendo a la STS 649/2001, de 16 de abril (*Tol 4925616*), establece que "...en orden a la aplicación de los plazos previstos en el párrafo 2º del art. 136.2 [actual art. 136.1 CP], debe tenerse en cuenta la pena en concreto impuesta (...) y no la pena en abstracto para el delito objeto de la condena, con la consecuencia de no poder aplicarse la agravante de reincidencia con las importantes consecuencias que tiene tal decisión".

Que actualmente se exija la constancia de los datos mencionados y que se tome como referencia la pena concreta impuesta es valorado positivamente pues, por un lado, resuelve algunas cuestiones que planteaba la regulación de esta materia anterior al código penal

---

que se infiera sin ningún género de dudas que la condena necesariamente hubo de ser por importe superior a 400 euros, bastando en este caso con especificarlo así sin necesidad de concretar la cuantía. Así, FISCALÍA GENERAL DEL ESTADO: *Circular 1/2022, de 12 de diciembre, sobre la reforma del delito de hurto operada en virtud de la Ley Orgánica 9/2022, de 28 de julio,* publicada en el Boletín Oficial del Estado el 2 de enero de 2023, Núm. 1, Sec. III, pp. 273 y 288. Texto accesible a través del siguiente enlace: https://www.boe.es/boe/dias/2023/01/02/pdfs/BOE-A-2023-53.pdf (consultado por última vez el 20 de enero de 2025).

218 Entre otras, las SSTS (Sala de lo Penal, Sección 1ª) 4/2013, de 22 de enero (*Tol 3013524*); 538/2017, de 11 de julio (*Tol 6210475*); o la 169/2018, de 11 de abril (*Tol 6574168*), que señala que "...la duda motivada por el déficit descriptivo de la sentencia no puede perjudicar al acusado", que en este supuesto iba referido al *dies a quo* del cómputo en el que quedarían extinguidas las condenas previas impuestas, que, por tanto, debe efectuarse dicho cómputo desde la firmeza de cada una de ellas.

vigente, y que Mir Puig puso de manifiesto[219], y, por otro, denota la necesidad de restar peso al automatismo y la rigidez con la que se impone esta agravante, al exigir un plus de información y un esfuerzo adicional del juzgador para garantizar que efectivamente se cumplen los presupuestos para poder aplicar una agravación de pena[220]. Y es que la lesión que produce a la tutela judicial efectiva la ausencia de esta información se da porque, como pone de manifiesto la STS (Sala de lo Penal, Sección 1ª) 538/2017, de 11 de julio (*Tol 6210475*), junto a otras muchas resoluciones, el acusado tiene derecho a conocer con claridad aquello por lo que se le condena, por lo que en el relato de hechos probados deberá constar toda esta información sobre la que se funda la aplicación de la agravante.

No obstante, hay que señalar que existe jurisprudencia reciente que ha adoptado una postura cada vez más laxa respecto a la exi-

---

219 Así, MIR PUIG, S.: La reincidencia. *Op. Cit.*, pp. 197-200; 204 y ss., señaló respecto de la reiteración, prevista en el artículo 10.14 del código penal de 1973, que cuando el precepto aludía a que el sujeto hubiere sido castigado por "...delito a que la ley *señale* igual o mayor pena, o por dos o más delitos a que aquélla *señale* pena menor", se planteaba la duda de si la pena del delito anterior que había que tomar como referencia era la abstracta, prevista en el tipo, o la concreta, finalmente impuesta. Señalaba este autor que la doctrina en su mayoría se decantaba por la primera opción, pero la jurisprudencia, aunque teóricamente de forma mayoritaria también adoptaba esta postura, en gran medida optaba *de facto* por la segunda por una razón práctica, pues como señala el autor, ello se debía a "...la insuficiencia de la información registral, que sólo ofrece conocimiento de la pena *impuesta*" (pp. 199-200), pero no así de la asignada en el tipo penal específico, siendo esta última a la que verdaderamente había que atender, pues ello suponía —apuntaba Mir Puig—, una mínima exigencia del principio de rigurosa legalidad (p. 213).

220 La obtención de esta información y las dificultades derivadas de la ausencia de la misma se acentúa en los casos, que veremos más adelante, de reincidencia internacional. Ejemplo de ello es la STS (Sala de lo Penal, Sección 1ª) 797/2021, de 20 de octubre (*Tol 8634568*), en que se dio un delito de tráfico de drogas y estupefacientes, habiendo sido el sujeto previamente condenado en Holanda, y siendo de aplicación la circunstancia agravante de reincidencia por la vía del artículo 375 CP. Si bien actualmente se articulan mecanismos para el intercambio de información entre países, la ausencia de los datos necesarios en el relato de hechos probados plantea mayores complicaciones. Véase sobre este tema MERCHÁN GONZÁLEZ, A.: "La cancelación de los antecedentes penales a efectos de apreciar la circunstancia agravante de reincidencia", *Diario La Ley*, N.º 10451, 2024.

gencia de que concurra toda la información citada, aceptando que se prescinda de ciertos datos en aquellos supuestos en que resulta evidente la imposibilidad temporal de que los antecedentes penales hayan sido cancelados.

Así, respecto al *dato relativo al delito por el que se dictó la condena*, puede citarse como ejemplo la STS (Sala de lo Penal, Sección 1ª) 235/2022, de 15 de marzo (*Tol 8893278*), en la que, si bien se señala en el relato de hechos probados que el acusado había sido previamente condenado como autor de un delito de atentado y otro de lesiones, no se especifica el tipo concreto aplicado, lo que alega aquel como indispensable a efectos de conocer si se trataba de un delito leve, que no computa para la agravante de reincidencia. El Tribunal arguye al respecto que, atendiendo al delito cometido aludido y a la pena impuesta, queda claro cuál es el tipo penal impuesto, que no era leve, y que, por tanto, el plazo de dos años, en este caso, previsto en el artículo 136 CP para la cancelación de los antecedentes penales, no había podido transcurrir, por lo que desestima el motivo de casación. Constituye una práctica habitual que la referencia al delito por el que se dictó la condena no vaya más allá de una alusión genérica a un grupo de delitos relacionados con el mismo bien jurídico[221]. Pudiera parecer que esta falta de precisión no resulta del todo relevante, en la medida en que aparezca la referencia al grupo de delitos y, sobre todo, a la pena concreta impuesta, que es la que permite determinar la gravedad de aquel y, por tanto, el plazo de cancelación para extinguir la responsabilidad penal. Sin embargo, en mi opinión, esta omisión sí resulta significativa pues la naturaleza del delito, como se ha intentado poner de manifiesto al tratar el criterio material de la circunstancia agravante de reincidencia, está conformado por otros elementos (formas de participación, grados de ejecución o título de imputación, entre otros), que no se suelen valorar por la juris-

---

221 Así, a título de ejemplo, puede citarse el ATS (Sala de lo Penal, Sección 1ª) 225/2023, de 9 de marzo (*Tol 9460929*), donde se alude a que el sujeto había sido condenado por *otro* delito contra la salud pública, sin analizar si se trataba, por ejemplo, de la misma forma de participación; o la STS (Sala de lo Penal, Sección 1ª) 620/2023, de 17 de julio (*Tol 9662459*), en la que se dice que el sujeto había sido previamente condenado por delito de lesiones y de resistencia, dándose en el presente caso un delito de resistencia *grave* a la autoridad, sin pararse a cuestionar, por ejemplo, la misma naturaleza de la conducta previa.

prudencia en la mayoría de los supuestos y que podrían dar lugar a la inaplicación de aquella.

Por ello, más cuestionables, a mi juicio, resultan los casos en que la información ausente viene dada por el *dato relativo a la pena o penas impuestas*. En este punto puede citarse, aunque no es la única[222], la STS (Sala de lo Penal, Sección 1ª) 319/2023, de 8 de mayo (*Tol 9572780*), que aun cuando reconoce que la jurisprudencia ha señalado que deben constar los datos mencionados, aprecia la agravante de reincidencia, no solo faltando la fecha en la que el penado dejó efectivamente extinguida la pena, sino también las penas impuestas en las sentencias condenatorias anteriores. Ello se acepta —dice la sentencia— cuando de la fecha de firmeza de la última de ellas se deduce la imposibilidad de que haya transcurrido el plazo de seguridad previsto en el artículo 136.1 CP y, por tanto, no pudiendo en ningún caso tales antecedentes penales ser cancelables, fuera cual fuera la pena impuesta. Para ello, parte de las penas abstractas previstas en los tipos penales cometidos que, en este caso, tenían carácter menos grave. Sin embargo, como se reconoce en esta misma resolución, el juzgador debe hacer figurar en los hechos probados todos los datos relativos a la pena. Y es que, en mi opinión, esta no es una cuestión baladí pues, aunque en este supuesto no se discuta, ya que en él la última condena había sido por un delito del artículo 384 CP y, por tanto, todas las penas recogidas tenían dicha naturaleza, pueden darse otros en los que no esté tan claro. Así, son imaginables supuestos en los que pueda ser de aplicación la regla prevista en el artículo 13.4 CP

---

222 Algunas resoluciones en las que no se menciona la pena o penas impuestas previamente y en las que se aprecia reincidencia por considerar que no han podido cancelarse aún los antecedentes penales derivados de la anterior condena son, entre otras, las SSTS (Sala de lo Penal, Sección 1ª) 38/2022, de 20 de enero (*Tol 8764732*) o la 797/2021, de 20 de octubre (*Tol 8634568*), aunque en este caso, se admite para conocimiento casacional que la pena apareciera tanto en la hoja histórico penal, como en los fundamentos de la sentencia, no así en el relato de hechos. En sentido contrario, cabe destacar la STS (Sala de lo Penal, Sección 1ª) 96/2022, de 9 de febrero (*Tol 8800650*), que no admite la omisión en la sentencia dictada por el Juzgado de lo Penal respecto a la duración de la pena impuesta, ni en el relato de hechos probados ni en la fundamentación jurídica, lo que no podía ser suplido —se afirma en la sentencia—, "en contra del acusado, acudiendo al examen de la hoja histórico penal obrante en autos, incorporando de esta manera un nuevo elemento fáctico" no contemplado previamente.

in fine, que establece que "Cuando la pena, por su extensión, pueda considerarse como leve y como menos grave, el delito se considerará, en todo caso, como leve". Este precepto también es aplicable cuando en el tipo penal estén previstas varias penas de distinta naturaleza. Por tanto, no resulta irrelevante dejar constancia de la pena concreta impuesta, no solo a efectos de la posible cancelación de los antecedentes penales[223], sino también porque, en ciertos casos, aunque sean pocos, podría ser de aplicación una pena leve, lo que supondría que dicho delito no computa a efectos de reincidencia, no pudiendo aplicarse una agravación de la pena.

Por último, respecto al *dato sobre la fecha en la que el penado dejó la condena previa efectivamente extinguida*, hay que decir que, por lo general, esta no suele constar en las sentencias. En la práctica totalidad de las resoluciones que recogen la exigencia de que aparezcan estos datos se admite también, como se ha señalado, que este dato no resulta necesario cuando el plazo de cancelación no haya podido transcurrir aún entre la fecha de la sentencia condenatoria y la fecha de ejecución del nuevo hecho enjuiciado. Sin embargo, constituye un motivo invocado con frecuencia en los recursos de casación el especular sobre dicha fecha y, por tanto, sobre la aplicación de la agravante. Es por ello por lo que es habitual ver en las sentencias del Tribunal Supremo el esfuerzo del juzgador por acreditar mediante los cálculos pertinentes si la cancelación se ha producido o no en el caso concreto[224]. No obstante, también existen resoluciones en las que no se admite dicha ausencia, por entender que ha podido transcurrir el plazo previsto para la cancelación de los antecedentes penales, rechazando así la aplicación de la agravante a pesar de constar en el relato de hechos probados el resto de los datos exigidos. Así ocurre, por ejemplo, en la STS (Sala de lo Penal, Sección 1ª) 4/2013, de 22 de enero (*Tol 3013524*), en la que se afirma que la acusación, como parte que alega la circunstancia

---

223 Fue el caso de la STS (Sala de lo Penal, Sección 1ª) 865/2021, de 12 de noviembre (*Tol 8661997*), donde no se especificaba la pena impuesta ni tampoco la fecha de extinción de la responsabilidad penal, pudiendo haber transcurrido el plazo de cancelación de los antecedentes penales.

224 Un buen ejemplo de ello puede verse, entre otras, en la STS (Sala de lo Penal, Sección 1ª) 903/2021, de 23 de noviembre (*Tol 8674925*).

agravante de reincidencia, tiene la carga probatoria de acreditarla, como ocurre con el hecho delictivo mismo, aportando a la causa certificado de la extinción de la pena. No indicándose el día de extinción de la anterior condena impuesta, —señala la sentencia—, ha de partirse de la fecha de la firmeza de la sentencia, siendo patente en este caso que el plazo de cancelación previsto entonces en el artículo 136 CP habría transcurrido. En sentido similar se pronuncia la STS (Sala de lo Penal, Sección 1ª) 137/2022, de 17 de febrero (*Tol 8820232*), donde se considera que la apreciación de la circunstancia agravatoria de reincidencia queda neutralizada al no identificarse en el hecho declarado probado de la sentencia de instancia las concretas fechas de extinción de las penas impuestas en las sentencias que dieron lugar a los antecedentes penales tomados en cuenta, pudiendo haberlo sido a consecuencia del abono ex artículo 59 CP del tiempo de duración de las medidas cautelares que pudieran haberse establecido respecto a las penas accesorias, generando así un espacio significativo de incertidumbre. Por último, baste apuntar aquí que la ausencia del dato relativo a la fecha en la que el penado dejó la condena previa efectivamente extinguida y las dificultades que conlleva el cómputo mismo de dicha fecha a efectos de aplicar la agravante de reincidencia en el caso de acumulación jurídica de penas, conforme a lo previsto en el artículo 76 CP, ha sido objeto reciente de atención por parte de la jurisprudencia del Pleno del Tribunal Supremo en la STS (Sala de lo Penal, Sección Pleno) 265/2024, de 18 de marzo (*Tol 9982303*), no dejando indiferente a la doctrina[225].

En definitiva, lo acabado de exponer refleja, a mi juicio, una posible relajación progresiva por parte de un sector de la jurisprudencia en el respeto de la garantía procesal del condenado que constituye su derecho a la tutela judicial efectiva y que conlleva que, salvo en casos muy evidentes en los que se da una práctica ausencia total de información, suela aplicarse la circunstancia agravante

---

225 Sobre esta cuestión, véase ORTEGA CALDERÓN, J. L.: "La perturbadora nueva doctrina legal de la Sala Segunda del Tribunal Supremo sobre acumulación jurídica y reincidencia: STS 265/24 de 18 de marzo", *Diario La Ley*, N.º 10514, 2024.

de reincidencia, aunque se omitan datos relevantes para el conocimiento del acusado.

2) La exclusión de los delitos leves del ámbito de aplicación de la agravante genérica

Con anterioridad a la reforma de 2015, como se ha visto, la regulación de la reincidencia hacía referencia expresamente a la necesidad para su aplicación de que el sujeto no hubiera sido ejecutoriamente condenado por un *delito* comprendido en el mismo título del Código y siempre que fuera de la misma naturaleza. La alusión explícita a "delito" excluía las faltas, entonces vigentes, de la aplicación de la agravante, aunque ello no ha estado exento de discusión doctrinal tradicionalmente[226].

Con la desaparición del Libro III, que trajo consigo la LO 1/2015, esta cuestión se zanjó definitivamente, quedando solo la relativa a los delitos leves, en los que muchas faltas se habían convertido.

Por ello, el legislador de 2015, al mismo tiempo que suprimió el Libro III de las faltas, aclaró esta cuestión excluyendo del ámbito de aplicación de la agravante de reincidencia los antecedentes penales que correspondieran a delitos leves. Así, en el apartado XXXI de la Exposición de Motivos se establece que "…la existencia de antecedentes penales por la comisión de delitos leves no permitirá apreciar la agravante de reincidencia". Así mismo se recoge en el artículo 22.8ª. CP, donde de manera expresa se establece que "A los efectos de este número no se computarán los antecedentes penales cancelados o que debieran serlo, ni los que correspondan a delitos leves".

A pesar de ello, la Fiscalía General del Estado, en la Circular 1/2015, sobre pautas para el ejercicio de la acción penal en relación con los delitos leves tras la reforma penal operada por la LO 1/2015, señaló que "Ello no significa que la existencia de una o varias anotaciones por delito leve en la hoja histórico penal de la persona contra la que se siga un nuevo procedimiento penal sea una variable jurídicamente irrelevante. El historial de condenas por delito leve habrá de tomarse en consideración, como elemento subjetivo adverso, al

---

[226] Véase MIR PUIG, S.: La reincidencia. *Op. Cit.*, pp. 140 y ss.

valorar la oportunidad de instar el sobreseimiento de la causa abierta por un nuevo delito leve (art. 963.1.1ª. CP y concordantes), al individualizar la pena que debe aplicarse al sujeto por la comisión de otro delito, o como elemento indicativo de la necesidad de ejecutar la pena al informar sobre su suspensión condicional (art. 80.1, 2 CP)"[227].

En cualquier caso, la regulación vigente parece no dejar lugar a dudas en el ámbito de la agravante genérica de reincidencia sobre la exclusión de aquel de los antecedentes penales que corresponden a delitos leves. Sin embargo, sí ha dado lugar a la necesidad de una interpretación por parte de nuestros tribunales en delitos concretos, como es el caso de los delitos contra el patrimonio, que ha terminado por consolidarse en una reforma legislativa con la Ley Orgánica 9/2022, de 28 de julio[228], que avala una excepción a esta regla general de exclusión de los antecedentes penales por delitos leves del ámbito de la reincidencia. Por ello, la cuestión relativa a estos se remite al epígrafe sobre la agravación de pena por reincidencia en la parte especial.

En dicho lugar, trataremos también el hecho de que esta cuestión puede no estar lejos de cambiar. Así, se han producido a lo largo del año 2024 dos Proposiciones de Ley con el objetivo de modificar el Código penal en materia de multirreincidencia en los delitos patrimoniales, por parte del Grupo Parlamentario Junts per Catalunya y del Grupo Parlamentario Popular en el Congreso. Sin embargo, si bien ambas plantean incorporar modificaciones en los artículos 22 y 66 CP, la segunda propone introducir una salvedad a la excepción de aplicar la circunstancia agravante de reincidencia a los delitos leves que alude con carácter general a los tipos agravados por multirreincidencia de delitos leves, incluyéndolos en dicha aplicación. De este modo, esta reforma abriría la puerta a la introducción de futuros tipos agravados por multirreincidencia de delitos leves en otras ti-

---

227 FISCALÍA GENERAL DEL ESTADO: Circular 1/2022, *Op. Cit.*, p. 288.

228 La operada por la Ley Orgánica 9/2022, de 28 de julio, por la que se establecen normas que faciliten el uso de información financiera y de otro tipo para la prevención, detección, investigación o enjuiciamiento de infracciones penales, de modificación de la Ley Orgánica 8/1980, de 22 de septiembre, de Financiación de las Comunidades Autónomas y otras disposiciones conexas y de modificación de la Ley Orgánica 10/1995, de 23 de noviembre, del Código Penal.

pologías delictivas que se vayan excluyendo del tratamiento menos punitivo que, hasta ahora, se les estaba dando.

Por lo demás, un asunto diferente, que también ha sido discutido y del que nada se dice en los citados preceptos, es el relativo a si cabe la aplicación de la agravante de reincidencia tras la comisión de un nuevo delito leve. Pues bien, puesto que dicha circunstancia tiene como presupuesto la existencia de antecedentes penales por delitos comprendidos en el mismo Título y de la misma naturaleza que el nuevo delito, lo relevante a nivel normativo, a efectos de determinar si resulta aplicable o no en estos casos, son, en realidad, dichos antecedentes.

No obstante, en este punto podrían discutirse, a mi juicio, al menos dos cuestiones que resultan destacables. Por un lado, y como se ha expuesto al hablar de la gravedad de la pena, cabe preguntarse si un nuevo delito leve tiene la misma naturaleza que delitos menos graves o graves constitutivos de condenas anteriores. Allí, puse de manifiesto cómo la doctrina se encuentra dividida respecto a la necesidad de considerar este elemento a la hora de valorar la identidad de naturaleza, así como que cierta jurisprudencia ha reclamado que, para que se dé dicha relación de correspondencia, se exige una proximidad del reproche punitivo de las respectivas infracciones, lo que permitirá apreciar con mayor claridad para el sujeto reincidente el "efecto advertencia" derivado de las condenas previas[229]. Por otro lado, tanto si atendemos a un fundamento de la circunstancia agravante basado en la culpabilidad o en la prevención especial, donde se tenga en cuenta el efecto apenas citado, como si consideramos los principios penales de esencialidad o fragmentariedad junto con el de subsidiariedad, agravar la pena cuando el comportamiento ulterior ha generado, en realidad, una menor dañosidad social, puede ser controvertido.

Sin embargo, lo cierto es que la jurisprudencia no suele reparar en estas cuestiones ni tener en cuenta, como ya se ha señalado, ni la gravedad de la pena y, por tanto, del delito, ni el efecto o la daño-

---

229 Defendiendo la necesidad de tener en cuenta la gravedad de la pena se han pronunciado, por ejemplo, las SSTS (Sala de lo Penal, Sección 1ª) 155/2019, de 26 de marzo (*Tol 7153434*) y 536/2021, de 17 de junio (*Tol 8493904*).

sidad social que el nuevo delito genera, para entender que estamos ante infracciones de distinta naturaleza. Así, un ejemplo claro viene dado por la STS (Sala de lo Penal, Sección 1ª) 918/2021, de 24 de noviembre (*Tol 8674431*), en la que se condena al sujeto por la comisión de un delito leve de hurto del artículo 234.2 CP, cometido en grado de tentativa, con la concurrencia de la agravante genérica de reincidencia del artículo 22.8ª. CP. De este modo, puede apreciarse cómo, ante la comisión de un nuevo delito de carácter leve, la exclusión aplicable a los antecedentes penales que corresponden a los delitos de esta naturaleza no es tenida en consideración. Esta solución jurisprudencial también se ha consolidado a nivel legislativo tras la citada reforma operada por la Ley Orgánica 9/2022, de 28 de julio, en la medida en que, como se verá, permite la aplicación, ante la comisión de un nuevo delito leve de hurto, incluso, del tipo hiperagravado, previsto en el artículo 235.1.7º. CP, cuando se den los presupuestos recogidos en el artículo 234.2 CP[230].

B. Se computan a efectos de reincidencia las condenas firmes de jueces o tribunales impuestas en otros Estados de la Unión Europea, salvo que el antecedente penal haya sido cancelado o pudiera serlo con arreglo al Derecho español

1) Consideraciones previas

Desde 1995 la reincidencia internacional, esto es, la que supone tener en cuenta a efectos de agravar la pena las condenas firmes impuestas por jueces o tribunales extranjeros, ha ido cobrando protagonismo. Primero, introduciéndose en el nuevo código penal en el artículo 190, para el capítulo de los delitos relativos a la prostitución y a la explotación sexual y corrupción de menores; en el artículo 375, para los delitos contra la salud pública; en el artículo 388, para los delitos de falsificación de moneda y efectos timbrados; y en el

[230] Ello se da cuando el sujeto que comete un nuevo delito leve había sido condenado previamente por tres o más delitos menos graves o graves, siendo el montante total acumulado de las infracciones superior a 400€. Estos supuestos entrarían en el ámbito de aplicación tanto del art. 234.2 inciso 2º CP, como del art. 235.1.7º. CP y deberían resolverse acudiendo al concurso de normas por alternatividad, a favor del segundo.

artículo 580, para los delitos relacionados con la actividad de bandas armadas, organizaciones o grupos terroristas. Más tarde, la Ley Orgánica 5/2010, de 22 de junio, incorporó este tipo de reincidencia al delito de trata de seres humanos (artículo 177 bis apartado 10). Luego, la reforma operada por la Ley Orgánica 1/2015, de 30 de marzo, amplió el alcance de los delitos a los que se refiere el artículo 375, que previamente aludía a los artículos 368 al 372 y, tras la reforma, del 361 al 372. Posteriormente, la reforma llevada a cabo por la Ley Orgánica 1/2019, de 20 de febrero, por la que se modifica la Ley Orgánica 10/1995, de 23 de noviembre, del Código Penal, para transponer Directivas de la Unión Europea en los ámbitos financiero y de terrorismo, y abordar cuestiones de índole internacional, incorporó la agravante de reincidencia internacional al ámbito de los delitos contra el tráfico de órganos humanos en el artículo 156 bis apartado 10 CP, en armonización con las previsiones del Convenio del Consejo de Europa sobre la lucha contra el tráfico de órganos humanos, abierto a la firma en Santiago de Compostela el 25 de marzo de 2015. Por último, la Ley Orgánica 10/2022, de 6 de septiembre, de garantía integral de la libertad sexual, en su Disposición final cuarta, modifica la Ley Orgánica 10/1995, de 23 de noviembre, del Código Penal, estableciendo, en su apartado Doce, que el artículo 190 CP cambia su ubicación y contenido, pasando a incluirse en el capítulo VI del título VIII del libro II, y quedando redactado como sigue: "Artículo 190. La condena de un Juez o Tribunal extranjero, impuesta por delitos comprendidos en este Título, será equiparada a las sentencias de los Jueces o Tribunales españoles a los efectos de la aplicación de la circunstancia agravante de reincidencia". Esta última reforma conlleva una modificación considerable, pues pasa a incluirse en las Disposiciones comunes al Título y repercute, ya no solo en los delitos relativos a la prostitución y a la explotación sexual y corrupción de menores (capítulo al que remite la regulación desde 1995), sino a todos los delitos contra la libertad e indemnidad sexual previstos en el Título VIII, desde la agresión sexual hasta el ciberacoso sexual de menores.

A pesar de su cada vez mayor presencia en el Código penal español, la reincidencia internacional tiene todavía un carácter excepcional, pues se limita, como se ha visto, a figuras delictivas concretas. Por el contrario, la que sí adquirió un carácter general fue la reincidencia europea, pues la reforma de 2015 incorporó a la circunstancia agravante del artículo 22.8ª. CP un último párrafo del siguiente tenor: "Las condenas firmes de jueces o tribunales impuestas en otros Estados de la Unión Europea producirán los efectos de reincidencia salvo que el antecedente penal haya sido cancelado o pudiera serlo con arreglo al Derecho español".

2) Precedentes normativos y creación del Sistema Europeo de Información de Antecedentes Penales (ECRIS)

A diferencia de lo que venía recogiendo nuestro código penal, que aludía a las condenas de Jueces o Tribunales extranjeros, el legislador de 2015 introdujo la reincidencia europea, equiparando los antecedentes penales españoles a los correspondientes a condenas impuestas por tribunales de otros Estados miembros de la Unión Europea. Así lo establece el apartado VI de la Exposición de Motivos de la LO 1/2015, de 30 de marzo, que señala que ello se establece "...a los efectos de resolver sobre la concurrencia de la agravante de reincidencia o la suspensión de la ejecución de la pena, conforme a la Decisión Marco 2008/675/JAI, o su posible revocación".

La *Decisión Marco 2008/675/JAI del Consejo, de 24 de julio de 2008, relativa a la consideración de las resoluciones condenatorias entre los Estados miembros de la Unión Europea con motivo de un nuevo proceso penal*, como señala su Considerando (1), se promulga con el objetivo de mantener y desarrollar un espacio de libertad, seguridad y justicia. Para ello, se estima necesario que "...la información relativa a las resoluciones condenatorias pronunciadas en los Estados miembros pueda tenerse en cuenta fuera del Estado miembro de condena, tanto para prevenir nuevas infracciones como con motivo de un nuevo proceso penal". De esta forma, y con arreglo a las conclusiones del Consejo Europeo de Tampere[231], el Consejo adoptó el 29 de noviembre de 2000 un programa de medidas destinado a poner en práctica el principio de reconocimiento mutuo de las resoluciones y la ejecución de las sentencias en materia penal entre los Estados miembros, reforzando así la cooperación entre ellos, la protección de los derechos de las personas, pudiendo favorecer una mejor reinserción social del

[231] Celebrado en dicha ciudad, los días 15 y 16 de octubre de 1999.

delincuente y constituyendo un factor de seguridad jurídica en el seno de la Unión[232].

La Decisión Marco establece, sin embargo, en su Considerando (5) un límite, poniendo de manifiesto dónde no alcanza su ámbito de aplicación. Así, señala que esta, por un lado, "...no pretende armonizar las consecuencias que las diferentes legislaciones nacionales reconocen a la existencia de condenas anteriores", y, por otro lado, solo prevé la obligación de tener en cuenta condenas anteriores pronunciadas en otros Estados miembros "...únicamente en la medida en que se tienen en cuenta las condenas nacionales anteriores con arreglo al Derecho nacional". Por tanto, aclara más adelante en su Considerando (6), que "la presente Decisión marco no establece obligación alguna de tener en cuenta dichas condenas anteriores".

España responde en 2015 a la llamada europea, cuatro años tarde, ya que dicho texto prevé en su artículo 5 que los Estados miembros debían dar cumplimiento a lo dispuesto en ella a más tardar el 15 de agosto de 2010. Fue, sin embargo, la Ley Orgánica 7/2014, de 12 de noviembre, sobre el intercambio de información de antecedentes penales y consideración de resoluciones judiciales penales en la Unión Europea, la que transpone la normativa europea relevante en la materia[233]. Así, el Preámbulo de esta norma establece que el principio de reconocimiento mutuo es una pieza básica de la cooperación judicial y penal en la Unión Europea y que para ponerlo en práctica se articula un programa de medidas que exige adoptar uno o varios instrumentos que garanticen que la autoridad judicial de un Estado miembro pueda tener en cuenta las resoluciones penales definitivas dictadas en los demás (apartado I)[234]. Se señala así mismo en

---

232 Diario Oficial de las Comunidades Europeas 2001/C 12/02, de 15 de enero de 2001.

233 Transpone así dicha Ley tanto la Decisión marco 2008/675/JAI del Consejo, de 24 de julio de 2008, relativa a la consideración de las resoluciones condenatorias entre los Estados miembros de la Unión Europea con motivo de un nuevo proceso penal, como la Decisión Marco 2008/315/JAI, de 26 de febrero de 2009, relativa a la organización y al contenido del intercambio de información de los registros de antecedentes penales entre Estados miembros.

234 Programa de medidas destinado a poner en práctica el principio de reconocimiento mutuo de las resoluciones en materia penal (DOCE 2001/C 12/02. 15.1.2001).

el citado Preámbulo, que las normas que se prevén en dicha Ley, "se coordinan con la reforma del Código Penal para que los efectos de la reincidencia sean aplicables en las mismas condiciones cuando la sentencia condenatoria haya sido dictada en España o en cualquier otro Estado miembro de la Unión Europea" (apartado II).

De este modo, como se ha visto, por un lado, la reforma del Código penal de 2015 puso de manifiesto la necesidad de simplificar el procedimiento de cancelación de los antecedentes penales, no solo suprimiendo requisitos para ello, sino también aludiendo a dicha necesidad para evitar que, "...transcurridos los plazos previstos en el artículo 136 del Código Penal, figuren vigentes en el Registro Central de Penados condenas que debieran ser canceladas". Sin embargo, por otro lado, en dicha reforma también comienzan a tenerse en consideración "...los antecedentes penales de otros Estados miembros en procedimientos nacionales, así como el envío a otros Estados miembros de las condenas impuestas en España, basadas en el intercambio de antecedentes penales entre los Estados miembros de la Unión Europea" (Apartado VI Exposición de Motivos). Todo lo anterior, como termina señalando este texto, estaba "impulsado por la Decisión Marco 2008/315/JAI, relativa a la organización y al contenido del intercambio de información de los registros de antecedentes penales entre los Estados miembros y la Decisión 2009/316/JAI del Consejo, de 6 de abril de 2009, por la que se establece el Sistema Europeo de Información de Antecedentes Penales (ECRIS)".

Así, una de las medidas previstas para poner en práctica el principio de reconocimiento mutuo y hacer efectivo el intercambio de antecedentes penales entre los Estados miembros es ECRIS (por sus siglas en inglés, *European Criminal Records Information System*), esto es, el Sistema Europeo de Información sobre Antecedentes Penales.

El ECRIS, que constituye un sistema informatizado de intercambio de información sobre condenas entre los Estados miembros, supuso la cristalización del objetivo de crear el citado espacio de libertad, seguridad y justicia. Como señalan Larrauri y Rovira, "No es un registro en sí, sino un sistema basado en una serie de acuerdos que permite, a través de un programa informático, la traducción automática y la interconexión entre registros judiciales de diferentes países, para el envío directo de información sobre condenas", mediante el cual, "el registro de un país de la Unión Europea comparte información sobre condenas con otros países de la Unión…"[235]. Con él se buscaba crear un formato normalizado que permitiera intercambiar la información de manera uniforme, electrónica y fácilmente traducible por el ordenador[236].

La Decisión 2009/316/JAI, que introdujo el ECRIS, ha estado vigente hasta el 27 de junio del año 2022. Tras dicha fecha, ha entrado plenamente en vigor una de las últimas decisiones legislativas adoptadas en este ámbito, esto es, la *Directiva (UE) 2019/884, del Parlamento Europeo y del Consejo, de 17 de abril de 2019, por la que se modifica la Decisión Marco 2009/315/JAI en intercambio de información sobre nacionales de terceros países y ECRIS, que sustituye a la Decisión Marco 2009/316/JAI, del Consejo, de 6 de abril de 2009, por la que se establece el Sistema Europeo de Información de Antecedentes Penales (ECRIS), en aplicación del artículo 11 de la Decisión Marco 2009/315/JAI.* Esta nueva normativa surge como consecuencia de una deficiencia de la que adolecía la anterior, relativa a las solicitudes relacionadas con nacionales de terceros países. Así, la información sobre ellos no se recogía como la de los nacionales, sino que solo se conservaba en los Estados miembros en los que se hubieran impuesto las condenas, lo que obligaba a solicitar dicha información a todos ellos uno a uno, suponiendo una carga administrativa desproporcionada. Ello disuadía, en la práctica, a los Estados miembros a solicitar a otros, información sobre nacionales de terceros países, dando lugar a un intercambio ineficaz y fragmentario. Con el fin de subsanar esta deficiencia, se aprobó el *Reglamento (UE) 2019/816 del Parlamento Europeo y del Consejo por el que se establece un sistema centralizado para la identificación de los Estados miembros que poseen información sobre condenas de nacionales de terceros países y apátridas (ECRIS-TCN) a fin de completar el Sistema Europeo de Información de Antecedentes Penales, y por el que se modifica el Reglamento (UE) 2018/1726*[237].

---

235 LARRAURI, E. / ROVIRA, M.: "Publicidad, certificados y cancelación de los antecedentes penales ¿La cultura del control se consolida en España desde las nuevas leyes de 2015?", *InDret*, n. 3, 2020, pp. 290-291.

236 Considerando 6 de la Decisión 2009/316/JAI.

237 Mediante este Reglamento se creó la Agencia de la Unión Europea para la Gestión Operativa de Sistemas Informáticos de Gran Magnitud en el Espacio de Libertad, Seguridad y Justicia (eu-LISA), que da apoyo a los Estados miembros conforme a las funciones que le atribuye el Reglamento (UE) 2019/816 y que

La transposición al ordenamiento jurídico español de la Directiva 2019/884, la inclusión de algunos preceptos del Reglamento 2019/816 y otras cuestiones pendientes se están abordando en España en el Proyecto de Ley Orgánica por la que se modifica la Ley Orgánica 7/2014, de 12 de noviembre, sobre intercambio de información de antecedentes penales y consideración de resoluciones judiciales penales en la Unión Europea, para su adecuación a la normativa de la Unión Europea sobre el Sistema Europeo de Información de Antecedentes Penales (ECRIS) (121/000017), aprobado definitivamente por el Congreso de los Diputados el 18 de octubre de 2024[238].

El ECRIS funciona en todos los Estados miembros, incluido España, desde abril de 2012, y el ECRIS-TCN, en cuya implementación se está trabajando actualmente[239]. Además, en España, donde en octubre de 2020, desde Moncloa, se informaba con orgullo de que se encuentra a la vanguardia en el intercambio de información sobre antecedentes penales en la Unión Europea[240], se ha planteado también el objetivo de elaborar acuerdos Marco o acuerdos bilaterales o multilaterales con otros países, con el fin de crear sistemas de intercambio de información similares. Es el caso de la propuesta de crear ECRIS-LATAM, para conocer los antecedentes penales de ciudada-

está destinada a facilitar, proseguir el desarrollo y mantener la aplicación de referencia ECRIS.

238 Boletín Oficial de las Cortes Generales accesible a través del siguiente enlace: https://www.congreso.es/public_oficiales/L15/CONG/BOCG/A/BOCG-15-A-17-6.PDF (consultado por última vez el 20 de enero de 2025).

239 En la Unión Europea se están modificando dicho sistema y sus normativas de interoperabilidad a efectos de control, como puede verse a través del siguiente enlace: https://www.europarl.europa.eu/RegData/etudes/ATAG/2024/760382/EPRS_ATA(2024)760382_ES.pdf (consultado por última vez el 20 de enero de 2025). En España, de ello informa el Ministerio de Justicia del Gobierno de España en su página web, accesible a través del siguiente enlace: https://www.mjusticia.gob.es/es/servicio-justicia/proyectos-transformacion/Foro-Transformacion/Dimensi%C3%B3n-internacional/ECRIS (consultado por última vez el 20 de enero de 2025).

240 Puede accederse a la noticia a través del siguiente enlace: https://www.lamoncloa.gob.es/serviciosdeprensa/notasprensa/justicia/Paginas/2020/231020-antecedentes.aspx (consultado por última vez el 20 de enero de 2025).

nos de América Latina[241] o su expansión a otras regiones como el Caribe, con ECRIS Iberoamérica, o el Magreb[242].

Desde la puesta en marcha del ECRIS, la Comisión Europea ha emitido dos informes estadísticos hasta la fecha sobre la aplicación práctica del intercambio entre los Estados miembros de información de los registros de antecedentes penales[243]. Dichos informes fueron publicados en 2017[244] y en 2020[245], y corresponden, respectivamente, a los periodos de 2012 a 2016 y de 2017 a 2019. De los mismos, entre otras conclusiones, puede extraerse la crítica a las solicitudes de antecedentes penales para fines distintos a los procedimientos penales, que podrían enmascarar la dependencia de obtener un empleo a la presentación de un historial delictivo limpio[246].

---

241 Puede accederse a dicha información a través del siguiente enlace: https://www.mjusticia.gob.es/es/JusticiaEspana/ProyectosTransformacionJusticia/Documents/Presentacion_ECRIS_LATAM%20(1).pdf (consultado por última vez el 20 de enero de 2025).

242 Según informa el Ministerio de Justicia del Gobierno de España en su página web, accesible a través del siguiente enlace: https://www.mjusticia.gob.es/es/servicio-justicia/proyectos-transformacion/Foro-Transformacion/Dimensi%C3%B3n-internacional/ECRIS (consultado por última vez el 20 de enero de 2025).

243 En una consulta personal realizada a la Comisión Europea, me informaron de que se preveía la publicación de un tercer informe para el primer trimestre del año 2024, que, a fecha de 20 de enero de 2025, aún no ha sido publicado.

244 COMISIÓN EUROPEA: *Informe de la Comisión al Parlamento Europeo y al Consejo sobre el intercambio entre los Estados miembros, a través del Sistema Europeo de Información de Antecedentes Penales (ECRIS), de información de los registros de antecedentes penales.* 29.6.2017. COM (2017) 341 final. Accesible mediante el siguiente enlace: https://eur-lex.europa.eu/legal-content/EN/ALL/?uri=CELEX%3A52017DC0341 (consultado por última vez el 20 de enero de 2025).

245 COMISIÓN EUROPEA: *Informe de la Comisión al Parlamento Europeo y al Consejo relativo al intercambio a través del Sistema Europeo de Información de Antecedentes Penales (ECRIS), de información extraída de los registros de antecedentes penales de los Estados miembros.* 21.12.2020. COM (2020) 778 final. Accesible mediante el siguiente enlace: https://eur-lex.europa.eu/legal-content/ES/TXT/PDF/?uri=CELEX:52020DC0778 (consultado por última vez el 20 de enero de 2025).

246 Sobre la información más relevante contenida en dichos informes, véase FERNÁNDEZ DÍAZ, C. R.: "Antecedentes penales y exclusión social: una mirada a España, a Europa y al Tribunal Europeo de Derechos Humanos en la era digital", *Revista de la Facultad de Derecho de la UNED (RDUNED)*, núm. 33, 2024, pp. 173-177.

3) Cuestiones pendientes sobre la reincidencia europea e internacional

Habiendo contextualizado los antecedentes legislativos europeos, que propiciaron la introducción en el código penal de la previsión que es objeto de análisis, la cuestión aquí radica en que se plantean, a mi juicio, dos cuestiones pendientes relacionadas con este tipo de reincidencia, esto es, la que tiene en cuenta para la imposición de la agravante una condena previa impuesta por otro Estado miembro de la Unión Europea o por terceros países.

En primer lugar, es necesario volver a preguntarse aquí por el fundamento de la agravante. Si este ya resulta cuestionado respecto a la reiteración delictiva que se produce por la infracción de la misma norma penal y no existe acuerdo sobre cuál sea, la decisión de ampliar la reincidencia a las condenas dictadas fuera de España merecería quizás una especial justificación. De este modo, cabe preguntarse si la expectativa de eficacia del supuesto "efecto advertencia" que se presume que la primera condena ha tenido para el sujeto reincidente, como sostiene un importante sector doctrinal y jurisprudencial en nuestro país, puede considerarse que se da del mismo modo cuando la condena ha sido impuesta por otro Estado, bajo la infracción de otra norma penal.

Si ya con la imposición de la agravante con la mera sentencia condenatoria en nuestro país, el Estado demuestra no hacer demasiada autocrítica respecto a qué ha podido fallar para que el sujeto recaiga en el delito, mucho menos parece hacerla si parte de las condenas impuestas en otros Estados miembros. Así, aun depositando la confianza en los sistemas de justicia de otros países de nuestro entorno o incluso en los de fuera de él, las garantías derivadas del principio de legalidad formal pueden ser cuestionadas. Claramente, y como prevé la propia Decisión Marco 2008/675/JAI, se confirma mediante esta previsión que el fundamento de la agravante se halla exclusivamente en fines preventivos, inocuizadores e intimidatorios[247]. Sin embargo,

[247] En este sentido, y a favor de introducir este requisito en la agravante de reincidencia, AGUILAR CÁCERES, M. M.: "Capítulo tercero. Proposición para delinquir. Agravante de discriminación en razón del género y agravante de reincidencia. El concepto de discapacidad y discapacidad necesitada de especial

sigue pendiente de respuesta si las penas se orientan a fines resocializadores y cómo se persiguen estos en cada ordenamiento de otros Estados. Desde luego, la conciliación de los fines inocuizadores, intimidatorios y resocializadores constituye una cuestión sin duda relevante y compleja en la respuesta penal que se da a cualquier delito. Sin embargo, lo es más aún si cabe en el ámbito de la reincidencia, precisamente porque dichos fines ya han fracasado previamente y, con más motivo, el efecto resocializador de la pena, principal objetivo que pretende lograrse con su imposición, no ha dependido del mismo sistema penal que va a aplicar sus sanciones ante el nuevo delito.

En segundo lugar, también cabe preguntarse aquí cómo casa este requisito procesal de la agravante de reincidencia con los materiales, que exigen que ambos delitos se comprendan "...en el mismo título de *este* Código, siempre que sea de la misma naturaleza". Así, por un lado, podría plantearse una posible vulneración de la seguridad jurídica, y con ella, del principio de legalidad, por una aplicación analógica *in malam partem*, si tenemos en cuenta que se está agravando la pena por la previa comisión de un delito, no solo no previsto en el mismo Título, sino ni siquiera en *este* código —el español—, aun cuando el propio artículo 22.8ª. CP permita computar las condenas firmes de jueces o tribunales impuestas en otros Estados de la Unión Europea pues, en definitiva, esta previsión choca con el otro requisito que exige la agravante. Pero, por otro lado, puede resultar también problemático determinar si estamos ante delitos de la misma naturaleza, cuestión que, como se ha visto, no depende exclusivamente del bien jurídico protegido, sino de otras circunstancias concurrentes.

En este sentido, hay que hacer mención a la Decisión 2009/316/JAI del Consejo, de 6 de abril de 2009, por la que se establece el Sistema Europeo de Información de Antecedentes Penales (ECRIS), cuyo artículo 4.1, relativo al formato de la transmisión de la información alude a unos códigos correspondientes a los diferentes delitos, que

---

protección", en MORILLAS CUEVAS, L. (Dir.): *Estudios sobre el Código penal reformado (Leyes Orgánicas 1/2015 y 2/2015)*, Dykinson, Madrid, 2015, p. 70, quien se pregunta, considerando la reincidencia como "medidor de la peligrosidad del sujeto —o tendencia mayor a delinquir—", si "¿acaso no sería idéntica la peligrosidad en un espacio considerado común como es la Unión Europea?".

dicho texto recoge en una tabla de categorías delictivas que prevé en su anexo A. Y, además, establece que, de forma excepcional, cuando el delito no corresponda a ninguna subcategoría, se utilizará para ese delito el código "categoría abierta" de la categoría de delitos pertinente o más próxima, o en su defecto, de la categoría "otros delitos". Así mismo, en el anexo B se recoge también una tabla común de categorías de penas y medidas, como establece el artículo 4.2 de la citada Decisión[248]. También se prevé una "categoría abierta", con carácter excepcional, cuando la pena o medida no corresponda a ninguna subcategoría específica. Cuando proceda, los Estados miembros también facilitarán la información disponible sobre el carácter y/o las condiciones de ejecución de la pena o medida impuesta.

Hay que reconocer que las categorías establecidas en las citadas tablas son bastante exhaustivas y no solo prevén con detalle las tipologías delictivas, sino que también incluyen otros parámetros como el grado de ejecución, de participación, la existencia de exención total o parcial de responsabilidad penal, así como si concurre reincidencia; y, respecto a las consecuencias jurídico-penales, si bien alude a penas afectantes a diferentes bienes jurídicos, no parece incluirse su duración y, por tanto, su naturaleza grave o menos grave, lo que se echa en falta para poder evaluar comparativamente si tienen la misma consideración punitiva en un Estado y en otro. Sin embargo, a pesar de lo anterior, y en relación con lo visto en el epígrafe relativo a la cancelación de antecedentes penales, la ausencia de información en la sentencia dificulta la aplicación de la agravante en casos de reincidencia internacional, como ocurría en la STS (Sala de lo Penal, Sección 1ª), 797/2021, de 20 de octubre (*Tol 8634568*)[249] .

Para concluir, de todo lo anterior se deduce que la normativa europea no establece como estándar mínimo para todos los Estados

---

248 Las tablas comunes de categorías de delitos, prevista en el anexo A, y la de categorías de penas y medidas, prevista en el anexo B, de la Decisión 2009/316/JAI del Consejo, de 6 de abril de 2009, por la que se establece el Sistema Europeo de Información de Antecedentes Penales (ECRIS), puede consultarse en el siguiente enlace: https://www.boe.es/doue/2009/093/L00033-00048.pdf (consultado por última vez el 20 de enero de 2025).

249 Véase, sobre la ausencia de datos necesarios en la sentencia para la aplicación de la circunstancia agravante de reincidencia, MERCHÁN GONZÁLEZ, A.: La cancelación de los antecedentes penales. *Op. Cit.*

miembros que estos deban tener en cuenta, a efectos de sancionar la reincidencia, las condenas anteriores. Por el contrario, la consecuencia clara que se deriva de ella y de la creación del ECRIS es que todo efecto previsto en el derecho nacional para los sujetos que cuenten con antecedentes penales por un delito cometido en su territorio se extienda a aquellos que dispongan de ellos por la comisión de un ilícito penal en otro Estado miembro. Estos efectos pueden ser de diversa índole, constituyendo las llamadas consecuencias colaterales de la condena, cuyo estudio adquiere cada vez un mayor protagonismo en nuestro entorno académico más cercano[250]. Así, en muchas ocasiones, dichas consecuencias tienen que ver con el impacto económico, social u ocupacional que tienen los antecedentes penales de una persona en su vida, y han sido reputadas como un "castigo invisible, por implicar una disminución de derechos y privilegios ciudadanos que no es tenida en cuenta en la imposición de las penas por la jurisprudencia, que recibe escasa atención en el debate público de la política criminal y que no se prevé entre las sanciones penales[251]. De hecho, la doctrina más autorizada ha señalado recientemente que los antecedentes policiales y penales constituyen el ámbito que mayor exclusión social expresa en la política criminal española[252].

---

250 CORDA, A. / ROVIRA, M. / VAN 'T ZAND-KURTOVIC, E.: "Collateral consequences of criminal records from a cross-national perspective: An introduction", *Criminology & Criminal Justice 00(0). Special Issue: Collateral Consequences of Criminal Records, SAGE,* 2023, p. 3; HENLEY, A.: "Criminalisation, criminal records and rehabilitation: From supervision to citizenship?", *Probation Journal,* Vol. 69(3), 2022, p. 273.

251 TRAVIS, J.: "Invisible Punishment: An Instrument of Social Exclusion", en MAUER, M. / CHESNEY-LIND, M. (ed.): *Invisible Punishment. The Collateral Consequences of Mass Imprisonment,* The New Press, New York, 2002, pp. 15-17.

252 GARCÍA ESPAÑA, E. / CEREZO DOMÍNGUEZ, A. I.: "La política criminal comparada según los resultados de la aplicación de RIMES", en GARCÍA ESPAÑA, E. / CEREZO DOMÍNGUEZ, A. I. (ed.), *La exclusión social generada por el sistema penal: su medición internacional por RIMES,* Tirant lo Blanch, Valencia, 2023, pp. 413-414. Dicha exclusión social se hace especialmente patente en el caso de las personas extranjeras con la existencia de la expulsión como consecuencia penal y administrativa en nuestro ordenamiento jurídico. Véase, sobre este efecto de la condena por la comisión de un delito y la consiguiente concurrencia de antecedentes penales, ODRIOZOLA GURRUTXAGA, M.: *Expulsión penal y expulsión administrativa de personas extranjeras. Análisis del art. 89 CP y del art. 57.2 LOEX,* Thomson Reuters-Aranzadi, Pamplona, 2022.

Sin embargo, en el derecho español, el efecto más evidente que trae consigo que un sujeto cuente con antecedentes penales no cancelados viene dado por la aplicación de la circunstancia agravante de reincidencia, con las cuestiones pendientes aquí expuestas, que siguen generando numerosas dudas sobre su legitimidad. Por ello, teniendo en cuenta la considerable ampliación del ámbito de aplicación de la agravante que supuso la introducción de la reincidencia europea, y el protagonismo que progresivamente va ganando la reincidencia internacional, y considerando que la agravación de la pena no supone una imposición supranacional, se estima que el legislador, en 2015 o en las sucesivas reformas llevadas a cabo en este ámbito, podría haber aprovechado la ocasión para convertir la agravante en facultativa, pudiendo así el juzgador optar o no por su aplicación atendiendo a las circunstancias concurrentes.

1.4. Consecuencias penológicas y cuestiones de determinación de la pena

El artículo 66.1.3ª. CP establece que los jueces o tribunales, "Cuando concurra sólo una o dos circunstancias agravantes, aplicarán la pena en la mitad superior de la que fije la ley para el delito". Por tanto, siendo la reincidencia genérica prevista en el artículo 22.8ª. CP una circunstancia agravante más, la solución aplicable será la misma que para el resto y supondrá imponer la pena del delito en cuestión en su mitad superior. Respecto a la solución penológica que nuestro legislador ha otorgado a la reincidencia, y ciertas cuestiones relacionadas con la individualización de la pena, se han planteado en la jurisprudencia del Tribunal Supremo de los últimos años algunas discusiones de interés[253].

---

[253] Es importante destacar aquí, como recuerda la STS 416/2022, de 28 de abril (*Tol 8932845*), citando la STS 187/2022, de 28 de febrero (*Tol 8830057*), que: "La individualización penológica encierra un ámbito de discrecionalidad que el legislador ha depositado en principio en manos del Tribunal de instancia. En su más nuclear reducto no es fiscalizable en casación. Se pueden revisar las decisiones arbitrarias. También las inmotivadas. O aquellas que no respetan las reglas o criterios de ponderación legales. Pero no es factible neutralizar las decisiones razonadas y razonables del Tribunal de instancia, aunque puedan existir muchas otras igualmente razonables y legales. En el terreno de la concreción

Por un lado, respecto a la compensación de circunstancias modificativas de la responsabilidad criminal, la regla penológica prevista para el artículo 22.8ª. CP no contempla un fundamento cualificado de agravación. Así se ha puesto de manifiesto por nuestra jurisprudencia, que ha aclarado, al tratar el tema de la compensación de circunstancias modificativas de la responsabilidad criminal, que la regla prevista en el artículo 66.1.7ª. CP, según la cual "Cuando concurran atenuantes y agravantes, las valorarán y compensarán racionalmente para la individualización de la pena", aplica también cuando concurre la agravante de reincidencia con otras atenuantes, huyendo de compensaciones meramente aritméticas, y dando mayor peso al fundamento cualificado de atenuación (para el que prevé la pena inferior en grado) que al de agravación (para el que prevé la pena en su mitad superior). En este sentido se han pronunciado, por ejemplo, las SSTS (Sala de lo Penal, Sección 1ª) 331/2022, de 31 de marzo (*Tol 8909492*) y 362/2022, de 7 de abril (*Tol 8916618*), señalándose en esta última, en un supuesto en que concurría una atenuante analógica de drogadicción con otras circunstancias que no llegaban a integrar atenuantes, pero que debían ser tenidas en cuenta en el proceso de individualización de la pena, con la agravante de reincidencia, que aquellas debían ser también consideradas ante la exigencia de motivación impuesta por la jurisprudencia constitucional y la de dicha Sala. En sentido similar, en la STS (Sala de lo Penal, Sección 1ª) 260/2022, de 17 de marzo (*Tol 8882476*), se afirma que la concurrencia de reincidencia no puede impedir la aplicación de un subtipo atenuado (en el presente caso, el previsto en el artículo 368.2º CP, contra la salud pública), pues ello comprometería gravemente los principios de culpabilidad y de proporcionalidad, generando un doble efecto agravatorio u otorgando a la circunstancia agravante genérica "un *efecto desbordamiento* del reproche que la propia norma prevé para la conducta típica"[254]. Por último, cabe citar aquí también la STS (Sala de lo Penal, Sección 1ª) 235/2022, de 15 de marzo (*Tol 8893278*), que refrenda la valoración hecha por el Tribunal de ins-

---

última del quantum penológico no es exigible la expresión imposible de unas reglas que justifiquen de forma apodíctica y con exactitud matemática la extensión elegida…".

254 La cursiva es del propio texto de la sentencia.

tancia, que pese a apreciar la circunstancia atenuante de dilaciones indebidas como ordinaria y no como cualificada, consideró que el plazo de tramitación del procedimiento, por su marcada duración, justificaba una compensación completa de la circunstancia agravante de reincidencia y la aplicación de la pena (en este caso, del delito de atentado) en su mínima extensión.

Por otro lado, otro tema abordado por nuestra jurisprudencia ha sido el de la posible vulneración de la prohibición de *bis in idem* cuando, en primer lugar, además de aplicar la circunstancia agravante de reincidencia, la concurrencia de esta motiva la elección de la pena más aflictiva de entre las alternativas que ofrece el tipo o cuando, en segundo lugar, en la individualización de la pena, el historial delictivo del sujeto es tenido en cuenta entre las circunstancias personales del culpable además de aplicar la agravante de reincidencia. Así, respecto al primer supuesto, este se dio en la STS (Sala de lo Penal, Sección 1ª) 268/2022, de 22 de marzo (*Tol 8903770*), en la que, existiendo en el tipo penal concreto penas alternativas de prisión o multa, se optó por la primera por concurrir reincidencia y, además, se aplicó la regla penológica del artículo 66.1.3ª. CP, imponiendo la pena en su mitad superior. Como señala dicha resolución, reproduciendo lo dicho por el Ministerio Fiscal, existe doctrina contradictoria al respecto en las Audiencias Provinciales. El Tribunal Supremo, en este caso, en el que se habrían producido dos tocamientos de índole sexual por parte de un jefe a su empleada, consideró que la importancia del bien jurídico y la concurrencia de un delito continuado llevaban a imponer la pena de prisión, por lo que esta no se valoró —según la Sala—, para aplicar la reincidencia, que luego supondría aplicar la pena en su mitad superior. En relación con el segundo supuesto mencionado, un ejemplo podemos verlo en el ATS (Sala de lo Penal, Sección 1ª) 1085/2022, de 15 de diciembre (*Tol 9356681*), en el que se dio un delito de tráfico de drogas del artículo 368 CP, pero planteándose la aplicación del apartado segundo por la escasa entidad del hecho y las circunstancias del culpable. Se concluye que, si bien la cantidad de droga puede justificar una escasa entidad del hecho, no se aplica el subtipo atenuado y, con él, la pena inferior en grado, porque en las circunstancias personales del culpable se tiene en cuenta el historial delictivo del recurrente, que contaba con dos antecedentes penales no cancelados, aun cuando estos constituyen el presupuesto para la aplicación de la circunstancia agravante de reincidencia. El Tribunal Supremo, de acuerdo con la valoración del Tribunal Superior de Justicia, considera que, en este caso, no se da un quebrantamiento del principio de *non bis in idem*, pues aduce que la ofensa contumaz del mismo bien jurídico, que suponen las tres condenas por un delito contra la salud pública, hace que la aplicación del subtipo atenuado del artículo 368 apartado segundo CP se resienta, por advertir una dedicación profesionalizada al tráfico de drogas. Aunque el Tribunal expresamente afirma que no se reconoce "...fidelidad a un parámetro interpretativo, inspirado por una mera referencia cuantitativa" y que tampoco se propugna una "...respuesta basada en perfiles criminológicos que deslicen de forma inadmisible la aplicación del art. 368.II del CP hacia los terrenos del derecho penal de autor", lo cierto que es ello es muy discutible.

Así, este último es un buen ejemplo que revela que los antecedentes penales de un sujeto, con independencia de que sean tenidos en cuenta para imponer la circunstancia agravante de reincidencia, también son tomados en consideración en la individualización de la pena. Ello supone, inexcusablemente, una doble valoración de un mismo hecho, que incrementa, en mayor o menor medida, la respuesta punitiva y que, por tanto, supone una vulneración de la prohibición de *bis in idem*, que se añade, por lo demás, a la ya posible conculcación de dicho principio que supone castigar nuevamente un hecho ya penado. Por ello, como, *de lege ferenda*, se ha propuesto en nuestra doctrina[255], sería deseable aquí alzar la vista a las soluciones que el derecho comparado ha dado a la reincidencia e incluirla entre las reglas de individualización de la pena.

De este modo, se observa que, con frecuencia, los antecedentes penales se encuentran en su consideración, no como circunstancia agravante, sino en la individualización de la pena, dentro de las reglas de determinación de la pena, que otorga, según el ordenamiento, un margen más o menos amplio al juez. Así, en los códigos penales de países como Francia (artículos 132-8 a 132-16-5), con un complejo

---

255 GUISASOLA LERMA, C.: Reincidencia. *Op. Cit.*, pp. 134 y ss.; MARÍN DE ESPINOSA CEBALLOS, E. B.: La reincidencia. *Op. Cit.*, pp. 379 y ss., quien considera que debe incluirse entre las circunstancias personales; ZUGALDÍA ESPINAR, J. M.: Sobre la inconstitucionalidad. *Op. Cit.*, p. 88.

sistema de penas, Italia (artículos 99 a 109) o Portugal (artículos 75 y 76), si bien se establece la reincidencia de forma expresa entre las reglas de determinación de la pena, existe cierta discrecionalidad judicial, pues se establecen medidas penológicas concretas aplicables a este instituto. Por su parte, en Alemania la reincidencia como agravante se derogó en 1986 y desde entonces se recoge en el §46 apartado (2) del Código penal, entre los principios de determinación de la pena, simplemente una referencia a la vida anterior del condenado, junto a sus circunstancias personales y económicas, así como otros aspectos como los motivos y objetivos del autor, especialmente los de índole discriminatoria, el alcance del incumplimiento del deber o su comportamiento tras la comisión del hecho, entre otros. Todas estas circunstancias a favor y en contra del autor del hecho, entre las que se encuentra su pasado delictivo, o, dicho en otros términos, la recaída en el delito y, con ella, la reiterada conculcación de un mismo bien jurídico, permitirían concretar judicialmente la pena dentro del marco penal establecido en el tipo. De este modo, se consideraría dicha circunstancia en el marco del artículo 66.1.6ª. CP, que establece que "Cuando no concurran atenuantes ni agravantes aplicarán la pena establecida por la ley para el delito cometido, en la extensión que estimen adecuada, en atención a las circunstancias personales del delincuente y a la mayor o menor gravedad del hecho". De este modo se evitaría el automatismo que caracteriza actualmente a la imposición de la agravante, respetando el principio de culpabilidad por el hecho y teniendo en cuenta en mayor medida la reinserción social[256].

256 En el mismo sentido se pronuncia, GUISASOLA LERMA, C.: *Ibidem*, p. 137. En sentido contrario a esta solución respecto a la multirreincidencia, por estimar que considerar hechos pasados, que aludan a la personalidad el autor, no implica desterrar totalmente la agravante de reincidencia y supone asumir elementos propios del derecho penal de autor, AGUADO LÓPEZ, S.: *La multirreincidencia y la conversión de faltas en delito: Problemas constitucionales y alternativas político-criminales*, Iustel, Madrid, 2008, pp. 119-120.

2. LA AGRAVANTE CUALIFICADA DEL ARTÍCULO 66.1.5ª. DEL CÓDIGO PENAL: LA MULTIRREINCIDENCIA

El artículo 66.1.5ª. del código penal recoge la circunstancia agravante cualificada de reincidencia, también conocida como multirreincidencia. Así, este precepto establece lo siguiente:

> "1. En la aplicación de la pena, tratándose de delitos dolosos, los jueces o tribunales observarán, según haya o no circunstancias atenuantes o agravantes, las siguientes reglas: (...) 5.ª Cuando concurra la circunstancia agravante de reincidencia con la cualificación de que el culpable al delinquir hubiera sido condenado ejecutoriamente, al menos, por tres delitos comprendidos en el mismo título de este Código, siempre que sean de la misma naturaleza, podrán aplicar la pena superior en grado a la prevista por la ley para el delito de que se trate, teniendo en cuenta las condenas precedentes, así como la gravedad del nuevo delito cometido.
>
> A los efectos de esta regla no se computarán los antecedentes penales cancelados o que debieran serlo".

El Barómetro del CIS sobre justicia de julio de 2019 preguntaba a los ciudadanos cuál creían que era la solución a aplicar en el caso de los/as delincuentes multirreincidentes, es decir, los/as que cometen delitos varias veces. El 72,4% respondió que deberían cumplir su sentencia íntegramente, sin disfrutar de beneficios penitenciarios, como medida de protección de la sociedad, frente al 17,5% que opinó que deberían cumplir su sentencia como cualquier otro/a delincuente, esperando su rehabilitación[257]. Sin entrar a cuestionar la procedencia o no de las respuestas posibles que ofrecía la encuesta, queda claro que la opinión pública es punitiva con quien delinque repetidamente, buscando la inocuización del sujeto y dejando poco espacio a su reinserción social.

2.1. Antecedentes legislativos recientes

La evolución legislativa de las últimas décadas de la reincidencia cualificada en el código penal español no se caracteriza por su inmu-

---

[257] Datos accesibles a través del siguiente enlace: https://www.cis.es/documents/d/cis/es3257marpdf (consultado por última vez el 20 de enero de 2025). El barómetro de justicia más reciente hasta la fecha data de enero de 2023, pero en él no se alude a la reincidencia ni multirreincidencia.

tabilidad. Así, la Ley Orgánica 10/1995 no previó esta cualificación de la agravante de reincidencia, a diferencia de lo que establecía el Texto refundido de 1973, cuyo artículo 61.6º[258], sí recogía una agravación de pena mayor en estos casos para la reincidencia que para el resto de circunstancias, y una previsión especial de discrecionalidad dirigida a los tribunales para que, a partir de la segunda reincidencia, aplicaran la pena en la extensión que estimaran conveniente, pudiendo exceder incluso del marco penal.

Con la Ley Orgánica 8/1983, de 25 de junio, de Reforma Urgente y Parcial del Código Penal, la situación en nuestro código penal de la reincidencia en general, y en concreto, de la multirreincidencia, cambió drásticamente. Así, su Exposición de Motivos reconocía el mayor alcance que suponía, por un lado, "la simplificación de la fórmula legal de la reincidencia", fundiendo en una sola descripción la reincidencia y la reiteración, y, por otro lado, que se suprimieran los efectos agravatorios de la multirreincidencia, establecidos hasta entonces en el artículo 61.6º. CP. Las razones de ello, como seguía apuntando dicho texto eran que: "La exasperación del castigo del delito futuro, de por sí contraria al principio «non bis in ídem», puesto que conduce a que un solo hecho genere consecuencias punitivas en más de una sola ocasión, se ha mostrado además como poco eficaz solución en el tratamiento de la profesionalidad o habitualidad delictiva; a ello se une la intolerabilidad de mantener una regla que permite llevar la pena más allá del límite legal de castigo previsto para la concreta figura del delito, posibilidad que pugna con el cabal entendimiento del significado del principio de legalidad en un Estado de Derecho".

Fue, sin embargo, la Ley Orgánica 11/2003, de 29 de septiembre, de medidas concretas en materia de seguridad ciudadana, violencia

---

258 Este texto rezaba como sigue: "En los casos en que la pena contenga tres grados, los Tribunales observarán para su aplicación, según haya o no circunstancias atenuantes o agravantes, las reglas siguientes: (...) 6ª. Cualquiera que sea el número y entidad de las circunstancias agravantes, los Tribunales no podrán imponer pena mayor que la señalada por la Ley en su grado máximo, salvo el caso de que concurra la agravante decimoquinta del artículo 10, en el que se aplicará la pena superior en uno o dos grados. A partir de la segunda reincidencia, en la extensión que aquéllos estimen conveniente".

doméstica e integración social de los extranjeros, la que, involucionando, trajo a la agravante cualificada de reincidencia de vuelta, introduciéndola en el apartado 5º del artículo 66.1 del código penal, como una regla más de determinación de la pena. La Exposición de Motivos de esta norma, en su apartado II, párrafo primero, establece que "La realidad social ha puesto de manifiesto que uno de los principales problemas a los que tiene que dar respuesta el ordenamiento jurídico penal es el de la delincuencia que reiteradamente comete sus acciones, o lo que es lo mismo, la delincuencia profesionalizada". Así, continúa diciendo que "Son numerosos los ejemplos de aquellos que cometen *pequeños delitos* en un gran número de ocasiones, delitos que debido a su cuantía individualizada no obtienen una respuesta penal adecuada"[259]. Con esta motivación el legislador de 2003 justificaba que la acumulación de delitos de escasa índole, que podrían incluso carecer de la entidad suficiente para que el derecho penal interviniera, merece una agravación de pena por medio de la reincidencia cualificada.

Continúa la Exposición de Motivos de 2003 apuntando que esta cualificación sigue un criterio ya establecido en nuestra doctrina y en nuestros textos legales (apartado II, párrafo segundo) y asegura que aquella es compatible con el principio de responsabilidad por el hecho, y que la imposición de la pena superior en grado deberá realizarse tras haber ponderado el juez "...la magnitud de pena impuesta en las condiciones precedentes y el número de éstas, así como la gravedad de la lesión o el peligro para el bien jurídico producido por el nuevo hecho..." (apartado II, párrafo tercero).

La reforma operada por la Ley Orgánica 5/2010, de 22 de junio, por la que se modifica la Ley Orgánica 10/1995, de 23 de noviembre, del Código Penal, no alteró esta circunstancia. Sin embargo, el Anteproyecto de reforma del Código penal de 2012 anunciaba numerosas modificaciones en el ámbito de la reincidencia, tanto en la agravante genérica como en la cualificada. Así, respecto a esta última, dicho texto preveía su eliminación. A pesar de ello, en abril de 2013 esta previsión fue suprimida, según doctrina, quizás por la renuncia a la introducción de la custodia de seguridad, manteniendo así esta cir-

---

259 La cursiva es nuestra.

cunstancia para asegurar una reacción inocuizadora —prolongación de la pena de prisión—, sobre los multirreincidentes[260]. De hecho, en el Informe del Consejo General del Poder Judicial al Anteproyecto de Ley Orgánica por la que se modifica la Ley Orgánica 10/1995, de 23 de noviembre, del Código Penal, crítico con la custodia de seguridad y cuestionando su constitucionalidad, se señalaba que la reforma se alineaba con las legislaciones de otros países europeos[261]. Así, algunos han dado entrada a institutos como la libertad vigilada y la custodia de seguridad, en la consideración de que las medidas de seguridad, fundamentadas en la peligrosidad del autor, también resultan eficaces para combatir a los delincuentes peligrosos y reincidentes imputables, dada la insuficiencia de la respuesta dada por la pena, que se funda en el concepto de culpabilidad, optando así por un sistema dualista en el que la pena se complementa por la medida de seguridad, "como consecuencia de una política criminal que pretende, a la vez, castigar el hecho punible cometido y evitar, en lo posible, su repetición"[262].

De este modo, el Anteproyecto reconocía la incompatibilidad de la agravación de pena en casos de peligrosidad extraordinaria y de riesgo elevado de comisión futura de delitos con el principio de culpabilidad, dada la exigencia derivada de este de una vinculación directa entre la gravedad de la pena y el hecho por el que se impone. De ahí que dicho texto propusiera la imposición de una medida de seguridad en estos casos, aunque no sustitutiva de la pena sino añadida a esta.

> Así, el citado texto legal recogía, en su apartado VI, que "En las ocasiones en que se cometen delitos por sujetos que revelan una peligrosidad extraordinaria y un riesgo elevado de comisión futura de delitos de mayor gravedad, la agravación de la pena por la peligrosidad de futuro del autor resulta difícilmente compatible con el principio de culpabilidad, que exi-

---

260 SÁNCHEZ BENÍTEZ, C.: La respuesta punitiva. *Op. Cit.*, p. 13 nota 3.

261 En especial con la legislación alemana, donde la custodia de seguridad está presente desde 1939, y cuya constitucionalidad ha sido cuestionada ante el Tribunal Europeo de Derechos Humanos. Sobre este asunto, véase GARCÍA PÉREZ, O.: Los conceptos autónomos. *Op. Cit.*, pp. 303-305.

262 CONSEJO GENERAL DEL PODER JUDICIAL: Informe al Anteproyecto. *Op. Cit.*, pp. 109-110. Este informe es crítico con la introducción de la custodia de seguridad.

> ge una vinculación directa de la gravedad de la pena al hecho concreto por el que se impone. Pero la constatación de la peligrosidad del autor sí que autoriza la imposición de una medida de seguridad. Con la reforma, el autor de un hecho criminal será condenado con la pena establecida por la Ley en función de la gravedad del hecho y de las circunstancias del autor. En los casos de peligrosidad y, en particular, de reiteración en la comisión de delitos de gravedad suficiente, cuando además concurran circunstancias que evidencien la tendencia al delito y permitan fundar un pronóstico de peligrosidad, podrá imponerse una medida junto a la pena consistente en libertad vigilada o custodia de seguridad. Estas medidas de seguridad se fijarán en proporción a la peligrosidad del autor, de modo que no estará limitada en su extensión por la duración de la pena prevista para el delito cometido. En estos supuestos, el penado deberá cumplir en primer lugar la pena impuesta y, una vez cumplida, cuando se mantenga la peligrosidad del penado, se ejecutará la medida de seguridad".

Más adelante, la Ley Orgánica, 1/2015, de 30 de marzo, anunció en el apartado V de su Exposición de Motivos, que, como sentido general de la reforma en el sistema de penas, uno de los dos puntos clave venía dado por la introducción de "mecanismos e instituciones que pretenden ofrecer una respuesta contundente a los delincuentes multirreincidentes". Así, esta reforma reforzó considerablemente el castigo de estos sujetos, sobre todo en los delitos contra la propiedad y el patrimonio, donde antiguas faltas pasan a ser delitos que, si se cometen reiteradamente, pierden la consideración de leves, al incluirse en subtipos hiperagravados, como se verá más adelante.

Por último, como veremos también al tratar los delitos patrimoniales, la Ley Orgánica 9/2022, de 28 de julio[263], acomete una reforma de estos mismos supuestos, precisamente, como explica en su Preámbulo, "...para dar una respuesta adecuada a los casos de multirreincidencia...", tras una interpretación jurisprudencial que puso de relieve las deficiencias de la regulación.

---

263 Ley Orgánica 9/2022, de 28 de julio, por la que se establecen normas que faciliten el uso de información financiera y de otro tipo para la prevención, detección, investigación o enjuiciamiento de infracciones penales, de modificación de la Ley Orgánica 8/1980, de 22 de septiembre, de Financiación de las Comunidades Autónomas y otras disposiciones conexas y de modificación de la Ley Orgánica 10/1995, de 23 de noviembre, del Código Penal.

Pues bien, siendo esta la evolución legislativa de la multirreincidencia, hay que destacar que, a diferencia de lo que ocurre en otros ordenamientos de nuestro entorno jurídico, el legislador español se muestra reticente a la aplicación a estos supuestos de medidas de seguridad. La custodia de seguridad no llegó a entrar en vigor y, como se ha mencionado anteriormente, la libertad vigilada, que desde 2010 constituye una medida de seguridad susceptible de ser impuesta a sujetos imputables, amplió su ámbito de aplicación en 2015. Sin embargo, esta no se prevé para los casos de multirreincidencia, que establece el artículo 66.1.5ª. CP, sino que solo se contempla, bien para determinados Títulos o Capítulos donde puede darse, o no, más de un delito, o bien donde el propio tipo penal exige habitualidad. Así, respecto al primer supuesto, se prevé la imposición de la libertad vigilada, con carácter facultativo, a las personas condenadas por la comisión de *uno o más* delitos comprendidos en el Título I sobre el homicidio y sus formas (artículo 140 bis CP) y en el Título III, de las lesiones cuando la víctima fuere alguna de las personas del art. 173.2 CP (artículo 156 quater CP); y, con carácter imperativo, a los condenados a prisión por *uno o más* delitos comprendidos en el Título VIII, sobre los delitos contra la libertad e indemnidad sexual (artículo 192.1 CP) y en el Capítulo VII, sobre delitos de terrorismo, del Título XXII, en cuyo caso se exige que el condenado lo sea a pena *grave* privativa de libertad (artículo 579 bis 2 CP). En estos dos últimos grupos de delitos se prevé también la imposición facultativa si solo se ha cometido un delito (que no sea grave en el caso de terrorismo) y si se trata de un delincuente primario, pudiendo el tribunal atender a su menor peligrosidad. Respecto al segundo supuesto antes mencionado, esto es, cuando el tipo penal exige habitualidad, se prevé la aplicación facultativa de la medida de libertad vigilada en el delito de maltrato habitual (artículo 173.2 CP), en el que, dada su naturaleza, no se hace referencia a uno o más delitos.

Por tanto, constituyendo estos los antecedentes legislativos más recientes de la multirreincidencia y manteniéndose esta como agravante cualificada, que prevé la imposición de la pena superior en grado del delito en cuestión, veamos a continuación cuáles son sus requisitos y en qué difiere de la agravante genérica. En cualquier caso, e independientemente de la solución que se estime más acertada para afrontar la reiteración delictiva en varias ocasiones, como ha señalado la doctrina, la firmeza con la que se defendió en la Exposición de Motivos del Anteproyecto de 2012 la necesidad de un cambio, hace que se cuestione la legitimidad de la regulación previa que es, finalmente, la actual[264].

2.2. *Requisitos para que concurra la agravante cualificada*

El artículo 66.1.5ª. CP contiene la agravante cualificada de reincidencia, que el legislador ha decidido ubicar entre los preceptos que regulan la determinación de la pena, y que prevé una regla penológica distinta respecto a la genérica, aplicable cuando la reiteración delictiva que recoge el artículo 22.8ª. CP tiene lugar en tres ocasiones. De este modo, puede pensarse que estamos simplemente ante una simple hiperagravación de la pena por un incremento cuantitativo del número de condenas ejecutorias que deben concurrir en el momento de cometer un nuevo delito. Sin embargo, más allá de dicha elevación penológica, derivada de la suma de condenas, existen entre ambas circunstancias diferencias cualitativas nada desdeñables, algunas positivas, por limitar su aplicación, y otras negativas, por ampliarla. A continuación, se exponen los requisitos que exige la circunstancia cualificada, haciendo hincapié en aquellos que la distancian de forma sustancial de la genérica, alejándola de la idea de que aquella constituye una mera suma de reincidencias.

En primer lugar, hay que destacar que, estando incluida la reincidencia cualificada en el artículo 66, un requisito de esta, aunque no haya sido expresamente previsto para la multirreincidencia en concreto, es que la aplicación de la agravante cualificada se da solo en delitos dolosos. Así, aunque el legislador haya establecido este criterio con carácter general en el apartado 1 de dicho precepto para las reglas de determinación de la pena, resulta plausible su extensión a la circunstancia agravante cualificada y refuerza la necesidad de excluir la imprudencia del ámbito de la reincidencia genérica, como se

---

264 En este sentido, ROIG TORRES, M.: La reiteración delictiva. *Op. Cit.*, p. 4, quien alude a la Exposición de Motivos para cuestionar si resulta justa una sentencia en la que se impusiera la pena agravada por reincidencia, fundándose solo en la culpabilidad.

expuso previamente, donde dicha previsión no se recoge de manera expresa.

En segundo lugar, entre sus requisitos se encuentra el de que el culpable al delinquir hubiera sido condenado ejecutoriamente, al menos, por tres delitos comprendidos en el mismo título de este Código, siempre que sean de la misma naturaleza. Respecto a este, Mir Puig estima que “esta agravación extraordinaria no requiere una triple ni una doble reincidencia en sentido estricto, es decir, no es necesario que en una o dos de las condenas anteriores se hubiera apreciado ya la agravante de reincidencia por otro u otros delitos anteriores —a diferencia de lo que había entendido la doctrina y la jurisprudencia respecto a la doble reincidencia antes de 1974—, por lo que la cualificación que ha introducido la LO 11/2003 ni siquiera exige una verdadera «multirreincidencia» como la que históricamente se había previsto”[265]. Si bien es cierto que el precepto no exige que se haya aplicado previamente tres veces la circunstancia genérica, sí que se hace necesario, como señala Díez Ripollés, que “tales condenas tienen que haberse producido en, al menos, tres sentencias distintas, no siendo suficiente con que se haya condenado en una o dos sentencias por el conjunto mínimo de tres delitos”, adoptando así “una interpretación restrictiva, a falta de precisión de la ley”[266]. A mi juicio, dados los problemas que ya plantea la mera existencia de esta agravación cualificada en nuestro código penal, esta interpretación resulta la más garantista.

En tercer lugar, se mantiene, así mismo, en la agravante cualificada el requisito de que no se tendrán en cuenta a los efectos de aplicar esta regla, los antecedentes penales cancelados o que debieran serlo, lo que se equipara a la agravante genérica y, por tanto, me remito a lo dicho respecto a aquella.

En cuarto lugar, hay que resaltar como positiva la ausencia, deliberada o no, relativa a la consideración de las condenas de jueces o tribunales impuestas en otros Estados de la Unión Europea a efectos de aplicar la agravante cualificada, a diferencia de lo previsto en la circunstancia genérica. Dada la cada vez mayor extensión de la lla-

---

265 MIR PUIG, S.: Derecho penal. *Op. Cit.*, p. 660.

266 DÍEZ RIPOLLÉS, J. L.: Derecho penal español (2020). *Op. Cit.*, p. 536.

mada reincidencia internacional y europea, parece que su omisión derive más bien de un olvido del legislador que de la voluntad de limitar el ámbito de aplicación de la agravante cualificada.

En quinto lugar, a diferencia de la agravante genérica, cuya aplicación tiene carácter obligatorio, la imposición de la reincidencia cualificada es potestativa para el juez, como se deduce del uso del verbo "podrán". El carácter facultativo de la imposición de esta agravante ha hecho que el legislador haya tenido que introducir elementos valorativos para el juzgador. Así, la reforma operada por la LO 11/2003, incorporó en este precepto un criterio de valoración a discrecionalidad del juez que ha permanecido inalterado hasta la regulación vigente, y que viene dado por la cláusula, según la cual, para estimar la apreciación de esta agravante cualificada deben tenerse cuenta "las condenas precedentes, así como la gravedad del nuevo delito cometido". El carácter facultativo que el legislador otorgó a la agravante cualificada de reincidencia obliga al juez a justificar la decisión de su aplicación. Así, como recuerda la reciente STS (Sala de lo Penal, Sección 1ª) 333/2024, de 18 de abril (*Tol 9985445*), "Es necesaria una motivación especial de la pena (…) cuando se hace uso de la facultad atribuida por la ley para aplicar una pena de grado superior a la inicialmente predeterminada…". De este modo, como puntualiza la STS (Sala de lo Penal, Sección 1ª) 536/2021, de 17 de junio (*Tol 8493904*)[267], se ha exigido una motivación orientada en cada caso a "comprobar el fracaso de las finalidades retributivas y preventivas especiales que se pretendían obtener con las previas penas impuestas. Cuestión que no puede presumirse y que exige una particular motivación. De tal modo deberá atenderse, entre otros criterios, a la progresión en términos de gravedad entre la conducta típica que funda la condena actual y las que sirvieron de base a las condenas anteriores, al tipo y alcance de las penas impuestas, al modo en que se desarrolló la ejecución, al tiempo transcurrido, a factores motivacionales concurrentes, a la concreta imputabilidad presente al tiempo de comisión tanto de los delitos anteriores como del delito actual, a cualquier otra circunstancia de producción del hecho o personal del responsable que pueda interferir en la valoración del "efecto advertencia" que se

---

267 Apoya esta posición la STS (Sala de lo Penal, Sección 1ª) 21/2023, de 20 de enero (*Tol 9379494*).

derive de las condenas previas". A mi juicio, este análisis resulta muy necesario en el ámbito de la reincidencia cualificada.

En sexto y último lugar, y en relación con el punto precedente, esta cláusula valorativa afecta al alcance aplicativo de la multirreincidencia. Antes de la reforma llevada a cabo por la LO 1/2015, la alusión expresa a "delitos" excluía a las faltas de la aplicación de la circunstancia de reincidencia, tanto de la genérica como de la cualificada[268]. Sin embargo, tras la desaparición de las faltas del código penal, muchas se han convertido en delitos leves. Uno de estos supuestos se dio en el delito de hurto, en el que se eliminó la falta, pero —como señala expresamente la Exposición de Motivos—, "los supuestos de menor gravedad, que anteriormente se sancionaban como falta, se regulan ahora como delitos leves". Estos últimos se excluyeron expresamente de la aplicación de la agravante genérica del artículo 22.8ª. CP, como ya se ha comentado, pero no así de la circunstancia cualificada prevista en el artículo 66.1.5ª. CP. De este modo, si bien el artículo 66.2 CP atribuye a jueces o tribunales para la aplicación de las reglas de determinación de la pena un prudente arbitrio en relación a los delitos leves, la ausencia de mención expresa a estos, junto con la cláusula propia del artículo 66.1.5ª. CP de considerar las condenas precedentes y la gravedad (solo) del *nuevo* delito, conduce a pensar que el legislador, deliberadamente, no ha querido cerrar la puerta a aplicar esta circunstancia a las infracciones de menor entidad. De hecho, muestra de que ello es posible es la excepción que la reforma operada por la Ley Orgánica 9/2022, de 28 de julio, que veremos al tratar los delitos patrimoniales, ha introducido solo en el ámbito del hurto, por el momento, a la posibilidad de considerar a efectos de reincidencia los antecedentes penales por delitos leves. Así mismo, y como se comentó respecto a la reincidencia genérica del artículo 22.8ª. CP y se verá más adelante, se han realizado recientes propuestas legislativas que plantean introducir en ambos preceptos excepciones a la aplicación de estas agravaciones en el caso de delitos leves, cuando se cometen tipos agravados por multirreincidencia, dejando abierta la puerta a su introducción futura en la parte especial.

---

268 Sobre la conversión de las faltas en delito y sus implicaciones respecto a la multirreincidencia, véase AGUADO LÓPEZ, S.: La multirreincidencia. *Op. Cit.*

Todo lo anterior pone de manifiesto que, al margen de las consecuencias penológicas, que serán tratadas seguidamente, los presupuestos que deben darse para que concurra la aplicación de la hiperagravación por multirreincidencia difieren en cierta medida de los de la reincidencia genérica, siendo más limitada su aplicación al excluirse de ella los delitos imprudentes y la reincidencia europea e internacional y ser de aplicación facultativa. No obstante, el hecho de que se plantee la inclusión de los delitos leves, hasta ahora excluidos del ámbito de aplicación de la multirreincidencia, como ocurría con las faltas, presagia un futuro poco alentador, sobre todo en el ámbito de los delitos patrimoniales, por ahora, teniendo un protagonismo cada vez mayor en el código penal español y siendo revelador de la tendencia al endurecimiento punitivo del tratamiento penal del reincidente que caracteriza nuestra actual política criminal.

2.3. Consecuencias penológicas de la multirreincidencia

A diferencia de la regla de determinación de la pena aplicable a la circunstancia genérica del artículo 22.8ª. CP, prevista en el artículo 66.1.3ª. CP, y según la cual, cuando concurra una circunstancia agravante se aplicará la pena en la mitad superior de la que fije la ley para el delito en cuestión, el párrafo 5º de este último precepto establece que el aumento de pena que se prevé para la reincidencia cualificada supone aplicar la superior en grado del delito de que se trate. A pesar de que, claramente, estamos ante un aumento cuantitativo de la pena en este supuesto, considero que, además, supone una importante diferencia cualitativa con la primera, pues tiene implicaciones más allá del mero incremento penológico. En este sentido, como ha puesto de manifiesto la doctrina, la previsión de esta pena, que sobrepasa el marco penal de la figura delictiva correspondiente, supone una vulneración del principio de proporcionalidad que debe existir entre la pena y la gravedad del hecho[269]. Lo anterior pone de nuevo en

---

269 FEIJÓO SÁNCHEZ, B.: Retribución y prevención general. *Op. Cit.*, p. 685, quien añade que "la reincidencia no puede convertir un delito menos grave como el robo con violencia e intimidación (art. 242.1 CP) en un delito grave (arts. 13 y 32 CP), equiparando así hechos delictivos de muy distinta gravedad y trascendencia social (por ejemplo, la pena del robo con intimidación de un multirre-

entredicho la constitucionalidad de la agravación por reincidencia, dejando de cumplirse los criterios indicados por la STC 150/1991, de 4 de julio (*Tol 80562*)[270].

En este sentido, hay que traer aquí a colación la ya comentada STS (Sala de lo Penal) de 6 de abril de 1990 (*Tol 2379924*), que realizó una interpretación conforme a la Constitución, afirmando que ello solo podía aceptarse siempre que la agravación de pena no superara la gravedad de la culpabilidad por el hecho, y que la consecuencia práctica de esa redefinición del régimen de la reincidencia afectaba directamente al automatismo de su aplicación. Esto suponía, como ya se dijo, que la pena no podía superar el límite máximo previsto en el marco penal abstracto del delito ulterior, cosa que sí prevé actualmente el artículo 66.1.5ª. CP. Las críticas vertidas a la interpretación realizada en dicha resolución aludían a la violación del principio material de legalidad que implicaba ir frontalmente en contra del carácter obligatorio que prevé la circunstancia genérica y que supondría atribuir funciones legislativas al Tribunal Supremo[271]. Sin embargo, en el caso de la agravante cualificada, dicho carácter obligatorio, co-

---

incidente puede ser sensiblemente superior a la pena de una detención ilegal ¡que dure más de 15 días! o igual a la pena ¡de una tentativa de asesinato!)".

270 En este sentido, DÍEZ RIPOLLÉS, J. L.: Las circunstancias genéricas modificativas. *Op. Cit.*, p. 6, quien, con carácter previo a la entrada en vigor del Código penal de 1995, señalaba que "tras las sucesivas reformas legales que hicieron desaparecer la doble reincidencia y la multirreincidencia, resulta difícil aceptar que los actuales efectos de la reincidencia sean desproporcionados"; el mismo: Derecho penal español (2020). *Op. Cit.*, p. 539, defendiendo que, tras la reforma de 2015, "persisten razones de inconstitucionalidad ligadas al debido respeto del principio de presunción de inocencia, y, en menor medida, del principio de proporcionalidad de las penas"; MUÑOZ CONDE, F. / GARCÍA ARÁN, M.: Derecho penal. *Op. Cit.*, p. 460, quienes afirman que resulta posible cuestionar nuevamente su constitucionalidad. Respecto a la vulneración de este principio con el castigo de la reiteración delictiva, resulta de interés ver el caso de Estados Unidos en CASTIÑEIRA, M. T. / RAGUÉS, R.: "*Three Strikes.* El principio de proporcionalidad en la Jurisprudencia del Tribunal Supremo de los Estados Unidos", *UNED. Revista de Derecho Penal y Criminología*, 2ª Época, n.º 14 (2004); SÁNCHEZ BENÍTEZ, C.: La respuesta punitiva. *Op. Cit.*, p. 3.

271 DÍEZ RIPOLLÉS, J. L.: Las circunstancias genéricas modificaciones. *Op. Cit.*, pp. 6-7. En el mismo sentido, respecto a la vulneración al principio de legalidad, aunque refiriéndose a la posibilidad de imponer medidas de seguridad como solución alternativa, ZUGALDÍA ESPINAR, J. M.: Sobre la inconstitucionalidad. *Op. Cit.*, p. 88.

mo se ha visto, no existe, atribuyendo el legislador la facultad al juez de optar o no por su imposición.

Con base en ello, los tribunales deberían abstenerse de aplicar la circunstancia agravante cualificada de reincidencia, considerando que la consecuencia penológica consiste en la imposición de la pena superior en grado, que supone ir más allá del marco penal abstracto de la pena del delito en cuestión con la posible vulneración de los principios de proporcionalidad y culpabilidad.

Habiendo iniciado este apartado dejando constancia de la percepción ciudadana sobre el tratamiento punitivo que merecen los sujetos que recaen varias veces en la comisión de un delito, y conociendo solo el dato estimado de que la reincidencia, tras el cumplimiento de la pena de prisión, se produce en un 20% de los casos[272], sumado al hecho de que cada vez reciben un tratamiento punitivo más férreo, queda la duda de cuál es el porcentaje real de casos de multirreincidencia y deja abierta la pregunta de si la regulación de la agravante cualificada tiene un fundamento legítimo, basado en los principios penales, o si más bien responde a una demanda populista.

Lo cierto es que, como ya señalara, con razón, Rodríguez Mourullo, la multirreincidencia muestra de forma inequívoca el fracaso de los efectos de prevención especial de las penas anteriormente impuestas y cómo la exasperación aflictiva de la pena supone una reacción "reincidente" del ordenamiento jurídico en la pretensión de lograr finalidades de aseguramiento y prevención con medios que ya han fracasado[273]. Por ello, como alternativa, y en línea con lo defendido respecto a la circunstancia agravante genérica, su consideración entre las circunstancias personales del delincuente para la individualización judicial de la pena, podría ser una solución plausible, al menos para atajar la imposición de una pena que supere siempre el marco penal abstracto de la pena. A ello habría que añadir, en los casos más graves, en los que irremediablemente se acude a la pena

---

[272] Según declaraciones del ministro del Interior del Gobierno de España, Fernando Grande-Marlaska, para Europa Press, el 25 de abril de 2022. Puede a accederse a dichas declaraciones a través del siguiente enlace: https://www.europapress.es/videos/video-marlaska-dice-tasa-reincidencia-espana-20-20220425095830.html (consultado por última vez el 20 de enero de 2025).

[273] RODRÍGUEZ MOURULLO, G.: Aspectos críticos. *Op. Cit.*, pp. 303-304.

de prisión, una especial atención en el tratamiento penitenciario resocializador a la recaída en el delito[274], de manera que en la ejecución de la pena se pueda abordar dicha problemática, considerando y aceptando que aquel puede ser exitoso o no.

[274] En sentido similar, SÁNCHEZ BENÍTEZ, C.: Aporofobia y Derecho penal. *Op. Cit.*, p. 238, quien defiende que se refuerce el tratamiento de la peligrosidad criminal durante la ejecución de la pena y no con medidas de seguridad de ejecución postpenitenciaria.

Capítulo 3

LAS AGRAVACIONES DE PENA POR REINCIDENCIA EN LA PARTE ESPECIAL DEL CÓDIGO PENAL

Acabamos de ver, por un lado, la circunstancia agravante genérica de reincidencia, prevista en el artículo 22.8ª. CP, así como la cualificada, recogida entre las reglas de determinación de la pena en el artículo 66.1.5ª. CP. Ambas circunstancias son aplicables, con las salvedades comentadas respecto a los delitos leves e imprudentes, a todos los tipos penales recogidos en la parte especial del código penal. A pesar de ello, el legislador también ha previsto agravaciones de pena por reincidencia en la parte especial.

No nos estamos refiriendo aquí a tipos penales que albergan la permanencia en estructuras para delinquir a lo largo del tiempo, cuya punición se prevé a través de los delitos de organización o grupo criminal[275]. Por el contrario, nos referimos a tipos agravados por reincidencia o multirreincidencia, previstos en ciertos tipos penales. Así, las agravaciones de pena por ser reincidente recogidas expresamente en la parte especial del código penal fueron introducidas con la reforma operada por la Ley Orgánica 1/2015, de 30 de marzo, en concreto, por un lado, en el marco de los delitos contra la libertad e indemnidad sexual, en el delito de pornografía infantil y, por otro lado, en algunos delitos contra el patrimonio, como el hurto, el robo, la estafa, la administración desleal y la apropiación indebida. En este segundo grupo de delitos, la Ley Orgánica 9/2022, de 28 de julio, ya mencionada al hablar de la multirreincidencia, ha dado lugar a importantes modificaciones, especialmente, en el delito de hurto. Habiendo ya transcurrido una década desde la incorporación al código

---

275 Sobre estos delitos, véase BOCANEGRA MÁRQUEZ, J.: *Los delitos de organización y grupo criminal. Cuestiones dogmáticas y de política criminal*, J. M. Bosch Editor, 2020; la misma: "La asociación ilícita de finalidad delictiva: ¿una figura condenada al "ostracismo"?", *Revista Electrónica de Ciencia Penal y Criminología*, N.º 25, 2023.

de estas figuras, que incluso han sufrido cambios, se hace necesario valorarlas y hacer balance de su aplicación.

1. DELITOS CONTRA LA LIBERTAD E INDEMNIDAD SEXUAL: LA CONCURRENCIA DE LA AGRAVANTE DE REINCIDENCIA COMO SUBTIPO AGRAVADO DEL DELITO DE PORNOGRAFÍA INFANTIL

El Título VIII del Libro II del Código penal, relativo a los delitos contra la libertad e indemnidad sexuales, recoge en su articulado una referencia a la reincidencia como circunstancia agravatoria específica, prevista dentro del Capítulo V, sobre los delitos relativos a la prostitución y a la explotación sexual y corrupción de menores, en concreto, en el artículo 189 CP. Así, este precepto castiga la pornografía de menores o personas con discapacidad necesitadas de especial protección y la reforma operada por la Ley Orgánica 1/2015, de 30 de marzo, trajo consigo, entre otras modificaciones, una considerable ampliación de las circunstancias que constituyen supuestos agravatorios, previstas en su apartado 2, con pena de prisión de cinco a nueve años, en una redacción tachada de farragosa por la doctrina en lo que respecta a toda la reforma de estos preceptos[276].

Una de esas circunstancias es la prevista en la letra h), que establece que estaremos ante dicha agravación de la pena "Cuando concurra la agravante de reincidencia". Con tan escueta y cuestionable redacción, el texto no dice más, ni aclara el sentido que ha querido darse a una circunstancia carente actualmente de homóloga en otros tipos penales. Así, teniendo que lamentar la deficiente técnica legislativa empleada, a mi parecer, hay tres posibles formas de interpretarla.

En primer lugar, como remisión a las circunstancias agravantes previstas en la parte general del código penal. Así, contando en nuestro código penal con la circunstancia agravante del artículo 22.8ª. CP, de carácter genérico, así como con la cualificada del artículo 66.1.5ª. CP, entre las reglas de determinación de la pena, como se ha dicho,

---

276 ORTS BERENGUER, E.: "Determinación a la prostitución (arts. 187, 188, 189 y 192 CP)" en GONZÁLEZ CUSSAC, J. L. (Dir.): *Comentarios a la reforma del código penal de 2015*, 2ª Edición, Tirant lo Blanch, Valencia, 2015, p. 647.

estas resultan aplicables a todos los tipos penales de la parte especial del código, sin necesidad de alusión expresa a ellas en el delito en cuestión. Por ello, no parece que la intención del legislador haya sido la de remitirse a aquellas sin más, sobre todo teniendo en cuenta que prevé expresamente la pena de prisión de cinco a nueve años cuando se dé dicho supuesto.

En segundo lugar, una posibilidad interpretativa, muy criticable por suponer una clara vulneración de la prohibición de *bis in idem*, aunque acorde con la redacción dada, es que se pretenda castigar doblemente el ser reincidente. Así, si la circunstancia de la letra h) establece que se impone la pena del artículo 189.2 CP "cuando *concurra* la agravante de reincidencia", pareciera que el legislador está dando por sentado que, como requisito para aplicar la pena del subtipo agravado, primero debe *concurrir* la agravante genérica, y, dándose esta, se aplica el artículo 189.2.h) CP. Sin embargo, esta solución no resulta penológicamente posible, pues la imposición de la circunstancia genérica del artículo 22.8ª. CP, aplicando la pena en su mitad superior, recaería sobre el marco penal previsto en el apartado 1 del artículo 189 CP (prisión de uno a cinco años), mientras que considerar la circunstancia de la letra h) del artículo 189.2 CP ya supone aplicar un nuevo marco penal (prisión de cinco a nueve años).

Tampoco resulta plausible, dentro de esta segunda vía interpretativa, aunque no parece haber sido esta la intención del legislador de 2015, aun siendo penológicamente posible, la solución inversa, esto es, que se aplique el marco penal del apartado 2 del artículo 189 CP y, con posterioridad, se limite a la mitad superior por la aplicación de la agravante genérica del artículo 22.8ª. CP. Esta opción hay que rechazarla frontalmente, si acudimos al artículo 67 CP, que establece que "Las reglas del artículo anterior no se aplicarán a las circunstancias agravantes o atenuantes que la Ley haya tenido en cuenta al describir o sancionar una infracción, ni a las que sean de tal manera inherentes al delito que sin la concurrencia de ellas no podría cometerse". Dejando al margen el error de técnica legislativa que supone mantener la remisión al "artículo anterior" tras la introducción en la reforma de 2015 del artículo 66 bis CP, que solo alude a las reglas de determinación de la pena de las personas jurídicas, el artículo 67 CP formula expresamente una prohibición del *bis in idem*, aplicable a las reglas generales de determinación de la pena, que resulta a todas luces incompatible con la previsión del artículo 189.2 CP, si acudimos a esta interpretación.

Aunque pareciera que el legislador ha previsto un subtipo agravado aplicable sobre la base de haber concurrido ya la misma agravante, dicha percepción no es más que consecuencia de una errónea redacción del precepto, pues asumir que se pretende un doble castigo por el mismo hecho constituye una palpable vulneración del principio del *non bis in idem*. Así, la Fiscalía General del Estado, en Circular 2/2015, sobre los delitos de pornografía infantil tras la reforma operada por LO 1/2015[277], estableció que en ningún caso cabrá apreciar simultáneamente la agravante de reincidencia y el subtipo agravado de reincidencia, pues se incurriría en una flagrante doble valoración sancionadora.

Por ello, en tercer lugar, y aunque también criticable, la interpretación que más parece encajar con la intención del legislador es la de que este ha querido castigar de forma especialmente grave supuestos que, de no preverse esta circunstancia, habrían quedado sujetos a la imposición de la agravante genérica del artículo 22.8ª. CP o de la cualificada del artículo 66.1.5ª. CP, en caso de haber sido condenado previamente en tres ocasiones, excluyéndose por tanto así la aplicación de estas[278]. De este modo, este subtipo agravado haría las veces de las circunstancias agravantes genérica o cualificada, según el caso, pero difiriendo considerablemente en la consecuencia penológica en un supuesto u otro: si se aplica la circunstancia genérica prevista en el artículo 22.8ª. CP, la pena resultante sería la prisión de tres a cinco años; si se aplica la cualificada, aquella sería la prisión de cinco

---

277 FISCALÍA GENERAL DEL ESTADO: *Circular 2/2015, de 19 de junio, sobre los delitos de pornografía infantil tras la reforma operada por Ley Orgánica 1/2015*, publicada en el Boletín Oficial del Estado el 19 de junio de 2015, pp. 20 y 25. Texto accesible a través del siguiente enlace: https://www.boe.es/buscar/doc.php?id=FIS-C-2015-00002 (consultado por última vez el 4 de septiembre de 2024).

278 Esta parece ser la interpretación que realiza ORTS BERENGUER, E.: Determinación a la prostitución. *Op. Cit.*, p. 655, cuando afirma que "la pena de prisión de cinco a nueve años se impone cuando concurre la agravante de reincidencia, que aquí hace algo más que determinar la imposición de la pena en su mitad superior y genera las mismas reservas que la agravante 8ª del art. 22, con más razón si cabe".

años y un día a siete años, mientras que la pena que prevé el artículo 189.2 letra h) CP es la de prisión de cinco a nueve años.

Buscarle la lógica interpretativa a una decisión legislativa no siempre resulta tarea fácil. Sobre todo, si tenemos en cuenta que esta se ha tomado sin considerar la propia coherencia interna del texto normativo donde se introduce la disposición. Esto supone no respetar la que Díez Ripollés denomina "racionalidad jurídico-formal", que se dirige a asegurar un sistema jurídico coherente y que convierte en irracionales "...leyes inconsistentes consigo mismas o que introducen o dejan sin resolver incoherencias en el sector jurídico en el que se insertan..."[279].

Así, si dirigimos la mirada hacia el motivo de las modificaciones llevadas a cabo en estos delitos, este radica en la necesidad de transponer la Directiva 2011/93/UE, relativa a la lucha contra los abusos sexuales y la explotación sexual de los menores y la pornografía infantil y por la que se sustituye la Decisión Marco 2004/68/JAI del Consejo. De este modo, como se pone de manifiesto en el apartado XII del Preámbulo de la Ley Orgánica 1/2015, de 30 de marzo, "la citada Directiva obliga a los Estados miembros a endurecer las sanciones penales en materia de lucha contra los abusos sexuales, la explotación sexual de menores y la pornografía infantil, que sin duda constituyen graves violaciones de los derechos fundamentales y, en particular, de los derechos del niño a la protección y a los cuidados necesarios para su bienestar, tal como establecen la Convención de las Naciones Unidas sobre los Derechos del Niño de 1989 y la Carta de los Derechos Fundamentales de la Unión Europea". De esta forma, y supuestamente acorde al contenido de la Directiva, la reforma de 2015 ofrece una definición legal de pornografía infantil y se modifican las conductas típicas, prestando especial atención a aquellas cometidas a través de las tecnologías de la información y la comunicación.

El Preámbulo nada dice expresamente acerca de la circunstancia agravante prevista en la letra h) del artículo 189.2 CP. Ello nos lle-

---

[279] DÍEZ RIPOLLÉS, J. L.: *La racionalidad de las leyes penales*, Editorial Trotta, Madrid, 2003, pp. 96-97, inspirándose en el modelo de racionalidad legislativa formulado por Atienza Rodríguez (p. 15).

va a acudir directamente al texto de la Directiva 2011/93/UE, para valorar la norma de origen cuya transposición se anuncia en dicha reforma. Así, el artículo 9 de la Directiva establece que "Los Estados miembros adoptarán las medidas necesarias para garantizar que, conforme a las disposiciones pertinentes del Derecho nacional, las circunstancias siguientes, siempre que no formen parte de los elementos constitutivos de las infracciones contempladas en los artículos 3 a 7, puedan ser consideradas como circunstancias que agravan la responsabilidad de tales infracciones: (...) e) que el autor de la infracción haya sido condenado con anterioridad por infracciones de la misma naturaleza".

Considerando lo previsto por la Directiva, hay que decir que estos mínimos establecidos por ella ya se cumplían en nuestro código penal, es decir, ya eran —como exige dicho precepto— "conforme[s] a las disposiciones pertinentes del Derecho nacional", sin necesidad de introducir la agravante de la letra h). Así, al autor de un nuevo delito de pornografía infantil, que hubiera sido condenado con anterioridad por infracciones de la misma naturaleza, ya le era aplicable, no solo la agravante genérica del artículo 22.8ª. CP, como señala la Circular 2/2015 de la Fiscalía General del Estado[280], sino también la cualificada del artículo 66.1.5ª. CP, si lo había sido en tres ocasiones.

Por tanto, el legislador español, en su habitual respuesta excesiva frente a las exigencias y compromisos legislativos europeos, no solo no considera suficientes dichas previsiones ya existentes, sino que incluso ha ido más allá, pues mientras el artículo 9 letra e) de la Directiva exige que haya sido condenado con anterioridad por "infracciones", en plural, de la misma naturaleza, el artículo 189.2.h) CP requiere simplemente que "concurra la agravante de reincidencia", pudiendo por tanto aplicarse dicho tipo penal agravado cuando solo hubiera sido condenado con anterioridad por una sola infracción, y la segunda genere dicha concurrencia. Es el caso de la STS (Sala de lo Penal, Sección 1ª) 197/2021, de 4 de marzo (*Tol 8352319*), en el que, concurriendo un solo delito previo, se aplica el tipo cualificado, cuestionando el recurrente precisamente la proporcionalidad de la pena impuesta (seis años de prisión), aspecto cuyo juicio —dice el

---

[280] FISCALÍA GENERAL DEL ESTADO: Circular 2/2015. *Op. Cit.*, p. 20.

Tribunal— compete al legislador, en un primer momento, y al Tribunal de instancia, en lo que respecta a la tarea de individualización penológica.

De este modo, el legislador español decide incorporar una agravante específica que, por un lado, genera una importante confusión interpretativa dada su deficiente redacción, que quizás se hubiera resuelto utilizando los mismos términos que se prevén en los artículos 22.8ª. o 66.1.5ª. CP[281], pero aludiendo a más de una condena previa, y, por otro lado, supone un aumento muy considerable de pena, incluso respecto a la agravante cualificada. Como se ha visto, con diferencias de dos años entre los límites máximos de los respectivos marcos penales, la agravante genérica puede suponer una pena de hasta cinco años, la cualificada de hasta siete y la específica de hasta nueve. Así, dicha previsión podría llevar al supuesto paradójico de que, ante una sola condena previa, se aplique una pena superior a la que se hubiera impuesto en el caso de cometer tres, de no existir esta agravación específica.

Como señala la Fiscalía General del Estado en la Circular 2/2015, "constatada la concurrencia de reincidencia, habrá de apreciarse este subtipo agravado", teniendo presente, además, —dice también la Circular—, que "el artículo 190 CP equipara en estos supuestos la condena de un Juez o Tribunal extranjero a las sentencias de los Jueces o Tribunales españoles a los efectos de la aplicación de la circunstancia agravante de reincidencia"[282]. Esto último no es desdeñable, pues como se ha comentado al tratar la reincidencia europea e internacional, supone ampliar el ámbito aplicativo de la circunstancia.

Todo lo anterior no hace más que traer de vuelta la reflexión sobre el fundamento de la agravante, así como el cuestionamiento de su constitucionalidad, ante una posible vulneración del principio de proporcionalidad. Así, si este último se estima ya vulnerado por la

---

281 Ello supondría haber incluido expresamente la exclusión de los antecedentes penales que hubieran sido cancelados o debieran serlo, aunque dicha previsión se prevea con carácter general en el artículo 136 CP. En cualquier caso, y remitiéndose en su tenor literal a la concurrencia de la agravante de reincidencia, se estiman extrapolados todos los extremos que la definen, siendo este uno de ellos.

282 FISCALÍA GENERAL DEL ESTADO: Circular 2/2015. *Op. Cit.*, p. 20.

agravante cualificada, dada la falta de claridad acerca de un fundamento legítimo que justifique tal incremento de pena, aplicar una hiperagravación como la que prevé el artículo 189.2.h) CP, resulta aún más discutible.

En definitiva, la falta de coherencia interna con la que el legislador ha adoptado la decisión de introducir el subtipo agravado previsto en el artículo 189.2.h) CP, sin atender al hecho de que, las exigencias que imponía la Directiva de 2011 no solo ya estaban previstas por nuestra legislación penal, sino que incluso se ha excedido de ellas, puede hacer pensar que se trata de un hecho puntual que no se reproducirá en otros tipos penales. Sin embargo, precisamente esa manifiesta desatención a la coherencia, o peor aún, que esta haya sido deliberada en pro de una exasperación punitiva aún mayor de la recaída en el delito en ciertos tipos penales, es la que hace temer que la presencia de dicha agravación específica marque el inicio de una tendencia legislativa a futuro que comience a crear excepciones hiperagravatorias a la aplicación de las, ya de por sí cuestionadas, agravante genérica del artículo 22.8ª. CP y cualificada del artículo 66.1.5ª. CP.

2. DELITOS CONTRA EL PATRIMONIO: EL ENDURECIMIENTO PUNITIVO DE LA MULTIRREINCIDENCIA

Como ya ha sido anunciado al tratar la agravante cualificada, la reforma de 2015 endureció de forma notable la respuesta penal a los delitos contra el patrimonio en lo que respecta a la reiteración delictiva, afirmando en su Preámbulo que "La revisión de la regulación de los delitos contra la propiedad y el patrimonio tiene como objetivo esencial ofrecer respuesta a los problemas que plantea la multirreincidencia y la criminalidad grave". Además, tras la desaparición del Libro III del Código penal, un buen número de faltas pasaron a considerarse delitos leves. En el caso de los delitos contra la propiedad y el patrimonio, incluso, se ha prescindido de dicha consideración, pasando a adoptar una naturaleza más grave, cuando tiene lugar la comisión reiterada de estos.

La delincuencia patrimonial siempre ha estado en el punto de mira del legislador, lo que está motivado, entre otras razones, por las cifras que le acompañan, según los datos estadísticos ofrecidos por el Ministerio del Interior[283]. Así, estos delitos constituyen más del 40% del total de las infracciones penales cometidas en España en el año 2023, y así viene siendo en la última década, a excepción de los años 2020 y 2021, en que descendieron en un 3%, seguramente con motivo de las restricciones personales a causa de la pandemia del COVID-19. Del total de delitos contra el patrimonio, sin lugar a duda, el papel protagonista lo ocupan los hurtos. De este modo, en el año 2023, estos constituyeron el 38% de aquellos, frente al 20,76% que representaron las estafas, el 11,66% de los robos con fuerza en las cosas o el 6,22% de los robos con violencia o intimidación, a título de ejemplo. Por ello, es precisamente el hurto, el delito patrimonial que más reformas ha sufrido en los últimos años y el que principalmente sigue siendo objeto de atención actualmente en las propuestas legislativas en el ámbito de la reincidencia y multirreincidencia.

Pues bien, además de la incorporación al código de subtipos penales hiperagravados, como veremos seguidamente, se introdujo el artículo 127 bis CP, que, en relación con el decomiso, establecía en su apartado 1 letra d), que "1. El juez o tribunal ordenará también el decomiso de los bienes, efectos y ganancias pertenecientes a una persona condenada por alguno de los siguientes delitos cuando resuelva, a partir de indicios objetivos fundados, que los bienes o efectos provienen de una actividad delictiva, y no se acredite su origen lícito: (…) d) Delitos contra el patrimonio y contra el orden socioeconómico en los supuestos de continuidad delictiva y reincidencia"[284].

---

283 Así se desprende de los datos estadísticos ofrecidos por el Ministerio del Interior en el Portal Estadístico de Criminalidad, accesibles a través del siguiente enlace: https://estadisticasdecriminalidad.ses.mir.es/publico/portalestadistico/datos.html?type=pcaxis&path=/Datos2/&file=pcaxis (consultado por última vez el 20 de enero de 2025).

284 Como señala PRIETO DEL PINO, A. M.: "Comiso de los productos del delito vs. derechos fundamentales: Una mirada al lado oscuro", en SÁNCHEZ HERNÁNDEZ, C. / PALMA, M. F. / GARCÍA PÉREZ, O. / PRATA ROQUE, M.: *La influencia de la jurisprudencia del Tribunal Europeo de Derechos Humanos en el Derecho interno*, Tirant lo Blanch, Valencia, 2019, pp. 481-482, la figura del decomiso actualmente se ha expandido cuantitativa y cualitativamente, dando lugar en

Además de los cambios llevados a cabo por la reforma de 2015, especialmente importante ha sido la operada por la Ley Orgánica 9/2022, de 28 de julio, por la que se establecen normas que faciliten el uso de información financiera y de otro tipo para la prevención, detección, investigación o enjuiciamiento de infracciones penales, de modificación de la Ley Orgánica 8/1980, de 22 de septiembre, de Financiación de las Comunidades Autónomas y otras disposiciones conexas y de modificación de la Ley Orgánica 10/1995, de 23 de noviembre, del Código Penal.

A continuación, se tratarán separadamente, por un lado, los subtipos agravados de hurto y robo con fuerza en las cosas, previstos en los artículos 234.2 inciso segundo y 235.1.7º. CP; y, por otro lado, los que recoge el artículo 250.1.8ª. CP, que afectan a la estafa, la administración desleal y la apropiación indebida.

2.1. Los delitos de hurto y de robo con fuerza en las cosas

2.1.1. Regulación previa a la reforma del código penal operada por la LO 9/2022, de 28 de julio, y problemas interpretativos

La Ley Orgánica 5/2010, de 22 de junio, por la que se modifica la Ley Orgánica 10/1995, de 23 de noviembre, del Código Penal, trajo consigo una modificación del artículo 234 CP, tras la cual este rezaba como sigue:

> "El que, con ánimo de lucro, tomare las cosas muebles ajenas sin la voluntad de su dueño será castigado, como reo de hurto, con la pena de prisión de seis a dieciocho meses si la cuantía de lo sustraído excede de 400 euros.
>
> Con la misma pena se castigará al que en el plazo de un año realice tres veces la acción descrita en el apartado 1 del artículo 623 de este Código, siempre que el montante acumulado de las infracciones sea superior al mínimo de la referida figura del delito".

---

ocasiones a la vulneración de derechos y garantías legales que se sacrifican en aras de la obtención del valioso objetivo que aquella persigue. Sobre este instituto y su dudosa naturaleza, véase también DE LA MATA BARRANCO, N.: "Las distintas modalidades de decomiso después de la Ley Orgánica 1/2015, de 30 de marzo", *La Ley Penal*, N.º 124, Sección Estudios, enero-febrero 2017.

Este segundo párrafo fue modificado en 2010, ya que la Ley Orgánica 11/2003, de 29 de septiembre, de medidas concretas en materia de seguridad ciudadana, violencia doméstica e integración social de los extranjeros, preveía la realización en el plazo de un año de cuatro veces la acción descrita en el artículo 623.1 CP, para que aquel fuera aplicable.

Entonces, la falta de hurto recogida en el artículo 623.1 CP castigaba con localización permanente de cuatro a 12 días o multa de uno a dos meses a:

> "Los que cometan hurto, si el valor de lo hurtado no excediera de 400 euros. En los casos de perpetración reiterada de esta falta, se impondrá en todo caso la pena de localización permanente. En este último supuesto, el Juez podrá disponer en sentencia que la localización permanente se cumpla en sábados, domingos y días festivos en el centro penitenciario más próximo al domicilio del penado, de acuerdo con lo dispuesto en el párrafo segundo del artículo 37.1.
>
> Para apreciar la reiteración, se atenderá al número de infracciones cometidas, hayan sido o no enjuiciadas, y a la proximidad temporal de las mismas".

Este último párrafo fue objeto de una cuestión de inconstitucionalidad por posible vulneración del derecho a la presunción de inocencia (artículo 24.2 CE) y de los principios de culpabilidad por el hecho, vinculado al de legalidad penal (artículo 25.1 CE) y de seguridad jurídica (artículo 9.3 CE)[285]. El Tribunal Constitucional, en sentencia del Pleno 185/2014, de 6 de noviembre[286], declaró el carácter constitucional de dicho párrafo, pero realizando una interpretación conforme a la Constitución, pues para apreciar la reiteración, las faltas de hurto debían "haber sido objeto de condena firme en otro proceso, o ser enjuiciadas y objeto de condena en el proceso en el que se plantee la aplicación de aquel precepto".

Con la reforma operada por la Ley Orgánica 1/2015, de 30 de marzo, y la desaparición de las faltas, esta controversia perdió relevancia, pero, el aspecto positivo, como se comentó previamente, fue

---

285 Planteada por la Sección Sexta de la Audiencia Provincial de Barcelona, mediante Auto de 31 de julio de 2013.

286 Ponente: Fernando Valdés Dal-Ré.

que reafirmó la exigencia de una condena previa para poder aplicar la agravante, salvando así los posibles escollos constitucionales.

No obstante, para dar respuesta al objetivo que el legislador de 2015 recoge en el Preámbulo de la Ley, mencionado previamente, se suprimió la falta de hurto y se introdujo un supuesto agravado aplicable a la delincuencia habitual. Así, la falta se convirtió en delito leve[287], pero, además, el legislador excluyó de la consideración de dicho carácter todos aquellos casos en los que concurriera alguna circunstancia de agravación, especialmente, "la comisión reiterada de delitos contra la propiedad y el patrimonio". De esta forma, —continúa el texto legal—, "se solucionan los problemas que planteaba la multirreincidencia: los delincuentes habituales anteriormente eran condenados por meras faltas, pero con esta modificación podrán ser condenados como autores de un tipo agravado castigado con penas de uno a tres años de prisión"[288]. Así mismo, el apartado XIV del Preámbulo de la LO 1/2015 señalaba que "Se modifica el catálogo de agravantes específicas del hurto, también aplicables a los delitos de robo con fuerza en las cosas", y se incluyen, entre otros supuestos agravatorios, la multirreincidencia delictiva.

De este modo, por un lado, respecto al hurto, el artículo 234.2 CP establecía entonces que "Se impondrá una pena de multa de uno a tres meses si la cuantía de lo sustraído no excediese de 400 euros, salvo si concurriese alguna de las circunstancias del artículo 235". Y este último, que permanece inalterado tras la reforma de 2022, en

---

287 Sobre la conversión de las faltas en delito y sus implicaciones respecto a la multirreincidencia, véase AGUADO LÓPEZ, S.: La multirreincidencia. *Op. Cit.*, pp. 147-148, quien considera que, para los casos de delincuentes habituales de criminalidad leve, como los que cometían faltas contra el patrimonio, deben adoptarse medidas de política social, educativas, formativas, económicas, etc., pues suelen ser jóvenes procedentes de ambientes marginales. No obstante, la autora señala que, en aquellos casos en que no es posible que de la adopción de dichas medidas se derive un abandono de la delincuencia, "...la sociedad ha de soportar el riesgo de reincidencia, pues el coste para la libertad, si el Estado interviene sobre el delincuente, es mayor que el peligro que se trata de evitar".

288 Un análisis interesante de los antecedentes legislativos de esta figura puede verse en DE VICENTE MARTÍNEZ, R.: "El hurto agravado por la multirreincidencia y la pena de prohibición de acudir al lugar donde se cometió el delito", *Revista Aranzadi de Derecho y Proceso Penal*, núm. 61/2021, pp. 3-9.

su apartado 1, ordinal 7º, prevé una pluspenalización encubierta[289] de la multirreincidencia, que establece que "El hurto será castigado con la pena de prisión de uno a tres años: [...] Cuando al delinquir el culpable hubiera sido condenado ejecutoriamente al menos por tres delitos comprendidos en este Título, siempre que sean de la misma naturaleza. No se tendrán en cuenta antecedentes cancelados o que debieran serlo". Esta fue la redacción definitiva, aun cuando se planteó una muy distinta en el Proyecto de Ley de 4 de octubre de 2013 que, poniendo el foco en la actuación del autor con profesionalidad[290], suponía una aproximación al derecho penal de autor, razón por la cual no prosperó[291]. Por otro lado, respecto al robo con fuerza en las cosas, el artículo 240.2 CP determina que "Se impondrá la pena de prisión de dos a cinco años cuando concurra alguna de las circunstancias previstas en el artículo 235".

Estas cláusulas de exclusión cuando concurren las circunstancias del artículo 235 CP y, entre ellas, en especial, la multirreincidencia del apartado 1 ordinal 7º, han sido duramente criticadas por la doctrina. En primer lugar, la exigencia de que los delitos por los que el culpable hubiera sido condenado ejecutoriamente se encuentren en

---

289 Término empleado por DE VICENTE MARTÍNEZ, R.: "El final de una errónea interpretación jurisprudencial: la reforma del artículo 234.2 del Código Penal", Diario La Ley, N.º 10128, 2022, p. 2.

290 Así, en el Proyecto de Ley Orgánica por la que se modifica la Ley Orgánica 10/1995, de 23 de noviembre, del Código Penal, la redacción del artículo 235.1.7º. CP tenía el siguiente tenor: "El hurto será castigado con la pena de prisión de uno a tres años: [...] 7.º Cuando el autor actúe con profesionalidad. Existe profesionalidad cuando el autor actúa con el ánimo de proveerse una fuente de ingresos no meramente ocasional".

291 LIÑÁN LAFUENTE, A.: La agravante de multirreincidencia. *Op. Cit.*, p. 259. El autor considera que incorporar un tipo penal específico de multirreincidencia como figura agravada supone un error de enfoque del legislador, pues si el problema radicaba en la dificultad probatoria que suponía identificar la comisión de tres faltas, antes de la reforma de 2015, más que aumentar el castigo, sería necesario "...incrementar la inversión en prevención, supervisión y vigilancia de las fuerzas de seguridad, algo que resulta más caro y complejo que modificar el Código Penal" (p. 260). Por su parte, DE VICENTE MARTÍNEZ, R.: El hurto agravado por la multirreincidencia. *Op. Cit.*, pp. 7-8, considera que la alusión a que el autor actúe con profesionalidad, remitiéndose a la STC 185/2014, de 6 de noviembre (*Tol 4561315*), constituía derecho penal de autor, contrario al principio de culpabilidad.

el mismo Título ha sido interpretado negativamente, con razón, por parte de la doctrina, que considera un error que abarque conductas tan dispares como las insolvencias punibles, estafas, extorsión, usurpación..., dejando solo en manos del criterio que exige que los delitos sean de la misma naturaleza, la posibilidad de su inaplicación[292]. En segundo lugar, también se ha criticado el hecho de la mayor rigurosidad de este subtipo hiperagravado frente a la multirreincidencia del artículo 66.1.5ª. CP, pues mientras la imposición del aumento penológico en este último caso es facultativa, en el caso del hurto y del robo con fuerza en las cosas es obligatoria[293]. Por último, también ha sido objeto de críticas el problema de proporcionalidad que esta regulación planteaba, pues implicaba, con la salvedad de ciertas interpretaciones jurisprudenciales que serán objeto de comentario seguidamente, que la agravación se produciría por igual en los hurtos menos graves y en los leves[294].

En cualquier caso, hay que diferenciar la solución dada por la reforma de 2015 entre el hurto y el robo con fuerza. Así, por un lado, este último delito, cuya penalidad se establece en el artículo 240.1 CP en prisión de uno a tres años, constituye ya un delito menos grave, que agrava su pena cuando concurren las circunstancias del artículo 235 CP, pero sin que cambie su naturaleza, pues no prevé delito alguno de carácter leve, ya que el límite de los 400€ no aplica en este caso. Sin embargo, por otro lado, el legislador de 2015 había excluido a todas luces de la posibilidad de considerar como delito leve al hurto inferior a 400 euros, cuando concurrieran las circunstancias del artículo 235 CP, entre ellas, cuando aquel se producía de forma reiterada. Frente a dicha regulación, la doctrina y la jurisprudencia se encontraban ciertamente divididas ante la posibilidad de aceptar la exclusión de los delitos leves de hurto del ámbito de la multirrein-

---

292 DE VICENTE MARTÍNEZ, R.: El final de una errónea. *Op. Cit.*, p. 9.

293 CANO CUENCA, A.: "El delito de hurto (arts. 234 y ss. CP)", en GONZÁLEZ CUSSAC, J. L.: *Comentarios a la reforma del código penal de 2015*, 2ª Edición, Tirant lo Blanch, Valencia, 2015, p. 702.

294 MARAVER GÓMEZ, M.: La regulación de la multirreincidencia. *Op. Cit.*, p. 7. A pesar de ello, el autor considera que tal desproporción no parece que sea suficiente para priorizar una interpretación de los arts. 234 y 235 que corrija su literalidad y finalidad, como hizo el Tribunal Supremo en la STS (Sala de lo Penal, Sección 1ª) 481/2017, de 28 de junio (*Tol 6197903*) (p. 11).

cidencia, basándose dicho conflicto fundamentalmente en el hecho de si cabía hacer una interpretación restrictiva del precepto o si ello invadía las funciones que corresponden en exclusiva al legislador, junto a otros argumentos en favor y en contra.

Así, por un lado, Juanatey Dorado puso de manifiesto que si se aplicaba de forma automática el artículo 235 CP en estos casos, había que cuestionar la legitimidad misma de la circunstancia agravante, por suponer un salto cualitativo automático con respecto al delito menos grave que constituía el tipo básico del hurto del artículo 234.1 CP e implicar ello entrar en contradicción con el principio de intervención mínima (al que la propia Exposición de Motivos de la LO 1/2015 aludía para fundamentar la supresión de algunas faltas) y con los principios de proporcionalidad y culpabilidad[295]. En este sentido, la jurisprudencia del Tribunal Supremo, en STS (Sala de lo Penal, Sección 1ª) 481/2017, de 28 de junio (*Tol 6197903*), seguida por otras resoluciones[296], proclamó la necesidad de realizar una interpretación sistemática restrictiva de la agravación de las penas aprobada por la reforma de 2015 del delito de hurto. En resumen, esta sentencia realizó una exégesis sobre la multirreincidencia que se prevé en el hurto y adujo que debía referirse a tres condenas anteriores por delitos menos graves, y no por delitos leves. Ello debía ser así, apuntaba el Tribunal, porque el concepto de reincidencia del art.

---

295 Así, JUANATEY DORADO, C.: "El delito de hurto propio: algunas cuestiones de dogmática y política criminal, con especial referencia a la multirreincidencia", *Revista General de Derecho Penal 33* (2020), p. 19. Esta autora pone un ejemplo que considero muy representativo de la desproporción que suponía la norma objeto de análisis. Así, la autora señalaba que "la manifiesta desproporción de la pena —agravada en función de la "habitualidad o profesionalidad"— puede apreciarse de forma clara si pensamos, por ejemplo, en un hurto de cuatro artículos de un hipermercado (dos camisas, un pantalón y unas gafas) por valor de 350€; en este caso la pena sería de uno a tres meses de multa. Pero, si esos mismos artículos hubiesen sido sustraídos cada uno de ellos en un momento distinto por su autor y tres de esas sustracciones ya hubiesen sido sancionadas en el momento de juzgar el hurto número cuatro, la pena correspondiente a este último sería la prisión de uno a tres años. Este plus que supone la "habitualidad o profesionalidad" a la que se refiere el legislador, no puede justificar ese incremento tan notable de pena" (p. 27).

296 Por ejemplo, las SSTS (Sala de lo Penal, Sección 1ª) 176/2018, de 12 de abril (*Tol 6586968*) y 500/2018, de 24 de octubre (*Tol 6898899*).

22.8ª. CP, el genérico, excluye expresamente del mismo los antecedentes penales por delitos leves, por lo que no haciéndolo de forma expresa y específica el artículo 235.1.7º. CP, cabía esta interpretación.

Sin embargo, por otro lado, también existían posturas críticas con la interpretación jurisprudencial[297], que defendieron que resultaba clara la voluntad del legislador de castigar más duramente la repetición de delitos de escasa gravedad y que cuando aquel se refiere a "delitos", sin más distinciones, como ocurre en el artículo 235.1.7º. CP, está aludiendo a todos los delitos: graves, menos graves y leves[298]. De hecho, la propia STS (Sala de lo Penal, Sección 1ª) 481/2017, de 28 de junio (*Tol 6197903*), incluye un voto particular[299], al que se adhieren otros cinco magistrados, que, en resumen, se opone de modo frontal a la decisión tomada en Sala por varias razones. Por un lado, por desamarrarse la interpretación realizada de la redacción de la ley, suponiendo el juicio de proporcionalidad una potestad exclusiva del legislador[300]. Y, por otro lado, por considerar que el contenido antijurídico del delito de hurto no solo viene marcado por la frontera diferenciadora que establecen los 400€, sino por otros supuestos que afectan al bien jurídico y que el legislador ha previsto en el artículo 235, entre los que se encuentra el supuesto de "personas que hacen del delito de hurto un medio de vida, desplegando su actividad delictiva de forma constante"[301]. Estos sujetos, según la postura mantenida en el voto particular, demuestran una *actitud* hacia el bien

---

297 Entre ellas, la de MARAVER GÓMEZ, M.: La regulación de la multirreincidencia. *Op. Cit.*, p. 18, quien considera que estas interpretaciones no se encuentran constitucionalmente justificadas.

298 Así lo defiende, GONZÁLEZ CASSO, J.: "La multirreincidencia y los delitos leves. De la sentencia del Tribunal Supremo 481/2017, 28 de junio de 2017 a la sentencia 684/2019, de 3 de febrero de 2020", *Diario La Ley*, Nº 9579, Sección Doctrina, 21 de febrero de 2020, p. 11, para quien esta clara finalidad se deduce de la Exposición de Motivos de la Ley Orgánica 1/2015, cuando dice, entre otras cosas, que "los delincuentes habituales anteriormente eran condenados por meras faltas, pero con esta modificación podrán ser condenados como autores de un tipo agravado castigado con penas de uno a tres años de prisión".

299 Formulado por el Magistrado Pablo Llanera Conde.

300 Voto particular a la STS (Sala de lo Penal, Sección 1ª) 481/2017, de 28 de junio (*Tol 6197903*), apartados Tercero y Cuarto.

301 Voto particular a la STS (Sala de lo Penal, Sección 1ª) 481/2017, de 28 de junio (*Tol 6197903*), apartado Quinto.

jurídico que se protege y ante la antijuricidad de su transgresión. Al margen de las críticas que esta afirmación pueda recibir por legitimar un derecho penal de autor, en el voto particular (apartado Quinto) se establece una graduación del "estado" de la situación, en función del número de veces que acaece algo. Así, considera casual una primera vez, accidental una segunda, determinante de una tendencia, si se repite por tercera vez, y como se ha dicho, demostrativo de una actitud, a la cuarta ocasión. Atribuye, por tanto, razones de prevención especial y general a la finalidad de la agravación de pena, por la ineficacia empíricamente demostrada de la pena de multa y por la confianza en la norma penal por parte de importantes sectores sociales para hacer frente a actuaciones delictivas no episódicas, respectivamente. Por su parte, la Fiscalía General del Estado, en la Circular 1/2015, sobre pautas para el ejercicio de la acción penal en relación con los delitos leves tras la reforma penal operada por la LO 1/2015, mantenía también una postura favorable a considerar esta categoría de delitos en la multirreincidencia de los tipos penales concretos, afirmando que los delitos leves pueden integrar ciertos subtipos agravados previstos en delitos contra el patrimonio, pues los preceptos donde se recogen "no hacen distinción entre delitos leves y menos graves, y sólo excluyen los antecedentes cancelados o susceptibles de cancelación"[302].

A mi juicio, parecía plausible una interpretación que, sin modificar[303] ni contradecir la redacción otorgada por el legislador de 2015 al artículo 235.1.7º. CP, restringiera su ámbito de aplicación manteniendo la coherencia interna de nuestro Código penal. Así,

---

302 FISCALÍA GENERAL DEL ESTADO: *Circular 1/2015, sobre pautas para el ejercicio de la acción penal en relación con los delitos leves tras la reforma penal operada por la LO 1/2015*, pp. 23-24. Texto accesible a través del siguiente enlace: https://www.fiscal.es/memorias/estudio2016/CIR/CIR_01_2015.html (consultado por última vez el 20 de enero de 2025).

303 Aunque estamos de acuerdo con la posición de JUANATEY DORADO, C.: El delito de hurto propio. *Op. Cit.*, p. 26, cuando señalaba que dejar fuera los delitos leves no estaba explícitamente excluido, no parece adecuado apuntar que ello supone agregar cuatro palabras a la literalidad del precepto —como defendía— (incluyendo que los delitos por los que el sujeto hubiera sido ejecutoriamente condenado fueran "menos graves o graves"), pues en el momento en que consideramos agregar algo, ya estamos atribuyendo funciones legislativas a la jurisprudencia, bastando, a mi juicio, con la interpretación restrictiva.

entre otros, podría citarse para haber acudido a dicha interpretación restrictiva, en primer lugar, la exclusión de los delitos leves de la regulación de la circunstancia agravante genérica de reincidencia del artículo 22.8ª. CP; en segundo lugar, al arbitrio que el artículo 66.2 CP atribuye a jueces o tribunales para la aplicación de las reglas de determinación de la pena (y, entre ellas, la agravante cualificada del artículo 66.1.5ª. CP); o, en tercer lugar, incluso a la regulación de la suspensión de la pena del artículo 80.2.1ª. CP, que no tiene en cuenta a efectos de determinar que el delincuente sea primario, los delitos leves. Este último motivo, por lo demás, se argüía en el voto particular para demostrar la dulcificación del tratamiento punitivo del supuesto objeto de enjuiciamiento, merecedor de mayor pena a criterio de aquel, pero, en mi opinión, ello solo demostraba que no debía tratarse con el rigor que defendía. Estos argumentos de carácter sistemático no se reducen exclusivamente a la búsqueda de la coherencia interna del código penal, sino que entiendo que tienen como fin el respeto del principio de proporcionalidad, e incluso, a mi parecer, del de subsidiariedad. A pesar de todas estas razones, se produjo una reforma de este tipo penal en el año 2022, que siguió la línea interpretativa defendida por el voto particular de la STS 481/2017, de 28 de junio (*Tol 6197903*), y la Circular FGE 1/2015.

2.1.2. Regulación tras la reforma del código penal operada por la LO 9/2022, de 28 de julio, y aspectos problemáticos pendientes

Las diferentes posturas doctrinales, así como la clara división existente entre los once magistrados a favor de la sentencia de la Sala de lo Penal del Tribunal Supremo, frente a los seis partidarios de lo expresado en el voto particular, ponían de manifiesto claramente la ausencia de acuerdo respecto a esta cuestión. En esta falta de acuerdo, se han invocado de forma reiterada las funciones legislativas, cuestionándose cuál era la intención del legislador, por lo que este ha optado por reformar el tipo penal del artículo 234 apartado 2 CP con la Ley Orgánica 9/2022, de 28 de julio, por la que se establecen normas que faciliten el uso de información financiera y de otro tipo para la prevención, detección, investigación o enjuiciamiento de infracciones penales, de modificación de la Ley Orgánica 8/1980, de

22 de septiembre, de Financiación de las Comunidades Autónomas y otras disposiciones conexas y de modificación de la Ley Orgánica 10/1995, de 23 de noviembre, del Código Penal.

Así, el propio Preámbulo de la LO 9/2022 explica de forma más extensa de lo habitual los motivos que traen causa de la reforma y reconoce que esta se acomete "...para dar una respuesta adecuada a los casos de multirreincidencia...", la cual "...resulta necesaria porque, si bien la regulación actual prevé expresamente la posibilidad de aplicar una modalidad agravada del delito de hurto cuando el autor es multirreincidente, el Tribunal Supremo considera que esta posibilidad debe reservarse para los casos en que los delitos de hurto cometidos con anterioridad superan los 400 euros, pues de lo contrario se produciría un desproporcionado salto punitivo entre la pena prevista en el artículo 234.2 del Código Penal para los delitos de hurto inferiores a 400 euros, que es una pena de multa de 1 a 3 meses, y la pena prevista en el artículo 235.1.7.ª del Código Penal para los casos de multirreincidencia, que es una pena de prisión de 1 a 3 años". Esto ha llevado al legislador a tener que abordar esta modificación en el código penal pues la regulación vigente, conforme a la interpretación efectuada por el Tribunal Supremo —sigue afirmando el Preámbulo—, "...está suponiendo que los delitos leves de hurto que se cometen de manera multirreincidente no cuenten con una suficiente respuesta penal, a pesar de que son delitos que están siendo objeto de una creciente preocupación por afectar directamente no solo al turismo, al comercio y a la economía en general, sino también a la propia seguridad de los ciudadanos".

Ante estos motivos, el legislador continúa justificando la necesidad de la reforma del artículo 234.2 del Código Penal, para poder sancionar más gravemente los casos de hurtos leves no superiores a 400 euros cuando se producen de forma multirreincidente, pero evitando el salto desproporcionado de pena criticado por el Tribunal Supremo, aumentando la pena de estos delitos de hurto leve, pero sin llegar a la de prisión del tipo agravado del artículo 235.1 CP. De este modo, para los casos de hurtos leves o inferiores a 400 euros se prevé un aumento de la pena siempre que el autor sea multirreincidente y la cuantía total de lo sustraído, incluyendo los delitos de hurto cometidos con anterioridad, supere los 400 euros. En estos casos, —finaliza el Preámbulo—, "...se deberá imponer no ya la pena del tipo agravado del artículo 235.1 del Código Penal, sino la pena del tipo básico del artículo 234.1 del Código Penal, que es una pena de prisión de 6 a 18 meses. De esta forma, se consigue dar a los casos de multirreincidencia una respuesta penal más disuasoria y ajustada a la gravedad de la conducta, sin incurrir en un incremento desproporcionado de la pena".

Como puede apreciar el lector, el legislador se esmera en explicar el sentido de la reforma y, por un lado, deja patente que se produce ante las interpretaciones jurisprudenciales, siendo necesaria para dar una mejor respuesta penal a estos supuestos, y, por otro, reconoce que la aplicación del hurto cualificado por multirreincidencia del artículo 235.1.7º. CP constituye una de carácter desproporcionado a la gravedad de estos supuestos. En cualquier caso, el legislador manifiesta con claridad, sin lugar a interpretaciones, que la reiteración delictiva, aun de carácter leve, tiene consecuencias penales graves. Esto constituye una muestra más de lo que, como señalaba Díez Ripollés, está ocurriendo en un número significativo de ordenamientos, donde se están consolidando agravaciones de pena por reincidencia, siguiendo el camino marcado por las leyes estadounidenses de *a la tercera va la vencida*[304].

Con dichos motivos, el tenor literal del artículo 234.2 CP queda, tras la reforma, como sigue:

> "2. Se impondrá una pena de multa de uno a tres meses si la cuantía de lo sustraído no excediese de 400 euros, salvo si concurriese alguna de las circunstancias del artículo 235. No obstante, en el caso de que el culpable hubiera sido condenado ejecutoriamente al menos por tres delitos comprendidos en este Título, aunque sean de carácter leve, siempre que sean de la misma naturaleza y que el montante acumulado de las infracciones sea superior a 400 €, se impondrá la pena del apartado 1 de este artículo.
>
> No se tendrán en cuenta antecedentes cancelados o que debieran serlo".

El legislador ha optado así por una solución intermedia, convirtiendo la nueva comisión de un delito leve, precedido por tres condenas por delitos del mismo Título, incluso de carácter leve, y de

---

304 DÍEZ RIPOLLÉS, J. L.: El abuso. *Op. Cit.*, p. 14.

la misma naturaleza, en un delito menos grave, al serle aplicable la pena del tipo básico de hurto del artículo 234.1 CP (prisión de seis a dieciocho meses). De este modo, excluye la imposición en estos casos de la pena del tipo hiperagravado del artículo 235.1.7º. CP (prisión de uno a tres años), aplicando en su lugar la del artículo 234.1 CP, siempre que el montante total acumulado del nuevo delito junto con los que han sido ya condenados supere los 400€. Esto último ha sido considerado positivamente por la doctrina, por suponer la incorporación de un criterio de valoración que se centra en la gravedad de la lesión material del bien jurídico, guardando así una mayor proporcionalidad con el hecho delictivo[305]. Sin embargo, a mi juicio, dicho montante acumulado, dado el valor actual del dinero, no parece que vaya a tener un importante papel o efecto discriminatorio, además de los problemas que plantea este elemento, como se comentará más adelante.

Por lo demás, el hecho de que suponga un incremento de pena, pasando de una de multa a una de prisión, ha sido criticado por algún autor, que considera que hubiera sido deseable que la reforma hubiera ido acompañada de algún estudio criminológico que avalara las afirmaciones realizadas en el Preámbulo de la Ley sobre la insuficiente respuesta penal actual[306].

Esta reforma, que entró en vigor el 29 de agosto de 2022, marca un hito importante en la historia de la reincidencia, pues sienta un precedente de excepción a la regla general aplicada a este instituto consistente en que los antecedentes penales por delitos leves quedan fuera de su ámbito de aplicación. Sin embargo, esta modificación, lejos de ofrecer o permitir encontrar respuestas al escollo de su fundamento, ha supuesto la creación de un constructo jurídico, de deficiente técnica legislativa, por lo demás, para seguir perpetuando su

---

305 MARAVER GÓMEZ, M.: La regulación de la multirreincidencia. *Op. Cit.*, pp. 22-23.

306 Así, *Ibidem*, p. 21, quien, además, apunta que, la gravedad inherente a la pena de prisión, con su efecto criminógeno, junto con la vulnerabilidad social que muestran las personas que suelen cometer estos delitos leves de hurto hacen particularmente necesario ponderar detenidamente la necesidad de recurrir en estos casos a la pena de prisión, incluso en caso de multirreincidencia".

imposición a cada vez más supuestos, aunque sin dotar a estos tipos de la claridad que precisaban y que pretendía conseguir el legislador.

Así, la redacción del inciso segundo del artículo 234.2 CP crea un nuevo ámbito de aplicación que, como veremos seguidamente, parece solaparse en cierta medida con el del artículo 235.1.7º. CP, cuyo contenido deja intacto la reforma, creando un galimatías con la nueva regulación. Esta deficiente redacción obliga al intérprete a realizar un esfuerzo hermenéutico por delimitar los supuestos que encajan en este último precepto frente al primero, y que la Fiscalía General del Estado ha intentado desglosar en la Circular 1/2022, de 12 de diciembre, sobre la reforma del delito de hurto operada en virtud de la Ley Orgánica 9/2022, de 28 de julio. Así, la propia Circular FGE reconoce la necesidad de ofrecer pautas que arrojen luz sobre las principales dificultades interpretativas que el nuevo precepto plantea[307], aun cuando también considera que, el que la reforma operada por la LO 9/2022 no haya ido acompañada de una reforma del art. 235.1 CP supone concluir que su ámbito de aplicación permanece incólume[308], lo que, a mi juicio, resulta incorrecto, como se verá.

Por un lado, en mi opinión, si hay algo que queda claro tras la reforma operada por la LO 9/2022, es que los antecedentes penales por delitos leves quedan tácitamente excluidos del ámbito de aplicación del tipo hiperagravado de hurto, previsto en el artículo 235.1.7º. CP. Ello es así porque el legislador de 2022 ha decidido prever expresamente la inclusión de aquellos en el inciso segundo del artículo 234.2 CP, pero no así en el artículo 235.1.7º CP, aun habiendo tenido la oportunidad de hacerlo, pues como se ha comentado, no ha sido modificado en la citada reforma. Por ello, cabe interpretar teleológicamente este precepto, en aras del respeto al principio de legalidad, considerando que en el tipo hiperagravado de hurto es de aplicación la regla general que rige en el instituto de la reincidencia en el código penal, según la cual no computan a efectos de aplicar la agravante los antecedentes penales por delitos leves. En otras palabras, estos últimos no constituyen un presupuesto ni de la circunstancia agravante genérica de reincidencia, ni de la multirreincidencia del artículo

307 FISCALÍA GENERAL DEL ESTADO: Circular 1/2022, *Op. Cit.*, p. 267.

308 *Ibidem*, p. 275.

66.1.5ª. CP, ni tampoco del tipo hiperagravado de hurto cualificado por multirreincidencia del artículo 235.1.7º. CP. De este modo, la única excepción a esta regla general, como se ha dicho, viene dada por el nuevo inciso segundo del artículo 234.2 CP.

No obstante, por otro lado, el legislador de 2022, al prever la pena del artículo 234.1 CP para los casos en que el culpable de un delito leve de hurto hubiera sido condenado ejecutoriamente al menos por tres delitos comprendidos en este Título, *aunque* sean de carácter leve, no está excluyendo que aquellos puedan no tener dicho carácter[309]. Ello es así siempre y cuando se cumplan los demás requisitos, esto es, que sean de la misma naturaleza y que el montante acumulado de las infracciones sea superior a 400€. Por lo tanto, pueden darse varias situaciones.

En primer lugar, en aquellos casos en los que el autor de un nuevo delito leve de hurto hubiera sido previamente condenado ejecutoriamente por tres delitos de los que alguno tenga carácter leve, pueden darse dos opciones, en función de si el montante acumulado por las infracciones supera o no los 400€. Por un lado, si dicha cantidad fuera igual o inferior, solo cabría aplicar el artículo 234.2 inciso primero CP, con la agravante genérica de reincidencia del artículo 22.8ª. CP, si se dieran sus presupuestos respecto a la condena previa por delitos menos graves o graves[310]. Por otro lado, si el citado montante excediera de 400€, se impondría el artículo 234.2 inciso segundo CP, siendo de aplicación, por tanto, la pena de prisión de seis a dieciocho meses (artículo 234.1 CP). En ninguno de estos dos supuestos cabe la aplicación del tipo hiperagravado, precisamente por quedar excluidos de su ámbito los antecedentes penales por delitos leves.

---

309 Si hubiera querido hacerlo, habría empleado el adverbio "cuando", en lugar de la conjunción "aunque".

310 Téngase en cuenta que, aunque se mencione aquí la posibilidad de que las condenas previas fueran por delitos menos graves o graves, no existe actualmente ningún delito comprendido en el mismo Título que el hurto, que tenga la misma naturaleza que este, y que esté castigado con pena de prisión superior a cinco años, por lo que no cabrá reincidencia entre el hurto leve y un delito grave de naturaleza patrimonial. La única opción posible, aunque controvertida, podría ser la de afirmar que el hurto y el robo con fuerza del artículo 241.4 CP tienen la misma naturaleza. No obstante, se alude también a las condenas previas por delitos graves para abarcar toda la potencial casuística.

No obstante, si se defendiera que en estos casos es de aplicación el artículo 235.1.7º. CP, cabría argumentar la posibilidad de acudir a las reglas del concurso de normas, en favor igualmente del inciso segundo del artículo 234.2 CP, a resolver por el principio de especialidad. Esta solución parece indiscutible, en mi opinión, en la medida en que este se erige como precepto especial, por contener los elementos del precepto general (artículo 235.1.7º. CP), más alguno o algunos adicionales, como son, el que el montante acumulado de las infracciones sea superior a los 400€ y la previsión expresa de que los posibles delitos por los que el culpable hubiera sido ejecutoriamente condenado sean, incluso, de carácter leve.

En segundo lugar, un supuesto más problemático se nos presenta si los tres delitos por los que previamente ha sido condenado ejecutoriamente el autor del nuevo delito leve de hurto tienen carácter menos grave y/o grave. Aquí también es necesario distinguir dos supuestos, dependiendo de si el montante acumulado por las infracciones supera o no los 400€, siendo este uno de los ámbitos en los que más dudas genera la reforma operada por la LO 9/2022.

Así, por un lado, cuando el montante acumulado por todas las infracciones supere los 400€, es necesario acudir a las reglas del concurso de normas, por poder encajar este supuesto tanto en el inciso segundo del artículo 234.2 CP, como en el artículo 235.1.7º. CP. Sin embargo, no hay acuerdo sobre cómo resolver este solapamiento, que la reforma de 2022 ha creado entre estos dos preceptos. Así, por un lado, a favor de resolver en estos casos el concurso de normas aplicando el artículo 234.2 inciso segundo CP, se posiciona Maraver Gómez, quien considera que, con base en el principio de especialidad del artículo 8.1 CP, aquel constituye una regla nueva y especial con respecto a lo previsto tanto en el inciso primero del mismo precepto como en el artículo 235.1.7º. CP[311]. Esta posición, aunque deseable,

---

311 MARAVER GÓMEZ, M.: La regulación de la multirreincidencia. *Op. Cit.*, p. 24. Para ello, el autor alude a un doble razonamiento. Por un lado, aduce un argumento gramatical, según el cual, la expresión "no obstante" crearía una salvedad al inciso anterior, que es el que hace referencia a la posibilidad de aplicar el tipo del art. 235 CP, que asume como regla general que se aplicará dicho precepto incluso cuando los delitos anteriores sean de carácter leve. Por otro lado, según un argumento teleológico, basado en el propio Preámbulo de la LO

no resulta tan claramente aplicable, pues fundándose la multirreincidencia en este caso en la existencia de antecedentes penales por tres delitos graves y/o menos graves, el tipo hiperagravado perdería siempre su ámbito de aplicación con tal solución. De hecho, por otro lado, mayoritariamente se ha defendido que dicho concurso debe resolverse en favor del tipo del artículo 235.1.7º. CP. Así, hay quien considera que cabe aquí aplicar el principio de especialidad (artículo 8 regla 1ª CP)[312] o de subsidiariedad (artículo 8 regla 2ª CP)[313]. Esta última posibilidad, apoyada por la Fiscalía General del Estado, parte de la idea de que el supuesto descrito por el artículo 235.1.7º. CP contiene una exigencia típica que no está presente en el inciso segundo del artículo 234.2 CP, cual es, según la Circular, "la necesidad de que las tres condenas previas computables a efectos de reincidencia lo sean por delitos menos graves o graves". Sin embargo, en mi opinión, aunque en la práctica el tipo hiperagravado del artículo 235.1.7º. CP tenga como ámbito de aplicación esos supuestos, también encajan, sin lugar a duda, como se ha visto, en el inciso segundo del artículo 234.2 CP, si atendemos a su literalidad (siempre que se supere el montante de 400€), pero se opta por aquel por considerarse estos los casos más graves. Por ello, a mi juicio, estos supuestos deben resolverse en favor del tipo hiperagravado, mediante un concurso de normas por alternatividad (artículo 8 regla 4ª CP)[314], pues ambos preceptos abarcan con diferente amplitud un mismo comportamiento, aunque

---

9/2022, dicha solución vendría dada por el propio objetivo de la norma de que la aplicación de tal circunstancia no suponga un incremento desproporcionado de la pena.

312 Así, RODRÍGUEZ CENTENO, R.: "Penalidad de la multirreincidencia en los delitos leves de hurto. Modificación 234 Código Penal. ¿Hacia una nueva y efectiva aplicación?", *Diario La Ley*, N.º 10246, 2023, p. 9.

313 En este sentido se pronuncia la FISCALÍA GENERAL DEL ESTADO: Circular 1/2022, *Op. Cit.*, pp. 274-275, pues entiende que el artículo 234.2 CP, tanto en su inciso primero como segundo, solo se aplica en defecto de las modalidades hiperagravadas del artículo 235 CP. De ahí que considere que el primero regula un supuesto más amplio en lo que respecta al carácter de los delitos de las condenas previas y, por tanto, menos específico, lo que lo convierte —a su parecer— en precepto subsidiario, frente al tipo hiperagravado del artículo 235.1.7º. CP, que se convierte así en precepto principal.

314 De la misma opinión, PINTO PALACIOS, F.: "El delito de hurto en la jurisprudencia del Tribunal Supremo", *Diario La Ley*, N.º 10164, Sección Dossier, 7 de noviembre de 2022, p. 9.

con presupuestos distintos, teniendo cada uno de ellos una zona propia y otra común, aplicando el precepto de mayor pena[315].

Por otro lado, tampoco están exentos de problemas los supuestos en los que el montante acumulado por todas las infracciones no supera los 400€. De este modo, aplicar la precedente solución penológica a los casos en los que el autor del nuevo delito leve de hurto cuente con antecedentes penales por tres delitos de carácter menos grave y/o grave, cuando el montante total de las infracciones sea igual o inferior a 400€, parece incoherente desde una interpretación teleológica, además de contraria al respeto de ciertos principios penales. En este sentido, está claro que estos supuestos quedan fuera del ámbito de aplicación del artículo 234.2 inciso segundo CP. Pero, si bien los delitos con cuyos antecedentes penales cuenta el autor no tienen carácter leve, lo que supondría la exclusión directa del ámbito de aplicación del artículo 235.1.7°. CP, el legislador ha establecido tradicionalmente de forma clara, como criterio determinante de la gravedad del delito de hurto, la superación de un valor económico concreto, actualmente establecido en 400€. Estos supuestos, que podrían resultar poco probables por ser fácilmente superable dicha cantidad al tener los delitos previos el citado carácter, podrían producirse cuando, dichos antecedentes penales derivaran de la comisión de un hurto, originariamente de carácter leve, que hubiera llevado aparejada la concurrencia de alguna de las circunstancias agravantes del artículo 235 CP no asociada con el valor económico de lo sustraído, lo que lo convertiría en uno de carácter menos grave. Lo anterior puede ocurrir, por ejemplo, respecto de casos en los que el autor hubiera abusado de las circunstancias personales o de la situación de desamparo de la víctima, aprovechando la producción de un accidente o la existencia de un riesgo o peligro general para la comunidad que hubiera debilitado la defensa del ofendido o facilitado la comisión impune del delito (circunstancia 6ª), si se hubie-

---

315 Así, DÍEZ RIPOLLÉS, J. L.: Derecho penal español (2020). *Op. Cit.*, p. 612, que define la regla de la alternatividad en el concurso de leyes de modo que "dos preceptos abarcan con diferente amplitud un mismo comportamiento típico desde perspectivas desvalorativas distintas", de modo que "la determinación de cuál de los dos preceptos abarca de forma más ajustada el contenido de injusto se difiere al criterio del precepto que tenga prevista una pena mayor".

ran empleado menores de dieciséis años para la comisión del delito (circunstancia 8ª) o si el autor fuera miembro de una organización o grupo criminal (circunstancia 9ª). En estos casos, la solución aplicable, en mi opinión, y a diferencia de lo que defiende la Fiscalía General del Estado[316], con el fin de dotar de coherencia interna a la regulación, por caracterizarse por la concurrencia de una progresión punitiva en función de la gravedad de los hechos acaecidos, sería la de aplicar la multirreincidencia genérica del artículo 66.1.5ª. CP a la pena del artículo 234.2 CP, lo que supondría la imposición de una pena de multa de tres meses y un día a cuatro meses.

Aplicar una solución distinta a la hiperagravación del artículo 235.1.7º. CP, cuando el montante del total de las infracciones no alcanza los 400€, resulta absolutamente necesario, además de por las razones arriba mencionadas, por respeto a varios principios básicos para el derecho penal. En primer lugar, como se ha dicho ya, porque este constituye un criterio determinante de la gravedad del delito de hurto, por lo que supone cumplir, por un lado, con el principio de esencialidad o fragmentariedad, y por otro, con el de legalidad. En segundo lugar, cabe hacer mención aquí a otros principios, como el de culpabilidad por el hecho propio y de prohibición del *bis in idem*, en la medida en que tener en cuenta el montante supondría no tomar como único parámetro para hiperagravar la pena del nuevo delito la reiteración delictiva. En tercer y último lugar, en el caso de que dicho montante se superara, como se ha visto, estaríamos ante un concurso de normas, y, por tanto, una de las posibles soluciones sería la imposición de la pena del artículo 234.1 por la vía del inciso segundo del artículo 234.2 CP, ya que, dada la redacción de este precepto, entra dentro de su ámbito de aplicación. Por ello, carecería de absoluto sentido, y sería contrario también al principio de proporcionalidad que, quedando a expensas de en favor de qué precepto se resuelve el concurso de normas por la jurisprudencia, esta última solución penológica llegara a adoptarse en algunos supuestos para los casos más graves (cuando el montante total de las infracciones supera los 400€) y no quedara más remedio que aplicar el tipo hipe-

---

316 Así, FISCALÍA GENERAL DEL ESTADO: Circular 1/2022, *Op. Cit.*, p. 275, aduce que el tipo hiperagravado del art. 235.1.7º. CP tiene un ámbito de sustantividad propia, en el que incluye estos supuestos.

ragravado del artículo 235.1.7°. CP, en los menos graves (cuando el montante total es igual o inferior a 400€).

A continuación, se presenta una guía práctica para la interpretación de la nueva regulación del delito de hurto, con los supuestos o variables posibles considerando el valor de la cosa sustraída y la reiteración de la conducta delictiva[317], siempre que en ellos se den los requisitos adicionales de que los delitos sean del mismo Título, de la misma naturaleza y que los antecedentes penales no estuvieran cancelados o debieran estarlo, así como que no concurra ninguna de las circunstancias del artículo 235.1 CP, exceptuando la 7°:

Nuevo delito de hurto cometido	**Condenado ejecutoriamente antes por...**	**Montante total acumulado de las infracciones**	**Tipo penal aplicable**
Delito leve[318]	Uno o dos delitos leves	Indiferente	Art. 234.2 inciso 1° CP. No es aplicable la reincidencia genérica (art. 22.8ª. CP), por excluirse de esta figura los antecedentes penales por delitos leves.
	Uno o dos delitos menos graves o graves	Indiferente	Art. 234.2 inciso 1° CP. Podría ser aplicable la reincidencia genérica (art. 22.8ª. CP), al ser los delitos previos menos graves o graves, si se dan sus presupuestos.
	Tres o más delitos leves	Igual o inferior a 400€	Art. 234.2 inciso 1° CP. No es aplicable la reincidencia genérica (art. 22.8ª. CP) ni la multirreincidencia genérica (art. 66.1.5°. CP), por excluirse de estas figuras los antecedentes penales por delitos leves; tampoco el inciso 2° del art. 234.2 CP, por no ser el montante superior a 400€; ni tampoco el art. 235.1.7°. CP, por quedar excluidos de su ámbito los antecedentes penales por delitos leves.
	Tres o más delitos leves	Superior a 400€	Art. 234.2 inciso 2° CP. Este es el ámbito de aplicación específico de este precepto.

317 Como apunta MARAVER GÓMEZ, M.: La regulación de la multirreincidencia. *Op. Cit.*, p. 1, el legislador español ha tenido en cuenta estos dos aspectos tradicionalmente para determinar la gravedad del delito de hurto.

318 Descrito en el tipo previsto en el inciso primero del artículo 234.2 CP.

Nuevo delito de hurto cometido	Condenado ejecutoriamente antes por...	Montante total acumulado de las infracciones	Tipo penal aplicable
	Tres delitos de los cuales alguno es leve	Igual o inferior a 400€	Art. 234.2 inciso 1º CP. No es posible aplicar el inciso 2º del art. 234.2 CP, por no ser el montante superior a 400€; tampoco el art. 235.1.7º. CP por no darse sus presupuestos al ser una de las tres condenas previas por delito leve. Por este motivo se excluye también la multirreincidencia genérica (art. 66.1.5º. CP). Podría ser aplicable la reincidencia genérica (art. 22.8ª. CP), si se dieran sus presupuestos, al ser alguno/s de los delitos previos menos graves o graves.
	Tres delitos de los cuales alguno es leve	Superior a 400€	Art. 234.2 inciso 2º CP. No es posible aplicar el art. 235.1.7º. CP porque no se dan sus presupuestos, mientras que el art. 234.2 inciso 2º CP prevé su aplicación cuando se dan condenas por delitos previos, *"aunque* sean de carácter leve". Si se defiende que cabe acudir al concurso de normas, se resolvería en todo caso en favor del art. 234.2 inciso 2º CP, por especialidad. Tampoco cabe la multirreincidencia genérica (art. 66.1.5º. CP), por excluirse de esta figura los antecedentes penales por delitos leves.
	Tres o más delitos menos graves o graves	Igual o inferior a 400€	Art. 234.2 inciso 1º CP, junto con la multirreincidencia genérica del art. 66.1.5ª. CP. No es posible aplicar el inciso 2º del art. 234.2 CP, por no ser el montante superior a 400€. A mi juicio, tampoco el art. 235.1.7º. CP, pues la coherencia interna obliga a tener en cuenta este criterio determinante de la gravedad del delito de hurto para garantizar la progresión punitiva y evitar castigar más gravemente este supuesto que el siguiente.
	Tres o más delitos menos graves o graves	Superior a 400€	Supuesto que entra en el ámbito de aplicación, tanto del art. 234.2 inciso 2º CP, como del art. 235.1.7º. CP. Hay que acudir al concurso de normas a resolver por alternatividad, en favor del segundo.

<table>
<tr><th>Nuevo delito de hurto cometido</th><th>Condenado ejecutoriamente antes por...</th><th>Montante total acumulado de las infracciones</th><th>Tipo penal aplicable</th></tr>
<tr><td rowspan="5">Delito menos grave[319]</td><td>Uno o dos delitos leves</td><td rowspan="5">Indiferente</td><td>Arts. 234.1 o 234.2 inciso primero + 235 CP. No es aplicable la reincidencia genérica (art. 22.8ª. CP), por excluirse de esta figura los antecedentes penales por delitos leves.</td></tr>
<tr><td>Uno o dos delitos menos graves o graves</td><td>Arts. 234.1 o 234.2 inciso primero + 235 CP. Podría ser aplicable la reincidencia genérica (art. 22.8ª. CP), al ser los delitos previos menos graves o graves, si se dan sus presupuestos.</td></tr>
<tr><td>Tres o más delitos leves</td><td>Arts. 234.1 o 234.2 inciso primero + 235 CP. No es aplicable la reincidencia genérica (art. 22.8ª. CP), ni la multirreincidencia genérica (art. 66.1.5º. CP), por excluirse de estas figuras los antecedentes penales por delitos leves; tampoco el art. 235.1.7º. CP, por quedar excluidos de su ámbito los antecedentes penales por delitos leves.</td></tr>
<tr><td>Tres delitos de los cuales alguno es leve</td><td>Arts. 234.1 o 234.2 inciso primero + 235 CP. Podría ser aplicable la reincidencia genérica (art. 22.8ª. CP), al ser algunos delitos previos menos graves o graves, si se dan sus presupuestos, pero no el art. 235.1.7º. CP, ni tampoco la multirreincidencia genérica (art. 66.1.5º. CP), por no darse sus requisitos al ser una de las tres condenas previas por delito leve.</td></tr>
<tr><td>Tres o más delitos menos graves o graves</td><td>Art. 235.1.7º. CP.</td></tr>
</table>

Tabla 1: Guía práctica para la interpretación de la nueva regulación del delito de hurto

Una vez analizada toda la casuística posible, tras la reforma operada por la LO 9/2022, y, en cualquier caso, hay que decir que sigue siendo cuestionable la aplicación de la multirreincidencia del artículo 235.1.7º. CP ante la comisión de un nuevo delito leve, aun cuando los antecedentes penales lo sean por delitos menos graves y/o graves.

319 Descrito en el tipo previsto en el artículo 234.1 CP o derivado de la concurrencia, junto a los hechos descritos en el artículo 234.2 CP, inciso primero, de alguna de las circunstancias previstas en el artículo 235 CP (excluyendo la recogida en el ordinal 7º, a la que se alude expresamente cuando se da).

Así, aunque la STS 481/2017, de 28 de junio (*Tol 6197903*), no lo identificó claramente, como señalaba el voto particular en su Fundamento Jurídico Segundo, su argumentación parecía adelantar el rechazo a aplicar también el artículo 235.1.7º. CP a estos supuestos, y para ello, ponía un ejemplo muy representativo: "...quien sustrajera un paquete de caramelos que costara dos euros, habiendo sido ya condenado por tres delitos menos graves de hurto, merecería la misma pena que si hubiese sustraído [*una*] obra de arte y, solo por su reiteración, vería que el legislador convierte su delito leve (art. 234.2), en un delito menos grave (art. 235.1.7)". Pues bien, aunque la reforma haya mitigado considerablemente este salto punitivo, este ejemplo no ha perdido relevancia, pues si el montante total de las infracciones supera los 400€, aun cuando el nuevo delito cometido tenga carácter leve, como se ha visto, lo más probable es que el concurso de normas se resuelva en favor de la aplicación del artículo 235.1.7º. CP. No falta en la doctrina quien defiende la exclusión del tipo hiperagravado en estos supuestos en que el nuevo delito enjuiciado fuera leve, incluso cuando los antecedentes penales fueran de carácter menos grave, aunque ello requeriría la interposición de una cuestión de inconstitucionalidad de acuerdo con el artículo 4.3 CP[320].

Lo criticable de acudir a la agravación de pena por reincidencia ante la comisión de un nuevo delito leve de hurto, y con más motivo aún, a la hiperagravación, radica, a mi juicio, en dos motivos. Por un lado, en el respeto al principio de legalidad si atendemos a la regla general prevista en el artículo 66.2 CP, que establece que, en el caso de delitos leves, los jueces o tribunales aplicarán las penas a su prudente arbitrio, sin sujetarse a las reglas de determinación de la pena previstas en el apartado primero de dicho precepto[321]. Y, por otro lado, en que, si partimos del fundamento de la agravante, se presenta una importante contradicción, pues hay que tener en cuenta que, aunque el sujeto ya condenado por delitos previos de carácter menos

---

320 En este sentido se pronuncia, JUANATEY DORADO, C.: El delito de hurto propio. *Op. Cit.*, pp. 28-29.

321 La propia Fiscalía General del Estado recuerda la importancia de tener en cuenta la regla del artículo 66.2 CP ante la comisión de un nuevo delito leve, cuando el sujeto ha sido previamente condenado. Así, FISCALÍA GENERAL DEL ESTADO: Circular 1/2022, *Op. Cit.*, pp. 288-289.

grave y/o grave haya recaído en el delito, este tiene carácter leve, lo que demuestra que ha disminuido, con su reiteración, la lesión del bien jurídico, manifestando, por tanto, una menor lesividad de su conducta y, por tanto, una menor necesidad de intensificar la pena. Por ello, carecería de sentido, y sería contrario al principio de proporcionalidad, aplicarle precisamente la pena más grave de todas. De hecho, el propio Preámbulo de la LO 9/2022 ajusta la pena para evitar el incremento desproporcionado que suponía aplicar la del tipo del artículo 235.1.7º. CP, a los casos en que el sujeto contaba con antecedentes penales por delitos leves.

Junto con todo lo anterior, hay que resaltar aquí la necesidad, tras la reforma, de un especial esfuerzo judicial, en el caso de los delitos patrimoniales particularmente, por que en la información contenida en el relato de hechos probados conste la naturaleza leve, menos grave o grave de los delitos por los cuales el sujeto fue condenado ejecutoriamente. De la misma manera, es también necesario que conste, como afirma la Circular FGE 1/2022, el montante total resultante de las infracciones cometidas, pues va a ser determinante en algunos supuestos para aplicar un tipo penal u otro[322].

2.1.3. Nueva reforma a la vista de los delitos patrimoniales en el ámbito de la reincidencia y multirreincidencia

A pesar de que, como se ha puesto de manifiesto, la reforma operada por la LO 9/2022, de 28 de julio, trató de dar una respuesta

---

322 Así, *Ibidem*, p. 272, señala que deben tomarse en consideración ciertas cuestiones en relación con el montante de 400€. Así, por un lado, —señala— "Cuando alguna de las condenas previas que integran la acumulación jurídica que permite la conversión lo fuera por el tipo básico de hurto del art. 234.1 CP bastará con que la hoja histórico-penal aparezca incorporada al procedimiento judicial para tener por acreditado el resultado exigido por el tipo, es decir, que el montante acumulado por los distintos delitos supera los 400 euros". Por otro lado, "Cuando las condenas previas lo fueran por delitos leves de hurto y/o por alguna de las modalidades hiperagravadas de hurto del art. 235 CP, de suerte que la hoja histórico-penal no permita conocer si el montante acumulado por los distintos delitos supera los 400 euros, las/los fiscales recabarán de los respectivos órganos judiciales testimonio íntegro de cada una de las sentencias condenatorias, permitiendo de ese modo conocer con seguridad dicho extremo al objeto de acreditarlo con las necesarias garantías".

penal adecuada a los casos de multirreincidencia, más disuasoria y ajustada a la gravedad de la conducta, pero sin incurrir en un incremento desproporcionado de la pena, criticado por el Tribunal Supremo, parece que esto no ha sido suficiente.

De este modo, hasta la fecha, se han producido en el año 2024 dos Proposiciones de Ley con el objetivo de modificar el Código penal en materia de multirreincidencia en los delitos patrimoniales.

Así, en primer lugar, el 9 de abril de 2024, el Grupo Parlamentario Junts per Catalunya presentó en el Congreso una Proposición de Ley Orgánica en materia de multirreincidencia, por la que se modifica la Ley Orgánica 10/1995, de 23 de noviembre, del Código Penal y el Real Decreto de 14 de septiembre de 1882, por el que se aprueba la Ley de Enjuiciamiento Criminal (122/000083)[323]. Esta Proposición de Ley ha sido tomada en consideración por el Pleno del Congreso de los Diputados, el 17 de septiembre de 2024[324] y el plazo para la presentación de enmiendas por parte de los Diputados y los Grupos Parlamentarios estuvo abierto hasta el 16 de octubre de 2024[325]. La Proposición de Ley pone el acento en que la multirreincidencia crea una inquietante percepción de impunidad que provoca miedos e inseguridad pública en la ciudadanía y considera que, a pesar de la modificación legislativa de 2022, la situación sigue empeorando pau-

---

323 CONGRESO DE LOS DIPUTADOS: *Proposición de Ley Orgánica en materia de multirreincidencia, por la que se modifica la Ley Orgánica 10/1995, de 23 de noviembre, del Código Penal y el Real Decreto de 14 de septiembre de 1882, por el que se aprueba la Ley de Enjuiciamiento Criminal. Presentada por el Grupo Parlamentario Junts per Catalunya*, publicada en el Boletín Oficial de las Cortes Generales el 12 de abril de 2024, serie B, Núm. 97-1 (Núm. Expte 122/000083). Accesible a través del siguiente enlace: https://www.congreso.es/public_oficiales/L15/CONG/BOCG/B/BOCG-15-B-97-1.PDF (consultado por última vez el 23 de enero de 2025).

324 Así se ha publicado en el Boletín Oficial de las Cortes Generales el 23 de septiembre de 2024, serie B, Núm. 97-2 (Núm. Expte 122/000083). Accesible a través del siguiente enlace: https://www.congreso.es/public_oficiales/L15/CONG/BOCG/B/BOCG-15-B-97-2.PDF (consultado por última vez el 23 de enero de 2025).

325 Así se ha publicado en el Boletín Oficial de las Cortes Generales el 27 de septiembre de 2024, serie B, Núm. 97-3 (Núm. Expte 122/000083). Accesible a través del siguiente enlace: https://www.congreso.es/public_oficiales/L15/CONG/BOCG/B/BOCG-15-B-97-3.PDF (consultado por última vez el 23 de enero de 2025).

latinamente. Por ello, se propone modificar el código penal, en sus artículos 22, 66, 234 y 235. Respecto a las previsiones generales de los artículos 22 y 66, la propuesta se orienta a exceptuar lo previsto en el artículo 234.2 CP de la regla vigente para la reincidencia y multirreincidencia genéricas de no computar los antecedentes penales por delitos leves. Además, se proponen modificaciones sustanciales para el delito de hurto: por un lado, en el artículo 234.2 CP se suprime la exigencia relativa a que el montante acumulado de las infracciones sea superior a 400€ y se prevé que, atendiendo a la escasa relevancia de los antecedentes penales por delito leve, la pena del apartado 1 del artículo 234 CP pueda imponerse en su mitad inferior; por otro lado, en relación con el artículo 235.1.7.° CP, se recoge expresamente que los tres delitos por los que el sujeto ha debido ser ejecutoriamente condenado tengan carácter menos grave o grave.

En segundo lugar, el 24 de abril de 2024, el Grupo Parlamentario Popular en el Congreso presentó ante este la Proposición de Ley Orgánica de modificación de la Ley Orgánica 10/1995, de 23 de noviembre, del Código Penal, en materia de multirreincidencia en los delitos de hurto y estafa (122/000091)[326]. Esta Proposición de Ley ha sido tomada en consideración por el Pleno del Congreso de los Diputados, en sesión n.° 44, el 11 de junio de 2024[327] y el plazo para la presentación de enmiendas por parte de los Diputados y los Grupos Parlamentarios estuvo abierto hasta el 10 de septiembre de 2024[328]. La presente Proposición de Ley pone de relieve que la frecuencia con la que se comete el delito de hurto, su facilidad ejecu-

---

326 CONGRESO DE LOS DIPUTADOS: *Proposición de Ley Orgánica de modificación de la Ley Orgánica 10/1995, de 23 de noviembre, del Código Penal, en materia de multirreincidencia en los delitos de hurto y estafa. Presentada por el Grupo Parlamentario Popular en el Congreso,* publicada en el Boletín Oficial de las Cortes Generales el 26 de abril de 2024, serie B, Núm. 103-1 (Núm. Expte 122/000091). Accesible a través del siguiente enlace: https://www.congreso.es/public_oficiales/L15/CONG/BOCG/B/BOCG-15-B-103-1.PDF (consultado por última vez el 23 de enero de 2025).

327 Sesión n.° 44 del Pleno del Congreso, accesible a través del siguiente enlace: https://www.congreso.es/backoffice_doc/atp/orden_dia/pleno_044_11062024.pdf (consultado por última vez el 23 de enero de 2025).

328 Así se ha publicado en el Boletín Oficial de las Cortes Generales el 21 de junio de 2024, serie B, Núm. 103-3 (Núm. Expte 122/000091). Accesible a través del siguiente enlace: https://www.congreso.es/public_oficiales/L15/CONG/

tiva y la ausencia de un efecto disuasorio real en caso de sentencia condenatoria, son los factores que vinculan los delitos leves contra el patrimonio con una mayor sensación ciudadana de inseguridad. Por ello, considerando que la reforma de 2022 no termina de dar la respuesta esperada en el plano preventivo general para estos delitos, atendiendo a las exigencias señaladas por el Tribunal Supremo en las sentencias 481/2017, de 28 de junio y 684/2019, de 3 de febrero, que veremos seguidamente en relación con la estafa, y, presuntamente, siguiendo para encontrarla recomendaciones académicas, se propone modificar los artículos 22, 66, 80, 234, 235 y 250 del código penal. Esta proposición resulta más amplia que la presentada por Junts per Catalunya. Así, por un lado, respecto a las previsiones generales de los artículos 22, 66 y 80 CP, en lugar de exceptuar de la regla vigente, que contiene un tratamiento más favorable para los antecedentes penales por delitos leves en materia de reincidencia y multirreincidencia genéricas y de suspensión de la ejecución de la pena, exclusivamente al delito de hurto, recoge una salvedad que alude con carácter general a los tipos agravados por multirreincidencia de delitos leves. Por otro lado, respecto a las modificaciones que se presentan en el ámbito de los delitos patrimoniales, se propone la supresión al completo del inciso segundo del artículo 234.2 CP, esto es, de la novedad introducida por la reforma operada por la LO 9/2022. En su lugar, la Proposición de Ley introduce en el artículo 235 CP dos modificaciones que diferencian la solución penológica según la naturaleza de los delitos por los que ha sido previamente condenado ejecutoriamente el sujeto. De este modo, en el caso en que se trate de delitos menos graves o graves, se prevé la pena de prisión de uno a tres años, mientras que, si se tratara de tres delitos leves, o leves junto con otros delitos menos graves o graves, se prevé la imposición de la pena inferior en grado. Así, la Proposición de Ley pretende desvincular la multirreincidencia de delitos leves de hurto del artículo 234 CP, dotando a esta figura de plena autonomía o sustantividad al desplazarla al artículo 235 CP[329].

BOCG/B/BOCG-15-B-103-3.PDF (consultado por última vez el 23 de enero de 2025).

329 Sobre la vinculación de la multirreincidencia de delitos leves de hurto al artículo 234 CP, debiendo ser su autor el mismo sujeto activo de la ejecución del tipo básico del delito de hurto del apartado primero de dicho precepto, véase la

Por último, la Proposición de Ley también dispone una modificación respecto a la estafa, que será comentada en el apartado sucesivo.

Pues bien, habiendo revisado las recientes propuestas legislativas en esta materia, a mi juicio, estas merecen una valoración ambivalente.

Por un lado, desde un prisma crítico, en primer lugar, considero insuficiente el tiempo transcurrido desde la reforma llevada a cabo por la LO 9/2022, de 28 de julio, para poder valorar su efectividad, sobre todo, si se espera un efecto disuasorio que repercuta en las cifras de estos delitos, como plantea Junts, lo cual no ha podido evaluarse todavía. En segundo lugar, respecto a las propuestas relativas a las previsiones generales, la Proposición de Ley del Grupo Parlamentario Popular termina con un aspecto positivo de las reformas precedentes: el que no se hubieran modificado las reglas generales sobre el tratamiento de los delitos leves en materia de reincidencia[330]. Este parecía ser un obstáculo, recurrente en la jurisprudencia, que impedía la aplicación de agravaciones de pena por reincidencia cuando alguna de las condenas previas lo eran por un delito leve, por lo que estas proposiciones muestran una clara voluntad de abordar modificaciones no introducidas por la LO 9/2022, y propuestas ya con anterioridad por otros grupos parlamentarios[331]. En tercer lugar, la

opinión de la FISCALÍA GENERAL DEL ESTADO: Circular 1/2022. *Op. Cit.*, p. 271.

330 En este sentido, también en relación con la circunstancia agravante genérica del artículo 22.8ª. CP respecto a la reforma operada por la LO 9/2022, de 28 de julio, MARAVER GÓMEZ, M.: La regulación de la multirreincidencia. *Op. Cit.*, p. 25, quien a su vez alababa que no hubiera sido modificado dicho tratamiento en el ámbito de determinación de la pena, establecido en el artículo 66.2 CP, así como que no se hubiera extendido a otros delitos patrimoniales como la estafa, la apropiación indebida o la administración desleal.

331 En este sentido, CONGRESO DE LOS DIPUTADOS: *Proposición de Ley Orgánica por la que se modifica la Ley Orgánica 10/1995, de 23 de noviembre, del Código Penal, para elevar las penas en los supuestos de reincidencia y multirreincidencia en la comisión de delitos leves de hurto. Presentada por el Grupo Parlamentario Plural*, publicada en el Boletín Oficial de las Cortes Generales el 28 de mayo de 2021, serie B, Núm. 168-1 (Núm. Expte 122/000144). Accesible a través del siguiente enlace: https://www.congreso.es/public_oficiales/L14/CONG/BOCG/B/BOCG-14-B-168-1.PDF (consultado por última vez el 23 de enero de 2025). Esta Proposición de Ley planteaba, entre otras cuestiones relacionadas con el delito de hurto, la supresión, dentro del artículo 22.8ª. CP, de la exclusión de aplicar la

propuesta presentada por el Grupo Parlamentario Popular respecto a las reglas generales es previsiblemente más punitiva que la que planteaba Junts, pues si bien va acompañada en la parte especial solo de una reforma en el hurto y en la estafa, abre la puerta, sin duda, a la introducción de futuros tipos agravados por multirreincidencia de delitos leves en otras tipologías penales que se vayan excluyendo del tratamiento más benévolo que, hasta ahora, se les estaba dando.

Sin embargo, por otro lado, y en relación con las propuestas legislativas presentadas para el delito de hurto en particular, estas pueden ser valoradas de forma más positiva. En primer lugar, hay que destacar que ambas propuestas prescinden del criterio relativo a que el montante acumulado de las infracciones sea superior a 400€. Este elemento, si bien introduce, como se ha dicho, un criterio de valoración que se centra en la gravedad de la lesión material del bien jurídico, guardando así una mayor proporcionalidad con el hecho delictivo[332], en realidad trae consigo no pocas dificultades. Así, por un lado, su introducción requiere un especial esfuerzo judicial, pues como señaló la Circular FGE 1/2022, debe incorporarse al procedimiento judicial la hoja histórico-penal para acreditar dicho extremo o bien que dicha información sea recabada por las/los fiscales[333], ya que es determinante para aplicar un tipo penal u otro. Junto con lo anterior, por otro lado, y como se ha puesto de manifiesto en el apartado precedente, que el montante acumulado fuera uno u otro, tras la comisión de un nuevo delito leve, da lugar con la actual regulación a diferentes situaciones penológicas que hacen especialmente compleja y farragosa la aplicación del tipo penal, considerando en realidad el poco efecto discriminatorio que tiene dicho criterio, pues actualmente el citado montante es fácilmente alcanzable, más aún si hablamos de varias infracciones. En segundo lugar, también merece

---

circunstancia agravante de reincidencia a los delitos leves, con carácter general, así como la posibilidad de aplicar las reglas del artículo 66 a estos delitos.

332 MARAVER GÓMEZ, M.: La regulación de la multirreincidencia. *Op. Cit.*, pp. 22-23.

333 Así, la FISCALÍA GENERAL DEL ESTADO: Circular 1/2022. *Op. Cit.*, pp. 272 y 277, con la salvedad de aquellos supuestos en que se infiera sin ningún género de dudas que la condena necesariamente hubo de ser por importe superior a 400€, bastando en estos casos con especificarlo así sin necesidad de concretar la cuantía (p. 273).

una valoración positiva, en cierta medida, la solución penológica de imponer la pena inferior en grado del tipo hiperagravado, es decir, una pena de prisión de seis a doce meses menos un día, no solo cuando los tres delitos por los que el culpable hubiera sido ejecutoriamente condenado tengan carácter leve, sino cuando haya alguno leve con otros menos graves y graves. Así, incluir estos últimos supuestos, que en numerosas ocasiones dan lugar a una aplicación no cuestionada de la pena del artículo 235 CP y que, en el mejor de los casos, conforme a la reforma operada por la LO 9/2022, podían suponer una pena de prisión de seis a dieciocho meses (artículo 234.1 CP por aplicación del inciso segundo del artículo 234.2 CP), constituye una solución respetuosa con el principio de proporcionalidad y que mantiene la coherencia interna de la regulación. Sin duda, la pena concreta aplicable, dentro del nuevo marco penal de la pena inferior en grado, deberá determinarse teniendo en cuenta la gravedad de las condenas previas, no pudiendo ser la misma si los tres delitos anteriores tenían carácter leve que si su naturaleza era menos grave o grave. A pesar de que esta solución se valore de forma positiva, se pierde una nueva oportunidad para introducir penas alternativas a la prisión y a la multa en este tipo de criminalidad.

Veamos, a continuación, cuál ha sido la situación legislativa de la multirreincidencia en el caso de otros delitos patrimoniales, como la estafa, la administración desleal y la apropiación indebida.

2.2. *Los delitos de estafa, administración desleal y apropiación indebida*

Una previsión similar a la que recoge el artículo 235.1.7°. CP se establece respecto al artículo 250.1.8ª. CP, que afecta a la estafa, especialmente y, por remisión a dicho precepto, también a la administración desleal y a la apropiación indebida, a pesar de que tradicionalmente la multirreincidencia ha sido contemplada como supuesto agravado más bien en el delito de hurto. Con carácter previo a la reforma de 2015, el código penal también recogía una falta para buena parte de estos supuestos en el artículo 623.4 CP, donde se preveía la pena de localización permanente de cuatro a 12 días o multa de uno a dos meses para los que cometieran "…estafa, apropiación indebida, o defraudación de electricidad, gas, agua u otro elemento, energía o fluido, o en equipos terminales de telecomunicación, en cuantía no superior a 400 euros".

Sin embargo, otra de las consecuencias del endurecimiento penológico que el legislador de 2015 introdujo en los delitos patrimoniales respecto a los reincidentes, tras la eliminación del Libro III de las faltas, se dio en el citado precepto. Así, el apartado XIV de la Exposición de Motivos de la LO 1/2015 estableció también que "El catálogo de supuestos agravados de estafa regulado en el artículo 250 del Código Penal es revisado para incorporar, al igual que el hurto, una referencia a los supuestos de multirreincidencia...".

De este modo, el artículo 250.1.8ª. CP prevé que el delito de estafa, sin distinción de gravedad alguna, será castigado con las penas de prisión de uno a seis años y multa de seis a doce meses, cuando "al delinquir el culpable hubiera sido condenado ejecutoriamente al menos por tres delitos comprendidos en este Capítulo. No se tendrán en cuenta antecedentes cancelados o que debieran serlo". Por su parte, los artículos 252 y 253 CP castigan la administración desleal y la apropiación indebida, respectivamente, con las mismas penas previstas en el artículo 249 o, en su caso, con las del artículo 250, por lo que dicha circunstancia es aplicable también a esos tipos penales.

Hay que hacer hincapié, respecto al artículo 250 CP, en varias diferencias considerables con el artículo 235 CP. En primer lugar, llama la atención el notablemente menor ámbito de aplicación que recoge el primero en comparación con el segundo, pues la hiperagravación por reincidencia en estos últimos casos se prevé respecto a los delitos comprendidos en el mismo Título, lo que abarca los artículos 234 a 304 bis, mientras que en el artículo 250 CP solo respecto a los delitos recogidos en el mismo Capítulo, lo que remite exclusivamente a los artículos 248 a 251 bis[334]. En segundo lugar, la valoración positiva derivada de esta importante limitación de su ámbito de aplicación se ve empañada por la apreciable mayor pena del artículo 250 CP que, en el caso de los tipos agravados, no solo supone duplicar en su límite máximo la de prisión respecto a la prevista en el artículo 235 CP, sino que añade, como pena acumulativa, la de multa de seis

---

334 Ello incluye los delitos de estafa, administración desleal, apropiación indebida y defraudaciones de fluido eléctrico y análogas

a doce meses. Una tercera diferencia entre ambos supuestos es que el párrafo tercero del artículo 248 y el segundo de los artículos 252 y 253 CP, donde se prevé una pena de multa de uno a tres meses cuando la cuantía de lo defraudado, del perjuicio patrimonial o de lo apropiado, respectivamente, no exceda de 400 euros, no excluye de manera expresa la posibilidad de aplicar el delito leve si concurre alguna de las circunstancias agravantes previstas en el artículo 250 CP, como sí ocurre respecto al hurto. La Ley Orgánica 14/2022, de 22 de diciembre, de transposición de directivas europeas y otras disposiciones para la adaptación de la legislación penal al ordenamiento de la Unión Europea, y reforma de los delitos contra la integridad moral, desórdenes públicos y contrabando de armas de doble uso, modificó el delito de estafa, pero solo la ubicación de esta previsión, recogida antes en el artículo 249 párrafo segundo CP, no así su contenido. Tampoco la LO 9/2022, de 28 de julio, había modificado ninguno de estos preceptos, a pesar de que también han sido objeto de discusión en la jurisprudencia.

Así, como señala la STS (Sala de lo Penal, Sección 1ª) 684/2019, de 3 de febrero (*Tol 7735198*), en su Fundamento Jurídico Segundo, la ausencia de una exclusión expresa de los delitos leves respecto al tipo hiperagravado del artículo 250 CP, puede considerarse un simple olvido del legislador o puede entenderse que la referencia hecha en el hurto abarca también este extremo. A pesar de ello, la sentencia apunta —con razón—, que hacerlo así "no solo comporta el riesgo de una interpretación extensiva contra reo, sino que resulta difícilmente explicable cuando la proyección de la multirreincidencia sobre la versión más leve de la estafa es totalmente novedosa", lo que merecería una expresa explicación y exigiría, como se defiende también en la sentencia, una clara regulación como la del hurto, sin que, en su defecto, sea posible una interpretación extensiva y analógica.

Esta sentencia, en línea con la postura restrictiva que, como se ha comentado, adoptó en 2017 el Tribunal Supremo respecto a la multirreincidencia en el hurto, se posicionó a favor de excluir la aplicación del subtipo agravado en el caso de delitos leves de estafa, por estimar que era desproporcionado. Así, en su Fundamento Jurídico Segundo, citando la mencionada línea jurisprudencial, se afirma que "al reconocer el propio legislador el escaso grado de ilicitud del delito leve de hurto dada la pena de multa que le asigna, su agravación hipercualificada sobre el único soporte de otros delitos leves ya condenados nos sitúa en un terreno muy próximo a la infracción del principio de proporcionalidad de las penas e incluso cercano a la vulneración del principio *non bis in idem*". Continúa la sentencia afirmando que a lo anterior debe sumarse que el único fin de la pena que persigue esta hiperagravación viene dado por la prevención general positiva basada en "aminorar la alarma social y generar la confianza en la vigencia de la norma", lo que supone vaciar de contenido el fin de la prevención especial y debilitar —concluye— la eficacia del principio de culpabilidad como freno a los excesos punitivos cuando se pone en relación con la ilicitud concreta del hecho que se juzga.

Sin embargo, este posicionamiento no tuvo una repercusión práctica en el caso en cuestión. Así, el relato fáctico de los hechos describe la realización de cuatro supuestos de estafa, no siendo ninguno de ellos superior a 400€, por un sujeto con antecedentes penales por delitos menos graves de estafa. La sentencia recurrida en casación había condenado al sujeto a un delito continuado de estafa, en concurso medial con otro delito continuado de falsedad en documento mercantil. Sin embargo, el Tribunal entiende que no procede aplicar el delito continuado en el caso de la estafa, pues la suma de las cuantías defraudadas en los cuatro episodios ya da lugar a una elevación de su gravedad, al considerar que pasa a constituir un tipo básico del artículo 249 apartado primero CP —actual artículo 248 párrafo segundo CP— (por superar los 400€, lo que lo convierte en delito menos grave). Por lo tanto, la aplicación en dicho supuesto de la regla penológica del artículo 74 CP supondría agravar doblemente la pena. De ahí que, finalmente, la sentencia termine aplicando el subtipo agravado del artículo 250.1.8ª. CP, con respecto al tipo básico del artículo 249 apartado primero CP, que es el que se entiende que concurre. A pesar de ello, la STS (Sala de lo Penal, Sección 1ª) 684/2019, de 3 de febrero (*Tol 7735198*), constituye doctrina jurisprudencial del Tribunal Supremo, señalando que "...no puede considerarse baladí, desde una concepción integrada del texto penal, que, a diferencia de lo que ocurre en relación al delito leve de hurto (...) ninguna referencia a la aplicación del artículo 250 incluya el artículo 249.2 CP (...). Máxime cuando ambos preceptos fueron incorporados por la misma Ley, lo que, a *contrario sensu*, avala la exclusión del delito leve de estafa de la órbita agravatoria del artículo 250 CP".

Siguiendo la opinión vertida en esta sentencia, así como la de un sector doctrinal[335], entendemos que la hiperagravación prevista en el artículo 250 CP no puede ser aplicable a los delitos leves de estafa, como tampoco a los de apropiación indebida o administración desleal. El salto penológico que se produce en estos supuestos es mucho más cualificado que en el caso del delito de hurto, donde se prevé expresamente, por lo que las consideraciones hechas respecto a este son trasladables aquí. En concreto, cabe hacer mención especial en este lugar a la vulneración del principio de proporcionalidad, dada la excesiva pena aplicable en comparación con la de multa de uno a tres meses.

No obstante, no faltan voces en la doctrina que reclaman acometer una reforma de la multirreincidencia en el delito de estafa, considerando, por un lado, que ello resulta coherente político-criminalmente con la reforma llevada a cabo por la LO 9/2022 en el delito de hurto y, por otro, por la relevancia criminológica, sobre todo, de las estafas cometidas por medios informáticos, cuyo incremento ha sido notable en los últimos años[336]. Así, este sector doctrinal defiende que la estafa ya no responde al esquema tradicional en el que el engaño se asocia a la astucia del autor y, en ocasiones, a la malinterpretada codicia de la víctima, sino que encuentra su lugar de comisión en las redes y se vincula a los medios de pago en los que la autotutela del perjudicado es, con frecuencia, insuficiente[337].

A pesar de ello, las proposiciones de ley que se han planteado en materia de multirreincidencia en delitos de estafa, no se centran en la ciberdelincuencia, sino que más bien siguen poniendo el foco, como señalaba la STS (Sala de lo Penal, Sección 1ª) 684/2019, de 3 de febrero (*Tol 7735198*), en que la estafa genera una menor alarma social con respecto al hurto, por hallarse estructurada sobre una relación de engaño y de picaresca como modo ilegal de subsistencia

---

335 LIÑÁN LAFUENTE, A.: La agravante de multirreincidencia. *Op. Cit.*, p. 263.

336 De este modo se pronuncia ORTEGA CALDERÓN, J. L.: "La fracasada reforma del delito leve de estafa por reiteración delictiva. Una oportunidad perdida", *Diario La Ley*, N.º 10287, 2023, pp. 1-2, quien señala que, en apenas seis años, las estafas informáticas conocidas en 2022 crecieron un 379,9% sobre las registradas en 2016.

337 *Ibidem*, p. 2.

personal, frente a la modalidad delictiva del hurto, que atemoriza y sobresalta especialmente a la ciudadanía por el riesgo de contacto personal que podría conllevar.

De este modo, la ya aludida Proposición de Ley Orgánica de modificación de la Ley Orgánica 10/1995, de 23 de noviembre, del Código Penal, en materia de multirreincidencia en los delitos de hurto y estafa (122/000091), presentada el 24 de abril de 2024 por el Grupo Parlamentario Popular en el Congreso, y tomada en consideración por el Pleno del Congreso de los Diputados, en sesión n.º 44, el 11 de junio de 2024, aborda una reforma de la multirreincidencia de los delitos leves de estafa desde este prisma. Así, dicha proposición admite en su Exposición de Motivos que, siguiendo la doctrina del Tribunal Supremo, se afronta esta reforma por la ausencia de efectividad disuasoria del tratamiento penal de la multirreincidencia en delitos leves de hurto y estafa, ya que la sanción es la misma para quien comete un delito que para quien comete una sucesión continua de ellos, lo que actúa como estímulo de delincuentes reincidentes y desincentiva a víctimas, policías, jueces y fiscales cuando se enfrentan a casos de multirreincidencia. Además, señala como ejemplos más frecuentes los casos, en que todos los delitos que integran la multirreincidencia son leves, de impagos en gasolineras, restaurantes y hoteles. Bajo estas razones, la proposición plantea modificar el artículo 250.1.8º. párrafo segundo CP, con el siguiente tenor literal: "... Cuando todos los delitos por los que el culpable hubiera sido condenado ejecutoriamente sean leves y asimismo sea leve el delito objeto de enjuiciamiento, el tribunal impondrá la pena prevista en el párrafo primero del artículo anterior, con independencia de la cuantía de lo defraudado".

De terminar aprobándose esta propuesta, hay que destacar algunas deficiencias que la misma acarrea. En primer lugar, tanto de la Exposición de Motivos como del texto del precepto se deduce que el legislador no ha considerado incluir respecto a la estafa una previsión similar a la que recoge el actual artículo 234.2 inciso segundo CP con relación a la naturaleza de los delitos que integran la multirreincidencia. Así, por un lado, respecto a la naturaleza de los delitos por los que el sujeto hubiera sido previamente condenado, lo que se propone es que todos tengan carácter leve, pero no menos grave o grave. Por ello, cuando se diera el supuesto en que estos tuvieran diferente naturaleza, no cabría aplicar esta previsión sino solo la circunstancia agravante de reincidencia del artículo 22.8ª. CP al tipo penal en cuestión, si se dan sus presupuestos. A mi juicio, la decisión de configurar así el tipo agravado carece de coherencia, pues mayor pena merecerá la concurrencia de antecedentes penales de delitos menos graves o graves, junto con otro u otros de carácter leve, que el que todos sean de esta última naturaleza[338]. Por ello, y teniendo en cuenta que respecto al hurto sí se recoge en el artículo 235 CP la posible distinta naturaleza de los delitos por los que el sujeto había sido condenado, parece responder más bien a un olvido del legislador. Por otro lado, respecto al nuevo delito cometido, tampoco cabe aplicarla a los casos en que este tenga carácter menos grave o grave, siendo los antecedentes penales por delitos leves, pues solo se contempla que el delito objeto de enjuiciamiento sea leve, lo que tampoco resulta congruente con la previsión del artículo 66.2 CP.

En segundo lugar, con relación a la solución penológica, que supone aplicar la pena prevista en el párrafo primero del artículo 249 CP, esta constituye, en mi opinión, una opción coherente internamente, como ocurría con la solución introducida para el hurto por la LO 9/2022 en el artículo 234.2 inciso segundo CP, con las salvedades ya comentadas, aun cuando en el caso de la estafa, esta consecuencia punitiva tenga un mayor rigor. Así, mientras que en el hurto la solución penológica implica, con la regulación actual, aplicar una pena de prisión de seis a dieciocho meses, y con la proposición de 2024, de seis a doce meses, en el caso de la estafa la solución supone la imposición de una pena de prisión de seis meses a tres años. Puede apreciarse, por tanto, cómo, si bien no se produce el exasperado salto punitivo de aplicar la pena del tipo del artículo 250 CP (prisión de uno a seis años y multa de seis a doce meses), sigue siendo una solución penológica mucho más severa en el caso de la estafa que en el del hurto.

---

338 Critica también que la fórmula adoptada no es la más correcta, *Ídem*, pp. 5 y 7, aunque refiriéndose a otra previa proposición de Ley Orgánica, la 122/000147, que había sido rechazada, pero que tenía idéntico contenido a la que es objeto de comentario aquí.

2.3. Reflexión final

Para concluir, me gustaría poner de relieve que no hay que perder de vista que siguen alzándose voces críticas en la doctrina con el cada vez mayor endurecimiento de las penas frente a la delincuencia patrimonial en general, más castigada pese a su menor gravedad, por su frecuencia[339]. Así, por un lado, se ha cuestionado que la línea fundamental de la política criminal haya sido la de aumentar la intervención penal, discutiendo sobre si esa es la mejor manera de hacer frente a esta problemática, tanto desde el punto de vista preventivo, como desde una perspectiva social y de equidad, ya que el delito de hurto se puede considerar reflejo de un problema de desigualdad en nuestra sociedad[340]. Por otro lado, también se ha estimado innecesaria la agravante prevista para el hurto y el robo con fuerza en las cosas, por ser delitos de sencilla y rápida persecución, con un notable grado de eficacia policial, que da lugar a un buen número de sentencias condenatorias[341]. Además de lo anterior, su carácter innecesario tanto en estos delitos como en el caso de la estafa resulta evidente si consideramos que ya existe una circunstancia genérica de multirreincidencia, prevista en el artículo 66.1.5°. CP[342], la cual queda relegada a un segundo plano por la existencia de estos tipos agravados.

A mi juicio, el fundamento de la agravación de pena por multirreincidencia en los delitos patrimoniales descansa, como en el caso de la reincidencia y la multirreincidencia genéricas, en efectos preventivo-especiales, de carácter negativo, que se pretenden conseguir con dicho aumento de pena sobre el sujeto que ya ha delinquido y recae en el delito. No existe, en mi opinión, un fundamento distinto en este ámbito, como, sin embargo, defiende Maraver Gómez, quien

---

339 Así lo pone de manifiesto, JUANATEY DORADO, C.: El delito de hurto propio. *Op. Cit.*, pp. 2-3.

340 *Ibidem*, p. 4. En el mismo sentido, SÁNCHEZ BENÍTEZ, C.: Aporofobia y Derecho penal. *Op. Cit.*, p. 237, quien señala que la mayor parte del contenido de las reformas en estos delitos obedece a una línea político-criminal que se dirige a reprimir determinadas conductas protagonizadas en su mayoría por sujetos marginales y excluidos.

341 CANO CUENCA, A.: El delito de hurto. *Op. Cit.*, p. 702.

342 En el mismo sentido se pronuncian, MARAVER GÓMEZ, M.: La regulación de la multirreincidencia. *Op. Cit.*, p. 25; SÁNCHEZ BENÍTEZ, C.: Aporofobia y Derecho penal. *Op. Cit.*, p. 235.

considera que, en ciertos delitos, como es el caso de la multirreincidencia en el hurto, la agravación de pena puede estar más justificada que una agravación con carácter general[343]. Así, el autor estima que criterios preventivo-generales, relacionados con la necesidad de disuadir en mayor medida de la comisión de ciertas conductas particularmente recurrentes, son los que fundamentan el mayor castigo de la habitualidad o de la multirreincidencia en determinados delitos concretos, no con carácter general, como es el caso de los delitos leves de hurto. Según su postura, la menor pena que llevan aparejada estos delitos y la reiteración de hechos aislados, cuya conducta se caracteriza por un nulo o escaso desvalor penal, justificarían la mayor pena ante un particular riesgo de reiteración delictiva. A mi parecer, dicho fundamento no es distinto porque, independientemente de la conducta que se castigue y de la consecuencia jurídico-penal que se le imponga a su comisión, la agravación de pena se produce como efecto de la reiteración delictiva, siendo sus fines intimidatorios e inocuizadores innegables, sobre todo, si tenemos en cuenta que estos delitos suelen cometerse repetidamente por unos "pocos" sujetos[344].

Por último, considerando las cifras que acompañan a estos delitos, quizás cabría pensar que el endurecimiento punitivo que caracteriza a las sucesivas reformas llevadas a cabo no resulta la solución más eficaz al problema y que su perpetuación puede dar lugar a que el sistema penal termine considerándose aporófobo[345]. En este sentido,

---

343 MARAVER GÓMEZ, M.: *Ibidem*, pp. 20-21.

344 Así lo pone de manifiesto el Grupo Parlamentario Junts per Catalunya en CONGRESO DE LOS DIPUTADOS: Proposición de Ley Orgánica. *Op. Cit.*, en el apartado I de la Exposición de Motivos de esta Proposición de Ley, donde se apunta que "Desde el año 2021, numerosos alcaldes y alcaldesas han venido denunciando una situación que se viene produciendo de alarma social en términos de inseguridad entre gran parte de sus vecinos y vecinas", refiriéndose "a la circunstancia de que, en sus municipios, un reducidísimo grupo de personas fueran autoras de oleadas de delitos poco graves, especialmente hurtos, y, en ocasiones, peleas, que el sistema —ya sea policial, administrativo o judicial—» no era capaz de evitar".

345 Sobre el tema, véase TERRADILLOS BASOCO, J. M.: "Un sistema penal para la aporofobia", PORTILLA CONTRERAS, G. / VELÁSQUEZ VELÁSQUEZ, G. (Dirs.) / POMARES CINTAS, E. / FUENTES OSORIO, J. L. (Coords.): Un juez para la democracia: libro homenaje a Perfecto Andrés Ibáñez, Dykinson, Madrid, 2019, pp. 354 y ss.

además de con carácter general en el ámbito de la reincidencia, como se ha visto[346], no son pocas las voces en la doctrina que reclaman acudir a otro tipo de penas distintas a la prisión en estos delitos, que, también a mi juicio, podrían presentarse como eficaces. Así, se ha puesto el acento en el escaso efecto preventivo, disuasorio o resocializador de la pena de multa en los autores de estos delitos o en la necesidad de aplicar programas formativos y de reeducación y reinserción, además de penas alternativas como los trabajos en beneficio de la comunidad o la localización permanente[347]. Incluso, se han propuesto soluciones aún más novedosas, en las que conductas postdelictivas reparadoras en el caso de delitos de bagatela, den lugar a la aplicación de exenciones de pena en vez de a la atenuante genérica del artículo 21.5 CP[348]. Como se comentó al tratar el fundamento de la agravante y en el ámbito de la agravante cualificada, en línea con lo defendido por Rodríguez Mourullo, la multirreincidencia muestra de forma inequívoca el fracaso de los efectos de prevención especial de las penas anteriormente impuestas y cómo la exasperación aflictiva de la pena supone una reacción "reincidente" del ordenamiento jurídico en la pretensión de lograr finalidades de aseguramiento y prevención con medios que ya han fracasado[349]. Como puede observarse, este discurso sigue plenamente vigente en nuestros días.

---

346 Véase lo relativo a la menor tasa de reincidencia que medidas penales alternativas a la prisión han demostrado tener en diferentes investigaciones empíricas, al tratar, dentro de los elementos materiales de la circunstancia agravante genérica, la condena ejecutoria por un delito.

347 CAPITA REMEZAL, M.: "La agravante de multirreincidencia en el delito de hurto. Una propuesta de regulación", *La Ley Penal*, N° 132, Sección Estudios, mayo-junio 2018, p. 9; SÁNCHEZ BENÍTEZ, C.: Aporofobia y Derecho penal. *Op. Cit.*, p. 238, quien defiende, además, que se refuerce el tratamiento de la peligrosidad criminal durante la ejecución de la pena y no con medidas de seguridad de ejecución postpenitenciaria.

348 Así, BUSTOS RUBIO, M.: "La política criminal de la desigualdad en los delitos patrimoniales y socioeconómicos: entre la aporofobia y la plutofilia", RODRÍGUEZ RAMOS, M. (Coord.) / CARUSO FONTÁN, M. V. (Dir.) / MACÍAS CARO, V. M. (Dir.): *Nuevas tendencias y modernos peligros de la política criminal*, Tirant lo Blanch, Valencia, 2023, pp. 311-335.

349 RODRÍGUEZ MOURULLO, G.: Aspectos críticos. *Op. Cit.*, pp. 303-304.

BIBLIOGRAFÍA

ACALE SÁNCHEZ, M. / ÁLVAREZ GARCÍA, F. J. / BORJA JIMÉNEZ, E. / DEMETRIO CRESPO, E. / DOPICO GÓMEZ-ALLER, J. / ETXEBARRIA ZARRABEITIA, X. / GARCÍA RIVAS, N. / MANSO PORTO, T. / MARAMBIO AVARIA, A. / MUÑOZ CONDE, F. / ORTÍZ DE URBINA GIMENO, I. / POZUELO PÉREZ, L. / REBOLLO VARGAS, R. / RODRÍGUEZ HORCAJO, D.: "Custodia de seguridad: Arts. 96.2, 101, 102.3 y 103.2 CP", en ÁLVAREZ GARCÍA, F. J. (Dir.) / DOPICO GÓMEZ-ALLER, J. (Coord.): *Estudio crítico sobre el Anteproyecto de reforma penal de 2012*, Tirant lo Blanch, Valencia, 2013, pp. 395-403.

AGUADO LÓPEZ, S.: *La multirreincidencia y la conversión de faltas en delito: Problemas constitucionales y alternativas político-criminales*, Iustel, Madrid, 2008.

AGUILAR CÁCERES, M. M.: "Capítulo tercero. Proposición para delinquir. Agravante de discriminación en razón del género y agravante de reincidencia. El concepto de discapacidad y discapacidad necesitada de especial protección", en MORILLAS CUEVAS, L. (Dir.): *Estudios sobre el Código penal reformado (Leyes Orgánicas 1/2015 y 2/2015)*, Dykinson, Madrid, 2015.

ANDRÉS PUEYO, A.: "¿Cuántos presos retornan a prisión? Análisis y utilidad de los estudios de la reincidencia delictiva, *Boletín de la Asociación de Técnicos de Instituciones Penitenciarias*, Nº 31, 2015.

AÑAÑOS, F. T. / NISTAL, J. / MOLES, E.: "La reincidencia penitenciaria en España: género, factores asociados y prevención", *Psychology, Society & Education*, 2020.

ASÚA BATARRITA, A.: *La reincidencia. Su evolución legal, doctrinal y jurisprudencial en los códigos penales españoles del siglo XIX*, Universidad de Deusto, Bilbao, 1982.

BECKER, H., *Outsiders*, hacia una sociología de la desviación, Siglo veintiuno editores, 1ª ed., 4ª reimpresión, Buenos Aires, 2018.

BELESTÁ SEGURA, L.: "La reincidencia en la doctrina española actual", *Actualidad Penal*, Sección Doctrina, 2001, tomo 2, Editorial LA LEY.

BOCANEGRA MÁRQUEZ, J.: *Los delitos de organización y grupo criminal. Cuestiones dogmáticas y de política criminal*, J. M. Bosch Editor, 2020.

BOCANEGRA MÁRQUEZ, J.: "La asociación ilícita de finalidad delictiva: ¿una figura condenada al "ostracismo"?", *Revista Electrónica de Ciencia Penal y Criminología*, N.º 25, 2023.

BUSTOS RUBIO, M.: "La política criminal de la desigualdad en los delitos patrimoniales y socioeconómicos: entre la aporofobia y la plutofilia", RODRÍGUEZ RAMOS, M. (Coord.) / CARUSO FONTÁN, M. V. (Dir.) / MACÍAS CARO, V. M. (Dir.): *Nuevas tendencias y modernos peligros de la política criminal*, Tirant lo Blanch, Valencia, 2023, pp. 311-335.

CANO CUENCA, A.: "El delito de hurto (arts. 234 y ss. CP)", en GONZÁLEZ CUSSAC, J. L.: *Comentarios a la reforma del código penal de 2015*, 2ª Edición, Tirant lo Blanch, Valencia, 2015, pp. 691-708.

CAPDEVILA CAPDEVILA, M. / BLANCH SERENTILL, M. / FERRER PUIG, M. / ANDRÉS PUEYO, A. / FRAMIS FERRER, B. / COMAS LÓPEZ, N. / GARRIGÓS BOU, A. / BOLDÚ PEDRO, A.: Tasa de reincidencia penitenciaria 2014 (Informe Ejecutivo), Centre D'estudis Jurídics I Formació Especilitzada (Generalitat de Catalunya), 2015.

CAPDEVILA CAPDEVILA, M. / FERRER PUIG, M. / FRAMIS FERRER, B. / GARRIGÓS BOU, A. / MORA ENCINAS, J. / BATLLE MANONELLES, A. / LÓPEZ IZQUIERDO, B. / BLANCH SERENTIL, M.: La reincidencia en medidas penales alternativas 2015, Centre D'estudis Jurídics I Formació Especilitzada (Generalitat de Catalunya), 2016.

CAPDEVILA CAPDEVILA, M. (Coord.): Tasa de reincidencia en la libertad condicional y de inactividad delictiva en 3er grado en Catalunya, Centre D'estudis Jurídics I Formació Especilitzada (Generalitat de Catalunya), 2019.

CAPDEVILA CAPDEVILA, M. (Coord.): La reincidencia en las excarcelaciones de alto riesgo (2014-2016), Centre D'estudis Jurídics I Formació Especilitzada (Generalitat de Catalunya), 2022.

CAPITA REMEZAL, M.: "La agravante de multirreincidencia en el delito de hurto. Una propuesta de regulación", *La Ley Penal*, Nº 132, Sección Estudios, Mayo-Junio 2018.

CASTIÑEIRA, M. T. / RAGUÉS, R.: "Three Strikes. El principio de proporcionalidad en la Jurisprudencia del Tribunal Supremo de los Estados Unidos", *UNED. Revista de Derecho Penal y Criminología*, 2ª Época, n.º 14 (2004).

CEREZO MIR, J.: *Curso de derecho penal español. Parte general*, Vol. III. Teoría jurídica del delito/2, Tecnos, Madrid, 2005.

CEREZO MIR, J.: *Derecho penal. Parte general*, B de F, Montevideo - Buenos Aires, 2008.

CID MOLINÉ, J.: "La suspensión de la pena en España: descarcelación y reincidencia", *Revista de Derecho Penal y Criminología*, nº 15 (2005), pp. 223-239.

CID MOLINÉ, J.: "¿Es la prisión criminógena? (un análisis comparativo de reincidencia entre la pena de prisión y la suspensión de la pena)", *Revista de Derecho Penal y Criminología, 2.ª Época*, n.º 19 (2007), pp. 427-456.

COMISIÓN EUROPEA: *Informe de la Comisión al Parlamento Europeo y al Consejo sobre el intercambio entre los Estados miembros, a través del Sistema Europeo de Información de Antecedentes Penales (ECRIS), de información de los registros de antecedentes penales.* 29.6.2017. COM (2017) 341 final.

COMISIÓN EUROPEA: *Informe de la Comisión al Parlamento Europeo y al Consejo relativo al intercambio a través del Sistema Europeo de Información de Antecedentes Penales (ECRIS), de información extraída de los registros de antecedentes penales de los Estados miembros.* 21.12.2020. COM (2020) 778 final.

CONGRESO DE LOS DIPUTADOS: *Proposición de Ley Orgánica por la que se modifica la Ley Orgánica 10/1995, de 23 de noviembre, del Código Penal, para elevar las penas en los supuestos de reincidencia y multirreincidencia en la comisión de delitos leves de hurto. Presentada por el Grupo Parlamentario Plural,* publicada en el Boletín Oficial de las Cortes Generales el 28 de mayo de 2021, serie B, Núm. 168-1 (Núm. Expte 122/000144).

CONGRESO DE LOS DIPUTADOS: *Proposición de Ley Orgánica en materia de multirreincidencia, por la que se modifica la Ley Orgánica 10/1995, de 23 de noviembre, del Código Penal y el Real Decreto de 14 de septiembre de 1882, por el que se aprueba la Ley de Enjuiciamiento Criminal. Presentada por el Grupo Parlamentario Junts per Catalunya,* publicada en el Boletín Oficial de las Cortes Generales el 12 de abril de 2024, serie B, Núm. 97-1 (Núm. Expte 122/000083).

CONGRESO DE LOS DIPUTADOS: *Proposición de Ley Orgánica de modificación de la Ley Orgánica 10/1995, de 23 de noviembre, del Código Penal, en materia de multirreincidencia en los delitos de hurto y estafa. Presentada por el Grupo Parlamentario Popular en el Congreso,* publicada en el Boletín Oficial de las Cortes Generales el 26 de abril de 2024, serie B, Núm. 103-1 (Núm. Expte 122/000091).

CONSEJO GENERAL DEL PODER JUDICIAL: *Informe al Anteproyecto de Ley Orgánica por la que se modifica la Ley Orgánica 10/1995, de 23 de noviembre, del Código Penal,* 16 de enero de 2013.

CORDA, A. / ROVIRA, M. / VAN 'T ZAND-KURTOVIC, E.: "Collateral consequences of criminal records from a cross-national perspective: An introduction", *Criminology & Criminal Justice 00(0). Special Issue: Collateral Consequences of Criminal Records, SAGE,* 2023, pp. 1-9.

CÓRDOBA RODA, J. / RODRÍGUEZ MOURULLO, G.: *Comentarios al Código Penal. Tomo I (Artículos 1-22),* Ediciones Ariel, Barcelona, 1972.

CRUZ MÁRQUEZ, B.: "La circunstancia agravante de reincidencia en el derecho penal juvenil", *Revista de Estudios Jurídicos* nº 11/2011 (Segunda Época).

CUELLO CONTRERAS, J. / MAPELLI CAFFARENA, B.: *Curso de Derecho Penal. Parte general,* 3ª edición, Tecnos, Madrid, 2015.

CUERDA ARNAU, M. L.: "Artículo 22.8ª.", en VIVES ANTÓN, T. S.: *Comentarios al Código Penal de 1995,* Volumen I (Arts. 1 a 233), Tirant lo Blanch, Valencia, 1996, pp. 260-268.

DAUNIS RODRÍGUEZ, A.: *Ejecución de Penas en España.* Editorial Comares, Granada, 2016.

DE LA MATA BARRANCO, N.: "Las distintas modalidades de decomiso después de la Ley Orgánica 1/2015, de 30 de marzo", *La Ley Penal,* N.º 124, Sección Estudios, Enero-Febrero 2017.

DE LUCA, J. A.: "Reincidencia, libertad condicional, reiteración delictiva y Constitución", *Revista de Derecho Penal y Criminología,* Año III, Núm. 3, Abril de 2013, Editorial La Ley, pp. 49-74.

DE VICENTE MARTÍNEZ, R.: "La reincidencia en el Código Penal de 1995", *ADPCP,* Vol. L, 1997.

DE VICENTE MARTÍNEZ, R.: "El hurto agravado por la multirreincidencia y la pena de prohibición de acudir al lugar donde se cometió el delito", *Revista Aranzadi de Derecho y Proceso Penal,* núm. 61/2021.

DE VICENTE MARTÍNEZ, R.: "El final de una errónea interpretación jurisprudencial: la reforma del artículo 234.2 del Código Penal", Diario La Ley, N.º 10128, 2022.

DÍEZ RIPOLLÉS, J. L.: "Las circunstancias genéricas modificativas de la responsabilidad criminal en el proyecto de código penal de 1992", *Diario La Ley*, 1993, tomo 2, Editorial LA LEY.

DÍEZ RIPOLLÉS, J. L.: *La racionalidad de las leyes penales*, Editorial Trotta, Madrid, 2003.

DÍEZ RIPOLLÉS, J. L.: "La dimensión inclusión/exclusión social como guía de la política criminal comparada", *RECPC* 13-12 (2011).

DÍEZ RIPOLLÉS, J. L.: "Sanciones adicionales a delincuentes y exdelincuentes. Contrastes entre Estados Unidos de América y países nórdicos europeos", *InDret* 4/2014.

DÍEZ RIPOLLÉS, J. L.: *Derecho penal español. Parte general*, 4ª edición revisada y adaptada a las reformas de 2015, Tirant lo Blanch, Valencia, 2016.

DÍEZ RIPOLLÉS, J. L.: "El abuso del sistema penal", *RECPC* 19-01 (2017).

DÍEZ RIPOLLÉS, J. L.: *Derecho penal español. Parte general*, 5ª edición revisada, Tirant lo Blanch, Valencia, 2020.

DÍEZ RIPOLLÉS, J. L. / GARCÍA ESPAÑA, E.: "RIMES: Un instrumento de comparación de políticas criminales nacionales desde la exclusión social", *Polít. Crim.* Vol. 15, Nº 30 (diciembre, 2020), Art. 6, pp. 670-693.

FEIJÓO SÁNCHEZ, B.: *Retribución y prevención general: un estudio sobre la teoría de la pena y las funciones del derecho penal*, B. de F., 2007.

FEIJÓO SÁNCHEZ, B.: "Artículo 10. Reglas especiales de aplicación y duración de las medidas", en DÍAZ-MAROTO Y VILLAREJO, J.; FEIJÓO SÁNCHEZ, B.; POZUELO PÉREZ, L. (Dir.): *Comentarios a la Ley Reguladora de la Responsabilidad Penal de los menores* (2ª Edición), Civitas - Thomson Reuters, Pamplona, 2019.

FERNÁNDEZ DÍAZ, C. R.: "Antecedentes penales y exclusión social: una mirada a España, a Europa y al Tribunal Europeo de Derechos Humanos en la era digital", *Revista de la Facultad de Derecho de la UNED (RDUNED)*, núm. 33, 2024, pp. 151-188.

FIANDACA, G. / MUSCO, E.: *Diritto penale. Parte generale*, Settima edizione, Zanichelli Editore, Bologna, 2014.

FISCALÍA GENERAL DEL ESTADO: *Circular 1/2015, sobre pautas para el ejercicio de la acción penal en relación con los delitos leves tras la reforma penal operada por la LO 1/2015*, publicada en el Boletín Oficial del Estado el 19 de junio de 2015.

FISCALÍA GENERAL DEL ESTADO: *Circular 2/2015, de 19 de junio, sobre los delitos de pornografía infantil tras la reforma operada por Ley Orgánica 1/2015*, publicada en el Boletín Oficial del Estado el 19 de junio de 2015.

FISCALÍA GENERAL DEL ESTADO: *Circular 1/2022, de 12 de diciembre, sobre la reforma del delito de hurto operada en virtud de la Ley Orgánica 9/2022, de 28 de julio,* publicada en el Boletín Oficial del Estado el 2 de enero de 2023, Núm. 1, Sec. III, pp. 266-292.

GARCÍA ESPAÑA, E. / CEREZO DOMÍNGUEZ, A. I.: "La política criminal comparada según los resultados de la aplicación de RIMES", en GARCÍA ESPAÑA, E. / CEREZO DOMÍNGUEZ, A. I. (ed.), *La exclusión social generada por el sistema penal: su medición internacional por RIMES,* Tirant lo Blanch, Valencia, 2023.

GARCÍA MAGNA, D.: *La lógica de la seguridad en la gestión de la delincuencia,* Marcial Pons, Madrid, 2018.

GARCÍA PÉREZ, O.: "Los conceptos autónomos del Tribunal Europeo de Derechos Humanos y las cuestiones procesales: un tema pendiente", en SÁNCHEZ HERNÁNDEZ, C. / PALMA, M. F. / GARCÍA PÉREZ, O. / PRATA ROQUE, M.: *La influencia de la jurisprudencia del Tribunal Europeo de Derechos Humanos en el Derecho interno,* Tirant lo Blanch, Valencia, 2019, pp. 291-325.

GARCÍA PÉREZ, O.: "Sobre el estado actual del debate en torno a la punibilidad", *Estudios Penales y Criminológicos,* vol. XXXIX (2019), pp. 709-753.

GARCÍA PÉREZ, O.: "La contribución de la jurisprudencia al endurecimiento de la respuesta a los menores infractores", *RECPC* 21-25, 2019.

GÓMEZ MARTÍN, V.: "La prescripción de los delitos con víctima menor de edad: ¿quién da más", *RECPC* 24-38, 2022.

GÓMEZ RIVERO, M. C. (Dir.): *Nociones fundamentales de derecho penal. Parte general,* 4ª edición, Tecnos, Madrid, 2019.

GONZÁLEZ CASSO, J.: "La multirreincidencia y los delitos leves. De la sentencia del Tribunal Supremo 481/2017, 28 de junio de 2017 a la sentencia 684/2019, de 3 de febrero de 2020", *Diario La Ley,* Nº 9579, Sección Doctrina, 21 de febrero de 2020.

GOYENA HUERTA, J.: "Artículo 22", en GÓMEZ TOMILLO, M.: *Comentarios al Código penal* (2ª edición), Lex Nova, 2011, pp. 197-221.

GUISASOLA LERMA, C.: *Reincidencia y delincuencia habitual,* Tirant lo Blanch, Valencia, 2008.

HENLEY, A.: "Criminalisation, criminal records and rehabilitation: From supervision to citizenship?", *Probation Journal,* Vol. 69(3), 2022, pp. 273-277.

JACOBS, J. B., *The Eternal Criminal Record,* Harvard University Press, 2015.

JUANATEY DORADO, C.: "El delito de hurto propio: algunas cuestiones de dogmática y política criminal, con especial referencia a la multirreincidencia", *Revista General de Derecho Penal 33* (2020).

LARRAURI, E. / ROVIRA, M.: "Publicidad, certificados y cancelación de los antecedentes penales ¿La cultura del control se consolida en España desde las nuevas leyes de 2015?", *InDret,* n. 3, 2020.

LARRAURI, E. / ROVIRA, M.: "Publicidad, solicitud y cancelación de los antecedentes penales en los tribunales españoles", *Revista Electrónica de Ciencia Penal y Criminología. RECPC 23-01,* 2021.

LIÑÁN LAFUENTE, A.: "La agravante de multirreincidencia en los delitos leves contra el patrimonio", *Revista Sistema Penal Crítico,* Nº .1, 2020, pp. 253-265.

MANZANARES SAMANIEGO, J. L.: "De las circunstancias que agravan la responsabilidad criminal", Esta doctrina forma parte del libro *"Comentarios al Código Penal* ", edición n.º 1, Editorial LA LEY, Madrid. LA LEY 3180/2016.

MAQUEDA ABREU, M. L. / LAURENZO COPELLO, P.: *El Derecho penal en casos. Parte general. Teoría y práctica*, 6ª edición, Tirant lo Blanch, Valencia, 2022.

MARAVER GÓMEZ, M.: "La regulación de la multirreincidencia en los delitos de hurto tras la reforma producida por la Ley Orgánica 9/2022, de 28 de julio", *Revista Electrónica de Ciencia Penal y Criminología, RECPC* 25-13 (2023).

MARCO FRANCIA, M. P.: "Pasado, presente y futuro de la medida de seguridad de libertad vigilada para sujetos imputables", *ADPCP*, Vol. LXXIII, 2020.

MARÍN DE ESPINOSA CEBALLOS, E. B.: *La reincidencia. Tratamiento dogmático y alternativas político-criminales*, editorial Comares, 1999.

MARTÍNEZ GARAY, L.: "La incertidumbre de los pronósticos de peligrosidad: consecuencias para la dogmática de las medidas de seguridad", *InDret* 2/2014.

MARTÍNEZ GARAY, L.: "Peligrosidad, algoritmos y *due process*: el caso *State v. Loomis*", *Revista de Derecho Penal y Criminología*, 3.ª Época, n.º 20 (julio de 2018), pp. 485-502.

MERCHÁN GONZÁLEZ, A.: "La cancelación de los antecedentes penales a efectos de apreciar la circunstancia agravante de reincidencia", *Diario La Ley*, N.º 10451, 2024.

MIR PUIG, S.: *La reincidencia en el Código Penal: análisis de los Arts. 10, 14.º, 10, 15.º, 61. 6º y 516, 3º*, Bosch, Barcelona, 1974.

MIR PUIG, S.: *Derecho penal. Parte general*, 10ª edición, Editorial Reppertor, Barcelona, 2015.

MONGE FERNÁNDEZ, A.: "Aproximaciones dogmáticas a la circunstancia agravante de reincidencia desde los fundamentos y fines de la pena", *Cuadernos de Política Criminal*, nº .95, 2008.

MONGE FERNÁNDEZ, A.: *La circunstancia agravante de reincidencia desde los fundamentos y fines de la pena*, JMB Bosch editor, Barcelona, 2009.

MUÑOZ CONDE, F. / GARCÍA ARÁN, M.: *Derecho penal. Parte general*, 11ª edición, revisada y puesta al día con la colaboración de Pastora García Álvarez, Tirant lo Blanch, Valencia, 2022.

MUÑOZ SÁNCHEZ, J.: "El tratamiento terapéutico como alternativa a la prisión en delincuentes drogodependientes", *Revista de Derecho penal y Criminología, 3ª Época, nº .11 (enero de 2014)*, pp. 221-252.

ODRIOZOLA GURRUTXAGA, M.: *Expulsión penal y expulsión administrativa de personas extranjeras. Análisis del art. 89 CP y del art. 57.2 LOEX*, Thomson Reuters-Aranzadi, Pamplona, 2022.

ORTEGA CALDERÓN, J. L.: "La fracasada reforma del delito leve de estafa por reiteración delictiva. Una oportunidad perdida", *Diario La Ley*, N.º 10287, 2023.

ORTEGA CALDERÓN, J. L.: "La perturbadora nueva doctrina legal de la Sala Segunda del Tribunal Supremo sobre acumulación jurídica y reincidencia: STS 265/24 de 18 de marzo", *Diario La Ley*, N.º 10514, 2024.

ORTS BERENGUER, E.: "Determinación a la prostitución (arts. 187, 188, 189 y 1 CP)" en GONZÁLEZ CUSSAC, J. L. (Dir.): *Comentarios a la reforma del código penal de 2015*, 2ª Edición, Tirant lo Blanch, Valencia, 2015, pp. 635-660.

ORTS BERENGUER, E. / GONZÁLEZ CUSSAC, J. L.: *Compendio de Derecho Penal. Parte General,* 7ª edición, Tirant lo Blanch, Valencia, 2017.

PINTO PALACIOS, F.: "El delito de hurto en la jurisprudencia del Tribunal Supremo", *Diario La Ley,* N.º 10164, Sección Dossier, 7 de noviembre de 2022.

PRATS CANUT, J. M.: "CAPÍTULO IV. De las circunstancias que agravan la responsabilidad criminal", en QUINTERO OLIVARES, G. (Dir.) / VALLE MUÑIZ, J. M. (Coord.): *Comentarios al Nuevo Código Penal,* Aranzadi, Pamplona, 1996, pp. 213-266.

PRIETO DEL PINO, A. M.: "Comiso de los productos del delito vs. derechos fundamentales: Una mirada al lado oscuro", en SÁNCHEZ HERNÁNDEZ, C. / PALMA, M. F. / GARCÍA PÉREZ, O. / PRATA ROQUE, M.: *La influencia de la jurisprudencia del Tribunal Europeo de Derechos Humanos en el Derecho interno,* Tirant lo Blanch, Valencia, 2019, pp. 481-504.

QUINTERO OLIVARES, G.: "Artículo 22", en QUINTERO OLIVARES, G. (Dir.) / MORALES PRATS, F. (Coord.): Comentarios al Código Penal Español, Tomo I (Artículos 1 a 233), 7ª edición, Thomson Reuters-Aranzadi, Pamplona, 2016, pp. 296-321.

RODRÍGUEZ ARIAS, A. M.: "Artículo 22", en ROMA VALDÉS, A. (Dir.): *Código penal comentado. Especial consideración a las modificaciones introducidas por las Leyes Orgánicas 1/2015 y 2/2015, de 30 de marzo,* Bosch, Barcelona, 2015, pp. 60-66.

RODRÍGUEZ CENTENO, R.: "Penalidad de la multirreincidencia en los delitos leves de hurto. Modificación 234 Código Penal. ¿Hacia una nueva y efectiva aplicación?", *Diario La Ley,* N.º 10246, 2023.

RODRÍGUEZ MOURULLO, G.: "Aspectos críticos de la elevación de pena en casos de multirreincidencia", *Anuario de Derecho Penal y Ciencias Penales,* 1972, pp. 289-304.

ROIG TORRES, M.: "La reiteración delictiva: algunas reflexiones sobre el nuevo tratamiento en el anteproyecto de reforma del código penal", *Revista General de Derecho Penal 19* (2013).

ROXIN, C.: "¿Qué queda de la culpabilidad en derecho penal?", *Cuadernos de Política Criminal,* nº .30, 1986.

SÁNCHEZ BENÍTEZ, C.: "La respuesta punitiva frente al enemigo tras las Leyes Orgánicas 1 y 2/2015", *La Ley Penal,* Nº 132, Sección Estudios, mayo-junio 2018.

SÁNCHEZ BENÍTEZ, C.: "Aporofobia y Derecho penal: el delito de hurto y la circunstancia agravante de multirreincidencia", *Sistema Penal Crítico,* nº 1, 2020, pp. 225-240.

SANZ-DÍEZ DE ULZURRUN LLUCH, M.: "Reincidencia, habitualidad y profesionalidad en las últimas reformas penales. Especial referencia a la delincuencia patrimonial", *Estudios Penales y Criminológicos,* Vol. XXXIII (2013), pp. 97-148.

SECRETARÍA GENERAL DE INSTITUCIONES PENITENCIARIAS: "La estancia en prisión: consecuencias y reincidencia", *Documentos Penitenciarios 16,* Ministerio del Interior, 2017.

SOTO RODRÍGUEZ, M. L.: "El efecto agravante de la reincidencia", *Diario La Ley*, Nº 9228, Sección Doctrina, 28 de junio de 2018.

TERRADILLOS BASOCO, J. M.: "Un sistema penal para la aporofobia", PORTILLA CONTRERAS, G. / VELÁSQUEZ VELÁSQUEZ, G. (Dirs.) / POMARES CINTAS, E. / FUENTES OSORIO, J. L. (Coords.): Un juez para la democracia: libro homenaje a Perfecto Andrés Ibáñez, Dykinson, Madrid, 2019, pp. 353-364.

TRAVIS, J.: "Invisible Punishment: An Instrument of Social Exclusion", en MAUER, M. / CHESNEY-LIND, M. (ed.): *Invisible Punishment. The Collateral Consequences of Mass Imprisonment*, The New Press, New York, 2002.

VALDIVIA-DEVIA, M. / OYANEDEL SEPÚLVEDA, J. C. / ANDRÉS-PUEYO, A.: "Trayectoria y reincidencia criminal", *Revista Criminalidad*, Volumen 60 - Número 3 - septiembre-diciembre 2018, pp. 251-267.

VILLACAMPA ESTIARTE, C. / TORRES ROSELL, N. / LUQUE REINA, E.: "La reincidencia en les penes alternatives a la presó a Catalunya", Centre D'estudis Jurídics I Formació Especilitzada (Catalunya), 2005.

ZUGALDÍA ESPINAR, J. M.: "Sobre la inconstitucionalidad de la agravante de reincidencia", *Poder Judicial*, Nº 13, 1989, págs. 85-92.

ZUGALDÍA ESPINAR, J. M.: "Artículo 22.8", en COBO DEL ROSAL, M. (Dir.): *Comentarios al código penal*. Tomo II. Artículos 19 a 23, Edersa, Madrid, 1999, pp. 1077-1091.

ELENCO JURISPRUDENCIAL

- STC (Sala Segunda) 65/1986, de 22 de mayo
- STC (Pleno) 150/1991, de 4 de julio
- STC (Sala Primera) 80/1992, de 28 de mayo
- STC (Pleno) 185/2014, de 6 de noviembre
- STS (Sala de lo Penal) de 6 de abril de 1990
- STS (Sala de lo Penal) 920/1998, de 8 de julio
- STS (Sala de lo Penal) 1078/1998, de 17 de octubre
- STS (Sala de lo Penal) 142/1999, de 3 de febrero
- STS (Sala de lo Penal) 119/1999, de 5 de febrero
- STS (Sala de lo Penal) 892/1999, de 2 de junio
- STS (Sala de lo Penal) 1037/1999, de 21 de junio
- STS (Sala de lo Penal) 1165/1999, de 16 de julio
- STS (Sala de lo Penal) 205/2000, de 16 de febrero
- STS (Sala de lo Penal) 879/2000, de 22 de mayo
- STS (Sala de lo Penal) 910/2000, de 22 de mayo
- STS (Sala de lo Penal) 649/2001, de 16 de abril
- STS (Sala de lo Penal) 1568/2001, de 15 de septiembre
- STS (Sala de lo Penal) 1793/2001, de 9 de octubre
- STS (Sala de lo Penal) 693/2002, de 21 de mayo
- STS (Sala de lo Penal) 709/2002, de 3 de junio
- STS (Sala de lo Penal) 716/2002, de 22 de abril
- STS (Sala de lo Penal) 1024/2002, de 30 de mayo
- STS (Sala de lo Penal) 1207/2002, de 25 de junio
- STS (Sala de lo Penal) 1558/2002, de 23 de septiembre
- STS (Sala de lo Penal) 5/2003, de 14 de enero
- STS (Sala de lo Penal) 513/2003, de 2 de septiembre
- STS (Sala de lo Penal) 1370/2003, de 20 de octubre
- STS (Sala de lo Penal) 1543/2003, de 18 de noviembre
- STS (Sala de lo Penal) 632/2004, de 13 de mayo
- STS (Sala de lo Penal) 729/2004, de 8 de junio
- STS (Sala de lo Penal) 1090/2005, de 15 de septiembre
- STS (Sala de lo Penal, Sección 1ª) 1020/2006, de 5 de octubre
- STS (Sala de lo Penal, Sección 1ª) 775/2007, de 28 de septiembre
- STS (Sala de lo Penal, Sección 1ª) 299/2010, de 31 de marzo
- STS (Sala de lo Penal, Sección 1ª) 36/2011, de 3 de febrero
- STS (Sala de lo Penal, Sección 1ª) 979/2011, de 29 de septiembre
- STS (Sala de lo Penal, Sección 1ª) 1242/2011, de 22 de noviembre
- STS (Sala de lo Penal, Sección 1ª) 4/2013, de 22 de enero
- STS (Sala de lo Penal, Sección 1ª) 282/2013, de 1 de abril
- STS (Sala de lo Penal, Sección 1ª) 313/2013, de 23 de abril

- STS (Sala de lo Penal, Sección 1ª) 859/2013, de 21 de octubre
- STS (Sala de lo Penal, Sección 1ª) 217/2016, de 15 de marzo
- STS (Sala de lo Penal, Sección 1ª) 857/2016, de 11 de noviembre
- STS (Sala de lo Penal, Sección 1ª) 481/2017, de 28 de junio
- STS (Sala de lo Penal, Sección 1ª) 538/2017, de 11 de julio
- STS (Sala de lo Penal, Sección 1ª) 141/2018, de 22 de marzo
- STS (Sala de lo Penal, Sección 1ª) 169/2018, de 11 de abril
- STS (Sala de lo Penal, Sección 1ª) 176/2018, de 12 de abril
- STS (Sala de lo Penal, Sección 1ª) 500/2018, de 24 de octubre
- STS (Sala de lo Penal, Sección 1ª) 155/2019, de 26 de marzo
- STS (Sala de lo Penal, Sección 1ª) 550/2019, de 12 de noviembre
- STS (Sala de lo Penal, Sección 1ª) 684/2019, de 3 de febrero
- STS (Sala de lo Penal, Sección 1ª) 197/2021, de 4 de marzo
- STS (Sala de lo Penal, Sección 1ª) 536/2021, de 17 de junio
- STS (Sala de lo Penal, Sección 1ª) 797/2021, de 20 de octubre
- STS (Sala de lo Penal, Sección 1ª) 865/2021, de 12 de noviembre
- STS (Sala de lo Penal, Sección 1ª) 903/2021, de 23 de noviembre
- STS (Sala de lo Penal, Sección 1ª) 918/2021, de 24 de noviembre
- STS (Sala de lo Penal, Sección 1ª) 38/2022, de 20 de enero
- STS (Sala de lo Penal, Sección 1ª) 96/2022, de 9 de febrero
- STS (Sala de lo Penal, Sección 1ª) 137/2022, de 17 de febrero
- STS (Sala de lo Penal, Sección 1ª) 187/2022, de 28 de febrero
- STS (Sala de lo Penal, Sección 1ª) 235/2022, de 15 de marzo
- STS (Sala de lo Penal, Sección 1ª) 260/2022, de 17 de marzo
- STS (Sala de lo Penal, Sección 1ª) 268/2022, de 22 de marzo
- STS (Sala de lo Penal, Sección 1ª) 331/2022, de 31 de marzo
- STS (Sala de lo Penal, Sección 1ª) 362/2022, de 7 de abril
- STS (Sala de lo Penal, Sección 1ª) 416/2022, de 28 de abril
- STS (Sala de lo Penal, Sección 1ª) 670/2022, de 30 de junio
- STS (Sala de lo Penal, Sección 1ª) 898/2022, de 16 de noviembre
- ATS (Sala de lo Penal, Sección 1ª) 1085/2022, de 15 de diciembre
- STS (Sala de lo Penal, Sección 1ª) 21/2023, de 20 de enero
- ATS (Sala de lo Penal, Sección 1ª) 225/2023, de 9 de marzo
- STS (Sala de lo Penal, Sección 1ª) 319/2023, de 8 de mayo
- STS (Sala de lo Penal, Sección 1ª) 361/2023, de 17 de mayo
- STS (Sala de lo Penal, Sección 1ª) 620/2023, de 17 de julio
- STS (Sala de lo Penal, Sección 1ª) 732/2023, de 5 de octubre
- STS (Sala de lo Penal, Sección 1ª) 842/2023, de 16 de noviembre
- STS (Sala de lo Penal, Sección 1ª) 912/2023, de 13 de diciembre
- STS (Sala de lo Penal, Sección 1ª) 116/2024, de 7 de febrero
- STS (Sala de lo Penal, Sección Pleno) 265/2024, de 18 de marzo
- STS (Sala de lo Penal, Sección 1ª) 333/2024, de 18 de abril

ACCESO GRATIS *a la Lectura en la Nube*

Para visualizar el libro electrónico en la nube de lectura envíe junto a su nombre y apellidos una fotografía del código de barras situado en la contraportada del libro y otra del ticket de compra a la dirección:

ebooktirant@tirant.com

En un máximo de 72 horas laborables le enviaremos el código de acceso con sus instrucciones.

EL ESTATUTO JURÍDICO PRIVADO Y PENAL DE LA JEFATURA DEL ESTADO EN LA MONARQUÍA PARLAMENTARIA ESPAÑOLA

EL ESTATUTO JURÍDICO PRIVADO Y PENAL DE LA JEFATURA DEL ESTADO EN LA MONARQUÍA PARLAMENTARIA ESPAÑOLA

Directores:
JUAN R. RODRÍGUEZ-DRINCOURT ÁLVAREZ
DULCE M. SANTANA VEGA

Coordinadores:
CRISTINA CAZORLA GONZÁLEZ
JOSE ANCOR VIERA GONZÁLEZ

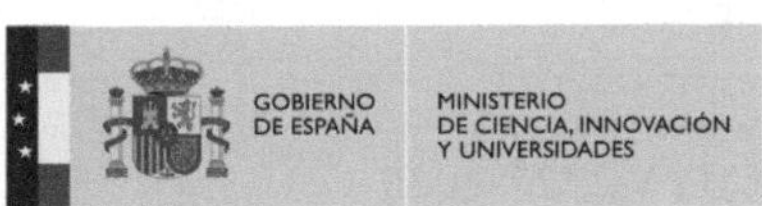

tirant lo blanch
Valencia, 2025

En caso de erratas y actualizaciones, la Editorial Tirant lo Blanch publicará la pertinente corrección en la página web www.tirant.com.

© TIRANT LO BLANCH
EDITA: TIRANT LO BLANCH
C/ Artes Gráficas, 14 - 46010 - Valencia
TELFS.: 96/361 00 48 - 50
FAX: 96/369 41 51
Email: tlb@tirant.com
www.tirant.com
Librería virtual: www.tirant.es
DEPÓSITO LEGAL: V-2727-2025
ISBN: 979-13-7010-142-8

Si tiene alguna queja o sugerencia, envíenos un mail a: *atencioncliente@tirant.com*. En caso de no ser atendida su sugerencia, por favor, lea en *www.tirant.net/index.php/empresa/politicas-de-empresa* nuestro procedimiento de quejas.

Responsabilidad Social Corporativa: http://www.tirant.net/Docs/RSCTirant.pdf

Índice

Prólogo 17
JUAN RODRÍGUEZ-DRINCOURT

PARTE PRIMERA
ESTATUTO JURÍDICO-PRIVADO DE LA CORONA

El demediado estatuto jurídico-privado del rey (La inviolabilidad del Rey en el Derecho privado: del parlamentarismo jurídico-público al absolutismo jurídico-privado) 23
FRANCISCO DE P. BLASCO GASCÓ

I. ALCANCE DE LA INVIOLABILIDAD 23

1. Inviolabilidad limitada a actos políticos como Jefe del Estado 25
2. Inviolabilidad política y jurídico-penal 28
3. Inviolabilidad e irresponsabilidad absolutas 29
4. Interpretación imperante (no necesariamente mayoritaria) 31
5. Crítica a la posición interpretativa imperante 37

II. EL REY NO TIENE QUIEN LO JUZGUE 39

III. ALCANCE TEMPORAL DE LA INVIOLABILIDAD 42

IV. LA INVIOLABILIDAD EN LAS RELACIONES JURÍDICO-PRIVADAS 43

1. Un estatuto jurídico demediado 43
2. El Código de Conducta del Personal de la Casa Real 45
3. Algunos ejemplos de irresponsabilidad y sus límites 47

A) Relaciones jurídico-obligatorias: irresponsabilidad por incumplimiento y por daño 47
B) Derechos y garantías reales 50
C) Matrimonio, alimentos y crisis matrimonial 52
1) Cargas del matrimonio 52
2) Alimentos y patria potestad. 52
3) Nulidad, separación y divorcio 53
4) Efectos de la nulidad, separación y divorcio 54
D) La filiación 55
1) Filiación y orden regular en la sucesión a la Corona 55
2) La determinación de la filiación 58
3) Los Autos TS de 28 de enero de 2015 y de 27 de marzo de 2015 60
E) Liberalidades y sucesiones *mortis causa* 61
BIBLIOGRAFÍA 62
Liberalidades y donaciones 65
Mª Ángeles Egusquiza Balmaseda
I. LIBERALIDADES Y DONACIONES: PATRIMONIO NACIONAL AL SERVICIO DE LA CORONA O PATRIMONIO PRIVADO DEL REY 65
II. DONACIONES REALIZADAS AL ESTADO A TRAVÉS DEL REY CON DESTINO AL PATRIMONIO NACIONAL 70
1. Aspectos generales del régimen 70
2. Recepción de donaciones: necesidad de que sean entregadas por razón institucional 76
3. Régimen jurídico de las liberalidades recibidas a título personal 88
3.1. Patrimonio privado sujeto al Derecho civil 88

3.2. Normativa de la Casa Real: extensión voluntaria del artículo 26.2 b).6º de la Ley 19/2013 89

BIBLIOGRAFÍA 93

Aproximación al estudio de los pactos sobre el régimen económico matrimonial de los llamados a la sucesión. Validez de los hipotéticos pactos en previsión de una ruptura conyugal 95

CARMEN PÉREZ DE ONTIVEROS BAQUERO

I. INTRODUCCIÓN 95

II. LAS CAPITULACIONES MATRIMONIALES....................... 99

III. DEL RÉGIMEN ECONÓMICO MATRIMONIAL. 104

IV. PACTOS EN PREVISIÓN DE UNA HIPOTÉTICA RUPTURA CONYUGAL 109

BIBLIOGRAFÍA 123

La sucesión a la Corona desde la perspectiva del Derecho civil.......... 125

JULIÁN LÓPEZ RICHART

I. CONSIDERACIONES PREVIAS: LA INFLUENCIA RECÍPROCA ENTRE LA CONSTITUCIÓN Y EL CÓDIGO CIVIL 125

II. EL TRATAMIENTO DE LA SUCESIÓN DEL REY EN LA CONSTITUCIÓN ESPAÑOLA.. 128

1. Sucesión hereditaria y sucesión en la Corona 128

2. El carácter incompleto del artículo 57 CE........................ 130

3. El principio hereditario de la monarquía.......................... 133

4. El orden sucesorio y sus diferencias respecto de la sucesión hereditaria 134

4.1. Exclusión del cónyuge viudo.................................. 134

4.2. Líneas y grados.. 135

4.3. Preferencia entre los parientes del mismo grado... 137

4.4. La extinción de las líneas sucesorias....................... 144

4.5. Exclusión del orden sucesorio de quien contrajere matrimonio contra la expresa prohibición del Rey y de las Cortes Generales 146

5. La abdicación y la renuncia a la Corona 149

III. A MODO DE CONCLUSIÓN 155

BIBLIOGRAFÍA 156

PARTE SEGUNDA
EL ESTATUTO JURÍDICO-PENAL DE LA CORONA

CAPÍTULO PRIMERO
ASPECTOS DE DERECHO PENAL SUSTANTIVO

Inviolabilidad del rey y Estado de Derecho 159

FERNANDO MOLINA FERNÁNDEZ

I. INTRODUCCIÓN 159

II. INTERPRETACIONES POSIBLES DE LA INVIOLABILIDAD REAL 162

1. ¿Inviolabilidad extrema: inviolabilidad como atipicidad/justificación? 162
2. ¿Inviolabilidad absoluta? 164
3. 'Inviolabilidad' relativa 171

BIBLIOGRAFÍA 173

Alcance y compatibilidad del principio de improcedencia del cargo oficial del Estatuto de Roma frente a la irresponsabilidad regia ... 175

JOSE ANCOR VIERA GONZÁLEZ

I. INTRODUCCIÓN 175

II. LA RATIFICACIÓN DEL ESTATUTO DE ROMA EN EL DERECHO COMPARADO 177

III. LA ACTIVIDAD PARLAMENTARIA COMO ELEMENTO DE INTERPRETACIÓN DEL PRINCIPIO DE IMPROCEDENCIA DEL CARGO OFICIAL Y SU RELACIÓN CON EL ART. 56.3 CE 180

1. Las enmiendas al Proyecto de Ley Orgánica por la que se autoriza la ratificación por España del Estatuto de la Corte Penal Internacional 181

2. Las enmiendas al Proyecto de la Constitución de 1978 184

IV. ANTECEDENTES HISTÓRICOS DEL PRINCIPIO DE IMPROCEDENCIA DEL CARGO OFICIAL 186

V. PERSPECTIVA TELEOLÓGICA, SISTEMÁTICA Y EVOLUTIVA DE LA (IR)RESPONSABILIDAD REGIA Y EL PRINCIPIO DE IMPROCEDENCIA DEL CARGO OFICIAL 189

VI. CONCLUSIONES 197

BIBLIOGRAFÍA 198

Los delitos contra Corona en el Código Penal español (vida, integridad física, libertad e intimidad) 201

Dulce M. Santana Vega

I. CONSIDERACIONES GENERALES PREVIAS 201

II. ASPECTOS GENERALES Y COMUNES A LOS DELITOS CONTRA LA CORONA 204

1. La necesaria dimensión institucional de los bienes jurídico-penales individuales en los delitos contra la Corona 204

2. Sujetos activos 205

3. Sujetos pasivos 206

4. Ejercicio de funciones constitucionales o con motivo u ocasión de estas 209

5. Tipo subjetivo 211

III. ASPECTOS ESPECÍFICOS DE CADA UNO DE LOS DELITOS CONTRA LA CORONA: LAS CONDUCTAS TÍPICAS ... 213

1. Los delitos contra la vida en el ámbito de la Corona (art. 485 CP) ... 213
2. Los delitos de lesiones en el ámbito de la Corona (art. 486 CP) ... 216
3. Los delitos contra la libertad ambulatoria en el ámbito de la Corona (art. 487 CP) ... 218
4. El delito de coacciones en el ámbito de la Corona (art. 489 CP) ... 220
5. El delito de allanamiento de morada en el ámbito de la Corona (art. 490.1) ... 227
6. El delito de amenaza en el ámbito de la Corona (art. 490.2) ... 230

IV. CONSIDERACIONES CRÍTICAS CONCLUSIVAS Y PROPUESTAS DE *LEGE FERENDA* ... 231

1. La rúbrica y el bien jurídico-penal protegido ... 231
2. Los sujetos pasivos ... 233
3. Conductas típicas ... 234

BIBLIOGRAFÍA ... 236

El delito de injurias a la Corona: pasado, presente y futuro ... 241
CARMEN TOMÁS-VALIENTE LANUZA

I. INTRODUCCIÓN Y PLANTEAMIENTO ... 241

II. CONDUCTAS TÍPICAS. INJURIAS, CALUMNIAS Y UTILIZACIÓN DE LA IMAGEN ... 245

1. El fundamento del plus de protección penal y el debate sobre la derogación de los tipos ... 245
2. Relación con los tipos genéricos de injurias y calumnias ... 252

3. El elemento específico del ejercicio de la función 256

4. La conducta típica de utilización de la imagen (art. 491.2 Cp) 258

III. EL TRATAMIENTO JURISPRUDENCIAL DEL CONFLICTO CON LA LIBERTAD DE EXPRESIÓN 260

1. La exclusión del mero insulto gratuito del paraguas de la libertad de expresión. La valoración de la "conexión de necesidad" como vehículo de la crítica política 260

2. El amparo de la crítica puramente ideológica (incluso de la expresión dura, hiriente o de menosprecio). Los vaivenes de la jurisprudencia española y la doctrina del TEDH 262

BIBLIOGRAFÍA 275

Entre la rima y la ofensa. Reflexiones sobre la protección penal de la Corona y la libertad de expresión artística *279*

Irene Rufo Rubio

I. INTRODUCCIÓN 279

II. ALGUNAS CONSIDERACIONES EN CLAVE CONSTITUCIONAL SOBRE LAS CALUMNIAS E INJURIAS CONTRA LA CORONA 282

III. EL CONTENIDO ESENCIAL DE LA LIBERTAD DE EXPRESIÓN ARTÍSTICA 287

1. El arte y la ficción como punto de partida 289

2. El arte simulado en el punto de llegada: el rap subversivo 293

IV. EL CHOQUE INTEPRETATIVO ENTRE EL TRIBUNAL CONSTITUCIONAL ESPAÑOL Y EL TRIBUNAL EUROPEO DE DERECHOS HUMANOS EN MATERIA DE LIBERTAD DE EXPRESIÓN Y LA PROTECCIÓN REFORZADA DEL "HOMBRE DE ESTADO" 298

V. ¿UN CAMBIO DOCTRINAL DEL TEDH TRAS LA INADMISIÓN DEL ASUNTO *RIVADULLA DURÓ (PABLO HASEL) C. ESPAÑA?* 303

VI. A MODO DE CONCLUSIÓN 307

BIBLIOGRAFÍA 308

Monarquía, diplomacia informal y lobismo: algunas consideraciones *311*

FERNANDO VÁZQUEZ-PORTOMEÑE SEIJAS

I. CORRUPCIÓN Y LOBISMO 311

II. EL LOBBYING OCULTO Y SU MAPA DE RIESGOS 314

III. DIPLOMACIA INFORMAL Y LOBISMO 320

IV. A MODO DE CONCLUSIÓN 324

BIBLIOGRAFÍA 330

El (imposible) decomiso en la Jefatura del Estado de la Monarquía parlamentaria española 335

CRISTINA CAZORLA GONZÁLEZ

I. INTRODUCCIÓN 335

II. EL DECOMISO SIN CONDENA 337

1. Normativa comunitaria 337

2. Regulación en el ordenamiento español 347

III. DUDAS Y SOLUCIONES EN CUANTO A LA POSIBLE RECUPERACIÓN DE LOS ACTIVOS OBTENIDOS Y SU TRAZABILIDAD 348

IV. CONCLUSIÓN 351

BIBLIOGRAFÍA 352

CAPÍTULO SEGUNDO
ASPECTOS DE DERECHO PROCESAL

El aforamiento de determinados integrantes de la Familia Real española. Comentario al artículo 55 bis LOPJ 355
JOSÉ FRANCISCO ETXEBERRIA GURIDI

I. INTRODUCCIÓN 355

II. EL AFORAMIENTO: SU FUNDAMENTO Y JUSTIFICACIÓN, EN GENERAL Y EN EL SUPUESTO DEL ART. 55 BIS LOPJ EN PARTICULAR 357

1. La justificación constitucional del aforamiento 358
2. La justificación del aforamiento en el supuesto del art. 55 bis LOPJ 361

III. ÁMBITO DE APLICACIÓN DEL ART. 55 BIS LOPJ 365

1. Competencia del Tribunal Supremo y la cuestión del Jurado 365
2. Ámbito subjetivo 369
3. Ámbito objetivo 370
   3.1. Aforamiento en asuntos penales 370
   3.2. Aforamiento en asuntos civiles 372
4. Ámbito temporal 374

IV. EL AFORAMIENTO ANTE EL TS Y SU INCIDENCIA EN EL DERECHO A LA DOBLE INSTANCIA 376

V. LA EXTENSIÓN DEL AFORAMIENTO POR CONEXIÓN 378

VI. CONCLUSIONES 380

BIBLIOGRAFÍA 380

Dos paradojas sobre el testimonio del rey: inviolabilidad, falso testimonio y autoincriminación 383
Carlos Castellví Monserrat

I. INTRODUCCIÓN 383
II. INVIOLABILIDAD Y FALSO TESTIMONIO 383
III. INVIOLABILIDAD Y AUTOINCRIMINACIÓN 385
BIBLIOGRAFÍA 391

PARTE TERCERA
UNA PERSPECTIVA DE CONTRASTE

Las incompatibilidades, inmunidades y responsabilidad penal del presidente de la república en Rumanía 393
Cristina Rotaru Radu

I. INTRODUCCIÓN 393
II. INCOMPATIBILIDADES 394
1. El Presidente de la República de Rumanía no puede ser miembro de un partido político 394
2. El Presidente de la República de Rumanía no puede desempeñar ninguna otra función pública o privada 397
III. INMUNIDAD DEL PRESIDENTE DE RUMANÍA 397
1. La inmunidad procesal 398
2. La inmunidad material 400
IV. LA RESPONSABILIDAD POLÍTICA Y LA RESPONSABILIDAD PENAL DEL PRESIDENTE DE RUMANÍA 403
1. La responsabilidad política 403
2. La responsabilidad penal 405
V. CONCLUSIONES 409
BIBLIOGRAFÍA 409

Prólogo

A la investigación científica en Ciencias Sociales y Jurídicas no le toca comprometerse con el devenir y el destino de las instituciones políticas, sino realizar un análisis que coadyuve en lo posible, entre otros objetivos, a la actualización, o modernización si se quiere, de las mismas y de los órganos constitucionales. En este sentido es en el que se incardinan los estudios de las próximas páginas al abordar, desde la perspectiva del Derecho civil y del Derecho penal, la Corona como institución y al Rey como órgano constitucional.

La monarquía parlamentaria, como bien ha expresado el Tribunal Constitucional, deriva directamente de la Constitución, ha nacido del poder democrático del constituyente. La monarquía debe su reconocimiento al consenso que integró posiciones en una Constitución, donde la Corona fue parte sustancial del pacto, en la medida que calificó nuestro modelo de Estado como monarquía parlamentaria en la que el Rey ostenta la jefatura del Estado.

La monarquía articulada en los art 1.3 y en el título segundo de la Constitución de 1978 ha desempeñado su papel constitucional, perfectamente integrado en el sistema parlamentario, en concreto los Reyes Juan Carlos I y Felipe VI, han ejercido sus funciones con neutralidad, ajustados a un modelo parlamentario de una democracia avanzada, sin interferir ni afectar a la calidad democrática del sistema político. Han realizado, como no podía ser de otra forma, un ejercicio, en sus funciones como jefes del Estado, delimitadas por su posición de símbolo de unidad y permanencia, representación, arbitraje y moderación. Un Estado democrático avanzado, un Estado como el vigente en España, es plenamente compatible con una monarquía parlamentaria y consecuentemente con una jefatura del Estado que se personaliza en el Rey.

En el presente reinado de Felipe VI se identifica además un esfuerzo continuado, impulsado por el Rey y su Casa, de modernización del régimen jurídico de la Corona, parangonable con las regulaciones de la institución en otras monarquías parlamentarias de nuestro entorno, como demuestra en esta última década, la profundización en principios de fiscalización y transparencia impulsados incluso por el propio Rey. La abdicación de Juan Carlos I abrió una nueva etapa, sin duda menos personalista y con una visión mucho más centrada en la modernización o, si se prefiere, renovación de la institución. En el ámbito del funcionamiento interno de la institución se apostó por un compromiso de ejemplaridad consecuencialmente ligado a la "crisis" de la fase final del reinado de Juan Carlos I. A lo anterior se unieron en el tiempo los desafíos a la unidad del Estado, los cuales pusieron a la Corona ante una prueba de la que ha salido airosa, mostrando la madurez del funcionamiento de la institución, y demostrando su capacidad para adaptarse a las exigencias del presente.

Por lo demás, permanece pendiente en el presente, entre otras, una reforma del Título II de la Constitución e incluso la posibilidad de una ley reguladora de la Corona, Esta propuesta presenta perfiles para el debate y, aunque se postuló con fuerza hace algunos años, lo cierto es que, más allá de las dudas que presentaba su análisis constitucional, no ha encontrado las circunstancias de estabilidad parlamentaria que propiciaran acuerdos de grandes mayorías, requeridos para una revisión constitucional o una legislación reguladora general, la cual siempre podría convivir con regulaciones singulares o especiales. Ni que decir tiene que todavía sigue pendiente incluso la supresión de la regla de preferencia en la sucesión a la Corona del hombre a la mujer del art 57.1 CE. En general, la remisión del art 57.5 CE a una ley orgánica posibilita desde luego una ley singular o para el caso, y parece que es a lo que apunta una primera interpretación literal e incluso histórica, pero también es perfectamente compatible con una regulación legal para supuestos de carácter general y consecuentemente total o parcialmente orgánica. Probablemente se impone también una revisión del art 58 CE en el ámbito del desarrollo del estatuto del cónyuge del Rey e incluso plantear un estatuto de la heredera. Así mismo, es necesaria, entre otras reformas que podríamos traer a colación, una revisión del lenguaje en un buen número de artículos del título segundo de la Constitución.

La presente obra se estructura en tres partes diferenciadas: una primera enfocada en el estatuto jurídico-privado del Rey, una segunda centrada en el estatuto jurídico-penal del Rey o la Reina, y la tercera que aborda una perspectiva de contraste de una forma de gobierno republicana.

La aproximación en las próximas páginas al estatuto jurídico privado del Rey, desde el análisis del Derecho civil y por civilistas, constituye un enfoque que es prácticamente pionero. Por lo general, han sido casi siempre constitucionalistas los que se han ocupado de las cuestiones relativas al estatuto jurídico privado del Rey. Es más, se trata en muchos casos de asuntos que han sido incluso escasamente abordados por la doctrina constitucionalista y de los que, como bien referimos, no se ha ocupado la doctrina civilista y penalista.

En lo que respecta al estatuto de Derecho privado del Rey o la Reina, se abordan los relativos a la sucesión de la Corona, el ámbito del patrimonio privado del Rey, o el relativo al régimen económico del matrimonio. Estos temas arrojan numerosas dudas debido al posicionamiento especial del Jefe del Estado y a la falta de una debida regulación en la mayoría de los aspectos mencionados, haciéndose necesaria, como ya hemos puesto de manifiesto más arriba, una regulación al respecto.

La obra se adentra también en la inviolabilidad del Rey o la Reina en el ámbito privado, además de tratar, desde una perspectiva global aspectos del estatuto privado del Monarca.

En el ámbito patrimonial público y privado de la Corona, se analiza el régimen jurídico de las liberalidades y donaciones que recibe el Rey o la Reina, la necesaria delimitación entre el patrimonio privado del Rey o la Reina y el patrimonio nacional, así como la regulación, en dicho ámbito, de la Casa de S. M. el Rey.

Especial relevancia tiene también el tratamiento, dentro del ámbito privado del estatuto jurídico de la jefatura del Estado, el régimen económico matrimonial de los llamados a la sucesión de la Corona, analizándose los pactos sobre el régimen económico matrimonial y la validez de los hipotéticos pactos en previsión de una ruptura conyugal.

Se aborda también, desde la perspectiva del Derecho Civil, pero describiendo las influencias recíprocas entre la Constitución y el Derecho civil el tema del matrimonio del Rey o la Reina, las cuestiones relativas a la filiación y la sucesión, escasamente tratadas, en sus implicaciones de Derecho civil. Además, se hace especial referencia a la relevancia sucesoria de la prohibición de contraer matrimonio que incluye la CE en el ámbito de la Corona, así como cuestiones relativas al régimen subsidiario privado para integrar la abdicación o renuncia del Rey.

La segunda parte de la obra se centra en el estatuto jurídico-penal de la Corona, bajo un doble punto de vista, esto es, se ha estudiado la problemática penal que se suscita en la Corona que el Rey o la Reina sea sujeto activo de delito o pasivo del delito. Dentro del primer punto de vista se aborda su inviolabilidad penal, la problemática del art. 27 del Estatuto de Roma, la cuestión del decomiso, así como los aspectos penales de la conexión entre Monarquía, diplomacia informal y lobismo. Como sujeto pasivo de delitos, el libro se ocupa de analizar los delitos contra la Corona, haciendo especial mención de los relativos a la protección del honor de los miembros de la Familia del Rey o del prestigio de la Corona. Con relación a ellos, de *lege ferenda*, se propone su derogación, por ser alguna de sus conductas de dudosa constitucionalidad, por conculcar la libertad de expresión e información. Con relación al resto de los delitos contra la Corona, tras su análisis, se propone una mejora de su configuración típica, proponiéndose una adecuada armonización con los delitos comunes, siendo imperiosa su reforma, sobre todo, por lo que respecta a la restricción del círculo de los actuales sujetos pasivos de aquellos.

En el ámbito procesal, la obra incluye el abordaje del siempre polémico tema del aforamiento en el ámbito de la Corona, debido a la idiosincrasia del régimen sucesorio de la Corona, eliminando cualquier atisbo de especial protección, penal o procesal, por su dudosa constitucionalidad, de los meros familiares. La obra también incorpora un novedoso estudio sobre la problemática jurídica del testimonio del Rey, poniendo de manifiesto las paradojas que podrían plantearse.

La Parte Tercera de la obra incluye un trabajo alusivo a las incompatibilidades, inmunidades y responsabilidad política y penal del presidente de una república, como regulación del contraste a la del jefe de Estado de una monarquía parlamentaria como la española.

Por último, quisiéramos aprovechar estas últimas líneas para dejar constancia expresa de algunos agradecimientos. En primer lugar, al Ministerio de Ciencia e innovación. Esta obra, primera de dos incardinadas en el estudio de la jefatura del Estado en la monarquía parlamentaria, trae causa de una línea de investigación que ha tenido como fundamental soporte el proyecto de investigación sobre el "Estatuto jurídico de la Jefatura del Estado en la monarquía parlamentaria española", financiado por el Ministerio de Ciencia e innovación (PID 2020-114303RB-100).

También nos gustaría mostrar nuestra gratitud a la colaboración prestada por la Universidad de Las Palmas de Gran Canaria, especialmente, a través de la ayuda recibida de nuestra gestora, Virginia Samper y de la Facultad de Ciencias Jurídicas.

Por último, hacemos extensivo también nuestro agradecimiento al Instituto de Derecho Público comparado "Manuel García Pelayo" de la Universidad Carlos III de Madrid y a la Red nacional de estudio de las monarquías REMCO.

JUAN RODRÍGUEZ-DRINCOURT
Doctor en Derecho y en Historia
Profesor Titular de Derecho Constitucional
Universidad de Las Palmas de Gran Canaria
IP1 del PID 2020-114303RB-100 del MICIN

El demediado estatuto jurídico-privado del rey

(La inviolabilidad del Rey en el Derecho privado: del parlamentarismo jurídico-público al absolutismo jurídico-privado)

FRANCISCO DE P. BLASCO GASCÓ
Catedrático de Derecho civil
Universidad de Valencia (EG)

I. ALCANCE DE LA INVIOLABILIDAD

El art. 56 CE identifica la Jefatura del Estado con la Corona. El Rey, dice de manera asertiva, es el Jefe del Estado.

A partir de aquí, se funden y se confunden ambas figuras[1]: el símbolo de la unidad y permanencia del Estado es el Rey,

---

1 Que las figuras pueden ser distintas lo demuestra el hecho de que D. Juan Carlos y Dª. Sofía ostentan el título de Rey y Reina, respectivamente (lo de eméritos es cuestión de la prensa) en virtud del Real Decreto 470/2014, de 13 de junio, por el que se modifica el Real Decreto 1368/1987, de 6 de noviembre, sobre régimen de títulos, tratamientos y honores de la Familia Real y de los Regentes.
Asimismo, el artículo único de la Ley Orgánica 4/2014, de 11 de julio, complementaria de la Ley de racionalización del sector público y otras medidas de reforma administrativa por la que se modifica la Ley Orgánica 6/1985, de 1 de julio, del Poder Judicial incorpora el nuevo art. 55 bis LOPJ, en cuya virtud "además de las competencias atribuidas a las Salas de lo Civil y de lo Penal del Tribunal Supremo en los artículos 56 y 57, dichas Salas conocerán de la tramitación y

que es el Jefe del Estado; quien arbitra y modera el funcionamiento regular de las instituciones es el Rey, que es el Jefe del Estado; quien asume la más alta representación del Estado español en las relaciones internacionales, especialmente con las naciones de su comunidad histórica, y ejerce las funciones que le atribuyen expresamente la Constitución y las leyes es el Rey, que es el Jefe del Estado.

Pero la cuestión central se halla en el tercer y último párrafo del art. 56 CE: la persona del Rey es inviolable y no está sujeta a responsabilidad[2]. Sus actos estarán siempre refrendados en la forma establecida en el artículo 64, careciendo de validez sin dicho refrendo, salvo lo dispuesto en el artículo 65-2 CE.

Así, la inviolabilidad e irresponsabilidad se predican del Rey, pero no tanto por ser Rey cuanto por ser Jefe del Estado, pues se puede seguir ostentado el título de Rey sin ser Jefe del Estado (como lo ostenta actualmente Juan Carlos I); pero no sólo por su función como Jefe del Estado, sino también por su persona (aunque en tanto sea Jefe del Estado) pues, como se dirá después, según la tesis judicial imperante, dicha inviolabilidad va más allá de los actos propios de su función como Jefe del Estado.

---

enjuiciamiento de las acciones civiles y penales, respectivamente, dirigidas contra la Reina consorte o el consorte de la Reina, la Princesa o Príncipe de Asturias y su consorte, así como contra el Rey o Reina que hubiere abdicado y su consorte".

2 Aunque los términos inviolabilidad e irresponsabilidad pueden tener un alcance distinto, el art. 56 CE parece tomarlos como sinónimos o, mejor, como una relación de género (inviolabilidad) a especie (irresponsabilidad): la persona del Rey no está sujeta a responsabilidad precisamente porque es inviolable. Vid. BIGLINO CAMPOS, M. P., "La inviolabilidad de la persona del Rey y el refrendo de sus actos", *La monarquía parlamentaria (título II de la Constitución)*, Madrid, 2001, págs. 201 a 214.

En definitiva, la inviolabilidad e irresponsabilidad se predican de la persona del Rey en tanto Jefe del Estado[3].

En todo caso, el texto constitucional permite diversas interpretaciones con diferente alcance o intensidad respecto de la inviolabilidad y no sujeción a responsabilidad de la persona del Rey.

De menor a mayor alcance se pueden sistematizar como sigue:

1. Inviolabilidad limitada a actos políticos como Jefe del Estado

En este caso, la inviolabilidad de la persona del Rey y consiguiente irresponsabilidad se limitaría a sus actos como Jefe del Estado; es decir, a los actos políticos o, si se prefiere, a los actos debidos.

---

[3] Los Diputados y Senadores gozan "de inviolabilidad por las opiniones manifestadas en el ejercicio de sus funciones" y de inmunidad (art. 71 CE). Pero, a diferencia de la inviolabilidad e irresponsabilidad del Rey, la inviolabilidad e inmunidad parlamentaria se considera un mero privilegio de jurisdicción o competencia, o una prerrogativa de carácter formal en forma de sujeción a algún tipo de suplicatorio. Según el Tribunal Constitucional, es un privilegio de naturaleza sustantiva que garantiza la irresponsabilidad jurídica de los parlamentarios por las opiniones manifestadas en el ejercicio de sus funciones, con el objetivo común de garantizar la libertad e independencia de la institución parlamentaria, al servicio de cuyo objetivo "se confieren los privilegios, no como derechos personales, sino como derechos reflejados de los que goza el parlamentario en su condición" (STC 9/1990). La inviolabilidad e irresponsabilidad del Rey es una prerrogativa subjetiva que afecta su persona, incluso más allá del ejercicio de su función, y no tiene paralelismo con la inviolabilidad de los parlamentarios. En este sentido, vid. RODRÍGUEZ-PIÑERO Y BRAVO-FERRER, M. Comentarios a la constitución española (dirs. Miguel Rodríguez–Piñero y Bravo Ferrer María Emilia Casas Baamonde) Tomo I, Madrid, 2018, pág. 1565.

De ahí que dichos actos estén sujetos a refrendo y que sólo sean válidos si están refrendados.

En el texto constitucional hay una evidente conexión entre inviolabilidad e irresponsabilidad y refrendo: el Rey no es responsable porque sus actos deben estar válidamente referendados[4]: *the king cannot act alone.* Así, el Rey (como Jefe del Estado) no es políticamente responsable, sino la autoridad refrendante.

La ausencia de responsabilidad derivaría de la carencia de poder efectivo: esta carencia lleva aparejada aquella ausencia. De este modo, R. ENTRENA CUESTA señaló la preocupación del constituyente por perfilar una Corona sin responsabilidad y sin poder, compatible con el régimen parlamentario[5]. Es el viejo aforismo en cuya virtud "el Rey reina pero no gobierna". En todo caso, la Constitución de 1978 configura la Corona como uno de los órganos constitucionales del Estado y la coloca en el vértice de la organización estatal[6].

---

4 BIGLINO CAMPOS, sin embargo, ha sostenido una relación distinta e inversa entre inviolabilidad e irresponsabilidad y refrendo: el refrendo no es la razón de ser de la inviolabilidad, sino su efecto; el Rey es inviolable, dice, no porque sus actos estén refrendados, sino que sus actos están refrendados porque su persona es inviolable como exigencia intrínseca de la Monarquía parlamentaria para asegurar la permanencia de la Jefatura del Estado. BIGLINO CAMPOS, M. P. "La inviolabilidad de la persona del Rey...", cit., , págs. 201 a 214.

5 ENTRENA CUESTA, R., *Comentarios a la Constitución* (Fernando Garrido Falla et al.), ad art. 56 , 3ª ed., Madrid, 2001, págs. 1034 a 1037.

6 Sobre la Corona y la Casa del Rey como organizaciones estatales no administrativas, vid. MENÉNDEZ REXACH, A., *La jefatura del Estado en el Derecho público español*, Madrid, 1979, págs. 429 y sig.;DÍEZ-PICAZO, Luis María, "El régimen jurídico de la Casa del Rey (Un comentario al artículo 65 de la Constitución)", en Revista Española de Derecho Constitucional, año 2, núm. 6 (septiembre-diciembre), 1982, págs. 115 y sigs.

Igualmente, en https://app.congreso.es, sinopsis del art. 56 CE, se dice:

> "en el último (párrafo), se consagran dos privilegios -entendido este término en su sentido etimológico- del Monarca: la inviolabilidad y la irresponsabilidad, que se hacen posibles en virtud del instituto del refrendo, expresamente regulado en otro precepto de la Constitución". Es decir, que sujeta la inviolabilidad e irresponsabilidad del Rey a los actos que precisan refrendo. Así, de acuerdo con la doctrina del Tribunal Constitucional, los actos del Rey, exceptuada la salvedad del artículo 56.3 CE, deben ser siempre refrendados y "cualquier forma de refrendo distinta de la establecida en el artículo 64 o que no encuentre su fundamento en él debe ser considerada contraria a lo preceptuado en el artículo 56.3 de la misma y, por consiguiente, inconstitucional" [7].

Finalmente, ha señalado RODRÍGUEZ-PIÑERO que la inviolabilidad del Rey se fundamenta en su propia posición, ajena a toda controversia política, dado el carácter debido de sus actos en nuestro modelo constitucional[8].

En definitiva, el Rey no estaría sujeto a responsabilidad porque, como Jefe del Estado, no puede actuar solo; porque sus actos deben estar válidamente refrendados, de manera que responden, en su lugar, quienes legitiman su actuación mediante el refrendo, asumiendo así la responsabilidad de los actos que el Rey realiza como Jefe del Estado. De este modo, esta inviolabilidad e irresponsabilidad serían estrictamente política.

---

7 SSTC 16/1984, de 6 de febrero, 5/1987, de 27 de enero, y 8/1987, de 29 de enero. Asimismo, señalan las notas definitorias del refrendo: a) Los actos del Rey, exceptuada la salvedad del artículo 56.3 CE, deben ser siempre refrendados; b) La ausencia de refrendo implica la invalidez del acto; c) El refrendo debe hacerse en la forma prevista en el artículo 64 CE; d) La autoridad refrendante asume la responsabilidad del acto del Rey.

8 RODRÍGUEZ-PIÑERO Y BRAVO-FERRER, M. *Comentarios a la constitución española...*, cit., pág. 1565.

En cambio, el Rey sí que sería responsable jurídicamente por los actos privados, pues la inviolabilidad e irresponsabilidad se predican expresamente de la persona del Rey en tanto en cuanto actúe como Jefe del Estado[9].

2. *Inviolabilidad política y jurídico-penal*

En un segundo ámbito, la inviolabilidad de la persona del Rey y su consiguiente irresponsabilidad alcanzaría tanto a sus actos como Jefe del Estado (actos políticos o actos debidos sujetos a refrendo) como a las conductas de naturaleza penal observadas en el ejercicio de sus funciones como Jefe del Estado (estuvieran refrendados o no), pero no a los actos de naturaleza penal cometidos en su vida privada mientras es Jefe del Estado ni a los actos estrictamente privados.

Esta tesis eximiría al Rey de responsabilidad por los actos políticos o debidos, incluidos los que pudieran ser constitutivos de delito; pero no por los actos de naturaleza privada, incluidos los delictivos. Así, respondería por incumplimiento contractual, por daños a terceros, por infracciones administrativas y tributarias, por actos delictivos no derivados de su función como Jefe del Estado, etc.

La cuestión se ha planteado, como se sabe, en el ámbito de la responsabilidad penal en relación con el Rey no Jefe del Estado respecto de actos realizados mientras era Rey/Jefe del Estado. Pero incluso aquí se ha mantenido la inviolabilidad del Rey.

---

9 Esta posición puede llegar a situaciones paradójicas pues, como señala SALVÀ, la propia justicia, entre ellas la penal, es administrada por el propio Rey (art. 117-1 CE) quien a su vez puede ejercer el derecho de gracia (art. 62-1 CE) y "resulta, cuanto menos incoherente, que sea el propio monarca que se auto-indulte o se auto-condene". SALVÀ Ll., "Estatuto jurídico penal del Rey y la Casa del Rey", en wttps://www.buadeslegal.com, 17 de junio de 2014.

3. Inviolabilidad e irresponsabilidad absolutas

Finalmente, en el ámbito de mayor alcance jurídico, la inviolabilidad de la persona del Rey y su consiguiente irresponsabilidad abarcaría a todos actos, políticos y no políticos, públicos o privados, sea cual fuere su naturaleza y su calificación jurídica, realizados mientras el Rey sea Jefe del Estado.

De este modo, la inviolabilidad e irresponsabilidad sería tanto política como jurídica[10]. Y, en este último ámbito, alcanzaría a toda clase de responsabilidad: civil (contractual y extracontractual), penal, administrativa, tributaria, etc.

El Rey/Jefe del Estado quedaría, así, sustraído de cualquier control, no sólo político o parlamentario[11], sino también jurisdiccional.

Esta interpretación se cohonesta, en general, con los regímenes políticos contemporáneos de nuestro entorno cultural, los cuales suelen declarar la inexistencia de responsabilidad política del Jefe del Estado, ya sea el Rey o el Presidente de la República; si bien normalmente respecto del Rey la irresponsabilidad es absoluta, política y jurídica, civil y penal: *the king can do no wrong* (el Rey no puede equivocarse; el Rey es infalible).

Así, por ejemplo, el art. 5 de la Constitución de Noruega (de 16 de mayo de 1814) dice expresamente que "la persona del Rey es sagrada y no puede ser censurado ni acusado. La responsabilidad reside en su Consejo". Y, el art. 42-2 de la Cons-

---

10 Respecto de la responsabilidad política y responsabilidad jurídica, vid. RESIGNO, G. U., *La responsabilità politica,* Milán, 1967 y "Responsabilità politica e responsabilità giuridica", en *Rivista Italiana per le Scienze Giuridiche,* 3/2012, págs. 333 y sigs.

11 Salvo para del caso de inhabilitación, que el art. 59 CE parece pensar solo para los casos de enfermedad, habilitando una regencia que, curiosamente, se ejercita "siempre en nombre del Rey" inhabilitado.

titución del Reino de los Países Bajos (texto de 2018), dice que el Rey (que forma el Gobierno junto con los ministros ex art. 42-1) es inviolable; en cambio, los ministros son responsables. Finalmente, el art. 8 del Cap. 5 de la Constitución de Suecia establece que "el Rey o la Reina que sea Jefe de Estado no puede ser procesado por sus actos. Tampoco se puede enjuiciar a un Regente por sus actos como Jefe de Estado". Nótese el matiz en este último caso: el Regente también es inviolable, pero solo por los actos realizados como Jefe de Estado, no por el resto de los actos; mientras que el Rey o la Reina que sea Jefe del Estado es absolutamente inviolable.

En este ámbito y alcance jurídico de los términos inviolabilidad e irresponsabilidad, por tanto, el Rey/Jefe de Estado es totalmente inviolable e irresponsable.

Con esta interpretación, a un constitucionalista *the king cannot act alone* se une un absolutista *the king can do no wrong*.

Esta irresponsabilidad, que alcanza incluso a los actos delictivos, se suele justificar transformándola en una responsabilidad institucional pues el acto iría en detrimento de la propia Corona como institución[12]. Así, se afirma que si el Rey/Jefe de Estado cometiera un delito debería abdicar[13].

---

12 Así, FERNÁNDEZ-MIRANDA CAMPOAMOR, C., "La irresponsabilidad del Rey. El refrendo. Evolución histórica y regulación actual", en Monarquía y Constitución (Direct. Antonio Torres del Moral), Vol. 1.º, págs. 425 y 448, dice que ...la declaración de inviolabilidad e irresponsabilidad «significa que el Rey no responde de los actos realizados, ya sean de carácter exclusivamente personal o de carácter jurídico. Añade, no obstante, que la inviolabilidad entendida como irresponsabilidad jurídica debe ser contrarrestada por un compromiso de ejemplaridad.

13 Así, O. ALZAGA cuando afirma que si el Rey delinquiese, "nos encontraríamos ante el desprestigio y, por ende, ante el ocaso de la institución monárquica".

Sin embargo, esta afirmación no está exenta de argumentos contrarios.

Por un lado, del mismo modo que podría abdicar, podría no hacerlo y seguir siendo Rey/Jefe del Estado. De hecho, es pensable que si realmente cometió un acto que pudiera subsumirse en un tipo delictivo, no abdique para seguir gozando de inviolabilidad e irresponsabilidad.

Por otro lado, el razonamiento conduce a una aporía: si ningún tribunal juzga el acto, ¿cómo se puede afirmar que el Rey ha delinquido? En nuestro sistema, sólo se ha cometido un delito si una sentencia penal firme lo declara (expresa los hechos considerados probados y los imputa al sujeto). Mientras tanto, rige la presunción de inocencia, la cual alcanza a todos los ciudadanos, incluido el Rey/Jefe de. Estado, aunque no la necesite precisamente porque es irresponsable.

4. Interpretación imperante (no necesariamente mayoritaria)

La norma del art. 56 CE no tendría más transcendencia si su ámbito de eficacia se limitara (como creo que se debe limitar) a los actos realizados como Jefe del Estado o como Rey en ejercicio de las funciones propias de la Jefatura del Estado. Por eso, el precepto concluye diciendo que sus actos estarán siempre refrendados en la forma establecida en el artículo 64 CE, careciendo de validez sin dicho refrendo, salvo lo dispuesto en el artículo 65-2 CE.

Así, todos los actos del Rey (como Jefe del Estado) deben estar refrendados (salvo art. 65-2 CE) y son responsabilidad (política) de quien los refrenda[14].

---

14 De acuerdo con el art. 64 CE, según el caso, el Presidente del Gobierno, por los Ministros competentes y el Presidente del Congreso (éste, en los casos de propuesta y nombramiento del Presidente del

Sin embargo, no es esta la interpretación que ha imperado, al menos en las altas instancias judiciales, sino la de la inviolabilidad e irresponsabilidad absolutas expresada antes sub 3): la inviolabilidad de la persona del Rey y su consiguiente irresponsabilidad alcanza a todos sus actos, públicos o privados, realizados mientras sea Jefe del Estado.

Según esta interpretación, como ha señalado RODRÍGUEZ-PIÑERO, el Rey, como Jefe del Estado, no es solo una denominación que se refiera a un conjunto de funciones constitucionales, sino que implica también un estatus particular y específico del titular de la Corona que acompaña a su función constitucional y que, al mismo tiempo, trata de garantizarlas y asegurarlas... Nuestra Constitución (determina) esa inviolabilidad no en relación a la función, sino en relación a la persona (a diferencia de la Constitución sueca, cuyo art. 7 se refiere a la irresponsabilidad en relación con la función, o sea, de los actos reales como Jefe de Estado)[15].

Como ha señalado VILLANUEVA TURNES, la inviolabilidad y la irresponsabilidad regias son dos prerrogativas que han estado presentes en las Constituciones históricas españoles de corte monárquico. Se trata de la máxima tutela que se le puede otorgar al Rey. Comprende todos sus actos, tanto públicos como privados, siendo inmune en todos los aspectos[16].

Gobierno, y de disolución prevista en el artículo 99). De los actos del Rey como Jefe del Estado son responsables, concluye el art. 64 CE, las personas que los refrenden.

15 RODRÍGUEZ-PIÑERO Y BRAVO-FERRER, M. Comentarios…, cit., pág. 1565.

16 VILLANUEVA TURNES, A., *El estatuto jurídico constitucional del Rey en el ordenamiento español vigente* (tesis doctoral), Santiago de Compostela, 2018, pág. 383. Y añade: En las Monarquías Europeas se prevén también las prerrogativas del Monarca, tal y como puede apreciarse, por ejemplo, en las Constituciones de Bélgica, de los Paí-

SOLOZÁBAL ha señalado que la inviolabilidad entendida como irresponsabilidad jurídica, sólo cubierta en lo referente a los asuntos patrimoniales del Rey por la responsabilidad asumida por el Jefe de su Casa, constituye una brecha en el Estado de Derecho que sólo puede ser contrarrestada en un nivel político por un compromiso de ejemplaridad del Jefe del Estado[17].

En el mismo sentido, FERNÁNDEZ-MIRANDA CAMPOAMOR dice que la declaración de inviolabilidad e irresponsabilidad significa que el Rey no responde de los actos realizados, ya sean de carácter exclusivamente personal o de carácter jurídico[18].

En el ámbito jurídico positivo, el PREÁMBULO de la Ley Orgánica 4/2014 establece que la figura del Rey está constitucionalmente revestida de la inviolabilidad e inmunidad que tanto los antecedentes históricos como el derecho comparado atribuyen al Jefe del Estado, al establecer el apartado 3 del artículo 56 de la Constitución...

---

ses Bajos, de Dinamarca, de Noruega, de Suecia, de Liechtenstein o de Luxemburgo (pág. 384).

17 SOLAZÁBAL ECHEVARRÍA, J. J., Voz «Rey», en *Enciclopedia Jurídica Básica,* Cívitas, Madrid, 1995, t. IV. Vid., del mismo autor, Irresponsabilidad e inviolabilidad del Rey, *Temas básicos de Derecho Constitucional,* Manuel Aragón Reyes (dir.), César Aguado Renedo (dir.), Vol. 2, 2011 (Organización general y territorial del Estado), págs. 42 a 45.

18 FERNÁNDEZ-MIRANDA CAMPOAMOR, C., "La irresponsabilidad del Rey. El refrendo. Evolución histórica y regulación actual", en *Monarquía y Constitución,* (Dir. Antonio Torres del Moral), Vol. 1.°, 2001, págs. 425 y 448; también en *Revista de derecho político,* núm. 44, 1998, págs. 225-256. Vid. también, OLIVER LEÓN, B., "La irresponsabilidad como elemento sustancial de la monarquía", en *Monarquía y Constitución...,* cit., págs. 343 a 372.

De este modo, concluye el citado Preámbulo,

> "conforme a los términos del texto constitucional, todos los actos realizados por el Rey o la Reina durante el tiempo en que ostentare la jefatura del Estado, cualquiera que fuere su naturaleza, quedan amparados por la inviolabilidad y están exentos de responsabilidad. Por el contrario, los que realizare después de haber abdicado quedarán sometidos, en su caso, al control jurisdiccional, por lo que, al no estar contemplado en la normativa vigente el régimen que debe aplicársele en relación con las actuaciones procesales que le pudieran afectar por hechos posteriores a su abdicación, se precisa establecer su regulación en la Ley Orgánica del Poder Judicial" [19].

Así, el DECRETO de 2 de marzo de 2022 de la Fiscalía del Tribunal Supremo, Sección Penal (D. Investigación n.º 40/2020) dice que la interpretación predominante entiende que la inviolabilidad y la irresponsabilidad, proclamadas por el art. 56-3 CE, se extienden a todo tipo de actos del Rey, incluidos los de naturaleza estrictamente privados, es decir, aquellos que no guardan relación con la misión constitucional del Jefe del Estado. Se trataría de una causa personal de exclusión de la punibilidad, que lleva aparejada la imposibilidad legal de que se inicie un procedimiento que pretenda exigir al Jefe del Estado cualquier tipo de responsabilidad penal.

Igualmente, el AUTO DEL TRIBUNAL SUPREMO (Sala Segunda) de 22 de octubre de 2014 (Causa Especial n.º 3/20623/2014) acordó el archivo de las diligencias con base en la inviolabilidad y consiguiente irresponsabilidad del Rey, las cuales, dice, tienen carácter absoluto, hasta el punto de no poder establecerse una distinción entre las actividades privadas (*iure gestionis*) y las públicas (*iure imperii*).

---

[19] Ley Orgánica 4/2014, de 11 de julio, complementaria de la Ley de racionalización del sector público y otras medidas de reforma administrativa por la que se modifica la Ley Orgánica 6/1985, de 1 de julio, del Poder Judicial.

La tesis dominante de la inviolabilidad absoluta parece que también la sostiene recientemente el Tribunal de Apelación de Inglaterra y Gales al afirmar que ninguno de los actos (incluidos, por tanto, los privados) realizados mientras se ostenta la Jefatura de Estado pueden ser juzgados por los tribunales británicos precisamente por la inviolabilidad e irresponsabilidad del Rey/Jefe del Estado y de acuerdo con la Ley de Inmunidad del Estado. No obstante, la sentencia (que conozco por la prensa[20]) parece basarse en el hecho de que los actos imputados (fundamentalmente los del general Sanz Roldán) no son actos privados (como sostuvo el juez de instancia), sino públicos (autorizados o no, legales o no) imputables al Estado español.

De este modo, según la interpretación que judicialmente ha prevalecido, la inviolabilidad se configura como un *status* personal del Rey/Jefe del Estado, el cual está exento de cualquier tipo de responsabilidad, tanto política como jurídica y, en este caso, tanto civil como administrativa, tributaria y penal (en este último caso, salvo la competencia del Tribunal Penal Internacional ex art. 27-1 Estatuto de la Corte Penal Internacional, ya señalada, que también sería discutible)[21].

---

20 *El País,* miércoles 7 de diciembre de 2022, pág. 21.

21 En relación con el Tribunal Penal Internacional, GIMBERNAT ORDEIG ha señalado que España sólo podía ratificar este Convenio internacional suprimiendo la inviolabilidad del Rey ex art. 56-3 CE, en contra de lo afirmado por el dictamen del Consejo de Estado 1374/1999, de 22 de julio. A juicio de E. Gimbernat esto provoca la paradoja de que, puesto que según doctrina del Tribunal Constitucional la Constitución solo puede ser reformada sólo a través de los procedimientos previstos en su Título X y no por tratados internacionales, el Estatuto de la Corte Penal Internacional es inconstitucional en España por ser contrario al citado art. 56-3 CE. Vid. GIMBERNAT ORDEIG, E., "Los privilegios penales de la familia real", en diario El Mundo 1 de agosto de 2007; posteriormente en *Estado de derecho y ley penal,* Madrid, 2009.

Esta irresponsabilidad alcanza, materialmente, a los actos realizados mientras es Jefe del Estado; pero temporalmente la inviolabilidad por tales actos es vitalicia: aunque abdique, tales actos no pueden ser juzgados.

La inviolabilidad y la no sujeción a responsabilidad se declaran de la persona del Rey y, como ha señalado el Tribunal Constitucional (STC 92/1985), tiene un sentido de privilegio y de prerrogativa, es imprescriptible e irrenunciable, y supone una sustracción al Derecho común conectada solo indirectamente a una función (STC 51/1985), pues se vincula no a la función en sí misma, sino a la persona del Rey[22].

Inviolabilidad e irresponsabilidad son, por tanto, prerrogativas subjetivas que afectan a la persona, incluso más allá del ejercicio de su función[23].

El Consejo de Estado, en el citado Dictamen 1374/1999 de 22 de julio, entendió que más que inexigencia de responsabilidad por los actos del Rey, se trataría de su imputación al órgano refrendante (arts. 56.3 y 64.2 CE), de modo que no se concibe la irresponsabilidad personal del Monarca sin su corolario esencial, la responsabilidad de quien refrenda, por lo que el refrendante es quien incurriría en la eventual «responsabilidad penal individual» a la que se refiere el art. 25 del Estatuto de Roma del Tribunal Penal Internacional, interpretación que permitiría ratificar el Tratado relativo a ese Tribunal, sin necesidad de reformar el texto constitucional. Vid., RODRÍGUEZ-PIÑERO Y BRAVO-FERRER, M. Comentarios…, cit., pág. 1567.

22 En todo caso, quedan fuera del alcance de la inviolabilidad e irresponsabilidad: el Rey o la Reina consorte; el príncipe o la princesa de Asturias; y los demás miembros de la familia real. En otras palabras, la inviolabilidad se ciñe exclusivamente al Jefe del Estado: a la persona del Rey en tanto ostente la Jefatura del Estado.

23 En este sentido, RODRÍGUEZ-PIÑERO Y BRAVO-FERRER, M. *Comentarios…*, cit., pág. 1566. De ahí que OLIVER ARAÚJO haya propuesto que las Cortes puedan inhabilitar al Rey al objeto de que su inviolabilidad no se convierta en una técnica para eludir la acción

5. Crítica a la posición interpretativa imperante

La interpretación dominante parte del texto del citado PREÁMBULO de la Ley Orgánica 4/2014, el cual establece que la figura del Rey está constitucionalmente revestida de la inviolabilidad e inmunidad. Y añade (como se acaba de señalar) que

> "conforme a los términos del texto constitucional, todos los actos realizados por el Rey o la Reina durante el tiempo en que ostentare la jefatura del Estado, cualquiera que fuere su naturaleza, quedan amparados por la inviolabilidad y están exentos de responsabilidad".

Sin entrar en la consideración de que se trata de un Preámbulo y que, por tanto, carece de naturaleza normativa (aunque sirva como criterio de interpretación), en realidad el razonamiento que expone no es nada claro:

---

de la justicia: "que las Cortes (por mayoría cualificada) pudieran inhabilitar permanentemente al Rey para el ejercicio de su oficio y, acto seguido, pusieran en marcha el mecanismo sucesorio del artículo 57 CE. Con lo cual, el Monarca presuntamente delincuente, al ser despojado de su cargo, ya dejaría de ser Rey y podría ser procesado (igual que un Presidente de la República al finalizar su mandato), con todas las garantías que fueran precisas y todas las cautelas que la excepcionalidad de la situación hiciera aconsejable" (OLIVER ARAÚJO. J., "La reforma constitucional de la Corona (una propuesta radical y diez moderadas)", UNED. *Revista de Derecho Político,* Nº 77, enero-abril 2010, págs. 15 a 69 y, en concreto, 53 y sigs.). Y, en el mismo sentido, LÓPEZ GUERRA ha señalado que en el caso de que el Monarca llevase a cabo un acto materialmente delictivo y penalmente tipificado, "cabría aplicar el artículo 59.2, es decir, considerar que el Rey se halla inhabilitado para ejercer su cargo" (LÓPEZ GUERRA, L., "Una Monarquía parlamentaria", en El régimen constitucional español (directores Jorge de Esteban y Luis López Guerra), Barcelona, 1982, págs. 9 a 41).

1. Por un lado, la Constitución no afirma en ningún momento, como dice que lo hace el citado Preámbulo, que "todos los actos realizados por el Rey o la Reina..., cualquiera que fuere su naturaleza... quedan amparados por la inviolabilidad y están exentos de responsabilidad".

La Constitución se limita a decir que:

a) La persona del Rey es inviolable y no está sujeta a responsabilidad.

b) Sus actos estarán siempre refrendados en la forma establecida en el artículo 64 CE.

De donde derivaría que el Rey es inviolable e irresponsable en la medida en que sus actos estén válidamente refrendados.

2. Por otro lado, si lo que se discute es, precisamente, el alcance de la inviolabilidad de los actos del Rey (es decir, si conforme a los términos del texto constitucional, todos los actos realizados por el Rey o la Reina, cualquiera que fuere su naturaleza, quedan amparados por la inviolabilidad y están exentos de responsabilidad), el argumento utilizado en el Preámbulo es un razonamiento tautológico al confundir la cuestión inicial con la propia conclusión: como el Rey es inviolable, todos sus actos son inviolables. Afirma lo que se pretende demostrar; pero estamos discutiendo precisamente eso: si la persona del Rey es inviolable e irresponsable con independencia de la naturaleza del acto realizado; es decir, cuál es el alcance la inviolabilidad del Rey.

En definitiva, el argumento hace pre-juicio de la hipótesis que pretende demostrar.

Igualmente, se debe recordar que esta doctrina imperante supone no sólo una excepción del principio de igualdad ante la ley (art. 14 CE), sino también la vulneración del derecho fundamental a la tutela judicial efectiva (art. 24-1 CE) de los perjudicados por los actos del Rey/Jefe del Estado inviolable e irresponsable.

Estas infracciones o limitaciones o excepciones de dos derechos fundamentales básicos en nuestro Estado social y democrático de derecho (igualdad y tutela judicial efectiva) abonan, sin duda alguna, una interpretación restrictiva del alcance de la inviolabilidad y no sujeción a responsabilidad del Rey, incluso cuando actúa como Jefe del Estado.

Por último, como veremos más adelante, la aplicación de la interpretación imperante al ámbito del derecho privado conduce a un Rey absoluto y a situaciones absurdas, cuando no grotescas.

II. EL REY NO TIENE QUIEN LO JUZGUE

La inviolabilidad e irresponsabilidad absolutas del Rey/Jefe del Estado tiene obviamente una traducción jurídico-procesal que, parafraseando a García Márquez, se puede expresar diciendo que el Rey no tiene quién lo juzgue.

La Constitución de Suecia prevé expresamente el supuesto al prescribir, en el art. 8 del Cap. 5, que "el Rey o la Reina que sea Jefe de Estado no puede ser procesado por sus actos".

Aunque esta norma no existe en el ordenamiento jurídico español (al menos de manera expresa), en el ámbito procesal, la inviolabilidad del Rey/Jefe del Estado y su no sujeción a responsabilidad se manifiesta, procesalmente, en la imposibilidad de demandar al Rey/Jefe del Estado.

Ciertamente, esta afirmación no se basa en una norma jurídica expresa (como la citada de la Constitución de Suecia), sino en una *reductio ad absurdum*: ninguna norma jurídica determina la competencia de ningún Tribunal para conocer de los actos cometidos por el Rey/Jefe del Estado mientras ostente la Jefatura del Estado.

El art. 55 bis LOPJ, tras la reforma introducida por la Ley Orgánica 4/2014, de 11 de julio, declara la competencia de las

Salas de lo Civil y de lo Penal del Tribunal Supremo para conocer de la tramitación y enjuiciamiento de las acciones civiles y penales, respectivamente, dirigidas contra la Reina consorte o el consorte de la Reina, la Princesa o Príncipe de Asturias y su consorte, así como contra el Rey o Reina que hubiere abdicado y su consorte. Mientras que los arts. 56 y 57 LOPJ se refieren al aforamiento civil y penal en el Tribunal Supremo de determinadas autoridades[24].

Sería absurdo, entonces, pensar que el Jefe del Estado, al carecer de aforamiento, pueda ser demandado ante un tribunal ordinario de acuerdo con los criterios generales de determinación de la competencia judicial (es decir, ante el juzgado de primera instancia y/o de instrucción competente).

El vacío legal aboca, por tanto, no en la posibilidad de demandar o denunciar al Rey/Jefe del Estado ante el juez o tribu-

24 En concreto: De las demandas de responsabilidad civil por hechos realizados en el ejercicio de su cargo y de la instrucción y enjuiciamiento de las causas dirigidas contra el Presidente del Gobierno, Presidentes del Congreso y del Senado, Presidente del Tribunal Supremo y del Consejo General del Poder Judicial, Presidente del Tribunal Constitucional, miembros del Gobierno, Diputados y Senadores, Vocales del Consejo General del Poder Judicial, Magistrados del Tribunal Constitucional y del Tribunal Supremo, Presidentes de la Audiencia Nacional y de cualquiera de sus Salas y de los Tribunales Superiores de Justicia, Fiscal General del Estado, Fiscales de Sala del Tribunal Supremo, Presidente y Consejeros del Tribunal de Cuentas, Presidente y Consejeros del Consejo de Estado, Defensor del Pueblo y Presidente y Consejeros de una Comunidad Autónoma, cuando así lo determinen su Estatuto de Autonomía. Así como de las demandas de responsabilidad civil dirigidas contra Magistrados de la Audiencia Nacional o de los Tribunales Superiores de Justicia por hechos realizados en el ejercicio de sus cargos y de e la instrucción y enjuiciamiento de las causas contra Magistrados de la Audiencia Nacional, de un Tribunal Superior de Justicia o de los Fiscales europeos delegados (arts. 56 y 57 LOPJ).

nal que sea competente según los criterios ordinarios de determinación de la competencia, sino en la falta de competencia de cualquier tribunal para juzgar al Rey/Jefe del Estado en cualquier tipo de proceso y por cualquier acto, público o privado, penal o civil, realizado durante su jefatura de Estado[25].

En otras palabras, si todos tienen derecho al Juez ordinario predeterminado por la ley (art. 24-2 CE), la ley no predetermina ningún Juez que juzgue al Rey/Jefe del Estado.

Esta falta de determinación del Tribunal, llevada al ámbito del derecho privado, significa no sólo que el Jefe del Estado no puede ser demandado en caso alguno, sino también que tampoco podrá demandar a nadie cuando la competencia judicial sea la del propio demandante, o sea, la del Rey. Por ejemplo, en materia de derecho al honor, a la intimidad personal y familiar y a la propia imagen y, en general, en materia de protección civil de derechos fundamentales, en los que es competente el tribunal del domicilio del demandante como determina con carácter imperativo el art. 52.1.6º LEC. En materia de nulidad matrimonial, de separación o de divorcio, el art. 769 LEC establece distintos fueros.

El Rey/Jefe del Estado, por tanto, no tiene quién le juzgue ni quien le divorcie (salvo divorcio notarial) ni, a tenor del art. 411 LECrim, quien le escuche como testigo, pues están exentos del deber de declarar el Rey, la Reina, sus respectivos consortes, el Príncipe heredero y los Regentes del Reino.

---

25 Salvo cuanto establece el art. 27 del Estatuto de Roma de la Corte Penal Internacional, hecho en Roma el 17 de julio de 1998 (cuya competencia también es constitucionalmente discutible).

III. ALCANCE TEMPORAL DE LA INVIOLABILIDAD

Aunque la inviolabilidad/irresponsabilidad del Rey/Jefe del Estado se limita objetivamente a los actos realizados durante el tiempo en el que el Rey es el Jefe del Estado, su eficacia temporal es vitalicia.

De este modo, se debe distinguir:

a) Los actos realizados antes de ser Jefe del Estado.

Estos actos pueden ser juzgados antes de asumir la Jefatura o después de dejarla (si no ha prescrito la acción correspondiente); pero no durante la Jefatura del Estado. Se debe entender que, durante este periodo de Jefatura del Estado, el plazo de prescripción o de caducidad de las acciones debe quedar suspendido por cuanto no se puede ejercitar la acción. Cabría preguntarse si, en su caso, cabría interrumpirlo expresamente, posibilidad a la que no le veo ningún obstáculo.

b) Los actos realizados después de ser Jefe del Estado (aunque siga siendo Rey, pero ya no Jefe del Estado), los cuales pueden ser objeto de juicio en los términos del art. 55 bis LOPJ.

c) Los actos realizados durante la Jefatura del Estado.

Estos quedan absolutamente amparados por los privilegios constitucionales de inviolabilidad e irresponsabilidad (al menos, en la interpretación judicial predominante de dichos privilegios) y, por tanto, tampoco podrán ser juzgados una vez cese en la Jefatura del Estado (aunque siga siendo Rey).

En definitiva, durante el período en que se ostenta la Jefatura del Estado el Rey es absolutamente irresponsable, tanto política como jurídicamente y tanto por actos de naturaleza pública (es decir, los realizados como Jefe del Estado) como por actos de naturaleza privada, civiles, penales, tributarios... Es decir, por los actos realizados en ese periodo de tiempo no se le podría juzgar jamás (mientras se mantenga el orden constitucional vigente, según la interpretación dominante). Como ya se ha señalado, rige el absolutista *the king can do no wrong.*

IV. LA INVIOLABILIDAD EN LAS RELACIONES JURÍDICO-PRIVADAS

1. Un estatuto jurídico demediado

La cuestión de la inviolabilidad y consecuente irresponsabilidad del Rey/Jefe del Estado está clara, pues, respecto de los actos que precisan, de acuerdo con la Constitución, refrendo, es decir, actos políticos realizados como Jefe del Estado. La propia Constitución prevé la sanción a los actos faltos de refrendo: carecen de validez sin dicho refrendo, salvo lo dispuesto en el art. 65-2 CE (el nombramiento de los miembros civiles y militares de su Casa), al que se debe añadir lo dispuesto en el art. 65-1 in fine CE (la libre distribución de la cantidad global recibida de los Presupuestos del Estado para el sostenimiento de su Familia y Casa, la cual distribuye libremente)[26].

Pero esta inviolabilidad se extiende, según la opinión judicial imperante, a todos los actos del Rey/Jefe del Estado. Es decir, a los actos de su vida privada, los cuales no precisan obviamente refrendo alguno. Según esta línea de pensamiento, de los actos del Rey/Jefe del Estado que necesitan refrendo, responde (políticamente) el sujeto que debe refrendarlos (art. 56 y 64 CE); pero de los actos que no necesitan refrendo alguno no responde nadie: del nombramiento de los miembros civiles y militares de su Casa y de la distribución de la cantidad

---

26 Vid. DÍEZ-PICAZO, Luis María, "El régimen jurídico de la Casa del Rey...", cit., págs. 115 y sigs.

global para el sostenimiento de su Familia, porque expresamente dice la Constitución que son actos libres del Rey; y de los demás actos privados tampoco, porque los ampara la inviolabilidad e irresponsabilidad que establece el art. 56 CE y porque no hay tribunal predeterminado para juzgarlo.

Ya se ha dicho que, en el ámbito político o de la función pública, la falta de responsabilidad se vincula con la falta de poder ejecutivo o efectivo y con la necesidad del refrendo.

Sin embargo, en el ámbito del derecho privado, el par funcional no es falta de poder ejecutivo-falta de responsabilidad, sino capacidad-responsabilidad. Es decir, la irresponsabilidad, en general, se vincula a la falta de capacidad del sujeto para realizar el acto jurídico concreto.

¿Qué sucede, entonces, respecto de las relaciones jurídico-privadas y, en concreto, en aquellas en que el Rey/Jefe del Estado es sujeto pasivo, es decir, deudor?

Inviolabilidad e irresponsabilidad significa la ausencia de posibilidad de sanción por un acto que el ordenamiento en general permitiría, en otro caso, sancionar[27]. Si dicho concepto extensivo de la inviolabilidad y la irresponsabilidad alcanza también a las relaciones jurídico-privadas, junto con la falta de tribunal competente, entonces concluiremos en situaciones que la doctrina civilista llama de deuda sin responsabilidad o, en la terminología tradicional aún no superada, obligaciones naturales: el sujeto (el Rey) debe, pero no responde[28].

---

27 RODRÍGUEZ-PIÑERO Y BRAVO-FERRER, M. *Comentarios…*, cit., pág. 1566.

28 Aunque la bibliografía es amplia, vid., DÍEZ-PICAZO, L., *Fundamentos de Derecho civil patrimonial II, Las relaciones obligatorias,* reimpr. 6ª ed., Cizur Menor, 2009, págs. 79 y sigs.

De este modo, la sostenida inviolabilidad e irresponsabilidad del Rey/Jefe del Estado, más allá de la derivada de sus actos como Jefe del Estado, impide la determinación de un estatuto jurídico privado pleno del Rey, pues al menos quedan fuera las posiciones de responsabilidad en las relaciones jurídico-privadas. De hecho, como dice LUIS MARÍA DÍEZ-PICAZO, las relaciones jurídicas externas de la Corona, reguladas por el mismo Derecho que regula normalmente todas las relaciones jurídicas del ordenamiento general: el Derecho común (civil, mercantil y laboral) y, eventualmente, el Derecho administrativo, se llevan a cabo a través de la Casa del Rey para cubrir su irresponsabilidad[29].

Esto conduce a la siguiente paradoja: en el ámbito jurídico privado, el Rey se manifiesta como un rey absoluto (absolutus): *dominus ab legibus solutus* o *princeps legibus solutus est,* lo que no es en el ámbito público porque sus actos deben estar "siempre refrendados en la forma establecida en el artículo 64, careciendo de validez sin dicho refrendo, salvo lo dispuesto en el artículo 65-2" (art. 56-3 CE). Es decir, un Rey no absoluto en el ámbito jurídico público, pero absoluto (en cuanto no sujeto a responsabilidad) en el ámbito jurídico privado.

2. El Código de Conducta del Personal de la Casa Real

Es cierto que hay un llamado *Código de Conducta del Personal de la Casa de S.M. el Rey* dado el 4 de diciembre de 2014 que contiene un conjunto, no de normas jurídicas, sino de principios éticos y de conducta comunes que deban presidir la actuación del personal de la Casa para el mejor cumplimiento

---

29 DÍEZ-PICAZO, Luis María, "El régimen jurídico de la Casa del Rey...", cit., págs. 119.

de la misión de la Casa Real[30]. Este Código de conducta es de obligado cumplimiento para el personal que la integra y, con fundamento en la dignidad de la Corona, impone una conducta leal, integra, honesta y transparente.

Posteriormente, mediante el Real Decreto 297/2022, de 26 de abril, por el que se modifica el Real Decreto 434/1988, de 6 de mayo, sobre reestructuración de la Casa de Su Majestad el Rey, se han incorporado al real decreto los criterios de actuación aprobados por el Rey referidos a su Casa, así como aquellos otros referidos a su Familia que requieren una actuación de su Casa al efecto. En ese sentido, ha establecido que el personal al servicio de la Casa de Su Majestad el Rey ejercerá sus funciones con sujeción a su Código de Conducta, que está integrado por los principios generales recogidos en el real decreto y los criterios de actuación que el Jefe de la Casa deberá aprobar en su desarrollo.

Sin perjuicio de que se trata de un conjunto de principios no jurídicos y de que no parecen referidos al Rey, sino al personal de la Casa del Rey, las referencias a las relaciones jurídico-privadas son mínimas y, en lo que se refiere al Rey/Jefe de Estado, limitadas por la inviolabilidad e irresponsabilidad de su persona, pues deben actuar con "sujeción y observancia de la Constitución y del resto de las normas que integran el ordenamiento jurídico".

Más allá de la proscripción de las conductas que supongan un conflicto de intereses, en relación con las relaciones jurídico-privadas solo hay dos criterios de actuación para la conducta del personal al servicio de la Casa Real:

---

30 Sobre la Corona y la Casa del Rey como organizaciones estatales no administrativas, vid. DÍEZ-PICAZO, Luis María, "El régimen jurídico de la Casa del Rey...", cit., págs. 115 y sigs.

a) No aceptar ni solicitar, ni directa ni indirectamente, en beneficio propio o de terceros, retribuciones, gratificaciones o favores para promover, orientar o influir en cuestiones internas o externas de la Casa de Su Majestad el Rey (criterio de actuación sub l).

b) Rechazar cualquier regalo, favor o servicio en condiciones ventajosas que vaya más allá de los usos habituales, sociales y de cortesía (criterio de actuación sub n)[31].

3. Algunos ejemplos de irresponsabilidad y sus límites

Sin pretensión alguna de exhaustividad, podemos encontrar las siguientes situaciones traídas aquí a modo de ejemplo y casi a vuela pluma:

A) Relaciones jurídico-obligatorias: irresponsabilidad por incumplimiento y por daño

En sede de obligaciones en general, y de obligaciones contractuales o por daño en particular, al Rey no le sería aplicable ninguna norma de responsabilidad por incumplimiento ni de responsabilidad por daño.

Así, no son aplicables al Rey/Jefe de Estado ni el art. 1911 CC ("Del cumplimiento de las obligaciones responde el deudor con todos sus bienes, presentes y futuros") ni el art. 1902 CC ("El que por acción u omisión causa daño a otro, intervi-

31 Acerca del patrimonio nacional y los bienes al servicio de la Corona, vid. PAU, A., "El régimen jurídico de los bienes del patrimonio nacional", en Anuario de la Facultad de Derecho dela Universidad Autónoma de Madrid, 19 (2015), págs. 378 y sigs.; DÍEZ-PICAZO, LUIS MARÍA, "El régimen jurídico de la Casa del Rey…", cit., págs. 123 y sig.

niendo culpa o negligencia, está obligado a reparar el daño causado") ni finalmente el art. 1101 CC ("Quedan sujetos a la indemnización de los daños y perjuicios causados los que en el cumplimiento de sus obligaciones incurrieren en dolo, negligencia o morosidad, y los que de cualquier modo contravinieren al tenor de aquéllas").

En estos casos, el Rey/Jefe del Estado debe, pero no responde[32].

¿Y si alguien avala al Rey? ¿Es válida dicha fianza o aval? Dice el art. 1822 CC que, por la fianza, se obliga uno a pagar o cumplir por un tercero, en el caso de no hacerlo éste. Y el art. 1824 CC establece que la fianza no puede existir sin una obligación válida.

En nuestro caso, la obligación que asumiera el Rey/Jefe del Estado es una obligación válida. Si cumple, cumple válidamente; si no cumple, no se le puede exigir responsabilidad *ex* art. 1911 CC. Pero el fiador sería responsable, pues en todo caso, no se obliga a más que el deudor principal, ni en la cantidad ni en lo oneroso de las condiciones (como exige el art. 1826 CC).

No impediría la fianza el hecho de que el fiador no pueda ser compelido a pagar al acreedor sin hacerse antes excusión de todos los bienes del deudor, como determina el art. 1830 CC, pues sin perjuicio de que el llamado beneficio de excusión es renunciable (art. 1831 CC) (la excusión es excusable), en nuestro caso, aunque no se haya renunciado al mismo, su resultado será negativo: la inviolabilidad/irres-

---

32 De donde deriva una primera conclusión: quien venda al Rey que lo haga en efectivo (con respeto a los límites de la ley de blanqueo del dinero, por supuesto) y al contado. Y quien le preste, que sepa que lo hace a su propio riesgo y ventura.

ponsabilidad del Rey/Jefe del Estado/deudor impediría la agresión de sus bienes.

El fiador, por tanto, estará obligado a pagar y, como dice el art. 1838 CC, deberá ser indemnizado por el deudor. Incluso se subrogará en la posición del acreedor *ex* art. 1839 CC.

Pero qué triste crédito el de la indemnización y qué subrogación más vacía de contenido.

Tampoco son aplicable al Rey/Jefe del Estado las normas relativas a la responsabilidad por daño, tanto por el daño causado por él mismo (art. 1902 CC y concordantes de leyes especiales, es especial Real Decreto Legislativo 8/2004, de 29 de octubre, por el que se aprueba el texto refundido de la Ley sobre responsabilidad civil y seguro en la circulación de vehículos a motor), como por el causado por un tercero pero del que deba responder (en general, arts. 1903 a 1910 CC; y en especial, Ley Orgánica 5/2000, de 12 de enero, reguladora de la responsabilidad penal de los menores).

Si embargo, la inviolabilidad e irresponsabilidad conocen un límite: precisamente el de la persona del Rey/Jefe del Estado o, si se prefiere, el de la vida del Rey/Jefe del Estado.

Como se ha reiterado, la inviolabilidad e irresponsabilidad se predican de la persona del Rey/Jefe del Estado mientras ostenta la Jefatura del Estado y por los actos de cualquier naturaleza realizados mientras sea Jefe del Estado.

También se ha repetido que dichas inviolabilidad e irresponsabilidad en los términos antes dichos son personales y vitalicias: por esos actos no responde ni siquiera si dejara de ser Jefe del Estado (siga siendo Rey o no).

Finalmente, también se ha dicho ya que la inviolabilidad e irresponsabilidad se han entendido como prerrogativa o privilegio del Rey/Jefe del Estado, es decir, de su persona. Por tanto, desaparecen no cuando deja de ser Jefe del Estado, sino cuando deja de ser persona, es decir, cuando fallece.

De este modo, esta inviolabilidad e irresponsabilidad no alcanza a sus herederos, salvo al que le suceda en la Jefatura del Estado.

El resto de los herederos, si aceptan la herencia pura y simplemente, responderán de las deudas que conformen la herencia del Rey, pues éste no responde, pero sí que debe (arts. 659 y 661 CC). Igualmente, si aceptan la herencia a beneficio de inventario (arts. 1.010 y sigs. CC), se deberá proceder a su liquidación y, por tanto, al pago de las deudas de las que no respondía, pero debía, mientras estaba vivo.

B) Derechos y garantías reales

Obviamente, no cabría ejercitar contra el Rey/Jefe del Estado las acciones posesorias, ni la acción reivindicatoria, ni la declarativa de dominio, ni la confesoria, ni tercería alguna; aunque el Rey sí podría ejercitarlas contra el usurpador, el poseedor sin título, el que niegue su derecho de propiedad o el que pretenda un derecho real sobre cosa ajena propiedad del Rey (acción confesoria). En breve: no cabría ejercitar ninguna acción real contra el Rey/Jefe del Estado.

La cuestión es más difícil en el caso de garantías reales sobre bienes propios, pues el titular del bien (el Rey/Jefe del Estado) ha consentido la constitución de dichas garantías reales sobre bienes propios y la ejecución no recae sobre todo su patrimonio, sino solamente sobre los bienes objeto de la garantía correspondiente.

¿Se debe inadmitir en estos casos la demanda de ejecución hipotecaria o pignoraticia? Aunque responda el bien, la demanda de ejecución de título no judicial se dirige contra el titular del bien dado en garantía y ya hemos dicho que el Rey no tiene quién le juzgue.

En virtud del art. 538 LEC (*Partes y sujetos de la ejecución forzosa*):

1. Son parte en el proceso de ejecución la persona o personas que piden y obtienen el despacho de la ejecución y la persona o personas frente a las que ésta se despacha.

2. Sin perjuicio de lo dispuesto en los artículos 540 a 544 LEC, a instancia de quien aparezca como acreedor en el título ejecutivo, sólo podrá despacharse ejecución frente a los siguientes sujetos:

   1.º Quien aparezca como deudor en el mismo título.

   ...

Para la ejecución hipotecaria o pignoraticia, dice el art. 681 LEC (*Procedimiento para exigir el pago de deudas garantizadas por prenda o hipoteca*) que la acción para exigir el pago de deudas garantizadas por prenda o hipoteca "podrá ejercitarse directamente contra los bienes pignorados o hipotecados, sujetando su ejercicio a lo dispuesto en este título, con las especialidades que se establecen en el presente capítulo".

Aquí, la competencia la determina el art. 684 LEC: en general, un Juzgado de Primera Instancia en función de la naturaleza del bien hipotecado o pignorado y, en su caso, del sometimiento acordado por las partes.

En todo caso, no se puede demandar al Rey/Jefe del Estado.

Pero también aquí cabe la reflexión anteriormente señalada respecto de la responsabilidad de los herederos del Rey.

Asimismo, se debe señalar que la inviolabilidad e irresponsabilidad de la persona del Rey no alcanza a otros sujetos responsables, como el hipotecante/pignorante no deudor o por deuda ajena o el tercer poseedor de finca hipotecada.

C) Matrimonio, alimentos y crisis matrimonial

1) Cargas del matrimonio

El Rey/Jefe del Estado puede contraer matrimonio y pactar el régimen económico matrimonial que desee (mejor, que acuerde con su cónyuge; y, a falta de pacto, el régimen legal subsidiario *ex* arts. 1315 y sigs. CC).

Pero, sea cual fuere el régimen económico matrimonial, de determinadas deudas (en general, de las cargas del matrimonio *ex* art. 1.318 y 1319 CC) respondan ambos cónyuges (incluso el que no haya consentido expresamente), en el orden que derive de su régimen económico matrimonial.

El Rey/Jefe del Estado no respondería de esas deudas.

2) Alimentos y patria potestad.

Los arts. 142 a 153 CC regulan la obligación de alimentos entre parientes. El Rey estaría también obligado, como cónyuge, como ascendiente o descendiente o como hermano del necesitado en los términos del art. 143 CC y en el orden del art. 144 CC.

Sin embargo, tampoco respondería por el incumplimiento de esta obligación legal que conforma el estatuto jurídico de determinados parientes,

Entre los deberes de la patria potestad, el art. 154 CC establece los de velar por los hijos menores, tenerlos en su compañía, alimentarlos, educarlos y procurarles una formación integral.

Tampoco se le puede exigir judicialmente al Rey/Jefe del Estado el cumplimiento de estos deberes ni responderá judicialmente de las deudas derivadas de su inobservancia.

3) Nulidad, separación y divorcio

Como se acaba de señalar, el Rey/Jefe del Estado puede contraer matrimonio con quien quiera[33] (en realidad, con quien quiera contraerlo con él, pues derecho a contraer matrimonio se configura constitucionalmente como un derecho de titularidad individual, pero no de ejercicio individual, puesto que exige de otra persona para ejercitarse y del consentimiento mutuo libremente expresado por los contrayentes, dentro de los límites que se deriven de la configuración legal de los requisitos para contraer matrimonio que realiza el legislador ordinario).

Sin embargo, la nulidad, separación o divorcio sólo podría obtenerlo el cónyuge del Rey si lo solicita el Rey o lo ambos solicitan de mutuo acuerdo o uno con el consentimiento del otro, pues al Rey no se le puede demandar.

Incluso en estos supuestos es dudoso pues, aunque el Rey presentara la demanda o prestara su consentimiento, no sabemos ante qué tribunal se debería presentar la demanda de nulidad, separación o divorcio.

Sabemos que la reina consorte y, en su caso, el consorte de la reina están aforados, para asuntos civiles, en la Sala Primera del Tribunal Supremo: en virtud del art. 55 bis LOPJ, las Salas de lo Civil y de lo Penal del Tribunal Supremo son competentes para conocer de la tramitación y enjuiciamiento de las

---

[33] La norma constitucional referida al matrimonio, no se refiere al Rey, sino a la persona que tenga derecho a la sucesión; y no le prohíbe el matrimonio, sino que lo excluye de la sucesión a la Corona, a él y a sus descendientes. Así, el art. 57-4 CE establece que "aquellas personas que teniendo derecho a la sucesión en el trono contrajeren matrimonio contra la expresa prohibición del Rey y de las Cortes Generales, quedarán excluidas en la sucesión a la Corona por sí y sus descendientes".

acciones civiles y penales, respectivamente, dirigidas contra la Reina consorte o el consorte de la Reina, la Princesa o Príncipe de Asturias y su consorte, así como contra el Rey o Reina que hubiere abdicado y su consorte.

Pero no el Rey/Jefe del Estado. Así, que tales demandas deberían interponerse respetando el fuero de la reina consorte (o del consorte de la reina), es decir, ante la Sala de lo Civil del Tribunal Supremo. En otro caso, a falta de juez competente, el matrimonio del Rey sería indisoluble en vida de los cónyuges y solo admitiría una separación de hecho.

Sí cabría, en cambio, la separación y el divorcio ante Notario o ante Letrado de la Administración de Justicia de acuerdo con los arts. 82 y 87 CC, si concurren dos circunstancias:

1) Que los cónyuges la concierten de mutuo acuerdo mediante la formulación de un convenio regulador, en el que, junto a la voluntad inequívoca de separarse o divorciarse, determinen las medidas que hayan de regular los efectos derivados de la separación o del divorcio en los términos establecidos en el art. 90 CC.

2) Que no haya hijos menores no emancipados o hijos mayores respecto de los que se hayan establecido judicialmente medidas de apoyo atribuidas a sus progenitores.

4) Efectos de la nulidad, separación y divorcio

Para el caso de separación o de divorcio, el art. 90 CC determina que "el convenio regulador a que se refieren los artículos 81, 82, 83, 86 y 87 deberá contener, al menos y siempre que fueran aplicables, los siguientes extremos:

a) El cuidado de los hijos sujetos a la patria potestad de ambos, el ejercicio de ésta y, en su caso, el régimen de comunicación y estancia de los hijos con el progenitor que no viva habitualmente con ellos.

b) Si se considera necesario, el régimen de visitas y comunicación de los nietos con sus abuelos, teniendo en cuenta, siempre, el interés de aquéllos.

b) bis El destino de los animales de compañía, en caso de que existan, teniendo en cuenta el interés de los miembros de la familia y el bienestar del animal; el reparto de los tiempos de convivencia y cuidado si fuere necesario, así como las cargas asociadas al cuidado del animal.

c) La atribución del uso de la vivienda y ajuar familiar.

d) La contribución a las cargas del matrimonio y alimentos, así como sus bases de actualización y garantías en su caso.

e) La liquidación, cuando proceda, del régimen económico del matrimonio.

f) La pensión que conforme al artículo 97 correspondiere satisfacer, en su caso, a uno de los cónyuges".

¿Se aplica dicho precepto a la separación o divorcio del matrimonio del Rey/Jefe del Estado? Y si se aplica, bien por resolución judicial o bien por haberlo acordado los cónyuges, ¿le son exigibles al Rey/Jefe del Estado las obligaciones derivadas de dicho precepto? La respuesta negativa se impone.

El art. 92-1 CC establece expresamente que "la separación, la nulidad y el divorcio no eximen a los padres de sus obligaciones para con los hijos". En el caso del Rey/Jefe del Estado, sí le exime, si no de la obligación, sí, al menos, de la responsabilidad que derivaría por su incumplimiento.

D) La filiación

1) Filiación y orden regular en la sucesión a la Corona

Cabe cuestionarse, en primer lugar, la sucesión en la propia Corona y Jefatura del Estado. ¿Puede ser sucesor a la

Corona y a la Jefatura del Estado un hijo no matrimonial o un hijo adoptivo?

En virtud del art. 57-1 CE

> "La Corona de España es hereditaria en los sucesores de S. M. Don Juan Carlos I de Borbón, legítimo heredero de la dinastía histórica. La sucesión en el trono seguirá el orden regular de primogenitura y representación, siendo preferida siempre la línea anterior a las posteriores; en la misma línea, el grado más próximo al más remoto; en el mismo grado, el hombre a la mujer, y en el mismo sexo, la persona de más edad a la de menos".

En virtud del art. 108 CC

> "La filiación puede tener lugar por naturaleza y por adopción. La filiación por naturaleza puede ser matrimonial y no matrimonial. Es matrimonial cuando el padre y la madre están casados entre sí.
>
> La filiación matrimonial y la no matrimonial, así como la adoptiva, surten los mismos efectos, conforme a las disposiciones de este Código".

Además, los arts. 14 y 39 CE imponen el principio de igualdad entre los hijos, solo excepcionado (todavía) en la preferencia del varón sobre la mujer *ex* art. 57-1 CE (lo cual es una variante de la Ley Sálica que, curiosamente, en la corona de España, introdujo el primer Borbón en 1713 y derogó Fernando VII en 1830 con la Pragmática Sanción)[34].

---

[34] La variante se introdujo en la llamada ley de la Agnación Rigorosa o Ley de Sucesión Fundamental de 10 de mayo de 1713. Consiste dicha variante, como se sabe, en que no se impide a la mujer acceder al trono, sino que se le priva de la sucesión si hay y mientras haya legítimos descendientes o colaterales (hermanos y sobrinos) varones. La Pragmática Sanción fue aprobada en tiempos de Carlos IV en 1789, pero promulgada y publicada por Fernando VII en 1830.

La cuestión que aquí se plantea es qué debe entenderse por el "orden regular" a que se refiere el art. 57-1 CE

De acuerdo con los principios históricos de la monarquía española, solo permitiría la sucesión de los hijos legítimos (nacidos por consanguinidad y concebidos dentro del matrimonio, aun si nacen con posterioridad a la separación o divorcio), de manera que quedarían excluidos los hijos adoptivos y los concebidos fuera de las relaciones matrimoniales[35]. Tendrían la consideración de hijos legítimos los concebidos antes del matrimonio reconocidos, siempre que no fueran fruto de una relación extramatrimonial y se celebrara el posterior matrimonio entre los progenitores para su legitimación.

Es decir, se equipararían hijo no matrimonial e hijo ilegítimo (categoría, esta última, que no existe en nuestro ordenamiento jurídico).

---

35 Sobre la cuestión, vid., GARCÍA TORRES, J., "Consideraciones sobre la posible reforma del Derecho dinástico constitucional", en AAVV, *La reforma constitucional.* XXVI Jornadas de estudio de la Abogacía General del Estado, Ministerio de Justicia, Madrid, 2005, págs. 424 a 454 (en concreto, 444 a 446).
Vid. también, en general, REQUEJO PAGÉS, J. L., "Límites constitucionales a la reforma de la Corona", en AAVV, *La reforma constitucional...*, cit., págs. 455 a 464; PEMÁN MEDINA, P., "La sucesión a la Corona y su repercusión en la sucesión en los títulos nobiliarios", en AAVV, *La reforma constitucional...*, cit., págs. 465 a 472; TORRE DE SILVA Y LÓPEZ DE LETONA, J., "Comentario sobre la sucesión en la Corona y su repercusión en la sucesión en los títulos nobiliarios", en AAVV, *La reforma constitucional...* cit., págs. 473-484; ELÍAS DE TEJADA CASANOVA, J. Mª., "Comentario sobre la influencia de la reforma de la Constitución en la sucesión de los títulos nobiliarios", en La reforma constitucional... cit., págs. 485 a 498; DOMÍNGUEZ-BERRUETA DE JUAN, M.A. y SENDÍN GARCÍA, M.A., "La igualdad de sexos y el acceso a la Corona", en AAVV, *La reforma constitucional...* cit., págs. 499 a 512.

El texto constitucional de 1978 no exige, sin embargo, que la filiación sea matrimonial ni, obviamente, legítima, de acuerdo con los principios de igualdad y no discriminación. Igualmente, el art. 108 CC establece que "la filiación matrimonial y la no matrimonial (...) surten los mismos efectos".

De este modo, la expresión "la sucesión en el trono seguirá el orden regular" debe limitarse los criterios expresados en el texto constitucional. El orden regular en su sucesión al trono viene determinado, así, por los criterios de primogenitura, representación y preferencia: la línea anterior es preferente a las posteriores; en la misma línea, el grado más próximo al más remoto; en el mismo grado, el hombre a la mujer, y en el mismo sexo, la persona de más edad a la de menos.

En otras palabras: la Constitución no excluye la sucesión en la Corona de los hijos no matrimoniales ni los adoptivos. Y conviene no olvidar que, de acuerdo con el art. 9-1 CE, los ciudadanos y los poderes públicos (entre ellos, la Jefatura del Estado) están sujetos a la Constitución y al resto del ordenamiento jurídico.

Obviamente, respecto del hijo no matrimonial, la paternidad debe estar determinada y, como se dirá a continuación, esto sólo es posible actualmente a través del reconocimiento del progenitor

2) La determinación de la filiación

Aquí se produce una situación al menos curiosa: el régimen de determinación de la filiación sólo es parcialmente aplicable al Rey/Jefe del Estado.

Como se sabe, en la regulación de la filiación (art. 108 y sigs. CC), el Código civil distingue entre filiación por naturaleza y filiación por adopción; y, en aquélla, la filiación matrimonial y la no matrimonial, a las que dota de un régimen distinto fundamentalmente en orden a los criterios de determinación y a las acciones de reclamación y de impugnación.

Respecto de la determinación de la filiación matrimonial, al Rey/Jefe del Estado le es aplicable la presunción de paternidad, así como las declaraciones, consentimientos y reconocimientos a que se refieren los arts. 116 y sigs. CC y concordantes.

Respecto de la determinación de la filiación no matrimonial *ex* art. 120 CC, el único criterio admisible es el del reconocimiento, pues al Rey/Jefe del Estado no se le puede demandar: La filiación no matrimonial quedará determinada legalmente:

> 1.º En el momento de la inscripción del nacimiento, por la declaración conforme realizada por el padre en el correspondiente formulario oficial a que se refiere la legislación del Registro Civil.
>
> 2.º Por el reconocimiento ante el Encargado del Registro Civil, en testamento o en otro documento público.
>
> 3.º Por resolución recaída en expediente tramitado con arreglo a la legislación del Registro Civil, en los términos del art. 44 LRC.

No cabría por sentencia firme (art. 120-4º CC) puesto que, como se acaba de decir, al Rey/Jefe de Estado no se le puede demandar.

En este punto, aún cabría matizar lo siguiente:

1) Si la concepción se produjo antes de ser Rey/Jefe del Estado, se podrá interponer la correspondiente acción de filiación antes de ser Rey/Jefe del Estado o tras su abdicación.

2) Si la concepción se produjo mientras era Rey/Jefe del Estado, en coherencia con la doctrina dominante, no se le podrá demandar en ningún momento: la inviolabilidad/irresponsabilidad de que goza como estatuto personal por los actos realizados durante el tiempo en que es Rey/Jefe del Estado es vitalicia.

3) Los Autos TS de 28 de enero de 2015 y de 27 de marzo de 2015

Como se acaba de señalar, si la concepción se produjo antes de ser Rey/Jefe del Estado, se podrá interponer la correspondiente acción de filiación antes de ser Rey/Jefe del Estado o tras su abdicación.

Contra el actual Rey/No Jefe de Estado se interpusieron dos demandas de filiación resueltas por la Sala Primera del Tribunal Supremo en Autos de 28 de enero de 2015 y de 27 de marzo de 2015.

En el primero se inadmite la demanda por no aportar principio de prueba; en el segundo, se admite la demanda, pero el Tribunal Supremo estima, por primera vez, el recurso de reposición contra la admisión de la demanda de reclamación de filiación por declaraciones (extrajudiciales) contradictorias posteriores de la demandante. Este Auto tiene dos votos particulares.

En los casos resueltos por los citados autos del Tribunal Supremo, los hechos de los que derivaría la filiación se produjeron antes de ser Rey/Jefe del Estado y las demandas se formularon tras la abdicación como Rey y consiguiente cese como Jefe del Estado.

Sin perjuicio de la valoración jurídica que nos merezcan tales autos (sobre todo el segundo, que estima el recurso de reposición), respecto del Rey/No Jefe del Estado, la cuestión está actualmente resuelta: cabe demanda de filiación ante la Sala Primera del Tribunal Supremo *ex* art. 55 bis LOPJ.

Pero mientras el Rey/Jefe del Estado ostente la citada Jefatura no puede ser demandado: no hay Tribunal competente.

¿Qué ocurre si el acto del que deriva la filiación se verifica durante la Jefatura del Estado? ¿Puede ser demandado el

Rey cuando ya no sea Jefe del Estado? La respuesta afirmativa debería imponerse y, en este caso, la inviolabilidad e irresponsabilidad limitarse a los acto políticos, es decir, a los que necesitan refrendo. Sin embargo, en la tesis mayoritaria, el Rey/Jefe de Estado, tampoco puede ser demandado por hechos acaecidos durante el tiempo en que fue Jefe de Estado. Es decir, que no habría acción (aunque sí tribunal *ex* art. 55 bis LOPJ).

E) Liberalidades y sucesiones *mortis causa*

En sede de sucesiones *mortis causa* y de liberalidades *inter vivos* y *mortis causa,* también se abren muchos interrogantes fundamentalmente respecto de la llamada intangibilidad cuantitativa y cualitativa de la legítima, es decir, en sede de límites a la libertad de testar (y de donar). A modo de ejemplo:

¿Qué sucede si el Rey/Jefe del Estado recibe una liberalidad (donación o legado) inoficiosa?

¿Qué sucede si el Rey/Jefe del Estado recibe más de lo que le corresponde por legítima?

¿Se puede impugnar frente al Rey/Jefe del Estado el testamento otorgado por el Rey/no Jefe del Estado ya fallecido?

La respuesta mayoritaria es que, si los hechos acaecen mientras es Jefe de Estado, no y nunca. Si son anteriores, sólo cuando cese como Jefe de Estado; y si son posteriores, sin duda. Y, en ambos casos, ante la Sala Primera del Tribunal Supremo ex art. 55-bis LOPJ.

En definitiva, la cuestión acerca de si el Rey goza de un estatuto jurídico-privado tiene una respuesta clara: sí; pero sustraído al derecho común o general; sí; pero demediado, como el Vizconde de I. Calvino.

BIBLIOGRAFÍA

AA. VV., *La monarquía parlamentaria: Título II de la Constitución*, VII Jornadas de Derecho Parlamentario, Madrid, 2001.

Alzaga Villaamil, O., La monarquía parlamentaria, forma política del Estado español, págs. 53-64.

Aragón Reyes, M., *Dos estudios sobre la Monarquía parlamentaria en la Constitución española*, Madrid, 1990.

Aragón Reyes, M., *Estudios de Derecho constitucional*, Madrid, 1978.

Ariño Ortiz, G., *La Corona*, Madrid, 2013.

Bar Cendón, A., "La monarquía parlamentaria como forma política del Estado español según la Constitución de 1978", en *Estudios sobre la Constitución española de 1978* (J. Lalinde et al.), Zaragoza, 1979, págs. 191 a 215.

Belda Pérez-Pedrero, E., *El Poder del Rey: alcance constitucional efectivo de las atribuciones de la Corona*, Madrid, 2003.

Biglino Campos, M. P., "La inviolabilidad de la persona del rey y el refrendo de sus actos", en *La monarquía parlamentaria (Título II de la Constitución)*, Madrid, 2001, págs. 201 a 214.

Cascajo Castro, J. L., "Materiales para un estudio de la figura del Jefe del Estado en el sistema político español", en *Anuario de derecho constitucional y parlamentario*, núm. 5, 1993, págs. 43 a 60.

Carreras, F., "El significado constitucional de la monarquía parlamentaria", en *La corona en la historia de España* (Tusell, J., Lario, A. y Portero, F.), Madrid, 2003, págs. 216 y sigs.

Cremades García, J., *La Casa de S.M. el Rey*, Madrid, 1998.

De Vega García, P., "El Rey, Jefe del Estado, símbolo de su unidad y permanencia", en *La monarquía parlamentaria, (Título II de la Constitución)*, Madrid, 2001, págs. 65 a 86.

Díez-Picazo, Luis María, "El régimen jurídico de la Casa del Rey (Un comentario al artículo 65 de la Constitución)", en *Revista Española de Derecho Constitucional*, año 2, núm. 6 (septiembre-diciembre), 1982, págs. 115 a 138.

Entrena Cuesta, R., "Comentario al artículo 56", en *Comentarios a la Constitución* (dir F. Garrido Falla), 3ª ed., Madrid, 2001, págs. 1034 a 1037.

Fernández Campo, S., "La monarquía", en *La constitución española de 1978, 20 años de democracia*, Madrid, 1998, págs. 343 a 353.

Fernández-Fontecha Torres, M. y Pérez Armiñán y de la Serna, A., *La monarquía en la Constitución*, Madrid, 1987.

Fernández-Miranda Campoamor, C., "La irresponsabilidad del Rey: El refrendo: evolución histórica y regulación actual" en *Revista de Derecho Político*, núm. 44, 1998, págs. 225 a 256. También en *Monarquía y Constitución* (dir. A. Torres del Moral), Vol. 1.°, Madrid, 2001, págs. 425 a 450.

Fernández-Palacios, M., Rey, *Constitución y política exterior*, Madrid, 2010.

García Canales, M., *La Monarquía parlamentaria española*, Madrid, 1991.

García Canales, M., "Las monarquías parlamentarias europeas", en *Monarquía y Constitución* (dir. A. Torres del Moral), Vol. 1.°, Madrid, 2001, págs. 81 a 94.

Gómez Degano, J. L., "La Corona en la Constitución Española de 1978", en *Jornadas de Estudios sobre el Título Preliminar de la Constitución*, Madrid, 1988, vol. II, págs. 1433 y sigs.

Gómez Sánchez, Y., "La sucesión a la Corona", en *Las monarquías europeas en el siglo XXI* (dir. G. Rollnert Liern), Madrid, 2007, págs. 147 a 178.

González Trevijano, P. J., *El refrendo*, Madrid, 1988.

Herrero de Miñón, M., *El principio monárquico (un estudio sobre la soberanía del rey en las Leyes fundamentales)*, Madrid, 1972

Herrero y Rodríguez de Miñón, M., "El Rey: artículo 56°", en *Comentarios a la Constitución española de 1978* (dir. O. Alzaga Villaamil), T. V, Madrid, 1999, págs. 39 a 76.

López Guerra, L., "Una Monarquía parlamentaria", en *El régimen constitucional español* (dirs. Jorge de Esteban y Luis López Guerra), Barcelona, 1982, págs. 9 a 41.

Menéndez Rexach, Á., *La Jefatura del Estado en el derecho público español*, Madrid, 1979.

Oliver León, B., *Monarquía y Estado constitucional: la institución monárquica en el proceso de consolidación del Estado constitucional*, Madrid, 2002.

Otto, I. de, "Sobre la monarquía", *La izquierda y la Constitución* (G. Peces Barba et al.), Barcelona, 1978, págs. 51 a 61.

Pau, A., "El régimen jurídico de los bienes del patrimonio nacional", en *Anuario de la Facultad de Derecho dela Universidad Autónoma de Madrid*, 19 (2015), págs. 371 a 392.

Pérez Royo, F. J., "La Corona y el Gobierno en la Constitución Española", en *La monarquía parlamentaria, (Título II de la Constitución)*, Madrid, 2001, págs. 149 a 170.

Porras Ramírez, J. M., *Principio democrático y función regia en la Constitución normativa,* Madrid, 1995.

Portero García, L., "La responsabilidad del Jefe del Estado", en *Revista General de Derecho,* A. 38, núms. 448 a 451 (enero-abril), 1982, págs. 4 a12, 226 a 234 y 466 a 494.

Resigno, G. U., *La responsabilità política,* Milán, 1967; "Responsabilità politica e responsabilità giuridica", en *Rivista Italiana per le Scienze Giuridiche,* 3/2012, págs. 333 a 355.

Rodríguez Ramos, L., "La inviolabilidad del Rey en la Constitución", en *La Ley,* núm. 1, 1982, págs. 864 a 866.

Solozábal Echavarría, J. J., "Irresponsabilidad e inviolabilidad del Rey", en *Temas básicos de Derecho Constitucional* (dirs. Manuel Aragón Reyes y César Aguado Renedo), Vol. 2, 2011 (Organización general y territorial del Estado), págs. 42 a 45.

Solozábal Echavarría, J. J., Voz "Irresponsabilidad e inviolabilidad del Rey", *Enciclopedia jurídica Básica,* tomo III, Madrid, 1995.

Solozábal Echavarría, J. J., Voz "Rey", en *Enciclopedia jurídica Básica,* tomo IV, Madrid, 1995.

Villanueva Turnes, A., *El estatuto jurídico constitucional del Rey en el ordenamiento español vigente* (tesis doctoral), Santiago de Compostela, 2018.

Liberalidades y donaciones

Mª ÁNGELES EGUSQUIZA BALMASEDA
Catedrática de Derecho Civil
Universidad Pública de Navarra

I. LIBERALIDADES Y DONACIONES: PATRIMONIO NACIONAL AL SERVICIO DE LA CORONA O PATRIMONIO PRIVADO DEL REY

Las liberalidades se presentan en nuestro ordenamiento jurídico como negocios jurídicos basados en el "ánimo o intención liberal". Éstas engloban una pluralidad de actos y negocios jurídicos de los que su arquetipo es la "donación", aunque existen otros negocios que, si bien tienen ese fundamento o caracterización, técnicamente no se identifican con aquélla.

A ese ámbito negocial se adscriben desde las llamadas "liberalidades de uso", caracterizadas por la falta de espontaneidad, ya que su satisfacción viene impuesta por la necesidad de cumplir con convencionalismos o exigencias sociales -regalos de boda, cumpleaños, etc.-, hasta las que persiguen que su receptor obtenga una ventaja económica o patrimonial (el pago de deuda ajena, la remisión o condonación de deuda -art. 1187 y ss. del CC, la renuncia a derechos *in favorem*, el transcurso convenido del plazo de prescripción extintiva o adquisitiva, etc.) También comprende las atribuciones identificadas como "donaciones indirectas" que, en virtud de la autonomía privada de la voluntad, utilizan un negocio típico como vehículo para enriquecer al destinatario; supuesto típico es la compraventa por precio simbólico o muy inferior al del mercado.

El elemento común del que participan todas esas disposiciones es que el acto o negocio se halla impulsado o presidido por un "ánimo o intención" efectivamente "liberal"; lo que excluye que las atribuciones tengan carácter fiduciario o bien medie una ulterior contraprestación. Ha de existir un empobrecimiento directo o indirecto en el patrimonio de quien da, un enriquecimiento en el del que recibe y una correlación entre ambas salidas y entradas patrimoniales.

La "donación" fue el primer negocio jurídico realizado por el hombre primitivo, antes incluso que el trueque[1]. La actuación espontáneamente "generosa" movía, en esa fase protojurídica, las voluntades y lograba la natural respuesta dadivosa de quien era su receptor. Quizá, por ello, los ordenamientos jurídicos han visto siempre con recelo y desconfianza este tipo de negocios, tanto cuando se producen en el ámbito privado como en el público.

En el Derecho civil esa suspicacia se plasma en el mayor control estructural sobre las atribuciones con "causa donandi" a fin de garantizar su existencia, eficacia y efectos. En el plano positivo, recuerda TORRES LANA[2], tal rigor se manifiesta «a través de la exigencia de una forma sustancial, *ad validitatem* (arts. 632 y 633 del CC), para las donaciones de cosas muebles o inmuebles, respectivamente, y la imposición de un límite a la capacidad de disposición del donante sobre su propio patrimonio (art. 636 del CC). Y por esto y por el desequilibrio que de suyo implica el empobrecimiento del donante, la donación no se presume», como así se sugiere en el art. 1901 del CC.

---

1 CASTRESA HERRERO, A., "Donación, una experiencia jurídica singular en el derecho Romano", *Tratado de las liberalidades. Homenaje al Prof. Enrique Rubio*, EGUSQUIZA BALMASEDA, M.A. y PÉREZ ONTIVEROS, C. (dirs.), Aranzadi-Thomson Reuters, 2017, pp. 93 y ss.

2 "Causa e intención liberal en el actual régimen contractual", *Tratado de las liberalidades. Homenaje al Prof. Enrique Rubio*, EGUSQUIZA BALMASEDA, M.A. y PÉREZ ONTIVEROS, C. (dirs.), Aranzadi-Thomson Reuters, 2017, pp. 117 y ss.

En la esfera del sector público, la propia determinación de la Ley 33/2003, de 3 de noviembre, del Patrimonio de las Administraciones Públicas, sobre los bienes y derechos que pueden ser objeto de una cesión gratuita, el procedimiento para llevarla a cabo, su régimen jurídico y destinatarios, reflejan cautelas semejantes a las que se hallan presentes en el sector privado para la transmisión patrimonial con causa "liberal".

No extrañará, por tanto, que la realización de esos negocios ofrezcan, desde la perspectiva jurídica y material, algunos aspectos particulares cuando afectan a los patrimonios que se ligan al Jefe del Estado y/o miembros de la Casa Real.

El primero de ellos deviene de la evolución histórico-legislativa y deslinde entre los bienes propios del reino y los bienes privados del monarca[3].

Dos apuntes evidencian la discusión sobre esta cuestión y los encendidos debates que se produjeron durante buena parte de los siglos XIX y XX alrededor de ella.

1°) Constitución de Cádiz de 1812. Su artículo 214 dispuso que pertenecerán «al Rey todos los Palacios Reales que han disfrutado sus predecesores, y las Cortes señalarán los terrenos que tengan por conveniente reservar para el recreo de su persona». Este tenor literal dio lugar a que se discutiera sobre si

---

3 PAU, A., "El régimen jurídico de los bienes del patrimonio nacional", *Anuario de la Facultad de Derecho de la Universidad Autónoma de Madrid,* 2015, núm. 19, p. 373, señala a este respecto que «con Las Partidas empieza una larga evolución legislativa en relación con esos bienes del reino (que luego se llamarán "Patrimonio de la Corona", más tarde "Patrimonio Real", y acabarían convirtiéndose en el "Patrimonio Nacional"), evolución que se produce sobre todo en dos direcciones: la de ir precisando qué bienes forman parte de ese Patrimonio –lo que implicaba el deslinde respecto de los bienes propios del monarca–, y la de ir precisado la naturaleza jurídica de ese Patrimonio –y en concreto si la titularidad era pública o privada–».

lo que se disponía era que los bienes descritos formaban parte del patrimonio propio del Rey o bien constituía "Patrimonio de la Corona".

2º) El contenido del art. 342 del CC, precepto que indica que «(l)os bienes del Patrimonio Real se rigen por su ley especial; y, en lo que en ella no se halle previsto, por las disposiciones generales que sobre la propiedad particular se establecen en este Código». La norma, cuyo tenor literal se ha mantenido incólume desde su entrada en vigor en 1889, se hace eco de la situación jurídica del tema al tiempo de la codificación. Cabe recordar que la Ley del Patrimonio Real de 1776[4], tras los sucesivos procesos de desamortización y sustituciones de las leyes del patrimonio de la Corona de 1865, 1869 y 1876, deslindó la relación entre el patrimonio privado del Rey y el institucional perteneciente al Reino.

Hoy por hoy, el tema se halla totalmente zanjado. La Constitución Española de 1978 ha consagrado y diferenciado los bienes que se encuentran al servicio institucional de la Corona y cuyo destino es su utilización por el Jefe del Estado y miembros de la Casa Real, "Patrimonio Nacional", de aquellos otros que integran el patrimonio personal y propio de éstos.

Así, el art. 132.3 de la CE prevé que «por ley se regularán», además del Patrimonio del Estado, «el Patrimonio Nacional, su administración, defensa y conservación», estableciendo una reserva legal para la delimitación de los bienes que integran o pueden integrar dicho patrimonio, así como todo lo referido a su estatuto jurídico.

La Ley 23/1982, de 16 de junio, reguladora del Patrimonio Nacional, materializó esa reserva legal. A tal efecto su art. 2º dispone que «tienen la calificación jurídica de bienes del Patrimonio Nacional los de titularidad del Estado afectados al uso

---

4 PAU, A., Ob. cit., pp. 373 y ss.

y servicio del Rey y de los miembros de la Real Familia para el ejercicio de la alta representación que la Constitución y las leyes les atribuyen»; a ellos se adscriben también «los derechos y cargas de Patronato sobre las Fundaciones y Reales Patronatos a que se refiere la presente Ley». Esta caracterización que efectúa la Ley de Patrimonio Nacional implica dos cuestiones.

Primera, los bienes que integran ese tipo patrimonial se encuentran sujetos a un régimen "ad hoc" y específico, sometido a la disciplina de Derecho público. La titularidad del patrimonio pertenece al Estado.

Segunda, el destino y la utilización de aquellos quedan vinculados a un componente finalista, el cumplimiento de los deberes de representación institucional que les asignan la Constitución y las leyes al Rey y los miembros de la Real Familia. Ello determina que los actos y negocios jurídicos que involucren esa dimensión de representación o rol institucional afectarán a su calificación, disciplina jurídica y adscripción patrimonial.

Frente a ello el art. 33.1 de la CE garantiza a todos los españoles el derecho a "la propiedad privada y a la herencia". Estos derechos se reconocen sin excepción, facultando que todo sujeto pueda ser titular, así como disfrutar y disponer de un patrimonio privado. A nadie se le puede privar o expropiar de su patrimonio personal; y, cuando ello se plantee, debe existir "causa justificada de utilidad pública o interés social", mediar "la correspondiente indemnización" y resultar conforme a las leyes. De esta forma, la esfera patrimonial privada del Rey y los miembros de la Casa Real se encuentra definida y garantizada también constitucionalmente. Las cuestiones que se susciten en este ámbito se hallan sujetas al régimen jurídico del Derecho privado y a los principios que lo conforman, entre los que destacan la "libertad dispositiva" y "autonomía privada de la voluntad".

Desde estos parámetros, la delimitación de qué régimen resulta de aplicación a las liberalidades que se reciben por el Rey y, por extensión representativa, por los integrantes de la Casa

Real, partirá de la consideración de si su destino es el ingreso en el Patrimonio Nacional, o bien el privado de sus receptores. El elemento central para esta determinación será la situación o posición que se quiere gratificar.

II. DONACIONES REALIZADAS AL ESTADO A TRAVÉS DEL REY CON DESTINO AL PATRIMONIO NACIONAL

1. Aspectos generales del régimen

Elaboradas en la primera etapa de desarrollo de nuestro vigente sistema constitucional, la Ley 23/1982, de 16 de junio, reguladora del Patrimonio Nacional (LPN) y el Real Decreto 496/1987, de 18 de marzo, que aprueba su Reglamento de desarrollo, son las normas que han venido disciplinado esta parcela jurídica. A esta regulación específica se añadió, como derecho supletorio, la disciplina contenida en la Ley del Patrimonio del Estado, según prevé el art. 6º de la citada LPN.

En los primeros momentos del neonato texto constitucional, la naturaleza jurídica de los bienes y derechos que nos ocupan fue objeto de un rico debate, dada la referencia conjunta que el art. 132.3 de la CE efectúa al Patrimonio del Estado y al Nacional. Para algunos autores los bienes del Patrimonio Nacional eran bienes de carácter demanial[5] o con una

---

[5] LÓPEZ RODÓ, L., *El Patrimonio Nacional*, Madrid 1954, p. 260; ARCENEGUI, I. E., "El Patrimonio Nacional. Naturaleza y régimen jurídico", *Estudios sobre la Constitución española: Homenaje al profesor Eduardo García de Enterría*, MARTÍN-RETORTILLO BAQUER, S., (coord.) vol. 5, Madrid, 1991, p. 3.905; GONZÁLEZ SALINAS, J., voz "Patrimonio Nacional", *Enciclopedia Jurídica Básica Cívitas*, t. III, Madrid, 1995, p. 4.819; SÁINZ MORENO, F. "Artículo 132. Dominio público, bienes comunales, Patrimonio del Estado y Pa-

posición idéntica a los de dominio público[6], ya que gozaban de las notas garantizadas constitucionalmente para estos últimos (art. 132.1 y 2 CE), aproximándolos a ellos[7]. Otros discu-

---

trimonio Nacional", *Comentarios a la Constitución española de 1978*, ALZAGA, O. (dir.), t. X, Madrid, 1999, p. 181; VEGA HERRERO, M. y MUÑOZ DEL CASTILLO, J.L., "Patrimonio del Estado y Patrimonio Nacional: aspectos jurídico-financieros", *Estudios de Derecho y Hacienda. Homenaje a César Albiñana García-Quintana*, MARTÍNEZ LAFUENTE, A. y MARTÍN-RETORTILLO BAQUER, S. (coord.), vol. 1, Madrid, 1987, p. 605; SARMIENTO ACOSTA, M.J., "La definición jurídica del Patrimonio Nacional", *VII Jornadas de Derecho Parlamentario. La Monarquía Parlamentaria*, SÁINZ MORENO, F., (coord.), Congreso de los Diputados, Madrid, 2001, p. 771; CANO CAMPOS, T., "El Patrimonio Nacional", *Lecciones y materiales para el estudio del derecho administrativo*, CANO CAMPOS, T., (coord.), vol. 5, Madrid, 2009, p. 71; AVEZUELA CÁRCEL, J., "Los bienes con régimen específico o integrantes de patrimonios separados. El Patrimonio Nacional", *Derecho de los bienes públicos*, PAREJO, L. y PALOMAR, A. (DIRS.), vol. 1, Madrid, 2009, p. 315; POMED SÁNCHEZ, L., "Bienes de los órganos constitucionales. II El Patrimonio Nacional", *Derecho de los bienes públicos*, GONZÁLEZ GARCÍA, J.V. (dir.), Madrid, 2009, p. 175.

6 Consideran que tienen un régimen privilegiado similar a los bienes de dominio público del Estado DÍEZ-PICAZO, L., Ob. cit., p. 123; o se aproxima a éstos GARCÍA-ATANCE Y GARCÍA DE MORA, M.A V., "El Patrimonio Nacional", *Revista de Derecho Político*, núm. 33, 1991, p. 151.

7 Cf. AVEZUELA CÁRCEL, J., "Capítulo 5. Los bienes con régimen específico o integrantes de patrimonios separados. El patrimonio nacional", *Derecho de los bienes públicos*, PAREJO ALFONSO, L., PALOMAR OLMEDA, A., T.I , (dirs.) Aranzadi-Thomson Reuters, 2009, pp. 324 y ss.

tían tal naturaleza, calificándolos de bienes patrimoniales[8] o de la Nación[9].

En todo caso, su regulación "ad hoc", y la caracterización jurídica en la LPN como bienes y derechos de "titularidad del Estado", llevó a que se considerara[10] que el "Patrimonio Nacional" conformaba un verdadero patrimonio separado, aunque su titularidad perteneciera al Estado y gozara de las notas propias de éste. En ese sentido el art. 6º.2º de LPN dispuso que:

«Los bienes y derechos integrados en el Patrimonio Nacional serán inalienables, imprescriptibles e inembargables, gozarán del mismo régimen de exenciones tributarias que los bienes de dominio público del Estado, y deberán ser inscritos en el Registro de la Propiedad como de titularidad estatal. El Consejo de Administración del Patrimonio Nacional podrá interesar del Ministerio de Hacienda, en relación con los bienes y derechos a que se refieren los dos artículos precedentes, el ejercicio de las prerrogativas de recuperación, investigación y deslinde que corresponden al Estado respecto de los bienes de dominio público».

Tales previsiones se desarrollaron en los arts. 6, 7, 8, 9 y 10 del Real Decreto 496/1987, de 18 de marzo, por el que se aprueba el Reglamento de la Ley 23/1982, de 16 de junio, reguladora del Patrimonio Nacional.

---

8 Consideran que son bienes patrimoniales BASSOLS COMA, M., «Instituciones administrativas al servicio de la Corona», *Revista de Administración Pública*, núm.. 101-102, 1983, p. 929; ÁLVAREZ ÁLVAREZ, J.L., *Estudios sobre el Patrimonio Histórico Español*, Madrid, 1989, p. 825.

9 DÍEZ MORENO, F. "La consideración jurídico-constitucional del Patrimonio Nacional", *Boletín de la ANABAD*, 1989, núm.1.

10 DIEZ PICAZO, L. M., "El régimen jurídico de la Casa del Rey. Un comentario al artículo 65 de la Constitución", *Revista Española de Derecho Constitucional*, núm. 6, septiembre-diciembre, 1982, pp. 124 y ss.

Como en su momento sugiriera DIEZ PICAZO[11], ello no debe ser valorado desde una perspectiva reduccionista de necesaria adscripción a las categorías de bienes de dominio público o patrimoniales, y sí como la extensión de la tutela que el Estado quiere para esta categoría de bienes con un fin de Estado que trasciende a la propia Administración. Existe una neta diferenciación de estos bienes con los de dominio público derivada del propio fin que persiguen, el uso y servicio a la Corona, y de la persona jurídico privada a la que se le encarga su gestión.

Este patrimonio y los bienes que lo integran se encuentran modalizados por el hecho de que su gestión se encuentra encomendada a un "ente ad hoc", definido en el art. 1° de la LPN:

«El Consejo de Administración del Patrimonio Nacional se configura como una Entidad de Derecho público, con personalidad jurídica y capacidad de obrar, orgánicamente dependiente de la Presidencia del Gobierno y excluida de la aplicación de la Ley de Entidades Estatales Autónomas. Son sus fines la gestión y administración de los bienes y derechos del Patrimonio Nacional».

Todos los actos que requiera la gestión del Patrimonio Nacional tendrán que ser efectuados, pues son de su competencia, por ese Consejo de Administración, aun cuando afecten a bienes que sean empleados por la Corona. A este respecto señala el art. 8°.2° de la LPN que corresponden a este ente, entre otras, las funciones siguientes:

> «a) La conservación, defensa y mejora de los bienes y derechos del Patrimonio Nacional.
>
> b) El ejercicio de los actos de administración ordinaria que sean necesarios para la adecuada utilización de los bienes. (...)

---

11 DIEZ PICAZO, L. M., Ob. cit., pp. 124 y ss.

e) Contratar en régimen de Derecho privado, las obras y suministros que sean de interés para el Patrimonio Nacional, previas las formalidades que se determinen en el Reglamento de esta Ley, así como cualesquiera otros contratos que se refieran al aprovechamiento de los bienes del mismo.

f) La constitución con fines exclusivamente culturales o para el decoro de edificios públicos y por un período máximo de dos años de depósitos de bienes muebles de valor o carácter histórico o artístico, adoptando las medidas necesarias para la adecuada seguridad y conservación de los mismos. En todo caso, se velará por el íntegro mantenimiento de las colecciones. (...)

i) La formación del inventario de bienes y derechos del Patrimonio Nacional, con intervención de los órganos de la Administración del Estado que reglamentariamente se determine, su elevación al Gobierno y la correspondiente propuesta al mismo para su rectificación anual.

j) La propuesta al Gobierno de afectación de bienes muebles e inmuebles al uso y servicio de la Corona.

k) La propuesta al Gobierno de desafectación de bienes muebles e inmuebles del Patrimonio Nacional, cuando éstos hubiesen dejado de cumplir sus finalidades primordiales. En ningún caso podrán desafectarse los bienes muebles o inmuebles de valor histórico-artístico.

l) Aceptar donaciones, herencias o legados y, en general acordar las adquisiciones a título lucrativo de cualquier clase de bienes. La aceptación de herencias se entenderá hecha a beneficio de inventario.

m) Elaborar y aprobar con carácter anual el anteproyecto de presupuesto del Patrimonio Nacional y remitirlo al Gobierno para su posterior inclusión en los Presupuestos Generales del Estado...».

Ello supone que el Rey y su Casa pueden servirse materialmente del Patrimonio Nacional, pero no ostentan más titularidad que la de su uso y disfrute, ligada además a su labor institucional. No pueden realizar acto alguno de disposición o de administración de tales bienes. Tampoco pueden por sí, según se deriva de la letra i) de este art. 8º.2º de la LPN, aceptar "donaciones" de los potenciales bienes o derechos que vayan a formar parte del "Patrimonio Nacional"[12].

Antes de adentrarnos en los aspectos jurídicos del régimen de la donación, interesa destacar cuál es el contenido que integra esa parte del Patrimonio Nacional. Dispone el art. 12 de la LPN que los recursos económicos de éste procederán de las siguientes fuentes:

> «a. Los bienes y valores que constituyen su patrimonio:
>
> b. Los productos y rentas de dicho patrimonio y los que deriven de la gestión de los bienes del Patrimonio Nacional y de los Reales Patronatos, que el organismo destinará al cumplimiento de sus fines.
>
> c. Las consignaciones que tenga asignadas en los Presupuestos Generales del Estado.
>
> d. Las transferencias corrientes o de capital que procedan de la Administración General del Estado o de otras administraciones y entidades públicas.
>
> e. Las donaciones, legados, patrocinios y otras aportaciones de entidades privadas y particulares. Corresponderá al Presidente o Presidenta del Consejo de Administración de Patrimonio Nacional autorizar la aplicación de estas aportaciones a los gastos corrientes del organismo, incluida la correspondiente modificación presupuestaria que resulte precisa.
>
> f. Cualquier otro recurso que se le autorice a percibir o se le pudiera atribuir según las disposiciones vigentes».

Finalmente, debe tenerse en cuenta que, de modo paralelo a lo que se prevé en la Ley del Patrimonio del Estado para los bienes patrimoniales, se exige que estos bienes estén inventariados y figuren en el Inventario General del Patrimonio Nacional. En ese inventario han de incluirse todos los bienes y derechos, inmuebles y muebles, con sus descripciones (art.

---

12 DÍEZ PICAZO, L.M., Ob. cit., p. 124.

12, 14 y 15 RLPN). Esta inclusión se halla sujeta a la previa aprobación del Gobierno (art. 13 RLPN). Asimismo, la afectación y desafectación de aquellos bienes al uso y servicio de la Corona compete, a propuesta del Consejo de Administración del Patrimonio Nacional, al Gobierno por Real Decreto (art. 17 y 18 RLPN).

2. *Recepción de donaciones: necesidad de que sean entregadas por razón institucional*

El panorama descrito enmarca y delimita una parte de las donaciones en las que aparentemente los destinatarios son los integrantes de la Corona, pero cuyo ingreso no se produce en el patrimonio propio del Rey o de los miembros de la Casa Real, sino que tienen por destino el Patrimonio Nacional, cuya titularidad pertenece al Estado, conforme al art. 2º de la LPN.

Hay que tener en cuenta que, a pesar de que todos los actos de gestión, administración, adquisición y disposición del Patrimonio Nacional son asignados al Consejo de Administración, el art. 4º.8 de la LPN establece que pertenecen al Patrimonio Nacional: «Las donaciones hechas al Estado a través del Rey». Esta misma previsión se transcribe en el art. 4.h) del Real Decreto 496/1987, de 18 de marzo, por el que se aprueba el Reglamento de la Ley 23/1982, de 16 de junio, reguladora del Patrimonio Nacional.

Estas reglas plantean algunos interrogantes: ¿Cuándo puede valorarse que una donación realizada al Rey ha de considerarse hecha a "través" de él siendo destinatario el Estado? ¿En calidad de qué actúa el Rey como receptor de esa donación? ¿Quién es el que presta consentimiento para la aceptación? ¿Qué papel tiene el Consejo de Administración en estos casos? ¿Qué implica que el art. 8º.2.l) de la LPN indique que es competencia del Consejo de Administración «aceptar donaciones, herencias o legados y, en general, acordar las adquisiciones a título lucrativo de cualquier clase de bienes»?. ¿Supone esta última previsión una contradicción con la previsión anterior?

La doctrina ha prestado escasa atención a estas cuestiones. Tampoco se ha planteado conflictividad sobre ellas, detectable en la jurisprudencia. Ello demuestra que no ha habido problemas en el ingreso en el Patrimonio Nacional de las donaciones que se han querido con este destino por los disponentes.

El punto de partida para la intelección de esta situación deviene de la propia estructura de la donación, cuya conformación se recoge en el Código civil.

La realización de donaciones al Rey con destino al Patrimonio Nacional no presenta más peculiaridades que las que se derivan de las previsiones contenidas en la normativa de la LPN y su reglamento de desarrollo, y las que se contienen, en lo no previsto en ellas, en la Ley del Patrimonio del Estado -Ley 33/2003, de 3 de noviembre-.

Desde la perspectiva de los elementos configuradores de ese negocio jurídico cabe recordar que la donación se tipifica, en el art. 628 del CC, como «un acto de liberalidad por el cual una persona dispone gratuitamente de una cosa en favor de otra, que la acepta». Al margen de la discusión sobre su naturaleza jurídica -acto, contrato o negocio traslativo del dominio-, la donación obliga y produce efecto para el donante desde la aceptación -art. 629 CC-, quedado «perfeccionada -esto es, irrevocable- desde que el donante conoce la aceptación del donatario» -art. 623 CC-. De aquí se derivan varias exigencias.

La primera de ellas radica en que en el donante ha de mediar un ánimo de liberalidad, con la consiguiente ausencia de correspectividad.

Tratándose de la donación realizada por un particular, persona física o jurídica, el donante puede realizar una donación pura y simple, supeditarla al cumplimiento de una condición -donación condicional-, o bien imponer al donatario una carga o modo -donación modal-. Estas últimas suelen ser las modalidades utilizadas por los donantes de bienes con valor económico, histórico o cultural con destino al Patrimonio del Estado o Patrimonio Nacional. Quien dona, en estos casos, suele querer que se cumplan los objetivos y destino que desean para sus bienes cuando se reciben por el Estado. Por ello no es infrecuente que se incluyan límites a la propia atribución de la liberalidad, o se determine su objeto, o bien se fije el destino que deberá darse a los bienes (art. 707 CC). El incumplimiento de la "condición" o la "carga o modo", impuesta por el donante, conlleva la posibilidad de que la donación pueda ser revocada por el propio donante o sus herederos -arts. 619 y 647 CC-[13].

El repaso de la jurisprudencia, en cuanto a la problemática que suscita, resulta muy ilustrativo, teniendo como eje central de discusión la pertinencia, o no, de la revocación de la donación. Como supuestos paradigmáticos caben citar los casos resueltos en las SSTS de 21 de febrero de 2006 (RJ 2006, 1932) y 23 de junio de 2003 (RJ 2003\4587) sobre la cesión gratuita al Estado por una Administración Local de terrenos para la construcción de casa cuartel o viviendas para el Ejército, que no se construyeron; el de la SAP de Valencia de 6 de abril de 2002 (AC 2002, 1510) sobre la donación de cuadros con la carga de que fueran expuestos permanentemente en el Instituto Valenciano de Arte Moderno; o el de la SAP de 19 diciembre 2007 (JUR 2007\139397) relativo a la donación de fincas para la construcción de una estación de ferrocarril bajo la expresa

13 TUR FAÚNDEZ, N., "La donación modal u onerosa", *Tratado de las liberalidades.* Homenaje al Prof. Enrique Rubio, EGUSQUIZA BALMASEDA, M.A. y PÉREZ ONTIVEROS, C. (dirs.), Aranzadi-Thomson Reuters, 2017, pp. 720 y ss.

condición de no destinar los terrenos a otro uso que no fuera el establecimiento de la estación con sus dependencias y anexos.

De especial interés, por las circunstancias del caso y posicionamiento del Tribunal Supremo, ha resultado la controversia ventilada en su sentencia de 20 de julio de 2007 (RJ 2007, 4696)[14]. El supuesto fáctico partía de la donación de dos fincas, efectuada en 1937 al Estado español, segregadas de una parcela en Santa Cruz de Tenerife. En la escritura de donación se hacía constar como destino, según se reflejó en el Registro de la Propiedad, que ésta se realizaba con la finalidad de emplear los terrenos donados y cuanto en ellos se encontraba comprendido, excepto la charca o estanque, "al Ramo de Guerra y al objeto de destinarlos para campamento y campo de instrucción y de tiro". El Ministerio de Defensa vendió los citados terrenos el 8 de mayo de 1997 a la Cooperativa de Viviendas Hespérides. En ese mismo año los causahabientes del donante, tras dos sucesivas transmisiones hereditarias, interpusieron demanda contra el Ministerio de Defensa y la Cooperativa de viviendas Hespérides, por el incumplimiento del modo de la donación. La demanda civil fue desestimada en primera y segunda instancia, si bien el fallo fue revocado en casación. El Tribunal Supremo entendió que la donación realizada tenía carácter modal y la enajenación de las fincas a un tercero suponía el incumplimiento del modo, razón por la cual consideró que resultaba procedente la revocación de aquella liberalidad, conforme a lo dispuesto en el artículo 647 del CC. Frente a la argumentación de que el modo no se había incumplido porque el «beneficio económico Iba a ser destinado a intereses del Ministerio de Defensa» se afirmó por el Alto Tribunal que «el modo nunca se pensó para ese destino, sino para el uso militar,

---

14 Cf. IMAZ ZUBIAUR, L., "Comentario de la STS de 20 de julio de 2007", *Cuaderno Civitas de Jurisprudencia Civil*, núm. 76, 2008, pp. 343 a 358

y si este uso resultó ser temporal (guerra civil y medio siglo), temporal debe ser considerada la donación».

Cabe destacar dos cuestiones resueltas en la sentencia, que bien pueden ser extrapoladas al ámbito que nos ocupa.

De un lado, la afirmación de la competencia de la jurisdicción civil para resolver el pleito, puesto que por «más que una de las partes demandadas haya sido la Administración y haya comparecido en su defensa el Abogado del Estado, el objeto del proceso es una clara acción civil, la de revocación de una donación modal, contrato civil. Que el donatario sea el Estado, ramo de Guerra, hoy Ministerio de Defensa, sólo ha precisado la reclamación previa en vía administrativa, pero no determina la jurisdicción contencioso-administrativa».

De otro, el reconocimiento de legitimación de los demandantes. Se desecha que la acción de revocación de la donación por incumplimiento del modo tuviera carácter personalísimo, y se admite que ésta fuera transmisible "mortis causa" a los herederos, ya que «ningún precepto dispone lo contrario», aunque «si el donante no la quiso ejercitar, no pueden tampoco hacerlo sus herederos».

Con todo, hay que tener en cuenta las previsiones específicas que la Ley 33/2003, de 3 de noviembre, del Patrimonio de las Administraciones Públicas ha introducido para situaciones como la expuesta, cuando media una donación condicional o modal; reglas que, como se ha indicado, son también de aplicación para el Patrimonio Nacional.

Dispone el artículo 21.4 LPAP, dentro del apartado que dedica a las adquisiciones a título gratuito, que «si los bienes se hubieran adquirido bajo condición o modo de su afectación permanente a determinados destinos, se entenderá cumplida y consumada cuando durante 30 años hubieren servido a tales destinos, aunque luego dejaren de estarlo por circunstancias sobrevenidas de interés público». Con ello, la carga o modo se considerará cumplida o purgada, pudiendo destinarse a otro fin distinto al dispuesto por el donante, lo que implica su desafectación, cuando se ha destinado de manera efectiva y constante al fin previsto por un tiempo que no podrá ser inferior a 30 años.

La doctrina administrativista ha señalado que esa previsión implica para el donante la privación de la acción revocatoria por incumplimiento de cargas si transcurre el plazo de 30 años[15], abundando en la idea de que tal plazo coincide con el régimen civil de la usucapión extraordinaria de los bienes inmuebles (art. 1959 CC).

No me parece convincente tal argumentación. Debe tenerse en cuenta que la propiedad que se recibe en estos casos por donación no es plena sino modalizada. El argumento de que a los 30 años opera la usucapión extraordinaria de los bienes inmuebles, lo cual parece proyectarse como justificación jurídica, olvida que no basta con que medie cualquier posesión para lograr esa plena titularidad; esta ha de ser en concepto de dueño pleno y sin las limitaciones que le impuso el donante con la carga o modo. En realidad, el inicio de la posesión a los efectos de una usucapión de lo donado libre de cargas, interversión del concepto posesorio, sólo cabe considerarla legalmente cumplidos los 30 años, ya que a partir de ese momento se considera purgada la carga o modo. Ello, además, no parece que pueda operar en todo caso, a tal efecto basta pensar en la donación que realice un particular con prohibición de disponer inscrita registralmente por el tiempo fijado en el art. 781 del CC -art. 785.2 CC-.

---

15 GOSÁLBEZ PEQUEÑO H., "Adquisición de bienes y derechos", *El régimen jurídico general del Patrimonio de las Administraciones Públicas. Comentario a la Ley 33/2003, de 3 de noviembre*, dir. MESTRE DELGADO, J.F., 2ª ed., La Ley-El consultor de los Ayuntamientos, 2010, pp. 320 y ss.

El art. 21.4 de la LPAP pretende una alteración de las reglas del juego, comprensible en el caso de la liberalidades -cesiones gratuitas- que se realicen entre Administraciones, pero no cuando el Estado tiene que estar en pie de igualdad y someterse al régimen del Derecho privado, como acontece en el caso de las liberalidades que le atribuye un particular. De ahí que, desde esta perspectiva, la pretensión de aplicación del art. 21.4 de la LPAP a estos últimos casos suene a una suerte de expropiación amparada legalmente. Tal previsión contraviene principios básicos del tráfico negocial, como son los que fijan que no cabe dejar al arbitrio de la parte interesada el entendimiento de lo que es el cumplimiento de la obligación (art. 1256 CC) o la modificación unilateral de la voluntad del donante, que es uno de los parámetros estructurales de la donación. La regla indicada constituye una muestra más de la búsqueda por el Estado de una posición preeminente en todas las relaciones en las que interviene, incluidas las jurídico-privadas, en las que debiera estar sometido al régimen jurídico privado general como un sujeto más, y sin mayores privilegios.

La regla descrita ha sido objeto de aplicación por la STS de 20 de febrero de 2018, nº 262/2018, entendiéndose que «transcurrido treinta años desde la cesión de un bien bajo condición o modo, ésta se entenderá cumplida, de tal manera que ya no pesa sobre el adquirente la obligación de mantenerlo en su destino inicial y, consecuentemente, la de proceder a su devolución en el supuesto de cambiar su destino; reversión que tan solo tendría lugar en el supuesto de no cumplirse la condición impuesta dentro de aquel período». Esta se ha planteado para el caso de cesión de bienes gratuita por una Administración local al Estado, quedaría por ver si corre igual suerte, y se admite su aplicación, cuando la donación condicional o modal fuera realizada por un ciudadano particular.

El segundo aspecto relevante, desde la perspectiva de la validez negocial, viene dado por el hecho de que la donación constituye un negocio formal. No hay donación si no se cumple la forma que establece el Código civil para cada uno de sus tipos. Es ésta una exigencia estructural que no queda eliminada por la circunstancia de que el receptor de los bienes sea el Estado y el destino de ellos el Patrimonio Nacional.

En el caso de la donación de cosas muebles, el art. 632 del CC faculta para que ésta se pueda realizar verbalmente con la "entrega simultánea de la cosa donada". La entrega cumple con la exigencia de la "forma", y sin ella no habrá donación. Cuando la donación no sea manual, se precisará que el acto se efectúe "por escrito", pudiendo constar la aceptación en el mismo documento en el que se recoja la manifestación del donante, o bien en otro separado; requisito sin el que la donación no será válida.

Tratándose de la donación de bienes inmuebles, la exigencia de forma reclamada por el art. 633 del CC se concreta en la escritura pública que, según jurisprudencia reiterada, debe ser la propia de donación. En ella se deberán incluir «individualmente los bienes donados y el valor de las cargas que deba satisfacer el donatario». La aceptación podrá hacerse «en la misma escritura de donación u otra separada; pero no surtirá efecto si no se hiciese en vida del donante»; «hecha en escritura separada, deberá notificarse la aceptación en forma auténtica al donante y se anotará esta diligencia en ambas escrituras».

Finalmente, el tercer elemento estructural viene dado por la exigencia de que el donatario, titular del patrimonio en el que ingresa el bien, ha de aceptar la donación.

En el plano sustantivo, el art. 630 del CC dispone que «el donatario debe, so pena de nulidad aceptar la donación por sí o por medio de persona autorizada con poder especial para el caso, o con poder general y bastante».

La singular idiosincrasia del Patrimonio Nacional, tanto en cuanto a su titularidad, como su gestión y organización, modalizan la forma en la que ha de ser satisfecha esta exigencia, y quien sea el que ha de "aceptar la donación".

Según ya se ha indicado con anterioridad, el art. 8º.2.1) de la LPN asigna tal cometido al Consejo de Administración del Patrimonio Nacional por ser ese el ente que gestiona y administra ese patrimonio separado. Este habrá de intervenir, como aceptante, en las donaciones de bienes inmuebles -art. 633 CC- y en las de muebles no manuales -art. 632 CC-, satisfaciendo la forma exigida en cada caso. La valoración de si las donaciones ofrecidas resultan, o no, adecuadas para su ingreso en el Patrimonio Nacional, sobre todo si generan gastos o se encuentran sujetas a condición o modo oneroso, compete a este órgano gestor; piénsese que el propio art. 21.3 de la LPE, norma de aplicación supletoria, impone que «La Administración General del Estado y los organismos públicos vinculados o dependientes de ella sólo podrán aceptar las herencias, legados o donaciones que lleven aparejados gastos o estén sometidos a alguna condición o modo onerosos si el valor del gravamen impuesto no excede del valor de lo que se adquiere, según tasación pericial. Si el gravamen excediese el valor del bien, la disposición sólo podrá aceptarse si concurren razones de interés público debidamente justificadas».

Estas previsiones necesariamente han de ser conjugadas con lo que implica la recepción de liberalidades dentro del marco de la actividad institucional y de representación que compete al Rey y miembros de la Casa Real. La escueta previsión que establece el art. 4º.8º de la LPN, cuando indica que integran el Patrimonio Nacional «las donaciones hechas al Estado a través del Rey», plantea la reflexión sobre algunos aspectos interesantes.

Para empezar, cuando una donación se realice al Rey o a los miembros de la Casa Real dentro de su actividad institucional, puesto que éstos por delegación asumen tal papel y hay que considerar la aplicación analógica de aquella regla, se tendrá que indagar cuál sea el "animus donandi" de quien entrega el bien de su propiedad, siendo éste determinante para su adscripción patrimonial.

En ese sentido "La Normativa sobre Regalos a favor de los miembros de la Familia Real" (NRFR)[16], dictada por el Rey el 1 de enero de 2015, señala en su art. 2.1 que:

> «A los efectos de esta regulación, son regalos institucionales los que sean ofrecidos a los miembros de la Familia Real con motivo de un acto oficial o en razón de su condición.
>
> Tienen esta consideración:
>
> **a.** Los regalos ofrecidos por las autoridades anfitrionas y organizadores de actos y visitas oficiales en territorio nacional.
>
> **b.** Los regalos ofrecidos por administraciones públicas o entidades e instituciones integradas en el sector público estatal, autonómico o local.
>
> **c.** Los regalos ofrecidos por las autoridades de un Estado extranjero en viajes oficiales de carácter internacional.
>
> Quedan igualmente comprendidos en este ámbito los regalos ofrecidos por los organizadores de actos oficiales en territorio extranjero.
>
> **d.** Los regalos ofrecidos por las autoridades de un Estado extranjero en actos o visitas oficiales en España.
>
> **e.** Los regalos ofrecidos por organizaciones e instituciones internacionales».

El destino de los mismos, según refleja el art. 2.2 de esta normativa, será «*el Patrimonio Nacional, de conformidad con lo dispuesto en la Ley 23/1982, de 16 de junio, de Patrimonio Nacional, en los términos que se establecen en el apartado 6 de estas normas*».

---

16 https://www.casareal.es/ES/Transparencia/InformacionJuridica/Paginas/normativa-regalos-familia-real.aspx

Con el fin de que la información en este punto resulte transparente, el Real Decreto 434/1988, de 6 de mayo, sobre sobre reestructuración de la Casa de S.M. el Rey -actualizado el 27 de abril de 2022- en su art. 17.f) prevé que será objeto de publicación en la página web de la Casa de Su Majestad el Rey: «La relación anual de regalos institucionales que hayan sido recibidos por la Familia Real». Añadiéndose en el artículo 7 de la NRFR que se hará «constar una breve descripción del regalo así como la persona o entidad que lo haya entregado».

Debe recordarse que todos los bienes que integran el Patrimonio Nacional, sean muebles o inmuebles, han de ser inscritos y recogidos en el inventario general, con la descripción y datos que se especifican en los arts. 12 al 16 del RLPN.

Por otra parte, la previsión recogida en el art. 4º.8º de la LPN, cuando reconoce que ingresarán en el Patrimonio Nacional «las donaciones hechas al Estado a través del Rey», plantea la cuestión de la naturaleza jurídica de dicha actuación que nominalmente se atribuye al Rey y que, por analogía, se extiende al resto de los integrantes de la Casa Real que realicen una labor institucional[17], en cuanto a la aceptación de las donaciones que reciban dentro del marco de tal actividad. Podría pensarse que la norma introduce una suerte de apoderamiento legal, aunque la regulación sobre el Patrimonio Nacional no refleja tal cuestión de manera diáfana. De estimarse así, la labor que ha de desarrollar el Consejo de Administración del Patrimonio Nacional, cuando se trata de aceptar o acordar la recepción de donaciones, quedaría complementada con la que supone el ingreso de liberalidades por la actividad institucional de la Casa Real, habitualmente desplegada para los bienes muebles. No

---

17 El tiempo transcurrido desde que viera la luz esta norma aconseja una revisión que refleje la realidad de la actividad de representación institucional que no se limita sólo a la actuación del Rey como Jefe del Estado.

puede olvidarse que la casi totalidad de esos obsequios conforman "regalos" adscribibles a la categoría de los realizados en cumplimiento de usos y reglas sociales. Este carácter, y su valor habitualmente módico, implica que no resulten de aplicación muchas de las reglas restrictivas de las donaciones[18]. La propia relación de los bienes recibidos por esta vía, y descripción del contexto en que se recibieron por la Casa Real, da una idea de la dimensión y entidad de estas liberalidades.

Cabe destacar que, dentro de ese ámbito de actuación, se ha restringido y fijado como pauta, que respaldaría el rechazo de determinados obsequios, aquellos que por la «finalidad o interés comercial o publicitario, o por la propia naturaleza del obsequio, puedan comprometer la dignidad de las funciones institucionales que tengan o les sean atribuidas» -art. 1.3 NRFR-. Este criterio, art. 1.3 NRFR, se aplica igualmente a los obsequios de "alto valor económico"; lo cual implica que su destino no sea presuntivamente el patrimonio privado.

La calificación de los regalos como institucionales o personales constituye un materia que se encomienda por la Casa Real a la Comisión formada por los titulares de las Unidades de la Secretaría General (Gabinete de Planificación y Coordinación, Secretaría de S.M. la Reina y Protocolo) -art. 6.2 NRFR-. Esta propone el destino de los bienes, que podrá ser la incorporación al Patrimonio Nacional, su donación a una entidad sin ánimo de lucro que persiga fines de interés general, o bien otro destino cuando tengan carácter fungible, carezcan de

---

18 Entre ellas se reconoce la posibilidad de que el propio representante legal del menor o persona con discapacidad pueda realizarlas. Cf. LACRUZ BERDEJO, J. L., *Elementos de Derecho civil, II. Derecho de obligaciones,* vol. 3°, Bosch, 1986, p. 154; COBACHO GÓMEZ, J.A., "Las liberalidades de uso", *Tratado de las liberalidades.* Homenaje al Prof. Enrique Rubio, EGUSQUIZA BALMASEDA, M.A. y PÉREZ ONTIVEROS, C. (dirs.), Aranzadi-Thomson Reuters, 2017, pp. 1111 y ss.

valor histórico, artístico, estético o científico, o el valor económico fuera irrelevante.

3. Régimen jurídico de las liberalidades recibidas a título personal

3.1. Patrimonio privado sujeto al Derecho civil

Como cualquier otro ciudadano español, el Rey y los miembros de la Casa Real gozan del derecho constitucionalmente reconocido a la propiedad privada y a la herencia.

Al patrimonio privado del Rey afluirán los bienes y derechos que éste acepte su ingreso a título gratuito y se entreguen exclusivamente en consideración a su persona. El régimen jurídico aplicable a estas liberalidades, que tienen por destino el patrimonio privado, será el general del Derecho civil. Estas donaciones sólo pueden provenir de patrimonios pertenecientes a sujetos particulares pues, conforme al art. 145 de la LPAP, la cesión gratuita en propiedad de "bienes y derechos patrimoniales" sólo puede tener como destinatarios a las "Comunidades Autónomas, entidades locales o fundaciones públicas", lo que excluye a todo sujeto particular.

A esas donaciones se les aplicará la disciplina antes reseñada, en la que habrá que valorar la existencia del "animus donandi", la capacidad del donante y donatario -arts. 624 a 626 CC-, la concurrencia o no de límites en cuanto al objeto de lo donado -arts. 634 y 636 CC-, la forma del negocio según se trate de bienes muebles o inmuebles -arts. 632 y 633 CC-, la aceptación realizada por el donatario –el Rey o miembro de la Casa Real- o quien actúe en su representación -arts. 630 y 631 CC-, la perfección e irrevocabilidad -arts. 623 y 629 CC-, sus efectos jurídicos como negocio traslativo del dominio y sus límites -arts. 637, 638, 642 y 643 CC-, la posibilidad de su revocación y los efectos jurídicos que de aquellas se deriven -arts. 644 a 653 del CC-.

La cuestión, en estos casos, será determinar cuándo nos encontramos ante una donación o liberalidad hecha al Rey como sujeto particular, para lo cual habrá que valorar el sentido del "animus donandi" del disponente. El contexto en el que se produzca y forma de realización constituirán los elementos claves para efectuar esa estimación. La plasmación por escrito de cuál sea el destino patrimonial al que el donante dirige su atribución salvará, tratándose de los regalos de mayor valor, ese escollo[19].

3.2. Normativa de la Casa Real: extensión voluntaria del artículo 26.2 b).6º de la Ley 19/2013

A pesar de lo expuesto con anterioridad, no se puede desconocer que la separación de la esfera privada y pública tiene una fina línea divisoria cuando concierne a los miembros de la Casa Real, dado el cometido institucional y papel de representación que les asigna la Constitución Española.

A ello se une el hecho de que la recepción de liberalidades por quien ostenta cargos de gobierno se ve con prevención, ya que puede comprometer la imparcialidad y búsqueda del

---

19 Con anterioridad a la "Normativa sobre Regalos a favor de los miembros de la Familia Real", dictada por el Rey el 1 de enero de 2015, dos atribuciones realizadas en concepto de liberalidad ejemplifican la valoración de ese "animus" del donante y destino perseguido con ellas. La primera fue el regalo del Rey Hussein de Jordania de la finca la Mareta en 1980, mandada construir por éste como residencia vacacional, el Rey don Juan Carlos I la cedió a Patrimonio Nacional. Un segundo ejemplo fue el regalo del boleto de la "Rifa del Cuto de Artajona", adquirido por las "Chicas del Cerco" para el Rey don Juan Carlos, el boleto resultó agraciado y el cuto fue de nuevo regalado por el Rey a las "Chicas del Cerco", empleándose en la elaboración de embutidos que fueron degustado por los entonces Príncipes de Asturias en su visita a Artajona.

interés general que ha de presidir el quehacer de todo buen representante y regidor público.

La Ley 19/2013, de transparencia, acceso a la información pública y buen gobierno, ha previsto como uno de "los principios de buen gobierno" y "de actuación" para los miembros del Gobierno, los Secretarios de Estado y resto de los altos cargos de la Administración General del Estado y de las entidades del sector público estatal, de Derecho público o privado, vinculadas o dependientes de aquella, en su artículo 26.2. b).6º, que éstos: «No aceptarán para sí regalos que superen los usos habituales, sociales o de cortesía, ni favores o servicios en condiciones ventajosas que puedan condicionar el desarrollo de sus funciones. En el caso de obsequios de una mayor relevancia institucional se procederá a su incorporación al patrimonio de la Administración Pública correspondiente».

Esta norma, que no comprende en su enunciado al Rey y miembros de la Casa Real, se ha extendido de forma voluntaria a los integrantes de la Corona, incorporándose por el Rey a la ya citada "Normativa sobre regalos a favor de los miembros de la Familia Real".

Las previsiones aquí contenidas dibujan el protocolo general de actuación en cuanto a las "donaciones" y "liberalidades" que tengan por destino el patrimonio privado de los miembros de la Casa Real.

Las previsiones parten de la propia definición, apartado 3 de la NRFR, de qué sean regalos de "carácter personal". Estos se definen por exclusión, ya que se establece que serán tales «aquellos que no puedan incluirse en la categoría de regalos institucionales». La propia relación que se publicita anualmente en la página web de la Casa Real de los regalos recibidos en concepto "institucional" permite definir que el resto de las liberalidades recibidas tienen carácter personal y se adscriben al patrimonio privado de quien sea su destinatario.

El principio de actuación para la aceptación de estos regalos que, como ocurre en el art. 26.2. b).6º de la Ley 19/2013 tiene un valor programático y su incumplimiento no parece que por sí conlleve efecto jurídico, consiste en que no se aceptarán «regalos que superen los usos habituales, sociales o de cortesía», ni se «aceptarán favores o servicios en condiciones ventajosas que puedan condicionar el desarrollo de sus funciones» -art. 1.1 de la NRFR-. Esta idea queda remarcada por las propias previsiones que se introducen sobre regalos de carácter personal, en las que se indican que «de acuerdo con el principio general antes expuesto, los regalos de carácter personal se podrán aceptar cuando no superen los usos sociales o de cortesía» -art. 3.2 NRFR-.

A tenor de lo expuesto, cabe preguntarse si ello supone que el Rey y los miembros de la Casa Real no pueden aceptar, cumpliendo las propias reglas de transparencia que se impuesto voluntariamente en la Casa Real, más regalos que los fijados en dicha previsión. La respuesta no es necesariamente negativa.

En el caso de las liberalidades que excedan de los usos sociales, entre las que se encuentran las de alto valor económico, la normativa real prevé el compromiso de que «seguirán el mismo tratamiento que los regalos de carácter institucional, o bien serán cedidos a una entidad sin ánimo de lucro que persiga fines de interés general o a una administración, organismo o entidad pública que se dedique a la conservación, mantenimiento o actividades similares referidas a bienes de la misma naturaleza que el objeto de regalo». Todo ello resultará aplicable siempre que el donante no haya fijado una condición, carga o modo que vincule y obligue a que los bienes objeto de su liberalidad tenga por destino una adscripción necesaria al patrimonio privado de los miembros de la Casa Real, planteándose en tal caso la tesitura y ponderación de su no aceptación[20].

---

20 Como ejemplo cabe citar las disposiciones testamentarias realizadas por un empresario mallorquín que instituyó como heredera a la

Hay, además, otras previsiones relativas a las liberalidades de objeto dinerario. Según el art. 4.1. de la NRFR: «Los miembros de la Familia Real no aceptarán préstamos sin interés o con interés inferior al normal del mercado, ni regalos de dinero. En este último caso se procederá a su devolución o a ser donado a una entidad sin ánimo de lucro que persiga fines de interés general». Igualmente, el art. 4.2. de la NRFR dispone que el importe económico de «los premios o reconocimientos concedidos a miembros de la Familia Real» que comprendan una dotación económica deberá cederse «a una entidad sin ánimo de lucro que persiga fines de interés general».

El régimen se encuentra previsto para aquellas liberalidades que entran dentro del marco de la transparencia, aquellas que son ajenas al ámbito de la relación familiar y de la amistad.

Nada limita, y no puede incluirse en este ámbito sin vulnerar las garantías que institucionalmente recoge la Constitución Española para todo individuo en su derecho a la propiedad privada y la herencia -art. 33 CE-, la aceptación de las liberalidades dirigidas al patrimonio privado de los miembros de la Casa Real que devengan de su entorno afectivo o familiar. En este ámbito el régimen de actuación presenta una dimensión estrictamente privada y ajena al régimen de transparencia, que es la que se ha regulado para deslindar el punto de convergencia entre la esfera pública institucional y la personal privada.

Para estas liberalidades no habrá más limitaciones que las que establezca el disponente y las que el ordenamiento civil fija siguiendo las reglas generales del ordenamiento jurídico civil que sea de aplicación.

Casa Real fijando que, en caso de que esta no aceptara la herencia, la totalidad de la misma iría a parar al Estado de Israel.

BIBLIOGRAFÍA

Álvarez Álvarez, J.L., *Estudios sobre el Patrimonio Histórico Español,* Madrid, 1989.

Arcenegui, I. E. De, "El Patrimonio Nacional. Naturaleza y régimen jurídico", *Estudios sobre la Constitución española: Homenaje al profesor EDUARDO GARCÍA DE ENTERRÍA* y MARTÍN-RETORTILLO BAQUER, S. (coords.), vol. 5, Madrid, 1991.

Avezuela Cárcel, J., "Capítulo 5. Los bienes con régimen específico o integrantes de patrimonios separados. El patrimonio nacional", *Derecho de los bienes públicos,* PAREJO ALFONSO, L. y PALOMAR OLMEDA, A., T.I (dirs.), Aranzadi-Thomson Reuters, 2009.

Bassols Coma, M., "Instituciones administrativas al servicio de la Corona", *Revista de Administración Pública,* núm. 101-102, 1983.

Cano Campos, T., "El Patrimonio Nacional", *Lecciones y materiales para el estudio del derecho administrativo,* Cano Campos, T. (coord.), vol. 5, Madrid, 2009.

Castresa Herrero, A., "Donación, una experiencia jurídica singular en el derecho Romano", *Tratado de las liberalidades. Homenaje al Prof. Enrique Rubio,* EGUSQUIZA BALMASEDA, M.A. y PÉREZ ONTIVEROS, C. (dirs.), Aranzadi-Thomson Reuters, 2017.

Cobacho Gómez, J.A., "Las liberalidades de uso", *Tratado de las liberalidades.* Homenaje al Prof. Enrique Rubio, EGUSQUIZA BALMASEDA, M.A. y PÉREZ ONTIVEROS, C. (dirs.), Aranzadi-Thomson Reuters, 2017.

Díez Moreno, F. "La consideración jurídico-constitucional del Patrimonio Nacional", *Boletín de la ANABAD,* 1989, núm. 1.

Díez Picazo, L. M., "El régimen jurídico de la Casa del Rey. Un comentario al artículo 65 de la Constitución", *Revista Española de Derecho Constitucional,* núm. 6, septiembre-diciembre, 1982.

García-Atance y García De Mora, M.A V., "El Patrimonio Nacional", *Revista de Derecho Político,* núm. 33, 1991.

González Salinas, J., voz "Patrimonio Nacional", *Enciclopedia Jurídica Básica Civitas,* t. III, Madrid, 1995.

Gosálbez Pequeño, H., "Adquisición de bienes y derechos", *El régimen jurídico general del Patrimonio de las Administraciones Públicas. Comentario a la Ley 33/2003, de 3 de noviembre,* MESTRE DELGADO, J.F., (dir.) 2ª ed., La Ley-El consultor de los Ayuntamientos, 2010.

Imaz Zubiaur, L., "Comentario de la STS de 20 de julio de 2007", *Cuaderno Civitas de Jurisprudencia Civil,* núm. 76, enero-abril, 2008.

López Rodó, L., *El Patrimonio Nacional,* Madrid, 1954.

Lacruz Berdejo, J. L., *Elementos de Derecho civil,* II. *Derecho de obligaciones,* vol. 3º, Bosch., 1986.

Pau, A., "El régimen jurídico de los bienes del patrimonio nacional", *Anuario de la Facultad de Derecho de la Universidad Autónoma de Madrid,* 2015, núm. 19.

Pomed Sánchez, L., "Bienes de los órganos constitucionales. II El Patrimonio Nacional", *Derecho de los bienes públicos,* González García, J.V. (dir.), Madrid, 2009.

Sáinz Moreno, F. "Artículo 132. Dominio público, bienes comunales, Patrimonio del Estado y Patrimonio Nacional", *Comentarios a la Constitución española de 1978,* ALZAGA, O. (dir.), t. X, Madrid, 1999.

Sarmiento Acosta, M.J., "La definición jurídica del Patrimonio Nacional", *VII Jornadas de Derecho Parlamentario. La Monarquía Parlamentaria,* Sáinz Moreno, F. (coord.), Congreso de los Diputados, Madrid, 2001.

Torres Lana, J. A., "Causa e intención liberal en el actual régimen contractual", *Tratado de las liberalidades.* Homenaje al Prof. Enrique Rubio, EGUSQUIZA BALMASEDA, M.A. y PÉREZ ONTIVEROS, C. (dirs.), Aranzadi-Thomson Reuters, 2017.

Tur Faúndez, N., "La donación modal u onerosa", *Tratado de las liberalidades.* Homenaje al Prof. Enrique Rubio, EGUSQUIZA BALMASEDA, M.A. y PÉREZ ONTIVEROS, C. (dirs.), Aranzadi-Thomson Reuters, 2017.

Vega Herrero, M. y Muñoz Del Castillo, J.L., "Patrimonio del Estado y Patrimonio Nacional: aspectos jurídico-financieros", *Estudios de Derecho y Hacienda. Homenaje a César Albiñana García-Quintana,* MARTÍNEZ LAFUENTE, A. y MARTÍN-RETORTILLO BAQUER, S. (coord.), vol. 1, Madrid, 1987.

Aproximación al estudio de los pactos sobre el régimen económico matrimonial de los llamados a la sucesión. Validez de los hipotéticos pactos en previsión de una ruptura conyugal

CARMEN PÉREZ DE ONTIVEROS BAQUERO
Catedrática de Derecho Civil
Universidad de Las Palmas de Gran Canaria

I. INTRODUCCIÓN

La Constitución Española en su art. 1.3 señala expresamente que la forma política del Estado español es la de la monarquía parlamentaria, confiriendo al Rey la titularidad de la Jefatura del Estado y dedicando su Título II f(arts. 56 a 65) a la regulación constitucional de la Corona.

Ciertamente las cuestiones que voy a tratar en estas páginas están directamente relacionadas con actos del Rey, o de aquellos llamados a la sucesión de la Corona, que inciden directamente en su esfera personal, más concretamente en el matrimonio contraído o que pueda llegarse a contraer en el futuro. La posibilidad de pactar el régimen económico que va a regir la unión conyugal de quien ostente la Jefatura del Estado, o la de acordar determinados pactos en previsión de una hipotética y futura ruptura conyugal son actos personales que no vienen reflejados en la Constitución, cuyos preceptos se dedican a aquellos actos que puedan afectar directamente al Estado.

La única referencia constitucional con incidencia en el tema que me ocupa es la relativa al matrimonio de quienes están llamados a la sucesión, contenida en su art. 57.4, en donde literalmente podemos leer que: "*Aquellas personas que teniendo derecho a la sucesión en el trono contrajeran matrimonio contra la expresa prohibición del Rey y de las Cortes Generales, quedarán excluidas en la sucesión a la Corona por sí y sus descendientes*".

Obsérvese que el precepto hace una referencia exclusiva al matrimonio de quienes estén llamados a la sucesión, obviando cualquier referencia al matrimonio de quien habiendo asumido la Jefatura del Estado pudiere contraer matrimonio con posterioridad. Dicha redacción podría dificultar su interpretación habida cuenta que la norma parece exigir la conjunción de voluntades del Rey y de las Cortes Generales en la expresa prohibición al contraer matrimonio al utilizar la conjunción "y". En su interpretación literal, la más adecuada, resultaría posible que, si el llamado a la sucesión accediera al Trono soltero, viudo o divorciado, o llegara a los dos últimos estados civiles una vez asumida la Jefatura del Estado, podría contraer matrimonio sin la limitación contenida en el mencionado precepto, que afecta exclusivamente a los llamados a la sucesión.

La Constitución española no exige, por tanto, que conste la autorización del Rey y de las Cortes para que los llamados a la sucesión puedan contraer matrimonio con plena libertad, cuando y con quien estimen por conveniente.

Pese a ello, un análisis histórico de la institución monárquica, así como un estudio comparativo de la ordenación jurídica de otros regímenes monárquicos vigentes en la actualidad pone de manifiesto que, con mayor o menor incidencia, el matrimonio de quien ocupe la Jefatura del Estado tiene relevancia para la Nación. Esto es así atendiendo a las funciones que está llamado/a a desempeñar el Rey o la Reina de España, que tienen ciertamente tienen una dimensión política y social.

No constando la prohibición expresa del Rey y de las Cortes, como digo, los llamados a la sucesión pueden contraer matrimonio con quien deseen, en aplicación de lo dispuesto en el art. 32 del propio Texto Constitucional, en tanto que la única consecuencia que de ello se deriva es la pérdida de los derechos sucesorios.

El matrimonio es un negocio jurídico de derecho de familia, formal y solemne, que se funda en el consentimiento libre de los contrayentes, por el cual dos personas se unen con igualdad de derechos y deberes para vivir juntos, guardarse fidelidad, socorrerse mutuamente y actuar en interés de la familia. En la configuración legal del matrimonio no existe ninguna diferencia entre el matrimonio del Rey o de los llamados a la sucesión respecto al que pudiera contraer cualquier otro ciudadano.

Admitida la libertad para contraer matrimonio, con la única salvedad de que no conste la oposición expresa del Rey y de las Cortes, no existe objeción alguna para la formalización de todos aquellos pactos o contratos relativos a la determinación del régimen económico matrimonial o para otorgar aquellos acuerdos que podrían suscribir los cónyuges o futuros cónyuges en previsión de una hipotética y futura ruptura conyugal, que solo estarán sometidos a los límites generales en cuanto a la admisión de su validez.

La formalización de cualquiera de estos acuerdos, así como su contenido, entra dentro del ámbito de la esfera personal del titular de la Corona, por lo que no existe obligación alguna para su divulgación.

La publicidad y el conocimiento general de los actos del Monarca no alcanza a estos acuerdos, que quedan al margen de la aplicación de la Ley 19/2023, de 9 de diciembre, de Transparencia, Acceso a la Información Pública y Buen Gobierno, cuyo ámbito subjetivo de aplicación, en lo que ahora nos afecta, solo alcanza a las actividades sujetas a Derecho Administrativo de la Casa de su Magestad el Rey (art. 2 f)). Lo que se observa en igual medida desde la especificidad que alcanza al Registro Civil de la familia real.

Tras el acceso al Trono del Rey Felipe VI es opinión general que se ha venido observando una clara voluntad del Monarca de acercamiento a los ciudadanos, a través de una mayor publicidad y conocimiento de las actividades de la Corona. Un ejemplo de ello es la modificación del Real Decreto 434/1988, de reestructura de la Casa de su el Rey, que se realizó por Real Decreto 297/2022, de 26 de abril; así como de determinados actos voluntarios del Monarca como la divulgación pública de su patrimonio personal, que se practicó en el año 2022.

El hecho de que los acuerdos a los que nos referimos en este estudio no hayan sido objeto de publicidad, alienta la morbosidad general, incentivada por determinada prensa sensacionalista, con continuas referencias a una hipotética crisis conyugal de los reyes y a la situación que se produciría en caso de separación o divorcio de éstos. En tales planteamientos se incluyen, a veces, afirmaciones tajantes relativas a instituciones jurídicas como la patria potestad o la guarda y custodia de los hijos menores o a la libertad de fijación de domicilio conyugal, entre otras, acordadas por los Reyes antes de su matrimonio, que serían claramente contrarias a normas imperativas, cuya indisponibilidad les alcanza al igual que a cualquier otro ciudadano.

Habida cuenta de la falta de publicidad de los posibles acuerdos alcanzados por los Reyes en relación al régimen económico matrimonial o en previsión de una futura crisis conyugal, el estudio no puede basarse sino en datos aproximativos respecto a qué se puede o no haber acordado, sin desconocer la especificidad propia del interés general que reviste la Corona, por la función que está llamada a desempeñar.

II. LAS CAPITULACIONES MATRIMONIALES.

El art. 1325 del Código Civil señala expresamente que: *"En capitulaciones matrimoniales podrán los otorgantes estipular, modificar o sustituir el régimen económico de su matrimonio o cualesquiera otras disposiciones por razón del mismo"*. Sin mayor precisión que su dicción literal, las capitulaciones serían aquel negocio jurídico cuya finalidad es la asunción voluntaria del régimen económico matrimonial, sirviendo de cauce para que puedan incluir en él cuales quiera otros acuerdos por razón del matrimonio.

Tal como dispone nuestro Código Civil, dicho negocio jurídico podrá otorgarse antes o después de celebrado el matrimonio (art. 1.326), debiendo constar en escritura pública para su validez (art. 1.327).

El valor esencial que se otorga a la autonomía de la voluntad en el ámbito del derecho privado, se observa, en primer lugar, en la libertad de elegir libremente el régimen económico matrimonial que regirá el matrimonio.

Es evidente que el contenido primordial de las capitulaciones matrimoniales es la determinación del régimen económico matrimonial, pero junto a dicho pacto, el art. 1.315 del Código Civil permite que se formalicen en este mismo negocio otras disposiciones por razón de este.

En Derecho común, y a título de ejemplo podemos citar, la referencia específica a la inclusión en dicho negocio de las donaciones por razón de matrimonio (arts. 1338 y 1341.2º CC), las promesas de mejorar o no mejorar (art. 826 CC), o la mejora a la que se refiere el art. 827 del CC. Tampoco existiría, como así se ha reconocido, ningún problema, en utilizar este instrumento para incluir en él los acuerdos que puedan alcanzar los cónyuges en previsión de una hipotética ruptura conyugal, aun cuando éstos tendrían su propia especificidad.

No parece que pueda discutirse el carácter negocial de las capitulaciones matrimoniales aun cuando puedan apreciarse ciertas diferencias entre este negocio y el contrato, considerado este último como negocio jurídico patrimonial por excelencia, incorporándose más correctamente a aquellos negocios jurídicos de derecho de familia que gozan de alguna específica particularidad. Dicho carácter negocial justifica que el art. 1335 del CC, remita a las reglas generales de los contratos en relación a la invalidez de las capitulaciones matrimoniales.

El principio de la autonomía de la voluntad sólo quedaría sometido a los límites señalados por el art. 1328 CC, esto es, el respeto a ley, a las buenas costumbres y a la igualdad de derechos entre los cónyuges, cuya vulneración está sancionada con la nulidad.

La libertad de pacto en cuanto al régimen económico que va a regir el matrimonio, alcanza también los acuerdos específicos que sobre ello pueden formalizar las partes en el ámbito de la autonomía de la voluntad. En este punto cobra especial relevancia los límites a los que dicha autonomía puede quedar restringida, de lo que se ocupa el art. 1328 del CC al establecer que: *"Será nula cualquier estipulación contraria a las leyes o a las buenas costumbres o limitativa de la igualdad de derechos que corresponda a cada cónyuge"*. Límites que alcanzarían, con igual relevancia a aquellos pactos formalizados en previsión de una ruptura conyugal y cuya vulneración estaría sancionada con la nulidad.

Se ha dicho que la autonomía privada en el ámbito del Derecho de familia tiene un especial significado, alejado de su consideración comúnmente referida de manera exclusiva al aspecto patrimonial puro; ya que en esta esfera incidirá el interés superior del grupo familiar. La presencia de este interés superior obliga a analizar más detenidamente los límites permitidos para la autorregulación, teniendo en cuenta que en este ámbito se diluyen los límites que trazan las relaciones personales y patrimoniales, imperando otros principios como el de igualdad, solidaridad o lealtad entre cónyuges.[1]

Desde esta perspectiva, los límites a la autonomía de la voluntad, referidos expresamente en el art. 1328 del CC no alcanzarán exclusivamente a aquellos pactos relativos al régimen económico matrimonial que se acuerde, sino también a todas aquellas estipulaciones acordadas por los cónyuges, por razón del mismo que se incluyan en el instrumento en el que éstas se formalizan. Lo que tiene especial incidencia en el tratamiento de la validez de aquellos pactos que puedan alcanzarse en previsión de una hipotética ruptura conyugal y que los cónyuges o futuros cónyuges podría haber incluido en el citado documento.

Es relevante señalar que los acuerdos o pactos que afectan específicamente al régimen económico matrimonial no sólo tiene incidencia en la esfera privada de los cónyuges, sino que pueden afectar a terceros, existiendo un interés general de la colectividad por conocer su existencia y contenido, lo que justifica un especial régimen de publicidad que se alcanza mediante su inscripción en el Registro Civil, para hacer efectividad su oponibilidad.

Por ello, el art. 1333 del Código Civil señala que: *"En toda inscripción de matrimonio en el Registro Civil se hará mención, en su caso, de las capitulaciones matrimoniales que se hubieren otorgado, así como de los pactos, resoluciones judiciales y demás hechos que modifiquen el régimen económico del matrimonio. Si aquéllas o éstos afectaren a inmuebles, se tomará razón en el Registro de la Propiedad, en la forma y a los efectos previstos en la Ley Hipotecaria"*.

---

1 PAÑOS PÉREZ A. *"Hacia una mayor autonomía privada en capitulaciones matrimoniales con marco transfronterizo"*, Cuadernos de derecho transnacional, vol. 13, nº 2, 2021, pág. 441.

Junto a ello, el art. 60 de la Ley del Registro Civil (Ley 20/2011, de 21 de julio), bajo la rúbrica general: Inscripción del régimen económico del matrimonio, señala que: *"Junto a la inscripción de matrimonio se inscribirá el régimen, resoluciones judiciales o demás hechos que puedan afectar al mismo. Cuando no se presenten escrituras de capitulaciones se inscribirá como régimen económico matrimonial legal el que fuera supletorio de conformidad con la legislación aplicable. Para hacer constar en el Registro Civil expresamente el régimen económico legal aplicable a un matrimonio ya inscrito cuando aquél no constase con anterioridad y no se aporten escrituras de capitulaciones será necesaria la tramitación de un acta de notoriedad. Otorgada ante Notario escritura de capitulaciones matrimoniales, deberá éste remitir en el mismo día copia autorizada electrónica de la escritura pública al Encargado del Registro Civil correspondiente para su constancia en la inscripción de matrimonio. Si el matrimonio no se hubiera celebrado a la fecha de recepción de la escritura de capitulaciones matrimoniales, el Encargado del Registro procederá a su anotación en el registro individual de cada contrayente. En las inscripciones que en cualquier otro Registro produzcan las capitulaciones y demás hechos que afecten al régimen económico matrimonial, se expresarán los datos de su inscripción en el Registro Civil. Sin perjuicio de lo previsto en el artículo 1333 del Código Civil, en ningún caso el tercero de buena fe resultará perjudicado sino desde la fecha de la inscripción del régimen económico matrimonial o de sus modificaciones".*

Si la publicidad que debe acompañar al otorgamiento de capitulaciones matrimoniales precisa su inscripción en el Registro Civil, el hecho de que dicho negocio jurídico afecte a quienes ostentan la Jefatura del Estado o están llamados a la sucesión presenta alguna particularidad. Como ha señalado Pau Pedrón, a los hechos de trascendencia jurídica que proceden de la Familia Real se les ha rodeado tradicionalmente de una especial solemnidad documental, lo que se justifica atendiendo a que esos hechos, además de su dimensión privada, tenían -y tienen en algunos casos, una dimensión pública.

Es indudable que esa solemnidad ha tenido también un valor simbólico: ha formado parte de esa aureola de excepcionalidad que rodea la monarquía, y que está en la esencia misma de la institución[2].

Excepcionalidad que comporta la regulación de un Registro específico, que hoy en día se rige por lo dispuesto en el Real Decreto 2917/1981, de 27 de noviembre. Dicha norma dispone que en este Registro Civil se inscribirán los nacimientos, matrimonios y defunciones, así como cualquier otro hecho o acto inscribible con arreglo a la legislación sobre Registro Civil, que afecten al Rey de España, su Augusta Consorte, sus ascendentes de primer grado, sus descendientes y al Príncipe heredero de la Corona. Estando a cargo del Ministro de Justicia, asistido como secretario por el Director general de los Registros y del Notariado y encomendándose las funciones que la legislación general atribuye a los órganos del Registro Civil exclusivamente al Ministro de Justicia.

Particular relevancia tiene lo dispuesto en su art. 4, en cuanto que las certificaciones sólo podrán expedirse a petición del Rey o Regente, de los miembros de la Familia Real con interés legítimo, del Presidente del Gobierno o del Presidente del Congreso de los Diputados.

Ello no ha estado exento de cierta crítica, señalándose que existen ciertos actos inscribibles respecto de los cuales actúan la oponibilidad y la inoponibilidad, y respecto de ellos resulta contradictorio que este Registro no sea fácilmente accesible[3].

---

2 PAU PEDRÓN A. *"El Registro Civil de la Familia Real"* Anales de la Real Academia Matritense de Heráldica y Genealogía, nº 8, 2, 2004 (Ejemplar dedicado a: Homenaje a Don Faustino Menéndez Pidal (2004)), pág. 809

3 PAU PEDRON, A., ob. cit. pág. 823.

Esta realidad, confirma nuevamente que cualquier análisis del tema que me ocupa ha de basarse en meras hipótesis, no obstante, poder señalar que existe un convencimiento general del otorgamiento de capitulaciones matrimoniales por el entonces Príncipe de Asturias y su futura esposa y que estás se otorgaron antes de contraer matrimonio.

III. DEL RÉGIMEN ECONÓMICO MATRIMONIAL.

Como se ha dicho, los cónyuges o futuros cónyuges podrán pactar el régimen económico que estimen por conveniente, pudiendo modificarlo o sustituirlo con posterioridad (arts. 1315 y 1.325 del CC).

Admitida la libertad de pacto, lo único que cobra especial relevancia son los límites por los que dicha autonomía puede quedar restringida, siendo nula cualquier estipulación contraria a las leyes o a las buenas costumbres o limitativa de la igualdad de derechos que corresponda a cada cónyuge (art. 1328 CC). Lo que afecta con igual alcance a quienes ostenten la Jefatura del Estado o estén llamados a la sucesión.

La presencia de este interés superior obliga a analizar más detenidamente los límites permitidos para la autorregulación, teniendo en cuenta que en este ámbito se diluyen los límites que trazan las relaciones personales y patrimoniales, imperando otros principios como el de igualdad, solidaridad o lealtad entre cónyuges.[4]

Desde esta perspectiva, los límites a la autonomía de la voluntad, referidos expresamente en el art. 1328 del CC no alcanzarán exclusivamente a aquellos pactos relativos al régimen económico matrimonial que se acuerde, sino también a todas

---

4 PAÑOS PÉREZ, A. ob. cit. pág. 441.

aquellas estipulaciones acordadas por los cónyuges, por razón del mismo que se incluyan en el instrumento en el que éstas se formalizan. Lo que tiene especial incidencia en el tratamiento de la validez de aquellos pactos que puedan alcanzarse en previsión de una hipotética ruptura conyugal y que los cónyuges o futuros cónyuges podrían haber incluido en el citado documento, como veremos después.

Como es de sobra conocido, nuestro Código Civil regula tres tipos de regímenes económicos matrimoniales: gananciales, separación de bienes y de participación.

El régimen económico matrimonial de gananciales, supletorio en Derecho común a falta de capitulaciones, el matrimonio determina el nacimiento de un patrimonio común entre los cónyuges. Conforme al art. 1344 del CC, mediante la sociedad de gananciales se hacen comunes para los cónyuges las ganancias o beneficios obtenidos indistintamente por cualquiera de ellos, que les serán atribuidos por mitad al disolverse aquella.

En el régimen de separación de bienes, los cónyuges deciden administrar de forma separada el patrimonio de cada uno de ellos, y contribuir en proporción a sus ingresos a los gastos comunes. De esta forma, el art. 1437 dispone que: En el régimen de separación pertenecerán a cada cónyuge los bienes que tuviese en el momento inicial del mismo y los que después adquiera por cualquier título. Asimismo, corresponderá a cada uno la administración, goce y libre disposición de tales bienes.

Especial particularidad confiere nuestro Código Civil al régimen de participación, en el que cada uno de los cónyuges adquiere derecho a participar en las ganancias obtenidas por el otro cónyuge durante el tiempo en que dicho régimen haya estado vigente, tal como expresa su art. 1411. Por lo que se ha calificado como un régimen de beneficios, en tanto que sólo opera cuando uno de los cónyuges ha obtenido un resultado favorable, pero que, en ningún caso se trata de una participación en las pérdidas.

Como estamos hablando de especulaciones, y de alguna noticia esporádica y específica de prensa, cabría presumir que el régimen económico matrimonial pactado por los Reyes, sería el de separación de bienes.

Admitida esta hipótesis, debe considerarse también que los límites a la autonomía de la voluntad se extienden en igual medida a los pactos y acuerdos alcanzados. Pese a que, como se ha dicho, en el régimen de separación los límites de carácter estatutario revistan menor presencia e intensidad, no quiere decir que no existan y que deban ser respetados por los cónyuges so pena de desvirtuar totalmente el régimen[5], por lo que, no sería admisible que pudieran incluirse previsiones que dificultaran hasta tal punto la independencia en la gestión patrimonial de cada uno que pudieran considerarse contrarias a la lógica del sistema e hicieran no reconducible el régimen previsto a los esquemas generales de la separación.

Por lo que respecta al límite que incide en el respeto a las leyes, es evidente que éste alcanzará a las normas que tengan carácter imperativo, admitiéndose una cierta unanimidad doctrinal en que participarían de esta naturaleza la mayoría de las disposiciones generales que contiene el Código Civil en los arts. 1315-1324, esto es, las llamadas normas del régimen matrimonial primario.

Así la obligación de ambos cónyuges de contribuir al levantamiento de las cargas del matrimonio (art. 1.318 CC); la potestad conferida en el art. 1.319 del CC a cualquiera de los cónyuges para realizar los actos encaminados a atender las necesidades ordinarias de la familia, encomendadas a su cuidado,

---

5 DE AMUNATEGUI RODRIGUEZ, C. *"El régimen de separación y el principio de autonomía de la voluntad"* en Autonomía de la voluntad y negocios jurídicos de derecho de familia, coordinados por Joaquín José Rams Albesa (coord.) Dykinson, Madrid 2009, pág. 189.

conforme al uso del lugar y a las circunstancias de la misma. Y la responsabilidad por las deudas contraídas en el ejercicio de esta potestad que, en el régimen de separación de bienes, partiendo de la inicial independencia en la gestión, queda reducida a una cuestión de responsabilidad entre los patrimonios de los esposos, concibiéndose como una excepción a la mencionada independencia propia del régimen[6].

La obligación de ambos cónyuges de contribuir al levantamiento de las cargas del matrimonio en el régimen de separación de bienes, encuentra su reflejo en el art. 1438 CC, contribución que deberá ser proporcional a sus recursos a no ser que se haya pactado otra cosa; pacto que podría ser perfectamente válido en el caso que estudiamos, ya que no entiendo que pudiera afectar al principio de igualdad de los cónyuges dada la especificidad que alcanza a la Monarquía en esta materia.

Junto a ello, difícilmente puede validarse que se haya incluido en las capitulaciones otorgadas en su día por los hoy reyes de España pacto alguno en relación a la disposición sobre la que constituiría la vivienda familiar, cuya titularidad ostenta Patrimonio Nacional. Por ello, el supuesto de hecho previsto en el art. 1.320 del CC no puede ni tan siquiera contemplarse en estas hipotéticas capitulaciones, siendo cuestión diferente la que se plantearía respecto a su uso si en un futuro se produjera una ruptura conyugal, a lo que me referiré más adelante.

Debe tenerse en cuenta que, según lo dispuesto en el art. 65.1 de la CE: *"El Rey recibe de los Presupuestos del Estado una cantidad global para el sostenimiento de su Familia y Casa, y distribuye libremente la misma"*. Constando que, tanto el Rey como la Reina, reciben una retribución económica que distribuye el Monarca

---

6 DE AMUSÁTEGUI, C. pág. 192.

y que ello permite a ambos mantener su propia fortuna personal, nada impide que estos puedan contribuir en proporción a sus ingresos al sostenimiento de algunas cargas familiares, obviamente de carácter más personal y familiar, encontrándose algunas diferencias con las que habitualmente podrían atribuirse a cualquier otra familia sin estas responsabilidades institucionales. Así, a título de ejemplo, la prensa española se hizo eco de que los reyes habrían pagado con su propio patrimonio la educación en Inglaterra tanto de la Princesa de Asturias como de la Infanta Sofia.

Entre los límites a los que quedan sometidas las estipulaciones relativas al régimen económico matrimonial que se contengan en capitulaciones se encuentra el de no ser contrarias a las "buenas costumbres". Como es sabido, la referencia a las buenas costumbres lo es a un concepto jurídico indeterminado, que evoluciona con los tiempos y que fundamentalmente tendrá mayor aplicación en relación con los pactos relativos a aspectos personales del matrimonio y no los patrimoniales.

Más conflictiva ha resultado la referencia a la nulidad de disposiciones que no respeten la igualdad de derechos entre los cónyuges, consagrada en el art. 32.1° CE y en el art. 66 CC. En este caso, y desde la consideración del régimen de separación de bienes, al que me estoy refiriendo hipotéticamente, podría plantearse la vulneración de este principio en aquellos pactos en los que se excluyera a uno de los cónyuges de la contribución al sostenimiento de las cargas del matrimonio, o se limitara cuantitativamente ésta, no obstante, en el caso que estudio, no creo que existiera ningún problema en admitir su validez habida cuenta las particularidades que alcanzan a la Casa Real.

La virtualidad de este límite, podría aplicarse con mayor relevancia en el estudio de los pactos en previsión de una futura ruptura conyugal.

IV. PACTOS EN PREVISIÓN DE UNA HIPOTÉTICA RUPTURA CONYUGAL

IVEn Derecho común no existe un reconocimiento legislativo expreso relativo al reconocimiento de los pactos prenupciales en previsión de una futura ruptura conyugal, lo que no obsta a la admisión de su validez, hoy jurisprudencial y doctrinalmente aceptada.

En este punto, es ilustrativa la Sentencia del TS (Sala de lo Civil, Sección 1ª) núm. 392/2015, de 24 junio, en la que literalmente puede leerse que: *"El fenómeno pactos prematrimoniales tiene la denominación de capitulaciones matrimoniales en nuestro ordenamiento, si bien sujetas a restrictivos criterios formales, al deber formalizarse en escritura pública con inscripción posterior (arts. 1327 y 1333 del CC). En cualquier caso, las capitulaciones no solo afectan al régimen económico matrimonial sino también con criterio más flexible a "cualesquiera otras disposiciones por razón del mismo" (art. 1325 CC). Por otro lado, el art. 1328 del C. Civil considera nulas las estipulaciones que sean contrarias a las leyes, buenas costumbres o limitativas de la igualdad de derechos de los cónyuges. En el profundo cambio del modelo social y matrimonial que se viene experimentando (art. 3.1 del C.C) la sociedad demanda un sistema menos encorsetado y con mayor margen de autonomía dentro del derecho de familia, compatible con la libertad de pacto entre cónyuges que proclama el art. 1323 C. Civil , a través del cual debe potenciarse la facultad de autorregulación de los cónyuges (art. 1255 C. Civil) que ya tiene una regulación expresa en lo que se refiere a los pactos prematrimoniales, previsores de la crisis conyugal, en los arts. 231-19 del Código Civil (LEG 1889, 27) Catalán y en el art. 25 del ley 10/2007 de 20 de marzo (LCV 2007, 147) de la Comunidad Valenciana . De lo expuesto se deduce que no existe prohibición legal frente a los denominados pactos prematrimoniales, debiendo ponerse el acento en los límites a los mismos, que están en la protección de la igualdad de los cónyuges y en el interés de los menores, si los hubiere, pues, no en vano, el art. 90.2 del CC establece como requisito para los convenios reguladores, aplicable por analogía en ese caso, para su aprobación, que no sean dañosos para los menores o gravemente perjudiciales para uno de los cónyuges. En igual sentido el art. 39 de la Constitución cuando establece la protección de la familia y de la infancia".*

Doctrina jurisprudencial reiterada en resoluciones posteriores por la Sala Primera del Tribunal Supremo.

De lo expuesto, puede entenderse que los pactos prenupciales serían aquellos acuerdos de los cónyuges adoptados antes o después de celebrado el matrimonio, dirigidos a regular las consecuencias personales o económicas de una ruptura matrimonial y para el caso de que esta llegue a producirse.

Ciertamente se trataría de un negocio jurídico de derecho de familia que puede formalizarse en capitulaciones matrimoniales o al margen de ellas, anticipando las consecuencias de la ruptura, evitando así litigios o controversias posteriores. Formalmente, como digo, pueden incluirse en las capitulaciones otorgadas, con apoyo legal en el art. 1325 del CC en tanto que comportan pactos o acuerdos por razón del matrimonio, aun cuando pueden instrumentalizarse en un documento al margen.

Por su propia naturaleza, guardan cierta cercanía con los convenios reguladores que pueden alcanzar los cónyuges al momento de su separación o divorcio (arts. 81 y 86 del CC), cuyo contenido y requisitos regula el art. 90 del CC, en la medida en que pueden contener estipulaciones que forman parte de aquellas que han de integrar el citado convenio regulador.

La doctrina ha venido ocupándose de señalar las ventajas que podrían derivarse de su formalización, poniendo el acento en la admisión de una visión realista de la evolución del principio de indivisibilidad del matrimonio, hoy a todas luces superado, con el reconocimiento legislativo de la separación y el divorcio conyugal. Entre esas ventajas y a título de ejemplo se encontrarían la superación de los costes emocionales y económicos de la ruptura, o la conservación de determinados intereses de cualquier que sea su naturaleza, previos al matrimonio o surgidos con posterioridad que puedan verse afectados por una crisis sobrevenida.

Estos acuerdos deben considerarse válidos y eficaces entre los cónyuges o futuros cónyuges al amparo de la autonomía de su voluntad, fundados en el valor que a esta otorga el art. 1.255 del CC y particularmente en el art. 1325 CC en tanto que esta norma consagra la posibilidad de incluir en capitulaciones matrimoniales cualquier estipulación por razón del matrimonio.

El problema no se encuentra tanto en la admisión de su validez, sino que la gran cuestión candente en la actualidad es el debate acerca de los límites que han de imponerse a dichos pactos, es decir, qué ámbitos no se hallan a disposición de los cónyuges o futuros cónyuges en cuanto forman parte de la esencia intocable de la normativa reguladora del matrimonio, lo que se observa con idéntica incidencia no solo en nuestro ordenamiento jurídico, sino en otros cercanos al nuestro. ¿Hasta dónde llega hoy el campo de los pactos preventivos?, ¿hasta dónde puede operar la autonomía de la voluntad de los cónyuges? Preguntas que surgen hoy en día en todos los ordenamientos jurídicos europeos, en cuanto hay una tendencia común a permitir a los esposos una mayor autonomía de la voluntad dentro del matrimonio y en la elección de las consecuencias económicas del final del mismo[7].

Habida cuenta su naturaleza negocial, es evidente que en la formalización de estos acuerdos deben concurrir los elementos constitutivos de cualquier negocio jurídico, esto es, consentimiento, objeto y causa (art. 1.261 del CC). Planteándose especial controversia en cuanto a la existencia de un

---

7 RODRÍGUEZ GUITIÁN, A. M. *"Los pactos en previsión de crisis y los límites de su validez"*, Cuadernos Civitas de Jurisprudencia Civil núm. 109/2019. (BIB 2019\1381).

consentimiento carente de vicios al momento de su formalización. En tales casos es evidente que el Derecho articula las medidas necesarias para que quien efectivamente ha podido sufrir alguno de los vicios contemplados, pueda ejercitar las acciones dirigidas a solicitar la invalidez del pacto ex art. 1265 y concordantes del CC.

Particular relevancia práctica tiene la posibilidad de apreciar el posible desequilibrio en el que se puedan encontrar los otorgantes al momento de su formalización. Tal como se ha resaltado, esta diferente posición puede implicar un desequilibrio negocial a la hora de formalizar estos acuerdos y vulnerar el límite que incide en la igualdad de los derechos que corresponda a cada cónyuge (art. 1328 CC).

Entre los diferentes pactos que en su día pudieron alcanzar los hoy Reyes de España, cabe referirse, en primer lugar, a la posibilidad de acordar una renta vitalicia.

Pues bien, la validez de dicho pacto ha sido admitida en la jurisprudencia. Así, puede verse la STS núm. 392/2015, de 24 junio[8], en un supuesto de hecho en el que, el mismo día de las capitulaciones matrimoniales, y ante el mismo fedatario público, los futuros contrayentes habían manifestado lo siguiente: "PRIMERO: Que tienen previsto contraer matrimonio el próximo día ocho del mes de agosto del presente año bajo el régimen legal de separación de bienes. SEGUNDO: Que, en el supuesto hipotético, de que su relación se deteriorara, y esto les llevara a solicitar la separación matrimonial, y con objeto de evitar entre ellos mutuas reclamaciones y contenciosos judiciales, acuerdan en este acto que el Sr. Cecilio abonará a la Sra. Tomasa, por todos los conceptos, y como renta mensual vitalicia la cantidad de mil doscientos (1.200) euros. TERCERO: En el supuesto de producirse dicha separación la cantidad

8 RJ 2015\2657.

mensual antes mencionada se actualizará anualmente por aplicación del IPC".

El Alto Tribunal, acogiendo lo dispuesto en la Sentencia de instancia, nos dice: *"Que no constituía anomalía contractual, que se pactase el pago de una renta vitalicia mensual, solo por el esposo, para el caso de separación conyugal. Añade la sentencia que se deben proscribir los pactos que afecten a la igualdad de los cónyuges, pero no aquellos que solo muestren el ejercicio de la libre disposición en materia patrimonial. En la sentencia de apelación se argumenta que, en este caso, los pactos no generan una situación de inferioridad en el esposo ni provocan "supremacía o autoridad y correlativa sumisión o dependencia"*. De forma que: *"Dicho cuanto antecede no es posible apreciar en nuestro caso quiebra alguna del principio de igualdad. La renta vitalicia a cargo del esposo y en favor de la mujer se establece para los supuestos de crisis y separación conyugal, con independencia o abstracción del agente o contingencia provocadora, de la iniciativa individual o conjunta de la interrupción de la convivencia y eventual formalización judicial de la solicitud en vía contenciosa o de mutuo acuerdo. Pero además en el supuesto analizado los otorgantes son personas maduras, con fallidas experiencias anteriores, cumplidamente formadas en enseñanzas universitarias y dilatado ejercicio en el campo de la medicina y el derecho, especialmente significativo en lo que ahora analizamos, en el esposo que asume la obligación económica, de profesión abogado, tal y como se explicitaba en consideraciones anteriores, usando ambos de su libertad en una sociedad moderna y abierta como la actual, de modo que ningún reparo puede ser opuesto en tal sentido"*.

Otro de los pactos cuya validez ha sido cuestionada es la posibilidad de renuncia a la pensión compensatoria, regulada, como sabemos en el art. 97 del CC. Sobre esta materia, puede verse la STS núm. 315/2018, de 30 mayo[9]. En el supuesto de hecho que le sirve de causa se denunciaba infracción de lo

---

[9] RJ 2018\2358.

dispuesto en los arts. 97,1328 y 1255 del CC, en relación con el art. 90.2 del mismo texto legal, así como de los arts. 24.1 y 39 de la CE y aplicación indebida de la doctrina del Tribunal Supremo sobre la validez de los pactos prematrimoniales y los límites a los mismos, recogida en sentencia del Tribunal Supremo de la Sala 1.ª de lo Civil, STS 392/2015, de 24 de junio, entendiéndose que en determinadas circunstancias la renuncia a la pensión compensatoria contenida en los mismos puede resultar nula. En el presente caso, la renuncia de la esposa a la pensión compensatoria que realizó ante notario habría de considerarse nula por ser contraria a la ley, a la moral y al orden público. El TS entiende, a diferencia, que dicho pacto no vulnera el orden público y que la otorgante conoció perfectamente el alcance de la estipulación acordada.

Admitido que la jurisprudencia ha considerado válida la renuncia a la pensión compensatoria, el problema se plantea en el hecho de que dicha renuncia se formule con anterioridad a que surja el hecho que desencadena su posible efectividad. Planteándose en estos casos, la validez de aquellos acuerdos que hipotéticamente podrían vulnerar la igualdad de los cónyuges, así como la posible aplicación de la *clausula rebus sic stantibus* por alteración sobrevenida de las circunstancias. Supuesto que debe valorarse no solo en aquellos casos en los que se pacte la renuncia a la pensión, sino también cuando se determine su alcance.

Tanto en el supuesto de la existencia de un pacto por el que se establezca una renta vitalicia, como en aquél que se pacte la renuncia a la pensión compensatoria o se fije el alcance de esta, surge como cuestión que índice en la igualdad de los cónyuges, la posible reciprocidad.

En este punto, la doctrina coincide en señalar que es sensato mantener la necesidad de respetar un cierto equilibrio entre las cláusulas del pacto, de modo que la igualdad en el patrimonio y en las circunstancias personales de los cónyuges debería conducir a una cierta similitud en sus acuerdos. Así, si se parte de cónyuges con un estado financiero totalmente dispar, el equilibrio pasaría, no por la reproducción mimética de todas las cláusulas para uno y otro cónyuge para salvar una «reciprocidad formal», sino precisamente por la fijación de compensaciones a favor del cónyuge con menos recursos.

Sobre la vulneración del principio de la igualdad de los cónyuges en la renuncia previa a la pensión compensatoria, resulta interesante la doctrina contenida en la reciente STS (Sala de lo Civil, Sección 1ª) núm. 362/2023, de 13 marzo[10]. En el supuesto de hecho que le sirve de causa, con anterioridad a la celebración del matrimonio, las partes otorgaron una escritura de capitulaciones matrimoniales en la que acordaron que el matrimonio proyectado se regiría por el régimen de separación de bienes y que, en caso de divorcio, nada se reclamarían el uno al otro por cualquier concepto o acción que pudiera generarse por razón del matrimonio, la convivencia, gastos, bienes, derechos u obligaciones matrimoniales, independientemente de la cuantía de los ingresos de cada uno de ellos. Interpuesta demanda por la esposa, la Audiencia reconoce a su favor una pensión compensatoria de 500 euros al mes durante tres años y una compensación por dedicación a la casa y a la familia de 30.000 euros. Recurre en casación el esposo por un único motivo en el que denuncia que la sentencia recurrida no ha respetado lo acordado por las partes, infringiendo el principio de autonomía de la voluntad y la jurisprudencia de la sala sobre negocios jurídicos de familia.

Pues bien, el TS nos dice con referencia a la validez de estos pactos prenupciales lo siguiente: *"En el caso, los pactos discutidos se incluyeron en una escritura de capitulaciones en las que, además*

---

10 RJ\2023\1566.

de pactar el régimen de separación de bienes, acordaron que "en caso de disolución, divorcio o nulidad del matrimonio proyectado nada se reclamarán el uno al otro por ningún concepto o acción que pudiera generarse por razón del matrimonio, la convivencia, gastos, bienes, derechos u obligaciones matrimoniales, independientemente de la cuantía de los ingresos de cada uno de ellos".

La exesposa entiende, al igual que el exesposo, que los términos acordados en la escritura de capitulaciones comportan una renuncia tanto a la prestación por desequilibrio (art. 97 CC) como a la compensación por el denominado trabajo para la casa (art. 1438 CC), pero argumenta, y su tesis ha sido acogida por la sentencia recurrida, que en este caso no rige la renuncia acordada porque, al no haberse dado la contribución paritaria en el cuidado del hijo, no se dan las condiciones y circunstancias pactadas en las capitulaciones. Partiendo de este presupuesto, la sentencia recurrida analiza si concurren los requisitos para reconocer la prestación por desequilibrio y la compensación por el trabajo para la casa, entiende que sí, y condena al exesposo a pagar por los dos conceptos.

El TS, admite el recurso entendiendo que la argumentación de la sentencia recurrida dirigida a privar de eficacia a la renuncia incorporada a las capitulaciones matrimoniales no es correcta.

Sobre ello, nos dice: "*La jurisprudencia de la sala ha venido admitiendo con amplitud el juego de la autonomía de la voluntad en el ámbito de las relaciones económicas entre las personas casadas, a las que se reconoce el poder de autorregulación de sus propios intereses cuando se trata de materias disponibles. Ello de conformidad con el principio de libertad contractual (art. 1255 CC) y la libertad de contratación entre los esposos, que desde 1981 consagra el art. 1323 CC, en la línea con los principios constitucionales de libertad (art. 1 CE, igualdad (art. 14 CE) y libre desarrollo de la personalidad (art. 10). Con carácter general, además de las sentencias citadas por el recurrente, la sala ha dictado otras que han reconocido la validez y eficacia de pactos entre los esposos o entre los futuros esposos. Entre las más recientes, las sentencias 428/2022, de 30 de mayo, 315/2022, de 20 de abril, 130/2022, de 21 de febrero, y 59/2022 y las que se citan en ellas.*

En el caso que debemos resolver, la renuncia por los futuros esposos a los derechos y acciones que pudieran corresponderles en el momento de divorcio se introdujo de manera preventiva en unas capitulaciones matrimoniales, junto al contenido típico referido al establecimiento de un régimen económico matrimonial de separación de bienes (art. 1325 CC).

Nos encontramos por tanto ante unos pactos en previsión de una crisis matrimonial, plenamente admisibles como negocios de familia siempre que se cumplan los requisitos de los contratos (en especial, art. 1261 CC) y que respeten los límites infranqueables que resultan de la Constitución y del resto del ordenamiento (arts. 1255 y 1328 CC), en el entendido de que el orden público como límite a la autonomía de la voluntad para la ordenación de los efectos de la crisis matrimonial se identifica sustancialmente con los principios y valores constitucionales. Así, señaladamente, los pactos no pueden romper la igualdad jurídica en la posición de los esposos, dando lugar a situaciones de sumisión en lo personal o en lo patrimonial, ni excluir la libertad personal de permanecer o poner fin a la relación matrimonial (art. 32 CE), ni ser contrarios al interés de los hijos menores (art. 39 CE). Tampoco pueden contravenir normas imperativas, como la renuncia a alimentos futuros, cuando procedan.

En la regulación del Código civil la compensación por desequilibrio y la compensación por el "trabajo para la casa" tienen carácter disponible, tanto en su reclamación, que puede renunciarse, como en su configuración. Ambas se conceden solo a petición de parte y su determinación judicial debe hacerse teniendo en cuenta los acuerdos a que hubieran llegado los cónyuges (art. 97 CC, para la compensación por desequilibrio), o a falta de acuerdo entre los cónyuges (art. 1438 CC, para la compensación por el trabajo doméstico). Los acuerdos sobre estos derechos, y en particular, los que incluyen su renuncia, pueden formar parte de convenios reguladores de la crisis matrimonial que, de conformidad con lo dispuesto en el art. 90.2 CC, "serán aprobados por el juez salvo si son dañosos para los hijos o gravemente perjudiciales para uno de los cónyuges". Se introduce así con carácter excepcional un denominado "control de lesividad" que resultaría también aplicable a los pactos prematrimoniales que incluyan contenido propio de un convenio regulador. Por la excepcionalidad con la que se regula, es evidente que la lesividad no puede apreciarse sin más por el hecho de que se renuncie a derechos que corresponderían legalmente en caso de no existir renuncia, pero que se configuran por el legislador como derechos disponibles.

Partiendo del respeto a la autonomía de la voluntad de los cónyuges, la validez de sus acuerdos exige la formación libre del consentimiento. En el caso, no se ha denunciado por la esposa ningún vicio del consentimiento ni tampoco cabe presumir una relación de superioridad del futuro esposo respecto de ella que diera lugar a que su consentimiento no fuera libremente formado y emitido. Se trata de un matrimonio celebrado por dos personas con cierta madurez, que llevaban cuatro años de relación sentimental, incluido un periodo de convivencia. Cuando otorgaron las capitulaciones, días antes de contraer matrimonio, los dos se encontraban divorciados (él con tres hijos de su matrimonio anterior e importantes cargas económicas), es decir, contaban con una experiencia matrimonial fracasada y el conocimiento de lo que eso conlleva. La futura esposa disponía de una trayectoria personal y vital que impide hablar de una parte "débil" o ignorante que pudiera haber padecido error sobre las consecuencias de su renuncia: tenía en ese momento 43 años y era, según ha mantenido el recurrente, y ella no lo ha negado, licenciada en economía y empresaria autónoma. Por otra parte, la intervención del notario que autoriza la escritura pública de capitulaciones matrimoniales garantiza que la futura esposa pudiera ser consciente de lo que implicaba la renuncia que firmaba, y en este sentido es significativo que en la escritura el notario hiciera constar lo siguiente: "manifiestan asimismo los señores comparecientes, aun advertidos por mí, (el notario) de la trascendencia y contundencia de este pacto, que quieren pactar, y en efecto pactan, que, en caso de diso-

lución, divorcio o nulidad del matrimonio proyectado nada se reclamarán el uno al otro por ningún concepto o acción que pudiera generarse por razón del matrimonio , la convivencia, gastos, bienes, derechos u obligaciones matrimoniales, independientemente de la cuantía de los ingresos de cada uno de ellos. A excepción de las acciones que amparen a los hijos comunes, en su caso

Partiendo por tanto de un consentimiento libre y consciente, en el caso debemos rechazar que pueda apreciarse, por el contenido del pacto y su objeto, referido a derechos patrimoniales disponibles, algún límite a la autonomía privada que permita considerar que es lesivo. Como hemos dicho, para ello no es suficiente que en el momento de la disolución del matrimonio concurran los presupuestos para el reconocimiento de los derechos a que se ha renunciado, porque precisamente esa es la finalidad del pacto que los futuros esposos quisieron libremente por entender que así convenía a sus intereses. En la escritura no se exoneró al futuro esposo de contribuir a las cargas del matrimonio y ambos se reconocieron "la suficiente formación y cualificación profesional como para poder ejercer una actividad profesional que les permita satisfacer a día de hoy sus necesidades privativas de manera independiente, así como cooperar, de manera proporcional a sus respectivos recursos económicos, al sostenimiento de los gastos comunes y cargas del matrimonio ". En el momento de celebrarse el pacto, por tanto, partiendo del reconocimiento de la cualificación y capacidad de ambos, y en consecuencia de la posibilidad de obtención de ingresos propios y de la voluntad de mantener esa situación independientemente de la cuantía de sus patrimonios, la renuncia preventiva no puede considerarse lesiva para la esposa. En el caso, tampoco se perjudican los intereses del hijo común, que quedan garantizados por los alimentos reconocidos a su favor, en los términos que ya hemos expuesto.

Cierto que la aparición de circunstancias no previstas puede colocar a un cónyuge en una situación que, por no serle imputable, puede hacer irracional exigir el cumplimiento de la previsiones negociales de los esposos, pero no es el caso , ni puede aceptarse el argumento de la sentencia recurrida acerca de que no se han cumplido las premisas de la renuncia porque el Sr. Julio continuara ejerciendo actividades profesionales remuneradas y, llegado el nacimiento del hijo común, la Sra. Covadonga se dedicara a su cuidado, sin que el cuidado personal del Sr. Julio fuera paritario. En el propio pacto acordado por las partes se contemplaba la posible contratación de terceros que complementaran la función de cuidado de los hijos, y la sentencia recurrida (al cuantificar las prestaciones que reconoce) tiene en cuenta que la dedicación de la esposa no fue "excluyente". En todo caso, la dedicación personal de la esposa, si además se dieran todos los respectivos presupuestos legalmente exigidos para una y otra figura, podría dar lugar al reconocimiento del derecho a la prestación compensatoria y de la compensación económica por el trabajo, pero no permite concluir que la renuncia previa a tales derechos sea ineficaz, tal y como hemos advertido ya. En el caso no se ha alegado, ni la sentencia menciona, que por alguna circunstancia extraordinaria la esposa no pudiera trabajar, primero tras la celebración del matrimonio y luego tras el nacimiento del niño. Tampoco se ha alegado que por concurrir alguna circunstancia fuera de lo común el cuidado del niño requiriera una dedicación especial que, al ser asumida en exclusiva por la madre, la hubiera colocado, por no poder trabajar, en una situación de precariedad económica que las partes no pudieron contemplar al pactar las consecuencias económicas de un eventual divorcio. El presupuesto común de las previsiones de los futuros esposos fue que ambos contaban con capacidad para obtener ingresos separados y su voluntad libre fue mantener esa situación de total independencia de los patrimonios y excluir las prestaciones económicas y compensaciones que, de no mediar la renuncia, pudieran ser exigibles. Y ello, según recoge expresamente el pacto, "independientemente de la cuantía de los ingresos de cada uno" que, tal como resulta acreditado en la instancia, eran ya desiguales con anterioridad a la celebración del matrimonio".

Por lo que, la Sala entiende que: *"De acuerdo con lo expuesto procede estimar parcialmente el recurso de casación, casar parcialmente la sentencia recurrida y, al asumir la instancia, declarar que no ha lugar a establecer pensión compensatoria a favor de la exesposa ni tampoco a la indemnización al amparo de lo establecido en el art.*

1438 CC. En consecuencia, para el caso de que se hubiera solicitado y obtenido el pago, procede la devolución de las cantidades abonadas por tales conceptos con sus intereses".

Por todo ello, la validez del pacto de renuncia a la pensión compensatoria, así como a la compensación que establece el art. 1438 CC prevista en el régimen de separación de bienes para el resarcimiento por el trabajo doméstico a la extinción de éste, son disponibles. La validez de su renuncia anticipada está condicionada a la concurrencia de un posible vicio del consentimiento o a la acreditación de una lesión a los derechos del cónyuge dañado, lo que debe analizarse en cada caso.

Otra de las estipulaciones que podrían haberse incluido en estos acuerdos es la relativa al uso de la vivienda familiar, que tiene especial relevancia puesto que la residencia del monarca tiene carácter institucional. Por todo ello, no creo que existiera ningún obstáculo en acordar que el uso de la vivienda familiar, de carácter oficial, corresponda al esposo, siendo admisible un pacto en virtud del cual se atribuyera a la reina el uso parcial de esta, en bien de los intereses de los hijos que pudiera haber tenido el matrimonio durante su minoría de edad. De igual forma, cabe otorgar validez a aquel hipotético pacto en virtud del cual producida la separación o el divorcio, el rey se comprometiera a facilitar a su cónyuge una vivienda acorde a sus necesidades y relevancia social.

Otra de las posibles estipulaciones de carácter económico que los monarcas hubieren podido acordar por razón de su matrimonio y en el régimen de separación de bienes, es la que incide en la compensación por trabajo doméstico a la extinción del régimen, que contempla el art. 1.348 del CC. Tal como establece la última de las Sentencias dictadas, no existe obstáculo legal alguno a su validez, que estaría solo sometida a la acreditación de un vicio en el consentimiento negocial o a la apreciación de la vulneración del principio de igualdad conyugal en atención a las circunstancias concurrentes en cada caso, que considero difícil que no hubieren sido analizadas con carácter previo a su formalización, atendidos los intereses que afectan a la monarquía.

Finalmente, puede tener relevancia aquellas estipulaciones que incidan en la renuncia previa a la obligación de alimentos que, como es sabido, se extingue con la ruptura del vínculo como consecuencia del divorcio. De igual forma, aquellas en las que la obligación de alimentos se acuerda para aquellos casos en los que no sea preceptiva legalmente. Pues bien, la jurisprudencia ha admitido la validez de aquellos pactos en los que se acuerda la prestación voluntaria de alimentos en base a lo dispuesto el art. 153 del CC. Mayor dificultad genera la renuncia futura a los alimentos, cuando estos procedan, pues entiendo que dicho pacto sería contrario a una norma imperativa.

Junto a estas estipulaciones de contenido económico y que inciden directamente en los cónyuges, estos pactos pueden contener estipulaciones que afecten a los hijos habidos del matrimonio.

Como es de sobra conocido, el cuidado de los hijos sujetos a la patria potestad de ambos, el ejercicio de ésta y, en su caso, el régimen de comunicación y estancia de los hijos con el progenitor que no viva habitualmente con ellos, forma parte del contenido que podría incluirse en su caso en el convenio regulador posterior a la crisis conyugal, como así dispone el art. 90 del CC. Pudiendo incluirse en él y si se considera necesario, el régimen de visitas y comunicación de los nietos con sus abuelos, teniendo en cuenta, siempre, el interés de aquéllos.

Dada la relevancia institucional que alcanza aquello que afecte a los hijos del monarca, en su condición de llamados a la sucesión a la Corona, no creo que exista problema alguno en otorgar validez a aquellos pactos prenupciales en los que los reyes de España acuerden el régimen de guarda y custodia de los hijos menores, acordando incluso la custodia compartida (art. 92 del CC), así como el régimen de visitas con el progenitor en cuya compañía no queden, si ésta no procede o la fórmula para resolver los posibles conflictos que pudieran surgir ante la existencia de disconformidad en cuanto al ejercicio de la patria potestad. Finalmente, nada obsta a otorgar validez a aquellos acuerdos relativos a la obligación de alimentos a los hijos, de carácter indisponible previo a su nacimiento.

BIBLIOGRAFÍA

De Amunategui Rodriguez, C., *"El régimen de separación y el principio de autonomía de la voluntad"*, Autonomía de la voluntad y negocios jurídicos de derecho de familia, Joaquín José Rams Albesa (coord.), Dykinson, Madrid, 2009.

Paños Pérez, A., *"Hacia una mayor autonomía privada en capitulaciones matrimoniales con marco transfronterizo"*, Cuadernos de derecho transnacional, vol. 13, nº 2, 2021.

Pau Pedrón, A., *"El Registro Civil de la Familia Real"*, Anales de la Real Academia Matritense de Heráldica y Genealogía, n.º 8, 2 (Ejemplar dedicado a: Homenaje a Don Faustino Menéndez Pidal), 2004.

Rodríguez Guitián, A. M., *"Los pactos en previsión de crisis y los límites de su validez"*, Cuadernos Civitas de Jurisprudencia Civil, n.º 109/2019. (BIB 2019\1381).

La sucesión a la Corona desde la perspectiva del Derecho civil

JULIÁN LÓPEZ RICHART
Profesor Titular de Derecho civil
Universidad de Alicante

I. CONSIDERACIONES PREVIAS: LA INFLUENCIA RECÍPROCA ENTRE LA CONSTITUCIÓN Y EL CÓDIGO CIVIL

Mucho se ha escrito sobre la influencia que la Constitución de 1978 ha ejercido sobre el Derecho civil español, especialmente en determinadas materias como el Derecho de familia o el de sucesiones[1]. Sobre todo, en los años que siguieron a la aprobación de la Constitución, fue necesario acomodar las normas de nuestro viejo Código civil a los principios y valores consagrados en el texto constitucional, como el principio de igualdad y no discriminación o la aconfesionalidad del Estado. Claro ejemplo de ello fueron las leyes de 13 de mayo y 7 de julio de 1981 que modificaron profundamente la regulación de la filiación, la patria potestad, el matrimonio, el régimen económico matrimonial y el Derecho sucesorio. En la misma línea podríamos citar las leyes de 13 de julio de 1982, en materia de nacionalidad, la de 11 de noviembre de 1987, en materia de adopción o la de 15 de octubre de 1990, dirigida a erradicar

---

1 *Vid.*, entre otros, ESPÍN CÁNOVAS, D., «El derecho de familia en la Constitución y su repercusión en el Código civil», *Revista de la Facultad de Derecho de la Universidad Complutense,* 1978, pp. 5 y ss.; BARBER CÁRCAMO, R., «La Constitución y el Derecho civil», *Revista Electrónica de Derecho de la Universidad de la Rioja,* Núm. 2, 2004, pp. 39 y ss.

algunos vestigios de discriminación por razón de sexo que todavía perduraban en el Código civil. En los últimos tiempos se observa una tendencia a proyectar en el Derecho de familia el derecho al libre desarrollo de la personalidad consagrado en el art. 10 CE, lo que ha servido para justificar las reformas del Código civil tendentes a permitir el matrimonio entre personas del mismo sexo o a facilitar la separación y el divorcio[2].

Pero, del mismo modo que la Constitución ha ejercido una evidente influencia en la configuración del Derecho civil, no debemos desconocer que el texto constitucional también recoge y asume conceptos e instituciones que provienen de esta rama del Derecho privado.

La simple lectura del Título II de nuestra Constitución, consagrado, como es bien sabido, a la Corona, basta para comprobar que en él aparecen conceptos propios y básicos del Derecho civil, como son los relativos a la minoría y la mayoría de edad, el matrimonio o la tutela. A veces, encontramos una simple referencia a los mismos, por lo que debemos entender que estamos ante una remisión a las normas del Derecho civil. Por ejemplo, el art. 59 CE se refiere al supuesto de que el Rey sea menor de edad y el art. 61 CE habla del

---

2 Así, en la Exposición de Motivos de la Ley 15/2005 de 8 de julio, por la que se modifican el Código civil y la Ley de Enjuiciamiento Civil en materia de separación y divorcio podemos leer que «se estima que el respeto al libre desarrollo de la personalidad, garantizado por el artículo 10.1 de la Constitución, justifica reconocer mayor trascendencia a la voluntad de la persona cuando ya no desea seguir vinculado con su cónyuge», lo que lleva a suprimir las causas de separación y divorcio. Pocos días antes, la Ley 13/2005, de 1 de julio, por la que se modifica el Código civil en materia de derecho a contraer matrimonio, reconoció en nuestro país el matrimonio entre personas del mismo sexo, como un cauce para el libre desarrollo de la personalidad y una manifestación de la libertad y la igualdad efectiva de las personas sin discriminación alguna por razón de sexo.

Príncipe heredero que alcance la mayoría de edad. Debemos entender que el Rey o el Príncipe heredero, como cualquier otra persona, alcanzan la mayoría de edad a los 18 años y que antes de esa edad son menores sujetos a patria potestad o a tutela (arts. 240.1 y 199 CC). Sin embargo, en otras ocasiones la Constitución se aparta de la regulación del Código civil. Por ejemplo, en materia de tutela dispone el art. 60 CE que «será tutor del Rey menor la persona que en su testamento hubiese nombrado el Rey difunto». Hasta aquí nada diferente respecto de lo que disponen los arts. 223 y 234.4º CC, pero a continuación el art. 60 CE puntualiza: «siempre que [el tutor] sea mayor de edad y español de nacimiento», requisito este último que no exige el Código civil para ser tutor. Además, añade el art. 60 CE que si el Rey difunto no hubiese nombrado tutor, lo será el padre o la madre, mientras permanezcan viudos, cosa que en el Derecho civil no sucede, porque si vive el padre o la madre no procede el nombramiento de un tutor, dado que el menor sigue bajo la patria potestad del progenitor supérstite y ello tanto si permanece viudo como si contrae nuevo matrimonio. Por otro lado, a falta de nombramiento de tutor por el Rey difunto y si no viviese el otro progenitor, el art. 60 CE dispone que la facultad de designar al tutor del Rey recae sobre las Cortes Generales, cuando con carácter general el Código civil atribuye a la autoridad judicial la competencia para designar tutor del menor que no esté sometido a patria potestad[3].

---

3 Art. 231 CC.

II. EL TRATAMIENTO DE LA SUCESIÓN DEL REY EN LA CONSTITUCIÓN ESPAÑOLA

1. Sucesión hereditaria y sucesión en la Corona

Nuestra Constitución no se ocupa propiamente de la sucesión hereditaria del Rey o la Reina tal y como la entendemos en el Derecho civil, esto es, la transmisión universal del patrimonio que una persona deja al morir. Debemos entender que esto es así porque la sucesión hereditaria del Rey o la Reina no tiene ninguna particularidad, por lo que se regirá por las reglas contenidas en el Título III del Libro Tercero del Código civil. En este ámbito, la única cuestión a tener en cuenta será la necesidad de distinguir el patrimonio personal del monarca y el patrimonio nacional, que está adscrito a la Corona como institución del Estado y que, por lo tanto, no forma parte del haber hereditario del monarca, ni se transmite a sus herederos[4].

El art. 57 CE sí se ocupa, en cambio, de la sucesión en la Corona, es decir, de la sucesión en la Jefatura del Estado, tema de indudable interés y sobre el que existe abundante literatura[5].

---

4 El patrimonio nacional se rige por la Ley 23/1982, de 16 de junio, reguladora del Patrimonio Nacional, BOE núm. 148, de 22 de junio de 1982, Permalink ELI: https://www.boe.es/eli/es/l/1982/06/16/23/con.

5 GARCÍA TORRES, J./ REQUEJO PAGÉS , J. L., «Sucesión en la Corona», en Aragón Reyes, M. (dir.), *Temas básicos de Derecho Constitucional*, t. II, *Organización general y territorial del Estado*, Civitas Madrid, 2011, pp. 45 y ss.; GUTIÉRREZ NOGUEROLES, A., «Reflexiones en torno al régimen constitucional de sucesión a la corona española», *Revista de Derecho Político*, Núm. 57, 2003, pp. 199 y ss.; LÓPEZ VILAS, R., «La sucesión en la Corona (Comentarios al art. 57 de la Constitución)», en LUCAS VERDÚ, P. (dir.), *La Corona y la Monarquía parlamentaria en la Constitución de 1978*, Sección de Publicaciones de la Facultad de Derecho, Universidad Complutense, Madrid, 1983,

El objetivo de este trabajo no es abordar la regulación constitucional de la sucesión de la Corona con todos sus matices, sino simplemente identificar las similitudes y diferencias que ésta presenta respecto del régimen de la sucesión hereditaria del Código civil. Y es que, como ha dicho GÓMEZ SÁNCHEZ, «los principios que ordenan la sucesión en las Monarquías hereditarias tienen su origen en el derecho privado familiar y sucesorio de donde, con distintas peculiaridades según las épocas y los diferentes países, pasaron al ámbito jurídico-público»[6]. Así se aprecia en nuestro texto constitucional, que al regular la sucesión a la Corona recurre a conceptos propios del Derecho civil, como son los relativos al orden regular de sucesión, el principio de representación, el parentesco, la consanguinidad, las líneas y los grados, la extinción de líneas llamadas a suceder o la renuncia. Algunos de estos conceptos son utilizados en su sentido usual, tomados de la tradición civilista, mientras que otros se apartan del régimen ordinario del Derecho civil. El problema es que no siempre resulta evidente cuándo nos encontramos ante uno u otro caso, en parte debido a la parquedad del art. 57 CE. La cuestión es importante, porque podría servir para resolver algunas dudas interpretativas que platea el sistema de sucesión de la Corona establecido en nuestra Constitución.

---

pp. 129 y ss.; SÁIZ ARNAIZ, A., «La sucesión en la Corona. Abdicación y renuncia», en AAVV, *La Monarquía parlamentaria. VII Jornadas de Derecho Parlamentario*, Congreso de los Diputados, Madrid, 2001, pp. 419 y ss. ; SERRANO ALBERCA, J. M., «El orden de sucesión a la Corona, abdicaciones y renuncias (art. 57 de la Constitución española)», Conferencia pronunciada en la Real Academia de Jurisprudencia y Legislación, 11 de junio de 2013, disponible en https://silo.tips/download/el-orden-de-sucesion-a-la-corona-abdicaciones-y-renuncias.

6 GÓMEZ SÁNCHEZ, Y., «La sucesión a la Corona», en Rollnert Liern, G. (dir.), *Las monarquías europeas en el Siglo XXI*, Sanz y Torres, Madrid, 2007, p. 150.

2. El carácter incompleto del artículo 57 CE

El art. 57 CE dispone lo siguiente en relación con la sucesión en la Corona:

> «1. La Corona de España es hereditaria en los sucesores de S.M. Don Juan Carlos I de Borbón, legítimo heredero de la dinastía histórica. La sucesión en el trono seguirá el orden regular de primogenitura y representación, siendo preferida siempre la línea anterior a las posteriores; en la misma línea, el grado más próximo al más remoto; en el mismo grado, el varón a la mujer, y en el mismo sexo la persona de más edad a la de menor.
>
> 2. El Príncipe heredero, desde su nacimiento o desde que se produzca el hecho que origine el llamamiento, tendrá la dignidad de Príncipe de Asturias y los demás títulos vinculados tradicionalmente al sucesor de la Corona de España.
>
> 3. Extinguidas todas las líneas llamadas en Derecho, las Cortes Generales proveerán a la sucesión en la Corona en la forma que más convenga a los intereses de España.
>
> 4. Aquellas personas que teniendo derecho a la sucesión en el trono contrajeren matrimonio contra la expresa prohibición del Rey y de las Cortes Generales, quedarán excluidas en la sucesión a la Corona por sí y por sus descendientes.
>
> 5. Las abdicaciones y renuncias y cualquier duda de hecho o de derecho que ocurra en el orden de sucesión a la Corona se resolverá por una ley orgánica».

Un apunte inicial en relación con el art. 57 CE, que ha sido puesto de manifiesto de forma unánime por la doctrina, es el carácter claramente incompleto de la regulación constitucional. También se ha dicho que no es la Constitución el lugar propicio para una regulación detallada de todos los aspectos relacionados con la sucesión de la Corona, pero, aun así, tanto en el Derecho comparado como en nuestra tradición histórica los textos constitucionales se ocupan generalmente de este tema con mayores dosis de precisión.

Consciente el legislador constitucional de la parquedad de la regulación contenida en el art. 57 CE, el precepto concluye remitiéndose a una ley orgánica que se ocupe de las abdicaciones y renuncias, así como de cualquier duda de hecho o de derecho que pudiera surgir en el orden de sucesión a la Corona. De momento, sin embargo, esa ley orgánica no ha sido aprobada. De hecho, ni siquiera existe consenso acerca de cómo interpretar esa remisión a «una ley orgánica». Al respecto, se han sostenido distintas interpretaciones. Algunos consideran que el precepto se refiere a una (y solo una) ley orgánica que proceda al desarrollo de todas las cuestiones que el art. 57 CE deja sin resolver, esto es, el proceso de abdicación, la renuncia y cualquier otra duda que pueda suscitar el orden de sucesión en la Corona[7]. Otros, por el contrario, creen que el art. 57 CE

---

7 FERNÁNDEZ-FONTECHA TORRES, M./ PÉREZ DE ARMIÑÁN Y DE LA SERNA, A., *La Monarquía y la Constitución*, Civitas, Madrid, 1987, pp. 219-220; SÁIZ ARNÁIZ, A., *op. cit.*, pp. 430-431; SERRERA CONTRERAS, P. L., «En torno a la abdicación del Rey Juan Carlos. Una laguna constitucional», Diario La Ley, nº. 8391, Año XXXV, 3 de octubre de 2014, Artículo D-303, p. 13767; SERRANO ALBERCA, J. M., *op. cit*, p. 54. Dos razones justifican la posición de estos autores, por un lado, el riesgo de posibles dilaciones en la tramitación parlamentaria que supondría tener que aprobar una Ley Orgánica *ad hoc* para cada abdicación, renuncia o duda que pudiera surgir y, por otro, que la decisión adoptada por las Cortes en los casos de una abdicación o renuncia no tiene carácter legislativo. En este sentido, SERRANO ALBERCA (*ibid. loc. cit.*) ha sostenido de manera elocuente que no parece lo más indicado tramitar mediante ley orgánica las abdicaciones y renuncias que pudiera haber, sino más bien mediante sendos actos de los que el texto constitucional atribuye a las Cortes con relación al título II para que, en sesión conjunta de las Cámaras, las aprueben, las rechacen o las registren. En contra, TORRES DEL MORAL, A. «En torno a la abdicación de la Corona», *Revista Española de Derecho Constitucional*, Núm. 102, 2014, pp. 16 y 17, afirma que no tendría sentido que las dudas se resolvieran por medio de una ley orgánica y, sin embargo, las abdicaciones y renuncias por un simple acto no legislativo de las Cortes, dada su mayor gravedad, por lo que propone que también éstas se instrumenten por medio de una ley orgánica.

está pensando en una ley orgánica para cada abdicación, renuncia o duda que pueda surgir, de manera que sería necesario adoptar leyes *ad hoc* que se aprobarían según vayan surgiendo estos problemas o cuando se produjera una abdicación o una renuncia[8]. Aún cabe una solución intermedia, que consistiría en desarrollar el contenido del art. 57 CE por medio de una ley orgánica, sin perjuicio de que cada abdicación o renuncia deban ser autorizadas caso por caso por una ley *ad hoc*[9].

De momento, la única ley orgánica aprobada en virtud de la remisión del art. 57 CE es la Ley Orgánica 3/2014, de 18 de junio, por la que se hace efectiva la abdicación de Don Juan Carlos I de Borbón[10]. El artículo único de esta ley se limita a dejar constancia de la abdicación que el monarca había comunicado al Presidente del Gobierno el 2 de junio de ese mismo año y a declarar que ésta sería efectiva en el momento de la publicación de la ley en el Boletín Oficial del Estado.

---

8 FERNÁNDEZ-FONTECHA TORRES, M., «El orden regular de sucesión en la corona. El artículo 57 de la Constitución», en Villanueva Turnes, A. (coord.), *40 años de monarquía parlamentaria*, Colex, Madrid, 2019, p. 100, duda de la constitucionalidad de una ley orgánica de desarrollo del art. 57 CE, por considerar que el art. 168 CE podría interpretarse como una declaración expresa del constituyente de que las materias a las que se refiere (incluido el Titulo II) solamente se pueden regular mediante una reforma constitucional.

9 Comparten esta opinión, entre otros, TORRES DEL MORAL, A., «En torno a la abdicación de la Corona», *cit.*, p. 17; GÓMEZ SÁNCHEZ, Y., «La abdicación del Rey Juan Carlos: La visión responsable de un Jefe del Estado», *Diario la Ley*, nº. 8345, Año XXXV, 2 de julio de 2014, Artículo D-220, p. 1708; RIDAO MARÍN, J., «Abdicación y monarquía parlamentaria en la España del siglo XXI», *Derecho y Cambio Social*, nº. 37, 2014, p. 21.

10 Ley Orgánica 3/2014, de 18 de junio, por la que se hace efectiva la abdicación de Su Majestad el Rey Don Juan Carlos I de Borbón, BOE núm. 148, de 19 de junio de 2014, Permalink ELI: https://www.boe.es/eli/es/lo/2014/06/18/3/con.

3. El principio hereditario de la monarquía

Superados los tiempos en los que la monarquía era electiva, hoy parece consustancial a la institución de la monarquía su carácter hereditario. Así lo reconoce el art. 57.1 CE cuando afirma que «la Corona de España es hereditaria en los sucesores de S.M. Don Juan Carlos I de Borbón, legítimo heredero de la dinastía histórica».

Sin embargo, los sucesores a los que se refiere el art. 57 CE no tienen por qué ser los llamados a la herencia, esto es, los que le sucederán en la titularidad de los bienes y otros derechos de contenido patrimonial que al morir se encuentren en el patrimonio personal del monarca, puesto que, como ya dijimos, sucesión de la corona y sucesión hereditaria se rigen en ocasiones por distintas reglas.

La primera diferencia que encontramos entre la sucesión hereditaria que regula el Código civil y la sucesión en la Corona es que esta última viene en todo caso determinada por la ley (en nuestro caso la Constitución) sin que se deje margen de apreciación a la voluntad del Rey para elegir a su sucesor. Esto es lo que quiere decir el art. 57 CE cuando dice que la Corona es *hereditaria*, rechazando así el sistema de la libre designación del sucesor en la Jefatura del Estado. Por el contrario, el sistema sucesorio del Código civil da preferencia a la voluntad del causante frente a la sucesión intestada, con la limitación que suponen las legítimas para la libertad del testador. Dispone en este sentido el art. 658 CC que la herencia, defiere por la voluntad del causante manifestada en testamento y, solo en su defecto (o cuando las disposiciones del causante fueran ineficaces o no agotasen todo su patrimonio)[11], por disposición de la ley. En el primer caso la sucesión se denomina voluntaria (o

[11] Art. 912 CC.

testamentaria) y en el segundo se habla de sucesión intestada (*o ab intestato*).

Por lo tanto, la sucesión de la Corona se asemeja más a la sucesión intestada o *ab intestato*. Sin embargo, también aquí podemos encontrar algunas diferencias. La primera es que en la sucesión a la Corona no puede haber un llamamiento conjunto a varios herederos, puesto que la jefatura del Estado ha de recaer en una sola persona, lo cual obliga a que cuando existan varios parientes del mismo grado sea necesario buscar criterios adicionales para determinar quién de entre ellos deba suceder al monarca. Por ejemplo, si el Rey tuviera varios hijos, será preferido el varón sobre la mujer y siendo del mismo sexo el que sea de mayor edad. Esto no sucede en la sucesión hereditaria, donde los descendientes suceden sin distinción de sexo, edad o filiación (art. 931 CC) y, en el caso de concurrir varios del mismo grado, el patrimonio del causante se puede repartir entre ellos, reparto que se hará en partes iguales (art. 932 CC), salvo en los casos en que entre en juego el derecho de representación, en los que la herencia se dividirá por estirpes (arts. 933, 934 y 926 CC). Ahora bien, no es ésta la única nota distintiva, también en el orden de llamamientos cabe apreciar algunas divergencias.

4. El orden sucesorio y sus diferencias respecto de la sucesión hereditaria

4.1. Exclusión del cónyuge viudo

La primera diferencia entre el orden de la sucesión intestada y el orden de sucesión al trono es que este último viene determinado exclusivamente por el parentesco. El consorte del Rey o la Reina no está en la línea de la sucesión a la Corona, mientras que en la sucesión hereditaria el cónyuge viudo sí es llamado a suceder *ab intestato* en defecto de descendientes o ascendientes, esto es, por delante de los parientes en línea colateral (art. 944 CC). Es más, aun cuando no sea llamado a suceder, el cónyuge viudo tiene siempre derecho a la legítima, que consiste en el usufructo de una cuota del haber hereditario, que varía dependiendo de con quién concurra: un tercio si lo hace con hijos o descendientes (art. 834 CC), la mitad si concurre con los ascendientes (art. 837 CC) y dos tercios si concurre con quienes no sean ni descendientes ni ascendientes (art. 838 CC), cosa que solo puede ocurrir en el caso de la sucesión testamentaria, pues en la sucesión intestada, como hemos dicho, el cónyuge viudo es llamado a suceder en defecto de descendientes y ascendientes.

4.2. Líneas y grados

Descartado el cónyuge, la sucesión de la Corona solo se produce en favor de los parientes. Al igual que en la sucesión *ab intestato*, la Constitución también recurre a la distinción entre líneas y grados para determinar el orden de sucesión. Sin embargo, como ha puesto de manifiesto la doctrina, el art. 57 CE adolece de una gran imprecisión, pues se limita a decir que tendrá preferencia la línea anterior sobre la posterior[12], pero sin especificar cuáles son esas líneas, ni el orden de preferencia dentro de ellas[13].

En general y pese a la ambigüedad del art. 57 CE, se entiende que la línea anterior a la que alude el precepto es la línea descendente, seguida de la ascendente y tras ella de la línea colateral, siendo preferido siempre dentro de cada línea el

---

12 En el derecho histórico se habla de la línea "principal" para referirse a los descendientes del monarca y la línea "lateral" para referirse a los hermanos y sobrinos.

13 FERNÁNDEZ-FONTECHA TORRES, M., *op. cit.*, p. 91.

pariente de grado más próximo, sin perjuicio del derecho de representación al que nos referiremos más tarde.

Este orden coincide, en lo sustancial, con el establecido para la sucesión hereditaria por el Código civil, por lo que podemos acudir a él para solventar las dudas que la parquedad del art. 57 CE pudiera suscitar. En este sentido, el art. 916 CC distingue entre la línea recta y la línea colateral. La línea recta es la que une a quienes descienden directamente unos de otros (el padre, el hijo, el nieto...), y la línea colateral es la que une a quienes, sin descender directamente uno del otro, tienen un ascendiente común (hermanos, tío-sobrino, primos...). Por su parte, el art. 917 CC distingue entre la línea recta descendente y la ascendente y el art. 918 CC, en un ejemplo de pedagogía difícil de superar, nos enseña cómo se cuentan los grados dentro de cada línea:

> «En las líneas se cuentas tantos grados como generaciones o como personas descontando la del progenitor.
>
> En la recta se sube únicamente hasta el tronco. Así, el hijo dista del padre un grado, dos del abuelo y tres del bisabuelo.
>
> En la colateral se sube hasta el tronco común y después se baja hasta la persona con la que se hace la computación. Por esto, el hermando dista dos grados del hermano, tres del tío, hermano de su padre o madre, cuatro del primo y así en adelante».

Además, el orden de preferencia entre líneas está claro en el Código civil. Se prefiere la línea recta descendente, seguida de la ascendente y, por último, la línea colateral hasta el cuarto grado (a la que, como ya dijimos, se antepone el cónyuge viudo)[14]. El Código civil prevé incluso la hipótesis de que concurran a la herencia tíos del causante con sobrinos (hijos de hermanos). Tanto unos como otros son parientes colaterales

---

14 *Vid.* arts. 930 y ss. CC.

de tercer grado, pero los arts. 946 y 954 CC aclaran que en este caso tendrán preferencia para heredar los sobrinos.

4.3. Preferencia entre los parientes del mismo grado

Otra importante diferencia entre la sucesión de la Corona y la sucesión hereditaria es que en la primera, en caso de concurrencia de parientes del mismo grado, la Constitución establece una serie de criterios para concretar la sucesión en uno de ellos. En esto se aparta la Constitución del régimen de la sucesión hereditaria del Código civil, aunque, como vimos, hay una buena razón para ello. Y es que en la sucesión hereditaria varias personas pueden concurrir a una misma herencia, pues no hay problema en que se reparta entre ellas el haber hereditario, mientras que en el caso de la sucesión a la Corona se debe concretar la persona (en singular) del sucesor que ostentará la Jefatura del Estado.

El problema surge en relación con los criterios utilizados por el art. 57 CE para determinar la preferencia para suceder. El orden sucesorio se basa en dos principios básicos de acuerdo a nuestra tradición histórica: el de primogenitura y el de representación, a los que se une el de la preferencia del varón sobre la mujer.

El principio de primogenitura tiene su origen en la idea de unidad e indivisión del reino y significa que la Corona pasa al hijo de mayor edad. Ahora bien, la combinación de la primogenitura con el principio de preferencia del hombre sobre la mujer hace que el primer hijo varón sea el que ostente la prioridad para suceder. Ello explica que en el momento de la abdicación de Juan Carlos I en 2014, el primero en la línea sucesoria fuera su hijo Felipe, pues era el único hijo varón, pese a ser menor que sus hermanas.

Por lo que se refiere al principio de representación, sus antecedentes se remontan al Derecho sucesorio romano, de donde pasó a nuestro Código civil. Dispone el art. 924 CC que el derecho de representación es «el que tienen los parientes de una persona para sucederle en todos los derechos que tendría si viviera o hubiera podido heredar». Dejando a un lado las imprecisiones del precepto[15] y traducido al ámbito de la sucesión de la Corona, la representación significa que, en el caso de que el primogénito no pueda heredar, sus descendientes serán llamados a suceder por delante de sus hermanos. El ejemplo lo vemos en la línea de sucesión al trono de Don Juan Carlos I. Como hemos visto, el primer lugar en la sucesión lo ocupaba el Príncipe de Asturias. Pues bien, en virtud del principio de representación, el segundo y el tercer lugar no correspondía a sus hermanas, sino a sus hijas, Leonor y Sofía. Solo en cuarto lugar, aparecía la hija mayor de Don Juan Carlos, Elena, seguida de sus hijos Felipe Juan Froilán (por ser varón, pese a ser más joven) y Victoria Federica. Y en séptimo lugar aparecía la otra hermana de Don Felipe, Cristina (la mediana de los tres hijos del rey), y tras ella sus cuatro hijos.

Se ha apuntado que fue el Rey Alfonso X El Sabio quien incorporó en las Partidas el derecho de representación en relación con la sucesión a la Corona (Ley II, 15, 2)[16]. Hasta enton-

---

15 La doctrina ha puesto de manifiesto que: en primer lugar, la propia denominación es incorrecta, pues no se puede representar a una persona fallecida, ni tampoco hay una actuación en interés de otra persona, ya que los beneficios del derecho de representación recaen directamente sobre el supuesto «representante»; en segundo lugar, no todos los parientes ostentan este derecho, sino sólo los hijos de descendientes o hermanos del causante (art. 925 CC); y, por último, pese al tenor literal del art. 924 CC, los titulares del derecho de representación no suceden al heredero premuerto o incapaz para suceder, sino directamente al primer causante por imperio de la ley, *vid.* O'CALLAGHAN MUÑOZ, X., *Compendio de Derecho civil*, Tomo V, *Derecho de sucesiones*, 2ª edición, EDERSA, Madrid, 1987, p. 343.

16 *Cfr.* GONZÁLEZ ALONSO, B., «La historia de la sucesión en el trono y el artículo 57 de la Constitución de 1978», *Revista de Estudios*

ces la regla era que, en caso de premoriencia del primogénito, el heredero al trono fuera el segundo hijo del Rey. Al parecer, el motivo de la nueva regla fue un compromiso suscrito por Alfonso X al casar a su hijo mayor con una hija del Rey Luis IX de Francia, compromiso en virtud del cual el hijo que naciese de este matrimonio debería ostentar, en su día, el título de Rey[17]. Paradójicamente, sin embargo, el derecho de representación no se aplicó en la sucesión de Alfonso X, al que heredó su segundo hijo y no el hijo mayor del primogénito prematuramente fallecido[18].

Como ya habrá podido apreciar el lector, la representación cobra una nueva dimensión en el ámbito de la sucesión de la Corona. En la sucesión hereditaria el derecho de representación se basa en la finalidad de mantener la igualdad en la distribución del patrimonio dentro de la familia, lo que se traduce simplemente en que la parte de la herencia del descendiente que no puede heredar no acrece a sus hermanos, sino que va a parar a sus hijos. Los hermanos, por lo tanto, no ven acrecida su cuota, pero tampoco pierden su derecho a la herencia, de manera que ésta se repartirá en partes iguales entre los hijos del causante, correspondiendo la cuota del hijo

---

Políticos (Nueva Época), Núm. 19, 1981 p. 13, que pone de relieve que, pese al tenor literal de la norma («esto usaron siempre en todas las tierras del mundo... e mayormente en España»), el derecho de presentación no tenía precedente en las tradiciones castellanas y, de hecho, no se alude a él al regular la sucesión de la Corona en el Espéculo, elaborado tan sólo unos años antes que las Partidas.

17 GONZÁLEZ JIMÉNEZ, M., «Alfonso X, el sueño del imperio», *La Aventura de la Historia*, núm. 45, 2002, pp. 54-55.

18 GONZÁLEZ ALONSO, B., *ibid.*, p. 14, apunta que ello pudo deberse a que la norma no estuviese aún en vigor, a alguna versión discordante de la Ley II, 15, 2 de las Partidas en la que no se recogiera el derecho de representación o, simplemente, a que la coyuntura política llevara a que no se aplicara la norma.

premuerto o que no hubiera podido heredar a sus descendientes. Sin embargo, en el caso de la sucesión a la Corona el principio de representación supone una verdadera alteración del orden sucesorio, pues los descendientes del primogénito van a pasar por delante de otros descendientes, incluso de grado más próximo.

Pero, sin duda, el aspecto más polémico del art. 57 CE es la preferencia del varón sobre la mujer, porque, pese a que responda a una larga tradición en la historia del constitucionalismo español, parece chocar con el principio de igualdad y no discriminación por razón de sexo recogido en el art. 14 de la Constitución de 1978. Técnicamente hablando no se puede hablar de inconstitucionalidad un precepto de la Constitución[19], pero lo cierto es que no parece muy acorde a los tiempos que corren. De hecho, la tendencia en otras monarquías europeas ha sido la de eliminar la preferencia del varón. Así sucedió en Países Bajos (1983), Noruega (1990), Bélgica (1991), Dinamarca (2006), Luxemburgo (2011) y Gran Bretaña (2015)[20]. En nuestro país la cuestión apenas se suscitó durante el período constituyente, pero más tarde sí se planteó la reforma constitucional para suprimir esta disparidad de trato. De hecho, bajo la presidencia de Rodríguez Zapatero, el Consejo de Ministros llegó a solicitar un Informe del Consejo de Estado sobre la conveniencia de reformar la Constitución para eliminar la desigualdad entre el hombre y la mujer en el acceso a la Jefatura del Estado. Sin embargo, las diversas propuestas de reforma fueron abandonadas, probablemente ante la dificultad que

---

19 Sobre esta cuestión *vid.* ampliamente MELLADO PRADO, P./ GÓMEZ SÁNCHEZ, Y., «En torno a la posible inconstitucionalidad del apartado primero del artículo 57 de la Constitución española de 1978», *Revista de Derecho Político,* Núm. 22, 1986, pp. 175 y ss.

20 De hecho, en el contexto europeo la preferencia del varón solo subsiste en España, Mónaco y Liechtenstein.

entraña la modificación de la Constitución en este punto[21]. También debió influir el hecho de que el Príncipe de Asturias tuviera solo dos hijas, Leonor y Sofía, por lo que el problema de la preferencia del varón en este caso no se planteaba. Por el contrario, la preferencia del varón en el orden de suceder en los títulos nobiliarios sí fue abordada por la Ley 33/2006, que eliminó esa preferencia por considerarla discriminatoria[22].

Al margen de la preferencia del varón, existen otras dos reglas que se aplican a la sucesión de la Corona y que hace tiempo que están desterradas del orden civil. Por un lado, se entiende que la primogenitura lleva implícita la exigencia de consanguinidad, lo que excluiría de la línea sucesoria a los hijos adoptivos[23]. También se entiende que, aunque no haya referencia

---

21 MARCOS PARDO, R., «Síntesis de la evolución de las normas de sucesión al trono en la monarquía española», *Ihering. Cuadernos de Ciencias Jurídicas y Sociales*, Núm. 2, p. 83, disponible en DOI: https://doi.org/10.51743/ihering.19. No compartimos, sin embargo, la opinión de este autor cuando afirma que cabría haber acudido a la ley orgánica a la que se refiere el art. 57.5 CE para resolver esta cuestión, puesto que dicha ley no podría nunca contradecir el tenor de la Constitución y ésta no deja lugar a dudas cuando afirma que «en del mismo grado, [se preferirá] el varón a la mujer».

22 La Ley 33/2006, de 30 de octubre sobre igualdad del hombre y la mujer en el orden de sucesión de los títulos nobiliarios dispone en su art. 1 que «[e]l hombre y la mujer tienen igual derecho a suceder en las Grandezas de España y títulos nobiliarios, sin que pueda preferirse a las personas por razón de su sexo en el orden regular de llamamientos». La Exposición de Motivos de la ley explica que la preferencia del varón en la sucesión de los títulos nobiliarios podía considerarse ajustadas a los valores del antiguo régimen, pero son incompatibles con la sociedad actual y la plena igualdad de hombres y mujeres consagrada en la Constitución.

23 TORRES DEL MORAL, A., *El príncipe de Asturias: su estatuto jurídico*, Publicaciones del Congreso de los Diputados, Madrid, 1997, p. 73, que sugiere también otro argumento y es que el Rey que no tuviera descendencia podría recurrir a la adopción para elegir a su suce-

expresa a este requisito en el art. 57 CE, la sucesión presupone un vínculo de filiación matrimonial, por lo que los hijos habidos fuera del matrimonio estarían excluidos de la sucesión[24]. Por lo tanto, el principio sentado por el art. 108 CC en virtud del cual «la filiación matrimonial y la no matrimonial, así como la adoptiva, surten los mismos efectos», tendría virtualidad en el ámbito de las relaciones jurídico privadas, pero no para la sucesión de la Corona. Hay quien ha considerado, que la referencia del art. 57 CE al «orden regular» de la sucesión supone una remisión a las normas históricas y, en particular, al orden que se recogió en las Partidas[25]. De dicho «orden regular» se derivarían los principios de primogenitura y representación, así como el resto de condiciones que tradicionalmente lo definían en nuestro Derecho histórico, como la preferencia del varón sobre la mujer, la consanguinidad o el carácter legítimo

---

sor, sustrayendo la facultad otorgada a las Cortes por el art. 57.3 CE (*ibid.*, p. 74).

24 Algunas de nuestras Constituciones históricas sí contemplaban expresamente el requisito de la legitimidad matrimonial de la descendencia para la sucesión de la Corona. El ejemplo más claro es la Constitución de 1812, cuyo art. 175 disponía que «[n]o pueden ser Reyes de las Españas sino los que sean hijos legítimos habidos en constante y legítimo matrimonio». Otras Constituciones históricas se limitaban a hacer referencia a los «descendientes legítimos» del Rey o la Reina como los llamados a sucederle en el trono, *vid.* art. 52 de la Constitución de 1837, art. 51 de la Constitución de 1845; y art. 61 de la Constitución de 1876. En el Derecho comparado, esta misma referencia expresa al carácter legítimo de la descendencia como condición para suceder la encontramos en las Constituciones belga (art. 85), noruega (art. 6) y de Países Bajos (arts. 24, 25 y 31), así como en la Ley de Sucesión a la Corona de Dinamarca (art. 5).

25 FERNÁNDEZ-FONTECHA TORRES, M., *op. cit.*, pp. 89-90; GÓMEZ SÁNCHEZ, Y., *La Monarquía parlamentaria: Familia Real y sucesión a la Corona*, Ediciones Hidalguía, Madrid, 2008, p. 209.

de la filiación[26]. Para otros el requisito del carácter legítimo de la filiación podría entenderse implícito en las constantes referencias al matrimonio del Rey y a la descendencia igualmente matrimonial del Jefe del Estado[27]. También se ha querido buscar una justificación plausible para la exclusión en la sucesión al trono de los hijos ilegítimos en el principio de seguridad jurídica proclamado en el art. 9.3 CE, alegando que «si existiera la posibilidad de incluir en la sucesión regia a los hijos no matrimoniales, se quebraría, de alguna forma, la obligada certidumbre en el normal funcionamiento de la magistratura suprema del Estado»[28]. Pero lo cierto es que en el momento actual resulta difícil afirmar tajantemente la exclusión de la sucesión a la corona de los hijos los extramatrimoniales, máxime si tenemos en cuenta que esta exigencia de legitimidad no está recogida expresamente en el art. 57 CE[29]. Si se llegase a plan-

---

26 Sin embargo, para GUTIÉRREZ NOGUEROLOES, A., «Reflexiones en torno al régimen constitucional de sucesión a la Corona española», *Revista de Derecho Político,* núm. 57, 2003, p. 209, la referencia al «orden regular» significa que las mujeres no están excluidas de la sucesión a la Corona. Explica esta autora que este término se utilizaba en relación con los mayorazgos, a los que tradicionalmente se calificaba como «irregulares» cuando, por decisión del fundador, su sistema sucesorio excluía a las mujeres, por lo que la consideración de «regulares» se aplicaba a aquellos en los que no se había establecido tal exclusión no se establece.

27 GÓMEZ SÁNCHEZ, Y., «La sucesión a la Corona», *cit.*, p. 152.

28 GUTIÉRREZ NOGUEROLES, A., *op. cit.*, pp. 217-219, para quien la predictibilidad en que se traduce el principio de seguridad jurídica no debe quedar circunscrito a la actividad de los ciudadanos, sino ampliarse al funcionamiento regular de las instituciones que, como ocurre en la sucesión regia, venga establecida por normas jurídicas de carácter imperativo.

29 En este sentido, considera ESPAÑOL BOUCHE, L., *Nuevos y viejos problemas en la sucesión de la Corona española,* Hidalguía, Madrid, 1999, p. 105, que cualquier obstáculo que en su momento hubiera sido un impedimento para acceder al trono, como la condición de hijo

tear la cuestión, creemos que la duda debería ser resuelta por el legislador a través de una ley orgánica a tenor de lo dispuesto en el inciso final del art. 57.5 CE.

Nada de esto sucede en el ámbito de la sucesión hereditaria, donde todos los hijos son iguales ante la ley y ostentan los mismos derechos a la sucesión, con independencia de la filiación (natural o adoptiva), de su filiación matrimonial o no o del sexo. Por lo tanto, aunque se admitiese que los hijos adoptivos o los no matrimoniales quedan excluidos de la sucesión al trono, no lo estarían de la sucesión hereditaria del Rey o la Reina.

4.4. La extinción de las líneas sucesorias

En el Código civil está muy claro cuál es el orden de llamamiento a la herencia y cuál es el límite de estos llamamientos, que no se extienden a cualquier pariente del difunto. Dispone en este sentido el art. 954 CC, que, en defecto de descendientes, ascendientes y cónyuge, el derecho a heredar corresponde a los colaterales «hasta el cuarto grado, más allá del cual no se extiende el derecho a heredar *ab intestato*».

Por el contrario, el art. 57.3 CE se refiere genéricamente a la extinción de todas las líneas llamadas a suceder sin especificar un límite. La doctrina constitucionalista ha puesto de manifiesto la inexactitud técnica que ello supone y los problemas interpretativos que genera.

Si nos vamos al precedente más cercano, la Constitución de la Restauración borbónica de 30 de junio de 1876, encontramos una regla mucho más precisa. Según su art. 61, «[e]xtinguidas las líneas de los descendientes legítimos de Don Alfonso XII de Borbón, sucederán por el orden que queda establecido

---

natural o la descendencia de un matrimonio morganático, habría de considerarse allanado por la Constitución,

sus hermanas; su tía, hermana de su madre, y sus legítimos descendientes, y los de sus tíos, hermanos de Don Fernando VII, si no estuviesen excluidos».

Algunos autores entienden que la extinción de las líneas llamadas a suceder a la que se refiere el art. 57 CE debe interpretarse como la ausencia de parientes que no pasen del cuarto grado, acogiendo, pues, el mismo límite que el Código civil[30]. Sin embargo, la cuestión no es ni mucho menos pacífica, pues también hay quien considera que la Constitución no establece ninguna limitación respecto del grado de parentesco[31]. En el polo opuesto se encuentran quienes excluyen de la sucesión de la Corona a los parientes colaterales, por considerar que los únicos llamados a suceder serían los descendientes del monarca. De esta forma, la referencia a «las líneas» en el art. 57 CE no sería a la línea recta y la línea colateral, sino a lo que el Código civil denomina «estirpes», es decir que habría una línea sucesoria por cada uno de los hijos del Rey. En este sentido, GUTIERREZ NOGUEROLES afirmaba tajantemente que «si descendemos al campo de lo concreto, los sucesores del Rey D. Juan Carlos I han de ser exclusivamente las personas, actuales y futuras, integrantes de las líneas encabezadas por el Príncipe de Asturias, D. Felipe de Borbón, y de sus hermanas las Infantas D. Elena y D. Cristina, siguiendo este mismo orden. Pero, según nuestro criterio, no hay más líneas sucesorias»[32]. Esta conclusión se apoya en que el art. 57 CE, a diferencia de sus antecedentes históricos no haga referencia expresa al principio de propincuidad, en cuya virtud a falta de descendientes del Rey se llama al pariente más cercano.

Sea como fuere, verificada la imposibilidad de encontrar un sucesor del Rey, el art. 57 CE atribuye a las Cortes Generales la

30 SERRANO ALBERCA, J. M., *op. cit.*, p. 24.

31 FERNÁNDE-FONTECHA TORRES, M., *op. cit.*, p. 92.

32 GUTIÉRREZ NOGUEROLES, A., *op. cit.*, p. 252.

función de proveer a la sucesión de la Corona en la forma que más convenga a los intereses de España. Se tratar de uno de esos supuestos a los que alude el art. 74.1 CE, que se refiere a la reunión de las Cámaras en sesión conjunta para ejercer las competencias no legislativas que el Título II atribuye expresamente a las Cortes Generales. Una de las muchas cuestiones que deja abierto este precepto es el ámbito de libertad del que disponen las Cortes para elegir al sucesor de la Corona. Más allá de la imposibilidad de renunciar a la Monarquía parlamentaria como forma política del Estado, se ha dicho que las Cortes estarían condicionadas por la elección de un representante de la dinastía histórica a la que alude el art. 57.1 CE y solo en la hipótesis de extinción total de dicha dinastía podría buscarse a un sucesor fuera de ella[33]. Algunos autores consideran que las Cortes estarían sujetas al principio de propincuidad o preferencia sucesoria por el pariente consanguíneo más próximo[34], criterio que rige en el ámbito del Derecho nobiliario, aunque no tendría mucho sentido limitar el grado de parentesco de los llamados a suceder para luego imponer a las Cortes la obligación de elegir al pariente de grado más próximo.

4.5. Exclusión del orden sucesorio de quien contrajere matrimonio contra la expresa prohibición del Rey y de las Cortes Generales

Estipula el art. 57.4 CE que aquellas personas que, teniendo derecho a la sucesión en el trono, contrajeren matrimonio contra la expresa prohibición del Rey y de las Cortes Generales, quedarán excluidas en la sucesión a la Corona por sí y sus descendientes. En este caso, a diferencia de lo que sucede cuando se produce la renuncia, sí queda claro que las conse-

---

33 SÁIZ ARNAIZ, A., *op. cit.* pp. 428-429.

34 LÓPEZ VILAS, R., *op. cit.*, p143.

cuencias del incumplimiento de esa prohibición se extienden a los descendientes.

En realidad, no estamos ante una auténtica prohibición para contraer matrimonio, por lo que su incumplimiento no afectaría a la validez del acto matrimonial. Los impedimentos para contraer matrimonio vienen establecidos de forma taxativa en los arts. 46 y 47 CC y son la edad, la existencia de un vínculo matrimonial y el parentesco entre los contrayentes. Por esta razón, algún autor ha apuntado, con acierto, que en lugar de utilizar el término «prohibición», hubiese sido más correcto hablar de la «oposición» formal del Rey y de las Cortes[35], pues la consecuencia jurídica de dicha oposición queda reducida a la exclusión del derecho a acceder al trono.

Puede resultar sorprendente que en los tiempos que corren se pueda «prohibir» a una persona contraer matrimonio, aunque la única consecuencia sea la de quedar excluido de la sucesión a la Corona. Menos justificado parece que se pueda imponer una restricción semejante en el ámbito privado y, sin embargo, el Código civil contempla la validez de la condi-

---

35 GÓMEZ SÁNCHEZ, Y., *La Monarquía parlamentaria…*, *cit.*, p. 143, señala que la finalidad del precepto no es restringir la libertad de contraer matrimonio, sino controlar el orden de la sucesión a la Jefatura del Estado. Si se tratara de una auténtica prohibición, afirma esta autora, no podría celebrarse válidamente el matrimonio y, sin embargo, el propio art. 57.4 CE presupone que dicho matrimonio se celebra, lo que conlleva la privación de los derechos sucesorios de la persona afectada. En contra, TORRES DEL MORAL, A., *El Príncipe de Asturias…*, *cit.*, p. 152, considera que la norma sí afecta a la libertad de contraer matrimonio, en la medida en que índice de forma coercitiva en la libertad de elección de la persona con quien puede contraer matrimonio, aunque la sanción para el caso de incumplimiento no sea la nulidad del matrimonio, sino la que el propio precepto indica, esto es, la exclusión del derecho a suceder en el trono.

ción de no contraer matrimonio impuesta al heredero en el testamento. En efecto, el art. 793 CC admite expresamente «la condición absoluta de no contraer primero o ulterior matrimonio», si bien dicha condición es válida únicamente si viene impuesta al viudo o viuda por su difunto consorte o por los ascendientes o descendientes de este[36]. Fuera de ese caso, la condición absoluta impuesta al heredero de no contraer matrimonio se consideraría contraria a las buenas costumbres y, por tanto, se tendrá por no puesta (arg. ex art. 792 CC). Más dudosa resulta la validez de la disposición testamentaria sometida a la condición de que el instituido heredero o legatario no contraiga matrimonio con una determinada persona, supuesto que no aparece contemplado por el art. 793 CC. Algunos autores, partiendo precisamente de que el precepto no prohíbe expresamente esta condición, consideran que sería válida[37]. Sin

---

36 En contra de esta norma se ha posicionado recientemente parte de la doctrina, que considera que la condición de no contraer ulterior matrimonio debería tenerse siempre por no puesta, también cuando viene impuesta por el causante a su difunto consorte o por los ascendientes o descendientes de aquel, puesto que atenta contra el derecho a contraer matrimonio –que no está limitado a las primeras nupcias– y del derecho al libre desarrollo de la personalidad y porque, además, no existe un interés legítimo superior del difunto consorte o de sus ascendientes o descendientes que justifique dicha limitación de derechos fundamentales, *vid.* BLASCO GASCÓ, F. P., *Instituciones de Derecho Civil. Derecho de Sucesiones,* Tirant lo blanch, 5ª edición, Valencia, 2022, p. 97; ALVENTOSA DEL RÍO, J./ COBAS COBIELLA, M. E./ MONTES RODRÍGUEZ, M. P./ MARTÍNEZ VELENCOSO, L. M., «Aspectos sustantivos del Derecho hereditario», en Alventosa del Río, J./ Cobas Cobiella, M. E. (dir.), *Derecho de sucesiones,* Tirant lo blanch, Valencia, 2017, p. 519.

37 TORRALBA SORIANO, V., «Comentario al artículo 793 del Código civil», en Paz-Ares Rodríguez, C.,/Díez-Picazo Ponce de León, L./ Bercovitz Rodríguez-Cano, R./ Salvador Coderch, P. (dir.), *Comentario del Código civil,* Tomo I, Ministerio de Justicia, Madrid, 1991, p. 1943; PÉREZ CONESA, M.C., «Comentario al artículo 793 del

embargo, con mejor criterio se ha sostenido que, en realidad, para determinar la validez o no de la institución sometida a la condición de no contraer matrimonio con una determinada persona habrá que estar a las circunstancias del caso, que deben servir para apreciar si la condición en cuestión debe considerarse contraria a la moral o a las buenas costumbres[38]. Dicho con otras palabras, la respuesta a la pregunta de si es válida la condición de no contraer matrimonio con una determinada persona no se encontraría en el art. 793 CC, sino en el 792 CC y, por lo tanto, no puede responderse de manera apriorística.

5. La abdicación y la renuncia a la Corona

Se ocupa el apartado 5 del art. 57 CE de la abdicación y la renuncia. Como vimos, el precepto se limita a decir que «las abdicaciones y renuncias y cualquier duda de hecho o de derecho que ocurra en el orden de sucesión a la Corona se resolverá por una ley orgánica», aunque, en realidad, como muy bien ha apuntado TORRES DEL MORAL, «las abdicaciones y las renuncias no se resuelven: se aprueban o se rechazan. Sólo las dudas habrán de ser resueltas»[39]. Dejando a un lado esta cuestión, veamos la diferencia entre la abdicación y la renuncia al

Código civil», en Bercovitz Rodríguez-Cano, R. (coord.), *Comentarios al Código civil,* Aranzadi, Elcano, 2001, p. 941.

38 ALBALADEJO GARCÍA, M. «Comentario al artículo 793 del Código civil», en Albaladejo García, M. (dir.), *Comentarios al Código Civil y Compilaciones Forales,* Tomo X, Vol. 2, EDERSA, Madrid, 1984, pp. 425-426 y 428-429; SÁNCHEZ HERNÁNDEZ, C., «Comentario al artículo 793 del Código civil», en Cañizares Laso, A./ De Pablo Contreras, P./ Orduña Moreno, J./ Valpuesta Fernández, R. (dir.), *Código civil comentado,* Vol. II, Civitas, Madrid, 2011, p. 745.

39 TORRES DEL MORAL, A., «En torno a la abdicación de la Corona», *cit.*, p. 15.

trono y sus paralelismos, si los hay, con la sucesión hereditaria regulada en el Código civil.

La abdicación ha sido definida como la declaración de quien ostenta un poder soberano por la que expresa su voluntad de cesar en el ejercicio del mismo. En otras palabras, «el desistimiento voluntario del oficio regio»[40]. En los últimos tiempos han proliferado las abdicaciones en diversas monarquías europeas. Al margen de la abdicación de Don Juan Carlos I en 2014, durante 2013 habíamos visto abdicar a Beatriz de Holanda, Alberto II de Bélgica y Margarita de Dinamarca.

La abdicación da paso a la sucesión en la Jefatura del Estado, algo que no tiene parangón en el ámbito de la sucesión hereditaria, pues ésta sólo se defiere por la muerte del causante (art. 657 CC), sin que sea posible la sucesión a título universal de una persona viva, fuera de los casos en los que la muerte se presume en virtud de una declaración de fallecimiento (art. 196 CC).

Diferente de la abdicación es la renuncia a la sucesión por quien estaría llamado a ella. En este caso, el protagonista no es el titular actual de la Corona (como en la abdicación), sino que el sujeto de la renuncia es cualquier persona que, en palabras del art. 57.4 CE tendría derecho a la sucesión, lo que se traduce en una alteración en el orden sucesorio. La doctrina la ha calificado como un acto voluntario, personalísimo, unilateral e irrevocable[41], adjetivos que también cabe predicar de la

---

40 TORRES DEL MORAL, A., «En torno a la abdicación de la Corona», *cit.*, p. 18.

41 FERNÁNDEZ-FONTECHA TORRES, M./ PÉREZ DE ARMIÑÁN Y DE LA SERNA, A., *op. cit.*, p. 221; SÁIZ ARNAIZ, A., *op. cit.*, p. 435. En contra, TORRES DEL MORAL, A., «En torno a la abdicación de la Corona», *cit.*, p. 37, afirma que «la renuncia de un derecho sucesorio no es un acto personalísimo ni libérrimo que sólo requiera aceptación obligatoria del órgano u órganos receptores de la mis-

renuncia a la herencia, aunque, como veremos, entre ambas hay importantes diferencias.

En primer lugar, la renuncia a la Corona, pese a ser un acto unilateral, está sujeta a la aprobación por parte de las Cortes por medio de una ley orgánica[42].

En segundo lugar, no queda muy claro es cuál es la extensión que deba darse a los efectos de la renuncia a la sucesión de la Corona, esto es si queda limitada al renunciante o si, por el contrario, se extiende a sus descendientes. Como sabemos, en Derecho sucesorio en el caso de que el llamado a la herencia renuncie no tiene lugar el derecho de representación (art. 929 CC)[43], por lo que en principio la cuota del que renuncia acrece a los otros coherederos (si los hay) y no son llamados a ella sus descendientes. Sin embargo, cuando el que renuncia es el único heredero sus descendientes sí son llamados a suceder, no por derecho de representación, sino por derecho propio,

---

ma. Es un acto de Estado y, como tal, sometido a procedimiento, debate, votación y aprobación o rechazo».

42 SÁIZ ARNAIZ, A., *op. cit.*, p. 435, considera que habría que distinguir entre la renuncia del Príncipe de Asturias, y la de cualquier otro pariente en la línea sucesoria. En el primer caso, debido a su carácter preferente en la sucesión, sería necesaria una intervención gubernamental y parlamentaria similar a la requerida para la abdicación, mientras que en el cualquier otro caso debería bastar el explícito deseo de renuncia contemplado en un documento público.

43 Dispone el art. 929 CC que «[n]o podrá representarse a una persona vivía sino en los casos de desheredación o incapacidad». Implícitamente se desprende la misma conclusión del el art. 924 CC, a tenor del cual «[l]lámase derecho de representación el que tienen los parientes de una persona para sucederle en todos los derechos que tendría si viviese o hubiera podido heredar», por lo que se entiende que si vive y *no ha querido* heredera no entraría en juego el derecho de representación.

porque son los siguientes en la línea sucesoria (art. 923 CC)[44]. Esta última conclusión es generalmente aceptada para la renuncia a la sucesión de la Corona[45], aunque algunos autores no la comparten y otros introducen algún matiz. Es el caso de TORRES DEL MORAL que considera que la renuncia de una persona a sus derechos sucesorios no comporta la extinción de tales derechos en relación con los descendientes que ya tuviera en el momento de la renuncia; sin embargo, si tuviera descendencia con posterioridad a la renuncia estos descendientes nacen ya sin ningún derecho a la sucesión[46]. Queda clara una vez más la falta de precisión de la regulación.

En lo que sí parece haber acuerdo es en que la renuncia a la sucesión de la Corona puede hacerse no solo cuando el renunciante sea llamado a la sucesión en el trono, sino también en previsión de serlo en el futuro. En el primer caso estaríamos ante el desistimiento de un derecho sucesorio y en el segundo ante el desistimiento de una mera expectativa de tal derecho. En esto también difiere el régimen de la sucesión

---

44 Art. 923 CC: «Repudiando la herencia el pariente más próximo, si es solo, o, si fueran varios, todos los parientes más próximos llamados por la ley, heredarán los del grado siguiente por su propio derecho y sin que puedan representar al repudiante».

45 SÁIZ ARNAIZ, A., *op. cit.*, p. 436, encuentra apoyo a esta tesis en la propia Constitución, en concreto en el art. 57.4, que excluye de la sucesión a los descendientes de quien contrajera matrimonio contra la expresa prohibición del Rey y de las Cortes. A juicio de este autor, ello demuestra que cuando la Constitución ha querido excluir de la sucesión a los descendientes de algún titular del derecho a suceder lo ha hecho de manera expresa.

46 TORRES DEL MORAL, A., «En torno a la abdicación de la Corona», *cit.*, p. 38. En el mismo sentido, TORRES GUTIÉRREZ, A., «La abdicación y renuncia a la Corona en la Constitución de 1978», en Villanueva Turnes, A., *40 años de Monarquía Parlamentaria,* Colex, Madrid, 2019, p. 103.

hereditaria del Código civil, donde no se puede renunciar anticipadamente antes de la muerte del causante (art. 991 CC).

En 2020 saltó a los medios de comunicación la renuncia por parte del Rey Felipe VI a la herencia de su padre, el Rey emérito Juan Carlos I. En un comunicado emitido por La Casa Real se informaba de que Don Felipe había puesto en conocimiento de su padre «su decisión de renunciar a la herencia de Don Juan Carlos que personalmente le pudiera corresponder»[47]. Esta renuncia se justificaba en su voluntad, expresada en su discurso de proclamación ante las Cortes Generales el 19 de junio de 2014, de «observar una conducta íntegra, honesta y transparente»[48].

Cuando se hizo público este comunicado, se abrió un debate sobre el verdadero valor jurídico de dicha renuncia anticipada de Felipe VI a la herencia de su padre, dado que, como hemos visto, el Código civil español no permite la renuncia anticipada a una herencia.

En primer lugar, hay que tener en cuenta que, como vimos, el art. 991 CC dispone que «nadie podrá aceptar ni repudiar sin estar cierto de la muerte de la persona a quien haya de heredar y de su derecho a la herencia». Es decir que, efectivamente, esa renuncia a la herencia no tiene valor jurídico hasta la muerte de Don Juan Carlos; solo entonces su hijo, si es llamado a la herencia, podrá renunciar a ella y además deberá hacerlo en escritura pública, pues la renuncia en un acto solemne a tenor del art. 1008 CC. Dicha renuncia traería consigo que la parte de la herencia que habría correspondido a Don Felipe

---

47 CASA DE S.M. EL REY, Comunicado sobre las informaciones referidas a S.M. el Rey Don Juan Carlos aparecidas en distintos medios de comunicación, Disponible en https://casareal.es/ES/AreaPrensa/Paginas/area_prensa_comunicados_interior.aspx?data=112 [fecha de consulta: 24/07/2023].

48 *Ibid. loc. cit.*

acrecerá al resto de coherederos (presumiblemente sus hermanas), dado que, como vimos, en caso de renuncia no entra en juego el derecho de representación.

Hay otro aspecto del comunicado de la Casa Real que conviene resaltar. En él se habla de «la herencia que le pudiera corresponder». El comunicado hace bien en usar el condicional, porque la determinación de si Don Felipe es llamado a suceder a su padre, sólo se puede determinar en el momento del fallecimiento de este último, que es cuando se abre la sucesión y se produce la delación hereditaria. Ahora bien, presumiendo que resultase aplicable a la sucesión de Don Juan Carlos el régimen del Código civil[49], es más que probable que Don Felipe sea llamado a la sucesión de su padre y además éste no tiene el poder de evitarlo (ni aun sabiendo que piensa renunciar a ella), salvo que concurra una de las causas de desheredación previstas en la ley. Esto es así, poque si Don Felipe sobrevive a su padre ostentará la condición de legitimario (o heredero forzoso). Como sabemos, los legitimarios tienen derecho a una parte de la herencia del causante, porque así lo dispone la ley (art. 806 CC) y entre los legitimarios, la primera posición la ocupan los hijos del causante (art. 807 CC), a los que les corresponden dos tercios de la herencia, un tercio que se reparte

---

[49] No olvidemos que Don Juan Carlos de Borbón vive en Emiratos Árabes desde agosto de 2020, donde fijó su residencia permanente a efectos fiscales en marzo de 2022 y que la sucesión no se rige por la ley personal del causante, sino por la del Estado en el que el causante tuviera su residencia habitual en el momento del fallecimiento, salvo que el propio causante haya dispuesto otra cosa, *vid.* arts. 21 y 22 del Reglamento (UE) n ° 650/2012 del Parlamento Europeo y del Consejo, de 4 de julio de 2012 , relativo a la competencia, la ley aplicable, el reconocimiento y la ejecución de las resoluciones, a la aceptación y la ejecución de los documentos públicos en materia de sucesiones mortis causa y a la creación de un certificado sucesorio europeo, OJ L 201, 27.7.2012, pp. 107-134, ELI: http://data.europa.eu/eli/reg/2012/650/oj.

entre ellos a partes iguales (art. 808 CC) y otro respecto del cual el causante ostente la facultad de mejorar entre sus descendientes (aunque, si no lo hace, se repartirá también entre todos los legitimarios por igual). El testador no puede privar a los herederos de su legítima, salvo que concurra una causa de desheredación (art. 813 CC), en cuyo caso deberá hacerlo expresamente en su testamento, expresando la causa en la que se funde (art. 849 CC)[50]. De nuevo, aquí hemos de traer a colación otro precepto del Código civil que viene a reforzar la falta de eficacia de esa renuncia efectuada por Don Felipe, pues el art. 816 CC dispone expresamente que es nula la renuncia y la transacción sobre la legítima futura.

Por lo tanto, en el ámbito privado, la renuncia a la herencia de su padre efectuada por Don Felipe no tenía ninguna validez jurídica. Otra cosa muy distinta es el valor que desde el punto de vista público pudiera tener, como una manifestación de ese compromiso de integridad, honestidad y transparencia expresado por el monarca.

III. A MODO DE CONCLUSIÓN

Si una cosa ha quedado demostrada a lo largo de este trabajo es que la regulación de la sucesión de la Corona en el artículo 57 CE deja muchas cuestiones sin resolver, sin que la doctrina haya podido ponerse de acuerdo en muchas de ellas en los cerca de cuarenta y cinco años transcurridos desde la aprobación de la Constitución. Quizá esa ley orgánica a la que

---

50 En relación con los hijos, las causas de desheredación vienen recogidas en el art. 853 CC: 1) Haber negado, sin motivo legítimo, los alimentos al padre o ascendiente; y 2) Haberle maltratado de obra o injuriado gravemente de palabra. Ello, al margen de las causas de indignidad del art. 756, 1º, 2º, 3º, 5º y 6º CC.

se refiere el propio precepto sería la única manera de poner fin a tantas incertidumbres.

La parquedad del artículo 57 CE contrasta con el minucioso tratamiento de la sucesión hereditaria en el Código civil, lo que, unido a que los principios que ordenan la sucesión de las Monarquías parlamentarias tienen su origen en las normas de Derecho privado familiar y sucesorio, ha llevado en alguna ocasión a servirse de estas últimas para interpretar y, en su caso, complementar la escasa regulación constitucional de la sucesión en la Corona. Sin embargo, como hemos tenido ocasión de comprobar, esta equiparación no es siempre posible, porque la sucesión en la Jefatura del Estado responde a una lógica distinta de la que preside la sucesión hereditaria, que tiene un contenido estrictamente patrimonial.

BIBLIOGRAFÍA

Albaladejo García, M., «Comentario al artículo 793 del Código civil», en Albaladejo García, M. (dir.), *Comentarios al Código Civil y Compilaciones Forales,* Tomo X, Vol. 2, EDERSA, Madrid, 1984.

Alventosa Del Río, J./ Cobas Cobiella, M. E./ Montes Rodríguez, M. P./ Martínez Velencoso, L. M., «Aspectos sustantivos del Derecho hereditario», en Alventosa del Río, J./ Cobas Cobiella, M. E. (dir.), *Derecho de sucesiones,* Tirant lo blanch, Valencia, 2017

Barber Cárcamo, R., «La Constitución y el Derecho civil», *Revista Electrónica de Derecho de la Universidad de la Rioja,* Núm. 2, 2004, págs. 39-52.

Blasco Gascó, F. P., *Instituciones de Derecho Civil. Derecho de Sucesiones,* Tirant lo blanch, 5ª ed., Valencia, 2022.

CASA DE S.M. EL REY, Comunicado sobre las informaciones referidas a S.M. el Rey Don Juan Carlos aparecidas en distintos medios de comunicación. Disponible en https://casareal.es/ES/AreaPrensa/Paginas/area_prensa_comunicados_interior.aspx?data=112 [fecha de consulta: 24/07/2023].

Español Bouche, L., *Nuevos y viejos problemas en la sucesión de la Corona española,* Hidalguía, Madrid, 1999.

Espín Cánovas, D., «El derecho de familia en la Constitución y su repercusión en el Código civil», *Revista de la Facultad de Derecho de la Universidad Complutense,* Núm. Extra 1, 1978, pags. 5-20.

Fernández-Fontecha Torres, M., «El orden regular de sucesión en la corona. El artículo 57 de la Constitución», en Villanueva Turnes, A. (coord.), *40 años de monarquía parlamentaria,* Colex, Madrid, 2019.

Fernández-Fontecha Torres, M./ Pérez De Armiñán Y De La Serna, A., *La Monarquía y la Constitución,* Civitas, Madrid, 1987.

García Torres, J./ Requejo Pagés, J. L., «Sucesión en la Corona», en Aragón Reyes, M. (dir.), *Temas básicos de Derecho Constitucional,* T. II, *Organización general y territorial del Estado,* Civitas Madrid, 2011.

Gómez Sánchez, Y., «La sucesión a la Corona», en Rollnert Liern, G. (dir.), *Las monarquías europeas en el Siglo XXI,* Sanz y Torres, Madrid, 2007.

González Alonso, B., «La historia de la sucesión en el trono y el artículo 57 de la Constitución de 1978», *Revista de Estudios Políticos* (Nueva Época), Núm. 19, 1981, págs. 7-42.

González Jiménez, M., «Alfonso X, el sueño del imperio», *La Aventura de la Historia,* núm. 45, 2002, págs. 50-55.

__ *La Monarquía parlamentaria: Familia Real y sucesión a la Corona,* Ediciones Hidalguía, Madrid, 2008

Gutiérrez Nogueroles, A., «Reflexiones en torno al régimen constitucional de sucesión a la Corona española», *Revista de Derecho Político,* Núm. 57, 2003, págs. 199-258.

López Vilas, R., «La sucesión en la Corona (Comentarios al art. 57 de la Constitución)», en Lucas Verdú, P. (dir.), *La Corona y la Monarquía parlamentaria en la Constitución de 1978,* Sección de Publicaciones de la Facultad de Derecho, Universidad Complutense, Madrid, 1983.

Marcos Pardo, R., «Síntesis de la evolución de las normas de sucesión al trono en la monarquía española», *Ihering. Cuadernos de Ciencias Jurídicas y Sociales,* Núm. 2, 2019, págs. 69-86. Disponible también en DOI: https://doi.org/10.51743/ihering.19.

Mellado Prado, P./ Gómez Sánchez, Y., «En torno a la posible inconstitucionalidad del apartado primero del artículo 57 de la Constitución española de 1978», *Revista de Derecho Político,* Núm. 22, 1986, págs. 175-194.

O'Callaghan Muñoz, X., *Compendio de Derecho civil,* Tomo V, *Derecho de sucesiones,* 2ª edición, EDERSA, Madrid, 1987.

Pérez Conesa, M.C., «Comentario al artículo 793 del Código civil», en Bercovitz Rodríguez-Cano, R. (coord.), *Comentarios al Código civil*, Aranzadi, Elcano, 2001.

Ridao Marín, J., «Abdicación y monarquía parlamentaria en la España del siglo XXI», *Derecho y Cambio Social*, nº. 37, 2014

Sáiz Arnaiz, A., «La sucesión en la Corona. Abdicación y renuncia», en AAVV, *La Monarquía parlamentaria. VII Jornadas de Derecho Parlamentario*, Congreso de los Diputados, Madrid, 2001.

Sánchez Hernández, C., «Comentario al artículo 793 del Código civil», en Cañizares Laso, A./ De Pablo Contreras, P./ Orduña Moreno, J./ Valpuesta Fernández, R. (dir.), *Código civil comentado*, Vol. II, Civitas, Madrid, 2011.

Serrera Contreras, P. L., «En torno a la abdicación del Rey Juan Carlos. Una laguna constitucional», *Diario La Ley*, Núm. 8391, Año XXXV, 3

Serrano Alberca, J. M., «El orden de sucesión a la Corona, abdicaciones y renuncias (art. 57 de la Constitución española)», Conferencia pronunciada en la Real Academia de Jurisprudencia y Legislación, 11 de junio de 2013. Disponible en https://silo.tips/download/el-orden-de-sucesion-a-la-corona-abdicaciones-y-renuncias.

Torralba Soriano, V., «Comentario al artículo 793 del Código civil», en Paz-Ares Rodríguez, C./Díez-Picazo Ponce de León, L./ Bercovitz Rodríguez-Cano, R./ Salvador Coderch, P. (dir.), *Comentario del Código civil*, Tomo I, Ministerio de Justicia, Madrid, 1991

Torres Del Moral, A., *El príncipe de Asturias: su estatuto jurídico*, Publicaciones del Congreso de los Diputados, Madrid, 1997.

__ «En torno a la abdicación de la Corona», *Revista Española de Derecho Constitucional*, Núm. 102, 2014, págs. 13-48.

Torres Gutiérrez, A., «La abdicación y renuncia a la Corona en la Constitución de 1978», en Villanueva Turnes, A., *40 años de Monarquía Parlamentaria*, Colex, Madrid, 2019.

Inviolabilidad del rey y Estado de Derecho

FERNANDO MOLINA FERNÁNDEZ
Catedrático de Derecho penal.
Universidad Autónoma de Madrid.

I. INTRODUCCIÓN

Si tratamos de precisar qué notas caracterizan un Estado de Derecho, podríamos coincidir en una descripción similar a la que aparece en el informe presentado por el Secretario General de Naciones Unidas al Consejo de Seguridad (2004, párrafo 6) en el que se señalaba que el Estado de Derecho "se refiere a un principio de gobierno según el cual todas las personas, instituciones y entidades, públicas y privadas, incluido el propio Estado, están sometidas a unas leyes que se promulgan públicamente, se hacen cumplir por igual y se aplican con independencia, además de ser compatibles con las normas y los principios internacionales de derechos humanos. Asimismo, exige que se adopten medidas para garantizar el respeto de los principios de primacía de la ley, igualdad ante la ley, rendición de cuentas ante la ley, equidad en la aplicación de la ley, separación de poderes, participación en la adopción de decisiones, legalidad, no arbitrariedad, y transparencia procesal y legal".

Es difícil poner un reparo a tan atinada y completa descripción. Muchos además pensaríamos que coincide con la médula de nuestra Constitución y de nuestro sistema jurídico en su conjunto.

Que coincide con su estructura básica, es indudable, pero no siempre con los pormenores, los detalles, en los que, como es bien sabido, puede 'anidar el mal'. Es en las aplicaciones concretas de los grandes principios donde se pone a prueba el compromiso con sus postulados.

Proclamar que los españoles son iguales ante la ley, sin que pueda prevalecer discriminación alguna por razón de nacimiento, raza, sexo, religión, opinión o cualquier otra condición o circunstancia personal o social (art. 14 CE), y que los ciudadanos "tienen derecho a acceder en condiciones de igualdad a las funciones y cargos públicos, con los requisitos que señalen las leyes" (art. 23.2 CE) es un buen comienzo, pero si luego el propio texto constitucional da preferencia al varón sobre la mujer en el acceso a la Jefatura del Estado (art. 57.1CE), el principio básico se resiente.

De igual manera, es difícil conciliar una tan indiscutible proclamación como "Todas las personas tienen derecho a obtener la tutela efectiva de los jueces y tribunales en el ejercicio de sus derechos e intereses legítimos, sin que, en ningún caso, pueda producirse indefensión" (art. 24 CE) con una interpretación de máximos de la inviolabilidad del Rey, según la cual en ninguna circunstancia ni momento podría exigirse al Rey responsabilidad por los posibles delitos que pudiera cometer contra terceros, que quedarían, literalmente, indefensos; aquello que, según la Constitución, "en ningún caso" se podría producir.

Los textos constitucionales, el nuestro no es una excepción, `pueden contener, y con frecuencia contienen, tensiones internas entre sus diversas disposiciones. Las más extremas han dado lugar al debate sobre posibles disposiciones constitucionales inconstitucionales (Bachof, 2010, esp. p. 75 ss.; en análogo sentido, Fernández Entralgo, 2021, p. 1.): están en la Constitución -son formalmente 'constitucionales'- pero son inconciliables con otras disposiciones que recogen principios generales, de rango máximo, como, en este caso, la igualdad, la tutela judicial efectiva o el principio de responsabilidad por los propios actos, derivado de la dignidad humana -serían materialmente 'inconstitucionales'-.

Establecer, mediante interpretación, jerarquías no expresamente previstas entre disposiciones constitucionales es posible, pero tiene indudables riesgos: se pierde la sacralidad del texto y se infringe el principio de vigencia (las disposiciones especiales dejarían de tener un campo de aplicación). Más correcto, y ajustado al principio democrático de legalidad, es asumir que, nos guste o no, los principios llegan hasta donde llegan, y que las disposiciones especiales -sucesión a la Corona; inviolabilidad- pueden recortarlos, pese a su proclamada generalidad.

Pero este saludable ejercicio de realidad jurídica, impuesto por el respeto a la ley, no lava la contradicción material, que sigue estando ahí. Si el principio o los principios afectados tienen un estatus primordial -como es el caso de los tres principios aquí afectados-, debe optarse, siempre que sea posible, por aquella interpretación que, dentro de los cánones habituales, minimice la fricción (Fernández Entralgo, 2021, como supra, y p. 7 ss.; Galera Victoria, 2015, pp. 319-340, desde la perspectiva civil; Gómez Colomer, 2016, 239-275; en general la obra de referencia es la de Viana Ballester, 2011); y, donde tal solución no quepa, porque el texto no admita lecturas benévolas, proponer sin desmayo la derogación o modificación de la regla especial, para ajustarla a los principios.

Este último es el caso de la regla de sucesión a la Corona -los términos taxativos de la ley impiden cualquier interpretación conciliadora, por lo que debería reformarse la Constitución-, pero la situación es muy distinta en lo que afecta a la inviolabilidad del Jefe del Estado, que admite diversas interpretaciones, y, si bien algunas abocan a la confrontación, y por ello deberían ser rechazadas, otras permiten conciliar razonablemente la regla especial con los principios generales, así que su prioridad jurídica debería ser indiscutible.

II. INTERPRETACIONES POSIBLES DE LA INVIOLABILIDAD REAL

Pueden reducirse básicamente a tres, en grado decreciente de excepcionalidad: 1. Inviolabilidad *extrema*, según la cual el Rey no tendría responsabilidad penal por nada que pudiera cometer durante su jefatura, sea cual fuere su naturaleza, porque legalmente no podría cometer delitos; 2. Inviolabilidad *absoluta*, conforme a la cual el Rey no tendría responsabilidad penal por nada que pudiera cometer durante su jefatura, sea cual fuere su naturaleza, porque estaría amparado por una causa de exclusión absoluta de la punibilidad (alternativamente, porque ningún órgano tendría competencia procesal para enjuiciar esos hechos, destacando especialmente en la defensa del carácter procesal de la inviolabilidad, aunque con interesantes matizaciones, Viana Ballester, 2011); y, 3. Inviolabilidad *relativa*, según la cual el Rey no tendría responsabilidad penal por sus hechos refrendados, que serían atípicos o justificados, y además tendría inmunidad temporal (mientras ejerce la jefatura del Estado) total, por cualquier otro acto delictivo presente o pasado.

1. ¿Inviolabilidad extrema: inviolabilidad como atipicidad/justificación?

A estas alturas del siglo XXI, esta interpretación, que se corresponde con la situación que describía el clásico aforismo anglosajón *The King can do no wrong*. Si la ley procede de la voluntad real, como en el Derecho histórico de las monarquías absolutas, los actos del Rey no podrían ser ilegales, porque definirían la legalidad, lo que resultaría estrambótico y aberrante. Lo primero, porque los Estados democráticos de Derecho, como nuestra monarquía parlamentaria, no sitúan a nadie, tampoco al Rey, por encima de la ley. El art. 9.1 de la Constitución, que no por casualidad está en el Título preliminar, lo afirma categóricamente: “Los ciudadanos y los poderes públicos están sujetos a la Constitución y al resto del ordenamiento jurídico”. Lo segundo porque, tan radical interpretación, permitiría (obligaría, en realidad) a reformular las normas primarias del Código penal de una manera que nadie sensato estaría dispuesto a admitir: algo así como “Está prohibido para cualquiera, menos el Rey, matar a otro” (atipicidad), o “Está justificado matar a otro si lo hace el Rey”. Si cualquiera de estas dos variantes de exclusión del injusto penal nos produce escalofríos sólo con enunciarla es porque detrás hay una idea aberrante, que situaría a un ciudadano al margen de la ley penal (Sobre la historia de este principio, entre otros, Fortin, 2019; Malcolm, Joyce Lee, 999, pp. 161-186. Sobre la discusión en EEUU en torno al principio, Barry, 930, pp. 5-27; Sherry, 1969, pp. 39-58).

Y otras inevitables consecuencias derivadas de tales formulaciones no lo son menos: el eventual agredido por el Rey no podría defenderse legítimamente; cualquier acto posterior ‘delictivo’ cometido por el Rey tras dejar la Jefatura del Estado, relacionado con hechos cometidos antes, como un blanqueo de capitales, seria igualmente atípico; y cualquier tercero que ayudase al Rey estaría participando en un hecho atípico, por lo que tampoco podría tener responsabilidad alguna por algo que no sería delito (accesoriedad cualitativa limitada), y ello haría incomprensible el texto constitucional del art.61.2 cuando afirma que “De los actos del Rey serán responsables las personas que los refrenden”.

No es necesario detenerse mucho más en esta primera interpretación, que, por lo que se me alcanza, en su versión más radical (atipicidad por cualquier delito) no ha sido defendida por nadie, para rechazarla de plano. Si bien, sorprendentemente, en una versión relativa, sólo para algunos delitos, se llega a afirmar que el Rey no puede cometer delitos especiales, como la defraudación fiscal o el cohecho, por falta de la cualidad de *intraneus* necesaria, lo que a su vez provocaría la impunidad de los partícipes o de los actos posteriores relacionados, como el blanqueo de capitales del 'delito' previo (Choclán Montalvo, *El Español*, 2-10-2020). No tiene a su favor argumento formal o material alguno, y sí todo en su contra. Si me he detenido en ella es porque alguno de sus obvios inconvenientes (no todos) los comparte con la interpretación segunda, que sí ha tenido cualificados defensores. El caso más claro, y de nuevo sorprendente, es el de la extemporánea referencia contenida en el Preámbulo de la LO 4/2014, de reforma de la LOPJ, según la cual "Conforme a los términos del texto constitucional, todos los actos realizados por el Rey o la Reina durante el tiempo en que ostentare la jefatura del Estado, cualquiera que fuere su naturaleza, quedan amparados por la inviolabilidad y están exentos de responsabilidad". Se trata de una pretendida interpretación auténtica de la Constitución, que sólo compete al Tribunal Constitucional, y que además se hace en un preámbulo sin valor normativo.

2. *¿Inviolabilidad absoluta?*

Menos extrema, pero no por ello menos grave en alguna de sus consecuencias, es la segunda interpretación.

A diferencia de la anterior, ésta no niega que el Rey pueda cometer delitos (hechos típicos, no justificados y culpables), lo que no es poco, porque permitiría lo que aquella impide, como la legítima defensa, castigar al partícipe, o al antiguo Rey si, tras la abdicación, cometiese un meta-delito -delitos cuya conducta se remite a otros delitos, como el blanqueo de capitales, la calumnia o el encubrimiento, entre otros-, pero respecto de la responsabilidad penal del propio Rey, el resultado sería idéntico: no tendría responsabilidad penal alguna, y para siempre.

Expresado en la formulación de normas, esta impunidad no tendría reflejo en la norma primaria -que, por ejemplo, seguiría diciendo "Está prohibido (para todos), matar a otro"-, sino en la secundaria–"Cualquiera, *salvo el Rey*, que mate a otro será sancionado con la pena X". Y lo mismo para cualquier otro delito, por grave que sea: rebelión, genocidio, violación, mutilaciones.

Los argumentos en favor de esta interpretación son básicamente gramaticales: la Constitución habla en el art. 56.2 de 'inviolabilidad', término que, tomando como modelo la parlamentaria, suele interpretarse en términos absolutos; y a la vez afirma, sin aparente excepción, que su persona no está sometida a responsabilidad.

Ambos argumentos, conectados entre sí, no son concluyentes, aunque puedan parecerlo. Frente a ello, los argumentos en contra, tanto formales como materiales, y según todos los cánones de interpretación, son especialmente fuertes.

Veamos ambas cuestiones.

Entre las causas 'personales' de exclusión de la punibilidad suelen incluirse la inmunidad y la inviolabilidad (la tercera figura, el aforamiento, sólo afecta al foro ante el que se acredita la responsabilidad penal, pero en ningún sentido es una causa de exclusión de la responsabilidad (Examinan las relaciones entre estas tres figuras desde la perspectiva constitucional, Martínez Elipe, 2002, 29-86; Lucas Murillo de la Cueva, 2020, pp. 131-175; Santaolalla López, 2019, pp. 135 ss.). Aunque no siempre se distinguen ambos niveles, ni, cuando se hace, la delimitación es uniforme. Por ejemplo, el régimen especial de los diplomáticos es denominado, en ocasiones, inmunidad y, en otras, inviolabilidad. Tampoco es infrecuente considerar a la inviolabilidad como un supuesto específico de inmunidad (alude a esta cuestión terminológica la sentencia TC (Pleno) de 28.6.2022). Pero, básicamente, se corresponden con dos situaciones distintas:

- La inviolabilidad abarcaría los escasos supuestos en los que el ejercicio de una función pública aconseja *excluir por completo* la punibilidad por delitos relativos a dicha función, como, por ejemplo, sucede en la inviolabilidad parlamentaria. En estos casos no cabe, en términos absolutos, la responsabilidad penal: no se responde por el hecho delictivo ni cuando se desempeña la función pública ni en ningún otro momento.

- La inmunidad, por su parte, se refiere a los casos en los que, sin excluirse la punibilidad en sentido absoluto, se condiciona, y admite dos modalidades:

  - O bien *se renuncia temporalmente*, mientras el afectado desempeña el cargo, a ejercer la jurisdicción propia, como en el caso de las inmunidades de jurisdicción española en el Derecho penal internacional (lo que a veces se denomina inviolabilidad formal, mostrando con ello las afinidades entre ambas figuras) (art.2, 22-29, LO 16/2015);

  - O bien se supedita el ejercicio de la jurisdicción a una *autorización* previa, que no compete al Poder judicial, como en la inmunidad parlamentaria (art. 71.2 CE).

  En ambas modalidades, la responsabilidad penal no se excluye del todo, pero de alguna manera se condiciona, y a veces tanto (como en el primer caso), que se aproxima en consecuencias a la inviolabilidad, y ello explica el enredo terminológico.

La inviolabilidad representa el caso más extremo de exclusión de la punibilidad por razones ligadas al ejercicio de cargos públicos. Tiene carácter sustantivo, no meramente procesal: si, hipotéticamente, siguiendo la sugerencia interpretativa de Hilde Kaufmann (Kaufmann, H., 1968-2009, pp. 206), pudiéramos prescindir del proceso -en caso de prueba perfecta e interpretación inequívoca de la Ley-, seguiría siendo una cuestión relevante.

El que la Constitución emplee, en el caso que estamos evaluando, el término 'inviolabilidad', puede llevar a la conclusión precipitada de que efectivamente se trata de un supuesto extremo de ausencia de responsabilidad por cualquier hecho cometido mientras se ejerce la Jefatura del Estado, pero que esto es una inferencia que no se deriva directamente del término empleado se deduce sin dificultad de un dato incontrovertible: la 'inviolabilidad' del art. 56 CE se extiende también a los posibles delitos cometidos *antes* de asumir el cargo, pese a que, si posteriormente se cesa en él, por abdicación u otra causa legal, nada impediría su enjuiciamiento y eventual condena. Esto no es en ningún sentido posible una genuina inviolabilidad, sino una mera inmunidad temporal de jurisdicción: el delito es perseguible, pero no mientras se ejerce la Jefatura del Estado.

Esto significa que, bajo un mismo rótulo, 'ínviolabilidad', la Constitución abraza al menos dos tipos de situaciones: una posible inviolabilidad en sentido estricto por los hechos cometidos en el desempeño del cargo, y a la vez una mera inmunidad de jurisdicción temporal por los hechos anteriores.

La pregunta, entonces, es, ¿afecta la inviolabilidad genuina a todos los delitos cometidos durante el ejercicio de la Jefatura del Estado, o sólo afecta a algunos, actuando respecto de los demás como una mera causa de inmunidad temporal, igual que en ellos delitos anteriores? El argumento gramatical que se ha esgrimido para apoyar la primera opción ya no sirve, porque sabemos que inequívocamente la Constitución usa el término 'inviolabilidad' de una manera imprecisa, que aglutina al menos dos situaciones distintas, y una de ellas no es una inviolabilidad, sino una inmunidad temporal, así que sólo queda acudir a otros cánones de interpretación, o, dentro del gramatical, a otro argumento, para responder a la pregunta planteada, y, como inmediatamente veremos, tanto el resto de argumentos gramaticales, como el canon sistemático, y, muy destacadamente, el teleológico, apuntan hacia una respuesta matizada, en la línea de la segunda alternativa: sólo algunos hechos quedan abarcados por la inviolabilidad; el resto son únicamente supuestos de inmunidad temporal.

a. Empezando por el 'otro' *argumento gramatical*, una inviolabilidad absoluta no se compadece bien con las palabras de la Constitución en los artículos 56.3 y 64. La primera referencia del artículo 56.3 –"La persona del Rey es inviolable y no está sujeta a responsabilidad", obliga, sin duda, a admitir al menos una inmunidad de jurisdicción temporal, pero nada en estas palabras impone, además, una inviolabilidad absoluta por cualquier acto que realice. Es más, la anterior disposición precede a otra, en el mismo apartado, lo que apunta inequívocamente a una conexión entre ellas, que proclama: "Sus actos estarán siempre refrendados en la forma establecida en el artículo 64, careciendo de validez sin dicho refrendo, salvo lo dispuesto en el artículo 65, 2". Que este artículo se está refiriendo sólo a una parte de los actos que pueda llevar a cabo el Rey, en concreto sus actos públicos, es indiscutible. Ni su testamento, ni las comprar que pueda hacer, ni ningún acto privado debe ser refrendado por nadie, así que la expresión constitucional 'Sus actos estarán siempre refrendados' sólo se refiere a ciertos actos, los públicos refrendables. De los demás, los privados, nada se dice. La competencia del Rey sobre ellos es plena, igual que lo es sobre aquellos actos públicos que la Constitución expresamente deja fuera del refrendo: la administración de los bienes de la casa real y el nombramiento y relevo de sus miembros civiles y militares (art. 65). Precisamente por ello, sólo en los actos refrendados se excluye por completo la responsabilidad, que se traslada a quien los refrenda, de acuerdo con lo dispuesto en el art. 64. Nada, en estos artículos, se dice de los actos privados, que no requieren refrendo alguno, por lo que la responsabilidad no puede trasladarse.

La exención completa de responsabilidad, por tanto, sólo puede predicarse por mandato constitucional de los actos públicos refrendados, pero no de los privados, ni de los públicos no refrendados ex art. 65, en los que el principio de responsabilidad es pleno: son *sus* actos a todos los efectos, con plena validez por sí.

La diferencia esencial entre los actos refrendados (todos los públicos salvo los del art. 65.2, porque expresamente lo dice el art. 56, y los del 65.1 porque el propio artículo dispone que el Rey los administra libremente, sin refrendo), y los no refrendados (privados y públicos referidos a la administración de la casa Real) es exactamente esa: los primeros no son actos de competencia real del Jefe del Estado, sino sólo de competencia aparente, para simbolizar un poder que realmente no tiene, pero que contribuye a realzar la ficción en la que se basa el sistema de las modernas monarquías parlamentarias, en las que el Rey aparece como supuesto Jefe supremo sin contar con las competencias propias del ejercicio del poder: 'sanciona' las leyes pero no legisla; es el Jefe del Estado pero no gobierna; y las sentencias se dictan en su nombre pero él no juzga. Como su competencia no es más que aparente, es inevitable excluir su responsabilidad -principio personal de la responsabilidad, sustentado en el sinalagma competencia-responsabilidad- y trasladarla a quien verdaderamente es competente, y ello afecta tanto al refrendo formal del art. 64, como a cualesquiera otros actos que se llevan a cabo 'en nombre' del Rey: sólo el juez que dicta la sentencia injusta prevarica, no el Rey, igual que sólo los parlamentarios responden por aprobar una ley racista, aunque el Rey la sancione (Desarrollo esta idea pormenorizadamente, y en general todo lo relativo a la inviolabilidad del Rey en LH Arroyo Zapatero, 2021, p. 407 ss.).

b. También el *canon sistemático* apunta hacia una inviolabilidad selectiva. España firmó el Tratado de Roma que crea y regula la Corte penal Internacional, cuyo artículo 27, 'Improcedencia de cargo oficial', establece que el Estatuto "será aplicable por igual a todos sin distinción alguna basada en el cargo oficial. En particular, el cargo oficial de una persona, sea Jefe de Estado o de Gobierno, miembro de un gobierno o parlamento, representante elegido o funcionario de gobierno, en ningún caso la eximirá de responsabilidad penal ni constituirá *per se* el motivo para reducir la pena", y añade que "Las inmunidades y las normas de procedimiento especiales que conlleve el cargo oficial de una persona, con arreglo al derecho interno o al derecho internacional, no obstarán para que la Corte ejerza su competencia sobre ella". Tales disposiciones, aprobadas por España, son incompatibles con un entendimiento absoluto de la inviolabilidad, pero inequívocamente compatibles con una tesis relativa, que extienda la inviolabilidad sólo a los actos refrendados. No es una casualidad que el informe del Consejo de Estado previo a la firma del Tratado no viera inconveniente a dicha firma precisamente sobre la base de que la inviolabilidad constitucional en sentido estricto se refiere sólo a los actos refrendados, no a otros actos, como la comisión de un delito competencia de la CPI (Dictamen de 22 de julio de 1999 (1374/99). Críticos con el Informe, Gimbernat Ordeig *Diario el Mundo*, 13-11-2012; Fernández Entralgo, 2021, p. 5).

c. Pero el *argumento* principal en favor de una interpretación matizada de la inviolabilidad real es el *teleológico*.

La inviolabilidad tiene un impacto profundo en principios básicos del estado de Derecho, como el de *igualdad* -al autor no se le castiga, a diferencia de cualquier otro sujeto que cometa el mismo delito-, el de *responsabilidad* por los hechos sobre los que se tiene competencia -el autor es competente, pero no se le exige responsabilidad- y el de *tutela judicial efectiva* -las víctimas de esos delitos quedan desamparadas-. Por ello, necesariamente tiene que ser muy limitada: solo puede admitirse para preservar funciones públicas de especial significación y solo respecto de conductas en las que la impunidad sea tolerable.

De las cuatro inviolabilidades que contempla nuestro Derecho, tres de ellas se ajustan razonablemente a ese perfil: la de los parlamentarios, la de los magistrados del Tribunal Constitucional (art. 22 LO 2/1979) y la del Defensor del pueblo y sus adjuntos (art. 6.2-4, LO 3/1981; sobre ello, Molina Fernández,

2025, p. 584 ss.). Pero la cuarta, la inviolabilidad del Rey, es claramente excesiva si se interpreta en términos absolutos, de ahí la importancia de buscar una interpretación que la haga compatible con la preservación de los tres principios amenazados.

La preservación en lo posible de estos tres principios básicos es la razón más poderosa en favor de la interpretación restrictiva que, dentro de las palabras de la ley, ofrece el menor sacrificio posible en todos ellos. Sigue sin ser una solución perfecta, porque incluso la inmunidad temporal (esta sí inevitable, según el art. 56 CE) supone una quiebra difícil de soportar en estos principios, al menos si no va acompañada -como sucede hasta hoy- de un procedimiento efectivo para inhabilitar al Rey si llegase a cometer un delito, pero es la menos mala de las posibles.

3. 'Inviolabilidad' relativa

Según lo visto, descartadas las interpretaciones extrema y absoluta de la inviolabilidad del Rey, nos queda como mejor propuesta la de una exención de responsabilidad matizada: exención absoluta (inviolabilidad genuina) sólo para los actos públicos refrendados, que en realidad serían atípicos por falta de competencia sobre el hecho (en términos de imputación objetiva, serían conductas *legalmente neutrales*) sumada a una inmunidad temporal, mientras se ejerce la Jefatura, por cualquier otro acto, de acuerdo con el siguiente esquema, que desarrollé en el trabajo antes citado -The King can do wrong…-, y que ahora reproduzco aquí con alguna modificación menor:

1. Delitos, de *cualquier tipo*, cometidos *antes* de acceder a la Jefatura del Estado:
   a. Serían juzgables, punibles, y sería ejecutable la sanción antes de adquirir la condición de Rey, o después de perderla, sin restricción alguna (más que el eventual aforamiento que pudiera contemplar la ley).

b. Gozarían de inmunidad absoluta de jurisdicción y de ejecución de la pena mientras el Rey ostente la Jefatura del Estado.

2. Delitos, de *cualquier tipo,* cometidos *después* de perder la condición real, por abdicación, deposición, etc.

   a. Serían juzgables, punibles, y sería ejecutable la sanción sin más restricciones que el aforamiento.

3. Delitos cometidos *durante* el ejercicio de la Jefatura del Estado. Aquí es preciso distinguir:

   a. *Refrendados,* pero no abiertamente inconstitucionales: gozarían de inviolabilidad material absoluta porque son conductas de participación constitucionalmente *neutrales,* y por ello atípicas.

   b. Refrendados y netamente *inconstitucionales* o constitutivos de *crímenes internacionales* competencia del TPI: gozarían de inmunidad de jurisdicción española (no internacional, en el caso de estos últimos) completa mientras su autor ostente la condición real de jefe del Estado; una vez perdida, de *lege ferenda* deberían ser enjuiciables, punibles y su sanción ejecutable, aunque es dudoso que la interpretación gramatical de la Constitución lo permita. A diferencia del texto original, aquí esta posibilidad aparece sólo como un desiderátum de *lege ferenda,* porque, como apunté en nota 14, los términos de la Constitución no parecen permitir ninguna interpretación que dé pie a la responsabilidad del Rey por actos refrendados, por graves e ilegales que puedan ser

   c. Públicos no refrendados (administración de la Casa Real): mismo régimen que b (salvo en lo que se refiere a la competencia del TPI).

   d. Privados: mismo régimen que b y c.

Esta tercera interpretación es, en resumen, compatible con la letra de la Constitución, coherente con las normas del derecho internacional humanitario suscritas por España, y, lo fundamental, respetuosa, hasta donde permite la letra de la ley, de los valores constitucionales básicos de igualdad, responsabilidad por los actos propios y tutela judicial efectiva. Acogerla, por ello, se convierte en un imperativo ético y constitucional.

BIBLIOGRAFÍA

BACHOF, O. (2010). ¿Normas constitucionales inconstitucionales?, (2ª ed.) Palestra: Lima.

BARRY, H. (1930). The King Can Do No Wrong. *Virginia Law Review*, pp. 5-27

CHOCLÁN MONTALVO, J. A. (2 de octubre de 2020). La inviolabilidad del Rey y sus efectos jurídico penales, *El Español*. Disponible en red: https://www.elespanol.com/opinion/tribunas/20201002/inviolabilidad-rey-efectos-juridico-penales/525067492_12.html

FERNÁNDEZ ENTRALGO, J. (2021). La titularidad de la Jefatura del Estado como causa personal funcional de exención de responsabilidad penal. *Diario La Ley*, nº 9770.

FORTIN, M.-F. (2019). *A Historical Constitutional Approach to The King Can Do No Wrong: Revisiting Crown Liability*. Tesis doctoral [Apollo–University of Cambridge Repository].

GALERA VICTORIA, A., (2015). Las demandas de filiación y la corona. Reflexiones sobre la inviolabilidad regia. El acceso a la jurisdicción y la igualdad entre los hijos. *Revista de Derecho, UNED*, 17, pp. 319-340

GÓMEZ COLOMER, J. L. (2016). Privilegios procesales inconstitucionales e innecesarios en la España democrática del siglo XXI: el sorprendente mantenimiento de la institución del aforamiento. *Teoría Y Realidad Constitucional*, (38), pp. 239-275

LUCAS MURILLO DE LA CUEVA, P. (2020). Las garantías parlamentarias en la experiencia constitucional española. *Revista De Las Cortes Generales*, pp. 131-175

GIMBERNAT ORDEIG, E., (13 de noviembre de 2012). La inviolabilidad del Rey. *Diario el Mundo.*

KAUFMANN, H. (2009). *Strafanspruch, Strafklagerecht. Die Abgrenzung des materiellen vom formellen Strafrecht,* 1968 (Pretención penal y derecho a la acción penal. La delimitación entre el Derecho penal material y el formal). Ed. Ramón Areces. Madrid.

LUCAS MURILLO DE LA CUEVA, P. (2020). Las garantías parlamentarias en la experiencia constitucional española. *Revista De Las Cortes Generales,* pp. 131-175

MALCOLM, J.L. (1999). Doing No Wrong: Law, Liberty, and the Constraint of Kings. *The Journal of British Studies, 38*(2), pp. 161-186

MARTÍNEZ ELIPE, L. (2002). Reflexiones sobre la inviolabilidad, inmunidad y aforamiento. *Revista de las Cortes Generales,* (55), pp. 29-86

MOLINA FERNÁNDEZ, F. (2021). The King can do wrong: la inviolabilidad del rey a examen. En ROSARIO DE VICENTE MARTÍNEZ Y OTROS (edits.), *Libro homenaje al profesor Luis Arroyo Zapatero. Un Derecho penal humanista, Vol.* I, BOE/UCLM, Madrid, pp. 407-430.

MOLINA FERNÁNDEZ, F. (2024). Circunstancias que condicionan la punibilidad. *Memento penal 2025,* Madrid, pp. 584 y ss.

PASCUA MATEO, F. A. (2020). Nuevos (y necesarios) límites a las comisiones de investigación competencias autonómicas y la inviolabilidad del rey. *Revista De Las Cortes Generales,* pp. 429-441

SANTAOLALLA LÓPEZ, F. (2019). *Derecho parlamentario español* (2ª. ed.). Dykinson, Madrid.

SHERRY, E.H. (1969). The myth that the King can do no wrong: a comparative study of the sovereign immunity doctrine in the United States and New York Court of claims. *Administrative Law Review,* 22(1), pp. 39-58

VIANA BALLESTER, C. (2011). *Inmunidades e inviolabilidades: naturaleza jurídica y concepción dogmática. Especial referencia a la inviolabilidad parlamentaria.* Congreso de los Diputados: Madrid.

Alcance y compatibilidad del principio de improcedencia del cargo oficial del Estatuto de Roma frente a la irresponsabilidad regia[*]

JOSE ANCOR VIERA GONZÁLEZ
Personal Investigador en Formación
Universidad de Las Palmas de Gran Canaria

I. INTRODUCCIÓN

El art. 56.3 de la Constitución Española (en adelante, CE) establece que "*la persona del Rey es inviolable y no está sujeta a responsabilidad*", añadiendo, a continuación, que "*sus actos estarán siempre refrendados en la forma establecida en el artículo 64, careciendo de validez sin dicho refrendo, salvo lo dispuesto en el artículo 65,2*". Así, en este precepto encontramos tres conceptos sumamente controvertidos: (i) inviolabilidad; (ii) irresponsabilidad; y (iii) refrendo.

* Este trabajo se enmarca en una ayuda para la formación predoctoral concedida por el Cabildo de Gran Canaria (resolución de 14.03.2024; BOC n.º 62, de 26.03.2024), así como en el Proyecto I+d+i "*El Estatuto jurídico de la Jefatura del Estado en la Monarquía Parlamentaria Española*" (JEMONPAR), PID2020-114303- RB100, y en el seno del Grupo de Investigación Reconocido "Problemas Jurídicos Actuales" (Cód. 571) de la Universidad de Las Palmas de Gran Canaria.

Por otro lado, el art. 27 del Estatuto de Roma de la Corte Penal Internacional, ratificado por España el 24 de octubre de 2000, recoge que el mismo "*será aplicable por igual a todos sin distinción alguna basada en el cargo oficial. En particular, el cargo oficial de una persona, sea Jefe de Estado o de Gobierno, miembro de un gobierno o parlamento, representante elegido o funcionario de gobierno, en ningún caso le eximirá de responsabilidad penal ni constituirá «per se» motivo para reducir la pena*".

El tenor literal del primer precepto no determina *per se* – y menos de forma precisa – el alcance de la irresponsabilidad regia. En cambio, el segundo precepto, en principio, parece claro; no obstante, dicha claridad queda difuminada tras el Dictamen del Consejo de Estado de 22 de julio de 1999, al concluir, respecto a la compatibilidad de dichos preceptos, que "*la irresponsabilidad personal del Monarca no se concibe sin su corolario esencial, esto es, la responsabilidad de quien refrenda y que, por ello, es el que incurriría en la eventual "responsabilidad penal individual" a que se refiere el artículo 25 del Estatuto*".

La posición del Consejo de Estado ha sido objeto de crítica y debate parlamentario. Así, ante el controvertido alcance de la irresponsabilidad regia y frente a la tentativa de encajar el Estatuto de Roma sobre lo controvertido sin alterar el texto constitucional, cabe plantearnos si el Jefe de Estado español podría ser penalmente responsable ante la Corte Penal Internacional.

El anterior planteamiento partirá del análisis y cuestionamiento del referido Dictamen respecto a la relación y encaje del art. 27.1 del Estatuto de Roma frente al art. 56.3 CE (en concreto, frente a la irresponsabilidad regia), sirviéndonos así de elementos interpretativos derivados, entre otros, del Derecho comparado, la actividad parlamentaria, los antecedentes y precedentes históricos, o el análisis sistemático de dichos preceptos.

II. LA RATIFICACIÓN DEL ESTATUTO DE ROMA EN EL DERECHO COMPARADO

El Consejo de Estado, en el referido Dictamen de 22 de julio de 1999, señala que la interpretación expuesta encuentra sus cimientos en "*categorías dogmáticas acuñadas en el Derecho Constitucional comparado por referencia al régimen parlamentario más intenso y, en particular, a la forma política de las Monarquías parlamentarias*".

El art. 88 de la Constitución de Bélgica, en modo similar al art. 56.3 CE, establece que "*la persona del Rey es inviolable; sus ministros son responsables*". Así, en sentido contrario al Consejo de Estado español, el Consejo de Estado belga, en Dictamen de 21 de abril de 1999 sobre un proyecto de ley relativo a la aprobación del Estatuto de Roma de la Corte Penal Internacional[1], afirmó la contrariedad del art. 27 del Estatuto respecto al art. 88 de la Constitución, tras señalar, previa remisión a la "doctrina autorizada", que la inviolabilidad del Rey es absoluta, y abarca también los actos propios y ajenos a sus funciones. Conforme a ello, se sugirió introducir una nueva disposición constitucional en la que se señalara que el Estado se adhiere al Estatuto de Roma, dando cobertura, así, a las sucesivas adaptaciones legislativas.

Por otro lado, el art. 4 de la Constitución de Luxemburgo señala que "*la persona del Gran Duque es sagrada e inviolable*". A su vez, el art. 45 precisa que "*las disposiciones del Gran Duque deben ser refrendadas por un miembro del Gobierno responsable*", estableciendo el art. 78 la responsabilidad de los miembros del Gobierno. En atención a ello, el Consejo de Estado luxemburgués, en Dictamen de 04 de mayo de 1999[2], ha resaltado su no convencimien-

---

1 Avis du Conseil d'État du 21 avril 1999 sur un projet de loi "*portant assentiment au Statut de Rome de la Cour pénale internationale, fait à Rome le 17 juillet 1998*". Documento parlamentario 2-239 (1999/2000).

2 Avis du Conseil d'Etat sur le Projet de loi portant approbation du Statut de Rome de la Cour Pénale Internationale, 4 Mai 1999.

to respecto a la suficiencia del refrendo ministerial para garantizar la conformidad del texto constitucional con las exigencias del Estatuto (en concreto, con aquellas de los arts. 25.2 y 27 del mismo). En consecuencia, el Consejo de Estado consideró que la aprobación del Estatuto de Roma solo era posible tras revisar, entre otros, el art. 4 de la Constitución. No obstante, consciente de la complejidad de modificar todos aquellos preceptos que obstaculizaban la ratificación del Estatuto de Roma, siguiendo el ejemplo de Francia[3], a fin de evitar crear una o varias excepciones frente a artículos específicos de la Carta Magna, se propuso e introdujo una disposición transitoria en el Capítulo XII de la Constitución (art. 118), en la que se señala que "*las disposiciones de la Constitución no suponen un obstáculo para la aprobación del Estatuto del Tribunal Penal Internacional, hecho en Roma, el 17 de julio de 1998, y al cumplimiento de las obligaciones que se derivan de las condiciones previstas por dicho Estatuto*"[4].

Otros países, aunque con forma política republicana, han reconocido tácitamente la improcedencia del cargo oficial, en la medida en que sus constituciones declaran expresamente que los principios generalmente reconocidos del Derecho internacional forman parte integrante del Derecho nacional (así, a modo de ejemplo, el art. 25 de la Constitución de Alemania; el art. 3 de la Constitución de Estonia; el art. 2 y 28 de la Constitución de Grecia; el art. 135 de la Constitución de Lituania; el art. 3.3 y 4 de la Constitución del Principado de Andorra; el art. 9 de la Constitución de Polonia; el art. 9 de la Constitución de Italia; y los arts. 8 y 16 de la Constitución de Portugal). En

---

[3] El art. 53-2 de la Constitución francesa establece: "*La República podrá reconocer la jurisdicción de la Corte Penal Internacional de acuerdo con las condiciones previstas por el tratado firmado el 18 de julio de 1998*".

[4] Ley de 8 de agosto de 2000 por la que se revisa el artículo 118 de la Constitución, publicada el 25 de agosto de 2000 y cuya entrada en vigor tuvo lugar el 29 de agosto de igual año.

este grupo de países cabe integrar a España, en conformidad con el art. 96.1 CE.

En relación al referido reconocimiento tácito, cabe citar el supuesto de Ucrania, cuya Constitución establece en su art. 80 la inmunidad e irresponsabilidad de los diputados nacionales, así como la inmunidad del Presidente de Ucrania en el art. 105. Al respecto, sobre una posible incompatibilidad de estas con el art. 27 del Estatuto de Roma, el Tribunal Constitucional ucraniano, en Dictamen de 11 de julio de 2001 (caso n.º 1-35/2001), resaltó el contenido del art. 18 de la Constitución de Ucrania, que integra el vínculo entre la actividad política exterior de Ucrania con los principios y normas generalmente reconocidos del derecho internacional. Uno de estos principios, señala, es el cumplimiento diligente de las obligaciones internacionales, en conformidad con la Carta de las Naciones Unidas, y la determinación de la responsabilidad por la comisión de los delitos que integra el Estatuto de Roma es un deber conforme a otros documentos internacionales y legales vigentes en Ucrania (muchos de ellos, incluso, previos de la entrada en vigor de la vigente Constitución). Entre otros, se cita la Convención para la Prevención y Sanción del Delito de Genocidio, de 09.12.1948; el Convenio de Ginebra relativo al trato debido a los prisioneros de guerra, de 12.08.1949; la Convención Internacional sobre la Represión y el Castigo del Crimen de Apartheid, de 30.11.1973; la Convención contra la Tortura y otros Tratos o Penas Crueles, Inhumanos o Degradantes, de 10.12.1984; etc. De este modo, resalta que el carácter penal de los referidos delitos no depende de la adhesión de Ucrania al Estatuto y de su entrada en vigor, en atención al art. 18 de la Constitución. Asimismo, señala que las disposiciones constitucionales relativas a la inmunidad según el cargo oficial deben ser interpretadas en conexión sistemática con el precitado art. 18, sin perjuicio de que dicha inmunidad tenga absoluta vigencia en la jurisdicción nacional, lo que manifiesta la compatibilidad del art. 27 del Estatuto de Roma con los arts. 80 y 105 de la Constitución ucraniana.

Otros Estados tienen un procedimiento específico, que permite ratificar tratados internacionales con mayoría cualificada, aun cuando se considere que el contenido de estos entra en conflicto con otros preceptos constitucionales. Este es el caso, por ejemplo, de Países Bajos, cuya Constitución, en su art. 91.3, establece que "*cuando un tratado contuviere estipulaciones que deroguen la Constitución o que impongan la necesidad de tal derogación, se requerirá para su adopción por las cámaras una mayoría de al menos dos tercios del número de votos emitidos*".

Así, regresando al inicio del presente apartado, en atención a los ejemplos expuestos, de haberse basado el Consejo de Estado en "*categorías dogmáticas acuñadas en el Derecho Constitucional comparado*", estas, al menos, han sido interpretadas y aplicadas en sentido diverso por las monarquías y repúblicas europeas. En ningún caso, salvo en España como excepción, se ha afirmado la compatibilidad de la irresponsabilidad regia con la «improcedencia del cargo oficial» y, a su vez, la imposible "responsabilidad penal individual" del Jefe de Estado en virtud del refrendo. Es decir, se acoge y acepta la improcedencia del cargo oficial del Jefe de Estado, aunque defendiendo, indirectamente, la inoperatividad de dicho principio en atención a la propia relevancia del cargo y a la consecuente traslación de la responsabilidad personal a terceros; posición que, además, no encaja con la literalidad del art. 25.2 del Estatuto de Roma.

III. LA ACTIVIDAD PARLAMENTARIA COMO ELEMENTO DE INTERPRETACIÓN DEL PRINCIPIO DE IMPROCEDENCIA DEL CARGO OFICIAL Y SU RELACIÓN CON EL ART. 56.3 CE

La ratificación del Estatuto de la Corte Penal Internacional, en atención a su artículo 27, introdujo nuevamente en el debate parlamentario el alcance del art. 56.3 CE. Ello ha permitido, una vez más, conocer la posición del legislador respecto al alcance de dichos preceptos, lo cual constituye "*un importante elemento de interpretación*", como así afirma, entre otros, Díaz Revorio (2018, p. 18), en referencia a la STC 5/1981, de 13 de febrero, F.J. 9, y otras posteriores.

Así, en el presente apartado se realizará un breve análisis de los debates parlamentarios propios de dos momentos históricos: (i) ratificación por España del Estatuto de la Corte Penal Internacional; y (ii) la confección del vigente texto constitucional. A pesar de no enlazarse este último con el Estatuto de Roma, el análisis del correspondiente debate parlamentario sirve como elemento interpretativo del alcance del art. 56.3 CE, lo cual permite conocer la evolución en la concepción de la irresponsabilidad regia y relacionar aquella, a su vez, con la posición del Consejo de Estado en el Dictamen de 22 de julio de 1999.

1. Las enmiendas al Proyecto de Ley Orgánica por la que se autoriza la ratificación por España del Estatuto de la Corte Penal Internacional

En la sesión número 3 de la Comisión de Asuntos Exteriores del Congreso de los Diputados, celebrada el 21 de junio de 2000, entre otras enmiendas al Proyecto de Ley Orgánica por la que se autoriza la ratificación por España del Estatuto de la CPI, el Grupo Vasco presentó una enmienda que, entre otros motivos, aun aceptando la no modificación de la Constitución, estimaba oportuno aclarar el concepto constitucional de inviolabilidad a través de dicha ley orgánica. Ello en cuanto dicho grupo entendía que una concepción amplia de la inviolabilidad personal del rey era incompatible con el art. 27 del Estatuto, debiendo aquella ceñirse a los tiempos y a los parámetros propios de los Estados de Derecho en la actualidad. Así, la entonces diputada Excma. Sra. Uría Etxebarría, en representación del Grupo Vasco, expuso:

"No pretende tampoco aclarar definitivamente y de modo acabado el sentido de la referida previsión constitucional, tarea que por otro lado algún día habrá de abordarse, sino introducir en el ordenamiento una norma que exprese indubitadamente que la inviolabilidad personal del rey no le excluye de su responsabilidad ante la Corte Penal Internacional y deja intacto el sistema constitucional de refrendo de los actos del rey, pues la responsabilidad de éste sólo se establece respecto de los actos no refrendados por no estar en el ámbito de los necesitados de refrendo, es decir, los actos estrictamente privados, los de relación directa y jerárquica con los miembros del ejército, o por no haber pedido u obtenido el mismo, es decir, cuando un monarca actuase al margen de lo constitucionalmente establecido. Por lo demás, creemos que debe hacerse un esfuerzo por superar las objeciones técnicas que pueda encontrar el instrumento elegido, ley orgánica de ratificación, ya que estimamos que debe intentarse la regulación sin modificar el artículo 56.3 de la Constitución, dadas las dificultades que el procedimiento para tal modificación presenta".

La anterior enmienda contó con el apoyo del Grupo Parlamentario de Coalición Canaria y el Grupo de Izquierda Unida. En respuesta a la misma, el Grupo Parlamentario Popular, representado por el entonces diputado Excmo. Sr. Cisneros Laborda, tras cuestionar la viabilidad técnica y el alcance de la propuesta, expuso:

"Evidentemente, la institución del refrendo lo que hace es que traslada en todo caso la responsabilidad a otra autoridad del Estado, es el fundamento de la irresponsabilidad del rey. No se entendería la inviolabilidad si no invocamos la institución del refrendo. Si así no fuera, sí que tendrían derecho sus extemporáneas invocaciones al llamado derecho divino o a otros títulos de legitimidad extravagantes, por lo menos anacrónicos, de la institución monárquica. Entiendo que es un principio inherente a la monarquía parlamentaria en la forma de nuestro Estado constitucional. Pero ese principio, señora Uría, no es incompatible con el de responsabilidad de los jefes de Estado por violaciones del derecho internacional en los que se basa el Estatuto de Roma. La Constitución no ha regulado ni podía regular la proyección internacional del principio

interno de inviolabilidad, por el contrario, las normas sobre inmunidad a los jefes de Estado no son extrapolables al plano internacional. Aceptando el principio de responsabilidad de los jefes de Estado en el plano internacional nada impide que entren en juego en el orden interno los principios constitucionales a efectos de determinar la responsabilidad penal individual, de la que habla creo que el artículo 25 del estatuto, en función de la imputabilidad de los actos regios; de manera que si constitucionalmente el jefe del Estado no puede tomar decisiones autónomas, la responsabilidad se traslada a quien se refrenda, y si las toma, señora Uría, si estuviéramos en supuestos de patología constitucional a los que usted ha aludido, es evidente que el principio de responsabilidad alcanzaría igualmente a la persona del jefe del Estado".

A continuación, el Grupo Parlamentario Popular añade:

"*Nuestro modelo constitucional, señora Uría, protege al Rey de toda controversia mediante la exigencia del refrendo para la validez de sus actos, y esta exigencia determina necesariamente la irresponsabilidad personal del monarca. A su vez, la irresponsabilidad del Rey no se concibe sin su corolario esencial, cual es la responsabilidad del refrendante, quien incurriría en esa eventual responsabilidad penal individual a la que el estatuto se refiere*".

La posición del Grupo Parlamentario Popular parece seguir la estela de otros países, delimitando aparentemente la jurisdicción nacional y la jurisdicción supranacional, y en este sentido el alcance de los arts. 25 y 27 del Estatuto en un plano u otro. No obstante, aunque se tratara de entender el dictamen del Consejo de Estado en este sentido, no sería posible. Este, además de excluir la posible "responsabilidad penal individual" del art. 25 del Estatuto respecto al Jefe de Estado español en virtud del refrendo, concluye que no se trata de "*operar una limitación de la competencia de la CPI sino una delimitación de su ámbito propio y pleno en su proyección respecto de España*", entendiendo, además, que la atribución al Estatuto de "*un efecto modificativo de principios esenciales en la forma política de los Estados parece sobrepasar el objeto y fin que le son propios*".

No obstante, cabe hacer referencia al caso Prosecutor v. Blaskic, n.º IT-95-14, Judgement on the Request of the Republic of Croatia for Review of the Decision of Trial Chamber II of 18 July 1997, Appeals Chamber, 29 October 1997, en el que el párrafo 41 de la sentencia subraya que el derecho internacional consuetudinario protege la organización interna de cada Estado soberano, lo que no excluye, conforme a las normas de Derecho penal internacional, la imposibilidad de invocar la inmunidad de jurisdicción nacional o internacional frente a la comisión de determinados delitos, aun cuando el responsable actúe como órgano del Estado.

En definitiva, la oposición a las enmiendas formuladas dista de la posición del Consejo de Estado, aproximándose, ahora sí, al Derecho comparado, al enmarcar la irresponsabilidad regia en el orden interno.

2. Las enmiendas al Proyecto de la Constitución de 1978

En atención a la actividad parlamentaria de las Cortes Generales constituidas en 1977, según Fernández Iriondo (2022, p. 46), parece que la interpretación histórica también da la razón a los partidarios de la inviolabilidad absoluta, en cuanto que, finalmente, fue escogida la dicción actual. No obstante, si atendemos a la tramitación de las distintas enmiendas frente al actual art. 56.3 CE, cabe cuestionar lo anterior.

Así, por un lado, el entonces diputado Excmo. Sr. Carro Martínez, de Alianza Popular, propuso suprimir toda referencia al refrendo en el referido precepto constitucional, en cuanto entendía que consistía en una consecuencia de la irresponsabilidad y una reiteración de lo ya regulado en el actual art. 64 CE. Por otro lado, su entonces compañero de formación política, Excmo. Sr. López Rodó, propuso que, de forma subsidiaria, en caso de rechazarse la enmienda formulada por su compañero, se añadiera la siguiente frase: "*De los actos del Rey serán responsables las personas que los refrenden*". Esta última propuesta se fundamentaba, según el Sr. López Rodó, en la necesidad de señalar expresamente quién asumía la responsabilidad a la que no estaba sujeta la persona del Rey.

Las anteriores enmiendas fueron rechazadas; y no por razones de fondo, sino de simple sistemática y dignidad del Jefe del Estado, como señaló el entonces diputado Excmo. Sr. Pérez-Llorca y Rodrigo, de Unión de Centro Democrático, en sesión n.º 12, de 29 de mayo de 1978. En este sentido, parece relacionarse la irresponsabilidad únicamente a los actos refrendados y distanciarse, así, de su concepción absoluta.

El antedicho distanciamiento aparente, que choca frontalmente contra la literalidad del famoso (y aún tan extemporáneamente utilizado) principio '*the king can do no wrong*', encuentra mayor impulso en el debate parlamentario que tuvo lugar sobre la enmienda presentada por el Excmo. Sr. López Rodó, quien propuso adicionar un nuevo artículo que consagrara la existencia del Consejo de la Corona. Esta propuesta, sin embargo, fue rechazada, en cuanto se estimaba suficiente que el problema de la responsabilidad encontrara respuesta en las técnicas del refrendo (así, el Excmo. Sr. Pérez-Llorca Rodrigo, en Sesión Plenaria n.º 37, de 12.07.1978, publicada en el Diario de Sesiones del Congreso de los Diputados, n.º 108, p. 4164).

En este sentido, el análisis de la actividad parlamentaria (y más en concreto, aquella relativa al actual art. 56.3 CE), al contrario que lo afirmado por Fernández Iriondo, parece distanciar la dicción actual de una concepción absoluta de la irresponsabilidad regia, en cuanto que existió un consenso (aunque no expreso) sobre la ausencia de responsabilidad en la persona del rey únicamente respecto a los actos refrendados.

IV. ANTECEDENTES HISTÓRICOS DEL PRINCIPIO DE IMPROCEDENCIA DEL CARGO OFICIAL

El Estatuto de Roma, como señala Gómez Guillamón (2000, p. 159) es fruto de un conglomerado de antecedentes de diversa naturaleza (históricos, políticos, sociales o culturales). En este caso, nos referiremos, principalmente, a los antecedentes más próximos y de similar naturaleza, sin restar la absoluta e indiscutible relevancia de los antecedentes remotos, debiendo hacer breve referencia, entre otros, al Tratado de Versalles de 1919, cuyo art. 227, párr. I, establece: "*Las Potencias aliadas o asociadas acusan públicamente a Guillermo II de Hohenzollern, ex Emperador de Alemania, por ofensa suprema contra la moral internacional y la autoridad sagrada de los Tratados*".

A pesar de la precitada acusación, cabe señalar que el entonces art. 17 de la Constitución del Imperio Alemán establecía que las órdenes y los decretos del Emperador se dictaban en nombre del Imperio y, para su validez, requerían el refrendo del Canciller Imperial, que asumía de este modo su responsabilidad. Asimismo, el art. 1 de la *Stellvertretungsgesetz* señalaba que el refrendo del Canciller Imperial, necesario para la validez de las órdenes y los decretos del Emperador, podía ser ejercido, conforme a las disposiciones sucesivas, por diputados nombrados por el Emperador a petición del Canciller Imperial. Posteriormente, mediante Ley de 28 de octubre de 1918 (antes del Tratado de Versalles, aunque después de la declaración de guerra) se introdujo un nuevo párrafo al art. 15 de la citada Constitución, que, entre otros extremos, recogía que el Canciller Imperial sería responsable de todos los actos de relevancia política que el Emperador llevara a cabo en el ejercicio de los poderes que le confería la Constitución.

Los antecedentes próximos (que, a su vez, guardan una relación más estrecha con el Estatuto de la Corte Penal Internacional) se ubican a partir de la Carta de Londres de 8 de agosto de 1945. El art. 2 de la misma recoge: "*The constitution, jurisdiction and functions of the International Military Tribunal shall be those set in the Charter annexed to this Agreement, which Charter shall form an integral part of this Agreement*". Así, el art. 7 del Estatuto anexo (Estatuto del Tribunal Militar Internacional de Nuremberg) establece la no exención de responsabilidades o la no atenuación de la pena con fundamento en el cargo oficial de los acusados, incluyendo expresamente, asimismo, la Jefatura de Estado. En similar sentido, el art. 6 del Estatuto del Tribunal Militar Internacional para el Lejano Oriente, de 19 de enero de 1946, establece que la posición del acusado o su actuación conforme a orden de su gobierno o superior no son motivos suficientes para eximir al mismo de responsabilidad, aunque pueden ser tenidas en cuenta para atenuar la pena si el Tribunal así lo estima.

Posteriormente, se creó el Tribunal Penal Internacional para la ex Yugoslavia en 1993 y el Tribunal Penal internacional para Ruanda en 1994. El art. 7.2 del Estatuto del primero establece que el cargo oficial de la persona acusada, incluyendo la Jefatura de Estado y de Gobierno, no eximirá de responsabilidad penal ni atenuará la pena. En igual sentido el art. 6.2 del Estatuto del Tribunal Internacional para Ruanda. Ambos Tribunales fueron creados por medio de Resoluciones del Consejo de Seguridad de las Naciones Unidas [827(1993) y 955(1994), respectivamente], y como señala el Consejo de Estado en Dictamen de 22 de julio de 1999, se consideró que tenían carácter jurídico vinculante derivado del Capítulo VII de la Carta de las Naciones Unidas, de la que España es parte, "*por lo que bastaba su publicación en el Boletín Oficial del Estado sin necesidad de acto específico de prestación del consentimiento del Estado*". En este sentido, de modo previo a la ratificación del Estatuto de Roma, España asumía la improcedencia del cargo oficial, aunque referida, en los anteriores supuestos, a los Estados de Yugoslavia y Ruanda.

A partir, principalmente, del Estatuto del Tribunal Militar Internacional de Nuremberg surgieron los conocidos 'principios de Nuremberg'. Estos, en gran medida, orientaron la política internacional en este ámbito, hasta alcanzar, dos años más tarde, su institucionalización en una resolución de la Asamblea General de la ONU (Gómez Guillamón, 2000, p. 162). Esta resolución, de 21 de noviembre de 1947 (123ª sesión plenaria), acuerda crear una "Comisión de Derecho internacional", aprobando esta, posteriormente, los Principios de Derecho internacional reconocidos en el Estatuto del Tribunal de Nuremberg y en la sentencia del Tribunal (Yearbook of the International Law Commission, 1950, vol. II, p. 374). El principio III, que se basa en el art. 7 del Estatuto del Tribunal de Nuremberg, establece: "*The fact that a person who committed an act which constitutes a crime under international law acted as Head of State or responsible Government official does not relieve him from responsibility under international law*".

Los anteriores Tribunales fueron criticados por ser creados *ad hoc* y *ex post facto*; no obstante, constituyeron los cimientos de la Corte Penal Internacional, como Tribunal de carácter permanente e independiente. Asimismo, constituyen el fundamento y el impulso del principio de improcedencia del cargo oficial, recogido, ahora, en el art. 27 del Estatuto de Roma. Es más, el propio Consejo de Estado, en Dictamen de 22 de julio de 1999, señala como antecedente inmediato del precitado precepto "*el art. 7 del Proyecto de la Comisión de Derecho Internacional de las Naciones Unidas, en cuyo informe sobre la labor realizada en su 48º periodo de sesiones se indica que el sentido último de la inadmisibilidad del cargo oficial como excusa absolutoria es evitar -como ya se hizo en el Estatuto del Tribunal de Nuremberg- la alegación de "actos de Estado*". Así, dichos precedentes pueden ser utilizados como elementos interpretativos del espíritu del referido principio, que, conforme a lo expuesto previamente, dista de cualquier relevancia del cargo oficial propia del Derecho interno.

V. PERSPECTIVA TELEOLÓGICA, SISTEMÁTICA Y EVOLUTIVA DE LA (IR)RESPONSABILIDAD REGIA Y EL PRINCIPIO DE IMPROCEDENCIA DEL CARGO OFICIAL

Desde la perspectiva teleológica, como señala Ambos (2016, p. 1038), el principal objetivo del art. 27 del Estatuto de Roma continúa siendo explicitar el alcance de la responsabilidad penal individual por crímenes cometidos en nombre o por cuenta de un Estado bajo el Derecho internacional. Así, según dicho autor, sin la noción westfaliana, conforme a la cual los actos del Estado en general y de ciertas personas representantes de este estaban históricamente exentas de enjuiciamiento penal fuera del mismo, hubiera sido innecesario reconocer o reafirmar que también las personas de más alto nivel en la jerarquía de los Estados o gobiernos pueden y deben ser consideradas directamente responsables en virtud del Derecho penal internacional por las violaciones más graves de los valores más importantes de la comunidad internacional (en este sentido, The Prosecutor v. William Samoei Ruto and Joshua Arap Sang, n.° ICC-01/09-01/11, Decisión sobre la solicitud del Sr. Ruto para excusar su presencia continua en el juicio, TC V, 18 de junio de 2013, párr. 69).

El antedicho objetivo del principio de improcedencia del cargo oficial es fácilmente extraíble de los antecedentes históricos del Estatuto de Roma, como se ha expuesto, así como de los posicionamientos de distintos Estados frente a la aparente incompatibilidad del referido principio con los respectivos textos constitucionales. No obstante, ello, *per se*, no permite afirmar la compatibilidad del art. 27.1 del Estatuto de Roma con el art. 56.3 CE, ni el alcance de aquel junto al art. 25 del Estatuto frente a la irresponsabilidad regia y la figura del refrendo.

Por otro lado, el criterio sistemático permite observar una mayor compatibilidad entre el principio de improcedencia del cargo oficial y aquellos otros preceptos del texto constitucional español que siempre han encontrado un obstáculo o excepción en cuanto a la irresponsabilidad regia, como el sometimiento de los poderes públicos al ordenamiento jurídico (art. 9.1 CE), el principio de igualdad (art. 14 CE) o la tutela judicial efectiva (art. 24 CE).

Sin perjuicio de lo anterior, cabe señalar que parte de la doctrina y de la jurisprudencia (también el Tribunal Constitucional) viene resaltando que la irresponsabilidad regia significa que el refrendo no traslada al refrendante una responsabilidad que el rey no dispone, sino el contenido de la resolución (entre otros, a modo de ejemplo, García Majado, 2023, p. 153). Asimismo, esta autora, a continuación, señala, como de igual modo manifiesta parte de la doctrina, que "*a diferencia de lo que ocurría en el siglo XIX y parte del XX, en nuestro sistema constitucional ningún refrendante asume la responsabilidad por actos del rey que vayan más allá de las atribuciones formales de los arts. 62 y 63 CE*", tras hacer referencia a la STC 5/1987, de 27 de enero, en la que se recoge que el refrendante, con su firma, responde "*de la adecuación del acto real al ordenamiento jurídico-constitucional, sin haber intervenido en la menor medida en la determinación de su contenido*", precisando a continuación que aquel responde "*con su firma únicamente de la legitimidad constitucional del acto real*".

La STC 98/2019, de 17 de julio (Excmo. Sr. D. Antonio Narváez Rodríguez), F.J. 3.º, expone que, en nuestro modelo constitucional, "*el rey no puede actuar autónomamente y carece, en principio, de facultades propias de decisión, por lo que no puede producir, por su sola voluntad, actos jurídicos vinculantes*". Ello, continúa dicha resolución, se debe a que "*el monarca no es titular del ejecutivo, de modo que los actos de relevancia constitucional que lleven su declaración y firma requieren del concurso de otro órgano estatal y son de ejercicio reglado o debido, sin margen de discrecionalidad. Tal circunstancia de ausencia de responsabilidad es la que justifica la existencia del refrendo, que traslada la responsabilidad a las autoridades que refrenden aquellos actos*".

No obstante lo anterior, resulta complejo asumir que el refrendo sea consecuencia de la irresponsabilidad y no a la inversa. Dicha irresponsabilidad, conforme a lo anterior, se fundamenta en la incapacidad de actuar de forma autónoma y de producir, por propia voluntad, actos jurídicos vinculantes (en lo que a los actos necesitados de refrendo respecta). En este sentido, de asumir la anterior concepción, podría afirmarse, con aparente falta de lógica, que la (ir)responsabilidad del rey se traslada al refrendante; es decir, el rey carece de responsabilidad, pero esta, aun no existiendo, se traslada al refrendante de un acto no jurídicamente vinculante.

González Trevijano (2018, p. 988; 2024, p. 962) entiende que hay que «compensar» la irresponsabilidad del monarca, "*si no se quiere incurrir en un privilegio incongruente, en una contradicción imposible de conciliar con los principios democráticos, con el preceptivo refrendo de sus actos*". Sin embargo, posteriormente (González Trevijano, 2018, p. 991; 2024, p. 964), haciendo referencia a Pérez Royo (1995, pp. 501 y 502), concluye que el refrendo ha dejado de ser un mecanismo traslaticio de la responsabilidad para convertirse en un simple rito; de este modo, continúa, "*la inviolabilidad y el refrendo son dos reliquias históricas que se mantienen por tradición y que se limitan sencillamente a recordarnos cuál ha sido el origen de la monarquía parlamentaria de nuestros días*". Sin perjuicio de ello, aun suponiendo que el refrendo es consecuencia de la irresponsabilidad, ¿no existiría responsable frente a un acto no refrendado (aun no considerándose "jurídicamente vinculante")? Y si no existiera conforme a la irresponsabilidad regia (aunque la responsabilidad no haya sido trasladada), ¿podría entenderse que el refrendo traslada la responsabilidad o, por el contrario, que el refrendante asume su propia responsabilidad por su propia (e imprescindible) actuación?

Además, no es excepción el art. 25 del Estatuto de Roma del carácter personal e intransferible de la responsabilidad penal (en este sentido, Manzanares Samaniego, 2012). Así, como afirma Espigado Guedes (2020, p. 7), "*los refrendantes solo podrían ser responsabilizados penalmente de los actos del rey conforme a las normas de autoría y participación de los artículos 28 y 29 del Código Penal y si les resultase imputable subjetivamente a título de dolo o imprudencia*". Ahora bien, en caso de estimarse la posibilidad de responder el refrendante en concepto de partícipe (o coautor) respecto del acto (refrendado) del Jefe de Estado, estaría estimándose la responsabilidad de este último, sin perjuicio de que no respondiera judicialmente.

Ahora, regresando a la aplicabilidad y alcance del principio de improcedencia del cargo oficial, resulta oportuno remitirnos al art. 96.1 CE, que establece que "*los tratados internacionales válidamente celebrados, una vez publicados oficialmente en España, formarán parte del ordenamiento interno*". El Consejo de Estado, primero, y las Cortes Generales, después entendieron compatible el principio de improcedencia del cargo oficial y la irresponsabilidad regia del art. 56.3 CE, aunque desde distintos puntos de vista.

Por un lado, el Consejo de Estado entendió que "*la irresponsabilidad personal del Monarca no se concibe sin su corolario esencial, esto es, la responsabilidad de quien refrenda y que, por ello, es el que incurriría en la eventual "responsabilidad penal individual" a que se refiere el artículo 25 del Estatuto*", sin referencia alguna a los actos no refrendados. Por otro lado, respecto al debate parlamentario previo a la ratificación del Estatuto de Roma, donde continuó entendiéndose el refrendo como fundamento de la irresponsabilidad, cabe citar aquí la intervención del entonces diputado Excmo. Sr. Cisneros Laborda, quien afirmó lo siguiente en la sesión número 3, de la Comisión de Asuntos Exteriores del Congreso de los Diputados, celebrada el 21 de junio de 2000: "*La Constitución no ha regulado ni podía regular la proyección internacional del principio interno de inviolabilidad, por el contrario, las normas sobre inmunidad a los jefes de Estado no son extrapolables al plano internacional. Aceptando el principio de responsabilidad de los jefes de Estado en el plano internacional nada impide que entren en juego en el orden interno los principios constitucionales a efectos de determinar la responsabilidad penal individual*". Y es ahí, entiendo, donde reside la "llave" de la interpretación del alcance, la aplicabilidad y la compatibilidad del principio de improcedencia del cargo oficial y la irresponsabilidad regia del art. 56.3 CE.

La ratificación por España del Estatuto de Roma, al igual que sucede en otros países próximos al nuestro (a simple modo de ejemplo, aunque con forma política republicana, como se ha citado, Italia, Portugal o Alemania), conlleva el reconocimiento tácito del referido principio, una vez que, en atención al art. 96.1 CE, los principios generalmente reconocidos del Derecho internacional forman parte integrante del Derecho nacional; y ello sin perjuicio de los efectos que deriven del art. 56.3 en el Derecho interno.

En este sentido, la diafanidad del art. 27.1 del Estatuto de Roma, que elimina cualquier relevancia propia del cargo oficial ("*[...] sea Jefe de Estado [...]*"), sería manifiestamente incompatible con cualquier interpretación que estimara la no "responsabilidad penal individual" del Jefe de Estado en atención al refrendo, inherente a la irresponsabilidad regia y, por tanto, a la relevancia de su cargo oficial.

Manzanares Samaniego (2012) entiende que es absurdo concluir que "*el mismo precepto que rechaza el enjuiciamiento de los posibles delitos del Rey por los tribunales españoles permita que se le juzgue ante un tribunal internacional, paradójicamente, porque ni lo fue ni pudo serlo en España*". Previamente, precisa que "*no habría impedimento alguno para la firma del Estatuto del Tribunal Penal Internacional con el vigente texto de la Constitución si se entendiese, contra la opinión casi unánime de los intérpretes, que la inviolabilidad del Rey no se extiende a su irresponsabilidad penal por delitos tan graves como aquellos de los que conoce la Corte Penal Internacional*".

Frente a la posición del anterior autor cabe subrayar (dentro de la excepción que correcta y procedentemente expone) que, actualmente, uno de los fines principales de la irresponsabilidad regia en el Derecho interno es la especial protección jurídica frente a cualquier tipo de injerencia de los otros poderes del Estado (así, SSTC 98/2019 y 111/2019); fin que se desvanece (aunque se entienda que no de forma absoluta) fuera del mismo, más aún cuando cualquier persona, de cualquier Estado, puede responder penalmente ante la Corte Penal Internacional, y no por cualquier delito o infracción, sino por los delitos más graves que atenten contra los valores más importantes de la comunidad internacional. Cabe añadir a lo anterior que no cualquier sujeto puede iniciar un proceso ante la Corte, en conformidad con el art. 13 y siguientes del Estatuto de Roma. Además, como se ha expuesto, no solo procede interpretar el art. 56.3 CE en atención a la dicción literal (que, según se entiende aquí, no excluye la aplicación del art. 27 del Estatuto de Roma) o antecedentes remotos; y no excluyendo el art. 56.3 CE responder penalmente ante el Derecho penal internacional, integrando el Derecho interno el principio de improcedencia del cargo oficial conforme al art. 96.1 CE, procede buscar una interpretación que cohoneste ambos preceptos. Y aun no siendo el último fundamento contrario a la referida posición, aunque sirviendo junto a los anteriores como síntesis, la utilización de la no regulación de la jurisdicción o Tribunal competente para juzgar al Jefe de Estado como uno de los argumentos que (para parte de la doctrina) más refuerza la concepción absoluta de la irresponsabilidad regia en el Derecho interno, carece este de aplicabilidad ante la Corte Penal Internacional.

La necesaria estabilidad del texto constitucional, junto a las cambiantes circunstancias políticas, sociales o económicas, requiere una interpretación evolutiva del mismo, aunque respetando el significado literal de sus normas. Así, como señaló la famosa sentencia *Privy Council, Edwards c. Attorney General for Canada,* de 1930, la *British North America Act* plantó en Canadá un árbol vivo capaz de crecer y expandirse dentro de sus límites naturales, en cuanto que, como todas las constituciones escritas, ha sido objeto de desarrollo a través del uso y la convención [dicha afirmación, según recoge dicha resolución, se basó en *Canadian Constitutional Studies, Sir Robert Borden* (1922) p. 55.].

La STC 198/2012, de 6 de noviembre (Excmo. Sr. D. Pablo Pérez Tremps), F.J. 9°, tomó el testigo del Tribunal canadiense, resaltando la necesidad de leer el texto constitucional a la luz de los problemas contemporáneos, así como de las exigencias de la sociedad actual, en cuanto que, en caso contrario, se correría el riesgo de convertir la norma fundamental en letra muerta. En este sentido, recoge:

> "*la cultura jurídica no se construye sólo desde la interpretación literal, sistemática u originalista de los textos jurídicos, sino que también contribuyen a su configuración la observación de la realidad social jurídicamente relevante, sin que esto signifique otorgar fuerza normativa directa a lo fáctico, las opiniones de la doctrina jurídica y de los órganos consultivos previstos en el propio ordenamiento, el Derecho comparado que se da en un entorno socio-cultural próximo y, en materia de la construcción de la cultura jurídica de los derechos, la actividad internacional de los Estados manifestada en los tratados internacionales, en la jurisprudencia de los órganos internacionales que los interpretan, y en las opiniones y dictámenes elaborados por los órganos competentes del sistema de Naciones Unidas, así como por otros organismos internacionales de reconocida posición*".

La literalidad y diafanidad del art. 27 del Estatuto de Roma no deja margen a la duda; no obstante, basta observar los antecedentes de la Corte Penal Internacional y la evolución de los principios del Derecho internacional impulsados por los mismos (incluso la propia actividad de la Corte) para comprobar que la irresponsabilidad regia, en lo que al principio de improcedencia del cargo oficial respecta, carece de eficacia más allá del propio Derecho interno. Ahora bien, ello significaría aceptar que el Jefe de Estado español carece de responsabilidad en el Derecho interno y, al mismo tiempo, que es responsable frente al Derecho internacional. Ello no se traduce en una colisión insalvable entre normas (así, Prosecutor v. Blaskic, n.º IT-95-14, Judgement on the Request of the Republic of Croatia for Review of the Decision of Trial Chamber II of 18 July 1997, Appeals Chamber, 29 de octubre de 1997); no obstante, supone el rechazo de una concepción absoluta de la irresponsabilidad regia (aunque sea frente al Derecho internacional) y, a su vez, constituye un "giro de tuerca" en cuanto al criterio evolutivo que no cabe ignorar frente a la interpretación del propio art. 56.3 CE.

En atención a la irresponsabilidad regia en el Derecho interno y al criterio evolutivo de interpretación, señala Viana Ballester (2021, pp. 77 y 78) que "*la no adaptación de las inmunidades a la realidad jurídica, social y política de su tiempo ha favorecido, en nuestro ordenamiento, que algunas de estas figuras hayan sido caracterizadas de «privilegios», en el sentido negativo o peyorativo en el que ha sido definido anteriormente*". No obstante, a fin de no desviarnos del objeto de estudio, se acoge la anterior calificación sin acceder a tomar posición sobre la procedencia (o no) de entender lo anterior como una posible garantía imprescriptible, indisponible e irrenunciable, ni sobre el alcance de la misma en el Derecho interno.

López Guerra (1997, p. 63) defendía que "*la hipótesis de que el rey delinca, que barajaba el profesor Gimbernat* [Gimbernat Ordeig, E., 1978], *no debe estar prevista en la Constitución, y de llegarse al caso improbabilísimo de que tal supuesto se hiciese realidad, nos encontraríamos ante el desprestigio, y, por ende, ante el ocaso de la institución monárquica*". Respecto a la referida posición de Gimbernat, mucho más recientemente, González Trevijano (2018, p. 990; 2024, p. 963), señala que "*al margen del ámbito discursivo propio entre universitarios, en el campo de la realidad práctica se requiere de otro enfoque*", en cuanto que "*su formulación no parece aplicable a una situación creíble, sino que es la elaboración de una teoría pergeñada en el ámbito de un laboratorio de Derecho constitucional o de Derecho penal*".

Las anteriores afirmaciones colisionan con la integración del principio de improcedencia del cargo oficial en el Derecho interno. Además, a modo de ejemplo, en el Decreto de la Fiscalía del Tribunal Supremo, de 2 de marzo de 2020, se señala lo siguiente: "*la referida conducta podría llegar a integrar un delito contra la Hacienda Pública [...] Sin embargo, la posible autoría por parte de S.M. D. Juan Carlos de Borbón no sería susceptible de reproche penal, toda vez que en aquella fecha y hasta junio de 2014 estaba protegido por la inviolabilidad que el art. 56.3 CE reconoce al Jefe de Estado*". En este sentido, lo absolutamente improbable fue objeto de investigación tras la abdicación de S.M. D. Juan Carlos de Borbón (sin atender en este momento a antecedentes más remotos); y aun siendo consciente de la *improbable* comisión de un acto delictivo por el actual o futuros Jefes de Estado, cabe cuestionar el señalado desenfoque del ámbito académico respecto a la realidad práctica.

VI. CONCLUSIONES

La ratificación del Estatuto de Roma, autorizada a través de la Ley Orgánica 6/2000, de 4 de octubre, por la que se autoriza la ratificación por España del Estatuto de la Corte Penal Internacional, reconoció e introdujo en el ordenamiento jurídico español, de forma tácita, el principio de improcedencia del cargo oficial, regulado en el art. 27 de dicho texto.

La aparente antinomia entre el referido principio y la irresponsabilidad regia puede salvarse entendiendo que el rey puede responder, en su caso, ante la Corte Penal Internacional, sin perjuicio de la eficacia de la irresponsabilidad regia y el refrendo en el marco del Derecho interno. Entender lo contrario significaría aceptar la improcedencia e irrelevancia del cargo oficial en su proyección internacional y, simultáneamente, defender el eximir de responsabilidad al rey (también en su proyección internacional) en atención a la propia relevancia de su cargo oficial. Es decir, derivaría en una contradicción insalvable; y más aún en aquellos que defienden que el refrendo no es fundamento de la irresponsabilidad, sino consecuencia de la misma, en cuanto que la ausencia de responsabilidad no encontraría justificación más allá de la alta dignidad y necesaria protección del Jefe de Estado (por tanto, en la propia relevancia de su cargo).

La referida y aparente antinomia entre preceptos, aun no obstaculizando (en principio) la eficacia de cada uno, permite el uso de la integración del principio de improcedencia del cargo oficial en el ordenamiento jurídico español como elemento de interpretación vinculado al criterio evolutivo, y ello en cuanto a la concepción (absoluta o relativa) de la irresponsabilidad regia y la función del refrendo en el Derecho interno. En este sentido, a fin de distanciarnos de la disparidad de pronunciamientos y opiniones, conviene llevar a cabo un debate serio y sosegado sobre el alcance de la irresponsabilidad regia, sin esperar a que, nuevamente, lo improbable se transforme en realidad y presente, lo cual conllevaría, otra vez, reacciones titubeantes así como mayor desconfianza social y desgaste de la institución monárquica.

BIBLIOGRAFÍA

Ambos, K. (2016). Article 27. En: Triffterer/Ambos, The Rome Statute of the International Criminal Court. A Commentary, 3ª ed., C.H. Beck, Múnich, pp. 1037-1055.

Díaz Revorio, F.J. (2016). Interpretación de la Constitución y juez constitucional. *Revista del Instituto de Ciencias Jurídicas de Puebla*, 37, pp. 9-31.

Espigado Guedes, D. (2020). La inviolabilidad (irresponsabilidad) del rey emérito por hechos presuntamente delictivos cometidos durante su jefatura del Estado. *Diario La Ley*, n.° 9630, Secc. Doctrina, Wolters Kluwer.

Fernández Iriondo, J. (2022). La inviolabilidad regia y sus límites en el ordenamiento jurídico español. *Legebiltzarreko Aldizkaria–LEGAL–Revista del Parlamento Vasco,* 3, pp. 36-63.

García Majado, P. (2021). Significado y alcance de la inviolabilidad del Rey. *Teoría y realidad constitucional,* 47, pp. 357-381.

Gimbernat Ordeig, E. (1978). Los aspectos penales en el Proyecto de Constitución. *Conferencia pronunciada durante el ciclo titulado La Constitución a debate,* Madrid.

Gómez Gillamón, R. (2000). La creación de la Corte Penal Internacional: Antecedentes. *Revista Española de Derecho Militar,* 75, pp. 159-170.

González Trevijano, P. (2018). Artículo 56. En: Pérez Tremps, P.; Sainz Arnaiz, A. (dirs.), *Comentario a la Constitución Española. 40 aniversario 1978-2018. Libro-Homenaje a Luis López Guerra,* Tirant lo Blanch, Valencia, pp. 981-992.

González Trevijano, P. (2024). Artículo 56. En: A. Sainz Arnaiz; R. Bustos Gisbert (dirs.), *Comentarios a la Constitución Española. En memoria de Pablo Pérez Tremps,* Tirant lo Blanch, Valencia, pp. 955-965.

López Guerra, L.M. (1997). Las funciones del rey y la institución del refrendo. En: A. Torres del Moral; Y. Gómez Sánchez (dirs.), *Estudios sobre la Monarquía,* UNED, Madrid, pp. 61-76.

Manzanares Samaniego, J.L. (2012). El estatuto jurídico de la Corona. *Diario La Ley,* n.º 7971, Sección Doctrina, Editorial La Ley.

Naciones Unidas (1950). Yearbook of the International Law Commission, vol. II. Disponible en red: https://www.un-ilibrary.org/content/books/9789213625019 [consultado en fecha 18.12.2024].

Pérez Royo, F.J. (1995). *Curso de Derecho constitucional español.* Marcial Pons, 2.ª ed., Madrid.

Viana Ballester, C. (2021). La inviolabilidad parlamentaria y la inviolabilidad del Rey como causas de exclusión de la responsabilidad penal. *Teoría y realidad constitucional,* 31, pp. 70-109.

Los delitos contra Corona en el Código Penal español (vida, integridad física, libertad e intimidad)

DULCE M. SANTANA VEGA
PTU-Acreditada a Catedrática de Universidad
Universidad de Las Palmas de Gran Canaria

I. CONSIDERACIONES GENERALES PREVIAS

Los delitos contra la Corona se encuentran recogidos en el Capítulo II del Título XXI, relativo a los delitos contra la Constitución, a continuación de los delitos de Rebelión (Capítulo I), y con carácter previo a los Delitos contra las Instituciones del Estado y la División de Poderes (Capítulo III). Para un sector de la doctrina penal española esta ubicación independiente, en un Capítulo singular y aparte, obedece a la finalidad de despolitizar a la Corona, separándola de la protección jurídico-penal de los otros poderes e instituciones constitucionales del Estado, configurándola como algo trascendente a aquellos (Tamarit i Sumalla, 2016, p. 1.607), y a los que está llamada a moderar.

Por otra parte, a diferencia de lo que sucede con la estructuración general del Código penal de 1995, en el que se antepone la ubicación de los delitos contra bienes jurídicos-penales individuales a los que se cometen contra los bienes jurídico-penales colectivos o institucionales, la estructuración interna del Título XXI no sigue el citado orden. En el mismo se antepone la protección jurídico-penal de las instituciones (la Corona, las Cortes Generales, los Parlamentos autonómicos o el Gobierno), a los bienes jurídicos-penales más estrechamente vinculados al ciudadano-individuo, como sería el ejercicio de los derechos fundamentales y libertades públicas (Capítulo IV y V del reiterado Título XXI), por más que en estos Capítulos estén protegidos aquellos en su dimensión institucional, esto es, como emanación del Estado de Derecho.

En lo referente a la rúbrica del Capítulo II "De la Corona", el legislador del 1995 ha seguido optando por la más tradicional y reiterada en los Códigos penales históricos españoles, queriendo sintonizar el legislador penal con la propia rúbrica del Título II de la Constitución española.

La redacción de los Delitos contra la Corona procede del Código penal de 1995, habiendo sido objeto de una única reforma posterior, la cual fue llevada a cabo por la LO 1/2015, de 30 de marzo, la cual expresó como única justificación, según su Exposición de Motivos, la de corregir "... las referencias a los sujetos pasivos de los delitos relativos a la Corona", esto es, todas las referencias contenidas en la Ley Orgánica 10/1995, de 23 de noviembre, del Código Penal, al Rey se sustituyen por los términos "Rey o Reina" y las referencias al Príncipe heredero de la Corona se sustituyen por "Príncipe o Princesa de Asturias". Con ello, se subsana un defecto de técnica legislativa, que llevaba no obstante a la Doctrina a interpretar en sentido inclusivo los citados preceptos (por todos, García Rivas, 2010, p. 289).

Sin embargo, la reforma de más calado que se introdujo (art. Doscientos cincuenta y nueve de la citada LO 1/2015) fue la de incrementar la pena que tenía prevista el art. 485 CP, relativo a la muerte de los sujetos pasivos cualificados, la cual pasará, tras la citada reforma, de la pena de prisión de veinte a veinticinco años a la de prisión permanente revisable, cuando se causara en la persona del Rey o la Reina, o del Príncipe o la Princesa de Asturias, en los términos que se expondrán más adelante.

Por último, habría que destacar que mientras que en este Capítulo II se protege la Corona atendiendo al sustrato o dimensión individual o personal de quienes la integran o podrían integrar, en otros preceptos de este mismo Título la protección de la Corona se lleva a cabo haciendo prevalecer su dimensión institucional. Así, en el Capítulo I del Título XXI, relativo al delito de rebelión, el art. 472.1° castiga a los que se alzaren violenta y públicamente con el fin bien de "derogar, suspender o modificar total o parcialmente la Constitución"; o bien, de manera más específica, se contempla en el apdo. 2° del citado artículo la finalidad de "Destituir o despojar en todo o en parte de sus prerrogativas y facultades al Rey o a la Reina, al Regente o miembros de la Regencia, u obligarles a ejecutar un acto contrario a su voluntad", lo que, como se verá más abajo, plantea la necesidad de deslindar este tipo del recogido en el art. 489 CP. Así mismo, en el Capítulo III del reiterado Título XXI, Sección 1ª, relativo a los "Delitos contra las instituciones del Estado", también prevalece el carácter institucional en la protección jurídico-penal de la Corona, cuando el art. 492, castiga a quien, "al vacar la Corona o quedar inhabilitado su Titular para el ejercicio de su autoridad, impidieren a las Cortes Generales reunirse para nombrar la Regencia o el tutor del Titular menor de edad". Así mismo, en el ámbito de los delitos de terrorismo, el art. 573 considera que la comisión de un delito grave contra la Corona constituirá un delito de terrorismo siempre que concurra cualquiera de las finalidades allí previstas entre la que se hallaría la de "subvertir el orden constitucional, ...".

En el presente trabajo se abordarán los delitos contra la Corona recogidos en el mencionado Capítulo II del Título XXI CP (arts. 485 a 490 del CP), los cuales han sido objeto de escasa atención por la doctrina, más allá de las obligadas referencias en manuales y comentarios, habiendo sido también escasos los pronunciamientos jurisprudenciales sobre los mismos. Esta regla tiene una excepción: los delitos de injurias y calumnias contra la Corona o el prestigio de la institución, los cuales han monopolizado no solo la jurisprudencia ordinaria y constitucional, sino también los estudios doctrinales sobre estos delitos. Por ello, se analizan de forma singular en otro trabajo de esta obra.

II. ASPECTOS GENERALES Y COMUNES A LOS DELITOS CONTRA LA CORONA

Cada uno de los delitos tipificados contra la Corona en los arts. 485 a 490 del CP presenta una problemática especial en consideración al bien jurídico-penal individual que protegen (vida, integridad, física, libertad, o intimidad) y la conducta típica que cada uno recoge. Sin embargo, todos ellos tienen, al mismo tiempo, algunos aspectos comunes que serán analizados con carácter previo.

1. La necesaria dimensión institucional de los bienes jurídico-penales individuales en los delitos contra la Corona

Cada uno de los bienes jurídico-penales individuales que se protegen en los delitos contra la Corona tiene una dimensión institucional, de tal manera que todos ellos son tipos complejos con bienes jurídico-penales bicéfalos o duales, esto es, junto a la protección del correspondiente y singular bien jurídico-penal individual que le sirve de base (vida, integridad física, libertad, o intimidad) se protege la Corona y, de hecho, la rúbrica del Capítulo es la misma que la del Título II de la Constitución española vigente de 1978 (Muñoz Conde, PE, p. 769; García Rivas, 2016, p. 240; Queralt Jiménez, 2015, p. 535 ss.). Dicho con otras palabras, la protección de los bienes jurídico-penales individuales es meramente instrumental o medial para la protección de las funciones que la Constitución española le atribuye a su titular en el contexto de la forma de gobierno de monarquía parlamentaria. Los sujetos pasivos no se protegen como meras personas, sino en cuanto que ejercen funciones atribuidas a la Corona. A este respeto, el Art. 1.3 de la CE proclama que: "La forma política del Estado español es la Monarquía parlamentaria", siendo considerada la Corona símbolo de la unidad del Estado (artículos 56), y otorgándole la CE un poder moderador de los tres poderes del Estados, pero remarcando que la Corona no es, ni se integra en ninguno de los tres.

En definitiva, la concepción de que todos los delitos contra la Corona son tipos complejos o pluriofensivos, en los términos apuntados, es la interpretación mayoritariamente sostenida por la Doctrina española (por todos, Carmona Salgado, 2005, p. 1.007; Carpio Briz, 2023, p. 1.572; Lamarca Pérez, 2017, p. 944; Lascuráin Sánchez, 2021, marg. 17.466; Muñoz Conde, 2021, p. 760).

2. Sujetos activos

Todos los delitos contra la Corona se caracterizan por ser tipos comunes, esto es, pueden ser cometidos por cualquier persona, sin que se requiera cualificación, condición o característica especial en el sujeto activo. En consecuencia, si en los que lo cometieran concurriera el prevalerse del carácter público que tuviera el sujeto activo (art. 22.7ª CP) por ser autoridad o funcionario público (art. 24 CP), o porque pertenecieran como miembros o jefes a organizaciones criminales (art. 570.1-II), o grupos criminales (art. 570 ter.1-II), se agravaría la pena del sujeto activo por las reglas generales de la determinación de la pena (art. 66 CP), o entrarían en juego la regulación del concurso de delitos o las del concurso de leyes. Por otra parte, si la muerte, las lesiones, la privación de libertad o intimidad contra los sujetos pasivos cualificados se cometieran por personas integradas, o que estuvieran al servicio o colaboraran con organizaciones o grupos terroristas, entraría en juego el art. 573 bis 1.1ª, 3ª y 4ª CP que se remite a la imposición de la pena de prisión permanente revisable, con indiferencia del rol institucional que desempeñe o no la víctima, por lo que, por el principio de alternatividad, será de aplicación el citado precepto (Olmedo Cardenete, 2020, p. 1257-1.258 o 1.394).

3. Sujetos pasivos

El aspecto que singulariza a los delitos contra la Corona es el relativo a los sujetos pasivos. Con relación a estos, el legislador penal recoge a un elenco de sujetos que excede al del titular de la Corona –el Rey o la Reina–, al cual se circunscribiría el delito de regicidio o magnicidio. De hecho, la muerte violenta del titular de la Corona es un delito que procede del histórico "*crimen lesae maiestatis*", si bien ya desprovisto del componente de alta traición, el cual, sin embargo, aún hoy perdura en la tradición británica de protección de su Corona, y constituye el ámbito común con la protección de la Jefatura del Estado de cualquier República.

Pero, tanto en los Códigos decimonónico como en el actual, los sujetos pasivos de los delitos contra la Corona, siempre han excedido de ese ámbito. En concreto, en la regulación vigente están previstos como sujetos pasivos de los delitos contra la Corona no solo el Rey o la Reina, titular de la Jefatura del Estado, sino también: el Príncipe o la Princesa de Asturias; cualquiera de los descendientes o ascendientes del Rey o la Reina; la Reina consorte o el consorte del Reina; el o la Regente o algún miembro de la Regencia, según esta sea individual o colegiada.

Llama la atención el extenso círculo de parientes del Rey o la Reina que es objeto de especial protección jurídico-penal en el Código Penal de 1995, ya que Códigos penales decimonónicos como al de 1848-1850, lejos de aludir, como lo hace el vigente, a ascendientes y descendiente del Rey, incluía solo a los padres del Rey, excluyendo a los abuelos y bisabuelos que pudieran estar vivos; y tampoco aludían a los descendientes sino a "infantes", acepción más restringida, pues no todo descendiente del Rey o Reina es infante, solo los que lo sean en primera línea y excepción hecha del Príncipe o Princesa de Asturias que heredará la Corona.

De esta manera, parecería que el Código penal, olvidando la necesaria observancia del principio de intervención mínima en la configuración de los tipos penales, estaría protegiendo como bien jurídico-penal el orden total del llamamiento a la sucesión de la Corona[1] o a la familia del Rey o la Reina. Sin embargo, conviene recordar que ninguno de los parientes del Rey o la Reina aludidos en los delitos contra la Corona (ascendientes o descendientes), o su cónyuge tienen encomendadas *per se* funciones constitucionales, sino únicamente si llegaran a ocupar la Regencia, cuando se produzca el hecho que la activara (Art. 59 CE)[2], estando su protección también prevista. No se olvide, como se indicó, que los delitos contra Corona

---

1 A este respecto, no se olvide que el art. 57.1 establece el orden de sucesión de la Corona, disponiendo que: "*La Corona de España es hereditaria en los sucesores de S. M. Don Juan Carlos I de Borbón, legítimo heredero de la dinastía histórica. La sucesión en el trono seguirá el orden regular de primogenitura y representación, siendo preferida siempre la línea anterior a las posteriores; en la misma línea, el grado más próximo al más remoto; en el mismo grado, el varón a la mujer, y en el mismo sexo, la persona de más edad a la de menos*"

2 Según establece el Art. 59 de la CE: *1. Cuando el Rey fuere menor de edad, el padre o la madre del Rey y, en su defecto, el pariente mayor de edad más próximo a suceder en la Corona, según el orden establecido en la Constitución, entrará a ejercer inmediatamente la Regencia y la ejercerá durante el tiempo de la minoría de edad del Rey. 2. Si el Rey se inhabilitare para el ejercicio de su autoridad y la imposibilidad fuere reconocida por las Cortes Generales, entrará a ejercer inmediatamente la Regencia el Príncipe heredero de la Corona, si fuere mayor de edad. Si no lo fuere, se procederá de la manera prevista en el apartado anterior, hasta que el Príncipe heredero alcance la mayoría de edad. 3. Si no hubiere ninguna persona a quien corresponda la Regencia, ésta será nombrada por las Cortes Generales, y se compondrá de una, tres o cinco personas. 4. Para ejercer la Regencia es preciso ser español y mayor de edad. 5. La Regencia se ejercerá por mandato constitucional y siempre en nombre del Rey.*

se insertan dentro del Título XXI, relativo a los Delitos contra la Constitución, por lo que no se puede sostener que podría estar protegida penalmente una mera relación de parentesco o conyugal con el Rey o la Reina desconectada del ejercicio de funciones constitucionales, pues no se atentaría contra el ejercicio de las funciones constitucionales de la Corona o, lo que es igual, contra la Constitución. Es más, la propia CE excluye expresamente al cónyuge del Rey o de la Reina del ejercicio de funciones constitucionales, salvo que ocupara la Regencia (Art. 58 CE).

Por ello, habría que plantearse por qué el legislador alude de forma separada a la Regencia y a los ascendientes, descendientes o cónyuge del Rey. La razón hay que encontrarla en dos aspectos. En primer lugar, porque la Regencia, que puede ser individual o colegiada, podría ser ejercida no solo por los parientes que indique el Monarca, sino también por quienes, no siendo parientes, pudieran ser designados por las Cortes Generales. En segundo lugar, esta alusión diferenciada a la Regencia y a los parientes obedece también al hecho de que los ascendientes y los descendientes, en ambos casos, sobre todo, de primer grado, o el cónyuge podrían y suelen llevar a cabo labores de representación de la Corona con o en sustitución del Rey o de la Reina, a quienes la CE le atribuye la más alta representación del Estado español en las relaciones internacionales, especialmente con las naciones de su comunidad histórica (art. 56.1 CE), pero también en el ámbito nacional (inauguraciones, presidencias de asociaciones, fundaciones, ONG, etc.).

No incluye el Código penal vigente entre los sujetos pasivos a la figura del tutor del Rey o la Reina menor de edad, pese a que algún autor ha postulado su inclusión (Olmedo Cardenete, 2020, p. 1257), tal como hacía el Código Penal de 1928, castigando su muerte y el resto de los atentados contra su seguridad o libertad u honor, pero con penas inferiores a las previstas para el Regente.

Por lo demás, el elenco de sujetos pasivos protegidos en los delitos contra la Corona no es coincidente con la relación de miembros de la Familia Real (RD 2917/1981 y RD 434/1988). En el ámbito procesal, estos sujetos pasivos cualificados no coinciden taampoco: ni con los señalados en el ámbito de actuación de la jurisdicción penal española, fijado en el art. 23.3 b) de la LOPJ; ni con los sujetos indicados en el ámbito de competencia material del art. 61.1° de la LOPJ; ni tampoco con aquellos miembros de la Corona que, según esta LO, gozarán de aforamiento ante el Tribunal Supremo (art. 55 bis de la LOPJ).

Recientemente, la STS 783/2023 de 19 octubre, considera que la condición y el tratamiento protocolario como Rey Emérito, si bien la denominación dada en el RD 470/2014, de 13 de junio es la de Rey honorífico, no se subordinan a la exigencia jurídica de fijación de residencia en territorio español, teniendo esta protección jurídica independientemente de donde resida, sin que la alegada causa de atipicidad por hallarse en rebeldía sea correcta al no tener tal condición acordada por la Sala 2ª TS, que es el órgano competente.

Por último, habría que destacar que este ámbito de protección subjetiva de los delitos contra la Corona, determinado por el parentesco con el Rey o la Reina, es móvil como el propio proceso de sucesión en la Corona, de tal manera que los que fueron descendientes bajo una titularidad de la Corona, dejarán de estar especialmente protegidos al pasar a ser colaterales del nuevo Rey o Reina.

4. Ejercicio de funciones constitucionales o con motivo u ocasión de estas

Para que los sujetos pasivos parientes del Rey o la Reina, o quienes ocupen la Regencia resulten especialmente protegidos por los delitos contra la Corona, será necesario que se hallen en el ejercicio de funciones constitucionales o con motivos u ocasión de ejercerlas, en el momento del ataque a los bienes jurídico-penales individuales que en aquellos se recoge; o, como indica alguna autora, será necesario que se hallen en el ejercicio de la función política o institucional de la Corona (Lamarca Pérez, 2017, p. 944).

En el caso del Rey o Reina reinantes, dada la idiosincrasia de esta forma de jefatura del estado vitalicia y hereditaria, en la que existe una constante confusión entre lo público y lo privado, y, dada las exigencias de ejemplaridad, se considera que en aquel o aquella será difícil distinguir cuándo está en el ejercicio de sus funciones o con motivo u ocasión de ellas y cuando no. Esta conclusión también resulta respaldada por el carácter simbólico de la Corona. Pero, no así con relación al resto de los sujetos pasivos cualificados de estos delitos.

No han faltado autores que excluyen la posibilidad de esta interpretación *de lege data*, alegando que tal exigencia solo se incluye en los delitos de injurias y calumnias contra la Corona (arts. 490.3 y 491.1 CP), y concluyen que no podría exigirse en el resto de los delitos contra la Corona (por todos, García Rivas, 2016, p. 289). Sin embargo, no se comparte tal argumento, dado que en los delitos de injurias y calumnias solo se contiene la referencia al ejercicio de funciones o con motivo u ocasión de estas como una cláusula de modulación de la pena, sin que ello suponga excluir la exigencia en el resto de los tipos. De hecho, en alguno de ellos la modulación de la pena se articula, no por el mencionado criterio, sino por la gravedad o levedad de la conducta en cuestión.

Además, con la redacción actual se puede llevar a cabo una interpretación conforme con la CE en la que se tenga en cuenta el tenor de las rúbricas del Título y Capítulo en el que se ubican estos delitos, lo que permitirá exigir que la protección reforzada de los sujetos pasivos cualificados aludidos en los arts. 485 a 490 solo se articule de *lege data* si estos se hallan en el "ejercicio de sus funciones constitucionales o con motivo u ocasión de ellas". Esto es, se alude a la institución de la Corona como forma de gobierno monárquica que recoge el Art. 1.3 de la CE, lo que excluye cualquier posibilidad de brindar la protección jurídico-penal a la Familia Real y, menos aún, a la familia del Rey o la Reina por el mero hecho de serlo. Por lo tanto, sus tipos han de ser interpretados en clave institucional y nunca meramente personal o familiar.

5. Tipo subjetivo

Todos los delitos contra la Corona son tipos dolosos, siendo difícil concebir supuestos distintos a los del dolo directo, pero cabría también su comisión con dolo directo de segundo grado y eventual (Carmona Salgado, 2005, p. 1.008).

Un sector de la doctrina, con un planteamiento estricto, estima que los delitos contra la Corona exigen para su apreciación además del dolo, de un elemento subjetivo del tipo de injusto, el cual vendría configurado por la finalidad de atentar contra el orden político constitucional, es decir, contra la forma gobierno de la monarquía parlamentaria (Rebollo Vargas, 2004, p. 2.373; Tamarit i Sumalla, 2015, p. 1.610). Por el contrario, no han faltado concepciones más laxas que estiman que los delitos contra la Corona tan solo requieren de dolo, sin que se contenga en ellos ningún elemento subjetivo del injusto, ni cualquier otro factor motivacional de convicciones ideológicas o políticas (Polaino Navarrete, 2011, p. 447), lo que parecería una exigencia más propia de los delitos de rebelión o de terrorismo.

La doctrina mayoritaria (como así lo constata, Gómez Navaja, 2021, p. 628; Sánchez Lázaro, 2022, p. 789) sostiene que, al ser delitos pluriofensivos, el dolo habrá de abarcar no solo la acción concreta que se realiza, sino también la condición de la persona contra la que se dirige la respectiva acción típica, y que esta esté en el ejercicio de sus funciones. En consecuencia, si los sujetos activos obraron por: venganzas personales, desavenencias familiares, celos, con ánimo de lucro, o por cualquier otra finalidad que no sea la de perturbar a los sujetos pasivos cualificados en el ejercicio de funciones constitucionales, la conducta se castigaría por los tipos comunes.

Si concurriera error *in personam* o *aberratio ictus* sobre la condición de persona cualificada contra la que se quiere atentar, la correspondiente acción típica se castigaría por los tipos comunes sin sujeto pasivo cualificado. Sin embargo, no faltan autores que consideran que si se quiere matar a una de las personas cualificadas incluidas en el art. 485 CP, y el sujeto activo se equivoca en su identidad y mata a un sujeto no cualificado, o viceversa, la solución más conforme con el principio de culpabilidad sería la de apreciar un concurso ideal entre la tentativa dolosa del delito que se quiere cometer (art. 485 CP o común) y el delito consumado imprudente, así como en aquellos casos en los que la tentativa fuera absolutamente inidónea por falta de objeto (Lascuráin Sánchez, 2021, marg. 17.481).

Por último, al no estar expresamente prevista la comisión imprudente en ninguno de los delitos contra la Corona, y tal como dispone con carácter general el art. 12 CP (Serrano Gómez/Serrano Maíllo, 2021, p. 805), no cabría entenderla incluida en ninguno de ellos. En consecuencia, la negligencia médica o vial no sufre alteración por ser uno de los sujetos pasivos cualificados los afectados por estas (Queralt Jiménez, 2013, p. 537). Por lo tanto, si cualquiera de las conductas previstas en los delitos contra la Corona se causara de manera imprudente, se aplicaría el correspondiente tipo imprudente común que se hallare previsto (v. fr. el homicidio imprudente del art. 142 CP). Además de las apuntadas objeciones de tipicidad, otra forma de proceder convertiría las elevadas penas que tienen previstas estos delitos, aún si cabe, en más desproporcionadas.

III. ASPECTOS ESPECÍFICOS DE CADA UNO DE LOS DELITOS CONTRA LA CORONA: LAS CONDUCTAS TÍPICAS

Este apartado se va a centrar en analizar las conductas típicas que se recogen en los delitos contra la Corona, excepción hecha de los delitos de injurias y calumnias o contra el prestigio de la Corona que se abordan en otro trabajo de esta obra.

No se puede afirmar, con carácter general, como se ha sostenido, que se esté ante "tipos agravados de delitos comunes tipificados en el Código" (Gordillo Álvarez-Valdés, 2011, p. 710), ya que, como se verá a continuación, los delitos contra la Corona no siguen un sistema único ni ordenado de tipificación, más allá de la imposición de penas más graves que las previstas en los delitos comunes.

1. Los delitos contra la vida en el ámbito de la Corona (art. 485 CP)

El citado precepto castiga a los que "mataren" a los sujetos cualificados. Este tipo protege la vida humana independiente de las personas especialmente protegidas en el ámbito de la Corona, esto es, no hay una remisión a los delitos de homicidio, ni se utiliza tal *nomen iuris*, sino que se opta por una regulación autónoma.

En la concepción aquí sostenida, la acción de matar ha de dirigirse no solo contra cualquiera de los sujetos pasivos cualificados, sino que estos también han de estar en el ejercicio de sus funciones, en los términos aludidos más arriba. Por ello, siguiendo esta interpretación conforme al bien jurídico-penal, se concluiría que no hay base para considerar que se pudiera incluir en la conducta de matar a los tipos dolosos de aborto, no incluyéndose en este delito al *naciturus*. De hecho, tampoco alude el tipo a los herederos de la Corona. Es más, con relación al Príncipe o Princesa de Asturias, el Art. 57.2 de la CE establece que: "El Príncipe heredero, desde su nacimiento o desde que se produzca el hecho que origine el llamamiento, tendrá la dignidad de Príncipe de Asturias y los demás títulos vinculados tradicionalmente al sucesor de la Corona de España". Es claro que la alusión al nacimiento excluye al *nacíturus*. En cuanto a la expresión "desde que se produzca el hecho que origine el llamamiento" ha de ser entendido como el situado tras el nacimiento, por ejemplo, por fallecer el primogénito o la primogénita, que, originariamente, fue Príncipe o Princesa de Asturias.

Por otro lado, el art. 485 no sigue tampoco la estructuración general del homicidio común como categoría general y amplia que se estructura en: un tipo básico y agravado de homicidio, en sentido estricto; y un tipo agravado de asesinato con, a su vez, sus agravaciones, y un tipo atenuado (conductas de participación en el suicidio ajeno), sino que se alude a la acción de matar como omnicomprensiva de cualquier conducta que prive de la vida, realizada por medios indeterminados, y que puede ser de comisión o de comisión por omisión.

Otro aspecto cuestionable sería si, al aludir el precepto a "el que matare a", se incluirían las conductas de inducción o cooperación simple o ejecutiva al suicidio, al ser estas de participación en el hecho que pertenece a otro, o en el que otro tiene el dominio del hecho –el suicida –. A este respecto habría que concluir que no cabría entender tales conductas incluidas en el art. 485 CP, ya que el art. 143 CP es un ilícito penal absolutamente excepcional, pues no siendo castigado el autor, sí lo son los partícipes. En segundo lugar, de darse tal coyuntura no se estaría, seguramente, ante un supuesto de ejercicio de funciones constitucionales, sino, más bien, ante un caso de inhabilitación del monarca por las Cortes Generales. En tercer lugar, solo en el supuesto de auxilio ejecutivo al suicidio se podría aludir a la acción de "matar", si bien con el consentimiento del que se quiere morir y que no sería por ello, propiamente, sujeto pasivo. Por último, y no es cuestión baladí, la diversa entidad de las penas previstas para las conductas relativas al suicidio en el art 143 CP y las que tienen señaladas c el art. 485 CP (pena de prisión de 20 a 25 años o la prisión permanente revisable), abonaría también la exclusión de este tipo penal del ámbito de aplicación del art. 485 CP.

Por lo demás, tanto en la protección de la vida, como en la protección de la integridad física o la libertad, que se abordarán en los apartados siguientes, se castigan los actos preparatorios de conspiración, proposición y provocación (art. 487 CP), que son, además, lo que han sido objeto de aplicación por los tribunales[3].

---

[3] Entre otras, SAN 34/2006 de 28 septiembre, en la que se enjuicia el supuesto de captación de un "liberado" por ETA a quien se le adiestra en Francia en el manejo de las armas, recibiendo de miembros de la organización terrorista, de la que forma parte, la orden de trasladarse desde Francia hasta Barcelona, donde estuvo del 3 al 6 de abril de 2004, para desde allí irse a Palma de Mallorca con el objetivo de hacer los seguimientos y vigilancias correspondientes en los lugares frecuentados por SM el Rey con motivo de su desplazamiento a dicha ciudad en la época de Semana Santa. Entretanto, a través del teléfono móvil que adquirió en Barcelona, recibiría comunicación acerca del momento y el lugar en que podría disponer del rifle adecuado para realizar el atentado contra SM el Rey que preparaba. Finalmente, después de estar en Mallorca desde el 6 de abril hasta el 12, de mayo de 2004, no pudo llevar a efecto el plan trazado al no recibir el arma con que perpetrar la muerte del Rey, recibiendo nuevas órdenes de regresar a Francia, vía Barcelona, coincidiendo con las fechas de una cita de seguridad concertada. Fue condenado por un delito contra la Corona (conspiración) a las penas de cinco años de prisión e inhabilitación especial para el ejercicio del derecho de sufragio pasivo durante el tiempo de la condena. Por su parte, en la SAN 16/2002, 4 de abril, se condena por concertarse para matar al Rey con un rifle de mira telescópica, desde una vivienda que ofrecía un ángulo de tiro perfecto sobre el buque Fortuna en el que se hallaba el Rey, quedando pendiente para la ejecución, el plan de huida. Por último, en la SAN 22/1999, de 18 de mayo

Por otra parte, cabe reseñar que, en el delito de encubrimiento, en su modalidad personal, el *homicidio del Rey, de cualquiera de sus ascendientes o descendientes, de la Reina consorte o del consorte de la Reina, del Regente o de algún miembro de la Regencia, o del Príncipe heredero de la Corona,* constituye uno de tipos que se encuentran en el *numerus clausus* de delitos en los que se prevé su castigo (art. 351-I-3º).

Por último, este es el único tipo de los delitos contra la Corona en el que precepto diferencia dos niveles punitivos, en función de que los sujetos pasivos sean el Rey o a la Reina y el Príncipe o a la Princesa de Asturias, castigando su muerte, en todo caso, con la pena de prisión permanente revisable; y un nivel punitivo atenuado cuando se mate al resto de los sujetos pasivos cualificados, más arriba referidos. En el resto de los delitos contra la Corona se impone la misma pena agravada a todos los sujetos pasivos cualificados arriba indicados.

2. Los delitos de lesiones en el ámbito de la Corona (art. 486 CP)

El bien jurídico-penal protegido en este delito es la integridad física o psíquica y la salud de los sujetos pasivos cualificados en el ámbito de la Corona, lo cual estaría justificado por mermar las condiciones de las que se han de ejercer las funciones constitucionales por aquellos. Es más, unas lesiones graves podrían llegar a causar que el Rey o la Reina se inhabilitare (Art. 59.2 CE).

---

se condenó el acto preparatorio del acusado consistente en la colocación de un lanzagranadas en un macetero junto al museo Guggenheim con el fin de atentar contra la vida del Rey el día de la inauguración, siempre que no se pusiere en peligro la vida de civiles (enjuiciándose años más tarde a otro implicado, dando lugar a la SAN 8/2016, de 6 de mayo).

A diferencia del régimen de protección de la vida establecido en el art. 485 CP, la regulación de las lesiones contra la Corona se articula como un tipo penal incompleto (MIR PUIG, 2016, p. 67 ss.) con remisión a los tipos generales de lesiones, limitándose el art. 486 CP a señalar las penas agravadas a imponer, que serán las mismas para todos los sujetos pasivos cualificados.

La remisión normativa se hace expresamente a los arts. 149 CP (en el que se castiga la causación de la pérdida o inutilidad de órgano o miembro principal o de un sentido, la impotencia, la esterilidad, una grave deformidad, o una grave enfermedad somática o psíquica o una mutilación genital), y al art.150 (pérdida o la inutilidad de un órgano o miembro no principal, o la deformidad no grave), previendo penas que alcanzan, respectivamente, las del asesinato y el homicidio. Pero, el citado art. 486.3, además de las mencionadas remisiones expresas, utiliza una fórmula abierta, aludiendo a causar "cualquier otra lesión", castigada con con la pena de prisión de cuatro a ocho años. Esta referencia genérica a "cualquier otra lesión" necesita ser precisada. En efecto, esta expresión podría ser objeto de dos posibles interpretaciones. Así, se podría considerar que tal expresión es una remisión *in totum* al resto de los tipos incardinados dentro del Título III, relativo a las Lesiones, del Libro II del CP, excepción hecha de los arts. 149 y 150, ya señalados expresamente en el art. 486. De esta manera, dentro de "cualquier otra lesión" se incluirían las lesiones imprudentes o las nuevas tipificaciones relativas a los menores. Sin embargo, esta interpretación no es conforme ni con el tenor literal de la misma, que alude a "lesionar", ni con el reiterado bien jurídico-penal específicamente protegido en este tipo y que motiva un incremento de pena, por lo que habrán de quedar fuera de tal remisión tipos tales como: los relativos al tráfico de órganos (art. 156 bis); o las autolesiones que se pudieran causar a los menores o personas con discapacidad necesitadas de especial protección, como consecuencia de cualquier otra tecnología de la información o de la comunicación.

Tampoco habría que considerar incluidas las lesiones a las que se refiere el art. 153 CP (lesiones por razón de género y en el ámbito familiar), salvo que estas fueran acompañadas de una afectación al ejercicio de funciones constitucionales, pero no cuando las mismas se circunscribieran a las estrictas relaciones de pareja o familiares de los sujetos pasivos especialmente protegidos en estos delitos, en cuyo caso se castigarían por el citado art. 153 CP, en sus respectivos casos.

Por último, al no ser un tipo de lesión propiamente dicho, sino de peligro tampoco estaría incluida en la expresión "cualquier otra lesión", la participación en una riña tumultuaria (art. 154 CP) tipo que, precisamente, se introduce en el CP como un expediente para soslayar dificultades probatorias ante la imposibilidad de imputación de concretas lesiones producidas, y evitar su total impunidad (por todos, Gómez Martín, 2022, pp. 707-708; Queralt Jiménez, 2016, p. 132 ss.).

En suma, y con las matizaciones indicadas, todas estas conductas "periféricas" se castigarían por los tipos comunes, ya que no implican lesionar *stricto sensu*, so pena de infligir el principio de legalidad y de incurrir en una desproporción punitiva.

Por último, tampoco se incluirían las lesiones imprudentes (art. 142 CP), al tratarse estos delitos de conductas que requieren dolo y, al no estar prevista especialmente esta modalidad en el art. 486 CP.

3. Los delitos contra la libertad ambulatoria en el ámbito de la Corona (art. 487 CP)

Al igual que se dejó expuesto con relación al art. 485, en el que se huye de la utilización de los *nomen iuris* homicidio o asesinato, el legislador no hace uso del término detención ilegal o secuestro, sino que describe la acción típica de manera amplia y genérica, consistente en "privar de libertad". Se opta por una tipificación omnicomprensiva en la que se pueden abarcar conductas de diversa gravedad (tiempo de duración de la detención, puesta o no en libertad de forma voluntaria, cualificación de quién realiza la detención, imposición o no de una condición al mismo detenido o a un tercero, etc.), pero bajo el mismo ámbito punitivo, siempre que vengan referidas a los sujetos especialmente protegidos en el ámbito de la Corona (en contra, Carbonell Mateu/Vives Antón, 1996, p. 1962; Carmona Salgado, 2005, p. 1.010, quienes estiman que este tipo solo abarcaría exclusivamente a las detenciones ilegales).

Además, se incluirán en el ámbito de actuación del art. 487 CP no solo los tipos comprendidos en los arts. 163 a 167, de protección de la libertad individual, sino también aquellos delitos cometidos por los funcionarios públicos contra la libertad individual, recogidos en los arts. 529-531 de la Sección 1ª (De los delitos cometidos por los funcionarios públicos contra la libertad individual), del Capítulo V (De los delitos cometidos por los funcionarios públicos contra las garantías constitucionales), del Título XXI (Delitos contra la Constitución) del CP. En estos delitos, como bien se ha matizado en la doctrina (Queralt Jiménez, 2016. p. 207), se protege la libertad individual, pero frente a los poderes del Estado, de tal manera que la protección que se brinda a aquella es una manifestación del Estado de Derecho. Estos delitos se traen también a colación porque no hay que olvidar que solo y únicamente la persona del Rey o la Reina es inviolable (Art. 56.3 CE), pero no el resto de las personas especialmente protegidas en el ámbito de la Corona, que no gozan de inviolabilidad.

Sin embargo, no se incluirían, por las razones más arriba expuestas, el tipo imprudente del art. 532 CP que castiga las conductas anteriores por imprudencia, no pudiéndose convertir ninguna remisión normativa genérica de un tipo penal incompleto en una vía para eludir la taxatividad de la punición de los comportamientos imprudentes y las normas generales.

En estos delitos también se castigan los actos preparatorios de proposición, provocación y conspiración para cometer delitos contra la libertad (art. 487 del CP). Este precepto sería una norma especial no solo con respecto a la previsión en el art. 168 de los actos preparatorios respecto a los tipos comunes de detenciones ilegales, secuestros y detención ilegal sin dar paradero de la persona ilegalmente detenida, sino también respecto a la no previsión de tales actos preparatorios en los delitos contra la libertad cometidos por parte de los poderes públicos de los arts. 529-531 CP.

4. El delito de coacciones en el ámbito de la Corona (art. 489 CP)

Como se ha puesto de manifiesto acertadamente por la doctrina, en los delitos de amenazas y coacciones al Rey se arrastra una deficiente técnica legislativa, procedente de los Códigos penales españoles históricos, caracterizada por el desconocimiento de la diferencia entre ambas figuras, estos es, ignorando que el bien jurídico-penal a proteger en las amenazas es la libertad de motivación, y en las coacciones la libertad de capacidad de obrar conforme a lo que se ha decidido (Queralt Jiménez, 2013, pp. 537-538, siguiendo a Mir Puig, 1977, p. 270 y ss.; en análogo sentido, García-Pablos Molina, 1983, p. 112 y ss.; o Llabrés Fuster, 2011, p. 1745.).

El legislador nuevamente en el art. 489, en la línea de los otros tipos penales ya analizados, rehúye del *nomen iuris* "coacción, para luego aludir, reformulándola, a una sola de las modalidades del tipo común de coacciones (art. 172 CP): obligar con violencia o intimidación, graves o leves, a cualquiera de las personas cualificadas para que ejecuten un acto contrario a su voluntad, dando lugar a un tipo autónomo. En la línea interpretativa sostenida, solo cabría aplicar este delito en aquellos casos en los que los actos a los que se obligara a los sujetos cualificados fueran contarios al ejercicio de funciones constitucionales, esto es, acto oficial o realizado en el ejercicio de sus funciones (acto debido o de autoridad). En caso contrario, se aplicaría el delito común de coacciones. Un supuesto que puede ejemplificar la delimitación del ámbito de aplicación de este tipo cualificado respecto al común sería la diferencia existente entre obligar a la renuncia de los derechos hereditarios de títulos nobiliarios, lo que se incardinaría en el ámbito del delito común de coacciones; mientras que obligar a renunciar al Príncipe o a la Princesa de Asturias a sus derechos sucesorios a la Corona de España se incluiría en el art. 489 CP.

No obstante, no faltan autores que niegan esta delimitación, acudiendo al argumento de que el tipo no circunscribe su ámbito de protección al titular de la Jefatura del Estado o a quien o quienes ocuparan la Regencia, por lo que concluyen que hay que excluir tal dilema, debiendo ser aplicado este delito en todos los casos (por todos, Carmona Salgado, 2005, p. 1013; si bien, Carbonell Mateu/Vives Antón, 1996, p. 1.965, consideran que una interpretación teleológica obligaría a restringir el ámbito de aplicación de este tipo en el sentido aquí indicado).

Por ello, si el Rey o la Reina, quien o quienes ocuparan la Regencia o cualquier de los otros sujetos pasivos cualificados fueran obligados con violencia o intimidación a realizar un acto contrario a su voluntad, relativos a sus asuntos particulares (obligar a dirigirse a un determinado lugar en sus vacaciones privadas, en el caso del Rey o la Reina, lugares no vetados por el Gobierno; cuestiones relativas al ámbito de una relación de pareja, etc.), tal conducta se castigaría por el tipo común de coacciones, dado que solo se estaría ante una conducta contraria a un bien jurídico-penal de base exclusivamente personal (Queralt Jiménez, 2013, p. 538).

Por el contrario, si en un acto oficial el Rey o la Reina, quien o quienes ocuparan la Regencia o, en su caso, los consortes del Rey o la Reina, o cualquiera de los ascendientes o descendientes que estuvieran en el ejercicio de las labores de representación que les hubieran sido asignadas, fueran obligados a realizar actos contrarios al ejercicio de sus funciones constitucionales (injusto), tales como: realizar un saludo nazi, pronunciar un discurso contrario a los derechos fundamentales o las libertades públicas, reconocidas constitucionalmente, o a realizar un acto contrario a una disposición que hubiera sido aprobada por las Cortes Generales o el Gobierno, o a Sentencias del Tribunal Constitucional, sí procedería aplicar este delito.

No obstante, no falta quien considera que los delitos de amenazas y coacciones, no obstante reproducirse en estos delitos el amplio elenco de sujetos pasivos, solo tendría sentido para el Rey o la Reina como titulares de la Jefatura del Estado o para el o los Regentes (Queralt Jiménez, 2013, p. 538); o quienes estiman que este delito carece de sentido tanto si se considera que se está protegiendo la libertad de ejecutar el acto, como si se estima que el bien jurídico de las coacciones contra la Corona es la libertad de decisión, dado que esta no se le presume al Monarca en el ejercicio de sus funciones constitucionales, aludiendo a la institución del refrendo, por lo que solo se le podría aplicar en el ámbito de las cuestiones referidas en el Art. 65 CE, relativa a la Casa Real (Martínez Guerra, 2016, p. 115).

Sin embargo, no se comparten estas opiniones. En primer lugar, este precepto protege que el Monarca actúe conforme a la decisión adoptada por los poderes del Estado, en el ejercicio de sus funciones, siendo su decisión la de aquellos, por lo que sí se podría alterar su proceso motivacional, haciendo que lleve a cabo lo que no es lo debido. En segundo lugar, el actual Monarca Felipe VI ha renunciado al poder decidir sin refrendo los nombramientos relativos a su Casa, tras la reforma llevada a cabo por el RD 297/2022, de 26 de abril, produciéndose lo que la doctrina constitucionalista denomina "mutación constitucional" (Fernández-Miranda Campoamor, 1998, p. 253; González-Trevijano, 2018, p. 265-266), sino también porque este delito supondría una protección de la propia institución del refrendo, que también ha de regirse y operar con observancia de la CE y al resto del Ordenamiento jurídico español.

A diferencia del tipo común de coacciones, en el delito de coacciones contra la Corona, no se hace referencia alguna al tipo negativo, esto es, a que el sujeto activo que compeliere a uno de los sujetos pasivos cualificados no estuvieran "legítimamente autorizado", ya que si estuviera legítimamente autorizado para el ejercicio de la violencia o intimidación legales y en los términos que marque la ley (jueces, magistrados, ministerio fiscal y por orden de estos, salvos casos excepcionales, las fuerzas y cuerpos de seguridad del Estado), estos no podrían ser imputados por coacciones. Ante esta falta de referencia expresa al tipo negativo en el art. 489, cabría plantearse si, de todos modos, podría resultar de aplicación la eximente genérica del art. 20.7ª —relativa al ejercicio de un derecho, cumplimiento de un deber, oficio o cargo—, de tal manera que, si hubiera situaciones en los que debiendo el Rey o la Reina, quien o quienes ocupen la Regencia, o el resto de los parientes, realizar un acto debido relativo al ejercicio de sus funciones constitucionales y estos se negaran, pudieran ser compelidos legítimamente a ejercerlos (por ejemplo, que el presidente de gobierno o el ministro refrendante que obligara directamente o a través de los cuerpos o fuerza del Estado al Rey o a la Reina a firmar una norma aprobada por las Cortes o a acudir, en representación del Estado, a un acto en el extranjero).

En este punto, la respuesta a esta pregunta tendría que ser diversa en función de que se ejerza la coacción sobre el Rey o la Reina o sobre el resto de los sujetos pasivos cualificados. En el primer caso, tratándose del Rey o la Reina, únicos que gozan de inviolabilidad, cabría considerar que estas prerrogativas le hacen también incólumes a cualquier forzamiento en el ejercicio de sus funciones constitucionales, por lo que no podrían considerarse justificadas las conductas de compelerles u obligarles con violencia e intimidación a realizar un acto, sea justo o injusto. Por lo tanto, quien las realizara se le imputaría por este delito cualificado de coacción contra la Corona, sin que pueda operar causa de justificación alguna. Y todo esto, sin perjuicio de que se pudiera dar lugar a forzar la abdicación del respectivo Monarca; a que se pudiera inhabilitar al Rey o la Reina (Art. 58.2 CE, si bien la mayoría de la doctrina constitucionalista estima que solo procedería tal institución para los supuestos de incapacitación física o psíquica; por todos, Solozabal Echevarría, 1987, p. 375; aunque no faltan autores que consideran razonable que se pudiera inhabilitar al Rey o Reina que incurrieran en comportamientos anticonstitucionales, por todos, Santamaría Pastor, 2001, p. 411); o bien que se produjera una crisis constitucional que motivara la reforma del Título II de la CE.

Pero, cuando se tratara del resto de los sujetos pasivos cualificados (quien o quienes ocuparan la Regencia, ascendientes, descendientes o cónyuges en el ejercicio de sus funciones), al no gozar de inviolabilidad, si fueran obligados con violencia o intimidación a realizar un acto, habría, a su vez, que distinguir entre aquellos supuestos en los que el acto al que fueran obligados constituyera el legítimo ejercicio de sus funciones constitucionales (v. gr., caso del Regente o los miembros de la Regencia: firmar una ley de amnistía, una ley pro o antiaborto, firmar una convocatoria electoral, o una reforma del Título II de la CE, aprobada por las Cortes Generales como fase previa a la convocatoria de referéndum; o a realizar un acto de representación dispuesto por el Gobierno o las Cortes, en el caso del resto de los parientes), no operaría este tipo cualificado porque tales actos no son contrarios al ejercicio de sus funciones, sino que, en su caso, se castigaría por el tipo común de coacciones. Solo en el caso de que fueran compelidos a realizar un acto contrario al ejercicio de sus funciones constitucionales se aplicaría el art. 489 CP.

Otra diferencia de la conducta recogida en el art. 489 CP, en relación con el tipo común de coacciones, es la relativa a los medios determinados de comisión del delito, pues se añade expresamente a la violencia, la referencia a la intimidación. Esto plantea la cuestión de si en este delito cabe mantener el concepto amplio que sostiene la jurisprudencia, llegando a incluir la vis *in rebus,* propia o impropia (por todas, STS 305/2006, de 15 marzo, en la que se afirma que la configuración del delito de coacciones —común— como tipo penal "abierto o de recogida» da cabida a la violencia psíquica o violencia sobre las cosas); o si, por el contrario, con relación a la forma determinada de comisión de este delito, habría de admitirse tan solo los medios comisivos determinados a los que alude el art. 489 CP de violencia e intimidación, esto es, únicamente la vis física y la vis compulsiva. Esta parece ser la interpretación más plausible no solo por ser este un tipo autónomo con una doble especificación expresa, sino también por el incremento de pena que conlleva, lo que aconseja eliminar las formas extensivas de violencia sobre las cosas que incluye la jurisprudencia respecto al tipo común de coacciones; sin olvidar, además, la necesaria entidad que han de tener la violencia o intimidación para afectar al ejercicio de las funciones constitucionales.

En todo caso, la violencia o intimidación han de ir encaminadas en el art. 489 CP a la ejecución de un "acto", lo que es la manifestación de que el bien jurídico-penal protegido en este tipo con sujetos pasivos cualificados requiere estar en el ejercicio de funciones constitucionales o de representación, o con motivo u ocasión de ellas. Se trata de un delito de mera actividad, no siendo por ello necesario que efectivamente se logre que el sujeto pasivo ejecute el acto pretendido, doblegando su voluntad (Carpio Briz, 2023, p. 1983).

Otra cuestión que suscita el art. 489 CP es la relativa a la no inclusión de la conducta de "impedir" con violencia o intimidación a otro, que sí recoge el tipo común de coacciones del art. 172.1 CP. Por lo tanto, si se impidiere que el jefe del Estado o quien o quienes integren la Regencia o a uno del resto de sujetos pasivos cualificados a realizar un acto relativo a sus funciones constitucionales o de representación (v. gr. impedir visitar una Comunidad Autónoma con autorización del Gobierno, impedir asistir a la entrega de unos premios con autorización del Gobierno, impedir firmar una ley aprobada por las Cortes, etc.) se plantearía si esta clase de conducta estaría o no incluía en el art. 489 CP.

Ante esta "mutilación", cabría sostener varias posibles soluciones interpretativas. Una de ellas sería la de considerar, por exigencia del principio de estricta legalidad, que, al no estar recogida la conducta de "impedir" en el tipo del art. 489 CP, como tampoco lo hacía el Código Penal anterior, este tendría que circunscribirse exclusivamente a las conductas de compeler u obligar, pasando la conducta de impedir a ser castigadas por el tipo común de coacciones del CP (Carbonell Mateu/ Vives Antón, 1996, p. 1.985). Sin embargo, otro sector de la doctrina considera que, aunque solo se haya trasladado expresamente una parte de la figura común de coacciones a este tipo cualificado contra la Corona, esto no es óbice para que la conducta de "impedir" pueda ser incluida en el art. 489 CP, pues cuando se le impide a alguien hacer algo generalmente se verá obligado a hacer algo distinto (Llabrés Fuster, 2011, p. 1.745; en análogo sentido, Tamarit i Sumalla, 2016, p. 1.613). Si bien, no faltan autores que refutan tal afirmación, y dudan de que en todos los supuestos de "obligar" haya un correlativo "impedir", sobre todo, si se conecta con la exigencia del "acto" (Rebollo Vargas, 2004, p. 1.248 y ss.).

En todo caso, la respuesta a esta cuestión debería estar guiada por el ejercicio de funciones constitucionales que, con observancia del principio de legalidad, ha de marcar el ámbito de aplicación del tipo, pues el que impidiera ejercer funciones constitucionales, siempre que conlleve compeler a la realización de otro acto, debe ser castigado por este delito y no por el común.

Por último, hay que resaltar que en el art. 489 CP, al igual que en el tipo común de coacciones, si la violencia e intimidación fueran leves, se impondrá la pena inferior en grado, lo que convertirá a esta modalidad en "una suerte de delito imposible", al menos, en lo que se refiere a la virtualidad de su aplicación, dado que será difícil que esta menor entidad de coacción afecte al ejercicio de funciones constitucionales. En todo caso, la diferenciación entre una entidad u otra —grave o leve—, como en los tipos generales, se determinará teniendo en cuenta las circunstancias del hecho o las personales de autor, lo que reafirma lo acabado de exponer. Si quien ocupa la Presidencia del Gobierno o del Congreso compeliere al Rey o la Reina, o a quién o quiénes ocuparan la Regencia, difícilmente la intimidación podría considerarse leve.

5. El delito de allanamiento de morada en el ámbito de la Corona (art. 490.1)

Este precepto expresamente hace referencia, a través del verbo típico "allanar" al delito homónimo común (art. 202 CP). Esto permite la aplicación de las construcciones doctrinales y jurisprudenciales sentadas sobre el tipo común de allanamiento de morada.

La peculiaridad de este tipo radica, a diferencia de lo que sucede con los tipos comunes del allanamiento, en que en este delito la protección de la intimidad no es un fin en sí mismo, sino un medio para preservar el ejercicio de funciones constitucionales. Por eso, podría ser cometido por uno de los sujetos pasivos cualificados y cotitulares de la intimidad, si actúa para conculcar el citado ejercicio, lo que no podría suceder en el delito de allanamiento de morada común.

Por otra parte, debido a la genérica formulación de la conducta típica, y, al mismo tiempo, ante la falta en el tipo de una remisión expresa a los tipos comunes, en este tipo podrían incluirse los delitos cometidos por los funcionarios públicos contra la inviolabilidad domiciliaria (arts. 534.1.1º CP), dado que en art. 490.1 CP, como se ha indicado, no se protege la mera intimidad personal. Así mismo, queda también abierta la posibilidad de aplicar, fuera del mencionado supuesto del art. 534 CP, la agravante genérica del art. 22.7ª CP (Llabrés Fuster, 2011, p. 1.747).

La conducta de allanar supone el acceder a una morada ajena, sin el consentimiento del morador, o permanecer en ella tras haber entrado lícitamente, sin el consentimiento de su titular. Pese a la deficiente observancia del principio de taxatividad en este delito (Carmona Salgado, 2005, p. 1014; Olmedo Cardenete, 2020, p. 1394), la referencia a la conducta genérica de "allanar", zanjaría la polémica de si tan solo se debería incluir el entrar y no el mantenerse, debiéndose admitir ambas.

Por morada habrá que entender todo espacio cerrado destinado a desarrollar la vida privada con posibilidad de exclusión de otras personas y preservar la intimidad, de manera estable o accidental. No se comparte, a este respecto, la exigencia de que haya "un mínimo de ocupación efectiva" (Carbonell Mateu/Vives Antón, 1996, p. 1.966), pues lo determinante en estos delitos será la afectación de funciones constitucionales o de representación en el ámbito de la intimidad (reuniones con ministros o presidentes del Gobierno, presidentes de Comunidades Autónomas, o jefes de gobiernos o estados extranjeros que no fueran públicas), incluyendo tanto las residencias oficiales como las temporales (Gordillo Álvarez-Valdés, 2011, p. 712).

Se trataría, sobre todo, en el caso del Rey o la Reina, o en el de quien o quienes integren la Regencia de una intimidad oficializada, si bien no tiene por qué ser secreta. Por ello, en aquellos supuestos en los que la conculcación de la intimidad se produjera en un ámbito estrictamente privado, lo que será más fácil de determinar en los sujetos pasivos cualificados que no sea el Rey o la Reina, pero sin que pueda excluirse tal posibilidad, tal conducta habrá de subsumirse en los delitos comunes de allanamiento de morada del CP (arts. 202 y 204).

El concepto de morada no coincide en este tipo con el de la morada de los tipos comunes, debiendo conectarse con el ejercicio de funciones constitucionales o de representación. De ahí, que sí se incluiría en el tipo de común de allanamiento una autocaravana, una tienda de campaña o una habitación de hotel durante unas vacaciones, y sería difícil concebir en este tipo en tales alojamientos. Si bien, sí se excluiría, como en el tipo común del allanamiento de morada, un almacén, un garaje, un cuarto trastero y cualquier otra dependencia no conectada con la morada y que tenga como destino usos distintos a la vivienda. No faltan autores que, a los efectos del art. 490.1 CP, consideran que también habría que excluir las instalaciones o edificios que no estén "dedicados a la residencia o habitación de los miembros de la Corona, por lo que, en estos casos, estiman que deberían aplicarse los tipos comunes (Olmedo Cardenete, 2020, p. 1.394). Sin embargo, el ámbito locativo, a los efectos de este tipo, es secundario, ya que lo que da relevancia aplicativa a este tipo es que cualquier sujeto pasivo cualificado se halle en el ejercicio de sus funciones o con motivos u ocasión de estas, siempre que se lleven a cabo en condiciones de intimidad o exclusión de terceros.

Al igual que en el tipo común, el art. 490.1 CP recoge dos medios determinados de comisión del allanamiento: que se allane con violencia o intimidación, o sin ellas. Por las mismas razones indicadas respecto a las coacciones, en este delito no cabría incluir tampoco la *vis in rebus*. En el caso de que concurran los citados medios determinados de comisión, estos han de revestir un carácter instrumental para acceder a la morada, agravándose la pena, y perseguir la afectación de funciones constitucionales.

6. El delito de amenaza en el ámbito de la Corona (art. 490.2)

La amenaza es la intimidación o *vis* conpulsiva de una mal futuro, injusto y posible. En la línea del tipo del allanamiento del art. 490.1 CP, se vuelve a utilizar el nombre jurídico de los tipos comunes, lo que plantea la cuestión de si se da o no una remisión a todas las conductas tipificadas como tales en los arts. 169 a 171 CP. De esta manera, cabría considerar dos opciones: que se tratara de una remisión tácita por la utilización del *nomen iuris* de los tipos comunes "amenaza", así como por recoger la clasificación básica entre graves y leves, lo que conllevaría a entender castigadas todas las modalidades de amenazas comunes con las penas previstas en el art. 490.2, siempre que vayan dirigidas a los sujetos pasivos cualificados en el ejercicio de sus funciones o con motivo u ocasión de ellas. Sin embargo, también se podría negar tal posibilidad de remisión a los tipos comunes de amenazas (arts. 169-171 CP), al considerar insuficiente el mero uso del término "amenazar", requiriéndose de una remisión expresa que el art. 486 CP no recoge. Desde este punto de vista, además de por la referencia a sujetos pasivos cualificados, habría que concluir que se trata de una regulación autónoma, debiendo determinarse caso por caso si se considera un supuesto una amenaza, según el indicado bien jurídico-penal protegido en los delitos contra la Corona La primera postura parece más acertada, pues caben también las remisiones normativas tácitas, realizadas por la utilización de conceptos jurídicos, además de conseguirse por esta vía una mayor seguridad jurídica, al contar con un marco aplicativo determinado por los tipos comunes.

En cuanto a la determinación de la entidad de las amenazas, se dan por reproducidas las consideraciones realizadas más arriba sobre los criterios de ponderación de la gravedad, así como en lo relativo a su capacidad para poder incidir en la libertad de motivación en lo concerniente al ejercicio de las funciones constitucionales en el caso de las leves.

IV. CONSIDERACIONES CRÍTICAS CONCLUSIVAS Y PROPUESTAS DE *LEGE FERENDA*

Una vez llevada a cabo la exégesis de los delitos contra la Corona, procede ahora realizar la exposición sistemática de sus aspectos criticables para establecer las bases de una futura y necesaria reforma de estos.

1. La rúbrica y el bien jurídico-penal protegido

Las concepciones históricas decimonónicas aludían al carácter sagrado de la persona del Rey —v. gr. Constitución de 1812—, o, en otras, se hacía recaer la soberanía en el Rey —principio expresamente recogido por las Constituciones conservadoras de 1845 y la de 1876, la de más larga vigencia— (Muñoz Conde, 2019, p. 727). Por el contrario, la única interpretación posible de los delitos contra la Corona en el Código penal vigente de 1995, bajo la Constitución Española de 1978, es la de articular y conectar la especial protección de la Corona con las reiteradas funciones constitucionales que esta ha de cumplir, según queda establecido en aquella (especial, pero no únicamente, Art. 62 CE), huyendo no solo de una sobreprotección, más propia de reminiscencias autoritarias, sino también de la inseguridad jurídica que crea una deficiente técnica legislativa.

No hay que olvidar que las funciones constitucionales, en sentido estricto, vienen atribuidas, exclusivamente, a la jefatura del Estado, esto es, al Rey o Reina reinantes o, en su defecto, a la Regencia. De hecho, todos los Código penales históricos españoles —monárquicos o republicanos— han incluido un capítulo singular relativo a la protección del jefatura del Estado, en concordancia con la forma monárquica —la mayoría de ellos—, adoptando la rúbrica de Delitos contra el Rey, la reina y el Príncipe de Asturias, o similar, o, como la vigente, contra la

Corona; y en el caso de los Códigos penales "no monárquicos" —caso de los Códigos penales de 1932, tras la Constitución republicana de 1931, o el de 1944-73, tras las Leyes Fundamentales del Caudillo, bajo la Dictadura del General Franco—, la de delitos contra el Jefe del Estado.

La vigente rúbrica de "Delitos contra la Corona" sintoniza con la CE, pero desdibuja y altera el centro de gravedad de de los mismos, que no es otro que el reiterado ejercicio de las funciones constitucionales por el Rey o la Reina, titular de la Jefatura del Estado o, en su caso, por quien o quienes integren la Regencia, o de quien le va a suceder, desplazándolo hacia una protección jurídico-penal —desproporcionada— de relación de parientes del Rey o Reina, o su cónyuge, tal como viene considerando la práctica totalidad de la Doctrina española (por todos, Carpio Briz, 2024, pp. 1.979 y 1980; García Rivas, 2016, p. 289; Mira Benavent, 2015, p. 1.199; Queralt Jiménez, 2013, pp. 537-538;Tamarit i Sumalla, 2016, p. 1.607).

Por ello, una necesaria actualización de estos delitos hace recomendable, para no perder de vista la dimensión constitucional de la Corona, pero tampoco el principio de intervención mínima en la configuración de los tipos penales, ni el de proporcionalidad que, de *lege ferenda*, el Capítulo II del Título XXI, sustituya su actual rúbrica de "Delitos contra la Corona" por la de "Delitos contra la Jefatura del Estado" (GEPC, 2022, p. 86). La razón de proponer esta rúbrica, y no la de "Delitos contra el Jefe del Estado", se debe a la propia forma de gobierno de la monarquía parlamentaria. En ella, a diferencia de la forma de gobierno republicana, se opera de forma diferente tanto en su funcionamiento, que será vitalicio, como en su provisión o sucesión, que serán hereditarias, previéndose, además, una institución singular, de carácter temporal, como es la de la Regencia, caracterizada por un sistema de designación también, básicamente, familiar.

2. Los sujetos pasivos

El elevado número de sujetos pasivos protegidos en los delitos contra la Corona, sobre todo, en lo referente a la inclusión de "todos" los descendientes o ascendientes o el cónyuge del Rey o la Reina, es también una inercia de la historia y, por lo tanto, la perpetuación de un anacronismo, más propio de épocas históricas pasadas en las que existían altas tasas de mortalidad de recién nacidos, de abortos naturales, o una baja expectativa de vida. Nada que ver con la actualidad en donde la abdicación está sustituyendo a la muerte del Rey o Reina como forma habitual de sucesión en las Coronas europeas (TORRES DEL MORAL, 2014, p. 40).

Por ello, en la actualidad, no tiene sentido proteger a todos los ascendientes, ni a todos los descendientes (Llabrés Fuster, 2011, p. 1.738) o al cónyuge del Rey o la Reina, lo que ha motivado que estos delitos hayan sido calificados por algún autor como "el mayor ejercicio de adulación política hacia la Corona" (Tamarit i Sumalla, siguiendo a Gimbernat Ordeig, 2016, p. 1.608).

En consecuencia, la futura regulación de estos delitos debería conjurar el riesgo de una protección jurídico-penal basada en la mera pertenencia a una estirpe, familia o línea sucesoria hereditaria, so pena de incurrir en un vicio de inconstitucionalidad, sobre todo, en el caso de aquellos autores que no la conectan con el ejercicio de funciones de representación de la Corona.

De la misma manera, no se sostiene, desde un elemental principio de proporcionalidad penal, que todos los ataques a los sujetos pasivos especialmente protegidos en los delitos contra la Corona estén castigados con la misma pena. Esta forma de proceder no tiene paralelo o parangón en los Códigos penales históricos, de tal manera que en la mayoría de aquellos la protección penal del Rey o la Reina reinantes estuvieron siempre en un escalón punitivo superior con respecto al resto de los sujetos pasivos cualificados.

Por todo lo expuesto, de *lege ferenda*, se propone que en la futura regulación de los Delitos contra la Jefatura del Estado los sujetos pasivos se deberían circunscribir al titular de la Corona y de la Jefatura del Estado (Rey o Reina), y a la persona o personas que, en su caso, ocuparan la Regencia, —según sea esta individual o colegiada—, si bien la protección reforzada de estos últimos estará en un escalón punitivo inferior, al ser dicho cargo de legitimación derivada, por lo general, por vínculos de parentesco con el Rey o Reina, y su ejercicio de carácter provisional y contingente, sin que además goce de las prerrogativas de la inviolabilidad e irresponsabilidad del Rey o la Reina.

También en un escalón inferior de entidad de la pena, con respecto al Rey o la Reina, debería incluirse al Príncipe o Princesa de Asturias, debido a la forma hereditaria de la jefatura del Estado en las monarquías parlamentarias, garantizando la continuidad de esta forma de gobierno, y porque, además, será quien ejercerá más frecuentemente funciones de representación nacional e internacional de España.

Se estima correcta la no inclusión como sujeto pasivo en los delitos contra la Corona del Tutor o Tutora del Rey o la Reina, ya que la tutela real no conlleva el ejercicio de funciones constitucionales (Art. 60.2 CE), a diferencia de la Regencia, no siendo acumulable esta condición a la de regente. En efecto, la tutela real constituye una institución de carácter tuitivo de la persona de Rey o Reina menor de edad, ejercida sobre todo por parientes, como la de régimen común, si bien altamente transida por intereses públicos, dado el carácter de futuro jefe del Estado del tutelado (por todos, Entrena Cuesta, 1980, p. 655; Satrústegui Gil-Delgado, 2016, p. 34).

3. Conductas típicas

En el elenco de conductas típicas se aprecia igualmente un significativo peso de la tradición histórica, lo que se pone de manifiesto, de un lado, con la no inclusión de tipos penales como el aborto, las torturas, o la revelación de secretos (Martínez Guerra, 2016, p. 111). Pero, por esta misma causa, estos tipos se han quedado anquilosados en la protección de bienes jurídico-penal y castigo de conductas que ya no tienen sentido en un Estado democrático de Derecho, como serían las relativas a los ataques contra el honor o prestigio de la Corona.

Por lo que respecta a la conformación general de las conductas típicas de los delitos contra la Corona, se siguen dos criterios contrapuestos: o bien se remite a los respectivos tipos comunes, limitándose a imponer una pena superior; o bien se establece una configuración típica especial autónoma, utilizando o no el *nomen iuris* de los tipos comunes, dando lugar a numerosas incertidumbres interpretativas, tal como han sido expuestas. Por ello, de *lege ferenda,* se propone que en una nueva configuración de los delitos contra la Jefatura del Estado se describan tipos cualificados en paralelo a los tipos comunes para apreciar así mejor la proporcionalidad de las penas y evitar dudas interpretativas y confusiones. Se debe abandonar el vigente régimen jurídico "intermitente" en el que se conecta o desconecta con la configuración de los tipos penales comunes, en función del bien jurídico penal de que se trate, y sin que haya un criterio coherente que fundamente la respectiva conexión o desconexión con los tipos comunes. Además, la configuración de tipos autónomos priva a estos de todo el bagaje doctrinal y jurisprudencial construido y consolidado en torno a los tipos comunes.

También de *lege ferenda* se propone que en todos los delitos contra la Jefatura del Estado se incorpore la expresión "en el ejercicio de sus funciones constitucionales o con motivo u ocasión de ellas", salvo en la protección de la vida del Rey o la Reina, debido a que dicho bien jurídico-penal es el sustrato del ejercicio de las funciones constitucionales, a la difícil delimitación entre las facetas públicas y privadas del monarca, y porque afectaría también a la sucesión hereditaria.

Así mismo, dentro de la futura configuración típica de los delitos contra la Jefatura del Estado, se plantea de *lege ferenda,* que, dada la entidad de las penas a imponer y dada la necesaria afectación al ejercicio de funciones constitucionales, que se excluyan de la tipificación de estos delitos todas las modalidades "leves" de amenazas, coacción o lesiones, además, como ya se hace, de las imprudentes, las cuales deberán castigarse por los tipos comunes (Queralt Jiménez, 2013, p. 539).

En cuanto al allanamiento de morada, este tipo, al proteger la intimidad conectada al ejercicio de funciones constitucionales o de representación, debería hacer especial referencia a los edificios oficiales, dejando la protección de las moradas para fines exclusivamente privados para ser protegida por los tipos comunes (Martínez Guerra, 2016, p. 117).

Por último, habría que hacer sintonizar estos delitos con las exigencias del principio de proporcionalidad, procediendo a una reducción de las penas, debido a los excesivos marcos punitivos previstos con relación a los tipos comunes, y que no se justifican tampoco por el ejercicio de funciones constitucionales (GEPC, 2022, p. 10). Igualmente, tendría que revisarse la deficiente técnica utilizada en la dosimetría penal de estos delitos que produce que se pueda llegar a castigar con la misma pena conductas de distinta gravedad, o los ataques a quienes ejercen meras funciones representativas y los que afecten a quienes ejercen funciones constitucionales.

BIBLIOGRAFÍA

Carbonell Mateu. J. C.; Vives Antón, T. S. (1996). Delitos contra la Corona. En: T. S. Vives Antón, *Comentarios al Código penal de 1995,* V. II (pp. 1962-1969). Valencia: Tirant lo blanch.

Carmona Salgado, C. (2005). Delitos contra la Corona. En: M. Cobo del Rosal (coord.), *Derecho Penal Español. Parte Especial,* 2ª ed. (pp. 1007-1020). Madrid: Dykinson.

Carpio Briz, D. (2024). Delitos contra la Corona. En: M. Corcoy Bidasolo; S. Mir Puig, *Comentarios al Código Penal,* 3ª ed. (pp. 1.978-1.986). Valencia: Tirant lo blanch.

Entrena Cuesta, R. (1980). Comentarios al Título Segundo de la Corona. En: G. Garrido Falla, *Comentarios a la Constitución* (pp. 615-685). Madrid: Civitas.

Fernández-Miranda Campoamor, C. (1998): "La irresponsabilidad del Rey. El refrendo: evolución histórica y regulación actual", *Revista de Derecho Político,* 44, pp. 225-256.

García-Pablos Molina, A. (1983). "Sobre el delito de coacciones". *Estudios Penales y Criminológicos,* VI, pp. 105-154.

García Rivas, N. (2016). Delitos contra la Corona. En: J. Terradillos Basoco, Lecciones y Materiales para el estudio del Derecho penal, T. IIIl, (pp. 288-294). Madrid: Iustel.

Gimbernat Ordeig, E. (2010). "Los privilegios penales de la Familia Real. Los delitos de y contra la Corona". *La Ley,* 15133, págs. 1-2. Disponible también en: https://www.iustel.com/diario_del_derecho/noticia.asp?ref_iustel=1024306.

Gómez Martín, V. (2024). Comentario al art. 145 CP. En: M. Corcoy Bidasolo; S. Mir Puig, *Comentarios al Código Penal* (pp. 707-708). Valencia: Tirant lo blanch.

Gómez Navaja, J. (2021). Delitos contra la Corona. En: E. Marín de Espinosa, *Lecciones de Derecho Penal. Parte Especial,* 2ª ed. (pp. 628-631). Valencia: Tirant lo blanch.

González-Trevijano Sánchez, P. (2018). "Artículo 65 CE". En: S. Muñoz Machado, *Comentario mínimo a la Constitución española. 40 Aniversario* (pp. 263-266), Madrid: Cortes Generales-Tribunal Constitucional.

Gordillo Álvarez-Valdés, I. (2011). Delitos contra la Corona, En: C. Lamarca Pérez (Coord.), *Derecho penal. Parte Especia*l, 6ª ed. (pp. 710-714). Madrid: Colex.

Grupo De Estudios de Política Criminal-GEPC (2022). *Una propuesta alternativa de regulación de los delitos contra las instituciones del Estado.* Córdoba: GEPC-Universidad de Córdoba.

Lamarca Pérez, C. (2017). Delitos contra la Corona. En: C. Lamarca Pérez, Delitos, *La Parte especial del Derecho penal,* 2ª ed. (pp. 943-945). Madrid: Dykinson.

Lascuráin Sánchez, A., (2019). Delitos contra la Corona. En: *Memento Práctico Francis Lefevbre* (margs. 17460-17515). Madrid: Francis Lefevbre.

Llabrés Fuster, A. (2011). Delitos contra la Corona. En: Gómez Tomillo, *Comentarios al Código Penal* (pp. 1.738-1.753). Madrid: Lex Nova.

Martínez Guerra, A. (2016). "Delitos contra la Corona". En: F. J. Álvarez García (dir.), *Tratado de Derecho Penal Español* (93-140). Valencia: Tirant lo Blanch.

Mir Puig, S. (1977): El delito de coacciones en el Código penal. *Anuario de Derecho Penal y Ciencias Penales,* T. XXX, F. 2 (pp. 269-306). Disponible en: www.boe.es/biblioteca_juridica/anuarios_derecho/abrir_pdf.php?id=ANU-P-1977-20026900306.

__ (2016). *Derecho Penal. Parte General,* 10ª ed. Barcelona: Reppertor.

Mira Benavent, J. M. (2015). Delitos contra la Corona. En J. L. González Cussac, *Comentarios a la reforma del Código Penal de 2015,* (pp. 1245-1256). Valencia: Tirant lo blanch.

Muñoz Conde, F., (2021). Derecho Penal. Parte Especial, 23ª ed. Valencia: Tirant lo blanch.

Olmedo Cardenete, M. (2020). Delitos contra la Corona. En: L. Morillas Cuevas, *Sistema de Derecho Penal, Parte Especial,* 3ª ed. (pp. 1389-1396). Madrid: Dykinson.

Polaino Navarrete, M. (2011). *Lecciones de Derecho Penal. Parte Especial,* T. II. Madrid: Tecnos.

Queralt Jiménez, J. J. (2013). Delitos contra la Corona: apuntes sobre descoordinación normativa y paradojas penales. En: J. G. Fernández Teruelo; M. M. González Tascón; S. V. Villa Sieiro (coords.), *Estudios penales en homenaje al Profesor Rodrigo Fabio Suárez Montes* (pp. 535-546). Oviedo: Constitutio Criminalis Carolina.

__ (2016): *Derecho penal español. Parte Especial.* Valencia: Tirant lo blanch.

Rebollo Vargas, R. (2004). Delitos contra la Constitución. *Comentarios al Código Penal, Parte Especial.* T. II (pp. 2.370-2.387). Valencia: Tirant lo blanch.

Sánchez Lázaro, F. (2022). Delitos contra la Corona. En: C. Romeo Casabona, *Derecho Penal, Parte especial* (pp. 789-791). Granada: Comares.

Santamaría Pastor, J. A. (2001). Inhabilitación, Regencia y tutela del Rey", en: AAVV, *La Monarquía parlamentaria, (Título II de la Constitución)* (pp. 405-411). Madrid: Congreso de los Diputados.

Satrústegui Gil-Delgado, M. (2016). "La Corona". En: J. L. López Guerra, *Derecho Consticional,* V. II, (pp. 17-35). Valencia: Tirant lo blanch.

Serrano Gómez, A.; Serrano Maíllo, A. (2021). *Curso de Derecho Penal, Parte Especial.* Madrid: Dykinson.

Solozabal Echevarría, J. J. (1987). La sanción y promulgación de la ley en la Monarquía parlamentaria. *Revista de Estudios Políticos,* 55, pp. 363-379.

Tamarit I Sumalla, J. (2016). Comentario a los delitos contra Corona". En: G. Quintero Olivares, C*omentarios al Código pena*l (pp. 1.607-1.621). Pamplona: Aranzadi.

Torres del Moral, A. (2014). En torno a la abdicación de la Corona. *Revista Española de Derecho Constitucional,* 102, pp. 13-48.

El delito de injurias a la Corona: pasado, presente y futuro

CARMEN TOMÁS-VALIENTE LANUZA
Catedrática de Derecho Penal
Universidad de las Islas Baleares

I. INTRODUCCIÓN Y PLANTEAMIENTO

En el marco de esta obra colectiva de carácter multidisciplinar, las páginas que siguen pretenden presentar al lector, no necesariamente experto en Derecho penal, el "estado de la cuestión" en relación con el delito de injurias y calumnias a la Corona, la figura más aplicada de entre las que disponen una protección reforzada de la persona del Jefe del Estado (extensible a determinados miembros de su familia), y sin duda también la que más controversia genera en función de su estrechísima relación con las libertades fundamentales ideológica, de información, y, sobre todo, de expresión.

Como paso previo al análisis de estos tipos penales y de la aplicación jurisprudencial de que han sido objeto, resulta imprescindible bosquejar una breve contextualización del marco social, político e internacional en la que esta última se ha desarrollado. No parece necesario insistir, por obvia, en la radical transformación que han experimentado los usos de la vida política española, los medios de comunicación y la propia sociedad civil en relación con la crítica a la Monarquía, ya sea a la institución en sí misma, ya sea al monarca (y en este aspecto, en su mera dimensión de titular de la Corona pero también en relación a comportamientos concretos). Durante no pocos años a partir del comienzo de la transición, en la mayoría de los medios informativos e incluso en el seno de los partidos de todo el espectro político (incluidos los de ideología republicana) se mantenía un sólido tabú o pacto de silencio alrededor de la figura del Rey, solo roto por los medios de comunicación y partidos próximos al entorno del terrorismo etarra o por algún sector de la extrema derecha; en este primer contexto, como veremos, la jurisprudencia se mostraba todavía muy reacia a analizar la cuestión en términos de conflicto con los derechos fundamentales del art. 20 CE, de tal modo que difícilmente el acusado por este delito podía contar con salir absuelto. Este enfoque cuasi sacralizador (en ocasiones confusamente ligado a la inviolabilidad del Monarca) constituye, sin duda, el *pasado* de nuestro delito y de su aplicación jurisprudencial; un ejemplo extremo de ello puede encontrarse en la STS de 11 de mayo de 1983, en la que se confirma la condena a unos concejales por una moción en la que aseveraban que la monarquía era "indigna de pisar el suelo vasco". La inviolabilidad significaba, según la sentencia, "no sólo que el Monarca es irresponsable de sus actos, sean éstos los que fueren, sino que, ocupando la cima de la organización política del Estado y su más alta representación, y hallándose por encima de todo partidismo, se le debe respeto y reverencia, no pudiendo ser sujeto pasivo de ataques a su dignidad, de críticas o de vías de hecho sin que, quien lo haga, reciba la condigna sanción establecida en el C.P."

Primero de modo paulatino, y a partir de un determinado momento con un ritmo más acelerado, el tabú fue diluyéndose gracias a la conjunción de diversos factores: el afianzamiento de la democracia y la consiguiente pérdida de aquel temor a cuestionar y criticar la institución tan presente en los primeros años de fragilidad del sistema; los propios errores del actual rey emérito, en los que huelga entrar aquí; o (sobre todo en los últimos años), el notable incremento en un sector de la población de la desafección e incluso de una intensa hostilidad hacia la Monarquía, señaladamente en Cataluña en relación con el proceso independentista. Cabe recordar, a título de ejemplo, la declaración de Felipe VI como persona *non grata* por el Ayuntamiento de Girona el 24 de octubre de 2017, o, especialmente, la reprobación acordada por la Resolución 92/XII, de 11 de octubre, del Parlament de Cataluña, que "rechaza y condena" el discurso televisado del Rey relativo a la celebración del referéndum, apostando por "la abolición de una institución caduca y antidemocrática como la monarquía" (apartados que fueron posteriormente anulados por el TC en sentencia 98/2019, de 17 de julio de 2019, sobre cuya argumentación volveremos más adelante; por su parte, resoluciones de al menos seis consistorios de la provincia de Girona en las que se apoyaba la declaración del Parlament fueron objeto de recursos contencioso administrativos).

Llegamos con ello a un *presente* de crítica cada vez más frecuente, abierta e intensa, ejercida tanto desde los medios de comunicación como por los representantes de (determinados) partidos políticos y obviamente también por los propios ciudadanos, que hoy cuentan con la tribuna pública de internet y las redes sociales. Como no podía ser de otro modo, en este nuevo contexto nuestros tribunales –Audiencia Nacional (competente *ex* art. 65.1° a) LOPJ para el conocimiento de todos los delitos de la Corona), Tribunal Supremo y Tribunal Constitucional– han de valorar la punibilidad de tales conductas bajo el prisma de las libertades ideológica, de información y especialmente de expresión, susceptibles de operar como causas de justificación de conductas inicialmente típicas por la vía de la eximente de legítimo ejercicio de un derecho del art. 20.7 Cp, lo que ha ido conformando una jurisprudencia que cabría calificar de muy desigual: sentencias que confieren un mayor peso al ejercicio de aquellas conviven con otras (la mayoría) mucho más cicateras, directamente incompatibles con la doctrina del Tribunal Europeo de Derechos Humanos (en adelante, TEDH), muy reacio a la dispensa de una protección reforzada de los Jefes de Estado frente a conductas expresivas de crítica u hostilidad, especialmente si ello determina penas de prisión o sustituibles por ella.

La aplicación en Estrasburgo de esta doctrina ya muy consolidada le ha valido a España, como es bien conocido, las condenas en los casos *Otegui Mondragón c. España,* de 15 de marzo de 2011, y *Stern Taulats y Roura Capellera c. España,* de 13 de mayo de 2018, esta última acertadamente glosada en su día como la "crónica de una condena anunciada" (Presno Linera, 2018, pp. 539 y ss.), pues ciertamente el varapalo a España parecía inevitable a la luz de la doctrina previa del Tribunal.

Esta estrechísima relación de estos tipos delictivos con la libertad de expresión, así como la constatación de una interpretación jurisprudencial con frecuencia extensiva y generadora de un efecto de desaliento del ejercicio de aquella, ha conducido a un nutrido sector de la doctrina a cuestionar el sentido de mantener un tipo reforzado de protección del honor del Monarca y proponer su desaparición, para reconducir la lesión al honor, en su caso, a los tipos ordinarios de injurias y calumnias; una postura que con frecuencia se enmarca en una valoración crítica de conjunto sobre distintos delitos relacionados con libertades comunicativas (enaltecimiento del terrorismo, ultrajes a los símbolos, delitos contra los sentimientos religiosos) y su aplicación jurisprudencial (representativo por el amplio conjunto de firmantes Grupo de Estudios de Política Criminal, 2019, p. 30; vid también infra II). Que este vaya a ser el *futuro* de los delitos de injurias y calumnias contra la Corona dependerá, obviamente, de las mayorías parlamentarias conformadas en cada legislatura (huelga decir que la opción político criminal de suprimir el delito no goza de consenso, ni siquiera por el momento entre los partidos situados a la izquierda del espectro político); pero lo que parece seguro es que iniciativas en este sentido volverán a plantearse en un futuro próximo, en la línea de las ya presentadas en legislaturas anteriores respecto del conjunto de tipos criminalizadores de conductas expresivas, como la "Proposición de Ley Orgánica de reforma de la Ley Orgánica 10/1995, de 23 de noviembre, del Código Penal para la protección de la libertad de expresión", presentada en 2018 por el Grupo Parlamentario Confederal de Unidos Podemos-En Comú Podem-En Marea (*BOCG*, Congreso de los Diputados, XII Legislatura, Serie B, Proposiciones de ley, 23 de marzo de 2018, Núm. 239-1) o la "Proposición de Ley Orgánica de reforma de la Ley Orgánica 10/1995, de 23 de noviembre, del Código Penal para la protección de la libertad de expresión", presentada tres años después de la anterior por el Grupo Parlamentario Confederal de Unidas Podemos-En Comú Podem-Galicia en Común (*BOCG*, Congreso de los Diputados, XIV Legislatura, Serie B, Proposiciones de ley, 19 de febrero de 2021, Núm. 149-1).

II. CONDUCTAS TÍPICAS. INJURIAS, CALUMNIAS Y UTILIZACIÓN DE LA IMAGEN

1. El fundamento del plus de protección penal y el debate sobre la derogación de los tipos

Aunque como enseguida veremos no siempre lo han conseguido (pues la construcción de los tipos ha propiciado no pocas disfunciones punitivas que frustran en parte este objetivo), no cabe duda de que los tipos especiales que nos ocupan pretenden ofrecer una protección reforzada al Jefe del Estado y determinados miembros de su familia frente a conductas lesivas del derecho al honor, superior a la dispensada al resto de los ciudadanos. El plus de injusto o lesividad que explica esa mayor intensidad punitiva residiría, en opinión doctrinal muy extendida, en la simultánea afectación al prestigio de la institución, lo que conforma un bien jurídico dual y unos delitos, por tanto, de carácter pluriofensivo (como el resto de los delitos contra la Corona analizados en otro capítulo de esta obra). Es esta dimensión pública, además, la que da lugar a su perseguibilidad de oficio en cualquier caso, por contraposición al carácter privado de los delitos contra el honor de los particulares (necesitados de querella), y de modo más extenso que en relación con los sujetos pasivos funcionarios públicos o autoridades, las ofensas a los cuales solo se persiguen de oficio cuando atañen a "hechos concernientes al ejercicio de sus cargos" (art. 215 Cp).

> La perseguibilidad de oficio de los delitos contra la Corona impide en estos casos la toma en consideración por la persona individual afectada (a diferencia del sujeto pasivo ciudadano particular, que sí puede calibrar esta cuestión a la hora de decidir interponer o no querella) de un factor nada despreciable: el incremento de la carga de lesividad final que para sus bienes jurídicos (lo mismo que sucede en los delitos contra la intimidad) puede comportar la publicidad propia del procedimiento penal, muy superior a la asociada a la conducta inicial —el que suele denominarse en la doctrina *efecto Streisand,* por referencia a un conocido caso que afectaba a la artista norteamericana—. Un efecto multiplicador perfectamente constatable en no pocos casos de injurias al Rey juzgados en los últimos años en nuestro país (y en otros relativos a conductas expresivas). Por otra parte, en un plano puramente político criminal tampoco debería desconocerse otro efecto contraproducente de una protección penal reforzada respecto del resto de los ciudadanos: que su percepción como excesiva pueda contribuir a intensificar la desafección hacia la institución.

La delimitación de ese plus de injusto de afectación al prestigio de la Corona como institución resulta ciertamente compleja, y en las opiniones doctrinales al respecto se superponen con frecuencia consideraciones *de lege lata* con otras puramente *de lege ferenda.* Así, por ejemplo, algunas interpretaciones de corte restrictivo, que de alguna manera ligan este plus con el respeto necesario para el correcto funcionamiento de la institución, no terminan de dejar claro si la tipicidad objetiva requeriría efectivamente algún tipo de perturbación de este último o de la propia estabilidad de la Corona (Cuerda Arnau, 2022, p. 778), algo que por lo demás no concurrirá nunca en estos casos ni siquiera en un plano de mera puesta en peligro (a menos que estemos refiriéndonos, en realidad, a un factor de presencialidad en la conducta vejatoria que pueda perturbar el desarrollo de una concreta actividad oficial, lo que nos acercaría más a una dimensión de vulneración del orden público y no conseguiría explicar cuando menos el art. 491 Cp). La jurisprudencia española, por su parte, alude con frecuencia a esa idea de la protección del prestigio de la institución como presupuesto para su buen funcionamiento, o incluso a esa misma noción de su estabilidad (es el caso, por ejemplo, de SJCP de 27 de marzo de 2012, cuando señala que lo que se protege no es el honor ni la dignidad del particular sino "la propia estabilidad del sistema"), pero dicho plus de lesividad se considera automáticamente ínsito en la expresión considerada injuriosa o calumniosa; peculiar y completamente desenfocada a este respecto resulta la argumentación de la SJCP de 22 de diciembre de 2018, que a partir de una delimitación maximalista del bien jurídico ("defensa del sistema democrático ... frente a [sus] enemigos") considera que quedan fueran del delito las expresiones presididas por un mero *animus iocandi*. De cualquier modo, si esta protección reforzada de quien efectivamente detenta la Jefatura del Estado, el Príncipe o Princesa de Asturias y el o la Regente (todos ellos con funciones constitucionales) ya resulta discutible, el plus de punición sí deviene por completo injustificable en relación con el resto de los familiares mencionados por estos preceptos, cuya protección, al no tener atribuida función constitucional alguna, solo podrá encajar en cualquier caso bajo el art. 491.1 Cp. La crítica a esta extensión es unánime en la doctrina penal (por todos, Dopico Gómez-Aller, 2021, p. 396, o Macías Caro, 2022, p. 119), si bien ha de señalarse, en cualquier caso, que no existe ni un solo precedente jurisprudencial de aplicación a este círculo de parientes: con excepción del caso *El Jueves*, relativo al entonces Príncipe de Asturias, todas las sentencias se refieren a quien en cada momento ejercía la Jefatura del Estado.

En una serie de sentencias relativas a la protección del honor de jefes de Estado tanto en sistemas republicanos como monárquicos, entre ellas las ya citadas de los casos *Otegui* y *Stern Taulats* condenatorias para España, el TEDH se ha mostrado, por su parte, muy reticente a la dispensa de una protección reforzada frente a conductas expresivas de hostilidad, crítica o sátira mordaz[1]. Es cierto que el modo en que el Tribunal formula su postura suscita algunas dudas sobre su exacto alcance, que podría pasar por dos alternativas; no resulta del todo claro si: 1) lo que se estima inadmisible es que en caso de plantearse conflicto con la libertad de expresión los tribunales nacionales doten a esta última de un campo de juego más estrecho precisamente cuando se trata del Jefe del Estado (así parece sugerirse por ejemplo en *Stern Taulats y Roura Capellera c. España*, prgf. 35, cuando la reticencia respecto de los tipos agravados se

1 *Colombani y otros c. Francia*, de 25 de junio de 2002, prgf. 62 (sanción a periodistas por el delito de ofensa a un Jefe de Estado extranjero por informar sobre una posible tolerancia con el negocio del tráfico de hachís por parte del Rey Hassan II de Marruecos y su entorno); *Pakdemirli c. Turquía*, de 22 de mayo de 2005, prgfs. 51-52 (en un caso civil en el que la especial condición de Presidente de la República del ofendido había servido de base a los tribunales para fijar una indemnización extraordinariamente elevada a un parlamentario que había le había criticado duramente en rueda de prensa); *Artun y Güvener c. Turquía*, de 26 de junio de 2007, prgf. 31 (condena a periodistas por críticas al Presidente de la República al que entre otras cosas se responsabiliza de la corrupción generalizada de la Administración, sin insulto alguno); *Eon c. Francia*, de 14 de marzo de 2013, prgf. 55 (ciudadano condenado por exhibir en una pancarta al paso del Presidente de la República el "cass toi, pov'con" —algo así como "piérdete, pobre gilipollas"— que el propio Sarkozy había espetado tiempo atrás a un hombre que se había negado a darle la mano); *Otegui Mondragón c. España*, de 15 de marzo de 2011, prgf. 55; *Stern Taulats y Roura Capellera c. España*, de 13 de mayo de 2018, prgf. 35. Los antecedentes fácticos y el contenido de estas dos últimas sentencias se explican con con mayor detalle *infra* III.

argumenta en los siguientes términos: "el interés de un Estado en proteger la reputación de su propio Jefe de Estado no puede justificar que se le otorgue a este último un privilegio o una protección especial *con respecto al derecho de informar y de expresar opiniones que le conciernen*" -la cursiva es mía-), una premisa que *per se* no implica rechazar que en caso de resultar correctamente excluido su amparo (pensemos en la ofensa grave y gratuita injustificable incluso con una interpretación generosa de las libertades comunicativas) pudiera admitirse una protección por tipos especiales más intensa que con respecto a los particulares; o si 2) directamente se considera que incluso cuando la conducta cayera extramuros de los márgenes de la libertad de expresión, la protección ha de pasar necesariamente por los tipos genéricos aplicables al resto de los ciudadanos. En cualquier caso, sí puede afirmarse que el TEDH viene a asociar la previsión misma de estos tipos en los Códigos penales con una suerte de "efecto llamada" a una interpretación por los tribunales indebidamente cicatera con el juego de las libertades comunicativas cuando la crítica política tiene como objeto el Monarca, más rechazable si cabe en caso de preverse en los tipos reforzados penas de prisión no imponibles en las modalidades genéricas; un claro ejemplo de ello puede encontrarse en la SJCP de 13 de noviembre de 2008, por la que se condenó en el caso *El Jueves*, en la que parece sostenerse que es la propia existencia de estos tipos reforzados la que opera como un límite externo a la libertad de expresión (lo indica con acierto Fernández Sarasola, 2019, p. 380); y es precisamente de ahí, y del riesgo de un efecto desaliento del ejercicio de las libertades expresivas fundamentales que la propia existencia de los tipos comporta, de donde se deriva la idea de que la protección cualificada "no se ajusta, en principio, al espíritu del Convenio" (frase reiterada en *Pakdemirli c Turquía*, de 22 de mayo de 2005, prgf. 52; *Otegui Mondragón c España*, de 15 de marzo de 2011, prgf. 55; *Stern Taulats y Roura Capellera c España*, prgf. 35). Como tendremos ocasión de analizar enseguida, esta interpretación poco generosa con las libertades ideológica y de expresión en la aplicación de los arts. 490.3 y 491 Cp es la que de hecho ha prevalecido en la jurisprudencia española incluso después de superarse la primera fase de cuasi-sacralización más evidente de la Monarquía a la que antes se aludía, y la que ha originado el incremento en los últimos años de pronunciamientos doctrinales favorables a la derogación de los tipos[2].

> La cuestión no sólo es polémica en España. Francia, como es sabido, eliminó los tipos especiales después de la condena por el TEDH en la sentencia *Eon*; y más recientemente, la Corte Constitucional belga ha declarado inconstitucional el precepto de la ley decimonónica que otorgaba protección reforzada al Rey frente a las ofensas a su persona (sancionadas con pena de seis meses a tres años de prisión), por considerarlo contrario a la libertad de expresión del art. 19 de la Constitución belga y del art. 10 CEDH (Arrêt núm. 157/2021, de 28 de octubre, que se basa casi en su totalidad en la doctrina del TEDH). Interesa señalar que, indirectamente, esta sentencia trae causa de una condena por (entre otros delitos) injurias al Rey impuesta por los tribunales españoles a un ciudadano después huido a Bélgica, pues se dicta en resolución de una cuestión prejudicial planteada por el tribunal que había de comprobar el requisito de la doble incriminación para decidir sobre la solicitud europea de entrega cursada por la Audiencia Nacional española (*caso Valtònyc*).

Ha de observarse, con todo, que la eventual derogación de estos tipos especiales no implica como es obvio ninguna pa-

---

2 Además de la ya citada propuesta del GEPC, expresa o implícitamente, entre otros muchos, Carmona Salgado, 2016, pp. 5 y ss.; Corral Maraver, 2020, pp. 17-18; Fernández Sarasola, 2019, p. 377; Llabrés Fuster 2015, pp. 77 y ss.; Moya Fuentes, 2021, p. 404-405; Presno Linera, 2020, p. 549; el mismo, 2022, pp. 35-37, donde pone en duda la constitucionalidad de estos preceptos. Defiende en cambio el sentido de una protección cualificada del monarca, por congruencia con su especial estatuto constitucional, Solozábal Echavarría, 2019, pp. 28-29.

nacea, aunque a veces parece operarse como si así fuera; sirva de ejemplo de esto último la EM de la Proposición antes citada, que se refiere a "la necesidad de derogar estos artículos en aras de asentar, no solo el derecho a la libertad de expresión, sino también la seguridad jurídica y la respetabilidad de nuestro país en lo concerniente a los estándares europeos sobre libertad de expresión" (*BOCG,* Congreso de los Diputados, XII Legislatura, Serie B, Proposiciones de ley, 23 de marzo de 2018, Núm. 239-1, p. 4). Aun con penas más moderadas (y no siempre: recordemos que las calumnias comunes con publicidad posibilitan pena de prisión, cierto es que alternativa a la multa) e incluso con una actitud más abierta de los tribunales al juego de las libertades comunicativas cuando de crítica política al Jefe del Estado se trate (y ese sería, además de la rebaja de las penas, el "efecto llamada" que la derogación vendría a perseguir), seguirán planteándose, como con respecto al resto de hombres y mujeres con funciones institucionales o políticas, las inevitables zonas grises en la delimitación de esa "conexión de necesidad" entre el insulto o la vejación y el ejercicio de la crítica política (vid. infra III), o en la apreciación de la veracidad de una información. Interesa recordar que, de hecho, el TEDH ha condenado en varias ocasiones (una de ellas, por cierto, a España) por una interpretación indebidamente restrictiva de los límites de la libertad de información o de expresión en sentencias que traen causa de meras demandas civiles interpuestas por Jefes de Estado (*Pakdemirli c Turquía,* de 22 de mayo de 2005; *Gutiérrez Suárez c España,* de 1 de junio de 2010, cuyo origen se halla en la condena en vía civil a un periodista de *Diario 16* tras una demanda de protección del honor interpuesta por el rey Hassan II por la publicación de informaciones sobre su posible implicación en el tráfico de hachís), y que también ha considerado vulnerado el art. 10 CEDH por la imposición de sanciones administrativas a conductas expresivas incluso a pesar de la ínfima cuantía de la multa impuesta; resulta clarificador que en un caso de multa administrativa equivalente a unos 50 euros por vandalismo leve, el Tribunal precisara que de lo que se trataba no era tanto de una cuestión de proporcionalidad como de dirimir si la sanción, por mínima que fuera, se encontraba justificada "en absoluto" (*Handzhiyski c. Bulgaria*, de 6 de abril de 2021, prgf. 49).

2. Relación con los tipos genéricos de injurias y calumnias

Dada la coincidencia de los verbos típicos con los que vertebran los delitos contra el honor de los arts. 205 (calumniar) y 208 (injuriar), el contenido nuclear de los delitos de los arts. 490.3[3] y 491.1[4] ha de construirse necesariamente sobre dichos tipos correlativos genéricos. Calumniar ha de entenderse por tanto como "la imputación de un delito hecha con conocimiento de su falsedad o temerario desprecio hacia la verdad" (art. 205), mientras que la injuria supone "la acción o expresión que lesionan la dignidad de otra persona, menoscabando su fama o atentando contra su propia estimación", aunque también pueda dar lugar a ella "la imputación de hechos" (art. 208), de tal manera que respecto de los preceptos que nos ocupan se reproducen muchas de las cuestiones problemáticas planteadas en torno a las figuras genéricas. Así, por ejemplo, el grado de concreción de la imputación necesario para poder condenar por calumnias; la necesidad de un componente in-

---

3 Art. 490.3 Cp: "El que calumniare o injuriare al Rey, a la Reina o a cualquiera de sus ascendientes o descendientes, a la Reina consorte o al consorte de la Reina, al Regente o a algún miembro de la Regencia, o al Príncipe o a la Princesa de Asturias, en el ejercicio de sus funciones o con motivo u ocasión de estas, será castigado con la pena de prisión de seis meses a dos años si la calumnia o injuria fueran graves, y con la de multa de seis a doce meses si no lo son".

4 Art. 491.1 Cp: "Las calumnias e injurias contra cualquiera de las personas mencionadas en el artículo anterior, fuera de los supuestos previstos en el mismo, serán castigadas con la pena de multa de cuatro a veinte meses".

tersubjetivamente valorable como menosprecio u ofensa en las injurias, que ha de constatarse más allá de la particular apreciación del afectado; la interpretación del elemento subjetivo "temerario desprecio hacia la verdad", común a calumnias y a injurias consistentes en la imputación de hechos, de acuerdo con la jurisprudencia constitucional sobre la noción de "veracidad" a efectos del juego del derecho a la información del art. 20 CE, etc. etc. Existen, con todo, algunas diferencias (e incoherencias) entre los tipos en juego que conviene resaltar.

En primer lugar, en el delito genérico de injurias solo se tipifican las graves (las que sean tenidas como tales "en el concepto público"), mientras que las injurias al Rey o personas asimiladas también se sancionan cuando no lo sean (así lo indica expresamente el art. 490.3 al introducir una diferencia penológica entre ambas; el art. 491.1 relativo al contexto ajeno al ejercicio de las funciones, en cambio, no menciona en absoluto este parámetro). Ello constituye un claro elemento diferenciador de protección reforzada al titular de la Corona o personas asimiladas, que sobre todo en los primeros años de la democracia (en el contexto cuasi sacralizador al que antes nos referíamos) dio lugar a la represión penal de expresiones que en ningún caso, al margen ahora de su amparo o no bajo el art. 20 CE en función de su carácter de mero insulto o de contener un elemento de crítica política, hubieran colmado la tipicidad de unas injurias genéricas. Como ejemplos más evidentes cabe mencionar la STS de 27 de enero de 1992, relativa a la frase "ese es un tonto y un payaso", pronunciada por un Teniente en una cena con otros militares al aparecer el Monarca en televisión, o la STS de 20 de mayo de 1983, que condena por cantar en un bar ante cincuenta personas una canción en la que se decía "Rey mierda". La cuestión resulta muy relevante en la práctica, puesto que de hecho la mayoría de las condenas por el art. 490.3 califican por injuria leve.

En segundo lugar, interesa señalar importantes diferencias en relación con los parámetros de agravación de los tipos genéricos y especiales y las indeseables consecuencias que de ello se derivan. En la regulación de las calumnias genéricas no se menciona en absoluto, en efecto, su consideración como graves o leves; el elemento verdaderamente relevante para su tratamiento penológico reside en el empleo de publicidad para su difusión (las calumnias con publicidad del art. 206 Cp son de hecho el único supuesto de los tipos genéricos en los que se prevé pena de prisión –seis meses a dos años—, si bien es cierto que alternativa a la de multa de doce a veinticuatro meses), circunstancia que también agrava la pena de las injurias (de las únicas típicas: las graves) *ex* art. 209 Cp. En los delitos contra la Corona el legislador ha optado, en cambio, por omitir cualquier referencia al empleo de publicidad, lo que –combinado con el juego de los elementos de ejercicio de la función y de la propia gravedad de la calumnia—, da lugar, como ya se ha mencionado y la doctrina se ha encargado de resaltar, a absurdas incoherencias punitivas, sin duda no advertidas ni queridas por el legislador. Explicado en palabras de un comentarista (Llabrés Fuster, 2015, p. 99), "la figura genérica de la calumnia con publicidad del art. 206 está penada más gravemente (prisión de seis meses a dos años o multa de doce a veinticuatro meses) que las calumnias leves contra el Rey en el ejercicio de sus funciones del art. 490.3 (multa de seis a doce meses) o que cualquier calumnia contra él llevada a cabo en otros supuestos del art. 491.1 (multa de cuatro a veinte meses)". Es más, señala el autor, "en el caso de las proferidas sin que el sujeto pasivo sobreprotegido se encuentre en el ejercicio de sus funciones (art. 491.1) se incurre en el absurdo de sancionar más gravemente las calumnias con publicidad llevadas a cabo contra un particular que las proyectadas en las mismas condiciones sobre el Rey (multa de cuatro a veinte meses)". Todo lo anterior no empece, en cualquier caso, a que pueda identificarse una mayor intensidad punitiva en estos delitos respecto de los genéricos: además de la muy relevante tipicidad de las injurias leves, ya mencionada, las injurias o calumnias graves en el ejercicio de la función o con ocasión de esta son los únicos delitos contra el honor que llevan aparejada pena privativa de libertad como pena única; incluso las calumnias más graves contra particulares, como se ha expuesto, tienen prevista la alternativa de multa.

Por su parte, el hecho de que los arts. 490.3 y 491.1 Cp no mencionen la *exceptio veritatis* o prueba de la verdad de lo imputado (dispuesta por los arts. 207 y 210 Cp como causa que impide sancionar respectivamente por calumnias genéricas y algunas de las injurias consistentes en la imputación de hechos, y también recogida expresamente en otros delitos de calumnias a instituciones del Estado, arts. 496 o 504 Cp) ha dado lugar a interpretaciones contrapuestas sobre su operatividad en estos delitos. Aunque como mero *obiter dicta*, puesto que el tema no se planteaba en absoluto en el caso, la considera totalmente excluida para estos delitos la SAN de 5 de diciembre de 2008, y esta parece ser, al margen de la opinión de *lege ferenda*, la postura que sostiene un sector de la doctrina (Lascuráin Sánchez, 2023, marg. 17511; a favor de su admisibilidad, por todos, Tamarit Sumalla, 2016, p. 1.617-1.618; o Llabrés Fuster, 2015, p. 98).

Que no se haya suscitado en la práctica no convierte la cuestión en baladí; de hecho, si la Fiscalía hubiera optado por interponer querellas, bien hubiera podido plantearse en relación con la difusión de informaciones sobre determinadas actividades y comportamientos del hoy Rey emérito. De *lege lata*, la cuestión es desde luego discutible: si bien es cierto que la ostensible omisión (llamativa sobre todo por contraste con los arts. 496 y 504 Cp) pareciera apuntar a una específica voluntad legal de excluirla (en cuyo caso la discusión se trasladaría ya al plano de *lege ferenda*), no dejan de existir argumentos a favor de admitirla: el fundamental, la interpretación según la cual el tipo objetivo de calumnias requiere la objetiva falsedad de la acusación. Si la imputación de lo objetivamente cierto no resulta idónea para lesionar el bien jurídico honor, la utilidad de la *exceptio veritatis* residiría, como clarifica Molina Fernández, en eliminar la pena de lo que estructuralmente no es más que una tentativa (aunque al creerlo falso o no haberlo comprobado el sujeto intente lesionar el honor, la verdad objetiva de lo imputado impide la lesión del bien jurídico), y en desplazar la carga de la prueba a quien lanza la imputación (Molina Fernández 2023, margs. 10150-10156). Tampoco la dimensión pluriofensiva de los delitos contra la Corona autorizaría a mi juicio a prescindir de esta exigencia, pues entender la imputación de lo cierto (por mucho que subjetivamente el sujeto lo crea falso o no haya realizado una comprobación diligente) como idóneo para lesionar su prestigio implica una concepción a la postre cuasi sacralizadora de la institución, cuando lo cierto es que el prestigio no puede construirse sino sobre el comportamiento de quienes la integran. En la ya citada sentencia sobre informaciones periodísticas relativas a una supuesta tolerancia del Rey de Marruecos con el tráfico de hachís, el TEDH, por su parte, señaló que no permitir a los demandantes la prueba de sus alegaciones constituye "una medida que excede lo necesario para la protección de la persona y sus derechos, incluso cuando la persona es Jefe de Estado o de Gobierno" (*Colombani y otros c. Francia*, de 25 de junio de 2002, prgf. 66).

3. *El elemento específico del ejercicio de la función*

Una vez resaltada su relación con los tipos genéricos, procede detenerse ahora en el elemento privativo de estos tipos reforzados (la relación del comportamiento típico con el ejercicio de las funciones, o el haberse realizado "con motivo u ocasión" de estas), que es lo que determina la calificación por el art. 490.3 Cp (con la fundamental consecuencia, en el caso de ser una calumnia o injuria grave, de comportar prisión sin pena alternativa), o por el 491 (pena de multa).

Resulta obvio, para empezar, que esta circunstancia debería estimarse satisfecha siempre que las injurias se profirieran *en presencia* del Monarca *durante el ejercicio de su función* (no lo hace, sin embargo, la SAN de 7 de febrero de 2005, que condena por el art. 491.1 a quienes insultan y arrojan huevos al coche en el que viaja el Rey durante una visita oficial). Con todo, la presencialidad no es considerada elemento imprescindible por la jurisprudencia (al margen de alguna interpretación más restrictiva, como la SJCP de 14 de marzo de 2013, luego confirmada por la AN en el *caso Martínez Inglés*, que califica por el art. 491 Cp los insultos contenidos en una carta pública al Rey por entender que el 490.2 se reserva a las injurias "presenciales" o "cuasi-presenciales"; la idea se encontraba también en SJCP de 27 de marzo de 2012), pues la inclusión del "con motivo u ocasión" del ejercicio de la función en el tenor literal del elemento agravatorio ha permitido aplicarlo, por ejemplo, a conductas (la quema de bandera del *caso Stern Taulats*), declaraciones (*caso Otegui*) o escritos realizados o publicados en protesta o cuando menos con relación a visitas oficiales del Monarca, esto es, a lo relacionado con una actuación digamos *concreta* del Jefe del Estado, aunque sin asomo alguno de presencialidad. La modalidad más benigna del art. 491.1 suele aplicarse, en cambio, a publicaciones, grabaciones musicales, actuaciones en conciertos, mensajes en redes sociales, etc., no solo cuando se refieren a la vida privada del Monarca, sino también cuando atañen a su dimensión institucional pero *de modo genérico* (excepcional a este respecto es la SAN de 21 de febrero de 2017, *caso Valtònyc*, que califica por el art. 490.3, sin justificación expresa alguna, al autor de unas canciones de rap insultantes para el Jefe del Estado).

El criterio legal del ejercicio de las funciones como articulador de la gravedad de la pena resulta insatisfactorio por varias razones. En el plano de la antijuricidad material que ahora interesa no parece que el contenido aflictivo para el honor individual y el prestigio de la institución se intensifique por el hecho de relacionarse con una actividad oficial concreta (al margen ahora del juego justificante de la libertad de expresión, ¿qué diferencia existe a este respecto entre la quema de la efigie del Rey realizada por unos independentistas gallegos un día cualquiera (SAN de 18 de mayo de 2009) y la quema de fotos escenificada para protestar por una específica visita a la ciudad?); solo si la circunstancia se interpretara en un sentido muy restrictivo como equivalente a la presencialidad tendría algún sentido sostenerla, aunque en tal caso el plus de injusto se conectaría no tanto con una mayor lesión al honor o el prestigio de la función como con el factor perturbador del correcto desarrollo de la actividad oficial en cuestión. Y aún más: no parece en absoluto claro que las injurias conectadas con el ejercicio de la función afecten más gravemente al honor del Monarca y al prestigio de la Corona que los insultos puramente personales o los referidos a la vida privada incardinados en el 491.1, una vida privada que por lo demás, como acertadamente han apuntado algunos autores, en una figura de tintes tan especiales como la Monarquía se imbrica estrechamente con la dimensión institucional (Rodríguez Horcajo/Llobet Anglí, 2013, p. 18; en un plano distinto, pero en la línea de lo que quiere sostenerse, resulta interesante la STEDH *Couderc y Hachette Filipacchi Associés c Francia*, de 12 de junio de 2014, que admite el interés público de la noticia sobre la paternidad de un hijo extramatrimonial del Príncipe Alberto de Mónaco, esp. prgfs. 117 y ss., 126). Por último y al margen de las dificultades interpretativas que acaban de apuntarse: si la crítica ligada al ejercicio de la función es la que más directamente se proyecta sobre el desempeño puramente institucional, sin duda es la más susceptible de justificarse por el ejercicio de las libertades ideológica, de expresión e información; siendo esto así, las penas más altas ejercerían su *chilling effect* precisamente allí donde este resulta más indeseable.

4. La conducta típica de utilización de la imagen (art. 491.2 Cp)

Para concluir este breve repaso de las conductas típicas que nos ocupan ha de hacerse referencia al art. 491.2 Cp, que sanciona con una multa de seis a veinte meses la utilización de la imagen del Rey o del resto de personas que gozan de la misma sobreprotección "de cualquier forma que pueda dañar el prestigio de la Corona". La configuración típica reúne varios rasgos criticables: una formulación excesivamente abierta (*de cualquier forma*), una estructura de delito de peligro que no requiere la producción efectiva del daño (*puedan dañar*), y un elemento de referencia —*el prestigio* de una institución— ciertamente difícil de aprehender, que a diferencia de las injurias y las calumnias no cuenta con la referencia de un tipo genérico (Llabrés Fuster, 2015, p. 98 ss.). En relación a este último extremo, lo cierto es que la superposición de esta conducta con la de injurias resulta evidente (la utilización de una imagen, ya sea a través de la caricatura, el trucaje de fotografías, etc. es perfectamente apta para vulnerar el honor y dar lugar por tanto a los tipos precedentes, cuyo juego sería en todo caso en modo de tipo mixto alternativo); resulta difícil acotar ese espacio propio del art. 491.2 (que el principio de vigencia aconsejaría en principio a asignarle) en que con el uso de una imagen pueda vulnerarse el prestigio de la institución sin suponer simultáneamente una afectación al honor de aquel cuya imagen se utiliza. A todo ello se añade la inclusión, ya criticada respecto de los tipos anteriores, de un círculo extenso de familiares del Jefe de Estado, de nula conexión con el "prestigio" de la institución.

El tipo no ha sido objeto apenas de aplicación, si bien el caso de referencia (la conocida condena a dos humoristas de la revista *Caso El Jueves* por la publicación de una caricatura en la que se muestra al entonces Príncipe de Asturias manteniendo relaciones sexuales con su esposa con la finalidad de acceder al subsidio de natalidad anunciado por el Gobierno), en el que se aplica simultáneamente con las injurias, alcanzó en su momento una extraordinaria repercusión por haber dado lugar al secuestro judicial de la publicación, una medida de extrema gravedad en un sistema democrático cuya aplicación resultó absolutamente desproporcionada (SJCP de 13 de noviembre de 2007, muy contundente en descartar el juego de la libertad de expresión). Interesa constatar, en cualquier caso, que varias publicaciones satíricas de la misma revista, anteriores y posteriores a estos hechos, no han dado lugar a actuación alguna de la Fiscalía a pesar de su estilo similar a la comentada (lo ilustra Fernández Sarasola, 2019, pp. 371 ss.).

III. EL TRATAMIENTO JURISPRUDENCIAL DEL CONFLICTO CON LA LIBERTAD DE EXPRESIÓN

Más allá de las dificultades interpretativas de los elementos típicos que acaban de repasarse, el extremo verdaderamente problemático y decisivo en relación con la protección penal del honor del Monarca (y personas asimiladas) y el prestigio de la institución reside, como es obvio, en la operatividad de las libertades comunicativas del art. 20 CE como causa de neutralización de la antijuricidad de las conductas previamente consideradas típicas.

1. La exclusión del mero insulto gratuito del paraguas de la libertad de expresión. La valoración de la "conexión de necesidad" como vehículo de la crítica política

Los parámetros sentados con carácter general por nuestra jurisprudencia constitucional en relación con el conflicto entre libertad de expresión y derecho a honor permiten descartar con cierta facilidad la operatividad justificante de la primera en los casos de expresiones claramente insultantes o vejatorias, que –al margen de la motivación ideológica subyacente— resultan innecesarias para transmitir un mensaje de crítica o de opinión (las a veces denominadas "injurias absolutas"). Desde esta premisa se ha condenado en numerosas ocasiones por insultos al Jefe del Estado (a veces desnudos, a veces asociados a mensajes críticos), que la jurisprudencia ha considerado gratuitos[5].

La tipicidad de las injurias leves en este ámbito sobreprotegido (asociada a un celo de la Fiscalía que desde luego no se ejerce con respecto a otras injurias también perseguibles de oficio) ha propiciado condenas por insultos o expresiones de una carga lesiva ciertamente escasa. Es respecto de ellos, en cualquier caso, donde más sentido tiene recordar el criterio (sentado tanto por nuestra jurisprudencia constitucional como por

---

5 Así: la frase "si le explotara una bomba, cabrón, hediondo, gordo asqueroso, que sólo da de comer a los curas", pronunciada por un ciudadano mientras el Rey se encontraba en el balcón de la Capitanía de Santa Cruz de Tenerife (STS de 31 de enero de 1979); decir en un bar, en cuanto apareció la imagen del Rey en un televisor, que era "un mierda" y "un hijo de puta" (STS de 6 de junio de 1987); proclamar a voz en grito que "el Rey me importa un bledo, él no paga impuestos y yo no le tengo ningún respeto, es un gilipollas, yo no me muevo de aquí porque pago mis impuestos y el Rey no. Es un borracho y un putero y se va de putas con mi dinero" (SAN de 18 de octubre de 2005); cantante de rap que en un concierto afirmó que "se cagaba en los muertos del Rey" o que "el Rey tenía que estar enterrado" y hacía sonar música pregrabada con la frase "O.K., me cago en el rey" (SAN de 23 de enero de 2008); alcalde andaluz que manifiesta que "el Borbón es el hijo de un crápula", "hijo de una persona de condición licenciosa, deplorable, deleznable, no menos licenciosa que la de su esposa", que si atropellara a una niña lo haría por su "acostumbrada condición etílica" o que "el Rey es de naturaleza corrupta porque lo es de condición pero también lo es en lo personal" (SAN de 18 de setiembre de 2009); grupo musical que graba un CD con una canción que contiene el estribillo "el hijo puta, el Rey Juan Carlos", repetido dieciséis veces (SJCP de 27 de marzo de 2012, c*aso Ardor de Estómago*); SJCP de 7 de marzo de 2022, de la que interesa remarcar que se condena exclusivamente por el insulto "hijo de puta" vertido en una red social, pues no se formula acusación por otras expresiones como "cuánta mierda y mentira desde su pedestal anacrónico y franquista. Chusma", o (referido a la Princesa de Asturias) "vestida de rojo o de verde eres pus ... tú y tu estirpe".

el TEDH) de la mayor tolerancia exigible al hombre político frente a la expresión desabrida u ofensiva, máxime si se considera que insultos que en principio parecen referidos a la vida personal pueden expresar una crítica a la idoneidad de la persona para desempeñar la máxima representación institucional del Estado y suponer, por ello, una crítica también política.

Admitido que el Jefe del Estado se sitúa en el mismo plano que cualquier otro representante político (enseguida volveremos sobre ello), se trasladarían a estos delitos los mismos (e inevitables) problemas para valorar en el caso concreto esa "conexión de necesidad" que habilita el amparo bajo la libertad de expresión. Como ejemplo situado en esa zona gris puede citarse la SAN de 21 de mayo de 2013, *caso Martínez Inglés*, que condena por un artículo publicado en un periódico digital que llamaba al entonces Rey "último representante en España de la banda de borrachos, puteros, idiotas, descerebrados, cabrones, ninfómanas, vagos y maleantes", y que cuenta con varios votos particulares que abogan por apreciar el libre ejercicio de la libertad de expresión.

2. *El amparo de la crítica puramente ideológica (incluso de la expresión dura, hiriente o de menosprecio). Los vaivenes de la jurisprudencia española y la doctrina del TEDH*

En los años ochenta, en el contexto reseñado al principio de estas páginas, el TS no tenía problema alguno en confirmar sentencias condenatorias por expresiones de contenido eminentemente ideológico o de crítica política, por completo desprovistas de insultos o vejaciones. Al margen de algún caso de quema de imágenes (STS de 28 de noviembre de 1985, que condena por la quema de una figura de cera del Rey), la mayoría de estas condenas se referían a artículos publicados en prensa ideológicamente próxima al terrorismo vasco (un aspecto al que probablemente se asignaba un soterrado peso específico en la valoración judicial). Así, por ejemplo, un artículo que calificaba un viaje del Rey al País Vasco como un "ridículo fantasmal", que había provocado división de opiniones ("¿Unos en su padre y otros en su madre?"), y que "sólo puede terminar como concluyen las aventuras de un mal novillero al que se da la alternativa de maestro, (...) empitonado en las tablas" (STS de 26 de enero de 1983); otro en el que se sugería la ambigüedad o posible connivencia del Rey en relación con el golpe de Estado del 23 de febrero de 1981 (STS de 10 de abril de 1984); o aquel en el que se destacaba la relación de la Monarquía con el régimen franquista (la celebración del Mundial de fútbol de 1982 en España, se decía, "va a servir para hacer aún más propaganda del Rey español representándolo como la democracia en persona. Por supuesto ocultará que la monarquía fue restaurada por Franco. Se ocultará también la foto de Juan Carlos presidiendo el mitin fascista en la Plaza de Oriente, justificando los fusilamientos de opositores en 1975 ..., los presos políticos, el pasado fascista del Rey, las bases y composición de esta monarquía, el ruido de sables, y lo que haga falta, se esconderán bajo la alfombra" (STS de 19 de octubre de 1987, que anula la previa sentencia absolutoria de la AN e impone nada menos que seis años de prisión).

Es verdad que con frecuencia la condena se moderaba con la aplicación de la rebaja facultativa en un grado prevista por el art. 148 bis del Cp de 1973 en función de las "circunstancias del hecho y del culpable", y quizás tal cosa obedecía a una cierta consideración implícita al mensaje ideológico, admitiéndose por tanto un cierto juego de la libertad de expresión. Lo cierto es, sin embargo, que el análisis expreso en estos términos por parte del Tribunal Supremo solía ser en aquellos años muy superficial y en extremo cicatero; máximo ejemplo de ello es la STS de mayo de 1983 (la ya citada en la que se condena a varios concejales de un municipio vasco por afirmar en una moción que la Monarquía es "indigna de pisar el suelo vasco"), en la que el asunto se despacha con el recuso desnudo a la referencia constitucional al honor como límite de la libertad de expresión por el art. 20 CE; o, en parecidos términos, la también ya citada STS de 19 de octubre de 1987 sobre el artículo relativo al supuesto pasado franquista del Rey.

La anulación de esta última sentencia por el TC al apreciar vulneración de las libertades ideológica y de expresión (STS 20/1990, de 15 de febrero, que subraya el juego de la libertad ideológica) supone una intervención de la jurisprudencia constitucional respecto de estos delitos en una línea claramente garantista de dichas libertades; una línea, como luego se verá, de la que el propio TC se ha separado totalmente en tiempos más recientes, y que en realidad ha sido asumida de modo muy desigual en la jurisprudencia de las siguientes dos décadas. Así, junto a sentencias inmediatamente posteriores a la STC 20/1990, en las que el TS empezó a admitir muy tímidamente, al menos *obiter dicta*, que la libertad de expresión pudiera amparar también respecto del Rey la formulación "exasperada o, inclusive, de mal gusto", dirigida a "la provocación de respuestas emocionales del público" (STS de 26 de abril de 1991, *caso Prontxio*, aunque finalmente se condene al autor de un artículo en el diario Eguin por considerar que su contenido –"antes de que vuestro rey lo sea de nosotros, preferimos coger el SIDA y contagiárselo a nuestros hijos"– rebasaba "el límite de lo tolerable como necesario en el ejercicio del derecho a la libertad de expresión" por implicar "un deseo de destrucción de la persona" lesivo del núcleo de su dignidad), pueden identificarse otras en las que se opta por absolver aun con resistencia a emplear el argumento de las libertades fundamentales; es el caso, también en aquellos años, de la STS de 28 de septiembre de 1993 (en la que la interrupción de la alocución del Rey en la Casa de Juntas de Guernica con el canto de un himno por parlamentarios y junteros de Herri Batasuna es considerada atípica de injurias, por falta del elemento objetivo del tipo), o el de la muy posterior SJCP de 22 de diciembre de 2008, *caso Mitrofán*, en cuya confusa argumentación, aun con referencias a la "libertad de crítica", finalmente se absuelve por la apreciación de un mero *animus iocandi* (se juzgaba a dos periodistas y un articulista que en sendas colaboraciones, una fotocomposición y un artículo, este último con expresiones como "soberano irresponsable o "mequetrefe", satirizaban sobre la participación del monarca en una cacería en Rusia). En las décadas siguientes pueden identificarse sentencias mucho más decididas respecto del juego justificante de las libertades comunicativas, como el archivo en un caso de un programa satírico de televisión (AJCI núm. 5 de 19 de agosto de 2014, que aunque alude a la existencia de mero *animus iocandi,* sitúa el peso en el ejercicio de las libertades fundamentales); o la absolución (también por el delito de ultrajes) respecto de las pitadas al Rey y al himno nacional en estadios de fútbol (SAN de 4 de mayo de 2018, respecto del ciudadano que a través de sus redes sociales instó a la pitada colectiva). Estas últimas resoluciones, sin embargo, contrastan por completo con otras radicalmente restrictivas, como la SAN de 18 de mayo de 2009 (un supuesto de la quema de una figura con la efigie del Rey, precedente del caso que unos años más tarde dio origen al caso *Stern Taulats*), en la que la alegación de haberse vulnerado los derechos a la libertad ideológica y de expresión del condenado se ventilaba en términos tan radicales como estos: "la actuación de los apelantes en los hechos imputados no puede ampararse en el derecho fundamental a la libertad ideológica ni a la libertad de expresión, ya que el hecho de la quema de la figura a tamaño real del Rey de España, no tiene relación con idea política o forma de expresar una controversia de tal carácter. Se trata de una actuación que no guarda relación alguna con el derecho a formar opinión pública, ni con el derecho a expresar la misma, extralimitándose por su parte en las actuaciones legítimas que los derechos que mencionamos contemplan, sin que se advierta en ningún modo ni en momento la necesariedad de tal acción".

En estos vaivenes de nuestra jurisprudencia (de Audiencia Nacional y Tribunal Supremo pero también del Tribunal Constitucional) han de señalarse los dos hitos fundamentales, ambos objeto de intenso comentario doctrinal, que han valido a España las conocidas condenas por el TEDH en las que este ha aplicado y asentado su previa doctrina muy restrictiva del recurso al *ius puniendi* en el contexto de las críticas de contenido netamente político al Jefe del Estado: los casos *Otegui* y *Stern Taulats*, de 2011 y 2018 respectivamente.

El caso *Otegui Mondragón c. España* trae causa, como es de sobra conocido, de la condena de un año de prisión impuesta al dirigente abertzale por el TS, que subsumió bajo el art. 490.2 Cp unas afirmaciones en rueda de prensa en las que aquel tachaba al monarca de "responsable de los torturadores" (STS de 31 de octubre de 2005, con voto particular del magistrado Andrés Ibáñez; en concreto, el dirigente condenado se preguntaba: "¿Cómo es posible que se fotografíen [scil. las autoridades vascas] hoy en día en Bilbao con el Rey español, cuando el Rey español es el jefe de máximo del Ejército español, es decir, el responsable de los torturadores y que ampara la tortura y que impone su régimen monárquico a nuestro pueblo mediante la tortura y la violencia?"). El juego de la libertad de expresión quedaba descartado, aducía el TS, por haberse afectado el "núcleo de su dignidad" al haberse atribuido al Monarca una de las conductas delictivas más graves de nuestro ordenamiento[6]. Recurrida la sentencia en amparo, el TC, en un auto de

6 Por cierto que, al margen de resultar de apreciación enormemente discutible por lo lábil e inconcreto del parámetro de afectación "al núcleo de la dignidad" (recordemos que la afectación de la dignidad concurre en todo hecho típico de injurias *ex* art. 208 Cp, de modo que no debería operar como criterio *per se* excluyente de la justificación), este último argumento no deja de resultar sorprendente a la luz de la jurisprudencia previa del propio TS, al que idéntica acusación no le suscitó esa misma reserva cuando se trataba del Presidente del Gobierno. La STS de 17 de mayo de 1990, en efecto, confirmó la absolución de quien por escrito había calificado al Pre-

inadmisión que en realidad sí entra a conocer del fondo del conflicto (ATC 213/2006 de 3 de julio), descarta la cobertura de las libertades ideológica o de expresión, lo que finalmente determina la condena a España por el Tribunal de Estrasburgo en su sentencia de 2011 (STEDH *Otegi Mondragón c. España*, de 15 de marzo de 2011). La misma suerte corrió nuestro país, siete años después, en esa "condena anunciada" que puso fin al caso *Stern Taulats y Roura Capellera c. España*, de 13 de marzo de 2018, que como es sobradamente conocido trae causa de la aplicación del art. 491 Cp por la AN a dos independentistas catalanes por la quema de una foto de los Reyes durante una concentración de protesta por su presencia en la ciudad de Girona, en el contexto de una campaña titulada "Trescientos años de Borbones, trescientos años combatiendo la ocupación española" (SAN de 5 de diciembre de 2008, con votos particulares de los magistrados Guevara Marcos y Sáez Valcárcel); rechazado el recurso de amparo por el TC (STC 177/2015, de 22 de julio, con votos particulares, en la línea de lo que luego sería la sentencia del TEDH, de los magistrados Asúa Batarrita, al que se adhiere Valdés Dal-Ré, Xiol Rius y Roca Trías), el tribunal de Estrasburgo termina condenando a España en 2018. En lo que sigue enmarcaremos ambas sentencias en la doctrina general del tribunal europeo sobre la legitimidad de la limitación de las libertades comunicativas, para detenernos después sobre los argumentos más específicamente relacionados con la crítica a la institución monárquica y contraponerlos a los empleados por los tribunales españoles.

Las dos sentencias del TEDH repasan y aplican a sus respectivos casos, como es lógico, su propia doctrina muy asentada

---

sidente de torturador, y lo hizo con una argumentación rotunda sobre la operatividad de la libertad de expresión que quince años después se descartó por completo respecto del Rey (destaca la contradicción Llabrés Fuster, 2015, p. 98 ss.).

sobre el alcance de la libertad de expresión, su posición preferente como pieza clave del pluralismo político y el sistema democrático (como "una de las precondiciones del funcionamiento de la democracia"), y los parámetros que han de ser tomados en consideración a la hora de valorar la legitimidad de una restricción en tanto (además de encontrarse prevista por la ley y obedecer a alguna de las finalidades mencionadas por el precepto) constituya una "medida necesaria en una sociedad democrática" (art. 10.2 CEDH) , que ha de entenderse como necesidad "imperiosa". Se refieren por ello ambas sentencias a los elementos esenciales de toda esta amplísima doctrina consolidada: la especial virtualidad de las libertades comunicativas como piezas claves del pluralismo precisamente cuando de expresiones hirientes se trata; el estrecho margen que su limitación consiente en el marco del discurso o debate político, más constreñido aún cuando quien se expresa es (como en el *caso Otegui*) un representante electo por los ciudadanos o cuando el objeto de la crítica tiene la condición de "hombre político" (enseguida nos referiremos a la consideración del Monarca a la luz de este criterio); la importancia de una interpretación restrictiva de los límites al derecho como instrumento para evitar, especialmente cuando de sanciones penales se trata, un efecto de desaliento en el ejercicio de las libertades expresivas (lo que aconseja, incluso, considerar amparados pequeños excesos o extralimitaciones en su ejercicio); y, más allá de lo anterior, e incluso cuando se estime justificada la limitación, la necesidad de un análisis especialmente cuidadoso de la proporcionalidad de la restricción (del contenido aflictivo de la pena en caso de ejercicio del *ius puniendi*), que tratándose de crítica política no puede dar lugar a la imposición de penas de prisión o convertibles en ella, con la sola excepción del discurso del odio o la incitación clara a la violencia (además de en los prgfs. 48-50 de la sentencia *Otegui* y los prgfs. 30-35 de la sentencia *Stern Taulats*, un útil resumen de esta jurisprudencia puede encontrarse en Presno Linera, 2020, pp. 461 y ss.; como una de las últimas sentencias representativas, interesante a nuestros efectos al tratarse de una fotocomposición de la cara de Erdogan con el cuerpo de un perro y una correa con la bandera norteamericana, *Dickinson c. Turquía,* de 2 de febrero de 2021).

Al margen de todo ello, por su relación específica con el objeto de nuestro estudio interesa destacar especialmente algunas ideas.

La primera de ellas se refiere a la específica condición de la Monarquía como objeto de crítica ofensiva y a la consideración que al TEDH le merece, a efectos de la valoración de la limitación de las libertades comunicativas, la especial posición constitucional del Monarca como pieza *neutral* situada por encima del juego político, además de no sujeta a responsabilidad. Y es que, en efecto, sobre ambas características del estatuto constitucional del Jefe del Estado fundamenta el TC parte de su razonamiento de inadmisión del recurso de amparo en el *caso Otegui*; el hecho de que jurídico-constitucionalmente el Rey *no pueda* ser responsable por un delito de torturas, parece decirse, añade todavía una mayor carga de lesividad a las afirmaciones, y no permite conceptuarlas como una crítica política amparada por las libertades fundamentales. Si la imputación de actos tan graves como las torturas se había considerado ya extramuros de la libertad de expresión respecto de un alto cargo político (STC 190/92, de 26 de noviembre), con mayor medida, dice el TC, procedería en el caso del Rey, configurado constitucionalmente como no sujeto a responsabilidad y neutral en el juego político (ATC 213/2006, de 3 de junio; en fechas más recientes y aunque en diferente plano, este mismo argumento ha vuelto a ser utilizado por el Tribunal en STC 98/2019, de 17 de julio de 2019, para anular la Resolución 92/XII del *Parlament de Catalunya,* de 11 de octubre, a la que nos referíamos al principio de este trabajo: la crítica al Rey desde una institución que le imputa actos de los que no es responsable contradice la configuración constitucional de la Monarquía).

La réplica del Tribunal de Estrasburgo a esta argumentación es clara e insiste, en cambio (a mi juicio con acierto) precisamente en el carácter de símbolo del Estado en el que se basa esa trasposición de responsabilidad realizada por quien ideológicamente rechaza de pleno al Estado mismo: el Tribunal considera que "el hecho de que el Rey ocupe una posición de neutralidad en el debate político, una posición de árbitro y símbolo de la unidad del Estado, no podría ponerlo al abrigo de toda crítica en el ejercicio de sus funciones oficiales o, como en el caso, como representante del Estado que simboliza, en particular para los que rechazan legítimamente las estructuras constitucionales de este Estado, incluido su régimen monárquico". Por otra parte, la no sujeción a responsabilidad del Monarca, "en particular, a nivel penal, no podría suponer un obstáculo en sí al libre debate sobre su posible responsabilidad institucional, o incluso simbólica, a la cabeza del Estado, dentro de los límites del respeto a su reputación como a la de cualquiera" (prgf. 56). En puridad (y ello se deduce también de la propia jurisprudencia del TEDH sobre la mayor tolerancia con la crítica ofensiva que es exigible al "hombre político") no es que el Monarca sea acreedor a una protección reforzada, sino precisamente a la inversa: "precisamente cuanto menos rendición de cuentas quepa exigir a quienes desempeñan funciones constitucionales, mayor nivel de crítica ciudadana tendrán que aceptar como instrumento de legitimación democrática de la citada institución" (Presno Linera, 2020, p. 545). Dicho ahora en las palabras del magistrado Sáez Valcárcel en su voto particular a la sentencia de la AN del *caso Stern Taulats*: (SAN de 5 de diciembre de 2008): "en puridad, cuanto más poder más sometimiento a la crítica, desde luego menor esfera de protección del honor de las personas que lo ocupan, siempre de manera provisional en democracia. Son indicios sobre la calidad de la esfera pública. El Rey ostenta la Jefatura del Estado, cuya forma política es la Monarquía. Además de hereditaria, por ello no electiva, no sometida a sufragio universal, la persona del Rey es inviolable e irresponsable (art. 56.3 CE). Esos rasgos determinan que el espacio de protección de su persona, y de la propia institución, ante la crítica política sea, incluso, inferior al de otras personas o instituciones públicas".

Otra cuestión que interesa destacar atañe al polémico recurso al concepto del discurso del odio en este contexto, que en realidad constituyó el argumento fundamental del TC para rechazar el amparo en el *caso Stern Taulats*[7] y acogerse a la ya mencionada excepción respecto de este tipo de discurso (y de la provocación a la violencia) en la jurisprudencia del TEDH –recordemos que cuando se trata de discurso de odio el TEDH excepciona el efecto amparador de la libertad de expresión a través de dos vías: en primer lugar (como vía más extrema que suele reservarse únicamente para el discurso filonazi y de negación/apología del Holocausto), se recurre a la cláusula del abuso de derecho del art. 17 CEDH, lo que da lugar al llamado "efecto guillotina" que impide siquiera entrar a valorar la cuestión desde el punto de vista de la libertad de expresión; y, en segundo lugar, como vía menos tajante, a través de una interpretación amplia de los límites a los que se abre el art. 10 CEDH–. Considera el TC, en efecto, que el acto de quemar sus imágenes traslada "la idea de que los Monarcas merecen ser ajusticiados", por lo que constituiría un caso de "incitación a la violencia contra la persona y la institución que representa", que "fomenta sentimientos de agresividad contra la misma y expresa una amenaza", todo lo cual autorizaría a calificarlo como una muestra de discurso de odio que bloquea el juego de la libertad de expresión (STC 177/2015, de 22 de julio,

---

7 Algunos comentaristas críticos con la decisión del TEDH han querido identificar un elemento de discurso de odio también en el *caso Otegui,* por la vía (a mi juicio estéril) de la obvia conexión del dirigente con el terrorismo etarra (Sánchez de Diego Fernández de la Riva, 2011, pp. 14-15; más tímidamente, Soto García, 2012, p. 589).

FJ 4). El Tribunal reconoce que las manifestaciones "más toscas" del denominado discurso de odio son las que se proyectan sobre las condiciones étnicas, religiosas, culturales o sexuales de las personas, pero sostiene que este tiene otras manifestaciones, "siendo una de ellas, indudablemente, la que persigue fomentar el rechazo y la exclusión de la vida política, y aun la eliminación física, de quienes no compartan el ideario de los intolerantes".

Pues bien, como ya avanzaban los votos particulares, este concepto extensivo del discurso del odio (que en realidad el TC viene a superponer con la incitación a la violencia, aunque deben tratarse como dos límites diferenciados a la libertad de expresión) no se compadece con sus contornos y su sentido en la jurisprudencia del TEDH, que como era por completo previsible rechazó de plano tal argumentación. Descarta primero el TEDH la concurrencia en el caso de una incitación a la violencia: la quema de fotografías se entiende como una mera escenificación, simbólica y provocadora, del rechazo a la monarquía como institución, y no una incitación al ejercicio de la violencia contra los Reyes, que en modo alguno puede deducirse de los hechos y el contexto (STEDH *Stern Taulats i Roura Capellera c. España*, prgfs. 39-40)[8]. En segundo lugar (y esto es lo que más interesa a los efectos de este trabajo) insiste

---

8 Para la comprobación de dicho supuesto carácter incitador insta Asúa Batarrita (en su voto particular a la STC 177/2015, de 22 de julio) al empleo del estándar del *clear and present danger* de la jurisprudencia norteamericana. Una condensada exposición sobre la evolución de dicho estándar, a partir del más laxo *bad tendecy test*, en la jurisprudencia norteamericana puede encontrarse en Presno Linera, 2018, pp. 18-24. Aunque respecto de un derecho convencional distinto (el de reunión), también atañe a la quema de fotografías (en este caso del Presidente de Rusia Vladimir Putin) y a su valor simbólico pero no violento la STEDH *Partido Demócrata Cristiano del Pueblo c Moldovia*, de 2 de febrero de 2010, prgf. 27.

la sentencia en que la noción del discurso del odio (en la que radica su especial posición bloqueadora del juego de la libertad de expresión, pero que precisamente por ello debe interpretarse restrictivamente) ha de identificarse con "las formas de expresión que propaguen, inciten, promuevan o justifiquen el odio racial, la xenofobia, el antisemitismo u otras formas de odio basadas en la intolerancia", algo que nada tiene que ver con la figura del Monarca (prgfs. 41-42).

Aunque no pueda entrarse aquí a un análisis detallado de la cuestión, resulta claro que un concepto tan amplio como el manejado por el TC de lo que constituye discurso de odio, que tergiversa su sentido de protección de minorías vulnerables para abarcar las expresiones de hostilidad respecto de instituciones del Estado, facilita enormemente la represión del discurso político disidente y disuade al ejercicio de las libertades comunicativas. La crítica a esta argumentación del TC por extensiva y tergiversadora del concepto ha sido casi unánime en la doctrina penalista y constitucionalista, a menudo al hilo de una crítica más global a un mal uso del constructo por tribunales y Fiscalía (la ya tan conocida "banalización del discurso del odio") también respecto de otros delitos, y ello tanto para cercenar la posibilidad de justificación como (ya en un plano previo) para fundamentar la propia incriminación de determinadas conductas[9]. Inmejorablemente expresado por el voto particular de la magistrada Asúa Batarrita: "equiparar bajo el mismo concepto el discurso antimonárquico —aquí y ahora— con el discurso dirigido a fomentar la discriminación y exclusión social de colectivos secularmente vulnerables, revela

---

9 Por citar solo algunos, Alcácer Guirao, 2018, pp. 5-8; Bilbao Ubillos, 2018, pp. 16 y ss.; Carillo López, 2019, p. 44; García Ruiz, 2022, pp. 153 y ss.; Landa Gorostiza, 2018, p. 24 y n. 38; Macías Caro, 2022, pp. 128-133; Presno Linera, 2020, 544-5; Teruel Lozano, 2017, pp. 1 y ss., pp. 8-10.

una lamentable utilización de conceptos acuñados sobre realidades dramáticas que en modo alguno admiten comparación con los insultos a una institución o a unas personas de tan alta relevancia pública". El TEDH, por su parte, ha vuelto a clarificar en sentencias posteriores la imposibilidad de utilizar este parámetro en relación con conductas comunicativas relativas a instituciones (*Savva Terentyev c. Rusia*, de 28 de agosto de 2018, en la que se rechaza que la incitación a la violencia contra la policía pueda calificarse de delito de odio).

La STC 177/2015 y su recurso a los cómodos expedientes de la incitación a la violencia y/o al discurso de odio marcó un camino que ha vuelto a ser transitado en otras resoluciones relativas a los delitos que aquí nos interesan; así puede apreciarse en varios pasajes de la sentencia de la AN de 2017 (esto es, todavía anterior a la STEDH *Stern Taulats*) dictada en el *caso Valtònyc* y confirmada después por el TS, si bien es cierto que determinadas expresiones insultantes también se valoraron a la luz del parámetro de la innecesariedad (SAN de 21 de febrero de 2017, confirmada por STS de 15 de febrero de 2018; el recurso de amparo ante el TC fue inadmitido por PTC 1242/2018, de 19 de abril, por no haberse fundamentado la relevancia constitucional, y tampoco fue admitida la ulterior demanda ante el TEDH). Pero es que incluso *después* de la condena por Estrasburgo se ha vuelto a incidir en la misma idea; en las diversas resoluciones que condenaron a un cantante por expresiones contenidas en letras de sus canciones y en numerosos tuits (*caso Pablo Hasél*), tanto la AN como el TS (además de intentar razonar, a mi juicio infructuosamente, que no se trata de una crítica política) justifican la condena con el argumento de que con ellas se incitaba a una acción violenta contra el Monarca (SAN de 2 de marzo de 2018, confirmada por la Sala de Apelación en SAN de 14 de septiembre de 2018, y posteriormente por STS de 7 de mayo de 2020; entre los comentarios García Ortiz, 2022, pp. 161-6, quien acertadamente pone de relieve el mal uso de las referencias a la jurisprudencia del

TEDH; Moya Fuentes, 2021, pp. 399 y ss., y, sobre todo, la completa disección y aguda crítica de Dopico Gómez-Aller, 2021, pp. 395-400). Una vez más, cuando de injurias a la Corona se trata Audiencia Nacional y Tribunal Supremo operan con criterios extensivos; sin necesidad siquiera de acudir a estándares jurisprudencialmente asentados en otros ordenamientos o en instrumentos internacionales sobre el grado de concreción e inminencia exigible al peligro, deducir que se incita a la oposición violenta a la Monarquía por expresiones como las utilizadas en estos mensajes simplemente no se corresponde con el sentido habitual del lenguaje. Como de modo muy gráfico indica Dopico Gómez-Aller, sirviéndose de las mismas palabras que fueron objeto de condena: "tan sólo imagínese por un segundo que ese mismo canon se utilizase para juzgar a quien dijese que «los políticos del Gobierno» son unos parásitos, mafiosos, medievales o una banda criminal" (2021, p. 399).

A la vista del panorama normativo y aplicativo que se ha intentado bosquejar en estas páginas, ¿aparece la derogación de los arts. 490.3 y 491 Cp como una opción razonable? Sí en la medida en que dan pie, como ha podido comprobarse, a una interpretación extensiva poco favorable al juego de las libertades comunicativas: su mera presencia en el ordenamiento constituye un lastre que probablemente dificulta el arraigo en nuestros tribunales de la idea fundamental de que el Jefe de Estado, como "hombre político", no ha de gozar de una protección más intensa frente a la crítica desabrida o hiriente, sino, precisamente, más matizada.

BIBLIOGRAFÍA

ALCÁCER GUIRAO, R. (2018). Opiniones constitucionales. *Indret*, 1/2018.

BILBAO UBILLOS, J.M. (2018). La STEDH de 13 de marzo de 2018 en el asunto *Stern Taulats y Roura Capellera contra España*: la crónica de una condena anunciada. *RGDC*, núm. 28, pp. 1 y ss.

CARMONA SALGADO, C. (2016). A vueltas con las propuestas despenalizadoras de ciertas conductas contra determinadas instituciones públicas, organismos de la nación, emblemas y símbolos. *CPC,* 119, pp. 5 y ss.

CARILLO LÓPEZ, M. (2019), en Encuesta sobre la libertad de expresión. *TRC,* núm. 44, pp. 17-19.

CORRAL MARAVER, N. (2020). Sentencia del TEDH en el asunto *Stern Taulats y Roura Capellera c. España.* reflexiones sobre el delito de injurias a la corona y el derecho a la libertad de expresión política en España. *RGDP,* 34, pp. 1 y ss.

CUERDA ARNAU, M.L. (2022). "Delitos contra la Constitución". González Cussac (coord.), *Derecho penal Parte Especial,* 7ª ed., Tirant lo Blanch, pp. 769 y ss.

DOPICO GÓMEZ-ALLER, J. (2021). El segundo "caso Pablo Hasél". *Eunomía. Revista en Cultura de la Legalidad,* 20, pp. 393 y ss.

FERNÁNDEZ SARASOLA, I. (2019). Libertad de expresión y tutela de la Corona: el caso de «El Jueves». *TRC,* 43, pp. 371 y ss.

GARCÍA ORTIZ, A. (2022). Los delitos contra «el honor» de la corona y el discurso de odio. *RJUAM,* núm. 45, pp. 153 y ss.

LANDA GOROSTIZA, J.M. (2018). El mapa de odio en el País Vasco. *Indret* 4/2018, pp. 1 y ss.

LASCURÁIN SÁNCHEZ, J.A. (2023). Delitos contra la Corona. En: Molina Fernández (dir.), *Memento Penal 2023,* Francis Lefebvre.

GRUPO DE ESTUDIOS DE POLÍTICA CRIMINAL (2019). *Una propuesta alternativa de regulación de los delitos de expresión.* Tirant lo Blanch.

LLABRÉS FUSTER, A. (2015). Artículos 485 a 491: delitos contra la Corona, en Gómez Tomillo/Javato Martín (dirs.), *Comentarios prácticos al Código penal,* Vol. 6, Aranzadi, pp. 77 y ss.

MACÍAS CARO, V.M. (2022). Delitos de calumnias e injurias al rey y a otras personas vinculadas a la Corona (arts. 490.3 y 491 cp): análisis de los tipos y de la jurisprudencia española y europea. *Revista Penal México,* 20, pp. 117 y ss.

MOLINA FERNÁNDEZ, F. (2023). Calumnia. Molina Fernández (dir.), *Memento Penal 2023.* Francis Lefebvre.

MOYA FUENTES, Mª.M. (2021). Injurias a la corona: el caso Hasel. *Eunomía. Revista en Cultura de la Legalidad,* 21, pp. 399 y ss.

PRESNO LINERA, M.A. (2018). Crónica de una condena anunciada: el asunto *Stern Taulats y Roura Capellera c. España* sobre la quema de fotos del Rey. *TRC*, núm. 42, pp. 539 y ss.

__ (2020). La libertad de expresión según el Tribunal Europeo de Derechos Humanos. *Revista de la Facultad de Derecho de México,* Tomo LXX, núm. 276, pp. 461 y ss.

RODRÍGUEZ HORCAJO, D./LLOBET ANGLÍ, M. (2013). Condenado «en nombre de Su Majestad, el Rey», por injurias al Rey: ¿una contradicción? *Iuris, Actualidad y Práctica del Derecho,* núm. 201, pp. 14 y ss.

SÁNCHEZ DE DIEGO FERNÁNDEZ DE LA RIVA, M. (2011). Las injurias al Rey a la luz de la jurisprudencia del TEDH. Sentencia del TEDH *Otegi Mondragón contra España* (Requête nº 2034/07), de 15 de marzo 2011, *RGDE,* 24 pp. 1 y ss.

SOLOZÁBAL ECHAVARRÍA, J.J. (2019). Encuesta sobre la libertad de expresión. *TRC*, 44.

SOTO GARCÍA, M. (2012). Los límites de la libertad de expresión en el debate político. *Revista de Derecho Comunitario Europeo,* núm. 42, pp. 575 y ss.

TAMARIT SUMALLA, J.M.ª (2016). Delitos contra la Constitución. Quintero Olivares (dir)/Morales Prats (coord.) *Comentarios al Código penal,* vol. II, Aranzadi.

TERUEL LOZANO, G. (2017). Discursos extremos y libertad de expresión: un análisis jurisprudencial. *Revista de Estudios Jurídicos. Segunda Época,* núm. 17 pp. 1 y ss.

Entre la rima y la ofensa. Reflexiones sobre la protección penal de la Corona y la libertad de expresión artística

IRENE RUFO RUBIO
Profesora Ayudante Doctora de Derecho Constitucional
Universidad Rey Juan Carlos

I. INTRODUCCIÓN

La libertad de expresión es el pilar fundamental que sustenta toda democracia. Gracias a ella, nuestro sistema constitucional se construyó en 1978 y está consolidado hoy día sobre la base de una sociedad plural, donde se asegura el libre intercambio de ideas, opiniones, información y corrientes culturales. Prueba de ello, además del amplio art. 20 de nuestra Constitución española (en adelante, CE) en el que profundizaremos, es que el art. 14 CE declare que todos los españoles somos iguales ante la ley, sin que pueda prevalecer discriminación alguna por razón, entre otras, de "opinión". Argudo (2022, p.13), de manera ingeniosa, afirma que al igual que un niño, a la pregunta "¿qué pedirías a un genio si te concediese solo un deseo?", respondería "deseos infinitos"; si la pregunta fuese "¿con qué derecho humano te quedarías si solo pudieras elegir uno?", escogería, casi con total certeza, la libertad de expresión. Solo haciendo uso de dicha libertad, se pueden defender los demás derechos del ser humano.

Concebida como una verdadera garantía institucional que asegura el principio democrático (STC 159/1986, de 16 de diciembre), como todo derecho fundamental, la libertad de expresión está sometida a límites. El problema surge cuando dichos límites en ocasiones vienen establecidos directamente en la Constitución española, pero, en otras, el límite deriva de forma mediata o indirecta de la letra de la referida Norma (STC 2/1982, de 29 de enero [FJ 5]). Concretamente, el artículo 20.4 CE nos dice que las libertades reconocidas en el apartado primero del mismo precepto tienen su límite en el respeto de todos los derechos que se enuncian en el Título I del Texto constitucional, y, de un modo más específico, de los derechos fundamentales personalísimos proclamados en el art. 18.1 CE, así como de la juventud y de la infancia. El Constituyente, además, autoriza a la ley para el desarrollo de los mencionados límites. Así, algunas de esas restricciones que nuestro legislador establece son los conocidos "delitos de expresión" contra la Corona, tipificados en los artículos 490.3 y 491 del Código Penal vigente (en adelante, CP).

De acuerdo con lo anteriormente expuesto, con la desaparición de los delitos de desacato con la promulgación de la ley penal de 1995, mediante los cuales se tutelaba el principio de autoridad, aparece de continuo el debate sobre si es aceptable que los actuales Estados democráticos restrinjan los discursos de sus ciudadanos en favor de la protección de los símbolos patrios y las instituciones del Estado. En consecuencia, son muchos los intentos legislativos encaminados, de un modo u otro, a alterar este estado de cosas.

Centrándonos únicamente en el presente más inmediato, encontramos la Proposición de Ley Orgánica 122/000131 "de protección de las libertades y seguridad ciudadana", presentada en el mes de octubre de 2024, que aboga por la reforma de aquellas infracciones y sanciones que contempla la Ley Orgánica 4/2015, de 30 de marzo, relacionadas con el ejercicio de la libertad de expresión o información, en aras de conseguir "la interpretación más favorable a la plena efectividad" de dichos derechos. Igualmente, el denominado "Plan de acción por la democracia", propuesto por el Gobierno de España en el mes de septiembre de 2024, plantea treinta y una medidas como “soluciones” a las “principales amenazas a la democracia”. En el marco de dichas medidas, se encuentra la intención de “abordar una reforma integral de los artículos del Código Penal que pueden afectar a la libertad de expresión y a la creación artística, entre otros casos cuando se refiera a las instituciones del Estado [...]”. Cabe mencionar también la Proposición de Ley Orgánica 122/000107, “de garantía del derecho a la información veraz y lucha contra la desinformación”, de mayo de 2024. Asimismo, sigue actualmente en fase de tramitación la Proposición de Ley Orgánica 122/000006 de reforma de la Ley Orgánica 10/1995, de 23 de noviembre, del Código Penal “para la protección de la libertad de expresión”, que busca la derogación, entre otros delitos, de las calumnias e injurias contra la Corona. Por su lado, existen otras propuestas, como la Proposición de Ley Orgánica 122/000018 “para garantizar la unidad de España”, de noviembre de 2023, que, si bien rechazada, buscaba precisamente lo contrario; esto es, “mejorar la protección de los símbolos nacionales incrementando la respuesta penal por los delitos de ofensas o ultrajes a España”.

Pues bien, atendiendo a la relevancia actual de la cuestión, elaboramos este trabajo. Y lo hacemos poniendo énfasis en una dimensión específica de la libertad de expresión: la creación artística. Las razones son varias. Primero, porque creemos que es el derecho recogido en el artículo 20.1 CE menos explorado por nuestra justicia constitucional y, al mismo tiempo, el más exigente, debido a su rápida evolución y los diversos retos que plantea. En segundo lugar, y especialmente, porque nos preguntamos si la reciente inadmisión por parte del Tribunal Europeo de Derechos Humanos (en adelante, TEDH) de la demanda presentada por el rapero Pablo Hasel contra España, en relación con su condena penal por delitos de expresión contra la Corona cometidos a través de sus canciones y algunas declaraciones, representa o no un cambio de paradigma.

II. ALGUNAS CONSIDERACIONES EN CLAVE CONSTITUCIONAL SOBRE LAS CALUMNIAS E INJURIAS CONTRA LA CORONA

Al hacer un repaso por nuestras leyes penales históricas, podemos comprobar que, con sus lógicos matices diferenciadores, todas ellas han protegido de forma reforzada la figura del Jefe del Estado frente a posibles ataques expresivos (Rufo Rubio, 2024). Desde el primer Código Penal español de 1822, aprobado en el marco de la Constitución de 1812, que sancionaba en su art. 223 como "delitos contra la sociedad" el "insulto" realizado "a sabiendas" con "acción o palabra injuriosa" al Rey, Reina o al Príncipe heredero; hasta —por poner un ejemplo dentro de un régimen no monárquico— el Código Penal de 1932, que castigó como "delitos contra la Constitución" en sus arts. 148 y 149 las injurias dirigidas contra el Presidente de la República. Sin olvidar que esta última normativa se complementaba en dicho ámbito con la preconstitucional Ley de Defensa de la República, donde se recogía un largo elenco de "actos de agresión a la República".

El art. 56.3 CE declara que la persona del Monarca es inviolable. Dicha inviolabilidad llevó a Jiménez de Parga (2009) a sostener, con motivo de una sonora pitada al Rey en un acto público, que dicho precepto constitucional bastaría para afirmar que "la impunidad de quienes ofenden al Rey no tiene cabida en nuestra Constitución", por cuanto, "cualquier menosprecio del símbolo redunda en un ataque al mismo Estado que él representa". No obstante esto, lo cierto es que es en el Capítulo II ("Delitos contra la Corona") del Título XXI ("Delitos contra la Constitución") del Código Penal donde actualmente aparecen regulados las ofensas contra la Corona. Conductas delictivas que hoy quedan resumidas en calumniar e injuriar.

Dejando a un lado reflexiones que precisan de explicaciones más profundas y que, por espacio, no podemos realizar aquí, lo importante ahora es conocer que, por remisión obligatoria al Título XI del CP, entendemos por acusación calumniosa "la imputación de un delito hecha con conocimiento de su falsedad o temerario desprecio hacia la verdad". Más compleja es la definición legal de injuria, la cual nos obliga a desglosar el concepto, por un lado, en la "acción o expresión que lesionan la dignidad de otra persona, menoscabando su fama o atentando contra su propia estimación" y, por otro, en "la imputación de hechos" —no delictivos— llevadas a cabo "con conocimiento de su falsedad o temerario desprecio hacia la verdad".

De acuerdo con lo anterior, los artículos 490.3 y 491 CP tipifican una modalidad especial de calumnias e injurias en atención a las víctimas que las sufren. Así, dichos preceptos protegen frente a los delitos de expresión al Rey o la Reina; a cualquiera de sus ascendientes o descendientes; a la Reina consorte o al consorte de la Reina; al Regente o a algún miembro de la Regencia; así como al Príncipe o la Princesa de Asturias. Con un matiz en el caso del art. 491.2 CP: que el ataque contra dichos sujetos pasivos pueda significar un desprestigio de la Corona. Por lo que respecta a la acción típica, las calumnias e injurias deben dirigirse contra dichos sujetos en el ejercicio de sus funciones, o con motivo u ocasión de éstas (art. 490.3 CP); fuera de las mismas (art. 491.1 CP); o consistir en la utilización de su imagen de forma ofensiva (art. 491.2 CP).

La lectura conjunta de los citados elementos típicos objetivos (conducta antijurídica-titulares del bien jurídico objeto de protección penal) genera no pocos problemas interpretativos. El principal y más importante tiene que ver con un evidente desajuste entre la norma penal y el Texto constitucional. Si los artículos 490.3 y 491.1 CP gravitan en torno a la protección de determinadas funciones, lo cierto es que el Título II de nuestra Constitución solo atribuye potestades constitucionales a algunos de los sujetos a los que se alude en aquellos preceptos penales. En primer lugar, el Rey es el símbolo de la unidad y permanencia del Estado. Así, como manifestación de su *auctoritas*, es árbitro y moderador de las instituciones, y el máximo representante del Estado en sus relaciones internacionales (art. 56.1 CE). Por lo demás, los arts. 62 y 63 CE se encargan de enumerar todos aquellos actos debidos del Monarca esenciales para el propio desenvolvimiento del sistema parlamentario. Sin olvidarnos del importante art. 99 CE en relación con la propuesta del Presidente del Gobierno. Precepto que sigue siendo interpretado en la actualidad (Vera Santos, 2024) como fuente de *potestas* (no así para Teruel Lozano, quien considera que, desde el fin del bipartidismo en España a partir de las elecciones de 2015, la práctica regia ha neutralizado de forma casi absoluta la intervención del Rey en este proceso).

Sin embargo, el Constituyente español adoptó una postura bien distinta respecto al resto de miembros de la Familia Real. La Reina consorte o el consorte de la Reina tiene prohibido asumir cualquier función constitucional, salvo lo dispuesto para el supuesto de la Regencia (art. 58 CE). En lo que atañe al Príncipe o la Princesa de Asturias, la dignidad de su función deriva, en nuestra opinión, del propio art. 56.1 CE, por cuanto el heredero al trono es quien verdaderamente representa la permanencia del Estado. Sin embargo, es el art. 57 CE donde se hace mención expresa a la sucesión al trono; contemplando el art. 59 CE la posibilidad de que aquel sea llamado a ocupar la Regencia, mientras se prolongue la situación que inhabilita al Jefe del Estado para el ejercicio de su autoridad.

Lo explicado pone el foco en el símbolo. Solo puede justificarse la tutela penal reforzada de quien activa o pasivamente, de acuerdo con los supuestos expuestos, representa la continuidad de nuestro orden constitucional, los valores y principios que el mismo encarna, así como al conjunto de la sociedad española. De forma tal que, solo en el caso del Monarca, de la persona llamada a sucederla, o de quien es Regente y actúa en su nombre, se justifica una *tutela reforzada funcional*.

Detengámonos un poco más en la cuestión del símbolo para explicar el bien jurídico penal protegido en estos delitos. En el marco de una disputa judicial por la reproducción comercial de la imagen del *David di Michelangelo,* la justicia italiana falló el pasado año 2023 en respaldo de la preservación del *valor simbólico* de la escultura (Sent. 20/04/2023, n.1207, Tribunale Firenze, Sez. II). La contienda legal tuvo su origen en la realización de un fotomontaje por una revista de éxito en una de sus portadas utilizando la referida obra escultórica. La resolución que resuelve el asunto destaca por reconocer, por primera vez, el "derecho a la imagen de los bienes culturales". Y lo hace, siendo esto precisamente lo que a nosotros nos interesa, atendiendo a que la escultura constituye una "expresión de la identidad cultural de la nación y de su memoria histórica", bienes jurídicos que deben ser protegidos de acuerdo con los artículos 2 (derecho a la identidad personal) y 9 (derecho a la identidad colectiva por medio del patrimonio artístico y cultural) de la Constitución italiana. Dice el tribunal italiano: "la referencia a la nación (y no al Estado) es muy significativa, ya que se refiere notoriamente a aquel conjunto de personas que comparten un origen, una lengua, una historia y una cultura comunes, y que son conscientes de estos elementos unificadores, por lo que el artículo 9 de la Constitución atribuye ciertamente un valor identitario al patrimonio artístico e histórico". De acuerdo con dichos razonamientos, el tribunal concluye observando una violación grave de los intereses descritos, por cuanto la técnica empleada para distorsionar la imagen, "ha yuxtapuesto insidiosa y maliciosamente la imagen del David de Miguel Ángel a la de un modelo, degradando, ofuscando, mortificando y humillando así el alto valor simbólico e identitario de la obra de arte [...]".

Trasladando las ideas anteriores al *símbolo político,* como ya hemos dicho, el Rey es el símbolo de unión y permanencia del Estado *ex* art. 56.1 CE. Frente a la crítica generalizada de los penalistas, quienes promueven la despenalización de esta clase de delitos por romper con el principio de igualdad del art. 14

CE al proteger de modo privilegiado el honor del Rey y otros miembros vinculados a la Corona, nosotros hemos defendido la tutela de un *honor instrumentalizado a la integración* (Rufo Rubio, 2025). El honor del Monarca —y de aquellos otros sujetos regios que realizan funciones constitucionales— es protegido de forma inmediata para la salvaguardia de un bien jurídico superior: los derechos y libertades fundamentales de los individuos representados por el símbolo constitucional; la cohesión y convivencia del pueblo español; así como, más remotamente, el orden constitucional y la paz social.

La última actuación simbólica del Rey, con motivo de las trágicas inundaciones sufridas en Valencia en el mes de noviembre de 2024, bien evidencia este extremo. S.M. El Rey Felipe VI, en respuesta a las reacciones que la visita de los Reyes a Paiporta había provocado, atribuyó *su presencia* a la obligación de garantizar a los ciudadanos que "el *Estado*, en toda su plenitud, *está presente*". De este modo, pretender que el honor del Jefe del Estado español sea protegido de la misma manera que el de cualquier otra persona que no ejerce funciones de tanta trascendencia, "no respetaría el espíritu de la Constitución; es más, la erosionaría" (Tajadura Tejada, 2024).

Ahora bien, lo anterior no significa que el bien jurídico supraindividual referido deba prevalecer en todo caso. Dentro de los delitos contra el honor, se contempla la figura de la *exceptio veritatis* o la prueba de la verdad. Entendemos por tal la excepción que permite probar la veracidad de sus afirmaciones o imputaciones al acusado de calumniar o injuriar para quedar exonerado de toda pena. Esta suerte de válvula de escape, reconocida incluso en el caso de los delitos de expresión contra las Cortes Generales y las Asambleas legislativas de las Comunidades Autónomas (art. 496 CP), y aquellos cometidos contra el Gobierno y otros órganos de relevancia constitucional (art. 504 CP), no se contempla cuando hablamos de injurias y calumnias regias.

Ante dicho escenario, cobra singular importancia las denominadas "causas de justificación". Reza el artículo 20.7 CP: "Están exentos de responsabilidad penal: aquel que obre en cumplimiento de un deber o en el *ejercicio legítimo de un derecho,* oficio o cargo". Aplicado lo anterior al asunto objeto de nuestro estudio, es claro que el derecho a la libertad de expresión puede eliminar la antijuridicidad de determinadas conductas que, *a priori,* son merecedoras de reproche penal. Ahora bien, como acabamos de exponer, el art. 20.7 CP no reconoce dicha posibilidad sin más, sino que alude expresamente a la idea de "ejercicio legítimo".

Con el abandono por parte de nuestros tribunales —aunque no por todos— de la teoría del dolo específico o *animus iniuriandi* en los delitos contra el honor, surge la necesidad de tomar el propio acto expresivo y las circunstancias que lo acompañan como elementos reveladores de aquella legitimidad. Operación interpretativa que requiere, de manera obligada, acudir al artículo 20 CE y a la lectura que del mismo han hecho nuestros tribunales.

III. EL CONTENIDO ESENCIAL DE LA LIBERTAD DE EXPRESIÓN ARTÍSTICA

La libertad de expresión aparece recogida en el artículo 20 de nuestra Constitución, donde se garantiza de manera amplia. En un ejercicio de síntesis, podemos distinguir cuatro manifestaciones básicas de dicha libertad: la libertad de opinión [art. 20.1 a) CE]; la libertad de creación [art. 20.1 b) CE]; la libertad de cátedra [art. 20.1 c) CE]; y la libertad de información [art. 20.1 d) CE]. Dentro del segundo tipo, enfocando un poco más la cuestión, se encuentran comprendidas la libertad de creación literaria y artística.

La Constitución de la República italiana proclama en su art. 21 "il diritto di manifestare libremente il propio pensiero"; y, de forma separada, en su art. 33, afirma que "l´arte e la scienza sono libere e libero ne è l'insegnamento". Esta forma de entender la libertad de expresión en sentido estricto y la libertad artística como dos realidades totalmente independientes ha llevado a la doctrina italiana a asegurar la existencia de una protección constitucional diversa en cada uno de los casos. Más concretamente, se dice que esta particular tutela diferenciada impide aplicar a la libertad artística los límites oponibles a la libertad genérica del art. 21 (Barile, 1975). Pero, como se puede ya intuir, el panorama constitucional de la libertad artística es radicalmente distinto en el contexto español. El hecho de compartir precepto junto con las libertades de expresión e información ha influido, como se verá, tanto en la determinación de su *status* dentro de la carta de derechos, como en la *delimitación* y *limitación* de su contenido esencial.

Para abordar el concepto del "contenido esencial" de un derecho fundamental, siguiendo la jurisprudencia constitucional, resulta preciso distinguir dos vertientes, las cuales no deben considerarse excluyentes, sino complementarias (Medina Guerrero, 2018). En primer lugar, una vertiente positiva, referida a "las facultades o posibilidades de actuación necesarias para que el derecho sea recognoscible", de acuerdo con cada momento histórico y las condiciones inherentes a las sociedades democráticas (STC 11/1981, de 8 de abril [FJ 8]). En segundo lugar, se considera que el contenido esencial en su vertiente negativa ha sido rebasado o ignorado cuando el derecho queda sujeto a limitaciones que lo hacen impracticable, lo dificultan de manera excesiva o lo privan de la protección necesaria (STC 11/1981, de 8 de abril [FJ 10]). Sentadas todas estas premisas, lo siguiente será analizar cuál es la definición sustantiva del derecho fundamental a la libertad de expresión artística, para así luego reflexionar sobre la música que desafía sus límites.

1. El arte y la ficción como punto de partida

El reconocimiento autónomo de un derecho fundamental constituye un requisito esencial para su propia existencia. La falta de una declaración expresa, lo hace más susceptible a la variabilidad y lo somete en mayor medida al criterio discrecional de los poderes constituidos. Sin entrar en las bondades de esta capacidad creadora, por ejemplo, la objeción de conciencia ha evolucionado desde su consideración como un derecho fundamental implícitamente reconocido en el art. 16.1 CE, y, por tanto, con posibilidad de aplicación directa, sin necesitar desarrollo legislativo previo (SSTC 15/1982, de 23 de abril [FJ 6]; 53/1985, de 11 de abril [FJ 14]), a la categoría de derecho constitucional autónomo de configuración legal (STC 161/1987, de 27 de octubre; doctrina que confirman recientemente las SSTC 94/2023, de 12 de septiembre; y 92/2024, de 18 de junio). Algo similar podemos observar en las novedosas proclamaciones realizadas por Tribunal Constitucional del derecho de todo individuo a "la autodeterminación consciente y responsable de la propia vida [que cristaliza] principalmente en el derecho fundamental a la integridad física y moral (art. 15 CE)" (STC 94/2023, de 12 de septiembre [FJ 3 B)]); y del derecho a la mujer "a la interrupción voluntaria del embarazo como parte del contenido constitucionalmente protegido del derecho fundamental a la integridad física y moral (art. 15 CE)" (STC 92/2024, de 18 de junio [FJ 3 b)]).

Por el contrario, encontramos referencia directa a la libertad de expresión artística en el art. 20.1 b) CE. De esta forma, aunque en un primer momento fue considerada una "concreción" de la libertad de expresión del art. 20.1 a) CE (STC 153/1985, de 7 de noviembre), hoy sabemos con toda certeza que la libertad de creación se erige como un "derecho autónomo, con un ámbito propio de protección" (STC 34/2010, de 19 de julio). Es por este motivo que el principal desafío consiste en dar contenido a ese derecho autónomo.

Uno de los primeros casos relacionados con la libertad de expresión artística que llegó ante nuestra Corte Constitucional estuvo vinculado a un tebeo que escenificaba, en tono burlesco y despectivo, ciertos episodios ocurridos en los campos de concentración nazis. El Alto Tribunal de garantías, analizando "cada viñeta, dibujo y palabra" de la obra en cuestión, llegó a la conclusión de que "la apología de los verdugos, glorificando su imagen y justificando sus hechos, a costa de la humillación de sus víctimas, no cabe en la libertad de expresión como valor fundamental del sistema constitucional que proclama nuestra Constitución" (STC 176/1995, de 11 de diciembre [FJ 5]). Resulta llamativo que si bien el juzgador señala "el medio utilizado" como una de las "circunstancias que hacen cobrar [al asunto] trascendencia", al consistir en "una publicación unitaria —un tebeo—, con un tratamiento predominantemente gráfico servido por un texto literario", no realiza un análisis específico del componente artístico respecto a la libertad de expresión e información, dentro de las cuales parece diluirse.

Años después, en la STC 81/2001, de 26 de marzo (caso *Emilio Aragón*), se analizó la vulneración del derecho fundamental a la imagen de un presentador, debido al uso inconsentido de su imagen a través de un dibujo en anuncios publicitarios, el cual permitía su identificación. El Ministerio Fiscal interesó la desestimación de la demanda de amparo, alegando que el derecho a la imagen "no incluye los lazos que en el mundo del arte unen al creador con su creación porque no pertenecen al espacio o esfera reservada y propia de aquél". A este respecto, siguiendo una lógica inversa a la habitual, el Tribunal Constitucional indicó que el derecho fundamental a la imagen encuentra su límite en el "derecho a la comunicación de información y en las libertades de expresión y *de creación artística*". La importancia de la citada sentencia radica en que, aunque no de manera explícita, refuerza la idea de *la ficción* como factor clave en la expansión de los límites de la libertad de expresión. En dicho sentido, se señala, entre otras razones, que "un simple dibujo en blanco y negro realizado por ordenador" no puede afectar a la dimensión personal de la imagen.

Ahora bien, es a partir de la STC 51/2008, de 14 de abril (asunto *Manuel Vincent*), cuando *la ficción* se afianza como elemento constitutivo de la libertad de creación del art. 20.1 b) CE. Así, de acuerdo con la STC 51/2008, el objetivo principal del citado precepto constitucional es "protege[r] la creación de un universo de ficción que puede tomar datos de la realidad como puntos de referencia, sin que resulte posible acudir a criterios de veracidad o de instrumentalidad para limitar una labor creativa y, por lo tanto, subjetiva como es la literaria". Y, en la misma línea, se dicta la STC 34/2010, de 19 de julio, insistiendo en la idea de que "la creación literaria, al igual que la artística, tiene una proyección externa derivada de la voluntad de su autor, quien crea para comunicarse". Pero, yendo esta vez un poco más lejos, se advierte que no toda obra artística debe crearse desde cero para quedar protegida por el derecho fundamental. Al contrario, a través de la misma, puede mostrarse una versión o interpretación de unos hechos reales y recientes, usualmente distorsionados mediante el recurso al drama y determinadas licencias creativas para llamar la atención del público. En dichos supuestos, el juicio del tribunal debe orientarse principalmente hacia el análisis de la libertad de información del art. 20.1 d) CE, "si bien a la hora de valorar las posibles limitaciones del derecho derivadas de su necesaria articulación con otros valores constitucionales deberán ser tenidas en cuenta las especialidades derivadas del aspecto creativo de la obra audiovisual".

En suma, si la ficción representa el contenido esencial indiscutible de la libertad de creación artística, la misma puede excluir la aplicación de los límites tradicionales de la libertad de expresión. O, dicho de otro modo, evaluar el arte utilizando cánones objetivos (como la necesidad y el valor de lo artístico, o la exactitud y fidelidad con lo empírico) supone negar el arte. En desarrollo de este entendimiento, Urías Martínez

(2020) nos habla de la "excepción de la ficción". Para el autor, son dos los elementos esenciales que permiten excluir la responsabilidad que pudiera derivarse del ejercicio de aquella libertad cuando entra en conflicto con otros bienes jurídicos: en primer lugar, la confirmación del carácter ficticio de la obra. Y, en segundo lugar, el requisito que consideramos más relevante: que el autor asuma una "distancia narrativa suficiente", cierta neutralidad, respecto al mensaje que transmite a través de su obra.

Desde luego, no se trata de una neutralidad idéntica a la exigida en el caso de los "reportajes neutrales" en el campo del periodismo. En palabras del pintor y escultor francés Edgar Degas: "el arte no es lo que ves, sino lo que haces que otros vean". Así, es obvio que entre el artista y el arte existe el vínculo irrenunciable propio del creador con su obra; es decir, se trata de la manifestación más pura de la idea de "obra del espíritu" que introduce la STC 52/1983, de 17 de junio. Ahora bien, "la ficción supone el reconocimiento de la autonomía de la obra: una novela no expresa el discurso propio del autor, pues si lo hiciera, dejaría de ser novela. Tal autonomía permite al artista expresarse sobre todos los temas, incluidos asuntos políticos o morales, sin temor a sanciones estatales" (Urías Martínez, 2020). El Derecho —nos centramos únicamente en este enfoque— no puede imponer la figura del "artista neutral", menos aún la del "artista neutralizado", pero sí la del *artista neutralista*. El artista neutral, frente a un tema controversial, estaría obligado a no tomar partido, ni directa ni indirectamente, en su obra. Por su lado, el artista afín al *neutralismo* —concepto autónomo que proponemos en el contexto del arte— desarrolla una postura activa y consciente de la neutralidad como principio. Mientras que el arte neutral es algo circunstancial, el artista del segundo tipo procura distanciarse deliberadamente de su obra; lo suficiente como para elevar lo artístico a un nivel superior e independiente. Puede optar por un enfoque personal o simbólico, pero siempre *tomando consciencia del arte*;

siendo la ficción la que permite que la obra no quede reducida a una simple narrativa política o moralista. Si ocurre esto último, la obra artística debe seguir disfrutando de la protección preferente que nuestro ordenamiento ofrece a la libertad de expresión. Sin embargo, podrá quedar sometida a los juicios de lesividad o veracidad, connaturales a la libertad de opinión e información, respectivamente.

2. *El arte simulado en el punto de llegada: el rap subversivo*

De lo hasta aquí expuesto, pueden extraerse dos conclusiones claras: la ficción conforma el contenido esencial de la libertad de expresión artística en su vertiente positiva; y, consecuentemente, si se construye un mundo nuevo e irreal, o se acude a elementos ficcionales para aproximarse a la realidad, debe adoptarse una actitud más permisiva respecto a la libertad creativa.

Como resultado de la reflexión sobre el principio del daño y el arte, se ha propuesto, de manera acertada, la necesidad de un "pacto de ficción", entendido como "el contrato tácito que existe entre el lector y el escritor [*mutatis mutandis*, entre el cantante y el público que escucha su música], en virtud del cual, el lector [el oyente], sabiendo que es algo incierto, «suspende la incredulidad», finge, en definitiva, que la historia que se cuenta ha acontecido de verdad". De este modo, la irresponsabilidad por los posibles daños a otros derechos fundamentales o bienes jurídicos viene conectada a la posibilidad de activación del "filtro consciente de la ficción"; esto es, a la posibilidad de "[saber] en todo momento que aquello que escuchamos o vemos no reclama su realización o exige obediencia, sino que nos interpela a través de recursos cuyo significado distinguimos como artístico" (Vázquez Alonso, 2023, pp. 77-92).

Sobre el grado de licencia, más amplio o total, que debe concederse al artista en el proceso creativo, es importante recordar (García Rubio, 2014) la existencia de dos corrientes doctrinales contrapuestas. Por un lado, distinguimos los autores que sostienen que la libertad de expresión no es un derecho fundamental absoluto y, por ende, la obra artística puede ser secuestrada o reprobada judicialmente, aun cuando el daño proviene de un artista. Y, por otro, aquellos que entienden que "el propósito artístico del autor es la única base fiable para juzgar lo que merece ser protegido como arte, sea cual sea su contenido y las posibles ofensas que este pueda incluir". Esto último es lo que se conoce como la "coartada del artista".

Este trabajo comparte la primera postura. Primeramente, resulta necesario tener presente que en el arte convergen dos tipos de sujetos: el artista y la comunidad. Desde este punto de vista, no podemos aceptar sin más, jurídicamente hablando, que *arte es todo lo que hace un artista*. Así, de un lado, la existencia de géneros musicales que ciertamente desafían las normas sociales o culturales (como el reguetón), refleja el síntoma de toda una sociedad y, por dicha razón, de un modo más o menos discutido, encuentran protección en los regímenes democráticos. Por otro lado, ocurre que, en ocasiones en ese diálogo artista-comunidad, se quiebra el "pacto de ficción", de forma que el artista "aprovecha el cobijo de un derecho que, *prima facie*, ampara la irreverencia creativa y atiende a la naturaleza normalmente ficcional de la expresión artística, para lesionar otros bienes irresponsablemente" (Vázquez Alonso, 2023, pp. 161-168). En este punto, pueden distinguirse dos tipos de excesos ilegítimos realizados por medio del arte: los que alcanzan a esa comunidad, poniendo en jaque la propia convivencia y el disfrute generalizado de libertades fundamentales de primer orden; y los que provocan una lesión, a título individual, a uno o varios de sus miembros, perfectamente identificables.

Esta problemática dio lugar a un interesante debate en el *VI Foro de la Cultura 2023* ("Perdonen que discrepe"), en torno a la disensión y su poder para movilizar conciencias. D.ª María Luisa Segoviano, Magistrada del Tribunal Constitucional e invitada al coloquio, realiza una reflexión que conviene traer ahora a colación: "Yo lo pienso, y lo pienso sinceramente, que la creación literaria, la libertad del artista, jamás puede justificar algunas letras como las que se escuchan. Me da igual que sea reguetón, me da igual que sea un bolero, me da igual que sea un corrido mexicano… […] Elevar la violencia de género a la categoría de arte, me parece inasumible". Así, la Magistrada, refiriéndose específicamente a las canciones que blanquean la violencia machista, subraya que "la vida está por encima de todo, y la violencia sobre la mujer es inasumible e inaceptable, *ni cantando ni sin cantar*"; concluyendo de la siguiente forma: "hay que empezar a limitar. Lo mismo que todos los derechos tienen un límite, el derecho a la libertad artística tiene un límite. Y el límite es *poner en riesgo* la vida de las mujeres".

Cuando el artista *simula ejercer la libertad de creación artística* con el fin de enmascarar la puesta en peligro o la lesión de la vida, la integridad física y moral, la libertad religiosa, la dignidad humana, el honor, la intimidad, la propia imagen… y eludir de este modo la responsabilidad que pudiera derivarse, no estaremos ya ante aquella libertad, sino ante una realidad que le es ajena. Llegados a esta conclusión, surge de manera evidente la gran pregunta: ¿cómo podemos saber si estamos verdaderamente ante arte o, al contrario, ante *arte simulado*? Para contestar a dicho interrogante, la doctrina ha propuesto una serie de "indicios"; los cuales deben ser observados en su conjunto y examinarse la obra artística como un todo.

Timón Herrero (2022), quien define esta operación jurídica como "proceso de contextualización", pone el foco en las siguientes *evidencias artísticas*: 1) la aportación cultural, creatividad, innovación y originalidad; 2) la condición de artista y/o intermediarios del arte (entendiendo que "el mero hecho de ser artista no resulta, *per se*, determinante para enmarcar la manifestación expresiva de que se trate en el ámbito de la libertad de creación artística, sino que deben concurrir otros elementos o indicios") ; y 3) el lenguaje específico de lo artístico (referido al mayor o menor distanciamiento con la realidad). En relación con la segunda propuesta, Díez Bueso (2024) apunta la necesidad de distinguir entre el artista y el individuo que "ocasionalmente lleve a cabo una actividad próxima al arte". Solo el artista, a juicio de la autora, merece una protección superior.

En la misma tarea, Vázquez Alonso (2023) identifica como elementos a tener en cuenta en los litigios en los cuales el artista "juega con la realidad": 1) el grado de identificación que se hace de los sujetos aludidos (no siendo lo mismo singularizar de forma clara e inequívoca a una persona, que usar a alguien conocido como "mera inspiración"); 2) la atmósfera general de la narración y si de la misma deriva una intención de suscitar en el lector o espectador una sensación de veracidad; así como 3) la "buena fe del creador".

Así las cosas, al anterior elenco de indicios doctrinalmente definidos, con los que coincidimos en mayor o menor grado, queremos añadir dos más. En primer lugar, resulta necesario apreciar un *proceso secuencial*, que comienza con la idea e inspiración del artista, sigue con el alumbramiento de la obra, y culmina con la constatación de una *realidad transformada*. Transformación que se aprecia cuando el arte introduce un cambio en la percepción de la realidad, sin que, forzosamente, deba traducirse en un arte útil o vanguardista. En segundo lugar, y vinculado a lo anterior, debe observarse el *efecto del componente artístico*. Tomando como ejemplo una canción, habrá que valorarse qué resulta al eliminar la música o la rima. Si el producto final es un discurso inequívocamente ofensivo y humillante, o que incita al odio y a la violencia, estaremos ante arte simulado.

Pues bien, resulta evidente que, aunque el arte se presenta de diversas maneras, algunas de sus manifestaciones son más controvertidas que otras en relación con la vulneración de derechos y bienes. De ello va a depender en qué medida el autor se aparte de la ficción. Dentro de la literatura, destaca en este sentido la "autoficción"; género que encierra un "conjunto de obras que, dentro de las denominadas «narrativas del yo», se caracterizan por mezclar entre sus páginas autobiografía, realidad y ficción en proporciones variables". La ambigüedad es la que, en estos supuestos, da pie a la vulneración de derechos de terceros, en tanto en cuanto "un lector de autoficción sabe que parte de lo que está leyendo corresponde con la realidad, pero otra no; [s]in embargo, desconoce qué es cada cosa y en qué proporción" (Rodríguez Álvarez y Ammerman Yebra, 2022, pp. 3-4). Algo similar ocurre con la sátira, cuya valoración puede ser diversa dependiendo de si, a través de la misma, se ejercita la libertad de expresión o la libertad de creación artística. Deslinde complicado de realizar en la medida en que la sátira supone un discurso crítico caracterizado por la exageración de la realidad; la cual "hace que lo que se narra no sea percibido como totalmente exacto por el receptor del mensaje" (De Verda y Beamonte, 2014, p. 356).

Un interés diferenciado merece el rap, pues, como puede comprobarse en el diccionario de la Real Academia Española, la "provocación" constituye uno de sus elementos definitorios. A falta de un pronunciamiento de la Corte Constitucional española al respecto, el Tribunal Supremo ha ido esbozando a partir de su jurisprudencia un modelo de respuesta a los conflictos jurídicos que pueden derivarse de este estilo musical. Así, la STS 1913/2020, de 10 de junio, se pronuncia con contundencia sobre los límites de la denominada "canción protesta"; los cuales actúan cuando "las rimas que dan letra a las canciones van más allá de la expresión de la coincidencia de objetivos políticos o expresión de vínculos ideológicos". Nos dice que "si bien el lenguaje del rap es extremo, provocador, alegórico y simbólico", "el género musical por sí mismo no puede suponer suerte alguna de elemento negativo de [los tipos delictivos]" (esto es, una causa de justificación).

De este modo, con la citada resolución judicial, se cierra la puerta a la legitimación en cualquier caso del discurso que realiza un artista, bajo la premisa de que un delito expresivo "no excluye [...] a ningún autor". Expresado con otras palabras, "la simple ligación con la libertad ideológica o de expresión no legitima la conducta *per se* situándola por definición al margen del Código Penal". En definitiva, en materia de enaltecimiento o justificación del terrorismo por medio del *rap subversivo*, pero que, al menos en parte, puede extrapolarse a ilícitos como el que aquí se analiza, se introduce la obligación de constatar si las expresiones empleadas agreden "las normas básicas de convivencia basadas en el respeto y la tolerancia". Ello en aras de evitar que "toda la sociedad se vea concernida por la expresión de las ideas que contrarían abiertamente los mensajes de tolerancia que el ordenamiento jurídico, como instrumento de control social, expone a la ciudadanía, que los hace propios".

IV. EL CHOQUE INTEPRETATIVO ENTRE EL TRIBUNAL CONSTITUCIONAL ESPAÑOL Y EL TRIBUNAL EUROPEO DE DERECHOS HUMANOS EN MATERIA DE LIBERTAD DE EXPRESIÓN Y LA PROTECCIÓN REFORZADA DEL "HOMBRE DE ESTADO"

España ratificó el Convenio Europeo de Derechos Humanos (en adelante, CEDH) en el año 1979. Como es sabido, nuestro art. 10.2 CE contiene una cláusula hermenéutica que obliga a la interpretación de los derechos fundamentales de conformidad con los tratados internacionales firmados en dicha materia. De esta forma, en lo que a la libertad de expresión se refiere, el legislador español y nuestros tribunales quedan sometidos a los dictámenes del art. 10 CEDH y a la exégesis que de dicho precepto lleva a cabo el TEDH.

Con todo y con eso, puede ocurrir que se produzcan discrepancias entre el TC español y el TEDH a la hora de definir y limitar las libertades fundamentales. Y aunque lo cierto es que normalmente este tipo de supuestos se resuelven mediante la subordinación del primero al segundo sin especial controversia, no siempre es así. Tal es el caso de los delitos de expresión cometidos contra la Corona. Así, desde el año 2006 ¿hasta la actualidad? (sobre ello reflexionaremos en el siguiente apartado, con motivo de la inadmisión del TEDH de la demanda planteada por Pablo Hasel) venimos observando la siguiente fricción: por un lado, la Corte europea se ha mantenido firme en la calificación de *esta clase de límites a la libertad de expresión como innecesarios en las sociedades democráticas*. Por otro, la Corte Constitucional española, a raíz de las condenas de Estrasburgo, ha ido reformulando sin ningún éxito su argumentación jurídica con el fin de reafirmarse en su posición. La cual no es otra que considerar que *los discursos insultantes y ofensivos, incluso pronunciados en contra del Jefe del Estado, resultan ilegítimos e innecesarios para el libre intercambio de ideas*.

La *tensión* descrita bien se refleja en el voto particular discrepante formulado por el Magistrado D. Andrés Ollero Tassara a la STC 190/2020, de 15 de diciembre, en la cual se avala por mayoría un delito íntimamente conectado con los que ahora se estudian (ultraje de palabra a la bandera española): "En realidad no hice más que tener en cuenta el bien conocido artículo 10.2 de nuestra Constitución. [...] Me creí pues obligado a tener en cuenta el Convenio de Roma del Consejo de Europa, firmado con absoluta libertad por el Reino de España y, en consecuencia, asumir la jurisprudencia del Tribunal Europeo de Derechos Humanos, con sede en Estrasburgo. Sin convertirse en canon constitucional, sí es criterio de interpretación libremente aceptado por nuestro país. Ahorraba así a mi querida España una nueva condena, como las ya coleccionadas sobre cuestiones similares. Podría sin duda, henchido de ardor patrio, tomármelo a beneficio de inventario, pero no me pareció serio".

Sin poder hacer ahora un estudio exhaustivo de cada resolución judicial dictada sobre el asunto (me remito al realizado recientemente por Macías Caro, 2023; así como a nuestro detallado análisis en Rufo Rubio, 2025), trataremos de sintetizar la doctrina principal sentada en el *diálogo-discusión* mantenido hasta la fecha entre los Tribunales de garantía.

El 3 de julio de 2006, la justicia constitucional española inadmitió, por ATC 213/2006, la demanda de amparo presentada por el parlamentario vasco Arnaldo Otegi Mondragón, tras haber sido condenado penalmente por afirmar en rueda de prensa: "el Rey es el jefe máximo del Ejército español, es decir, el responsable de los torturadores que ampara la tortura y que impone su régimen monárquico a nuestro pueblo mediante la tortura y la violencia". Dichas declaraciones tuvieron lugar tras el archivo y sobreseimiento de una serie de denuncias interpuestas por supuestas torturas de la Guardia Civil a detenidos vinculados con la organización terrorista ETA. Pese a ello, la Corte constitucional concluyó diciendo que el art. 20.1 a) CE excluye la protección de "expresiones absolutamente vejatorias", cuando las mismas son innecesarias, desproporcionadas y exceden notoriamente de la crítica política. Llevado el asunto a Estrasburgo, la STEDH de 15 de marzo de 2011 apreció la violación por parte del Estado español del art. 10 CEDH al entender que la imposición de una pena de *prisión* por injurias al Rey al Sr. Otegi se trataba de un límite insoportable en democracia. La Corte europea, apoyándose en su anterior STEDH *Pakdemirli c. Turquía*, de 22 de febrero de 2005, extendió el canon de máxima tolerancia ante la crítica del "hombre político" al "hombre de Estado". Siendo más precisos, se arguye que: "el hecho de que el Rey ocupe una posición de máxima neutralidad en el debate político, una posición de árbitro y símbolo de la unidad del Estado, no podría ponerlo al abrigo de toda crítica en el ejercicio de sus funciones oficiales o —como en el caso— como el representante del Estado que simboliza, en especial para los que rechazan legítimamente las estructuras constitucionales de este Estado, incluido su régimen monárquico".

Bajo estas coordenadas, la Corte Constitucional española se pronuncia de nuevo sobre el delito de expresión contra la Corona del art. 490.3 CP en su STC 177/2015, de 22 de julio (asunto *Stern Taulats y Roura Capellera*). En esta ocasión, los hechos que dieron lugar a la sentencia fue la quema, previa colocación boca abajo, de la foto de los Reyes, como broche final a la celebración de una manifestación antimonárquica en Gerona. Sabedor de su obligación de interpretar el caso ante él planteado conforme al Convenio europeo, nuestro TC se remite a la STEDH de 16 de julio de 2009, asunto *Féret c. Bélgica*, para expresar "que, en principio, se puede considerar necesario, en las sociedades democráticas, sancionar e incluso prevenir todas las formas de expresión que propaguen, inciten, promuevan o justifiquen el odio basado en la intolerancia [palabras del TEDH], del mismo modo que la libre exposición de las ideas no autoriza el uso de la violencia para imponer criterios propios [añade el TC]" [FJ 2 c)]. De esta forma, el juicio por injurias quedó transformado en un juicio sobre si la conducta expresiva "incita a la violencia o al odio hacia la Corona y la persona del monarca" (FJ 3). Interrogante que respondió afirmativamente el TC, al considerar que la quema pública del retrato de los Monarcas constituía un acto "no solo ofensivo, sino también incitador al odio, en la medida en que la cremación de su imagen física expresa, de un modo difícilmente superable, que son merecedores de exclusión y odio" (FJ 4). Recurrida esta decisión ante el Tribunal europeo, el mismo falló de nuevo en contra del Estado español en su STEDH de 13 de marzo de 2018. Por un lado, en cuanto a la violencia, no se advirtió en los condenados la intención de incitar a la comisión de actos violentos contra los Reyes, sino la de expresar simbólicamente su descontento y protesta hacia ellos. En cuanto al odio, recuerda la Corte europea que "la protección del artículo 10 del Convenio está limitada, incluso excluida, al tratarse de un discurso de odio, término que se entiende que abarca todas las formas de expresión que propaguen, inciten, promuevan o justifiquen el odio racial, la xenofobia, el antisemitismo u otras formas de odio basadas en la intolerancia y que debe ser examinado teniendo sumamente en cuenta el contexto". De modo que, atendiendo a las circunstancias concretas del caso, ampliar la protección contra el odio hacia la Familia Real "conllevaría una interpretación demasiada amplia de la excepción admitida por la jurisprudencia del TEDH".

Se reabre, sin embargo, la controversia con la STC 190/2020, de 15 de diciembre, en relación con una modalidad singular de injurias contra los símbolos patrios: el delito de "ofensas o ultrajes de palabra, por escrito o de hecho a España", o contra "sus símbolos o emblemas", efectuadas "con publicidad" (art. 543 CP). El recurrente en amparo, participante en una protesta laboral, utilizó un megáfono para proferir en la ceremonia solemne de izado de la bandera nacional expresiones como "aquí tenéis el silencio de la p*** bandera" y "hay que prenderle fuego a la p*** bandera". Para nuestra Corte Constitucional, la conducta expresiva descrita no supone un ejercicio legítimo de la libertad de expresión "dado que no contribuye a la formación de una opinión pública que merezca el calificativo de libre". Falta de "libertad" que especialmente aprecia en "el menosprecio hacia un símbolo respetado y sentido como propio de su identidad nacional por muchos ciudadanos". Así las cosas, la Corte europea, que recientemente había estimado la demanda de un militar y profesor de universidad sancionado disciplinariamente por definir en un programa televisivo la Constitución española como "pseudoconstitución" de origen "espurio y bastardo" (STEDH 8 de noviembre de 2022, asunto *Ayuso Torres c. España*), condena nuevamente a España en la STEDH de 8 de junio de 2023. Como vemos, aun tratándose de delitos diferentes a las calumnias e injurias contra el Rey, la conclusión del Tribunal europeo es siempre la misma: si bien se acepta que "las declaraciones provocativas dirigidas contra un símbolo nacional pueden herir la sensibilidad de las personas", cuando las mismas se enmarcan en un debate público de interés general, deben quedar bajo el resguardo de la libertad de expresión política.

V. ¿UN CAMBIO DOCTRINAL DEL TEDH TRAS LA INADMISIÓN DEL ASUNTO *RIVADULLA DURÓ (PABLO HASEL) C. ESPAÑA?*

Como se ha podido constatar en los dos apartados precedentes, no encontramos ningún asunto en el que nuestra justicia constitucional haya examinado de manera directa y específica la cuestión de la libertad de expresión en relación con el rap subversivo como forma de manifestación artística. Y no porque no haya tenido posibilidad de hacerlo en los últimos tiempos. Así pues, el TC ha inadmitido a trámite los recursos de amparo presentados por los raperos Valtònyc (2018) y Pablo Hasel (2020), cuyos versos contenían expresiones insultantes hacia la Corona, al no apreciar en ellos "especial trascendencia constitucional". De este modo, la Corte Constitucional parece haber cerrado la discusión sobre el tema. Extremo que quedaría confirmado con la reciente STC 83/2023, de 4 de julio, que concluye que aquellas afirmaciones que constituyen una descalificación directa ("Este es un hijo de p*** que disfruta de gastarse el dinero de todos"), incluso si se vierten contra un concejal, lo que implica una ampliación de los límites de la crítica permisible, "constituye una ofensa personal innecesaria para expresar el desacuerdo con la conducta a la que se refiere la noticia".

Dicho esto, el caso de Pablo Hasel ha adquirido especial interés por su desenlace inesperado en Estrasburgo. Examinada su jurisprudencia, todo hacía presagiar una nueva condena a España (Dopico Gómez-Uller, 2021). Sin embargo, la Corte europea, por unanimidad, decidió el pasado 12 de octubre de

2023 inadmitir la demanda n.º 27925/21 presentada por *Pablo RIVADULLA DURÓ c. España.*

En lo que a las calumnias al Jefe del Estado y a las instituciones estatales se refiere, los argumentos dados por el Alto Tribunal europeo para avalar la condena son cuestionables. Dirigimos nuestra atención a la canción de rap, y no al conjunto de tuits publicados por el cantante contra el Rey y la Familia Real que, por lo demás, entendemos quedan sin discusión fuera del debate sobre la libertad de expresión artística. El TEDH, como nos tiene acostumbrados, somete este límite penal a la libertad de expresión al triple test que se deriva del art. 10 CEDH. En primer lugar, en cuanto al "test de legalidad", se constata que la injerencia aparece prevista en la ley penal española (art. 491 CP). El problema surge de la aplicación de los test vinculados al "fin legítimo" perseguido por el límite legal y a la "necesidad" en una sociedad democrática.

En lo relativo al fin, la Corte europea reconoce como bien protegido la "seguridad nacional" y la "seguridad pública", apartándose así de su doctrina anterior, que en estos casos identificaba el objeto de protección en "la reputación o los derechos de otros" (en concreto, los del Rey). Se confirma así una tendencia ya visible en la jurisprudencia europea: privar de autonomía a la tutela del honor y la reputación en el contexto político. De acuerdo con las nuevas tesis, estos bienes jurídicos pueden prevalecer frente a la libertad de expresión política cuando su ataque aparece vinculado a situaciones de violencia.

Centrándonos ya en el tercer test o juicio de necesidad, el mismo se lleva a cabo a través del análisis de la libertad de expresión artística. Hemos visto en este trabajo que, tradicionalmente, se plantean dos posibles niveles de protección para la citada libertad: 1) una *preferencial*; esto es, la misma que reciben el resto de las libertades con las que comparte usualmente reconocimiento y protección (libertad de opinión e información); o 2) una *superpreferencial;* específica y más vigorosa, necesaria para amparar al artista en su actividad creadora, reduciéndose en mayor grado la capacidad de acción del Derecho. Sin embargo, el Tribunal europeo parece mostrar reservas al otorgamiento de tan elevados niveles de protección. Insiste en mostrar la libertad de expresión artística como una "manifestación ordinaria de la libertad de expresión" (Urías Martínez, 2020, p. 358) o, incluso, como se desprende del asunto que ahora estudiamos, como una *libertad más débil*.

La distinción entre ficción y realidad —referencias propuestas como punto de partida para el análisis jurídico de una obra artística— no son determinantes para el TEDH en la valoración del daño que pueda generar el arte (vid. STEDH *Lindon, Otchakovsky-Laurens y Julio c. Francia*, de 22 de octubre de 2007 [párr. 51]). Son dos los criterios que emplea la Corte europea para calibrar la legitimidad de la libertad de expresión artística.

El primer elemento de análisis al que recurre es el del *medio utilizado y su capacidad potencial de difusión*. De este modo, si una poesía constituye "una forma de expresión artística que solo atrae a una minoría de lectores" (STEDH *Karatas c. Turquía*, de 8 de julio de 1999 [párr. 49]); o una novela "es una forma de expresión artística que, aunque capaz de llegar a un público durante un periodo más largo, generalmente se dirige a un número de personas más reducido que la prensa periódica" (STEDH *Lindon, Otchakovsky-Laurens y Julio c. Francia*, de 22 de octubre de 2007 [párr. 47]; también *Alinak c. Turquía*, de 29 de marzo de 2005 [párr. 45]), mayor preocupación muestra el TEDH cuando se trata de canciones. Sirva como ejemplo la Decisión de inadmisión [Comité], n.º 54140/21, de 20 de septiembre de 2022, en el asunto *Jorge López c. España* (grupo de rap La Insurgencia). En la misma, la Corte pone el foco en que sus "canciones estaban disponibles de forma fácil y gratuita en internet y se habían interpretado en conciertos, por lo que tenían el potencial de llegar a un gran número de personas, incluidas las de corta edad".

El segundo elemento tiene que ver con el *discurso político.* En este sentido, el TEDH tiene declarado que "quienes, por ejemplo, crean o distribuyen una obra literaria, contribuyen al intercambio de ideas y opiniones esenciales para una sociedad democrática, de ahí la obligación, para el Estado, de no invadir indebidamente su libertad de expresión; tanto más cuando, como la novela en cuestión en el presente caso, la obra se refiere a *una expresión política o activista*" (STEDH *Lindon, Otchakovsky-Laurens y Julio c. Francia,* párr. 51). Esta protección privilegiada de la libertad de expresión política se materializa en el contexto artístico en la sátira, definida por el Alto Tribunal como "una forma de expresión artística y comentario social" (SSTEDH *Vereinigung Bildender Künstler c. Austria,* de 25 de enero 2007 [párrs. 26 y 33]; *Yevstifeyev y otros c. Rusia,* de 3 de diciembre de 2024 [párr. 57 y ss.]).

La asimilación de la libertad de expresión artística en la libertad de expresión crítica lleva al Tribunal europeo a mantener desde sus primeros pronunciamientos que "los artistas y quienes promueven sus obras no están ciertamente exentos de la posibilidad de limitaciones prevista en el apartado 2 del artículo 10" (STEDH *Müller y otros c. Suiza,* de 24 de mayo de 1988 [párr. 34]). En esta limitación, cuando el arte, como sucede con las "canciones protesta", se utiliza como herramienta de crítica política, el TEDH introduce en el caso de Pablo Hasel la problemática distinción entre el artista y el político. La Corte europea destaca, entre las circunstancias que justifican alcanzar en este caso una conclusión diferente a la adoptada en el asunto Otegi Mondragón, el hecho de que "el demandante no es un representante político elegido por el pueblo, sino un cantante" (párr. 47). De esta forma, se advierte una especial protección hacia los representantes políticos, quienes disfrutan de una amplísima libertad de expresión, salvo contadas y estrictas excepciones. En relación con esto último, en la STEDH *Willem c. Francia,* de 16 de julio de 2009, la Corte europea exige especial responsabilidad a los políticos frente a las expresiones discriminatorias (Santana Vega, 2021). En contraste, los artistas quedarían relegados a un nivel de protección inferior. En nuestra opinión, lo adecuado hubiera sido entrar a valorar si los contenidos eran o no ofensivos sin necesidad de diferenciar la cualidad del sujeto. En casos como el de Pablo Hasel, en los que el artista emplea en sus versos expresiones ofensivas o calumniosas, nos encontraríamos ante arte simulado y, en consecuencia, su obra queda sometida al límite del insulto.

En definitiva, no consideramos que esta resolución implique un cambio en la postura del TEDH respecto a los delitos de calumnias e injurias contra la Corona; sino, más bien, una reafirmación de su enfoque respecto a la libertad de expresión artística, que, a nuestro juicio, debería ser reconsiderado.

VI. A MODO DE CONCLUSIÓN

Las calumnias e injurias contra el Rey protegen de forma mediata al símbolo integrador. No obstante, su tutela debe ponderarse con la garantía de un derecho fundamental de dimensión institucional: la libertad de expresión. En este contexto, adquieren especial importancia las "canciones protesta", como el rap subversivo. Si la ficción constituye un elemento esencial de la libertad de creación reconocida en el artículo 20.1 b) CE, cuando el arte se emplea como herramienta de crítica social y política, deben considerarse los límites establecidos en los apartados a) y d) del mismo artículo. Esto se debe a que el ordenamiento jurídico no puede forzar la figura del "artista neutral", ni la del "artista neutralizado", pero sí puede contemplar la del *artista neutralista*. En este sentido, para conocer si el artista se sirve del arte maliciosamente para tratar de lesionar impunemente bienes y derechos ajenos, proponemos como criterios de análisis la verificación de un *proceso secuencial* transformador de la realidad, así como la necesidad de observar el *efecto del elemento artístico*.

Mientras el TC español analiza la necesidad del discurso ofensivo para garantizar el libre intercambio de ideas, el TEDH evalúa si las restricciones nacionales impuestas a la libertad de expresión responden a una necesidad imperiosa en el marco de las sociedades democráticas actuales. En lo relativo a las calumnias e injurias contra la Corona como límites penales de la libertad de expresión, ambos Tribunales han adoptado enfoques divergentes.

Aunque la inadmisión de la demanda presentada por el rapero Pablo Hasel podría interpretarse como una oportunidad para que el TEDH reconsidere su doctrina sobre estos delitos, lejos de ser así, consideramos que las conclusiones alcanzadas en esta resolución reflejan su posición consolidada en relación con la libertad de expresión artística.

BIBLIOGRAFÍA

Argudo, R. (2022). Prólogo a la obra *La libertad de expresión y por qué es tan importante*, Doyle, A., Madrid: Alianza Editorial.

Barile, P. (1975). *Libertà di manifestazione del pensiero*, Milano: Giuffre editorie.

De Verda y Beamonte, J.R. (2014). Discurso satírico y derecho al honor. Comentario a la STEDH de 14 de marzo de 2013. *Rev. Boliv. de derecho*, núm. 18, pp. 350-365

Díez Bueso, L. (2024). La libertad de creación artística en la jurisprudencia del Tribunal Constitucional: ¿un derecho autónomo con un régimen jurídico propio? *UNED. Teoría y Realidad Constitucional*, 54, pp. 349-369

Dopico Gómez-Aller, J. (2021). El segundo "caso Pablo Hasel". *Eunomía. Revista en Cultura de la Legalidad*, 20, pp. 393-414

García Rubio, M.P. (2014). Arte, religión y Derechos Fundamentales. La libertad de expresión artística ante la religión y los sentimientos (algunos apuntes al hilo del caso Javier Krahe). *Anuario de Derecho Civil*, tomo LXVII, fasc. II, pp. 397-453

Jiménez de Parga, M. (2009). Carta al Director. En ABC, 24 de julio de 2009.

Macías Caro, V.M. (2023). Delitos de calumnias e injurias contra al Rey y otras personas vinculadas a la Corona (arts. 490.3 y 491 CP): marco de legitimidad y alternativas a su regulación actual. *La libertad de expresión asediada. Delitos de ocio, delitos de opinión, censuras de Gobiernos y de empresas* (pp. 303-320). Navarra: Aranzadi.

Medina Guerrero, M. (2018). Artículo 53.1. La eficacia vinculante de los derechos frente a los poderes públicos; en especial, frente al legislador. *Comentarios a la Constitución española. XL aniversario. Tomo I* (1453-1488). Madrid: Fundación Wolters Kluwer, Boletín Oficial del Estado, Tribunal Constitucional y Ministerio de Justicia.

Rodríguez Álvarez, A. y Ammerman Yebra, J. (2022). Los límites de la autoficción: una reflexión sobre la literatura y los derechos de la personalidad. *Anamorphosis: Revista internacional de Direito e Literatura,* Vol. 8, núm. 2, pp. 1-30

Rufo Rubio, I. (2024). Los delitos de expresión contra el Jefe del Estado español y su regulación en nuestros códigos penales históricos. *Revista Boliviana de Derecho,* 37, pp. 344-387

Rufo Rubio, I. (2025). *Rey, calumnias e injurias. La libertad de expresión y la protección del símbolo constitucional,* Madrid: Aranzadi.

Santana Vega, D.M. (2021). El boicot a productos extranjeros: libertad de expresión política o delito de discriminación (la jurisprudencia del TEDH). *Revista Electrónica de Estudios Penales y de la Seguridad,* 7 Especial, pp. 1-8

Tajadura Tejada, J. (2024). Despenalizar las injurias dejará al Rey indefenso si la Fiscalía no actúa de oficio. En ABC, 19 de septiembre de 2024.

Teruel Lozano, G. (2024). La autonomía del Rey en la Constitución del 78: alcance de sus funciones y el necesario equilibrio entre las voluntades regia y refrendante. *Revista de Derecho Político,* 120, pp. 132-136

Timón Herrero, M. (2022). El Derecho a la libertad artística y su singularidad. *Teoría & Derecho,* 32, pp. 206-232

Vázquez Alonso, V.J. (2023). *La libertad del artista. Censuras, límites y cancelaciones,* Sevilla: Athenaica ediciones.

Vera Santos, J.M. (2024). Artículo 62 y artículo 63. En R. Bustos Gisbert y A. Saiz Arnaiz (dirs.). *Comentarios a la Constitución española. En memoria de Pablo Pérez Tremps* (1007-1018; 1019-1028, respectivamente). Valencia: Tirant lo Blanch.

Urías Martínez, J. (2020). La creación artística como discurso protegido: experiencias comparadas y posibilidades españolas. *Teoría y Realidad constitucional*, 46, pp. 343-370

Monarquía, diplomacia informal y lobismo: algunas consideraciones[1]

FERNANDO VÁZQUEZ-PORTOMEÑE SEIJAS
Catedrático de Derecho penal
Universidad de Santiago de Compostela

I. CORRUPCIÓN Y LOBISMO

En las democracias modernas, uno de los principales riesgos para el buen gobierno y la buena administración es la posibilidad de que los intereses privados se impongan sobre el interés general. El diseño de políticas públicas no siempre es inclusivo y puede favorecer a grupos reducidos, habitualmente los más poderosos desde un punto de vista económico o financiero, en detrimento del bienestar público. Aunque cada vez más corporaciones y grupos de presión profesionales se adhieren a estándares éticos y reconocen la importancia de contar con códigos éticos y normas e instrumentos preventivos adecuados, los incentivos para influir en los responsables políticos siguen siendo elevados, traduciéndose, entre otros ejemplos, en la obtención de ventajas en fusiones empresariales, reestructuraciones sectoriales, modificaciones de marcos regulatorios o, directamente, beneficios fiscales. Cuando esos riesgos se materializan en la toma de decisiones públicas corruptas se generan daños graves tanto para la gestión pública como para la sociedad, se erosiona la confianza ciudadana e incluso, en casos extremos,

---

1 Este trabajo se enmarca en el proyecto de investigación "Los riesgos de influencias indebidas en las decisiones públicas: prevención y control" (PID 2023-149161NB-I00), financiado por MCIU/ AEI / 10.13039/501100011033 / FEDER, UE.

se puede producir una verdadera captura del poder público por intereses privados, un fenómeno ampliamente estudiado por académicos (Rincón Angarita, 2018, p. 57 y ss.; Hellman, Geraint, Jones & Kaufmann, 2001, pp. 35 y ss.; Galain Palermo & Olasolo, 2023, pp. 103 y ss.) y organismos internacionales como el Banco Mundial. La pléyade de efectos negativos de la corrupción es igualmente visible en el terreno puramente económico, tal y como acreditan numerosas investigaciones empíricas: ralentiza el crecimiento empresarial, amplía la intervención gubernamental en la economía, afecta negativamente a los consumidores y agentes del mercado y socava el principio de libre competencia. Es en este contexto en el que se refuerza la necesidad de implementar medidas políticas y jurídicas eficaces que garanticen la transparencia y regulen la interacción entre el sector público y los intereses privados (Rubio Núñez, 2017, pp. 402 y ss.; Álvarez Vélez, 2014, pp. 358 ss.).

El término *lobbying* -acuñado en los años noventa por expertos en ciencias políticas- designa un ejercicio estratégico de influencias en el diseño de políticas públicas en beneficio de intereses parciales, mediante la provisión de información técnica, un recurso sumamente valioso para los responsables políticos que toman decisiones en materias técnicas vinculadas a la gestión pública. Con él quiere aludirse a un proceso estructurado de comunicación de contenido principalmente informativo dentro del ámbito de las relaciones públicas con los poderes públicos, llevado a cabo directamente por una empresa, un grupo de presión, una organización o un tercero que actúa, mediando una contraprestación económica, en nombre de aquellos. Su objetivo principal es, como ya se ha avanzado, influir en una decisión pública (norma o acto jurídico, en fase de proyecto o ya adoptados) o fomentar la creación de una nueva, transmitiendo una imagen positiva sustentada en la credibilidad de los argumentos presentados y tratando de generar un entorno normativo y social favorable que la oriente hacia un resultado beneficioso para los intereses de los lobistas (o de sus representados). Existen diversas modalidades de *lobbying*, que se diferencian principalmente en función de su estrategia: el directo se realiza ante los poderes públicos sin la intermediación de la opinión pública o los partidos políticos, mientras que en el indirecto se moviliza a la opinión pública (Jakubiak Moronczuk, 2015, pp. 154 y 156). Por otra parte, según el actor que lo ejerza, suele distinguirse entre el integrado, realizado directamente por la empresa o el grupo de presión, y el no integrado, que se ejecuta mediante la intervención de profesionales especializados en la materia.

Las principales áreas de actividad del lobismo son el Poder Ejecutivo -en relación con el diseño y la aprobación de marcos reguladores y la adjudicación de contratos- y, especialmente, el Poder Legislativo. Los grandes grupos industriales y financieros tienen un acceso privilegiado a los parlamentarios y a los asesores técnicos gracias a su capacidad económica, lo que les permite servir de interlocutores e influir en la elaboración de normas complejas (Rozsa, 2009, p. 462; De Sousa, Coroado & Lang, 2015, p. 21; Jakubiak Moronczuk, 2015, p. 163). A través del suministro de información experta, los lobistas se aseguran de que sus criterios e intereses se reflejen en propuestas que pueden traducirse en decisiones, regulaciones o marcos normativos, tal y como revela el informe de Transparencia Internacional España de 2015, que destaca varios casos en el sector energético.

En el marco de las democracias liberales, que promueven la participación de actores sociales y económicos, la puesta en práctica de iniciativas y acciones para influir en las decisiones de los agentes públicos es una actividad absolutamente legítima. Tratar de comunicarle a la Administración Pública y a los distintos partidos políticos la posición e intereses de una organización, trabajando para que esos intereses formen parte del debate y sean tenidos en cuenta, contribuye a mejorar su calidad y legitimidad. Sin embargo, y como *estrategia empresarial*, el manejo e intercambio de información, datos técnicos y argumentos especializados, cuando se desarrolla de forma opaca o implica una influencia asimétrica y desproporcionada de las grandes corporaciones, contradice los principios de equidad y libre competencia que sustentan el Estado Social y Democrático de Derecho y pone en jaque al propio modelo democrático, al trasladar el poder decisorio desde los representantes electos hacia los actores económicos (Crouch, 2011, pp. 12 y 13). Hablamos de un instrumento espurio con el que se persigue la aprobación de normas o toma de decisiones alineadas exclusivamente con intereses particulares y, a la postre, la privatización del debate, del espacio público y de la decisión política en favor de las grandes corporaciones (Kollmar, 2012, p. 5; Navarro & Andrés, 2016, pp. 193 y 194; Villoria Mendieta / Revuelta / Jiménez Sánchez, 2015, pp. 5 y 6). Dejando a un lado ahora el debate sobre la necesidad -y conveniencia- de incriminarlo como modalidad específica de corrupción, de lo que no cabe duda es de que su capacidad para erosionar los principios del Estado de Derecho y del buen gobierno no es distinta, ni desde luego, menor, de la que define a delitos clásicos como el cohecho, el tráfico de influencias o la financiación ilegal de partidos políticos (Kollmar, 2012, p. 5; Díez Cecilia, 2015, p. 41).

II. EL LOBBYING OCULTO Y SU MAPA DE RIESGOS

Como acaba de señalarse, el *lobbying* opaco o asimétrico constituye una práctica que compromete la integridad institucional y afecta la cultura organizativa de la Administración Pública, conllevando significativos riesgos de corrupción, tanto internos como procedimentales (Campos y Giovannoni, 2007, pp. 3 y 4; Kubbe, 2017, pp. 249 y ss.). Dichos riesgos, frecuentemente originados en la infracción de normas relacionadas con la transparencia y los conflictos de interés, pueden y deben verse mitigados por la adopción de programas de cumplimiento normativo que, además de aquella, promuevan la implantación de controles efectivos y de sistemas de alerta. En paralelo, empero, el Código Penal contempla su propio de prevención e intervención, mediante la tipificación de delitos como el cohecho, la alteración de precios en concursos y subastas, la financiación ilegal de los partidos políticos y el tráfico de influencias.

Así, su artículo 424.3 describe el ofrecimiento o entrega de dádivas o retribuciones a autoridades, funcionarios públicos o personas vinculadas al ejercicio de funciones públicas, para influir en procedimientos de contratación, subvenciones o subastas convocados por las Administraciones o entes públicos. Las sanciones previstas para quienes realicen el tipo incluyen penas de prisión, multa, e inhabilitación para contratar con el sector público, obtener subvenciones y disfrutar de beneficios fiscales por periodos de tres a siete años. El artículo 262, por su parte, tipifica conductas como la solicitud de dádivas para no participar en concursos o subastas públicas, la manipulación de postores y la concertación para influir en el precio de remates, que podrían ser prevenidas mediante la implementación de medidas como la publicación de agendas oficiales.

Se han descrito también dos tipos de riesgos penales relacionados con la financiación de los partidos: unos de carácter directo y otros indirecto. El ejemplo planteado por Nieto Martín (2006, pp. 117 y ss.), en el que se alude a la financiación irregular de un partido mediante un "cajero" que controla las concesiones de obras públicas a través de su influencia sobre funcionarios designados por su afiliación política, ilustra primera de las categorías, la de aquellos en los que el «acercamiento» se materializa en una forma de financiación ilegal (y en este contexto, delictiva). Los riesgos indirectos guardan relación con el dato de que las fundaciones o asociaciones vinculadas o dependientes de los partidos políticos vienen excluidas del ámbito de aplicación del artículo 304 bis del Código Penal, de acuerdo con lo indicado en el apartado 4 de la disposición adicional séptima de la Ley Orgánica 8/2007, de 4 de julio, sobre Financiación de los Partidos Políticos, a cuyo tenor las donaciones que reciban no están sujetas a los límites cuantitativos estipulados en el artículo 5.1, letras b) y c) de la LOFPP. Esa circunstancia les permite aceptar donaciones de personas jurídicas y entidades sin personalidad jurídica (que deberán formalizarse en documento público si superan los 120.000 euros), así como donaciones superiores a 50.000 euros anuales de una misma persona. La normativa vigente en España les permite, pues, a las empresas contratistas del sector público financiar a los partidos a través de fundaciones o asociaciones vinculadas o dependientes de ellos (Pérez Rivas, 2019, p. 353; García Viñuela, 2019, pp. 12 y 13).

En línea de principio pareciera, no obstante, que la figura llamada a calificar las prácticas de *lobbying* no transparente es la del ofrecimiento de influencias, regulada en el artículo 430 del Código Penal ("Los que, ofreciéndose a realizar las conductas descritas en los dos artículos anteriores, solicitaren de terceros dádivas, presentes o cualquier otra remuneración, o aceptaren ofrecimiento o promesa, serán castigados con la pena de prisión de seis meses a un año. Si el delito fuere cometido por autoridad o funcionario público se le impondrá, a mayores, la pena de inhabilitación especial para cargo o empleo público y para el ejercicio del derecho de sufragio pasivo por tiempo de uno a cuatro años"). Su aplicación a esta clase de supuestos se encuentra, no obstante, limitada tanto por el alcance literal del término típico "resolución", incompatible con las actuaciones vinculadas al ámbito parlamentario, como por el hecho de que el tipo pivota sobre un ofrecimiento de realizar las conductas descritas en los dos artículos anteriores: ejercer influencias, con prevalimiento del ejercicio de las facultades propias del cargo, de situaciones derivadas de vínculos personales (amistad, parentesco, etc.) o de las originadas en relaciones jerárquicas (Vázquez-Portomeñe Seijas, 2022, p. 7). El "prevalimiento", en particular, se utiliza, así, como un elemento distintivo de las ventas de influencias atípicas, irrelevantes para el Derecho penal, por lo que debe ser interpretado de manera restrictiva.

Salta a la vista que las estrategias empleadas por los lobistas para transmitir información o preferencia al responsable político con quien han establecido contacto, ya sea de manera pública e indirecta (como el envío de correos electrónicos, cartas, la organización de manifestaciones o el financiamiento de think tanks) o de forma confidencial y directa (mediante interlocuciones personales), no se encuadran en esas relaciones o situaciones, por lo que su ofrecimiento a cambio de precio debería considerarse siempre atípico. Naturalmente, ello no impide que se pueda plantear la posibilidad de que ciertos encuentros privados o reuniones clandestinas entre altos funcionarios y grupos de interés puedan dar lugar a situaciones de ejercicio de influencias tipificadas en el artículo 429 (en que existe un prevalimiento derivado de la relación del lobista con el alto cargo o con "otro funcionario público o autoridad").

Teóricamente, y por seguir explorando la capacidad de rendimiento del actual marco penal de la corrupción en esta materia, las estrategias de presión, tanto públicas como confidenciales, empleadas por los lobistas podrían propiciar asimismo resoluciones constitutivas de prevaricación, especialmente en casos de contratación directa. Es verdad que la amplia discrecionalidad con que cuenta la Administración en ese ámbito dificulta enormemente la distinción entre el ejercicio legítimo de potestades y el abuso de poder (Jareño Leal, 2017, p. 4), pero existe un cierto consenso -tanto doctrinal como jurisprudencial- a la hora de reservarle al Derecho penal, como ámbito propio definido por los principios de mínima intervención y última ratio, el de los abusos de poder evidentes y que perjudiquen los intereses generales de la propia Administración o los derechos de los ciudadanos (por ejemplo, aquellas que, aunque revestidas de apariencia de legalidad, esconden pactos ilícitos con empresarios interesados) (Jareño Leal, 2017, p. 4).

Entre las conductas delictivas asociables a los riegos del lobismo se incluyen, además, descritas en los artículos 439 y 441. El primero sanciona a los funcionarios que, aprovechando su posición, intervienen en contratos u operaciones en beneficio propio, orientándose principalmente a los casos en que un funcionario adjudica un contrato de obras a una empresa de su propiedad (a menudo a través de un testaferro), interviene en la concesión de una licencia para un inmueble propio, o participa en la adquisición de terrenos de su propiedad (como ilustran las SSTS de 11 de noviembre y 29 de octubre de 1998). Sin embargo, el tipo abarca también otras hipótesis que podrían alinearse perfectamente con los mecanismos y objetivos del lobismo encubierto, como la adjudicación de contratos a empresas en las que el alto cargo posee acciones, la contratación de seguros para la entidad administrativa con la empresa en la que trabaja el funcionario o la votación a favor de la concesión de licencias de obra sobre terrenos que son propiedad de la empresa en la que tiene participación.

El delito del artículo 441 se centra en la realización de actividades privadas relacionadas con asuntos en los el que funcionario interviene por razón de su cargo, comprometiendo así la imparcialidad administrativa. La jurisprudencia ha responsabilizado de él a quienes emiten informes sobre proyectos de empresas de las que forman parte o trabajan simultáneamente para promotoras urbanísticas mientras desempeñan un cargo público (García España, 2003, p. 56; Pelegrín López, 2023, p. 256).

El concepto "transparencia gubernamental" hace referencia a una mayor apertura y divulgación de aquella información que le permite al público tomar decisiones políticas fundamentadas, incrementar su capacidad de escrutinio, conocer las responsabilidades, procedimientos, reglas, normas y demás información generada por el sector público y, por último, reducir las posibilidades de corrupción (Vishwanath & Kaufmann, 2001, pp. 2 y 3; Rehren, 2008, p. 4). Su expresión más representativa – y un pilar esencial del Estado del Bienestar- es el derecho de acceso a información pública accesible, comprensible, relevante, de calidad y verificable (Cunill Grau, 2006, pp. 22 y ss.; Anderica Caffarena, 2020, p. 77; Méndez Juez, 2017, p. 93).

Aunque ese sistema de transparencia e información pública se compone de varios elementos clave (los códigos éticos y de conducta, la información sobre la huella normativa, el registro de grupos de interés, las declaraciones de altos cargos, el régimen de incompatibilidades, los sistemas de integridad institucional en el ámbito de la contratación pública, las políticas de obsequios y regalos o las iniciativas de alerta previa con garantía de anonimato y protección para los alertadores, por citar sólo algunos), si de lo que se trata es de prevenir la influencia de los lobbies en la toma de decisiones y ejecución de políticas públicas debe prestarse especial atención a la publicidad de las agendas de los altos cargos y directivos intermedios, así como de sus reuniones y actividades y de los resultados de las mismas.

Se trata de uno de los estándares que el Grupo de Estados contra la Corrupción del Consejo de Europa (GRECO) ha presentado como recomendación dirigida al sistema parlamentario español. También fue mencionado por la Defensora del Pueblo Europeo en 2019 como una de las medidas adecuadas para regular la interacción entre los funcionarios públicos y los representantes de grupos de interés. Ya en España, varias Comunidades Autónomas han incorporado obligaciones específicas relacionadas con él a su normativa en materia de transparencia pública. No así la Ley 19/2013, de 9 de diciembre, de Transparencia, Acceso a la Información Pública y Buen Gobierno, cuyos artículos 6 y siguientes establecen la obligatoriedad de publicar de oficio información institucional, organizativa, de planificación, jurídica, económica, presupuestaria y estadística, pero no las agendas. En este punto no puede dejar de mencionarse, con todo, la Recomendación 1/2017 del Consejo de Transparencia y Buen Gobierno, que consideró que lo dispuesto en la Ley 19/2013 constituye únicamente un mínimo, susceptible de ser ampliado voluntariamente por las instituciones.

III. DIPLOMACIA INFORMAL Y LOBISMO

Aunque la Constitución Española no va más allá de asignarle "la más alta representación del Estado español en las relaciones internacionales, especialmente con las naciones de su comunidad histórica", el papel del Rey en la diplomacia española ha sido muy relevante, especialmente en las últimas décadas, en buena medida debido a tres características distintivas de la institución: su neutralidad política, su continuidad institucional –el carácter hereditario de la jefatura del Estado en las monarquías les otorga a los monarcas una continuidad que les facilita establecer relaciones personales duraderas con dirigentes tanto nacionales como internacionales- y su identificación con España como símbolo nacional (Priego, 2014, p. 60). Estas características han hecho de la institución, y especialmente del Jefe del Estado, un actor clave, tanto dentro de la denominada diplomacia tradicional (la llevada a cabo, de manera directa o indirecta, entre dos sujetos de Derecho Internacional, en un marco de interacción bidireccional destinado a abordar cuestiones de diversa naturaleza), como de la no tradicional, o diplomacia pública (Priego, 2014, pp. 60 y ss.), que es la que merece una especial atención a los efectos de este trabajo.

En el actual contexto internacional actual, esa diplomacia no tradicional se ha consolidado como una de las herramientas clave de la política exterior de España, constituyendo una prioridad estratégica para la reactivación económica y la mejora de la imagen del país (Gobierno de España, 2021). Su principal objetivo es defender y promover los intereses económicos españoles en el ámbito global para fortalecer, a su vez, a determinados sectores económicos altamente dependientes de la inversión extranjera, en particular algunas empresas nacionales, el turismo y las exportaciones (Bunzl Cavero, 2021, p. 26). El éxito de la internacionalización y modernización de la economía española ha pasado y pasa indiscutiblemente por el desarrollo de una estrategia de promoción y difusión de sus logros y de los de las empresas españolas, tarea en la que la Corona se ha afianzado como un agente clave (De Arístegui, 2006, pp. 10 y 11; Bunzl Cavero, 2021, p. 11). A través de los viajes oficiales, privados o de cortesía de los miembros de la Casa Real, de sus encuentros con líderes, de sus visitas a centros de investigación de alto prestigio o de su asistencia a foros internacionales relevantes se han desempeñado como verdaderos embajadores, accediendo en ocasiones a ámbitos vedados a los ministros y presidentes. Durante su reinado (1975-2014), Juan Carlos I conoció a siete jefes de gobierno españoles de distintas orientaciones políticas y a trece ministros de asuntos exteriores, así como a numerosos jefes de Estado y gobierno extranjeros. En referencia a estos últimos, sus vínculos fueron particularmente relevantes con aquellas monarquías en que el rey todavía ejercía un poder absoluto, facilitándole un acceso privilegiado y directo a gobernantes al margen de los cauces administrativos y políticos habituales (Powell, 2018, pp. 11 y 12).

Tal y como se ha avanzado, no es posible poner en relación las actividades de representación, mediación y protocolo propias de la Jefatura del Estado con los artículos de la Constitución destinados a la regulación de su persona y su actividad. Ni el artículo 62 CE, que alude a las competencias constitucionales del Rey derivadas de las tres funciones tradicionales recogidas por el artículo 56.1 CE (símbolo, arbitrio y moderación), ni el artículo 63 CE, que le da contenido a la asunción de la más alta representación en las relaciones internacionales, ni las disposiciones concordantes con ellos, permiten hacerlo. Por mucho que esté enterado del proceder del Rey, y de que lo acompañe, refrendándolo de una u otra forma (habitualmente de manera tácita), las gestiones de repercusión política, económica y social son competencia exclusiva del Gobierno (97 CE) (Belda, 2015, pp. 165 y 166). Debería añadirse, pues, una norma dirigida a darles cobertura.

El desarrollo de la diplomacia informal al más alto nivel, complementaria de las acciones del Ejecutivo, dirigida a facilitar la promoción de las entidades privadas españolas en el ámbito y los mercados internacionales, podría proporcionarles a los integrantes de la familia real (y señaladamente al Rey) la ocasión y el escenario adecuados para realizar algunas de las conductas delictivas asociadas a lo que hemos denominado *lobbying* oculto. Escándalos como el del Príncipe Bernardo de los Países Bajos en los años setenta, y, con posterioridad, los del Príncipe Andrés en el Reino Unido han servido para ilustrar esos riesgos y para abrir, al propio tiempo, importantes debates sobre su papel en el ámbito público y la necesidad, en general, de preservar la integridad de las instituciones monárquicas en el contexto contemporáneo. Esos debates han alcanzado también a España, a raíz del rol del rey emérito como intermediario en contratos internacionales. Recuérdese que, en 2018, la Fiscalía Anticorrupción abrió diligencias preprocesales tras las acusaciones de que Juan Carlos I habría recibido una comisión por su intermediación en la adjudicación, en 2011, de un contrato millonario al consorcio Al-Shoula (en mayo de 2022, la Fiscalía archivó la investigación al no encontrarse indicios de delito, tras la negativa de Arabia Saudí a proporcionar documentación bancaria relevante).

Acerquémonos ahora al supuesto de que la capacidad relacional de primer grado y de amplísimo alcance que los monarcas (y sus familias) suelen tener en el ámbito diplomático, social y financiero se hubiera traducido en actuaciones delictivas. Va de suyo que a quienes (desde el ámbito político o económico) hubieran buscado o propiciado su intermediación en la realización de aquellas se les exigirán las correspondientes responsabilidades penales. En cambio, las eventuales consecuencias de un delito protagonizado por el propio monarca deberán examinarse a la luz del régimen de la inviolabilidad de su persona establecido en el art. 56.3 CE. Las SSTC 98/2019 (reprobación del Rey Felipe VI por el Parlamento de Cataluña) y 111/2019 (creación de una comisión parlamentaria de investigación) han disipado cualquier duda sobre su alcance y sentido, concretándolo, entre otros, en los siguientes aspectos: a) supone un privilegio de naturaleza sustantiva (no procesal); b) preserva a la Jefatura del Estado de cualquier tipo de censura o control de sus actos, sean jurídicos o políticos, y frente a la injerencia de otros Poderes del Estado; c) impide que el Rey sea sancionado por actos que, en otros supuestos, sí lo son sin ambages; y d) sólo se predica del titular de la Corona (De la Iglesia Chamarro, 2021, pp. 23 y 24).

La mayoría de la doctrina abunda en esa interpretación absoluta y sin límites de la inviolabilidad, alineándola pura y llanamente con la imposibilidad de que el monarca sea perseguido o juzgado por sus actos, incluidos los que se enmarquen en su esfera exclusivamente privada (Biglino Campos, 2001, 201 y ss; Solozábal Echevarría, 2011, pp. 42 y ss; Torres del Moral, 2012; Aragón Reyes, 2015, pp. 313 y ss.; Aragón Reyes, 2018, pp. 635 y ss.). En esos mismos términos se pronuncia la Exposición de motivos de la LO 4/2014, de 11 de julio, que establece el aforamiento del Rey emérito tras su abdicación -y de otras figuras de la casa real-: "Conforme a los términos del texto constitucional, todos los actos realizados por el rey o la reina durante el tiempo en que ostentare la jefatura del Estado, cualquiera que fuere su naturaleza, quedan amparados por la inviolabilidad y están exentos de responsabilidad. Por el contrario, los que realizare después de haber abdicado quedarán sometidos, en su caso, al control jurisdiccional, si bien, al no estar contemplado en la normativa vigente el régimen que debe aplicársele en relación con las actuaciones procesales que le pudieran afectar por hechos posteriores a su abdicación, se precisa establecer su regulación en la Ley Orgánica del Poder Judicial".

Debe apuntarse, con todo, que, frente a esta posición, otras voces apuestan por la supresión de la inviolabilidad (Pérez Royo & Carrasco Durán, 2023, pp. 590 y 591) o por su restricción a los actos que el Rey lleva a cabo como consecuencia del ejercicio de su cargo y que tienen una trascendencia pública, dejando fuera de ella a los que realiza en el ámbito de su vida privada (Belda, 2015, 160). En apoyo de esta otra línea interpretativa suele traerse el argumento de que una interpretación extensiva y de máximos de esta prerrogativa pondría en jaque los principios generales del Derecho y del sistema democrático y entraría en conflicto con algunos de los derechos fundamentales reconocidos en nuestra Constitución, como el de igualdad jurídica (art. 14 CE) o el derecho a la tutela judicial efectiva (art. 24 CE). La distinción entre lo que es privado y lo que es público en la persona del rey, es decir, qué actos regios no afectan a la función, es empero todo menos sencilla, teniendo en cuenta que también la vida personal tiene relevancia jurídica por tratarse del depositario de la Corona (Torres del Moral, 2012).

IV. A MODO DE CONCLUSIÓN

La figura del Rey desempeña un papel fundamental en el fortalecimiento del prestigio y la influencia de España a nivel global, lo que, a su vez, redunda en la capacidad de penetración de las empresas, en particular en Latinoamérica, región con la que España mantiene relaciones históricamente privilegiadas. Es evidente también que el Rey seguirá siendo una pieza clave en las relaciones internacionales de España con monarquías de estados cuya estructura y organización constitucionales no se ajusta a los estándares de las Democracias occidentales y cuyos titulares seguirán prefiriendo su interlocución a la hora de tratar numerosas cuestiones políticas o económicas. Tampoco sería realista, en fin, negar la realidad de que distintos grupos de presión y financieros internacionales continuarán sintiéndose muy cómodos abordando con él asuntos que conciernen a los intereses de España, por razones culturales, sociales o, incluso, meramente personales. Situados en ese escenario la solución para conjurar el hipotético riesgo de mal uso de sus gestiones no es otra que completar el proceso de institucionalización de la Corona, incluyendo su proyección internacional, incrementando la transparencia de dichas actividades.

El art. 2.f) de la Ley 19/2013 incluye a la Casa de Su Majestad el Rey en el ámbito subjetivo de aplicación de las disposiciones de su Título I, obligándola, así, a dar cumplimiento a las obligaciones de publicidad activa y pasiva -referidas al cumplimiento del derecho de acceso a la información pública (art. 105 b) CE))- allí previstas. Conviene precisar, con todo, que dichas obligaciones se circunscriben a las actividades regidas por el Derecho Administrativo, al igual que sucede con las que recaen sobre otros órganos y entes constitucionales (el Congreso de los Diputados, el Senado, el Tribunal Constitucional, el Consejo General del Poder Judicial, el Banco de España, el Consejo de Estado, el Defensor del Pueblo, el Tribunal de Cuentas o el Consejo Económico y Social).

La publicidad activa implica, tal como se establece en el art. 5, la difusión "periódica y actualizada de la información relevante para garantizar la transparencia de la actividad relacionada con el funcionamiento y control de la actuación pública". Las categorías de información a publicar incluyen datos institucionales, organizativos y de planificación (art. 6), así como información de carácter jurídico (art. 7) y económico, presupuestario y estadístico (art. 8). La Casa de Su Majestad el Rey publica toda esta información en su sitio web (https://casareal.es/ES/Transparencia/Paginas/subhome.aspx), incluyendo contratos y convenios vigentes (https://casareal.es/ES/Transparencia/informacioneconomica/Paginas/Contratos-convenios-en-vigor.aspx). Este esfuerzo de transparencia en materia contractual -que se halla "en línea con el compromiso de la Corona con la sociedad de observar una conducta íntegra, honesta y transparente" (Instrucciones de Contratación de la Casa de S. M. El Rey, 2023)- supera, en cierto modo, las exigencias de la Ley 19/2013, dado que, en línea de principio, dicha actividad tiene naturaleza "privada" y se rige por las precitadas Instrucciones de Contratación de la Casa de S. M. El Rey "y por las normas de derecho privado que resulten de aplicación según el tipo de contrato", siendo el orden jurisdiccional civil el único competente para conocer de las controversias surgidas entre las partes (art. 1.2 Instrucciones de Contratación de la Casa de S. M. El Rey, 2023).

Con el mismo objetivo de reforzar los principios de transparencia, rendición de cuentas y publicidad, el Real Decreto 297/2022, de 26 de abril, por el que se modifica el Real Decreto 434/1988, de 6 de mayo, sobre reestructuración de la Casa de Su Majestad el Rey, introdujo en su art. 10 la obligación de publicar en su página web la siguiente información de carácter periódico: "a) el presupuesto de la Casa de Su Majestad el Rey, que recogerá la distribución por Su Majestad de la cantidad global asignada para el sostenimiento de su Familia y Casa, de acuerdo a lo dispuesto por el artículo 65.1 de la Constitución; b) los estados trimestrales de ejecución presupuestaria; c) el detalle de los contratos celebrados y Convenios suscritos por la Casa de Su Majestad el Rey; d) las retribuciones percibidas por los miembros de la Familia Real; e) las retribuciones percibidas por el personal de alta dirección y dirección en la Casa de Su Majestad el Rey; f) la relación anual de regalos institucionales que hayan sido recibidos por la Familia Real; g) las autorizaciones de compatibilidad para actividades particulares o reconocimientos de compatibilidad de los altos cargos de la Casa de Su Majestad el Rey; h) las indemnizaciones percibidas por los altos cargos de la Casa de Su Majestad el Rey con ocasión del cese en el cargo; i) las cuentas anuales aprobadas junto con el informe de auditoría; j) el informe resumen anual del Interventor de la Casa de Su Majestad el Rey; k) la memoria anual de las actividades institucionales desarrolladas por la Familia Real". En cuanto a la publicidad pasiva, la disposición adicional sexta de la Ley de Transparencia asigna a la Secretaría General de la Presidencia del Gobierno la responsabilidad de tramitar las solicitudes de acceso a la información de la Casa del Rey, cumpliendo así con este derecho constitucional y destacando la vinculación entre la Administración General del Estado (AGE) y la Administración de la Corona.

Por otra parte, aunque la Casa del Rey no es destinataria de ninguna de las disposiciones del Título II de la Ley 19/2013 en materia de buen gobierno -incluida la prohibición de aceptar regalos "que superen los límites de los usos sociales o de cortesía, ni favores o servicios que puedan influir en el desempeño de sus funciones" (art. 26.2.b)-, en 2015 optó por adherirse a esa norma de ejemplaridad de forma proactiva. El 1 de enero de ese año se promulgó, así, la Normativa sobre regalos a favor de los miembros de la Familia Real, que los clasifica en institucionales (recibidos en actos oficiales y destinados a integrarse en el Patrimonio Nacional) y personales (aquellos que no tienen carácter institucional). A tenor de su art. 2.2, los primeros "se incorporarán al Patrimonio Nacional, de conformidad con lo dispuesto previstos en la Ley 23/1982, de 16 de junio, de Patrimonio Nacional". Los segundos únicamente podrán aceptarse "cuando no superen los usos sociales o de cortesía" y cuando los excedan "seguirán el mismo tratamiento que los regalos de carácter institucional, o bien serán cedidos a una entidad sin ánimo de lucro que persiga fines de interés general o a una administración, organismo o entidad pública que se dedique a la conservación, mantenimiento o actividades similares referidas a bienes de la misma naturaleza que el objeto de regalo". Además, la normativa establece un régimen de registro, destino, custodia y publicidad de los regalos.

En un sistema legal como el nuestro, en el que la ciudadanía nunca podría exigir responsabilidad directamente al Rey en caso de detectar irregularidades económicas, pero sí a otras personas involucradas que no gozan de la protección constitucional, el sometimiento de la monarquía a los principios de transparencia y rendición de cuentas debe considerarse de todo punto esencial para afianzarla en el marco del Estado Social y Democrático de Derecho (Cubo García, 2022, pp. 161 y ss.). Es necesario, con todo, seguir avanzando en esa materia, que sigue siendo una tarea pendiente en nuestra democracia (Bataller i Ruiz, 2022, p. 96). En el marco de la Ley 19/2013 la familia real y la Casa Real se entienden como instituciones distintas. La Casa Real, o Casa de Su Majestad el Rey, la única obligada a cumplir con la normativa de transparencia, es un organismo que, bajo la supervisión directa de Su Majestad, tiene como misión brindarle apoyo en todas las actividades derivadas del ejercicio de sus funciones como Jefe del Estado (art. 65.1 CE). Los miembros de la Familia Real, incluido el propio Jefe del Estado, no son considerados altos cargos, lo que implica, entre otras cosas, que están exentos de la obligación de presentar declaraciones de bienes y derechos, a diferencia de lo que se exige a un alto cargo del Gobierno. Además, como ya se ha visto, aunque la Casa Real es un organismo público, todos los contratos que realiza se consideran "privados", rigiéndose por las instrucciones publicadas en su página web (art. 15 del Real Decreto 434/1988, de 6 de mayo, sobre la reestructuración de la Casa de S. M. el Rey, modificado por el Real Decreto 772/2015, de 28 de agosto). Si bien las promulgadas el 1 de febrero de 2023, han incorporado la publicidad a los principios que deben guiar la actividad contractual de la Casa de S.M. el Rey, contemplan al mismo tiempo la posibilidad de que el Secretario General de la Casa autorice -eso sí, previo informe del servicio jurídico-, la limitación de la concurrencia a un conjunto determinado de licitadores o seleccionar directamente a un contratista, entre otros supuestos, cuando: a) "por la especificidad del contrato o por razones técnicas o artísticas o por motivos relacionados con la protección de derechos de exclusiva, el contrato sólo pueda encomendarse a un empresario determinado" (la unidad proponente deberá justificar por qué no existen otras alternativas o sustitutos razonables); b) "el contrato haya sido declarado secreto o reservado, o cuando su ejecución deba ir acompañada de medidas de seguridad especiales conforme a la legislación vigente, o cuando lo exija la protección de los intereses esenciales de la seguridad" (la unidad proponente deberá justificar la concurrencia de dichas circunstancias); c) "cuando una imperiosa urgencia, resultante de acontecimientos imprevisibles para el órgano de contratación y no imputables al mismo, demande una pronta ejecución del contrato"; y d) "cuando la contratación sea en el extranjero, y no sea posible obtener más de una oferta o, cuando los efectos del contrato se desplieguen en el extranjero". A mayor abundamiento, en las Instrucciones se listan una serie de contratos excluidos de su ámbito de aplicación, entre ellos: la contratación de bienes y servicios que guarden relación directa con el entorno personal de los miembros de la Familia Real; los contratos derivados de la organización y funcionamiento del régimen interior de sus residencias; las adquisiciones directamente relacionadas con actividades protocolarias y representativas; los contratos de compraventa, donación, permuta, arrendamiento y demás negocios jurídicos análogos sobre bienes inmuebles, valores negociables y propiedades incorporales, exceptuados los que recaigan sobre programas de ordenador y deban ser calificados como contratos de suministro o de servicios; y los contratos relativos a servicios financieros.

Es posible que la mayor institucionalización de la Corona reduzca su margen de maniobra en ciertos ámbitos, pero es una condición *sine qua non* para garantizar su capacidad de seguir ejerciendo "la más alta representación del Estado español en las relaciones internacionales", como le encomienda la Constitución. Al fin y al cabo, el hecho de que se sitúe -por así decirlo- fuera del sistema electoral debe sujetarla al cumplimiento de estándares más exigentes en los terrenos de la ejemplaridad y la transparencia.

BIBLIOGRAFÍA

Álvarez Vélez, M. I., & Montalvo Jääskeläinen, F. de. (2014). Los lobbies en el marco de la Unión Europea: una reflexión a propósito de su regulación en España. Teoría y Realidad Constitucional, 1(33), pp. 353 y ss.

Anderica Caffarena, V. (2020). La toma de decisiones públicas. La zona gris de la transparencia institucional. Revista española de la transparencia, 11, pp. 75 y ss.

Aragón Reyes, M. (2015). ¿Cambiar la Constitución para adaptarla o para transformarla? Requisitos y límites de la reforma constitucional. Teoría y Realidad Constitucional, 36, pp. 313 y ss.

Aragón Reyes, M. (2018). La Monarquía Parlamentaria. En B. Pendás (Coord.), *España Constitucional 1978-2018. Trayectorias y Perspectivas* (635 y ss.), T. I. Madrid: Centro de Estudios Políticos y Constitucionales.

Bataller i Ruiz, E. (2022). La problemática transparencia de la Casa Real: ¿sobreprotección de los poderes institucionales? Revista Española De La Transparencia, (14), pp. 79 y ss.

Belda, E. (2015). La evaluación y el control de los actos del Rey, como presupuesto para mejorar la racionalización democrática de la corona. Revista catalana de dret públic, 51, pp. 155 y ss.

Biglino Campos, P. (2001). La inviolabilidad de la persona del Rey y el refrendo de sus actos. En *VII Jornadas de Derecho Parlamentario. La Monarquía Parlamentaria*, Madrid: Congreso de los Diputados, pp. 201 y ss.

Bunzl Cavero, G. M. (2021). *La figura del Rey en las relaciones internacionales de España: su aporte a instituciones y empresas españolas en el panorama económico internacional.* Madrid: Universidad Pontificia de Comillas.

Campos, N. F., & Giovanonni, F. (2007). "Lobbying, Corruption and Other Banes". Public Choice, 131, pp. 1 y ss.

Crouch, C. (2011). *The Strange Non-Death of Neoliberalism.* Cambridge: Polity Press.

Cubo Garcia, M. (2022). Incidencia de la ley 19/2013 de transparencia, acceso a la información pública y buen gobierno, en la nueva normalidad surgida en la monarquía española. Revista Estudios Institucionales, 9(16), pp. 161 y ss.

Cunill Grau, N. (2006). La transparencia en la función pública: ¿cómo construirle viabilidad? Estado, gobierno, gestión pública: Revista Chilena de Administración Pública, 8, pp. 22 y ss.

De Arístegui, G. (2006). El primer embajador, el Rey. Revista de la Fundación Institucional Española, 30, pp. 10 y s.

Díez Cecilia, D. (2015). *Lobbying* y análisis económico del Derecho: Metodología para *el análisis de la influencia de intereses privados en las decisiones públicas y prevenir la corrupción.* Getafe: Universidad Carlos III.

Galain Palermo, P., & Olasolo, Héctor. (2023). Actos individuales desviados, corrupción significativa, gran corrupción, captura del Estado y corrupción institucional. Ius et Praxis, 29(3), pp. 103 y ss.

García España, E. (2003). Negociaciones y actividades prohibidas a los funcionarios públicos (Los artículos 439 y 441 del Código penal de 1995. Jueces para la democracia, 48, pp. 50 y ss.

García Viñuela, E. (2019). Reformas de la financiación política para preservar los ingresos de los partidos: evidencia de tres reformas españolas. Revista Española de Investigación Sociológica, 167, pp. 3 y ss.

De la Iglesia Chamarro, A. (2021). Reflexiones sobre la inviolabilidad de la corona en el Estado Democrático de Derecho. Teoría y Derecho, 31, pp. 10 y ss.

Jakubiak Moronczuk, A. (2015). "Lobbying in a democratic state of law – between meaning and judgment". Persona y Derecho, 72, pp. 149 y ss.

Jareño Leal, A. (2017). Conductas delictivas en materia de contratación pública. Revista Internacional de Transparencia e Integridad, 5, pp. 1 y ss.

Kollmar, L. (2012). *On the Threshold of Political Corruption: The Case against Lobbying in Germany.* Cape Town: University of the Western Cape.

Kubbe, I. (2017). Elites and Corruption in European Democracies. En P. Harfst, I. Kubbe, & T. Pogunkte (Coord.), *Parties, Governments and Elites* (pp. 249 y ss.). Wiesbaden: Springer VS.

Méndez Juez, M. (2017). Transparencia pública en la regeneración democrática: La necesidad de visibilizar las agendas institucionales en España. Cuadernos de Gobierno y Administración Pública, 4, pp. 89 y ss.

Navarro, J., & Andrés, C. (2016). "Lobbying". Eunomía, 10, pp. 191 y ss.

Nieto Martín, A. (2006). Financiación ilegal de partidos políticos (arts. 10-13). En L. Arroyo Zapatero & A. Nieto Martín (Coord.), *Fraude y corrupción en el derecho penal económico europeo: eurodelitos de corrupción y fraude* (pp. 117 y ss.). Cuenca: Ediciones de la Universidad de Castilla – La Mancha.

Pelegrín López, A. (2023). De las negociaciones y actividades prohibidas a los funcionarios p*úblicos y de los abusos en el ejercicio de su función. Cuadernos de* Derecho local, 45, pp. 242 y ss.

P*érez Rivas, N. (2019).* Las lagunas punitivas del delito de financiación ilegal de partidos políticos: especial referencia a las condonaciones de deuda por las entidades de crédito. Revista de Derecho Penal y Criminología, 22, pp. 329 y ss.

Pérez Royo, J., & Carrasco Durán, M. (2023). Curso de Derecho Constitucional, 23 ed. Madrid: Marcial Pons.

Powell, C., (2018). El mejor embajador, el Rey. En M. de Avendaño & M. D. de Azategui (Coord.), *Los discursos del Rey. España en el Mundo 1975 – 2018* (pp. 9 y ss.). Madrid: Real Instituto Elcano.

Priego, A. (2014). La Corona en la diplomacia (pública) española. Comillas Journal of International Relations, 1, pp. 53 y ss.

Rehren, A. (2008). La evolución de la agenda de transparencia en los gobiernos de la concertación. Temas de la Agenda Pública, 18, pp. 1 y ss.

Rincón Angarita, D. (2018). Corrupción y captura del Estado: la responsabilidad penal de los servidores públicos que toman parte en el crimen organizado. Prolegómenos, XXI, 42, pp. 57 y ss.

Rozsa, P. (2009). *The Distinguishment of Lobby and Influence Peddling.* Pécs: Adam Antal.

Rubio Núñez, R. (2003). *Los grupos de presión.* Madrid: Centro de Estudios Políticos y Constitucionales.

S. Hellman, J., Geraint, G., Jones, J., & Kaufmann, D. (2001). Capture al Estado, capture el día. Captura del Estado, corrupción e influencia en la transición. Gestión y Análisis de Políticas Públicas, 21, pp. 35–62.

Solozábal Echevarría, J. J. (2011). Irresponsabilidad e inviolabilidad del Rey. En M. Aragón Reyes & C. Aguado Renedo (Coord.) *Temas básicos de Derecho constitucional,* vol. II, Madrid: Civitas, pp. 42 y ss.

De Sousa, L., Coroado, S., & Lang, B. (2015). *lobbying regulation: beyond trading in influence.* Sussex: conference draft.

Torres del Moral, A. (2012). Inviolabilidad del Rey. Actualidad Jurídica Aranzadi, 854 [en línea], <https://www.legaltoday.com/opinion/la-cara-y-la-cruz/la-inviolabilidad-del-rey-2012-12-19/> [Consulta: 27/12/2024]

Vázquez-Portomeñe Seijas, F. (2022). Lobbying, influencias y corrupción. El art. 12 del Convenio del Consejo de Europa contra la corrupción como modelo tipo para la criminalización del lobbying oculto. Revista electrónica de ciencia penal y criminología, 24, pp. 1 y ss.

Villoria Mendieta, M., Revuelta, A., & Jiménez Sánchez, F. (2015). *Transparencia y regulación del lobby en Europa y España.* Madrid: AECPA.

Vishwanath, T., & Kaufmann, D. (2001). *Towards Transparency in Finance and Governance.* Washington: The World Bank.

*El (imposible) decomiso en la Jefatura del Estado de la Monarquía parlamentaria española**

CRISTINA CAZORLA GONZÁLEZ
Personal Investigador en Formación
Universidad de Las Palmas de Gran Canaria

I. INTRODUCCIÓN

La corrupción y la comisión de ilícitos financieros se ha revelado como uno de los principales riesgos en las sociedades contemporáneas. Cuando el autor de dichas infracciones es, además, una Persona Políticamente Expuesta las implicaciones políticas y legales de su comportamiento impactan en el núcleo duro de las instituciones que representan y terminan por erosionar de manera significativa la percepción de los ciudadanos en las Administraciones Públicas y la fortaleza de nuestros sistemas democráticos. El Grupo de Acción Financiera (Corral Escariz, 2023, pp. 63-65), define a una Persona Políticamente Expuesta como todo aquel *«individuo que desempeña o ha podido desempeñar una función pública relevante»* (Financial Task Force,

---

* Este trabajo se enmarca en una ayuda para la formación de profesorado universitario concedida por el Ministerio de Ciencia, Innovación y Universidades del Gobierno de España (FPU2022/03986) y en el Grupo de Investigación Reconocido "Problemas Jurídicos Actuales" (Cód. 571) de la Universidad de Las Palmas de Gran Canaria. Asimismo, también se enmarca en el PI "El estatuto jurídico de la Jefatura del Estado en la monarquía parlamentaria española: Análisis comparado y de contraste, evaluación y propuestas" (PID2020-114303RB-I00).

2013, p. 3). Esta definición va en consonancia con la recogida en el artículo 52 de la Convención de las Naciones Unidas contra la Corrupción adoptada en Mérida (Méjico), entendiendo por Persona Políticamente Expuesta *«las personas que desempeñan o han desempeñado funciones públicas importantes y sus familiares y colaboradores cercanos»* (United Nations Office on Drugs and Crime, 2004). Si bien en un primer momento este concepto se orientó a exclusivamente para aquellos individuos extranjeros (Financial Task Force, 2003, p. 14), este enfoque se encuentra hoy día superado, por lo que ya integra a las Personas Políticamente Expuestas tanto en clave doméstica (interna), como internacional (externa) (Financial Task Force, 2013, p. 3; Financial Task Force, 2012-2023, pp. 133-134). A pesar de la ambigüedad del término (Greenberg, Gray, Schantz, Gardner & Latham, 2010, pp. 25-34), existe cierto consenso en torno al nutrido grupo de cargos que cabría integrar bajo su cobertura: políticos de alto nivel, altos funcionarios gubernamentales, judiciales o militares, importantes cargos de partidos políticos, pero también Jefes de Gobierno y Jefes de Estado (Financial Task Force, 2012-2023, p. 133).

Y es que, durante los últimos tiempos, las Personas Políticamente Expuestas, llevan siendo objeto de atención en lo ateniente a la lucha contra el blanqueo de capitales los procesos de recuperación y gestión de activos en la literatura internacional (Stephenson, Gray, Power, Brun, Dunker & Panjer, 2011, p. 12, p. 28).

Circunscribiendo este trabajo al ámbito de la Jefatura del Estado, en España, el actual artículo 56.3 de la Constitución Española consagra la inviolabilidad del Jefe del Estado. El Jefe del Estado español es, por tanto, irresponsable. Esta irresponsabilidad, que los Tribunales han interpretado como absoluta y que abarca todos sus actos (tanto públicos como privados), nos emplaza a reflexionar hasta qué punto la misma puede ser compatible con la articulación de procesos de recuperación de activos en torno a su persona. La exposición de motivos de la Ley Orgánica 4/2014, de 11 de julio recuerda que *"todos los actos realizados por el Rey o la Reina durante el tiempo en que ostentare la jefatura del Estado, cualquiera que fuere su naturaleza, quedan amparados por la inviolabilidad y están exentos de responsabilidad. Por el contrario, los que realizare después de haber abdicado quedarán sometidos, en su caso, al control jurisdiccional, por lo que, al no estar contemplado en la normativa vigente el régimen que debe aplicársele en relación con las actuaciones procesales que le pudieran afectar por hechos posteriores a su abdicación, se precisa establecer su regulación en la Ley Orgánica del Poder Judicial"*. A medio de las presentes líneas, pretende reflexionarse sobre la viabilidad de invocar la institución jurídica del decomiso, y en particular, el decomiso sin condena para recuperar parte de las ganancias ilícitas que se hubieren podido generar con ocasión de los delitos cometidos durante el reinado de un Jefe de Estado en activo como Persona Políticamente expuesta, así como las estrategias y/o alternativas que cabría plantear para gestionar dichos bienes.

II. EL DECOMISO SIN CONDENA

1. Normativa comunitaria

Siendo el decomiso sin condena (también conocido en la literatura internacional bajo el acrónimo NCBC *-Non Conviction Based Confiscation-*) una modalidad de decomiso particularmente controvertida, todavía lo es más si involucra a una Persona Políticamente Expuesta. A pesar de las voces que abogan por la adopción de medidas más ambiciosas para recuperar las ganancias ilícitas que se generan en estos sensibles ecosistemas (Stephenson, Gray, Power, Brun, Dunker & Panjer, 2011; Grant, Gray, Greenberg & Samuel, 2009) lo cierto es que la doctrina advierte de los riesgos derivados de una aplicación excesivamente laxa. Como expone Tromme (2019, p. 171): *«El decomiso sin condena confiere excesivos poderes* *al Estado, lo que puede resultar preocupante en situaciones en las que no existen sistemas para mantenerlo bajo control. Por tanto, esta práctica suscita preocupación por el abuso de poder del Estado ya que no es inconcebible, por ejemplo, que se utilice para perseguir a oponentes políticos en determinadas situaciones»*. En este sentido, los riesgos de interferencia política son reales cuando implican a este tipo de personalidades, en tanto en cuanto las repercusiones reputacionales pueden acabar condicionado no solo la trayectoria política de los afectados, sino también la estabilidad de los ejecutivos de los que forman parte, las instituciones o los símbolos que representan, como sucedería en el caso de la Corona en España.

El atractivo del decomiso sin condena se residencia, precisamente, en la posibilidad de poder recuperar los activos adquiridos de forma ilegal en ausencia de una sentencia condenatoria, por lo que la preocupación en torno a las garantías procesales relacionadas con esta figura son una constante en la literatura internacional (Tromme, 2019, pp. 186-194; Transparency International, 2022, pp. 16-18) y nacional (por todos, Neira Pena y Pérez de la Cruz Martín, 2017).

En el ámbito europeo, la regulación del decomiso no basado en condena recogida en art. 4.2 de la Directiva 2014/42/UE se trató de una *«solución de compromiso»* (Aguado-Correa, 2015, pp. 15 y ss.), insatisfactoria para los colegisladores comunitarios. Este tipo de decomiso fue concebido para que los Estados miembros pudiesen tomar las medidas necesarias que posibilitasen el decomiso de los instrumentos o productos del delito cuando no se hubiese podido acordar el decomiso directo debido a la enfermedad o fuga del sospechoso o acusado, siempre y cuando se hubiese incoado un procedimiento penal por una infracción penal que hubiere dado lugar a una ventaja económica directa o indirecta y que, de haber continuado el procedimiento, hubiere dado lugar a una sentencia condenatoria si el acusado o sospechoso hubiere podido comparecer en el juicio. Sin embargo, la evaluación de la citada Directiva y diversos documentos de trabajo complementarios (Corral Escariz, 2023, pp. 162-166), pusieron de manifiesto la necesidad de perfeccionar el marco jurídico comunitario, especialmente en lo ateniente a esta modalidad. El informe presentado por la Comisión Europea en 2019 (SWD(2019) 1050 final, p.10), fue precisamente consecuencia de la declaración conjunta elaborada por el Parlamento Europeo y el Consejo una vez se aprobó la Directiva 2014/42/UE en la que se instó a la Comisión a *«analizar, lo antes posible y teniendo en cuenta las diferencias entre las tradiciones jurídicas y los sistemas de los Estados miembros, la viabilidad y las posibles ventajas de introducir nuevas normas comunes sobre el decomiso de bienes derivados de actividades de carácter delictivo, incluso en ausencia de condena de una persona o personas concretas por dichas actividades»* (Council doc. 7329/1/14 REV 1 ADD 1). Posteriormente, la evaluación de la Directiva 2014/42/UE concluyó, al margen de la escasa fiabilidad de las estadísticas reportadas por los Estados miembros en relación con esta institución jurídica, su confianza en el potencial que puede desplegar el decomiso sin condena para incrementar los niveles de embargo y decomiso de los productos del delito (Comisión Europea, COM(2020) 2017 final, p. 14 y 15).

Corolario de lo anterior, la nueva Propuesta de Directiva del Parlamento Europeo y del Consejo sobre recuperación y decomiso de activos (COM(2022) 245 final) presentó una relevante ampliación de los casos de decomiso no basado en sentencia condenatoria. De este modo, además de abarcar los tradicionales supuestos de enfermedad o fuga del sospechoso o acusado, la propuesta de Directiva planteó hacer extensivo este decomiso a otros procedimientos penales inconclusos motivados por el fallecimiento del sospechoso o acusado (art. 15.1.c)), la inmunidad penal o amnistía del sospechoso o acusado de conformidad con la legislación nacional de cada Estado miembro (art. 15.1. d) y e)) y la expiración de los plazos establecidos por la legislación nacional cuando dichos plazos no fuesen lo suficientemente prolongados para permitir la investigación y el enjuiciamiento efectivos de las infracciones penales pertinentes (art. 15.1.f)).

Algunos de estos nuevos supuestos ya se encontraban previstos en las legislaciones internas de los Estados miembros, tal y como se documentó en el *"Análisis de las medidas de decomiso sin condena en la Unión Europea"* elaborado por la Secretaría General de la Comisión Europea en 2019 (SWD(2019) 1050 final). De este modo, entre los supuestos clásicos o más tradicionales de decomiso sin condena más frecuentes podían reseñarse los siguientes:

Tabla 1. Clasificación de modalidades de decomiso sin condena por países de la UE (I):

MUERTE	ENFERMEDAD	FUGA
Austria	Austria	Austria
Croacia	Bélgica	Bélgica
Chipre	Croacia	Croacia
Dinamarca	República Checa	República Checa
Finlandia	Chipre	Chipre
Francia	Estonia	Estonia
Alemania	Finlandia	Finlandia
Grecia	Alemania	Francia
Hungría	Grecia	Alemania
Italia	Hungría	Grecia
Letonia	Italia	Hungría
Eslovenia	Letonia	Letonia
España	Lituania	Lituania
	Luxemburgo	Luxemburgo
	Malta	Malta
	Países Bajos	Países Bajos
	Polonia	Polonia

	Portugal	Portugal
	Rumanía	Eslovaquia
	Eslovaquia	Eslovenia
	Eslovenia	España
	España	

Fuente: SWD(2019) 1050 final, Anexo, p. 18-19.

Otras modalidades de decomiso sin condena menos habituales en Europa pero igualmente objeto de regulación por parte de algunos estados minoritarios han sido:

Tabla 2. Clasificación de modalidades de decomiso sin condena por países de la UE (II):

PROPIETARIO DESCONOCIDO	Estonia		
INSTRUMENTOS	Estonia	Eslovenia	
OTROS SUPUESTOS	Alemania	Polonia	Suecia
AUTOR DESCONOCIDO	Hungría	Portugal	
INMUNIDAD	Eslovaquia		
EDAD	Eslovaquia	España	
PRESCRIPCIÓN	Eslovaquia	España	
DEMENCIA	Eslovaquia		
NE BIS IN IDEM	Eslovaquia		

Fuente: SWD(2019) 1050 final, Anexo, p. 18-19.

En el momento de la elaboración del citado informe únicamente Bulgaria e Irlanda reportaron no haber regulado ninguno de los supuestos tradicionales más característicos del decomiso sin condena en sus respectivos ordenamientos jurídicos (SWD(2019) 1050 final, pp. 12 y 14). En el caso del Reino Unido, este país no participó en la adopción de esta Directiva (SWD(2019) 1050 final, p. 17), a lo que se le ha de añadir su salida efectiva de la Unión Europea tras la aprobación del Acuerdo de Retirada (Decisión (UE) 2020/135 del Consejo de 30 de enero de 2020 relativa a la celebración del Acuerdo sobre la retirada del Reino Unido de Gran Bretaña e Irlanda del Norte de la Unión Europea y de la Comunidad Europea de la Energía Atómica).

Como puede constatarse, los supuestos más frecuentes que posibilitaban el decomiso sin condena no solo se agotaron con la enfermedad o fuga; muchos Estados miembros también apostaron por incluir el fallecimiento del acusado o investigado de forma mayoritaria. Particular mención debe merecernos por el tema que nos ocupa la inmunidad, la cual, con carácter previo a la Propuesta de Directiva, solo había sido regulada expresamente por Eslovaquia como supuesto habilitante para acordar el decomiso sin condena.

Sin embargo, lo cierto es que el texto resultante de la Propuesta de Directiva (COM(2022) 245 final), la Directiva (UE) 2024/1260 del Parlamento Europeo y del Consejo, de 24 de abril de 2024, sobre recuperación y decomiso de activos, ha experimentado significativos cambios en lo relativo al decomiso sin condena respecto del contenido redactado originalmente. Aguado-Correa describe la cronología de los acontecimientos durante su tramitación (Aguado-Correa, 2023, p. 31) y cómo en el DO C100, de 16.3.2023, apartado 3.6 (p. 109)[1], se advirtió de los posibles abusos que podrían cometerse al amparo de los nuevos supuestos, así como su utilización con fines de acoso o persecución. En consonancia, el 13 de marzo de 2024 el Pleno aprobó la enmienda de transacción (enmienda 152) a la Propuesta de Directiva (Bruselas, 15 de marzo de 2024 (OR. en) 7509/24, expediente interinstitucional: 2022/0167(COD),

---

1 Disponible en red: https://eur-lex.europa.eu/legal-content/ES/TXT/PDF/?uri=OJ:C:2023:100:FULL

pp. 1-113)[2]. En lo ateniente a esta cuestión, la posición en primera lectura del Parlamento Europeo avaló la supresión de parte de las circunstancias habilitantes hacia las que pretendía expandirse el decomiso sin condena recogidas en el artículo 15. De tal punto, a efectos comparativos se constata las reticencias del legislador comunitario de ampliar en exceso esta institución, tal y como se pone de manifiesto en la siguiente Tabla:

Tabla 3. Comparativa regulación decomiso sin sentencia condenatoria -artículo 15-:

Propuesta de Directiva del Parlamento Europeo y del Consejo sobre recuperación y decomiso de activos (COM(2022) 245 final)	Directiva (UE) 2024/1260 del Parlamento Europeo y del Consejo, de 24 de abril de 2024, sobre recuperación y decomiso de activos
Artículo 15 *Decomiso no basado en sentencia condenatoria* *1. Los Estados miembros adoptarán las medidas necesarias para permitir, en las condiciones contempladas en el apartado 2, el decomiso de instrumentos y productos, o de los bienes a que se refiere el artículo 12, o que se hayan transferido a terceros a efectos del artículo 13, en casos en los que se hayan incoado procedimientos penales que no haya podido continuar debido a las circunstancias siguientes:*	*Artículo 15* *Decomiso no basado en una sentencia condenatoria* *1. Los Estados miembros adoptarán las medidas necesarias para que pueda procederse, en las condiciones establecidas en el apartado 2 del presente artículo, al decomiso de instrumentos, productos o bienes a que se refiere el artículo 12 o productos o bienes que se hayan transferido a terceros tal como se menciona en el artículo 13 cuando se hayan incoado procesos penales que no hayan podido continuar debido a una o más de las circunstancias siguientes:*

2 Disponible en red: https://eur-lex.europa.eu/legal-content/ES/TXT/PDF/?uri=CONSIL:ST_7509_2024_INIT [Consultado: 01.12.2024]

a) enfermedad del sospechoso o acusado; *b) fuga del sospechoso o acusado;* *c) fallecimiento del sospechoso o acusado;* *d) inmunidad penal del sospechoso o acusado según la legislación nacional;* *e) amnistía concedida al sospechoso o acusado según la legislación nacional;* *f) expiración de los plazos fijados por la legislación nacional, cuando dichos plazos no sean lo suficientemente prolongados para permitir la investigación y el enjuiciamiento efectivos de las infracciones penales pertinentes.* *2. El decomiso sin sentencia condenatoria previa se limitará a las infracciones penales que puedan dar lugar, directa o indirectamente, a una ventaja económica sustancial, y únicamente en la medida en que el órgano jurisdiccional nacional haya resuelto que concurren todos los elementos de la infracción.* *3. Antes de que el órgano jurisdiccional dicte una resolución de decomiso en el sentido de los apartados 1 y 2, los Estados miembros velarán por que se respeten los derechos de defensa de la persona afectada, en particular, concediendo acceso al expediente y reconociendo el derecho a ser oído en cuestiones de hecho y de Derecho.*	*a) enfermedad de la persona sospechosa o acusada;* *b) fuga de la persona sospechosa o acusada;* *c) fallecimiento de la persona sospechosa o acusada;* *d) el plazo de prescripción de la infracción penal correspondiente establecido por el Derecho nacional es inferior a quince años y ha expirado después de la incoación del proceso penal.* *2. El decomiso sin sentencia condenatoria previa en virtud del presente artículo se limitará a aquellos casos en los que, de no haberse dado las circunstancias establecidas en el apartado 1, el proceso penal correspondiente hubiera podido conducir a una condena penal, al menos en relación con los delitos que puedan dar lugar, directa o indirectamente, a un beneficio económico sustancial, y cuando el órgano jurisdiccional nacional haya resuelto que los instrumentos, productos o bienes que deban decomisarse proceden de la infracción penal en cuestión o están directa o indirectamente relacionados con esta.*

4. A efectos del presente artículo, el concepto de «infracción penal» incluirá los delitos enumerados en el artículo 2 cuando lleven aparejada una pena privativa de libertad de un máximo de al menos cuatro años.	

A tenor de lo reproducido, puede colegirse que desaparecen los supuestos d) relativo a la *"inmunidad penal del sospechoso o acusado según la legislación nacional"* del art. 15.1 y e) concerniente a *"la amnistía concedida al sospechoso o acusado según la legislación nacional"*. La redacción de la prescripción sufre una reformulación considerable en pos de una mayor concreción y definición (Farto Piay, 2024, pp. 575-576; Aguado-Correa, 2023, pp. 31-32).

Centrándonos específicamente en la inmunidad, cabría reflexionar hasta qué punto, de haber prosperado la Propuesta de Directiva original, podría haber servido dicha regulación como base para vehicular la recuperación de activos en caso de que el Jefe del Estado español hubiere cometido un delito del que se derivasen ganancias ilícitas. En este sentido, y como acertadamente señala Farto Piay (2024, pp. 575), la Propuesta de Directiva no define ni efectúa delimitación alguna en torno al concepto de *"inmunidad"*, limitándose el legislador comunitario a remitirse a la legislación nacional de cada Estado miembro *«pudiendo, por tanto, afectar este supuesto de decomiso autónomo tanto al derecho a no ser demandado ni sometido a juicio ante los órganos jurisdiccionales de otro Estado -la denominada inmunidad de jurisdicción- como al derecho a que no se ejecute lo juzgado -o inmunidad de ejecución-, permitiendo así que los activos puedan ser objeto de decomiso en tales casos»* (Farto Piay, 2024, p. 575). Descendiendo al estudio de la cuestión, un sector de la doctrina diferencia entre la inviolabilidad y la inmunidad como dos constructos no equiparables ni sustituibles entre sí. Como recuerda Fernández Iriondo (2022, p. 39), la inmunidad no deja de ser una prerrogativa formal que imposibilita el enjuiciamiento formal -o la mera detención- de la persona inmune. La inviolabilidad, en cambio, va mucho más allá, por cuanto implica la imposibilidad de censurar o enjuiciar al monarca. Por su parte, el Tribunal Constitucional, ha aludido expresamente a la inviolabilidad del Jefe del Estado en la STC nº 98/2019, de 17 de julio (Excmo. Sr. D. Antonio Narváez Rodríguez), en su F.J. 3, letra c), y ratifica, entre otras notas características, el estatus específico y particular del que goza el titular de la Corona. Ello justifica que el Rey no pueda sufrir consecuencia sancionatoria alguna. Adviértase que el intérprete de la Constitución no circunscribe el concepto de *"consecuencia sancionatoria"* al orden penal, por lo que en este punto cabría igualmente exonerar al Jefe del Estado de cualquier otra consecuencia sancionatoria de naturaleza civil o administrativa.

A la luz de lo expuesto, aunque se hubiere aprobado la versión original de la Propuesta de Directiva recogida en la COM(2022) 245 final, cabría advertir las dificultades manifiestas para que, incluso al amparo de este nuevo supuesto, fuese posible acordar el decomiso de las ganancias derivadas del delito a través de esta modalidad sin sentencia condenatoria.

No obstante, tratándose de otros sujetos que pudieren pertenecer a la categoría de Personas Políticamente Expuestas, este supuesto de decomiso sin condena debía, cuanto menos, haberse perfilado de una manera mucho más precisa (y/o quirúrgica si cabe), por el potencial desestabilizador que pudiere representar para el poder político de los propios Estados, no solo a nivel interno, sino también comunitario. Máxime si, tal y como pretendía la Propuesta de Directiva, recaía en los propios Estados miembros la responsabilidad de acotar el alcance y la delimitación del término *"inmunidad"*. Teniendo en cuenta que, salvo modificación posterior desconocida por quien suscribe las presentes líneas, en 2019 solo Eslovaquia contemplaba esta circunstancia (SWD(2019) 1050 final, Anexo, pp. 18-19), no parece que la cultura jurídica de los Estados miembros fuese la propicia para sentar las bases de esta modalidad de decomiso específica (reflexión que igualmente deben ser proyectada en relación con la amnistía).

2. Regulación en el ordenamiento español

En España, antes de la entrada en vigor de la Directiva (UE) 2014/42 y su trasposición al ordenamiento interno, el legislador español ya había sentado las bases de un embrionario decomiso sin condena en el antiguo 127.3 introducido por la LO 15/2003: *"3. El juez o tribunal podrá acordar el comiso previsto en los apartados anteriores de este artículo aun cuando no se imponga pena a alguna persona por estar exenta de responsabilidad criminal o por haberse ésta extinguido, en este último caso, siempre que quede demostrada la situación patrimonial ilícita"*. La trasposición de esta Directiva, efectuada con la reforma de la LO 1/2015, supuso la creación de un nuevo artículo, el art. 127 ter CP, ampliamente tratado por la doctrina penal y procesal (sin ánimo de exhaustividad: Castellví Monserrat, 2018; Farto Piay, 2023; Álvarez Hernández, 2024), que otorga al juez la potestad de acordar el decomiso cuando la situación patrimonial ilícita quede probada en un proceso contradictorio y se trate de alguno de los siguiente supuestos: a) fallecimiento o enfermedad crónica que impida el enjuiciamiento de los hechos y exista el riesgo de prescripción; b) situación de rebeldía y, en consecuencia, impedimento de que los hechos puedan ser enjuiciados dentro de un plazo razonable y c) ausencia de imposición de pena por haber quedado exento de responsabilidad criminal o por haberse esta extinguido. Tratándose del Rey en activo, el supuesto a medio del cual podría vehicularse el decomiso sin condena quedaría, apriorísticamente restringido a la letra c) bajo la cobertura que nos proporcionaría precisamente la ausencia de imposición de pena motivada por la exención de responsabilidad criminal, en tanto en cuanto la inviolabilidad imposibilitaría que pudiera ser condenado por cualquier delito cometido. No obstante, la doctrina interpreta esta cláusula de manera restrictiva (Córdoba Roda y García Arán, 2011, p. 950), exigiendo la antijuridicidad del hecho. A mayor abundamiento Noreña Salto circunscribe la aplicación del decomiso sin condena basada en la exención de la responsabilidad penal solo si derivase de una causa de inimputabilidad, exculpación o exclusión de la pena (Noreña Salto, 2019, p. 8). De otra parte, el apartado segundo del art. 127 ter establece como requisito previo para acordar el decomiso sin condena, la acusación formal del acusado o contra el imputado con relación al que existan indicios racionales de criminalidad.

Nuevamente, debe traerse a colación la especial protección y cobertura jurídica que le brinda al Rey la institución de la inviolabilidad, en tanto en cuenta anula a aplicación de las disposiciones sustantivas y procesales de plano y sin ningún tipo de plazo siempre que la persona ostentare, lógicamente la condición que le otorga dicha inviolabilidad, en este caso, la Jefatura del Estado en el marco de la Monarquía Parlamentaria española. La inviolabilidad, teniendo en cuenta los términos en los que se ha perfilado por parte de los Tribunales españoles, constituye un obstáculo insalvable imposible de superar, en una interpretación que ha sido muy cuestionada por un vehemente sector de la doctrina penal (por todos, Molina Fernández, 2021, pp. 407 y ss.).

III. DUDAS Y SOLUCIONES EN CUANTO A LA POSIBLE RECUPERACIÓN DE LOS ACTIVOS OBTENIDOS Y SU TRAZABILIDAD

Expuestas las anteriores consideraciones, la recuperación de activos procedentes del delito es una cuestión cuyas ramificaciones no se agotan únicamente en señalar las dificultades que imposibilitan el decomiso de los bienes ilícitos que hubiere obtenido el Monarca que ostentare la Jefatura del Estado. Las distorsiones que provoca la forma en la que los Tribunales españoles han moldeado e interpretado la inviolabilidad tiene consecuencias que, igualmente, deberían emplazarnos a una seria reflexión. Por cuanto no es improbable que, en aras del aprovechamiento y disfrute efectivo de los bienes resultantes de la comisión de diversos ilícitos penales por parte del propio Jefe del Estado (piénsese, por ejemplo, automóviles, obras de arte, etc.) los mismos acaben formando parte del patrimonio de Casa Real o se pudiesen utilizar si los mismos quedasen adscritos bajo la cobertura de la Ley 23/1982, de 16 de junio, reguladora de Patrimonio Nacional. Tal y como preceptúa el artículo segundo de la citada Ley, *"tienen la calificación jurídica de bienes del Patrimonio Nacional los de titularidad del Estado afectados al uso y servicio del Rey y de los miembros de la Real Familia para el ejercicio de la alta representación que la Constitución y las leyes les atribuyen"*. Adviértase que el artículo 4 especifica los bienes que forman parte de Patrimonio Nacional y, entre ellos, el numeral ocho alude expresamente a las donaciones hechas al Estado a través del Rey y (he aquí lo verdaderamente relevante) *"los demás bienes y derechos que afecten al uso y servicio de la Corona"*. En tanto en cuanto esta cláusula de cierre no señala ni acota el origen de aquellos bienes que puedan quedar afectados de los que no, la ausencia de controles o de una supervisión estricta que determine la trazabilidad de los activos por parte del Consejo de Administración de Patrimonio Nacional (órgano regulado en los arts. 65 y ss. del Capítulo I -Del Consejo de Administración- del Título VI -De la organización del Patrimonio Nacional- del Reglamento de la Ley 23/1982, de 16 de junio, reguladora del Patrimonio Nacional), podría acabar suponiendo (en el peor de los casos), que el Jefe del Estado disfrutase sin cortapisa alguna de los réditos generados con el delito fácticamente cometido aunque de él no pudiese derivarse, lógicamente, consecuencia jurídica alguna. Adviértase que, por más que el pasado 1 de enero de 2015 Felipe VI diese a conocer la

"Normativa de regalos a favor de los miembros de la Casa Real"[3], este documento (al margen de apuntalar una serie de directrices en torno a la política de gestión de los presentes que recibe anualmente la Familia Real)[4], puede servir de facto como un canal más que idóneo para introducir activos de dudoso u opaco origen, teniendo en cuenta su singular naturaleza. Y llegados a este punto, el decomiso de un bien de procedencia delictiva devendría igualmente impracticable por cuanto es evidente, por contratuitivo y por ser un absoluto dislate, que el Estado pueda decomisarse a sí mismo bajo la cobertura del art. 127 y ss. CP. No obstante, la situación descrita no sería irresoluble, pues en estos casos bastaría con acudir a lo establecido en el Real Decreto 496/1987, de 18 de marzo, por el que se aprueba el Reglamento de la Ley 23/1982, de 16 de junio, reguladora del Patrimonio Nacional, para desafectar dicho bien de Patrimonio Nacional en caso de que hubiere obtenido con carácter previo dicho estatus o categoría. Aunque la disposición general establecida en el artículo 6.º preceptúa que "*Los bienes y derechos integrados en el Patrimonio Nacional serán inalienables, imprescriptibles e inembargables, y, en general, gozarán de las prerrogativas de los bienes de dominio público estatal*", el Gobierno ostenta la competencia, a propuesta del Consejo de Administración del Patrimonio Nacional, para decidir sobre la afectación y desafección al uso y servicio de la Corona de bienes muebles e inmuebles y de derechos ex art. 17. Sin embargo, la desafección en ningún caso podría abarcar los bienes muebles o inmuebles de valor histórico-artístico. Conforme a lo dispuesto en el artículo 20.1

---

3 Fuente: https://casareal.es/ES/Transparencia/InformacionJuridica/Paginas/normativa-regalos-familia-real.aspx [consultado: 10.10.2024]

4 Consúltese el siguiente enlace para un desglose anual de los regalos recibidos desde el 2015 hasta 2023: https://casareal.es/ES/Transparencia/InformacionJuridica/Paginas/normativa-regalos-familia-real.aspx [consultado: 10.10.2024]

la afectación o desafectación de bienes y derechos al Patrimonio Nacional se acordaría por el Consejo de Ministros a través de Real Decreto. A fecha de la elaboración del presente trabajo no se conoce ni se ha podido documentar (salvo error u omisión involuntaria cometida por esta parte), la desafección de ningún bien que haya estado vinculado a actividades opacas que hagan sospechar de su origen o su relación con algún comportamiento abstractamente reprochable desde la esfera penal. Teniendo en cuenta que la inviolabilidad garantiza la irresponsabilidad penal del actual Jefe del Estado, la afirmación sobre la procedencia delictiva no dejaría de ser una mera entelequia a efectos discursivos con nula trascendencia en la esfera jurídica, por lo que la desafección podría perfectamente ampararse en otras razones o motivos sin necesidad de aludir de manera expresa a esta cuestión, que por lo demás conllevaría un costo reputacional evidente en la institución. A mayor abundamiento, también es importante señalar que, incluso aquellos bienes y derechos de Patrimonio Nacional afectados al uso y servicio del Rey y de los miembros de la Familia Real, pueden destinarse a fines culturales, científicos y docentes, siempre y cuando su uso fuere compatible con la afectación de los bienes del Patrimonio Nacional de acuerdo con lo dispuesto en el art. 23. Por tanto, este artículo bien podría servir para que aquellos bienes que no resultaren desafectados pudieren servir de algún modo a la ciudadanía en general.

IV. CONCLUSIÓN

A fecha de los corrientes, el decomiso al Jefe de Estado en activo es una quimera en el ordenamiento jurídico español. Las ganancias ilícitas derivadas de los posibles ilícitos que el Rey pudiere cometer no se pueden recuperar. El decomiso sin condena, pudiendo configurarse como una institución dotada de especial relevancia en aquellos casos en los que se encuentre implicada una Persona Políticamente Expuesta, no puede ser acordada en este caso concreto teniendo en cuenta que la inviolabilidad del Monarca se erige en un impedimento insalvable (tanto a efectos sustantivos como procesales) a dichos efectos. Ello provoca que deban articularse inexploradas alternativas trufadas de creatividad jurídica para sortear las lagunas legales derivadas de la imposibilidad de contar con un canal efectivo de recuperación de activos en este tipo de casos, siendo posible (solo en aquellos supuestos en los que los activos quedasen adscritos al régimen jurídico de Patrimonio Nacional) encontrar soluciones que permitan aproximarnos a una relativa "recuperación parcial" de una parte de las ganancias resultantes.

BIBLIOGRAFÍA

Álvarez Hernández, M. (2024). El decomiso sin condena y el proceso de decomiso autónomo como paradigma de la política de recuperación de activos en la Unión Europea y España. *Revista General de Derecho Procesal, 64.*

Aguado-Correa, T. (2015). La Directiva 2014/42/UE sobre embargo y decomiso en la Unión Europea: Una solución de compromiso a medio camino. *Revista General de Derecho Europeo, 35,* pp. 1-34

Aguado-Correa, T. (2024). Embargo y decomiso en la propuesta de directiva sobre recuperación y decomiso de activos: garantizar que el delito no resulte provechoso a costa de las garantías. *Revista electrónica de ciencia penal y criminología, 25,* pp. 1-49

Castellví Monserrat, C. (2018). Algunos problemas aplicativos del decomiso ampliado y el decomiso sin condena. *La ley penal: revista de derecho penal, procesal y penitenciario, nº 133.*

Comisión Europea (SWD(2019) 1050 final. *Analysis of non-conviction based confiscation measures in the European Union.* https://data.consilium.europa.eu/doc/document/ST-8627-2019-INIT/en/pdf

Comisión Europea COM(2020) 217 final. *Report from the Commission to the European Parliament and The Council. Asset recovery and confiscation: Ensuring that crime does not pay.* Disponible en red: https://eur-lex.europa.eu/resource.html?uri=cellar:5776f170-a4b5-11ea-bb7a-01aa75ed71a1.0001.02/DOC_1&format=PDF

Comisión Europea COM(2022) 245 final. *Propuesta de Directiva del Parlamento Europeo y del Consejo sobre recuperación y decomiso de activos.* Disponible en red: https://eur-lex.europa.eu/legal-content/ES/TXT/PDF/?uri=CELEX:52022PC0245&from=EN

Córdoba Roda, J. y García Arán, M. (2011). *Comentarios al Código Penal. Parte General.* Marcial Pons: Barcelona.

Corral Escariz, V. (2023). *La localización de bienes en la UE y su aplicación en España. Fase clave de la recuperación de activos procedentes del delito.* Tirant Lo Blanch: Valencia.

Farto Piay, T. (2021). *El proceso de decomiso autónomo.* Tirant Lo Blanch: Valencia.

Farto Piay, T. (2024). La propuesta de directiva sobre la recuperación y decomiso de activos con especial referencia a la extensión de su ámbito. Rodríguez García, N.; Carrillo del Teso, A. E. & Cerina, G. D. M. (eds.). *Delincuencia corporativa: Compliance, canales de denuncia y persecución penal,* pp. 555-579

Fernández Iriondo, J. (2022). La inviolabilidad regia y sus límites en el ordenamiento jurídico español. *Revista Del Parlamento Vasco,* (3), pp. 36–63. https://doi.org/10.47984/legal.2022.002

Financial Task Force (FATF) (2012-2023). *International Standards on Combating Money Laundering and the Financing of Terrorism & Proliferation,* FATF, Paris, France. Disponible en red: www.fatf-gafi.org/en/publications/Fatfrecommendations/Fatf-recommendations.html [consultado: 10.10.2024]

Financial Task Force (FATF) (2013). *FATF Guidance politically exposed persons (recommendations 12 and 22).* June 2013. Disponible en red: https://www.fatf-gafi.org/content/dam/fatf-gafi/guidance/Guidance-PEP-Rec12-22.pdf [consultado: 10.10.2024]

Financial Task Force (FATF) (2003). *The forty recommendations.* Disponible en red: https://www.fatf-gafi.org/content/dam/fatf-gafi/recommendations/FATF%20Recommendations%202003.pdf [consultado: 10.10.2024]

Grant, W.; Gray, L. A.; Greenberg, T. H.; Samuel, L. M. (2009). *Stolen asset recovery: a good practices guide for non-conviction based asset forfeiture (Thai).* Stolen Asset Recovery (StAR) initiative Washington, D.C.: World Bank Group. http://documents.worldbank.org/curated/en/648141468318006858/Stolen-asset-recovery-a-good-practices-guide-for-non-conviction-based-asset-forfeiture

Greenberg, T. S., Gray, L., Schantz, D., Gardner, C., & Latham, M. (2010). *Politically exposed persons: preventive measures for the banking sector.* World Bank Publications.

Molina Fernández, F. (2021). «The king can do wrong». La inviolabilidad del rey a examen. VVAA, *Libro Homenaje al Profesor Luis Arroyo Zapatero: un Derecho penal humanista,* BOE.

Neira Pena, A. y Pérez-Cruz Martín, A. (2017). El decomiso sin condena y la constitucionalidad de las presunciones legales sobre el origen ilícito de los bienes objeto de decomiso. Fuentes Soriano, O. (Coord.) *El proceso penal: Cuestiones fundamentales,* Tirant Lo Blanch: Valencia, pp. 495-503

Noreña Salto, J. R. (2019). El procedimiento de decomiso autónomo. *El decomiso. Aspectos sustantivos y procesales.* Centro de Estudios Jurídicos: Madrid.

Stephenson, K. M., Gray, L., Power, R., Brun, J-P., Dunker, G. & Panjer, M. (2011). *Barriers to asset recovery: an analysis of the key barriers and recommendations for action (English).* Stolen Asset Recovery (StAR) initiative Washington, D.C.: World Bank Group.

Transparency International (2022). *Non-conviction-based confiscation as an alternative tool to asset recovery. Lessons and concerns from the developing world.* Transparency International Anti-Corruption Helpdesk Answer. Disponible en red: https://knowledgehub.transparency.org/assets/uploads/helpdesk/Non-Conviction-Based-Forfeiture_2022.pdf [consultado: 10.12.2024]

Tromme, M. (2019). Waging war against corruption in developing countries: how asset recovery can be compliant with the Rule of Law. *Duke Journal of Comparative & International Law,* v. 29, pp. 165-233

United Nations Office on Drugs and Crime (UNODC) (2004). *United Nations Convention Against Corruption.* Vienna. Disponible en red: https://www.unodc.org/documents/brussels/UN_Convention_Against_Corruption.pdf [consultado: 10.10.2024]

El aforamiento de determinados integrantes de la Familia Real española. Comentario al artículo 55 bis LOPJ

JOSÉ FRANCISCO ETXEBERRIA GURIDI
Catedrático de Derecho Procesal.
Universidad del País Vasco/Euskal Herriko Unibertsitatea

I. INTRODUCCIÓN

Mediante la LO 4/2014, de 11 de julio, se añade a la, ya de por sí, extensísima lista de personas aforadas una relación de miembros pertenecientes a la Familia Real española. Conforme a dicha prerrogativa, el ejercicio de la potestad jurisdiccional frente a actuaciones de las personas vinculadas a la Corona que más adelante se concretarán corresponderá en exclusiva al Tribunal Supremo, órgano jurisdiccional superior en todos los órdenes, salvo lo dispuesto en materia de garantías constitucionales (art. 123.1 CE), procediendo para ello a la inevitable reforma de la LOPJ e incorporando un nuevo precepto (art. 55 bis). Este nuevo aforamiento se extiende tanto a cuestiones civiles como a penales.

No puede ignorarse el contexto político en el que se produce tal reforma. Bien es cierto que ya en el Anteproyecto de LOPJ, de 4 de abril de 2014, por el que se pretendía aprobar una completamente nueva LOPJ que sustituyera a la en vigor, pero muy reformada, de 1985, se incorporaba el aforamiento ante el TS de determinados miembros de la Familia Real, a excepción del Rey que goza de inviolabilidad (art. 56.3 CE). Este intento de reforma integral, muy criticado por otra parte tanto por su contenido como por su oportunidad, no fructificó, con cambio de Ministro de Justicia incluido, pero no por ésta, sino por otra ley, que tampoco vio la luz. El destino de la pretendida nueva LOPJ y de los aforamientos de la Familia Real que contenía aquélla no fue, sin embargo, el mismo.

Los referidos aforamientos reales se rescatan del nonato Anteproyecto y se incorporan a la también mencionada LO 4/2014, que poco o nada tenía que ver en los inicios de su tramitación con aquella materia. El detonante de esta operación de salvamento normativo no es otro que la repentina abdicación del anterior titular de la Corona, Su Majestad el Rey Don Juan Carlos I de Borbón (LO 3/2014, de 18 de junio). Al menos esa es la conclusión que sin mayor esfuerzo extraemos de la lectura del Preámbulo de la LO 4/2014 (apartado IV) y del menguado lapso de tiempo transcurrido de una Ley a la otra. En efecto, en el listado de miembros de la Familia Real que adquirían la condición de aforados en el Anteproyecto de LOPJ 2014 se suman otros que obviamente no estaban contemplados por aquel entonces: el Rey o Reina que hubiera abdicado y su consorte.

Mucho se va a tratar, y con acierto seguramente, a lo largo de esta monografía acerca de las prerrogativas que rodean las Jefaturas de Estado y del fundamento justificativo de las mismas en este y en otros países. Por esta razón no nos entretendremos mucho en esta cuestión, salvo en lo relativo al aforamiento. En esto último no cabe otra que personalizar, pues las personas que por virtud del art. 55 bis LOPJ se elevan a la categoría procesal de aforadas tienen un vínculo incuestionable con la Jefatura del Estado, el Rey (art. 56.1 CE), pero no la integran. No podemos menos que preguntarnos por las razones que han conducido a esos nuevos aforamientos y si las mismas descansan en fundamentos que los justifiquen.

Visto lo anterior, las cuestiones e interrogantes, básicamente de carácter procesal, que cabe plantear sobre los aforamientos contemplados en el art. 55 bis LOPJ, no difieren de las predicables respecto de otros aforamientos previstos en favor de otras personas ante el TS o, incluso, ante otros tribunales superiores distintos a los que de ordinario corresponden en la distribución competencial si no se ostenta aquella condición. Por este motivo, el grueso de esta aportación girará en torno a los aforamientos ante el TS y las particularidades –procesales- que los rodean y que son predicables respecto de los contemplados en el art. 55 bis LOPJ, pero también respecto de cualquieras otros a los que son aplicables las mismas reglas de competencia.

II. EL AFORAMIENTO: SU FUNDAMENTO Y JUSTIFICACIÓN, EN GENERAL Y EN EL SUPUESTO DEL ART. 55 BIS LOPJ EN PARTICULAR

Hablar de aforamientos implica referirse a prerrogativas, es decir, a situaciones y circunstancias especiales de índole personal en las que dejan de aplicarse las disposiciones que con carácter general contempla el ordenamiento jurídico. La excepción a lo general o a lo que resulta de ordinaria aplicación, evoca, no sin lógica, cierta impresión de privilegio (Montero Aroca, 1996, p. 124). De primeras, desigualdad. De ahí la conveniencia de que concurran circunstancias especiales que sirvan de justificación a ese trato especial a su vez.

Como se ha adelantado, el aforamiento implica una alteración de las normas procesales ordinarias determinantes de la competencia, es decir, de las disposiciones que fijan los órganos jurisdiccionales llamados a conocer de un asunto concreto. En el caso que nos ocupa la alteración de los criterios determinantes de la competencia tiene lugar por razón de la persona (*ratione personae*). Por lo general, y en el supuesto que nos ocupa también, los aforamientos procesales suelen centrarse en la competencia objetiva, esto es, en la competencia para conocer y resolver sobre el fondo del asunto que se somete al tribunal (juzgar). Sin embargo, la opción preferida, que suele coincidir con tribunales superiores o de la más elevada instancia, implica una alteración inevitable de las reglas determinantes de la competencia territorial y de la funcional, en lo tocante en esta última dimensión a la fase preparatoria o a las sucesivas instancias.

Dicho así, el aforamiento constituye una prerrogativa vinculada a determinadas funciones o cargos y que suele ir acompañada, aunque no siempre, de otras prerrogativas como son la inviolabilidad y la inmunidad. En nuestra Norma Suprema encontramos de todo: inviolabilidades, inmunidades y aforamientos. En ocasiones de aplicación simultánea a los mismos elevados cargos, y en ocasiones no. En el supuesto de los integrantes de las Cortes Generales, gozan todos ellos de lo que se ha venido a denominar "trilogía" de prerrogativas (Rosado Iglesias, 2021, pp. 111-112; Santaolalla López, 2018, p. 110;). Así lo ha expresado igualmente el TC al entender que la prerrogativa del aforamiento "opera como complemento y cierre" de las de inviolabilidad e inmunidad (STC 22/1997, de 11 de febrero). No es el caso contemplado en el art. 55 bis LOPJ limitado exclusivamente al aforamiento.

1. La justificación constitucional del aforamiento

Como se ha dicho, el aforamiento y otras prerrogativas implican una alteración de la regla general aplicable, ya sea sustantiva, ya procesal. Esto ya afecta de forma inmediata a la igualdad entre los ciudadanos, con trascendencia constitucional por lo tanto. Pero las derivadas procesales de la prerrogativa del aforamiento repercuten en un más amplio abanico de derechos garantizados también constitucionalmente (igualdad procesal, tutela judicial efectiva, proceso con todas las garantías...). Es por lo tanto necesaria su justificación al objeto de no convertirse en lo que parece, un privilegio, amén de la necesaria interpretación restrictiva de toda prerrogativa como muy bien ha preconizado nuestro TC (SSTC 51/1985, de 10 de abril; 186/1989, de 13 de noviembre), aunque no siempre lo haya hecho dando ejemplo.

Tratándose de las prerrogativas de inviolabilidad e inmunidad, se admite sin cuestionamiento su fundamento funcional. Esto es, no se trataría de garantizar un privilegio personal, sino la función o cargo que desempeñan las personas titulares de dichas prerrogativas, que redundaría, a su vez, en la garantía del normal funcionamiento de la institución que integran. La jurisprudencia constitucional sobre este punto es abundantísima. Ahora bien, tratándose de la prerrogativa del aforamiento, que como hemos visto se traduce de ordinario en la atribución del conocimiento del asunto a las más elevadas instancias judiciales, se incorpora a la ecuación un nuevo elemento de dimensión constitucional a considerar y a tutelar. Esto, traducido al aforamiento de los parlamentarios (art. 71.3 CE), significa en opinión del TC que tal prerrogativa constituye una salvaguarda de la independencia institucional, no sólo de la asamblea legislativa respectiva, sino también de la del propio Poder Judicial, "de modo que preserva un cierto equilibrio de poderes" (SSTC 22/1997, de 11 de febrero; 64/2001, de 17 de marzo; 184/2021, de 28 de octubre). Si nos preguntásemos respecto de qué riesgos se pretende proteger la necesaria "independencia y sosiego" predicables de los mencionados poderes, la respuesta del TC sería –es-: "frente a potenciales presiones externas o las que pudiese ejercer el propio encausado por razón del cargo político e institucional que desempeña" (*ibídem*).

Está presuponiendo el más elevado intérprete constitucional –aunque también un sector doctrinal nada desdeñable (Fernández-Viagas Bartolomé, 2000, pp-106-107)- que las instancias inferiores, esto es las ordinarias, son más proclives a sucumbir a dichas presiones en el ejercicio de su función jurisdiccional y subsiguientemente, añadimos nosotros, que las prevenciones contempladas en los arts. 12 a 14 LOPJ al objeto de garantizar la independencia de los jueces y magistrados para el caso de que se consideren "inquietados o perturbados" en ella no son suficientes.

Junto al anterior argumento de que los tribunales superiores están mejor dotados frente a posibles riesgos de presiones externas, también se les ha atribuido por esa misma condición elevada una "superior experiencia e idoneidad técnico-jurídica en la aplicación e interpretación del Derecho" y, por ende, una decisión judicial "más ajustada a Derecho" y "una mayor garantía de acierto" (STC 55/1990, de 28 de marzo –en relación al aforamiento contemplado en el art. 8.1 LO 2/1986, de las FF. y CC. de Seguridad-).

Estos argumentos son difícilmente justificables en un Estado democrático y de Derecho. Con los mismos se traslada, no sólo a los ciudadanos, sino también a los propios integrantes del Poder Judicial, el mensaje de que el juez natural es menos independiente y más vulnerable ante las presiones externas que los órganos judiciales de instancia superior. Es reflejo de una inadmisible desconfianza y recelo respecto de los órganos judiciales llamados de ordinario al ejercicio de la potestad jurisdiccional (Rosado Iglesias, 2021, p. 130; Montero Aroca, 1996, p. 126; Gómez Corona, 2021, p. 63; Saiz Arnaiz, 2001, p. 83; Del Moral García, 2021, p. 156). Es más, este argumento puede fácilmente revertirse. Los últimos años se ha acentuado la deriva poco estimulante de ver como la lucha política se traslada al TS a través del control político del CGPJ –numerosos informes y recomendaciones del GRECO lo acreditan-, cuya renovación ha estado bloqueada durante más de cinco años, a quien corresponde proveer de forma muy discrecional las plazas de los integrantes, precisamente, de las más elevadas instancias judiciales y del TS entre ellas. Sostener, pues, la mayor independencia de las instancias superiores y su mayor predisposición para hacer frente a presiones externas resulta insostenible a la luz de los reproches de politización de las mismas (Saiz Arnaiz, 2001, p. 83; Santaolalla López, 2000, p.40;

Martínez Alarcón, 2015, pp. 474-477; Rosado Iglesias, 2021, p.130). Compartimos pues la afirmación de que "cuanto mayor sea esta independencia (se refiere a la del poder judicial), menor justificación tendrán las aludidas garantías y privilegios" (Sánchez Melgar, 2021, p. 168).

Tampoco resulta complicado revertir el argumento de la mayor capacidad jurídico-técnica de las instancias superiores frente a las ordinarias sostenido por el TC. Entre las competencias ordinarias del TS (o de los TSJ) no se encuentra la de instruir y juzgar una causa penal o resolver sobre el fondo de una demanda civil, lo que puede provocar disfunciones en el propio funcionamiento del TS (Saiz Arnaiz, 2011, p. 83; Del Moral García, 2021, p. 157; Informe del CGPJ, de 27 de junio de 2014, al Anteproyecto de LOPJ de 2014). Sus funciones son otras vinculadas a garantizar la interpretación y aplicación uniforme del Derecho (nomofilaxia) a través del conocimiento del recurso de casación y otros extraordinarios (Martínez Alarcón, 2015, p. 472). En conclusión, se atribuye *a priori* mayor capacidad técnica para instruir una causa penal contra un aforado a quien es posible que nunca lo haya hecho en un supuesto ordinario, o para resolver sobre una demanda de paternidad aforada a quien nunca haya ejercido como juez de primera instancia.

Entendemos, en definitiva, que los fundamentos esgrimidos por el TC en la justificación de los aforamientos desde la perspectiva de la tutela del poder judicial mediante aquéllos no son suficientes en el juicio de ponderación del derecho a un trato en igualdad que puede verse lesionado, o en la de otros derechos de índole procesal tutelados por la CE que pueden verse igualmente afectados (doble instancia...).

2. La justificación del aforamiento en el supuesto del art. 55 bis LOPJ

El análisis de la otra variable de la ecuación justificativa de los aforamientos traslada el foco de atención a la función o cargo institucionales cuyo ejercicio se pretende tutelar mediante dicha prerrogativa como se ha dicho. Este abordamiento nos obliga a examinar ya en el caso concreto del art. 55 bis LOPJ cuáles son las funciones atribuidas a las personas designadas en dicho precepto y que disfrutan de la prerrogativa del aforamiento. La relación de personas a que se refiere la LOPJ comprende la Reina consorte o el consorte de la Reina, la Princesa o Príncipe de Asturias y su consorte, y el Rey o la Reina que hubiera abdicado y su consorte. De las personas mencionadas, la CE hace referencia expresa solo a algunas de ellas. En relación a la Reina consorte o al consorte de la Reina, se proclama que "no podrán asumir funciones constitucionales, salvo lo dispuesto para la Regencia" (art. 58 CE). Lo mismo cabría decir del o de la consorte del Príncipe o Princesa de Asturias, pues no tienen reconocida de forma expresa función constitucional alguna. No sería el caso del Príncipe o Princesa de Asturias que en su condición de heredera de la Corona (art. 57.2 CE), ha de prestar juramento (art. 61.2 CE) en los mismos términos que el Rey, esto es, de desempeñar fielmente sus funciones, guardar y hacer guardar la Constitución y las leyes y respetar los derechos de los ciudadanos y de las Comunidades Autónomas (art. 61.1 CE). Salvo la proyección futura de su condición de heredera a la Corona, poco más puede extraerse de las funciones constitucionales que le puedan corresponder.

El Anteproyecto de nueva LOPJ de 2014 antes citado ya contemplaba el aforamiento de las personas indicadas hasta ahora, y lo hacía sin argumentación alguna en su Exposición de Motivos al respecto. El Informe del CGPJ sobre dicho Anteproyecto, de 27 de junio de 2014, por su parte, valoró positivamente dicho aforamiento "al tratarse de personas consideradas de la máxima relevancia del Estado". Por aclarar algo más acerca de las funciones institucionales de los titulares de la prerrogativa que analizamos, podemos mencionar los "Criterios de actuación de los miembros de La Familia Real", aprobados por el Rey Felipe VI con motivo de su proclamación, conforme a los cuales "el desarrollo de actividades institucionales por parte de los miembros de la Familia Real, tendrá lugar cuando exista un encargo de S.M. el Rey, dentro del ámbito de sus atribuciones, o cuando por la naturaleza o el lugar de la actividad se solicite y requiera la correspondiente decisión aprobada por el Gobierno"[1]. El argumento de que se trata de personas de la máxima relevancia no parece asumible sin más, sin una referencia a la actividad institucional que desempeñan dichos integrantes de la Familia Real, que, como se ha visto, lo es por encargo directo del Rey o cuenta con el respaldo del Gobierno. En cualquier caso, no estaría de más por motivos de seguridad jurídica que las cuestiones vinculadas a la Corona, "cualquier duda de hecho o de derecho" no sólo las relativas a la sucesión (art. 57.5 CE) fueran objeto de una suficiente regulación (Gómez Colomer, 2016, p. 243; Gómez Sánchez, 2018, p. 3000; Viana Ballester, 2021, p. 92).

Mención aparte merece la figura del Rey o Reina que abdica y de su consorte. Este caso concreto es el que determinó, en nuestra consideración, la precipitada y, en opinión más generalizada, torpe (Torres del Moral, 2014, p. 34) incorporación del art. 55 bis LOPJ en una LO que ya se estaba tramitando sobre una materia que nada tenía que ver al respecto. Esta impresión inicial se refuerza si uno lee el Preámbulo de la LO 4/2014 (apartado IV) casi exclusivamente concebido pensando en la figura del Rey abdicante. Salvo el último párrafo. Según el susodicho Preámbulo, el aforamiento ante el TS se justificaría con un doble argumento, por un lado, "atendiendo a la dignidad de la figura de quien ha sido Rey de España" y, por otro lado, atendiendo "al tratamiento dispensado a los titulares de otras magistraturas y poderes del Estado". Este último argu-

---

1 Fechado el 28 de julio de 2014. https://www.casareal.es/EU/Transparencia/InformacionJuridica/ Paginas/criterios-de-actuacion.aspx.

mento comparativo vinculado a la análoga situación procesal de "otros cargos de representación" también ha sido defendido por la doctrina (Gómez Sánchez, 2018, p. 3012).

Esa pretensión de estirar de futuro la "funcionalidad institucional" del Rey abdicante se aprecia igualmente en el RD 470/2014, de 13 de junio, que añade una disposición transitoria cuarta al RD 1368/1987, de 6 de noviembre, por la que se le reconoce a aquél de forma vitalicia "el uso con carácter honorífico del título de Rey". Sin embargo, estimamos que el argumento comparativo con respecto a cargos similares y el relativo a la dignidad resultan anémicos cuanto menos. En cuanto al primer motivo, porque como reconoce el propio Preámbulo, la justificación del aforamiento se vincula a la "titularidad" de un cargo o función, y parece que el Rey que ha dejado de serlo por abdicar la Corona no ejerce ya función constitucional alguna, o así lo entendemos al menos en opinión compartida (García Majado, 2021-1, p. 37; García Majado, 2021-2, p. 374; Rosado Iglesias, 2021, p. 125). Por todo ello, si la propia existencia de los aforamientos ya es de por sí cuestionable por lesionar el principio de igualdad, así como otros derechos de carácter fundamental sin que pueda justificarse suficientemente en un Estado Constitucional tal prerrogativa (Saiz Arnaiz, 2001, p. 83; Sánchez Melgar, 2021, pp. 166-167; Gómez Colomer, 2009, p. 134; Gómez Colomer, 2016, p. 251), menor, si cabe, será la justificación en el caso de que se ha dejado de ejercer una función o cargo, como sería el caso del emérito. Otro tanto cabe decir de la "dignidad" de quien ha sido Rey como argumento justificativo del aforamiento a que se refiere el Preámbulo de la LO 4/2014. La Constitución contempla la dignidad como fundamento de los derechos y libertades fundamentales y predicable de la "persona" (art. 10.1), de toda persona y no exclusivamente de algunas. Salvo que se interprete la expresión como "dignidad de Estado" con la que identificar a quien ha servido como Rey durante 39 años (Torres del Moral, 2014, p. 35).

III. ÁMBITO DE APLICACIÓN DEL ART. 55 BIS LOPJ

1. Competencia del Tribunal Supremo y la cuestión del Jurado

Ya se ha dicho que la prerrogativa del aforamiento conlleva una alteración de las reglas determinantes de la competencia objetiva, e indirectamente de la funcional y territorial, por razón de la persona. En este caso concreto, el aforamiento se traduce en la atribución competencial a favor de las Salas de lo Civil y de lo Penal del TS. Esta ampliación de las competencias de las Salas indicadas se formula con expresa mención de los arts. 56 y 57 LOPJ. Por tanto, resulta obvio por exigencia del principio de imparcialidad que es de aplicación lo contemplado en el art. 57.2 LOPJ para la Sala de lo Penal, esto es, que se procederá a designar por un turno preestablecido un magistrado de entre los de la Sala para que intervenga como instructor de las causas sin que pueda formar parte de la misma para enjuiciarlas.

Aquí puede cuestionarse en el ámbito de la jurisdicción penal si resulta de aplicación lo dispuesto en los arts. 1.3 y 2.1 de la LO 5/1995, del Tribunal del Jurado, para el caso de que la causa penal verse sobre algún delito de los contemplados en el art. 1.2 de dicha norma. Los dos primeros preceptos coinciden en señalar que el juicio del Jurado se celebrará en el ámbito de la Audiencia Provincial, salvo en el caso de que por aforamiento del acusado corresponda a otro Tribunal. El segundo de los preceptos contempla ya de forma expresa la posibilidad de que "deba" celebrarse en el ámbito del TS por razón del aforamiento del acusado. Esto es, que conforme a la literalidad de lo previsto en la LO citada, es perfectamente posible que los integrantes de la Familia Real contemplados en el art. 55 bis LOPJ sean juzgados en el ámbito del TS, pero por un tribunal de Jurado.

Como puede imaginarse más de uno, la controversia derivada de la cuestión no gira tanto en torno al procedimiento a seguir –el contemplado en la LO 5/1995-. Más bien a si el TS conocerá de la causa con un tribunal presidido por un magistrado de la Sala de lo Penal e integrado por nueve ciudadanos o por un tribunal integrado exclusivamente por magistrados de la mencionada Sala. La cuestión afecta de lleno al derecho fundamental al juez ordinario predeterminado por la ley (art. 24.2 CE). Pese a que la contundencia con la que se expresa la literalidad de la Ley del Jurado no ofrece duda, la interpretación conjunta de otros preceptos ha conducido a soluciones nada satisfactorias, o al menos discutibles. El TS ha entendido, por ejemplo, que si el aforado ha de ser juzgado por un TSJ –un miembro del Ministerio Fiscal en el caso-, ante él se ha de constituir el tribunal de jurado presidido por un magistrado perteneciente a la respectiva Sala de lo Civil y de lo Penal. Este tribunal así compuesto –con jurados- sería el correspondiente juez ordinario predeterminado por la ley (STS 5265/1999, de 19 de julio –ECLI:ES:TS:1999:5265-). La respuesta no ha sido la misma en el caso de los aforamientos ante el TS.

A decir verdad, casi todo el argumentario contrario al conocimiento de causas contra aforados ante el TS mediante un tribunal de jurado se basa en unas pocas resoluciones del TS y en la Circular de la FGE 3/1995, de 27 de diciembre, sobre el ámbito de aplicación del tribunal del jurado. Sin embargo, los anteriores fundamentos obstativos son válidos para determinados aforados: los contemplados por la propia CE; pero no necesariamente para otros incluidos en el amplio listado de la LOPJ, entre el que se encuentra el art. 55 bis.

Siguiendo un orden cronológico, es determinante al respecto la fundamentación de la FGE en su Circular 3/1995 citada. En la misma se afirma que tras la LO del Tribunal del Jurado, la Sala de lo Penal del TS y las de lo Civil y Penal de los TSJ correspondientes han dejado de ser juez ordinario determinado por la ley, pasando a serlo el tribunal de jurado integrado por nueve jurados y el magistrado presidente miembro del TS o del TSJ. Ahora bien, matiza la Circular que "estas apreciaciones no pueden trasladarse a los aforamientos establecidos directamente por la Constitución", y con remisión al art. 71.3 CE (diputados y senadores) y al art. 102.1 CE (Presidente y demás miembros del Gobierno), entiende que tales normas "dado su rango constitucional, no pueden verse modificadas por los arts. 1 y 2" de la LO del Tribunal del Jurado. Con lo cual, concluye, el enjuiciamiento correspondería a la Sala Segunda del TS "sin intervención del Tribunal del Jurado". Entendemos el juego de la jerarquía normativa y el carácter de norma suprema de la CE. Lo que no resulta tan claro es por qué cuando la CE se refiere en los preceptos mencionados a la Sala de lo Penal del TS sólo puede entenderse por tal a la Sala integrada exclusivamente por los magistrados de la misma y no por jurados. En cualquier caso, destacamos que el argumento se refiere a los aforamientos previstos expresamente en la CE. Como se ha indicado, no sería el caso de los contemplados en el art. 55 bis LOPJ.

Coincidiendo con lo anterior, el Acuerdo no jurisdiccional del Pleno de la Sala de lo Penal del TS, de 27 de noviembre de 1999, confirmó que "el enjuiciamiento de los diputados y senadores (art. 71.3 CE) y miembros de la presidencia y demás miembros del Gobierno (art. 102.1 CE) se tramitarán ante la Sala Segunda del Tribunal Supremo según las normas de procedimiento contenidas en la LECrim", esto es, con exclusión por lo tanto de los jurados. Nuevamente una interpretación excepcional, pero limitada a los aforamientos previstos en la CE. Compartimos con Gómez Colomer (2016, p. 256) que la predeterminación del juez ordinario ha de hacerse por LO y no por un Acuerdo no jurisdiccional. En cualquier caso, con posterioridad un ATS de 9 de febrero de 1999 confirmará el sentido del Acuerdo, pero argumentando de manera muy desafortunada que la Sala de lo Penal del TS es el órgano jurisdiccional "permanente y predeterminado" para enjuiciar a diputados y senadores –en el caso concreto senador-, la cual "en modo alguno puede identificarse con un órgano jurisdiccional *ad hoc* compuesto por los nueve jurados que han de emitir el veredicto". Entendemos que la descalificación del tribunal de jurado como órgano *ad hoc* está fuera de lugar y equivale a considerarlo contrario al derecho al juez ordinario predeterminado por la ley por la falta de permanencia de los jurados que lo integran. De ser así, que no lo es como ha reconocido el propio TS, habría que prescindir sin más de la institución contemplada en la CE (art. 125) y en la LO 5/1995. Lo único que interesa al respecto es la referencia nuevamente a los aforamientos constitucionales.

También se argumenta que la exclusión del tribunal del jurado para el enjuiciamiento de aforados se prevé en determinados Anteproyectos de reforma integral de la LECrim que se han ido sucediendo (Sánchez Melgar, 2021, p. 189). En concreto, el Anteproyecto presentado en 2020 prevé en el título III relativo al "procedimiento contra personas aforadas" que "en ningún caso el enjuiciamiento podrá tener lugar ante el Tribunal de jurado" (art. 815.3). Pero también aquí, la citada exclusión opera como reza el Capítulo II respecto de los diputados y senadores.

En conclusión, admitimos que la aplicación del procedimiento ante el tribunal de jurado desvirtúa de alguna manera el aforamiento ante un órgano más elevado, pues los nueve ciudadanos serán los mismos integren el tribunal de jurado ante una Audiencia Provincial, ante un TSJ o ante el TS (Del Moral García, 2021, p. 146; Gómez Colomer, 2009, p. 199). Pero si los preceptos de la ley del jurado mencionados lesionan lo previsto en la CE para los aforamientos ante el TS, así debería haberse planteado ante el TC vía cuestión o recurso y en tal sentido debería pronunciarse, en su caso, el máximo intérprete de la CE. De todos modos, admitiendo acríticamente todo lo anterior, lo dicho hasta ahora es válido exclusivamente para los aforamientos ante el TS en los casos contemplados en la CE (diputados, senadores y miembros del gobierno), pero no en los numerosos restantes supuestos previstos en la LOPJ, entre los que se encuentra el art. 55 bis LOPJ. Además, si admitimos el argumento de que el tribunal de jurado desvirtúa la esencia del aforamiento y del enjuiciamiento por un tribunal superior, ello sería predicable también y por la misma razón respecto de los aforamientos previstos a favor de los TSJ, que no ha sido el caso (STS 5265/1999 antes citada). Sería, por consiguiente, difícilmente entendible una exclusión del tribunal de jurado en estos casos, es decir, una nueva "bofetada antidemocrática al pueblo" (Gómez Colomer, 2016, p. 258).

2. Ámbito subjetivo

Las personas que conforme al art. 55 bis LOPJ que nos ocupa ostentan la condición de aforadas son la Reina consorte o el consorte de la Reina, la Princesa o Príncipe de Asturias y su consorte, y el Rey o la Reina que hubiera abdicado y su consorte. Esta relación de personas coincide en esencia con la nueva y más reducida relación de integrantes de la Familia Real una vez el actual Rey ha sido proclamado y que ha de diferenciarse de la Familia del Rey. Por razones obvias, el precepto está redactado de un modo más genérico y utilizando un lenguaje igualitario a instancia del Informe del CGPJ al Anteproyecto de LOPJ de 2014 -todos citados- del que se rescató el precepto con la incorporación de los Reyes eméritos.

No se hace alusión en el precepto a la persona que vaya a ejercer la Regencia en las situaciones contempladas en el art. 59 CE. Esta figura está expresamente prevista en la norma suprema y puede no coincidir con ninguna de las arriba mencionadas. Se puede entender que mientras ejerza la Regencia el regente goza de la inviolabilidad del titular de la Corona, pues aquélla "se ejercerá por mandato constitucional y siempre en nombre del Rey" (art. 59.5 CE). ¿Qué ocurre cuando concluye la Regencia?, ¿se convierte el regente en ciudadano corriente a los afectos de aforamiento?, ¿le sería aplicable el estatus previsto para el Rey que abdica? Similares cuestiones pueden plantearse en relación con el Rey que renuncia a la Corona o al que se inhabilita respecto de los actos cometidos con posterioridad a dichas situaciones.

3. Ámbito objetivo

En este punto procede sentar cuál es el ámbito de conocimiento objetivo atribuido al TS en relación a las personas aforadas por el art. 55 bis LOPJ. Este precepto se refiere a la tramitación y enjuiciamiento de las "acciones civiles y penales".

3.1. Aforamiento en asuntos penales

Dejamos de lado momentáneamente las primeras y centrándonos en las segundas destaca el hecho de que no se establezca límite alguno en cuanto a la gravedad o seriedad de las infracciones penales cometidas. No es esta, sin embargo, la cuestión clave que se suscita con motivo del aforamiento y de su ámbito objetivo o material de aplicación. Si partimos de la premisa de que la prerrogativa del aforamiento se justifica constitucionalmente, en cuanto excepción al principio de igualdad que supone, en la necesidad de tutelar el cargo o función que se desempeña y no la persona concreta que lo ostenta, parece lógico que el aforamiento actúe sólo respecto de los hechos delictivos cometidos en el ejercicio de su cargo o función y no cuando se actúa en la condición de ciudadano privado corriente. Esta es una reivindicación muy extendida en la doctrina para los casos, no sólo del aforamiento, sino de las restantes prerrogativas. Incluida la de la inviolabilidad absoluta del titular de la Corona que ha sido objeto de revisión con motivo de la ratificación del Estatuto de la Corte Penal Internacional y en concreto de su art. 27, que se ha procurado salvar con la institución del refrendo, pero que no resulta suficiente para otras muchas actuaciones. No nos detendremos en esta cuestión objeto de análisis más profundo en otros apartados de esta monografía.

Esta nueva sensibilidad a favor de restringir las prerrogativas adquiere fuerza hasta el punto de que, en fechas no muy lejanas, 21 de septiembre de 2018, el Gobierno encomendara al Consejo de Estado la elaboración de, nada menos que, una propuesta de reforma constitucional para restringir los aforamientos previstos en los arts. 71.3 y 102.1 CE a los actos desarrollados "en el ejercicio de las funciones propias del cargo"; aunque esta iniciativa no concluyó con éxito (Rosado Iglesias, 2021, pp. 120-121).

De cualquiera de las maneras, tampoco en el supuesto del art. 55 bis LOPJ se limita la prerrogativa del aforamiento a las actuaciones derivadas del ejercicio de sus funciones. Esto es, el aforamiento sería de aplicación tanto para el conocimiento de las causas penales por delitos vinculados al cargo o condición que se ostenta según dicho precepto, como por las de delitos cometidos en su condición de persona privada. Esta amplitud objetiva incondicional del aforamiento no estaba contemplada en el Anteproyecto de LOPJ de 2014 del que, entendemos, trae causa el vigente art. 55 bis LOPJ. Aquel Anteproyecto reducía el aforamiento a "las causas penales relativas a hechos realizados en el ejercicio de su cargo o condición" en un precepto (art. 89.1) en el que se trataban conjuntamente los supuestos contemplados en el actual art. 57.2 LOPJ y los relativos a miembros de la Familia Real arriba referenciados. Esta restricción funcional fue valorada positivamente por el CGPJ en su Informe a dicho Anteproyecto considerando que se procedió, "de modo adecuado, a limitar este privilegio a los hechos realizados en el ejercicio del cargo o condición". El CGPJ era sabedor al emitir su Informe de la abdicación sobrevenida del Rey, con lo cual estimó necesaria la extensión de dicha prerrogativa a los Reyes eméritos. Esta extensión a los eméritos se haría, interpretando el Informe, en los mismos términos que los restantes sujetos, esto es, limitada a los hechos vinculados al ejercicio del cargo. Pero como indicamos, no ha sido finalmente así en la redacción definitiva del texto, con lo cual, las causas penales por cualquier delito cometido incluso como sujeto privado gozarían de la prerrogativa del aforamiento. Algunos autores, admitiendo *a priori* la conveniencia de restringir el aforamiento al ejercicio del mismo, exceptúan de ello precisamente al supuesto contemplado en el art. 55 bis LOPJ dada la peculiaridad del cargo, entendiendo que "todo lo que hacen los miembros de la familia real lo hacen como miembros de la familia real" (Del Moral García, 2021, p. 150), lo que incluiría incomprensiblemente delinquir.

3.2. Aforamiento en asuntos civiles

La prerrogativa del aforamiento contemplado en el art. 55 bis LOPJ se extiende al conocimiento por parte de la Sala de lo Civil del TS de las acciones civiles. En este caso es el legislador ordinario el que ha ampliado los aforamientos penales, a los que se refiere exclusivamente la CE (arts. 71.3 y 102.1), al ámbito de la jurisdicción civil, extendiendo igualmente la relación de personas beneficiadas de tal prerrogativa. En concreto los arts. 56.2º, 61.1.3º, 73.2.a) y b), todos ellos de la LOPJ, entre otros. Dos aspectos a resaltar de estos últimos preceptos que los diferencian notablemente de los términos en los que ha sido redactado el art. 55 bis LOPJ. Por un lado, que la CE no prevé aforamiento civil alguno, y que los contemplados en la LOPJ, salvo el del art. 55 bis LOPJ, se limitan exclusivamente a las "demandas de responsabilidad civil". En segundo lugar, que las mismas han de referirse a "hechos realizados en el ejercicio de su cargo". Ninguna de ambas limitaciones se contempla en el art. 55 bis LOPJ, de modo que en este supuesto el aforamiento en materia civil se extiende a cualquier tipo de pretensión y en relación a cualquier hecho vinculado o no al ejercicio del cargo.

Ponemos nuevamente el foco de atención en que el Anteproyecto de LOPJ de 2014 establecía para los entonces miembros de la Familia Real un aforamiento civil con las limitaciones mencionadas: sólo en el caso de demandas de responsabilidad civil y derivadas de hechos realizados en el ejercicio del cargo o condición (art. 88.1). Esto es, el estatuto era el mismo para los miembros de la Familia Real y para el resto de aforados ante el TS. Estos límites saltan por los aires cuando se rescata el precepto del Anteproyecto y se incorpora la figura de los eméritos. Las verdaderas razones del cambio se ignoran, pero se presienten del contexto del momento, cuando se hace público el interés por activar demandas de paternidad contra el emérito por parte de supuestos hijos naturales concebidos cuando era aquél era príncipe. Pudiendo tener incidencia la cuestión en el orden sucesorio (Torres del Moral, 2014, pp. 45-46).

Si difícil resulta justificar un aforamiento en lo penal diseñado para tutelar una institución concreta si lo desvinculamos del ejercicio de un cargo, cuánto más un aforamiento civil (Giménez Sánchez, 2023, p. 125) y, además, en los términos ilimitados previstos en el art. 55 bis LOPJ. Entiende Gómez Colomer (2016, p. 272) que el aforamiento en lo civil es inconstitucional al violar el principio de igualdad según la STC 9/1990, de 18 de enero[2]. Lo cierto es que se derivan de dicho aforamiento civil una doble lesión del principio de igualdad ante la justicia. Por un lado, se discrimina en el trato a los ciudadanos que no gozan de dicha prerrogativa; por otro lado, se discrimina al resto de aforados contemplados en la LOPJ, pues sólo lo son respecto de unas limitadas pretensiones civiles y por hechos realizados en el ejercicio de la condición o cargo.

---

2 Más que considerar la inconstitucionalidad del aforamiento civil, esta sentencia declara la inconstitucionalidad de un inciso del art. 2.2 de la LO 1/1982, de 5 mayo, de protección civil del honor, de la intimidad y de la propia imagen, por el cual se establece la necesaria autorización (suplicatorio) del Congreso o del Senado para demandar a un miembro de las cámaras.

4. Ámbito temporal

Las normas procesales, y lo es la LOPJ en la que se encuadra el art. 55 bis, en vigor son las que se aplican a los asuntos que se sustancian ante los tribunales. Añade la LEC que "nunca serán retroactivas" (art. 2). Lo dicho vale para todas las normas de carácter procesal. Algo tan simple a primera vista se ha visto complicado con motivo de la aplicación del precepto que nos ocupa como consecuencia exclusivamente de las dudas surgidas en torno a las actuaciones del Rey que ha abdicado. El Rey es absolutamente irresponsable e inviolable mientras lo sea y como la condición de monarca tiene de ordinario carácter vitalicio, no se han suscitado mayores dudas al respecto hasta la abdicación. Pero esta última ha reavivado las cuestiones relativas al alcance temporal de la prerrogativa –inviolabilidad- e indirectamente del aforamiento. Las dudas se centran en esencia respecto de los hechos cometidos con anterioridad a la proclamación de Rey y, sobre todo, a los hechos cometidos durante su reinado una vez concluido el mismo, siempre en ambos casos que los mismos no hayan precluido. En opinión de un sector de la doctrina la inviolabilidad por los actos cometidos durante el reinado se extiende después de la abdicación, con argumento en la irretroactividad de las disposiciones desfavorables del art. 9.3 CE (Gómez Sánchez, 2018, p. 3011). Otros en cambio, con argumento en el fundamento funcional de la prerrogativa y de la interpretación restrictiva de la misma, consideran que dicha inviolabilidad no se extendería a las actuaciones del Rey durante su reinado, pero que no contaron con el refrendo correspondiente (García Majado, 2021-2, pp. 369-371). De este modo, se haría efectiva la distinción entre inviolabilidad sustancial e inviolabilidad formal o procesal, como sostuvo algún autor bastante antes de la abdidación del Rey emérito (Oliver León, 2004, pp. 290-291). Obviamente, la mayoría de los asuntos judicializables relativos al Rey abdicante no contarían con tal refrendo. Aunque no sea el lugar idóneo para ello (De la Iglesia Chamarro, 2021, p.23), no ha perdido ocasión la LO 4/2014 para pronunciarse sobre el tema, pero en su Preámbulo, afirmando que "todos los actos" realizados por el Rey durante su reinado, "cualquiera que fuere su naturaleza" quedan amparados por la inviolabilidad y exentos de responsabilidad.

Más peliagudo resulta justificar el contenido de la disposición transitoria única de la LO 4/2014, conforme a la cual el aforamiento previsto en el art. 55 bis LOPJ se aplica retroactivamente a los procedimientos en curso con anterioridad a la entrada en vigor de la misma. Así, prosigue, los "Tribunales que estén conociendo de los referidos procedimientos suspenderán su tramitación en el estado en que se encuentren, y deberán remitirlos inmediatamente a la Sala competente del Tribunal Supremo". Esta es una muestra más del carácter *ad personam* del art. 55 bis LOPJ, pues al aprobarse la LO 4/2014 ya existía una demanda de reclamación de paternidad contra el Rey emérito en un Juzgado de Primera Instancia por una supuesta concepción anterior a la proclamación como monarca[3]. Lo grave del asunto radica, por un lado, en el incumplimiento de la prohibición de aplicar con carácter retroactivo las leyes procesales, y, por otro lado, sobre todo, porque al tratarse de una norma procesal (art. 55 bis LOPJ) de atribución de competencia, su aplicación retroactiva –para mayor asombro a sabiendas de la existencia de causas judiciales *ad hoc* abiertas- lesionaría el derecho al juez ordinario predeterminado por la ley garantizado por la CE en su art. 24.2.

---

3 Demanda inadmitida a trámite nada menos que por el Pleno, por si acaso, de la Sala de lo Civil del TS. Aunque la inadmisión responde a la no aportación de suficiente principio de prueba (ATS 152/2015, de 28 de enero,–ECLI:ES:TS:2015:152A-).

IV. EL AFORAMIENTO ANTE EL TS Y SU INCIDENCIA EN EL DERECHO A LA DOBLE INSTANCIA

El derecho a recurrir no se encuentra reconocido de forma general por la CE. Se trata de un derecho de configuración legal, esto es, corresponde al legislador el diseño del proceso con una única o con sucesivas instancias o con la facultad de impugnar resoluciones interlocutorias (STC 37/1995, de 7 de febrero). Esto no es así para el proceso penal, pues el Estado español tiene asumidos compromisos internacionales con la obligación de garantizar que toda persona declarada culpable de un delito pueda someter el fallo condenatorio y la pena a un "tribunal superior". En tal sentido el art. 14.5 PIDCP y el art. 2.1 del Protocolo Nº 7 al CEDH, de manera que en virtud del art. 10.2 CE el doble grado estaría amparado por el derecho a la tutela judicial efectiva y el de un proceso con todas las garantías (art. 24.1 y 2 CE).

Ocurre que, en el caso que nos ocupa, al atribuirse la competencia por aforamiento al superior órgano jurisdiccional en todos los órdenes, la doble instancia se ve orgánicamente impedida. El Protocolo Nº 7 al CEDH contempla como excepción a la doble instancia, entre otras, que el interesado haya sido juzgado en la primera por el más alto órgano jurisdiccional (art. 2.2). El TC ha tenido ocasión de pronunciarse de forma reiterada al respecto, tanto para los supuestos en que se juzga a la persona aforada, como en los que por conexión se extiende el aforamiento a personas que no lo son y a los que se priva igualmente del derecho a la revisión del fallo condenatorio. El TC ha entendido que la instrucción y enjuiciamiento de las causas contra determinados aforados por el órgano jurisdiccional superior implica una garantía y una especial protección que "contrarresta la imposibilidad de acudir a una instancia superior" y la "disculpan" (STC 51/1985, de 10 de abril). Ha afirmado también que aquella garantía integra en parte y sustituye en lo demás al derecho al doble grado jurisdiccional (STC

184/2021, de 28 de octubre) o "equilibra" su inexistencia (STC 166/1993, de 20 de mayo).

Esta interpretación no es totalmente pacífica. Valga recordar los constantes votos particulares del Magistrado del TC Vives Antón en la larga serie de sentencias recaídas en el asunto "Segundo Marey" secuestrado por los GAL (valga como muestra la STC 66/2001, de 17 de marzo). En ellos se afirma que de los aforamientos constitucionales previstos (en el caso, art. 71.3 CE) no resulta expresa ni implícitamente el conocimiento de la causa en esos supuestos por la Sala Segunda del TS en única instancia y que la incompatibilidad con la garantía del doble grado en interpretación que hace la mayoría del tribunal no se ajustaría a lo previsto en el art. 14.5 PIDCP. El fondo de la cuestión radica en que, así como el art. 2.2 del Protocolo Nº 7 al CEDH contempla la excepción al doble grado para el caso de enjuiciamiento por el más alto órgano jurisdiccional, el art. 14.5 PIDCP no prevé nada similar. Lo que no ha impedido que determinados estados firmantes del Pacto formularan reservas para situaciones análogas. Algo que no se planteó por el estado español.

Esta discordancia entre ambos textos normativos debió de resolverse a favor del PIDCP por mandato del propio CEDH cuyo art. 53 prevé que ninguna de las disposiciones de dicho Convenio se interpretará en sentido de limitar otros derechos y garantías contemplados en las leyes de los estados firmantes o en Convenios firmados por éstos (Saiz Arnaiz, 2001, pp. 94 y ss.). Estas opiniones discrepantes atribuyen relevancia a los dictámenes del Comité de Derechos Humanos y a la trascendencia que en ellos presenta el planteamiento o no de reservas al art. 14.5 PIDCP, concluyendo, en su caso, con la existencia de violaciones del Pacto. Por el contrario, el TC priva de valor interpretativo auténtico a dichos dictámenes del Comité al no tratarse de un órgano con facultades jurisdiccionales (STC 184/2021, de 28 de octubre), pretendiendo restar trascendencia sin duda a los ya varios casos en los que el Comité ha estimado por estos motivos la violación del PIDCP por parte de España.

El Anteproyecto de LECrim 2020 tampoco ha terminado por resolver esta decisiva cuestión. Como novedad se prevé que la Sala de lo Penal del TS conocerá del recurso de apelación, ahora limitado a la casación, contra las sentencias de los TSJ en las causas penales contra aforados de la competencia de éstos, pero también que contra las sentencias que dicte "en única instancia el Tribunal Supremo en los procedimientos contra personas aforadas no cabrá recurso alguno" (art. 35.5).

V. LA EXTENSIÓN DEL AFORAMIENTO POR CONEXIÓN

Otra de las complicaciones que acompañan al estatuto del aforamiento con carácter general, no sólo en el previsto en el art. 55 bis LOPJ, es la vinculada a la conexión delictiva, y que puede incidir en las cuestiones que venimos analizando –doble instancia, competencia del tribunal de jurado, etc.-. En principio, la regla procesal general se traduce en que cada delito dará lugar a la formación de una única causa, salvo que exista conexión delictiva con base en elementos subjetivos u objetivos, en cuyo caso la investigación y enjuiciamiento de todos ellos tendrá lugar conjuntamente (art. 17 LECrim). La acumulación se ha venido fundamentando en razones de economía procesal o de evitación de pronunciamientos contradictorios, entre otras. Esta concentración procesal puede incidir directamente en la determinación del tribunal competente cuando junto a la persona aforada haya de ser juzgada alguna otra que no lo es o que está aforada ante un tribunal distinto al TS. En estos casos, dispone el art. 272 LECrim que siendo alguno de los varios querellados persona sometida a un tribunal distinto del llamado por regla general, aquél será el competente. El Anteproyecto de LECrim 2020 sigue por esta misma senda atribuyendo competencia para conocer del asunto contra varios encausados al tribunal que lo sea para juzgar al aforado y si son varios los aforados, pero ante diverso tribunal, al que sea jerárquicamente superior (art. 36.2). En el caso que nos ocupa –art. 55 bis LOPJ– el TS atraería ante sí el enjuiciamiento de las personas que no dispusieran de tal aforamiento en caso de conexión.

Esta cuestión ha sido recurrente ante nuestros tribunales, pues la persona no aforada puede experimentar por ello restricciones en algunos de sus derechos, así el del juez ordinario predeterminado por la ley o, sobre todo, el derecho a la revisión del fallo condenatorio. La posible solución dependerá de las circunstancias del caso. La regla de la acumulación de causas en casos de conexión ya no opera automáticamente, pues el reformado art. 17.1 LECrim (Ley 41/2015, de 5 de octubre) prevé ahora que aquélla no será aplicable cuando "suponga excesiva complejidad o dilación para el proceso". Se impone, por lo tanto, respecto de los no aforados una interpretación restrictiva de la prerrogativa (Fernández-Viagas Bartolomé, 2000, p. 151; Giménez Sánchez, 2023, p. 113), que parece ser la atendida también por algunas resoluciones del TS con el argumento de que se ha de respetar en la máxima medida posible el derecho al juez ordinario respecto de cada persona afectada o con el de las dilaciones que pudiera ocasionar la complejidad de la causa (ATS de 13 de noviembre de 2014 –ECLI:ES:TS:2014:8248A-). En todo caso, procederá la acumulación en un único procedimiento para los que sean aforados y para los que no en los supuestos en los que la causa sea inescindible atendiendo, por ejemplo, a la "naturaleza colectiva y estructura subjetivamente plural de algunos de los delitos imputados" (STC 184/2021, de 28 de octubre). Si así fuera, los tribunales españoles han considerado que la privación de derechos como el de la doble instancia para la persona no aforada contaría con la debida justificación constitucional con idénticos fundamentos a los mencionados en el apartado anterior (SSTC 65/2001, de 17 de marzo; 184/2021, de 28 de octubre).

VI. CONCLUSIONES

El art. 55 bis LOPJ incorpora un nuevo aforamiento en favor de determinados integrantes de la Familia Real. Como tal prerrogativa ha de ser interpretada restrictivamente bajo menoscabo del principio constitucional de igualdad. La justificación dada por el TC con carácter general para los aforamientos se ha centrado en el carácter funcional de los mismos, esto es, su consideración como instrumento de tutela de la independencia de la institución concreta y del propio Poder Judicial. La independencia del Poder Judicial no está garantizada, ni mucho menos, con la atribución de competencia al TS. De otra parte, el carácter funcional del aforamiento es también cuestionable atendiendo a las escasas o nulas funciones constitucionales correspondientes a los sujetos contemplados en el precepto. La justificación de la prerrogativa sería débil también por las consecuencias negativas derivadas del aforamiento, no sólo para los aforados, sino también para los afectados por conexión sin serlo. El contexto de su aprobación y la amplitud del ámbito del aforamiento arrojan indicios de que la prerrogativa obedece a la situación personal del Rey emérito, lo que resta más si cabe su justificación.

BIBLIOGRAFÍA

Del Moral García, A. (2021). Repensando los aforamientos. *Teoría y Derecho,* 31, pp. 134-161. https://doi.org/10.36151/td.2021.024

De la Iglesia Chamarro, A. (2021). Reflexiones sobre la inviolabilidad de la Corona en el Estado democrático de Derecho. *Teoría y Derecho,* 31, pp. 10-29. https://doi.org/10.36151/td.2021.019

Fernández-Viagas Bartolomé, P. (2000). *El juez natural de los parlamentarios.* Madrid: Civitas.

García Majado, P. (2021-1). El Jefe del Estado ante su control difuso. *Teoría y Derecho,* 31, pp. 30-49. https://doi.org/10.36151/td.2021.020

García Majado, P. (2021-2). Significado y alcance de la inviolabilidad del Rey. *UNED. Teoría y Realidad Constitucional,* 47, pp. 357-381.

Giménez Sánchez, I.M. (2023). *Las prerrogativas parlamentarias.* Madrid: Marcial Pons.

Gómez Colomer, J.L. & Esparza Leibar, I. (2009). *Tratado jurisprudencial de aforamientos procesales.* Valencia: Tirant lo Blanch.

Gómez Colomer, J.L. (2016). Privilegios procesales inconstitucionales e innecesarios en la España democrática del Siglo XXI: el sorprendente mantenimiento de la institución del aforamiento. *UNED. Teoría y Realidad Constitucional,* 38, pp. 239-275.

Gómez Corona, E. (2021). Las prerrogativas parlamentarias: inviolabilidad, inmunidad y sus límites constitucionales. *Teoría y Derecho,* 31, pp. 50-69. https://doi.org/10.36151/td.2021.021

Gómez Sánchez, Y. (2018). Sucesión a la Corona, abdicación y Proclamación. En E. González & R. Rubio (Coords.), *España Constitucional: Trayectorias y perspectivas.* Vol. 4 (pp. 2999-3015). Madrid: Centro de Estudios Políticos y Constitucionales.

Martínez Alarcón, M.L. (2015). El aforamiento de los cargos públicos. Derecho español y derecho comparado. *UNED. Teoría y Realidad Constitucional,* 35, pp. 437-478.

Montero Aroca, J. (1996). Los privilegios en el proceso penal. En F. Gutiérrez-Alviz (Dir.), *La Criminalidad Organizada ante la Justicia* (pp. 107-134). Sevilla: Universidad de Sevilla.

Oliver León, B. (2004). Ficciones jurídicas y cultura constitucional. La irresponsabilidad e inviolabilidad regia en el ordenamiento constitucional español. En F. Balaguer Callejón (Coord.), *Derecho Constitucional y cultura. Estudios en homenaje a Peter Häberle* (pp. 273-300). Madrid: Tecnos.

Rosado Iglesias, G. (2021). Sobre las prerrogativas procesales ¿Está justificada constitucionalmente la extensión del aforamiento en España? *Teoría y Derecho,* 31, pp. 110-133. https://doi.org/10.36151/td.2021.023

Sáiz Arnaiz, A. (2001). Aforamiento y doble grado de jurisdicción. *Parlamento y Constitución. Anuario,* 5, pp. 71-101.

Sánchez Melgar, J. (2021). Inmunidad y aforamiento: aspectos procesales. *Teoría y Derecho,* 31, 162-195. https://doi.org/10.36151/td.2021.025

Santaolalla López, F. (2018). Artículo 71. En M. Rodríguez-Piñero y Bravo-Ferrer & M.E. Casas Baamonde (dirs.), *Comentarios a la Constitución Española. XL Aniversario.* Tomo II (pp. 97-114). Madrid: Wolters Kluwer, BOE, Tribunal Constitucional, Ministerio de Justicia.

Santaolalla López, F. (2000). Encuesta sobre determinados estatus privilegiados en la Constitución. *UNED. Teoría y Realidad Constitucional*, 5, pp. 11-43.

Torres del Moral, A. (2014). En torno a la abdicación de la Corona. *Revista Española de Derecho Constitucional*, 102, pp. 13-48.

Viana Ballester, C. (2021). La inviolabilidad parlamentaria y la inviolabilidad del Rey como causas de exclusión de la responsabilidad penal. *Teoría y Derecho*, 31, pp. 70-109. https://doi.org/10.36151/td.2021.022

Dos paradojas sobre el testimonio del rey: inviolabilidad, falso testimonio y autoincriminación

CARLOS CASTELLVÍ MONSERRAT
Profesor Lector
Universidad de Barcelona

I. INTRODUCCIÓN

Durante la instrucción del caso Noos llegó a plantearse la posibilidad de que el Rey fuera citado a declarar como testigo. Es cierto que, finalmente, dicha declaración no se realizó, dado que, de acuerdo con el art. 411 LECrim, el Rey está exento de esa obligación. No obstante, la mera posibilidad de que un sujeto inviolable (art. 56 CE) declare como testigo plantea algunas paradojas interesantes. Este trabajo pretende poner de manifiesto dos de ellas.

II. INVIOLABILIDAD Y FALSO TESTIMONIO

El art. 411 LECrim exime al Rey (junto con Reina, sus respectivos consortes, el Príncipe heredero y los Regentes del Reino) de la obligación de concurrir al llamamiento judicial para declarar. No obstante, dicha exención no implica que el Rey tenga prohibido declarar como testigo: si quiere declarar, puede declarar (Barona Vilar, 2016, p. 410; García Molina, 2018, p. 11). En este sentido, la exención aplicable al Rey tiene la misma estructura que la dispensa prevista para los parientes del procesado (art. 416 LECrim): al igual que el padre no puede ser obligado a declarar contra su hijo, pero puede declarar contra su hijo si quiere (Villamarín López, 2012, p. 28), el Rey no puede ser obligado a declarar (contra nadie), pero puede declarar si quiere.

En todo caso, si el Rey no se acoge a la exención del art. 411 LECrim, y decide declarar, su condición será la propia de un testigo. Y, por tanto, tendrá la obligación de decir la verdad. Ahora bien, dado que el Rey es inviolable, el incumplimiento de dicha obligación no tendrá consecuencias penales; es decir, no podrá comportar su castigo por falso testimonio. De esta manera, el Rey será una clase de testigo muy particular: un testigo que, si miente, no puede ser castigado por falso testimonio.

Esto último provoca la primera de las paradojas vinculadas al testimonio del Rey: la falta de responsabilidad del Rey hace que su testimonio sea menos creíble. Al fin y al cabo, la pena del falso testimonio constituye un poderoso estímulo para que los testigos digan la verdad. Y, sin dicho estímulo, existen menos razones para decir la verdad.

En efecto, la ausencia de responsabilidad implica, irremediablemente, una menor credibilidad. Nuestro sistema procesal funciona con base en esta idea: la declaración de quien no puede responder por mentir en juicio tiene menos valor que la declaración de quien puede sufrir una pena por hacer lo propio. Pues, "la obligación —¡bajo sanción penal! (art. 458 CP)— de decir verdad permite despejar normativamente las sospechas que, por circunstancias tanto instrumentales como personales, pudieran existir sobre la veracidad de lo declarado" (Alcácer Guirao, 2012, p. 6). Por este motivo, la declaración de un coimputado tiene muy poco valor. Dado que, dicho coimputado tiene derecho a no autoincriminarse y, en consecuencia, no puede sufrir consecuencias penales por mentir en juicio. Lo cual hace que su testimonio tenga muy poca credibilidad; tan poca credibilidad que, en principio, no puede fundamentar una sentencia de condena (Lozano Eiroa, 2013, pp. 284 ss.).

En un determinado sentido, la declaración del Rey se parece a la declaración de un coimputado: en tanto que ninguno de los dos puede ser castigado si miente, ninguno de los dos tendrá mucha credibilidad a la hora de declarar. Sin embargo, dicho parecido debe ser matizado. Pues los coimputados no pueden ser castigados por falso testimonio *porque* no tienen la obligación de decir la verdad. Y, en cambio, el Rey no puede ser castigado por falso testimonio *a pesar de* tener la obligación de decir la verdad. De este modo, mientras que el Rey tiene una "obligación sin sanción", los coimputados no tienen obligación alguna.

Lo anterior permite afirmar que el testimonio del Rey tiene más credibilidad que el testimonio de un coimputado. Después de todo, la obligación de decir la verdad, aunque no esté reforzada por ninguna sanción, constituye un pequeño estímulo para abstenerse a mentir (un estímulo del que carecen los coimputados). Y eso hace que, en principio, la declaración del Rey sea (algo) más creíble que la declaración de un coimputado. Aunque tampoco mucho. Pues una "obligación sin sanción" tiene una eficacia extremadamente limitada.

Así pues, la primera paradoja sobre el testimonio del Rey podría resumirse del siguiente modo: hacer del Rey un sujeto irresponsable hace que su testimonio no sea mucho más creíble que el de un coimputado.

III. INVIOLABILIDAD Y AUTOINCRIMINACIÓN

Para identificar la segunda paradoja resulta útil imaginar las diferentes preguntas que (en el contexto del caso Noos) podrían haberse formulado al Rey durante su declaración. La primera de ellas sería algo parecido a:

> *¿Sabe usted si Diego Torres realizó una determinada conducta eventualmente delictiva?*

Tal y como se ha indicado antes, el Rey estaría obligado a decir la verdad ante esta pregunta. Pero no podría ser sancionado por mentir. De modo que, una vez más, el Rey tendría una "obligación sin sanción".

Sin embargo, no es difícil imaginar que una alguna de las preguntas dirigidas al Rey incidiera sobre algún miembro de su familia. Así, por ejemplo, la segunda pregunta podría ser:

> *¿Sabe usted si su hija (o hermana) realizó una determinada conducta eventualmente delictiva?*

Es posible pensar que, en caso de incriminar a un familiar, el Rey no tendría la obligación de responder a esta pregunta diciendo la verdad. Después de todo, resulta completamente inexigible que un familiar contribuya al castigo de su hija (o de su hermana).

Sin embargo, nuestro ordenamiento jurídico sí que obliga a decir la verdad a los parientes que declaran en juicio. Es cierto que dichos parientes disfrutan de una dispensa (art. 416 LECrim). Y que, por ello, nunca estarán obligados a declarar. No obstante, si deciden declarar, están obligados a decir la verdad (Garciandía González, 2022, p. 18). Tal y como indica Villamarín López, 2012, p. 28, "el testigo que decide no acogerse al privilegio del 416.1 LECrim es considerado desde ese momento como cualquier otro testigo, por lo que queda sujeto a sus mismas responsabilidades".

En consecuencia, si el Rey decide declarar, estaría obligado a decir la verdad, aunque ello suponga incriminar a su hija (o a su hermana). De este modo, la situación del Rey ante esta segunda pregunta sería la misma que tenía ante la primera: obligación de decir la verdad, pero sin posibilidad de sanción.

En todo caso, a nadie se le escapa que, además de las dos preguntas anteriores, también podría formularse una tercera pregunta que implicara al propio Rey. Por ejemplo, se le podría preguntar:

> *¿Ayudó usted a que su hija (o hermana) realizara una determinada conducta eventualmente delictiva?*

De nuevo, es posible pensar que, en caso de autoincriminarse, el Rey no tendría la obligación de responder a esta pregunta diciendo la verdad. De lo contrario, se le estaría obligando a declarar contra sí mismo. A estos efectos, podría argumentarse que, ante esta última pregunta, la situación del Rey es equivalente a la de un coimputado. Y si los coimputados no tienen la obligación de decir la verdad, el Rey tampoco debería tener dicha obligación. De forma que si ante las dos primeras preguntas el Rey tenía la obligación de decir la verdad (aunque no podía ser sancionado por mentir), ante esta tercera, directamente, el Rey no tendría la obligación de decir la verdad.

Sin embargo, aunque esto último resulta plausible, la verdad es que no es así. Precisamente, la segunda paradoja que este trabajo pretende poner de manifiesto es que el Rey tiene la obligación de decir la verdad aunque ello suponga autoincriminarse. Veamos por qué.

Lo primero que debe señalarse es que la situación del Rey no es exactamente la misma a la de un coimputado cualquiera. El motivo es simple: los coimputados no suelen declarar como testigos, sino como investigados o acusados. Lo cual, precisamente, les da derecho a no declarar contra sí mismos. Por el contrario, la inviolabilidad del Rey impide que este pueda declarar como investigado o acusado. En tanto que su declaración solo puede hacerse en calidad de testigo, su situación no es equivalente a la de un coimputado cualquiera, sino a la de un coimputado que declara como testigo. Por ejemplo: la de un coimputado mayor de edad que declara como testigo en el proceso penal de menores que juzga a su compinche.

¿Y qué ocurre con esta clase de coimputados que declaran como testigos? Pues bien, es cierto que, si dicho coimputado todavía está pendiente de juicio, por mucho que declare como testigo, no tendrá la obligación de decir la verdad. Al fin y al cabo, dicha obligación podría suponer que se autoincrimine y contribuya a su propio castigo. Lo cual resulta inexigible, por ir en contra de su instinto más básico de autoconservación (Castellví Monserrat, 2020, p. 319).

Este último detalle pone de relieve que la situación del Rey tampoco es exactamente igual a la de un coimputado cualquiera que declara como testigo. Pues, la declaración del Rey no puede contribuir a su propio castigo; básicamente, porque este no puede ser castigado.

En consecuencia, la situación del Rey no es equiparable a la de un coimputado cualquiera que declara como testigo, sino, más bien, a la de un coimputado que declara como testigo cuando ya no puede ser castigado. Por ejemplo: la de un coimputado mayor de edad que, tras haber sido objeto de una sentencia absolutoria firme, testifica en el proceso de menores que juzga a su compinche.

¿Y qué ocurre con esta clase de coimputados ya absueltos que declaran como testigos? Pues, según el acuerdo del Pleno no Jurisdiccional de la Sala II de 16 de diciembre de 2008, "la persona que ha sido juzgada por unos hechos, y con posterioridad acude al juicio de otro coimputado para declarar sobre esos mismos hechos, declara en el Plenario como testigo y por tanto su testimonio debe ser valorado en términos racionales para determinar su credibilidad".

Con dicho acuerdo, el Tribunal Supremo desautoriza la posición expresada por la Fiscalía General del Estado en su Consulta 1/2000, de 14 de abril, que admite el "mantenimiento del derecho a no declarar y a no prestar juramento o promesa por quien ya ha sido condenado", pues el "reconocimiento de culpa ulterior del ya condenado no sólo es inexigible humanamente sino que, desde el punto de vista jurídico, podría acarrearle consecuencias contrarias a su derecho de defensa en fase de ejecución (baste reparar en las posibles consecuencias negativas de una paladina confesión de hechos de quien habiendo sido condenado con una prueba no muy contundente hubiere solicitado el otorgamiento de la suspensión condicional de la pena o un indulto siquiera parcial". Sin embargo, adviértase que dichas consecuencias son contingentes (dado que la condena podría ya haberse cumplido en su totalidad). Y, sobre todo, no afectan a quien ha sido absuelto por una sentencia firme. Precisamente por ello, el ordenamiento italiano permite expresamente que el coimputado pase a tener la condición de testigo cuando haya sido objeto de una sentencia absolutoria firme (art. 197.1ª del Código de Procedimiento Penal Italiano).

La circular de la Fiscalía General del Estado, sin embargo, afirma que "incluso respecto del acusado que hubiere sido absuelto en sentencia firme o favorecido por un auto firme de sobreseimiento libre no resulta fácil admitir -tal como hace el Derecho italiano- que pase a ostentar plenamente la condición de testigo en sus futuras declaraciones respecto de tales hechos. Cuando sea llamado a declarar en el juicio ulterior para los restantes acusados no cabe conminarle a decir verdad bajo la amenaza del falso testimonio si ésta contraría el pronunciamiento absolutorio que le fue favorable. El principio de no exigibilidad de dicha conducta podría (...) justificar su negativa a declarar o el sostenimiento de una versión exculpatoria". No obstante, el principio de no exigibilidad se fundamenta, precisamente, en la perspectiva de sufrir el mal que representa la pena. En este sentido, no es inexigible que reconozcamos nuestras culpas, sino, únicamente, que contribuyamos a nuestro propio castigo. Y aunque normalmente lo uno va de la mano de lo otro, cuando esto no es así (porque podemos reconocer nuestras culpas sin contribuir a nuestro propio castigo) la obligación de decir la verdad no debería verse limitada por el derecho a la no autoincriminación. Así, tal y como indica la STS 1268/2000, de 30 de octubre, "es indudable que mientras el testigo ocupe en el proceso la cualidad de imputado o de coimputado no puede ser sometido al régimen general de cualquier testigo, en cuanto que está exento de declarar y si declara faltando a la verdad no puede cometer el delito de falso testimonio. Sin embargo, cuando ya ha abandonado la posición de imputado (...) la declaración no puede producirse bajo las prevenciones del art. 118 LECriminal pues, declara sobre hechos que ya no le pueden afectar penalmente, por lo cual (obvio es decirlo) la única forma posible de comparecer (...) es en calidad de testigo".

Así pues, los coimputados ya absueltos que declaran como testigos están obligados a decir la verdad. Pues su declaración, por mucho que sea autoincriminatoria, no puede perjudicarles penalmente; es decir, que dicha declaración, aunque suponga confesar el delito, no puede contribuir a su propio castigo. Después de todo, nuestro ordenamiento jurídico no contempla recursos de revisión contra sentencias absolutorias (de Diego Díez, 1997, p. 359). Precisamente por ello, al "coimputado ya absuelto" podemos exigirle que diga la verdad, aunque ello suponga autoincriminarse (Lozano Eiroa, 2013, p. 262).

Lo anterior lleva inevitablemente a la paradoja que antes se ha avanzado: si la situación del Rey es equiparable a la de los "coimputados ya absueltos", y estos tienen la obligación de decir la verdad ante preguntas autoincriminatorias, el Rey también tiene la obligación de decir la verdad ante preguntas autoincriminatorias. Al fin y al cabo, la inviolabilidad del Rey hace que su eventual confesión nunca pueda perjudicarle penalmente; es decir, que su declaración, por muy autoincriminatoria que sea, nunca podrá contribuir a su propio castigo.

De esta forma, la segunda paradoja sobre el testimonio del Rey puede resumirse del siguiente modo: la inviolabilidad hace que el Rey sea el único sujeto que, ante una pregunta autoincriminatoria, siempre está obligado a decir la verdad.

BIBLIOGRAFÍA

Alcácer Guirao, R. (2012). El imputado que declara como testigo en otro procedimiento, ¿coimputado o testigo?: (comentario a las SSTC 111/2011, de 4 de julio, y 126/2011, de 18 de julio). La ley penal: revista de derecho penal, procesal y penitenciario, 94, pp. 1-7.

Barona Vilar, S. & Montero Aroca, J., Gómez Colomer, J. L., Derecho jurisdiccional, Valencia: Tirant lo Blanch.

Castellví Monserrat, C. (2020). Provocar y castigar: el agente provocador y la impunidad del sujeto provocado. Valencia: Tirant lo Blanch.

De Diego Díez, L. A. (1997), *La conformidad del acusado,* Valencia: Tirant lo Blanch.

García Molina, P. (2018). El estatuto jurídico de los testigos exentos de concurrir y de declarar o de concurrir, pero no de declarar, de los arts. 411 a 415 y 702 y 703 LECRIM. Revista General de Derecho Procesal, 45, pp. 1-39.

Garciandía González, P. (2022). De dispensas, exenciones, apercibimientos y retractaciones (un examen de las excepciones e incumplimientos de los deberes testificales en consideración a la última jurisprudencia, la reforma de la Lecrim de 2021 y el Anteproyecto de 2020). Revista General de Derecho Procesal, 58, pp. 1-51.

Lozano Eiroa, M. (2013), *La declaración de los coimputados,* Cizur Menor: Civitas.

Villamarín López, M. L. (2012). El derecho de los testigos parientes a no declarar en el proceso penal. InDret: Revista para el Análisis del Derecho, 4, pp. 1-36.

Las incompatibilidades, inmunidades y responsabilidad penal del presidente de la república en Rumanía

CRISTINA ROTARU RADU
Profesora Titular de Derecho Penal
Universidad de Bucarest

I. INTRODUCCIÓN

El cambio de régimen político en Rumanía, a través de la Revolución de 1989, requirió la redacción de una nueva Constitución que entró en vigor en 1991 y fue enmendada y completada en 2003. La Constitución establece la república semipresidencial como forma de gobierno, con un liderazgo de dos niveles formado por el Presidente de Rumanía y el Gobierno.

En Rumanía el Presidente representa al Estado rumano y es el garante de la independencia nacional, la unidad y la integridad territorial del país. Es elegido por sufragio universal, igual, directo, secreto y libremente expresado.

El Presidente de Rumanía vela por el cumplimiento de la Constitución y el buen funcionamiento de las autoridades públicas. A estos efectos, el citado Presidente ejerce la función de mediación entre los poderes del Estado, así como entre el Estado y la sociedad.

Nos ocuparemos a continuación de las incompatibilidades e inmunidades del presidente y de su responsabilidad penal.

II. INCOMPATIBILIDADES

Según el artículo 84 de la Constitución, "Durante su mandato, el Presidente de Rumanía no puede ser miembro de un partido ni desempeñar ninguna otra función pública".

1. El Presidente de la República de Rumanía no puede ser miembro de un partido político

En cuanto a la primera incompatibilidad, consistente en que durante el ejercicio del mandato el presidente no puede ser miembro de un partido político, se ha destacado en la doctrina que, si bien el texto se refiere expresamente a "partido político", esta noción debe ser entendida en un sentido amplio, que incluya cualquier formación política, alianza política, etc. (Muraru, Tănăsescu, 2019, p. 738).

Al momento de redactar la Constitución se expresaron reservas sobre esta incompatibilidad, argumentando que, si antes de ganar las elecciones el presidente militase en un partido que lo apoyase, sería difícil creer que, después de la toma de posesión, el Presidente rompiese todos los vínculos con este.

Por otra parte, en el caso de que optara a un segundo mandato, la presencia de tal incompatibilidad en la Constitución significaría la imposibilidad del presidente de la República en ejercicio de ser apoyado en una nueva candidatura (sobre este debate, Muraru, Tănăsescu, 2019, pp. 738-739). En la doctrina quedó demostrado que este no era un problema real, porque la Constitución prevé expresamente la posibilidad de renovar la candidatura después de la expiración del primer mandato (Constantinescu, 1992, pp. 191-192).

Es importante enfatizar que la prohibición que tiene el presidente de ser miembro de un partido político no significa que no pueda apoyar o simpatizar con el mismo. Pero es natural que exista tal incompatibilidad porque el Presidente no puede estar sujeto a las reglas existentes en un partido político, a la disciplina partidaria, ni puede estar subordinado jerárquicamente al presidente de un partido o formación política.

Una cuestión interesante derivada de esta incompatibilidad se planteó en el 2024, durante las elecciones parlamentarias. En noviembre-diciembre de dicho año se organizaron en Rumanía elecciones presidenciales y parlamentarias. En septiembre, el Partido Nacional Liberal impulsó un proyecto para modificar la ley electoral que permitiría al presidente de la República en ejercicio (que finalizaba su segundo mandato en diciembre) presentarse, durante los últimos tres meses de su mandato, en las elecciones parlamentarias, como independiente, en las listas de un partido, sin dimitir del cargo de Presidente de Rumanía. El argumento esgrimido para impulsar este proyecto de ley fue que el marco legal vigente violaba el derecho del Presidente a ser elegido. El Consejo Económico y Social emitió opinión desfavorable a este proyecto de ley basándose en que: i) la prohibición de postularse para cualquier otro cargo público o privado está prevista en la Constitución, no en la ley electoral; ii) la independencia del presidente se pone en duda en caso de asociación con un partido político, incluso si se presenta en sus listas como independiente; iii) la modificación de la ley electoral en los últimos 6 meses antes de las elecciones representa un precedente peligroso. Como resultado de la notificación a la Oficina Central Electoral por parte del Partido Nacional Liberal, se decidió que una persona que fuera propuesta en la lista de un partido político/alianza política y aceptase la candidatura, independientemente de si es miembro o no del respectivo partido político o alianza política, no es un candidato independiente y no tiene una candidatura independiente. Unas horas antes de la publicación de la decisión de la Oficina Central Electoral, el Presidente de República anunció que no apoyaba la modificación de la legislación electoral para una sola persona y que no renunciaría a su cargo de Presidente para presentarse a las elecciones parlamentarias.

El problema no era una novedad en el panorama político rumano. En 2004, el Tribunal Constitucional de Rumanía se remitió a la excepción de inconstitucionalidad de las disposiciones del art. 5 párr. (7) de la Ley para la elección de la Cámara de Diputados y del Senado, que tenía el siguiente contenido: "Cuando el Presidente de Rumanía se halle en los tres últimos meses del ejercicio de su mandato y se convoquen elecciones a la Cámara de Diputados y del Senado, podrá presentarse como independiente en las listad de un partido político, de una alianza política o de una coalición electoral para obtener un mandato de diputado o senador". Este texto fue criticado por violar las disposiciones constitucionales del art. 80 párr. (2), porque la presencia del presidente en las listas de un partido afecta a la neutralidad y equidistancia necesarias para ejercer la misión de mediación entre los poderes del Estado, así como entre el Estado y la sociedad.

El Tribunal Constitucional, mediante la Decisión 339/17.09.2004, estableció que el referido apoyo no representa una causa de inconstitucionalidad de la disposición legal sujeta a control: "El texto invocado del art. 80 párr. (2) de la Constitución, no se refiere a las relaciones entre el presidente y los partidos políticos. En realidad, el texto se refiere únicamente al papel del Presidente de Rumanía dentro del Estado. El problema de cómo el Presidente ejerce este papel está relacionado con el grado en que el Presidente cumple con sus obligaciones, la ética del ejercicio del mandato presidencial, que, en caso de violación grave, genera responsabilidad constitucional del titular de este mandato. Además, *mutatis mutandis*, el problema planteado por los autores también podría suscitarse en relación con la situación en la que el Presidente de Rumanía se postula para un segundo mandato consecutivo, según lo previsto en el art. 81 párr. (4) de la Constitución. Sin embargo, también es inconcebible prohibir al Presidente en ejercicio presentarse en las listas de un partido político, de una alianza política o de una alianza electoral para el segundo mandato consecutivo, ya que, de este modo, el texto respectivo pasaría a ser inaplicable, carente de contenido".

2. El Presidente de la República de Rumanía no puede desempeñar ninguna otra función pública o privada

La segunda incompatibilidad que establece la Constitución consiste en que el Presidente de Rumanía no puede desempeñar ninguna otra función pública o privada. El Presidente puede realizar actividades en los campos literario, artístico y de investigación científica (Muraru, Tănăsescu, 2019, p. 742), pero sin poder ocupar un cargo en este sentido. Por ejemplo, el presidente puede publicar artículos o libros, pero no puede ejercer el cargo de profesor universitario durante la presidencia. Semejante prohibición es natural, tanto desde la perspectiva de que elimina la posibilidad de subordinación administrativa del presidente a la gestión de la entidad pública o privada donde ejercería su actividad, como también desde la perspectiva del hecho de que el cargo de Jefe de Estado es el más importante y su complejidad requiere que el presidente se ocupe exclusivamente de este.

III. INMUNIDAD DEL PRESIDENTE DE RUMANÍA

Según el párrafo 2 del artículo 84 de la Constitución, "el Presidente de Rumanía goza de inmunidad. En consecuencia, se aplicará lo dispuesto en el apartado 1 del artículo 72".

El artículo 72, apartado 1, se refiere a la inmunidad de los miembros del Parlamento y establece que "los diputados y senadores no pueden ser considerados jurídicamente responsables de los votos u opiniones políticas expresadas en el ejercicio de su mandato".

En la doctrina se critica la forma en la que está redactado el apartado 2 del artículo 84, destacando la contradicción entre las dos tesis: la primera, que parece conceder inmunidad absoluta al presidente, y la segunda, según la cual el presidente no puede ser considerado responsable por votos u opiniones expresadas en el ejercicio del mandato, dando lugar a una interpretación *per a contrario* de que puede ser responsable de otros actos.

También se criticó que en la Constitución no existe un texto dedicado a la inmunidad del Presidente, sino que se utiliza una norma referida a la inmunidad de los diputados y senadores; y como la referencia se hace únicamente al apartado 1 del art. 72, y no a lo dispuesto en los apartados 2 y 3, podría concluirse que el Presidente goza de una inmunidad menor que la de los parlamentarios (Muraru, Tănăsescu, 2019, p. 743).

Es cierto que la redacción del apartado 2 del artículo 84 puede crear confusión, pero como han señalado otros autores (Streteanu, 2008, pp. 70-72; Nițu, 2012a, pp. 70-72; Nițu 2012b, pp. 208-233), se puede interpretar que el texto se refiere a los dos significados del término: uno procesal y otro de derecho sustantivo.

La primera frase del apartado 2 del art. 84 se refiere a la inmunidad procesal, también conocida como inviolabilidad, y la segunda es una inmunidad material.

1. La inmunidad procesal

La inmunidad procesal es una protección ofrecida al Presidente, destinada a protegerlo de posibles medidas o procedimientos legales, así como de posibles presiones que podrían ejercerse sobre él y que le impedirían cumplir plenamente con sus deberes.

La inmunidad impide la realización de cualquier acto procesal dirigido al Presidente de Rumanía. Como tal, no puede ser registrado, detenido, sometido a prisión preventiva, iniciarse procedimientos penales contra él o ser juzgado (Deaconu, Enache, 2021, pp.32-33).

En este sentido, el Tribunal Constitucional destacó que la importancia de esta garantía constitucional radica en la necesidad de asegurar una protección especial a los representantes del pueblo en el ejercicio del mandato para el que fueron elegidos. De esta manera se garantiza la independencia y la separación de poderes en el Estado, como expresión de los valores que se promueven en un Estado democrático. Esta es la razón por la que la inmunidad tiene carácter imperativo, no constituyendo un derecho subjetivo al que su titular pueda renunciar cuando lo considere oportuno; es una garantía de orden público del mandato y, en consecuencia, puede ser invocada de oficio, no únicamente por el titular, y en cualquier momento durante el ejercicio del mandato, siendo un elemento constitutivo del estatus jurídico constitucional del Presidente de Rumanía (CCR, Decisión n. 678 de 13 de noviembre 2014).

La inmunidad opera tanto para los actos cometidos antes de adquirir el mandato, como para los cometidos durante el mandato del Presidente. Si al momento de la validación del mandato del Presidente estuviera pendiente una causa penal en su contra, esta será suspendida[1]. La inmunidad procesal sólo funciona durante el período presidencial (Niţu, 2012a, pp.73-78).

---

1 En 2007, en el caso juzgado por el Tribunal Supremo, conocido como "Flota rumana", el procedimiento fue suspendido para el acusado Băsescu Traian durante su mandato de Presidente de la República.

2. *La inmunidad material*

La inmunidad de derecho sustantivo es la protección que se otorga al Presidente a fin de no responder por determinados actos cometidos. En conformidad con el párrafo 2 del artículo 84 de la Constitución, el Presidente no es legalmente responsable de los votos ni de las opiniones políticas.

Esta garantía constitucional determina al titular del mandato a adoptar un papel activo en la vida política de la sociedad, ya que elimina su responsabilidad jurídica por las opiniones expresadas en el ejercicio del cargo (CCR, Decisión n. 678 de 13 de noviembre 2014).

Aunque el texto de la ley también hace referencia a sus votos, la doctrina subraya que, a diferencia de los parlamentarios, el presidente no vota, así que, en realidad, la inmunidad se refiere solo a las opiniones políticas (Muraru, Tănăsescu, 2019, p.743).

Al tratarse de una cuestión de inmunidad material, la responsabilidad del presidente no puede activarse por las opiniones políticas ni siquiera después de la finalización de su mandato. Quedó demostrado en la doctrina que el artículo 84, párrafo 2, establece una inmunidad *completa* en el sentido de que el presidente de la República no es responsable de la forma en que ejerce sus poderes, y *absoluta*, en el sentido de que las opiniones políticas no pueden conllevar responsabilidad penal, civil o administrativa (Vrabie, 2002, p. 381). Si la inmunidad no fuera absoluta, significaría que las decisiones del presidente podrían ser impugnadas, lo que derivaría en la imposibilidad de cumplir el mandato del presidente (Constantinescu, 1992, pp.192-193). Algunos autores consideran que la responsabilidad jurídica sólo puede ser activada por un acto de alta traición y para las demás formas de responsabilidad existe inmunidad (Deaconu, 2022, p. 277). Otros autores han enfatizado que la inmunidad debe entenderse estrictamente dentro de los límites previstos por el art. 84 párrafo 2, en relación con art. 72 de la Constitución (por las opiniones políticas expresadas en el ejercicio del mandato), mientras que por los actos administrativos dictados podrá exigirse la responsabilidad administrativa y patrimonial del Presidente, como para cualquier autoridad de la administración pública, de conformidad con lo dispuesto en el art. 126 apartado (6) en relación con el art. 52 de la Constitución (Nedelcu, Nedelcu, Bugică, 2018, p. 75).

Es importante señalar, sin embargo, que la inmunidad por las opiniones políticas sólo actúa en relación con actos cometidos en el desempeño de funciones oficiales.

a) Respecto a la inmunidad material por el ejercicio de los deberes propios del cargo sólo existe una excepción: la responsabilidad en el caso de comisión del acto de alta traición. Tal hecho constituye no solo una excepción a la inmunidad de derecho material, en el sentido que se activa la responsabilidad penal, sino también una excepción a la inmunidad procesal, en el sentido de que permite, en un procedimiento especial, juzgar al Presidente del país antes de finalizar su mandato.

b) Respecto de los hechos que no están relacionados con las funciones del cargo, la Constitución no especifica nada. Por eso algunos autores consideran que en relación con este incidente el artículo 84 tesis I, según el cual el Presidente de Rumanía goza de inmunidad. Otros autores, sin embargo, creen que cuando se expresa como ciudadano, es decir, cuando sus acciones no están relacionadas con sus cargos, el Presidente goza de las mismas garantías que la Constitución otorga a cualquier ciudadano, respondiendo ante las autoridades (Nedelcu, Nedelcu, Bugică, 2018, p. 74).

Cabe entonces plantearse la siguiente pregunta: ¿qué sucede si el Presidente comete un delito distinto al de alta traición mientras está en el cargo? Por ejemplo, si el presidente de la República violase a un niño o matara a su esposa, ¿puede ser procesado por delitos ajenos a sus funciones?

Aunque no existe inmunidad material para estos hechos, como tales, pueden ser investigados y pueden conllevar la responsabilidad del Presidente de Rumanía. Cabe destacar que la inmunidad procesal sigue siendo válida; por tanto, durante el mandato tales hechos no pueden ser investigados. Sin embargo, creo que en tal situación no es obligatorio que el presidente complete su mandato. Si el hecho cometido es muy grave, se puede recurrir al mecanismo de suspensión del cargo que establece el art. 95 de la Constitución (aunque la finalidad de este mecanismo es otra, la de asumir la responsabilidad política del Presidente). Si, tras el referéndum, el Presidente es destituido, también pierde la inmunidad procesal y como consecuencia puede ser juzgado y condenado por esos actos.

La misma idea fue expresada en la jurisprudencia del Tribunal Constitucional:

Sin embargo, tal como se ha establecido en la jurisprudencia del Tribunal Constitucional, el titular del mandato sigue siendo responsable, conforme a la ley, por todos los actos y hechos que no tengan relación con sus opiniones políticas y que hayan sido cometidos antes o durante el ejercicio del cargo público. Con respecto a dichos actos y hechos, el Presidente es responsable, de acuerdo con las disposiciones constitucionales y legales, con la salvedad de la suspensión, durante el período del mandato, de todos los procedimientos de investigación penal, como efecto de la inviolabilidad del mandato de Presidente de Rumanía (CCR, Decisión n.678 de 13 de noviembre 2014).

Sin embargo, en la práctica no siempre encontramos que este razonamiento se aplique. Por ejemplo, en 2007, el presidente T. Băsescu fue sancionado por el Consejo Nacional de Lucha contra la Discriminación por haberse dirigido a una periodista con la calificación de "gitana apestosa".

El Presidente apeló ante los tribunales, y en la sentencia firme se consideró que no se cumplían las condiciones para mantener la infracción, sin que se hiciera alusión alguna a la inmunidad procesal de la que gozaba el Presidente durante su mandato.

A la misma solución que en el caso Băsescu llegó el Consejo Nacional de Lucha contra la Discriminación por declaraciones del presidente K.W. Iohannis, que parecían estar relacionadas con los deberes del servicio. En 2020, el Presidente Iohannis fue multado por el Consejo Nacional de Lucha contra la Discriminación porque se dirigió públicamente al Partido Social Demócrata, acusándolo de querer entregar Transilvania a los húngaros mediante un proyecto de ley. El Presidente fue sancionado, aunque gozaba de inmunidad, siendo finalmente anulada la multa por el Tribunal Supremo por otras razones distintas a la inmunidad procesal.

IV. LA RESPONSABILIDAD POLÍTICA Y LA RESPONSABILIDAD PENAL DEL PRESIDENTE DE RUMANÍA

La Constitución consagra en los artículos 95 y 96 la responsabilidad política y la responsabilidad penal del Presidente de Rumanía.

La activación de la responsabilidad política puede conducir a la destitución, y la activación de la responsabilidad penal puede conducir a la condena del Presidente de Rumanía.

1. La responsabilidad política

El artículo 95, titulado *"Suspensión del cargo"*, prevé un procedimiento en dos etapas: la suspensión del cargo y la destitución por referéndum.

En la primera etapa, la competencia pertenece al Parlamento. En la segunda, el pueblo, como poseedor del derecho fundamental a elegir al jefe del Estado, está llamado a decidir mediante referéndum si el Presidente ha roto la confianza que le había sido otorgada y si debe destituirlo (Deleanu, 2006, pp. 728-731; Apostol-Tofan, 2008, pp. 19-35).

El Presidente de Rumanía puede ser suspendido de su cargo por la Cámara de Diputados y el Senado en caso de cometer actos que violen las disposiciones de la Constitución. En la doctrina se especifica que no pueden ser objeto de tal procedimiento simples actividades por las que el Presidente se desvía de las disposiciones constitucionales, sino sólo por las violaciones graves de la Constitución. Para evaluar la gravedad de esta violación, el Parlamento consulta al Tribunal Constitucional, garante de la supremacía de la Constitución, que debe actuar con imparcialidad y también puede proporcionar orientación técnica para la decisión que se debe tomar. El dictamen emitido por el Tribunal Constitucional tiene carácter consultivo (Muraru, Tănăsescu, 2024, pp. 277-278; Deaconu, 2007, pp. 23-44; Ionescu, 2012, pp. 668-678).

El Parlamento informa al Presidente sobre el contenido de la propuesta de suspensión que debe provenir de al menos un tercio del número de diputados y senadores. El Presidente puede dar explicaciones al Parlamento sobre los hechos que se le atribuyan.

El Parlamento puede ordenar la suspensión del cargo del Presidente de Rumanía en una sesión conjunta de las dos Cámaras, con el voto de la mayoría de los diputados y senadores.

Como resultado de la votación de la propuesta de suspensión interviene la posición interina, que es asegurada, en su caso, por el Presidente del Senado o por el Presidente de la Cámara de Diputados (artículo 98 de la Constitución). Durante el período provisional, el Presidente de Rumanía se beneficiará de una inmunidad que sólo terminará en el momento de su destitución. En el plazo máximo de 30 días desde la aprobación de la propuesta de suspensión, se convocará el referéndum para destituir al Presidente.

Si la propuesta de destitución se confirma mediante referéndum, el Presidente será destituido y dentro de los tres meses siguientes el Gobierno convocará elecciones para elegir un nuevo Presidente (art. 97).

Si se rechaza la propuesta de destitución, el Presidente retomará sus funciones.

2. La responsabilidad penal

El artículo 96 de la Constitución, titulado "*Poner bajo acusación*", consagra una excepción a la inmunidad procesal y a la inmunidad de derecho material en el caso de que el presidente cometa un acto de alta traición. Esta excepción también existió en la primera redacción de la Constitución (1991), estando recogida en el artículo 84 sobre "Incompatibilidades e inmunidades".

La enmienda de 2003 a la Constitución detalló el procedimiento de destitución del Presidente.

a) La etapa política del procedimiento

En ella la mayoría de diputados y senadores inician la impugnación. La propuesta se comunica al Presidente de Rumanía.

El Parlamento, en sesión conjunta de las dos Cámaras, el Senado y la Cámara de Diputados, con el voto de al menos dos tercios del número de diputados y senadores, puede decidir acusar al Presidente de Rumanía de alta traición.

La impugnación por parte del Parlamento tiene el efecto de suspender al Presidente de Rumanía y conducirá al levantamiento de la inmunidad procesal, lo que permitirá juzgarlo.

b) La etapa jurídica del procedimiento

Aunque el texto no detalla el procedimiento, indicando únicamente que tras la impugnación la competencia de juzgar pertenece al Tribunal Supremo, es evidente que la notificación al tribunal no puede ser realizada directamente por el Parlamento. El Parlamento presentará el acta que sirvió de base para la impugnación, y así notificará a la Fiscalía General los hechos que fundamentaron la suspensión del Presidente (Muraru, Tănăsescu, 2024, p. 277).

La acusación redactada por un fiscal de la Fiscalía General debe incluir únicamente los hechos del Presidente que dieron lugar a la impugnación, no otros que puedan resultar de la investigación. La Fiscalía tomará en cuenta los hechos descritos por el Parlamento en el acto de notificación, no el marco jurídico que el Parlamento haya podido desarrollar.

A nivel doctrinal, se ha defendido que la Fiscalía puede llegar a la conclusión de que los hechos expuestos en el acto del Parlamento no revisten el carácter de delito, en cuyo caso podrá ordenar el archivo del caso. Considero que el papel de la Fiscalía es únicamente dar una forma jurídica técnicamente adecuada a los hechos contenidos en la notificación enviada por el Parlamento y redactar el escrito que va a ser entregado al Tribunal Supremo. La Fiscalía no puede actuar conforme a sus facultades previstas en el Código de Procedimiento Penal, que también permiten la finalización de el procedimiento penal mediante archivo, porque el texto constitucional no menciona a la Fiscalía como institución con tal rol en este procedimiento. El texto constitucional se refiere únicamente al Tribunal Supremo, que ofrece la máxima garantía de competencia e imparcialidad, por lo que considero que la Fiscalía no puede emitir una solución de archivo en esta situación, sino sólo le cabe dar traslado al Tribunal Supremo para que este dicte sentencia absolutoria o condenatoria.

Este procedimiento en el que el Parlamento decide sobre la impugnación ha sido criticado desde los debates parlamentarios de 1991 por el hecho de que, aunque el Presidente es elegido por voto popular, su destitución puede ser realizada por el Parlamento. Como expuso la doctrina es coherente que la responsabilidad política que deriva de un acto que constituye una grave violación a la Constitución, es natural al ser objeto de referéndum y al aplicar el principio de simetría, en el sentido de que el pueblo que elige al presidente también tiene derecho a destituirlo, mientras que en el caso del acto de alta traición, acto previsto por la ley penal, de extrema gravedad, la condena definitiva del Presidente hace innecesaria su destitución por referéndum (Nedelcu, Nedelcu, Bugică, 2018, p. 79-80).

Ni en el momento de su entrada en vigor, ni en el momento de su modificación, en 2003, la Constitución no incluía una definición para *"alta traición"*, y en el Código Penal no existía ningún delito con este título.

La doctrina, al momento de la entrada en vigor de la Constitución, enfatizó que este acto no debe confundirse con el delito de traición, al tener un carácter complejo, más político que penal, es decir, "la alta traición no debe necesariamente incluirse en un texto del código penal; debe ser recordado y definido como la más grave violación del juramento y de los intereses del pueblo y del país, en el ejercicio de las funciones presidenciales" (Constantinescu, 1992, p. 193).

Si bien los constitucionalistas consideraron el acto de alta traición como la más grave violación al juramento del Presidente y a los intereses del país y del pueblo, era difícil que tal acto se materializara mediante una condena en la práctica, considerando que la sentencia solía ser dictada por el Tribunal Supremo, pero en el Derecho penal no existía incriminación, texto que estableciera las condiciones de tipicidad, esto es, de modo que existieran requisitos previos para cumplir con el principio de legalidad.

Es por ello que en el Nuevo Código Penal, que entró en vigor el 1 de febrero de 2014, se introdujo en el Título "*Delitos contra la seguridad del Estado*" el artículo 398 ("*Alta traición*"), según el cual "los actos previstos en los artículos 394-397[2], cometidos por el Presidente de Rumanía o por otro miembro del Consejo Supremo de Defensa Nacional, constituyen un delito de alta traición y se sancionan con cadena perpetua o prisión de 15 a 25 años y la prohibición del ejercicio de determinados derechos".

También se completaron las disposiciones del Código de Procedimiento Penal, que entró en vigor el 1 de enero de 2014, relativas a la competencia del Tribunal Supremo. Según el art. 40, el Tribunal Supremo juzga los delitos de alta traición en primera instancia. Esto significa que un caso de este tipo es juzgado en primera instancia por un panel de 3 magistrados y en apelación por un panel de 5 magistrados del citado Tribunal.

Si el Tribunal Supremo dicta una absolución, la suspensión termina y el Presidente retoma sus funciones.

Si el Tribunal Supremo pronuncia una sentencia de condena, desde la fecha de su firmeza el Presidente es destituido por ley.

Durante el juicio, el Presidente es suspendido y el cargo interino lo proporciona el presidente del Senado o el presidente de la Cámara de Diputados.

---

2 Art. 394 – Traición; art. 395 – Traición por transmisión de información secreta del Estado; art. 396 – Traición por ayuda al enemigo; art. 397 – Acciones contra el orden constitucional.

V. CONCLUSIONES

Durante su mandato, el Presidente de Rumanía goza de *inmunidad procesal* que lo protege de procedimientos judiciales, de posibles presiones que pudieran ejercerse sobre él y que podrían impedirle cumplir plenamente sus funciones. El único hecho por el que puede ser acusado y juzgado es el de alta traición, en un procedimiento político-jurídico.

La *inmunidad material* sólo cubre hechos relacionados con su cargo. Eso significa que hay responsabilidad por actos cometidos fuera del cargo, pero por causa de la inmunidad procesal los procedimientos legales sólo pueden comenzar una vez finalizado el mandato o durante el mismo si el presidente estuviera suspendido.

BIBLIOGRAFÍA

Apostol-Tofan, D. (2008). Răspunderea preşedinţilor de republică în unele state europene cu privire specială asupra regimului constituţional românesc, *Analale Universităţii Bucureşti, nr.III-IV/2008*

Deaconu, Ş., Enache, M. (2021). *Preşedintele României* în *jurisprudenţa Curţii Constituţionale.* Bucureşti: C.H.Beck.

Deaconu, Ş. (2022). *Instituţii politice. Ediţia 5.* Bucureşti: C.H.Beck

Deaconu, Ş. (2007). Câteva aspecte de natură constituţională privind răspunderea Preşedintelui României, *Dreptul, nr.12/2007*

Deleanu, I. (2006). *Instituţii* şi *proceduri constituţionale* în *dreptul român* şi în *dreptul comparat,* Bucureşti: C.H.Beck.

Ionescu, C., (2012). Suspendarea din funcţie a Preşedintelui României – un atribut discreţionar al Parlamentului, *Curierul Judiciar, nr.11/2012*

Muraru, I., Tănăsescu, E.S. (coord.) (2019). *Constituţia României. Comentariu pe articole. Ediţia 2,* Bucureşti: CH Beck.

Muraru, I., Tănăsescu E.S., (2024). *Drept constituţional şi instituţii politice.* Vol.II. Ediţia 16. Bucureşti: C.H. Beck

Niţu, D. (2012a). *Imunitatea şefului de stat în dreptul penal.* Bucureşti: Universul juridic.

Nițu, D. (2012b). Imunitatea Preşedintelui României în dreptul penal, *Revista Dreptul nr. 2.*

Nedelcu, I., Nedelcu, P-I, Bugică, R-M. (2018). *Preşedintele României* şi *administrația publică centrală,* Bucureşti: C.H.Beck

Streteanu, F. (2008). *Tratat de drept penal. Parte generală,* Vol. I. Bucureşti: C. H. Beck

Vrabie, G. (coord.) (2002). *Les régimes politiques des pays de L'U.E. et de la Roumanie,* Bucureşti: Regia Autonomă Monitorul Oficial